Edda und Michael Neumann-Adrian
Rüdiger Dingemann

KNAURS BIO-EINKAUFSFÜHRER

*Edda und Michael Neumann-Adrian
Rüdiger Dingemann*

KNAURS
Bio-Einkaufsführer
für naturbelassene Lebensmittel

Mit 10 000 Adressen
und vielen praktischen Tips

DROEMER KNAUR

Die Deutsche Bibliothek – CIP-Einheitsaufnahme
Neumann-Adrian, Edda:
Knaurs Bio-Einkaufsführer für naturbelassene Lebensmittel :
mit 10 000 Adressen und praktischen Tips / [Edda Neumann-Adrian ;
Michael Neumann-Adrian ; Rüdiger Dingemann]. –
München : Droemer Knaur, 1994
  ISBN 3-426-26715-2
NE: Neumann-Adrian, Michael:; Dingemann, Rüdiger:; HST

© Droemersche Verlagsanstalt Th. Knaur Nachf., München 1994
Das Werk einschließlich aller seiner Teile ist urheberrechtlich geschützt
Jede Verwertung außerhalb der engen Grenzen des Urheberrechtsgesetzes ist
ohne Zustimmung des Verlags unzulässig und strafbar
Das gilt insbesondere für Vervielfältigungen, Übersetzungen, Mikroverfilmungen
und die Einspeicherung und Verarbeitung in elektronischen Systemen
Für Hinweise auf Veränderungen und Ergänzungen ist die Redaktion dankbar
Zuschriften an Droemer Knaur Verlag, 81664 München
Gestaltung und Herstellung: von Delbrück, München
Umschlaggestaltung: Agentur ZERO, München
Umschlagfoto: Bildagentur Mauritius / U. Kerth
Umbruch: Ventura Publisher im Verlag
Gesamtherstellung: Chemnitzer Verlag und Druck GmbH, Zwickau
Printed in Germany
ISBN 3-426-26715-2

5 4 3 2 1

Inhalt

1 Wie kauft man gesunde Lebensmittel ein? 7
2 Alles »bio« – oder was? 8
3 Wo, bitte, geht's zum Öko-Bauern? 13
4 Warum echte Bio-Produkte doch gesünder sind 17
5 Bestrahlung – die unsichtbare Manipulation 19
6 Gentechnik – unvermeidlich oder entbehrlich? 20
7 Food Design: »light«, »fast« & Co. 22
8 Zusatzstoffe: Kennzeichnung tut not 25

Gesunde Lebensmittel:
Was man wissen und worauf man achten sollte 29

9 Getreideerzeugnisse: Brot, Backwaren, Teigwaren, Müsli 31
10 Fleisch und Fleischerzeugnisse 47
11 Fisch, Krusten- und Schalentiere 57
12 Gemüse, Hülsenfrüchte, Kartoffeln 63
13 Obst und Fruchtsäfte 73
14 Rund ums Ei 79
15 Milch und Milchprodukte 85
16 Speisefette und -öle 99
17 Zucker, Honig und Süßwaren 107
18 Salz und Gewürze 115
19 Getränke – alkoholfrei und alkoholisch 119

**Adressen von Läden, Direktvermarktern,
Verbänden und Institutionen in Deutschland,
Österreich und in der Schweiz**   **129**

Hinweise für den Benutzer   131
Deutschland   **133**
Baden-Württemberg   137
Bayern   193
Berlin   247
Brandenburg   255
Bremen   261
Hamburg   265
Hessen   275
Mecklenburg-Vorpommern   297
Niedersachsen   301
Nordrhein-Westfalen   331
Rheinland-Pfalz   367
Saarland   387
Sachsen   391
Sachsen-Anhalt   395
Schleswig-Holstein   397
Thüringen   417

Österreich   **419**
Schweiz   **465**

Dank und Bitte   505
Literaturhinweise   507
Register   509

Wie kauft man gesunde Lebensmittel ein?

Immer mehr Menschen wollen sich gesund ernähren. Mit Lebensmitteln, die frei von Düngemittelrückständen, Pestiziden und Insektiziden sind. Immer mehr Menschen fühlen sich am Eßtisch wohler, wenn sie wissen, daß ihre Nahrung ohne Schädigung des Bodens und des Grundwassers produziert wurde und ohne tierquälerische Massentierhaltung. Immer mehr Menschen sind auch bereit, für solche Lebensmittel mehr Geld auszugeben.

Glücklicherweise wächst das Angebot an solchen nicht »industrialisierten« Lebensmitteln. Sie sind meistens wirklich etwas teurer als die gängigen, konventionellen Produkte. Denn eine naturnahe und naturschonende Landwirtschaft bringt bei größerem Arbeitsaufwand geringere Erträge als die industrialisierten »Agrarfabriken« und »Legebatterien«.

Genau besehen fällt die Kostenbilanz allerdings zugunsten der Öko-Landwirte aus – nur brauchen bis heute die industrielle Landwirtschaft und ihre Abnehmer nicht für die Schäden aufzukommen, die sie beispielsweise mit Pflanzenschutzmitteln – Stichwort »chemische Keule« – und Überdüngung dem kostbaren Grundwasser zufügen.

Der Gegenwert für den Aufpreis, den Sie für echte Bio-Lebensmittel zahlen, ist zuerst einmal der höhere Gesundheits- und Genußwert. Obendrein dürfen Sie sich auch noch etwas darauf zugute halten, mit dem Bio-Kauf etwas für die langfristige Erhaltung der Lebensqualität geleistet zu haben.

Bereits 1991 lag die Pestizidbelastung des Grundwassers von 65 Prozent der landwirtschaftlich genutzten Flächen Europas über dem von der EG zugelassenen Grenzwert für Trinkwasser. Die Tendenz ist steigend.

Dieses Buch zeigt Ihnen, wie und wo Sie gesunde Lebensmittel kaufen können. Vielleicht werden Sie überrascht sein, wie viele verschiedene Möglichkeiten es heute schon gibt – Selbstvermarkter, Erzeugergenossenschaften und überregionale Vereinigungen, auch in Ihrer Nähe.

Fast schien schon in Vergessenheit geraten, daß Äcker und Obstgärten auch ohne den Einsatz Abertausender von Tonnen chemischer Giftstoffe Frucht tragen können. Lange wurde die kleine Minderheit jener Landwirte belächelt, die auf natürliche Kreisläufe Rücksicht nahmen, auf synthetische Pflanzenschutzmittel und leichtlösliche Mineraldünger verzichteten und mit schonender Bearbeitung des Bodens und geeigneten Fruchtfolgen für die Erhaltung der Artenvielfalt sorgten. Ein Kurswechsel zu einer solchen naturnahen, ökologischen Landwirtschaft zeichnet sich seit Anfang der 90er Jahre ab.

Es ist auch höchste Zeit für diesen Kurswechsel in Richtung »Bio«. Auf der »Grünen Woche« in Berlin gab der Präsident der Bundesvereinigung der Deutschen Ernährungsindustrie, Konsul Hermann Bahlsen, 1993 eine alarmierende Information: Binnen zwei Jahrzehnte habe sich die Zahl der Verbraucher verdreifacht, die Gesundheitsrisiken beim Essen fürchten. Das INFAS-Institut, Bonn, sekundierte mit den Ergebnissen einer aktuellen Verbraucherbefragung zum Thema »Was erwarten Konsumenten von der Landwirtschaft?«

Für die meisten Befragten standen

1. gesunde Tierhaltung,
2. umweltschonender Anbau und
3. Pflege der Landschaft

obenan auf der Liste der Forderungen und Wünsche an die Landwirtschaft.

Das heißt aber auch, so INFAS, das Image und die Absatzchancen der deutschen Landwirtschaft sind akut gefährdet, wenn zum Beispiel die Massentierhaltung nicht deutlich eingeschränkt wird. Und wie viele Verbraucher erklärten sich bereit, für ökologische Lebensmittel mehr zu bezahlen? Nach der INFAS-Hochrechnung viel mehr, als man vermutet hatte: in den alten Bundesländern rund 60 Prozent.

2 Alles »bio« – oder was?

Bezogen auf das Gesamtvolumen des Lebensmittelmarktes lag der Anteil der biologisch erzeugten Produkte im Jahre 1991 erst bei 0,75 Prozent oder 1,5 Milliarden Mark. Bis 1995 rechnen Marktforscher jedoch mit einem Zuwachs auf rund

10 Milliarden Mark – ein dann doch beachtliches Marktsegment, das von einem für die Wirtschaft attraktiven Kundenkreis gebildet wird: in der Regel gut verdienend, mit qualifizierter Ausbildung und unter vierzig Jahre alt. Die Gewinnchancen, die dieser Markt versprach, verführten viele Firmen, sich dem Trend anzuschließen, auch wenn die eigenen Produkte nicht aus biologischer Erzeugung stammten.

Die Begriffe »Bio« und »Öko« waren vom Gesetzgeber nicht geschützt, so daß fast jeder Schwindel straf- und damit risikolos war. »Kontrollierter Anbau«, »Erzeuger-Garantie«, »schadstofffrei« oder »ökologisch orientiert« – Begriffe, die gut klangen, nichts versprachen und deftigen Zusatzgewinn garantierten. Der Verbraucher fühlte sich zunehmend verunsichert, denn er konnte den Produkten nicht ansehen, wieweit sie ihren Preis wert waren.

Erst seit Anfang 1993 ist eine neue EG-Bioverordnung in Kraft, die von allen Erzeugern und Vertreibern »ökologisch erzeugter Lebensmittel« verlangt, ihre Produkte von einer Kontrollstelle überprüfen zu lassen. Allerdings schützt diese Verordnung lediglich die Begriffe »Bio« und »Öko« sowie die Versprechen »aus biologischem Anbau« und »aus ökologischem Anbau«. Alle übrigen Aufdrucke und Slogans, die die findige Werbebranche aushecht, dürfen weitgehend frei verwendet werden.

Dagegen legt die EG-Verordnung fest, womit der Verbraucher rechnen kann, wenn er »Bio«- oder »Öko«-Produkte erwirbt:

1. Stellt ein Betrieb auf ökologischen Anbau um, darf er seine Produkte erst nach frühestens zwei Jahren, bei mehrjährigen Kulturen erst nach drei Jahren entsprechend kennzeichnen (Ausnahmen sind nur bis zum 1. Juli 1994 vorgesehen).
2. Die Bodenfruchtbarkeit und biologische Aktivität der Anbaufläche darf nur durch Anbau von Hülsenfrüchtlern (Leguminosen), Gründüngungspflanzen und durch die Einarbeitung von Kompost und organischem Material gesteigert werden.
3. Schädlinge, Krankheiten und »Unkraut« dürfen nur durch ganzheitliche Anwendung von geeigneter Art- und Sortenwahl, geeigneter Fruchtfolge, mechanischer Bodenbearbeitung und Abflammung von Unkrautkeimlingen bekämpft werden und dadurch, daß für Nützlinge günstige Verhältnisse geschaffen werden. Unter bestimmten Umständen sind ausgewählte chemische Düngemittel und Pflanzenvernichtungsmittel erlaubt, beispielsweise Schwefel im Weinbau.

Diese Grundsätze orientieren sich an den Richtlinien der IFOAM (International Federation of Organic Agriculture Movements). Seit Jahren, teilweise seit Jahrzehnten, praktizieren landwirtschaftliche Ökoverbände (s. Zusammenstellung S. 11 f.) diese Richtlinien, darunter auch der Pionier des ökologischen Landbaus, der 1924 gegründete Demeter-Bund.

Ein schwerer Geburtsfehler haftet dieser EG-Verordnung noch an: Sie gilt nur für pflanzliche Produkte, nicht aber für Fleisch, Milch, Joghurt, Käse oder andere tierische Erzeugnisse. In der Amtssprache der 14 Seiten umfassenden Verordnung Nr. 2092/91 liest sich der Geltungsbereich so: für »nicht verarbeitete pflanzliche Erzeugnisse und für den Verzehr bestimmte Erzeugnisse, die aus einem oder mehreren Bestandteilen pflanzlichen Ursprungs bestehen«.

Ebenso war bei Drucklegung dieses Buches das Qualitätssiegel noch nicht beschlossen, das das Bayerische Landwirtschaftsministerium vorgeschlagen hat: »Ökologische Agrarwirtschaft – EWG Kontrollsystem«.

Wem die EG-Verordnung nicht weit genug geht, der kann sich auch an den Anbauverbänden selbst orientieren. Auch wenn es in der Öffentlichkeit noch kaum bekannt ist – es gibt bereits eine Dachorganisation für die verschiedenen Anbauverbände, in denen sich die Bio-Bauern zusammengeschlossen haben. Sie trägt den etwas sperrigen Namen AGÖL (»Arbeitsgemeinschaft ökologischer Landbau«) und garantiert, daß die Höfe nach folgenden Grundregeln produzieren:

1. Anbau standortgeeigneter Arten und Sorten, die möglichst wenig anfällig für Krankheiten sind;
2. ausgewogene, vielseitige Fruchtfolge mit Gründüngung;
3. Schonung der Bodenorganismen, Aufbau der Bodenfruchtbarkeit;
4. keine Düngung mit chemisch-synthetischen Stickstoffverbindungen, leicht löslichen Phosphaten oder chlorhaltigen Kalidüngern, sondern mit wirtschaftseigenem Mist oder Kompost und nur begrenzter mineralischer Ergänzung;
5. keine chemisch-synthetischen Pflanzenvernichtungsmittel, sondern Nutzung der Selbstregulierung intakter Ökosysteme;
6. keine Schädlings- und Unkrautbekämpfung durch chemische, sondern ausschließlich durch biologische und mechanische Bekämpfung;
7. Wahl von Anbauflächen, die eine möglichst geringe Schadstoffbelastung aus der Umwelt aufweisen;
8. artgemäße Tierhaltung mit hinreichendem Auslauf im Freien, keine Käfighaltung von Hühnern, Rinderhaltung nur mit Einstreu;
9. der Tierbestand wird durch geeignete Zuchtmethoden und vollwertiges, nach

Möglichkeit selbsterzeugtes Futter aus ökologischem Anbau gesund gehalten; es gibt keine Pharmaka als Zusatzstoffe.

Wichtigste Zusammenschlüsse der Bio-Bauern, die der »Arbeitsgemeinschaft ökologischer Landbau« (AGÖL) angehören (s. Adreßteil):

ANOG (Arbeitsgemeinschaft für naturnahen Obst-, Gemüse- und Feldfruchtanbau e. V.). 1962 von Leo Fürst gegründet, hauptsächlich Obst- und Gemüseanbauer. Schutzzeichen ANOG mit dem Zusatz »kontrollierte biologische Produkte« und Kontrollnummer.

BIOhenne e. V. (Gemeinschaft für ökologische Landbewirtschaftung e. V.). Förderung und Beratung der ökologischen Landwirtschaft – hauptsächlich Milcherzeuger und Getreideanbauer – in Sachsen-Anhalt, Thüringen und Mecklenburg-Vorpommern.

Biokreis Ostbayern e. V. 1979 gegründeter, regional ausgerichteter Anbauverband, dessen Mitglieder überwiegend selbst am Hof vermarkten, ihre Produkte aber auch überregional über Verarbeitungs- und Handelsunternehmen vertreiben.

Bioland e. V. Auf den Produkten erscheint neben dem Markennamen »Bioland« und der Kennziffer des Erzeugerbetriebs häufig der Aufdruck »Organisch-biologischer Landbau Dr. Hans Müller« – der Schweizer Botaniker und Agrarpolitiker entwickelte sein Verfahren in den fünfziger Jahren.

Demeter-Bund e. V. 1924 als erster Bio-Bauernbund Deutschlands gegründet und in zahlreiche Landesverbände untergliedert, vergibt der Bund sein Warenzeichen ausschließlich an Produkte, die einer »biologisch-dynamischen Wirtschaftsweise« entstammen und deren Grundsätze auf den Anthroposophen Rudolf Steiner zurückgehen. Der Bauernhof wird als Organismus betrachtet, in dem sich Boden, Pflanze, Tier und

Mensch gegenseitig fördern und ergänzen; auch kosmische Abläufe, etwa Mondrhythmen, werden berücksichtigt.

ECOVIN. Warenzeichen des Bundesverbands Ökologischer Weinbau e. V. Die Vertragsbetriebe kennzeichnen ihre Weine außerdem mit der Betriebsnummer. Auch Kellereien, die den nach den Verbandsrichtlinien erzeugten Wein abfüllen, dürfen das 1985 ins Leben gerufene Warenzeichen verwenden.

Gäa. Vereinigung ökologischer Landbau e.V. Verband des ökologischen Landbaus in den neuen Bundesländern, entstanden aus einem kirchlichen Arbeitskreis »Landwirtschaft und Umwelt«, offizielle Gründung noch vor dem Fall der Mauer 1989.

Naturland. Verband für naturgemäßen Landbau e. V. Dieser Verband fördert auch Projekte in den Entwicklungsländern.

Der Arbeitsgemeinschaft ökologischer Landbau nicht zugehörig:

NEULAND. Landwirte, Erzeugergemeinschaften und Metzger sorgen gemeinsam mit Tierschutz-, Verbraucher- und Naturschutzverbänden für artgerechte und umweltschonende Nutztierhaltung. Auch entsprechende Richtlinien für Transport, Schlachtung und Verarbeitung gehören zum Neuland-Markenfleischprogramm.

Österreich:

ORBI. Fördergemeinschaft für gesundes Bauerntum.

ERNTE. Verband organisch-biologisch wirtschaftender Bauern Österreichs.

Schweiz:

Vereinigung schweizerischer biologischer Landbau-Organisationen. Umstellungsbetriebe sind mit dem Symbol der Vereinigung gekennzeichnet.

3 Wo, bitte, geht's zum Öko-Bauern?

Es ist noch gar nicht so lange her, da mußte man weite Wege in Kauf nehmen, wollte man ökologisch erzeugtes Gemüse, Fleisch oder Obst kaufen. Bis heute hat sich die Zahl der Bio-Läden und direkt vermarktenden Öko-Landwirte beträchtlich erhöht, wie Sie diesem Buch entnehmen können, und dieser Trend scheint ungebrochen. Direkt vom Bauern können Sie auf verschiedene Weise kaufen:

1. Verkauf auf dem Hof (Ab-Hof-Verkauf)
   – Selbstpflückaktionen – bekannt geworden durch die meist mit Pestiziden behandelten Erdbeerplantagen – bieten mittlerweile auch Öko-Landwirte an, beispielsweise bei Obst und Kartoffeln.
   – Der Straßen- und Feldrandverkauf nimmt Ihnen die eigene Erntearbeit ab. Ob aber etwa die Äpfel, die Sie dabei erwerben, wirklich ungespritzt sind, läßt sich bei einem kurzen Autostopp kaum mit Sicherheit klären.
   – Der Verkauf auf dem Hof kann an einfachen Ständen, in einer Scheune oder in einem eigens errichteten Laden stattfinden. Größere Bio-Höfe bieten mitunter ein sehr reichhaltiges Angebot an Lebensmitteln an.
2. Öko-Wochenmärkte gibt es noch nicht an vielen Orten, sind aber wegen der größeren Auswahl eine interessante Einkaufsmöglichkeit. Mancherorts werden auch auf konventionellen Märkten an einzelnen Ständen Bio-Produkte angeboten. Die Ware muß jeweils in Handelsklassen eingeteilt sein.
3. Der mobile Verkauf bringt die Ware zu einem Halteplatz in der Nachbarschaft des Kunden oder direkt zum Kunden. Einzelne Höfe haben den mobilen Verkauf noch perfektioniert und beispielsweise ein Gemüse-Abo eingerichtet.
4. In Food Coops – auf deutsch: Lebensmittel-Kooperativen – machen Erzeuger und Verbraucher gemeinsame Sache: Freunde und Bekannte bestellen ihren Lebensmittelbedarf regelmäßig gemeinsam bei Bio-Bauern ihrer Wahl oder bei Großhändlern.
   Das theoretisch attraktive – weil preisgünstige und kommunikationsfördernde – System krankt in der Praxis oft an der unterschiedlichen Bereitschaft der Coop-Mitglieder, sich an der Organisation der Sammelbestellung, des Transports und der Verteilung angemessen zu beteiligen. An die 1000 Food

Coops soll es in Deutschland jedoch schon geben. Die meisten gehören zur Bio-Szene.

 Die größten Umsätze mit Bio-Lebensmitteln werden bislang jedoch nicht im Direktverkauf, sondern in den Bio- und Naturkostläden erzielt sowie in Reformhäusern, obwohl dort nicht alles »bio« ist. Zunehmend finden Bio-Produkte auch ihren Platz im Supermarkt; ein Beispiel dafür ist die Marke »Naturkind« der Lebensmittelkette Tengelmann, andere sind der Kaufmarkt in München und Nürnberg, COOP in Norddeutschland und Kölner REWE-Märkte.

Die anfängliche Berührungsangst der Bio-Landwirte und ihrer Verbände gegenüber den Handelsriesen weicht allmählich der Einsicht, daß sich nur mit ihrer Hilfe neue Käuferkreise gewinnen lassen und der Markt für Bio-Produkte weiter wachsen kann. Schon 1992 prognostizierte die Gesellschaft für Konsumforschung (GfK) in Nürnberg, der Anteil der Lebensmittel aus kontrolliert biologischem Anbau am Gesamtlebensmittelumsatz werde sich auf rund 4,6 Prozent im Jahre 1995 erhöhen – wenn der herkömmliche Lebensmittelhandel seine Bio-Chance wahrnehme.

Im »Kritischen Agrarbericht 1993« sieht man das ganz ähnlich und prophezeit eine kräftige Zunahme des Angebots an ökologischen Lebensmitteln: »Glaubt man den Prognosen der Marktforscher und den Gewinnerwartungen der Konzerne, dann stecken in diesem Produktsegment enorme Marktpotentiale. Sie zu wecken, wird den Händlern mit den üblichen Marketinganstrengungen zweifellos möglich sein.« Größere Betriebe und Betriebsgemeinschaften aus dem benachbarten Ausland und den neuen Bundesländern würden auf den Markt drängen und das Preisniveau senken.

Wie man im großen Stil biologisch-ökologisch produziert, zeigt beispielsweise das Öko-Zentrum Werratal am Südrand des Thüringer Waldes, das eine Fläche von 72 Quadratkilometern umfaßt.

Die Chance der traditionellen Bio-Verbände und ihrer kleinen und mittelgroßen Mitglieder liegt jedoch weiterhin im Regional-Marketing nach dem Motto »Aus der Region, für die Region«. Denn es wächst die Zahl der Konsumenten, die durch den Kauf von naturbelassenen Lebensmitteln eine Landwirtschaft unterstützen wollen, in der auch kleinere Familienbetriebe eine Chance haben, und denen es nicht gleichgültig ist, ob am Ende nicht auch Bio-Produkte je nach Angebots- und Preislage durch halb Deutschland oder ganz Europa transportiert werden.

> **Experten zur Sache:**
>
> **Karl Ludwig und Georg Schweisfurth,
> Herrmannsdorfer Landwerkstätten**

Etwa 40 Kilometer südöstlich von München, zwischen Glonn und Grafing, liegt Herrmannsdorf. Dort, wo man bei klarem Wetter einen malerischen Blick auf den Wendelstein genießt, hat Karl Ludwig Schweisfurth, ehemals mit seiner Marke »Herta-Wurst« Europas größter Metzger, zusammen mit seinem Sohn ein ökologisches Musteranwesen aufgebaut, das in Deutschland einmalig ist – aber nicht einmalig bleiben sollte.

»Aus der Region, für die Region« ist die Devise der Herrmannsdorfer Landwerkstätten, die von der Erzeugung über die Herstellung bis zur Vermarktung ihrer Produkte alles selbst betreiben – auf handwerklicher Basis und unter Einbeziehung der umliegenden Bauern. So gehören eine Bäckerei und eine Metzgerei, eine Käserei und eine Brauerei sowie ein eigener Verkaufsmarkt zu den Landwerkstätten, die dabei auch in der Energieerzeugung und -einsparung neue Wege gehen.

Mittels einer Biogasanlage und einem Blockheizkraftwerk wollen sie letztlich alle Energie, die sie verbrauchen, auch selbst erzeugen. Vernetztes Denken und Wirtschaften im Zeichen der Ökologie ist bis heute das A und O dieser oberbayerischen Bio-Musterfarm: Organisatorisch ineinander greifen Ackerbau und Viehzucht, Biogas und eigenes Blockheizkraftwerk, Kindergarten und Familienbetriebe, Agrarkultur und Ressourcenschonung, die Landwerkstätten und ihre Vertragsbauern. So umweltschonend wie möglich wollen die Herrmannsdorfer produzieren und damit beweisen, daß eine alternative Form der Landwirtschaft nicht nur möglich, sondern auch rentabel ist.

Die Herrmannsdorfer Landwerkstätten züchten und schlachten Angus-Rinder und Schwäbisch-Hällische Schweine, die älteste noch unverdorbene deutsche Hausschweinrasse, produzieren Rohmilchkäse aus der Milch, die Bio-Bauern aus der Umgebung ihnen liefern, verkaufen Gemüse aus biologischem Anbau, backen Brot aus dem selbst produzierten Getreide und brauen seit kurzem auch ein Bier auf biologischer Basis. Sie kultivieren das Land, indem sie kleine Teiche anlegen und Hecken, und schaffen so wieder eine belebte Kulturlandschaft mit reicher Artenvielfalt. Und damit der Besucher auch gleich erkennt, daß sich hier die Dinge etwas anders entwickeln, hat Karl Ludwig Schweisfurth Kunstwerke auf den

Weiden aufgestellt – schließlich war er schon als Großmetzger dafür bekannt geworden, daß er seine Fabriken mit Werken westdeutscher Avantgarde-Künstler schmücken ließ.

Der Besucher ist aufgefordert, sich selbst ein Bild von den Lebensbedingungen der Tiere und den Verarbeitungsmethoden der Werkstätten zu machen: »Wir laden Sie dazu ein, sich mit uns in die Natur unserer Lebens-Mittel hineinzuleben, zu erspüren, was ein lebendiges Lebens-Mittel ausmacht ... Lebendigkeit hat auch mit lebendigem Boden zu tun, deshalb naturgemäßer Landbau«, schrieb Georg Schweisfurth im »Herrmannsdorfer Blatt«, der Bio-Hauszeitung, in der er regelmäßig das Anliegen der Landwerkstätten und den Stand ihrer Entwicklung vorstellt. »Wenn Sie eine fundamental andere Art des Umgangs mit dem Leben, der Welt, den Menschen, Tieren und Pflanzen wollen, so nehmen Sie bitte Ihre Freunde und Bekannten mit nach Herrmannsdorf und zeigen Sie ihnen, was wir hier vorhaben.« Es geht noch um mehr als nur um gesundes Essen.

Mittlerweile kann sich der Besucher nach einem Rundgang auch im »Wirtshaus zum Herrmannsdorfer Schweinsbräu« stärken und dabei kosten, was die Herrmannsdorfer produzieren.

Es liegt auf der Hand, daß die Produkte der Herrmannsdorfer Landwerkstätten teurer sind als die Angebote der Lebensmittelindustrie im Supermarkt, teurer, aber nicht unerschwinglich. »Meine Kunden sind nicht die Reichen«, so Karl Ludwig Schweisfurth. Wer hier kaufe, zähle einfach zu denen, die bewußter leben – und die Freude am Essen haben.

Neben dem Direktverkauf am Hof und in einem kleinen Laden in München-Pasing haben die Landwerkstätten, die Mitglied im Biokreis Oberbayern e.V. sind, ein eigenes Vertriebssystem aufgebaut. Sogenannte »Botschafterinnen« organisieren in München Sammelbestellungen von Kunden; binnen zweier Tage kann man bei ihnen die bestellten Produkte abholen.

Die Aktivitäten von Karl Ludwig Schweisfurth sind übrigens mit den Herrmannsdorfer Landwerkstätten nicht erschöpft. In München hat er, getrennt von den Landwerkstätten, seine Schweisfurth-Stiftung ins Leben gerufen, die eine Vielzahl von Aktivitäten verfolgt. Ein Schweisfurth-Forschungspreis für artgemäße Nutztierhaltung gehört dazu, eine Stiftungsprofessur für Angewandte Nutztierethologie, Forschungsaufträge zur Ökologisierung der Landwirtschaft, Buchpublikationen über die Schädigung der Pflanzengesundheit durch synthetische Düngemittel oder über die Entwicklung eines Tests zur Lebensqualität von Nahrungsmitteln.

4 Warum echte Bio-Produkte doch gesünder sind

Kann man essen, was im Supermarkt ohne Ökogarantie angeboten wird, ohne gesundheitlichen Schaden zu erleiden? Das ist eine heikle Frage. Denn auf der einen Seite kann es gar keinen Zweifel geben: Trotz der Horrormeldungen über Hormonskandale und Glykolwein, über Salmonellenvergiftungen und über DDT- oder Lindan-Reste auf Südfrüchten aus Entwicklungsländern steht die deutsche Lebensmittelüberwachung im internationalen Vergleich gut da. Grundsätzlich werden sämtliche Warengruppen und Betriebsformen kontrolliert. Auch wenn die amtliche Überwachung immer nur Stichproben machen kann, bleiben die schwarzen Schafe in der Landwirtschaft, in der Lebensmittelindustrie und im Handel selten lange unentdeckt.

Auf der anderen Seite trifft aber auch zu, daß unsere Lebensmittel mit chemischen Zusatzstoffen, mit Rückständen aus Dünge- und Pflanzenbehandlungsmitteln und mit Schadstoffen aus Luft und Wasser belastet sind und diese Belastung sich auf verschiedene Menschen unterschiedlich auswirkt. Nicht nur Kleinkinder und alte Menschen sind in besonderem Maße anfällig.

Mit Gesetzeskraft wurden zwar Höchst- und Grenzwerte für Schadstoffe festgelegt, und wer sie überschreitet, macht sich strafbar, und die beanstandeten Lebensmittel müssen aus dem Verkauf genommen werden. Für viele Stoffe jedoch wurden keine gesetzlichen Höchstwerte festgelegt, sondern nur Richtwerte, deren Übertretung in Grenzen geduldet wird. Hinzu kommt, daß die sogenannte »unwirksame Dosis« eines Schadstoffes in Tierversuchen ermittelt werden muß. Bei der Festsetzung des zulässigen Höchstwertes wird dann zwar die unterschiedliche Empfindlichkeit von Mensch und Tier berücksichtigt, aber unter Medizinern gilt längst als erwiesen, daß es für viele Stoffe keine garantiert »unwirksame Dosis« gibt und auch scheinbar harmlos geringe Konzentrationen zur Gefahr werden können – und zwar auch durch ihre Kombinationswirkung. Ganz zu schweigen von Langzeitwirkungen bei regelmäßiger Aufnahme bestimmter Schadstoffe.

Von der Schadstoffbelastung der Lebensmittel einmal abgesehen, ist in puncto gesunde Ernährung noch ein anderer Faktor wesentlich: In Deutschland wird zuviel, zu fett, zu süß und auch zu hastig gegessen. Viel zu viele Menschen essen sich krank. Experten schätzen, daß die ärztliche Behandlung ernährungsabhängiger Krankheiten jährlich die Summe von rund 80 Milliarden Mark verschlingt, das sind im Durchschnitt 1000 Mark pro Kopf.

Schätzen Sie Ihr persönliches Gesundheitsrisiko ein! Mit dem Fingerabdruck, der bei jedem unserer sechs Milliarden Zeitgenossen anders ist, hat man die »biochemische Individualität« des Menschen verglichen. Oder anders gesagt: Obwohl die hochkomplizierte chemische Fabrik des menschlichen Stoffwechsels in jedem Individuum grundsätzlich nach den gleichen Regeln arbeitet, unterscheidet sie sich von Mensch zu Mensch. Der eine verträgt mehr als der andere. Kommt es bei dem einen nach einem salmonellenbelasteten Frühstücksei nicht einmal zu einer Magenverstimmung, muß der andere mit Vergiftungserscheinungen ins Krankenhaus eingeliefert werden. Bei der Anfälligkeit für oder der Widerstandskraft gegen Allergien – die ja sowohl von natürlichen wie von chemischen Reizstoffen ausgelöst werden können – wird noch deutlicher, wie unterschiedlich von Individuum zu Individuum die Fähigkeit entwickelt ist, trotz Umweltgiften und schadstoffbelasteter Ernährung gesund zu bleiben.

Geduldige Selbstbeobachtung – oder, wie Psychologen sagen: Selbstwahrnehmung – ist darum eine wichtige Voraussetzung für die individuell richtige Auswahl von Lebensmitteln. Das gilt natürlich erst recht für Eltern bei der Wahl der Kindernahrung: Nicht nur allgemeine Ratschläge – etwa zum Thema Stillen – sind zu berücksichtigen, sondern auch die Reaktionen des Kindes auf die Lebensmittel.

Fragen wie die folgende liegen nahe: Wieviel Fisch darf man essen, wenn man weiß, daß der Verzehr von Seefisch empfohlen wird, aber auch vor den Schadstoffrückständen gewarnt wird? Auf solche Fragen gibt es keine Antworten, die allgemeingültig mit gutem Gewissen gegeben werden können. Sie finden sie darum auch in diesem Buch nicht. Vielmehr empfehlen wir Ihnen Vorsicht bei der Zusammenstellung Ihres Speiseplans und meinen zugleich, daß man sich die Freude an gutem Essen nicht durch sektiererhafte Prinzipienreiterei verderben lassen sollte.

Wenn Sie nicht das Glück haben, einen guten Naturkostladen in Ihrer Nähe zu haben, werden Sie öfters konventionell produzierte Lebensmittel im Supermarkt einkaufen, ebenso, wenn der Preisunterschied zwischen beiden die Haushaltskasse zu schmerzhaft belastet. Aber in Ihrem eigenen Interesse tun Sie gut daran,

1. möglichst oft möglichst unbelastete Lebensmittel zu sich zu nehmen,
2. möglichst abwechslungsreich zu essen (z. B. sich auf keinen Fall einseitig von Fleisch zu ernähren),

3. Ihren Speiseplan nach Ihrer persönlichen Gesundheitsdisposition zu gestalten – und zwar auch in Absprache mit Ihrem Arzt.

Sie werden sich wohler fühlen, Sie werden seltener krank werden – und vor allem: was auf den Tisch kommt, wird gut schmecken.

Guten Appetit!

5 Bestrahlung – die unsichtbare Manipulation

Auch wenn in der Bundesrepublik Deutschland (wie auch in Österreich) das Bestrahlen von Lebensmitteln verboten ist, dürfen doch seit dem 1. Januar 1993 bestrahlte Lebensmittel aus EG-Ländern hier verkauft werden – ohne Kennzeichnungspflicht, versteht sich. Bereits jetzt werden in Ländern wie Belgien, Frankreich und Italien Gewürze, Kartoffeln und Zwiebeln bestrahlt, in den Niederlanden sogar Krabben, Fischfilets, Muscheln und Froschschenkel; in der Bundesrepublik Deutschland wie in Großbritannien wird mittels Bestrahlung auch die Kost für Krankenhauspatienten sterilisiert. Weltweit werden jährlich schon über 500 000 Tonnen Lebensmittel bestrahlt.

Der Vorteil der Bestrahlung liegt darin, daß sie das Wachstum von Keimen, etwa bei Kartoffeln und Zwiebeln, verringert, bei Früchten den Befall durch Pilze hemmt und die Insekten- und Parasitenbekämpfung bei Getreide oder Trockenobst ersetzt. Die Lebensmittel können somit länger gelagert und weiter transportiert werden und bleiben für das Auge frisch und knackig. Bei Waren, die schon kurz vor dem Verderb stehen, kann der Fäulnisprozeß durch Bestrahlung noch aufgehalten werden.

Die Lebensmittel selbst werden durch die Bestrahlung nicht radioaktiv. Aber nach einem Report der Zeitschrift *Ökotest* zeigten Tierversuche, daß durch den Verzehr von Lebensmitteln, die einer hohen Strahlendosis ausgesetzt waren, wie sie zur Sterilisierung notwendig ist, erbgutverändernde Wirkungen eintreten können; auch Fruchtbarkeitsstörungen wurden beobachtet. In jedem Fall zersetzt die Bestrahlung die Vitamine, das Eiweiß und die Fettsäuren der Lebensmittel und reduziert damit den Nährwert der Speisen.

Die Arbeitsgemeinschaft der Verbraucherverbände protestierte schon 1990 dagegen, daß bei der Bestrahlung von Milch, Frischobst und Gemüse weite Bevölkerungskreise mit Vitamindefiziten zu rechnen hätten. Das Londoner Food Irradiation Network meinte: »Käufer werden dazu verleitet, bestrahlte Nahrungsmittel als gesund und vollwertig zu betrachten, obwohl die Ware aller Wahrscheinlichkeit nach älter und von geringerem Nährwert ist. Unter diesen Umständen gibt es beachtliche Möglichkeiten für Betrug – für das, was sich am besten als das ›Fälschen‹ von frischen Lebensmitteln bezeichnen läßt.« Ein weiterer und wichtiger Grund also, seine Lebensmittel bei vertrauenswürdigen Produzenten in der Region oder bei bewährten Bio-Erzeugergenossenschaften zu kaufen.

6 Gentechnik – unvermeidlich oder entbehrlich?

Trotz aller Raffinesse bei der Aufzucht und Verarbeitung von Nahrungsmitteln müssen industrielle Agrarproduzenten immer wieder einsehen, daß viele Nutzpflanzen und -tiere »Nachteile« besitzen, die nicht ohne weiteres korrigierbar sind. Viele Pflanzen sind frostempfindlich, viele Früchte werden matschig, wenn man sie einfriert, und Tiere bestehen nicht nur aus mageren Filetstücken, die der Verbraucher so sehr schätzt, sondern auch aus Haut und Haaren, aus Knochen, Fett und Knorpeln. Wer in diesen Dingen die Natur korrigieren will, der muß auf der Grundebene des Lebens ansetzen: bei den Genen, den Trägern der Erbinformation.

Die Anwendungsmöglichkeiten der Gentechnik im Bereich der Lebensmittelerzeugung sind vielfältig und müssen hinsichtlich der Tiefe und der Auswirkungen des menschlichen Eingriffs in die Natur differenziert betrachtet werden. Es besteht ein gewaltiger Unterschied darin, Nutzpflanzen oder Nutztiere gentechnisch zu verändern oder von gentechnisch veränderten Mikroorganismen Aromen, Enzyme oder Vitamine produzieren zu lassen, die als Zusatzstoffe in Nahrungsmitteln verwendet werden. So wird etwa Chymosin, ein aus Kälbermägen isoliertes Lab-Enzym, das als Milchgerinnungsmittel bei der Käseherstellung verwendet wird, heute mit gentechnisch veränderter Bäckerhefe produziert. In Italien und der Schweiz wurde das naturidentische Enzym bereits zugelassen.

In der öffentlichen Diskussion wird die Gentechnik häufig pauschal verdammt, ohne zwischen den verschiedenen Anwendungsmöglichkeiten zu differenzieren.

Oft wird übersehen, daß die gentechnische Veränderung von Mikroorganismen etwa im pharmazeutischen Bereich dem Menschen schon unschätzbare Dienste erwiesen hat (seit 1978 kann menschliches Insulin gentechnisch erzeugt werden, seit 1980 Interleukin und Interferone).

Mit der Erforschung von Anwendungsmöglichkeiten in der Landwirtschaft wurde in den achtziger Jahren in den USA begonnen. Das ehrgeizige Ziel, Nutzpflanzen so zu verändern, daß sie unter extremen Bedingungen hohe Ernteerträge bringen, frostunempfindlich und resistent gegenüber Schädlingen werden, ist bisher nur partiell und nur in einzelnen Fällen erreicht worden. Die Manipulation von Nutzpflanzen stellt sich weitaus komplizierter dar als die Manipulation von Mikroorganismen, die Enzyme, Hormone, Aminosäuren, Vitamine und andere Stoffe in großen Mengen produzieren.

So wurden denn auch die ersten gentechnischen Versuche, Nutzpflanzen die gewünschten Eigenschaften zu verleihen, nicht an diesen selbst vorgenommen, sondern an Mikroorganismen, die in enger Gemeinschaft mit den Pflanzen leben. 1987 testete der amerikanische Pathologe Steven Lindow gentechnisch veränderte Bakterien, die auf der Oberfläche von Pflanzen leben und ein Eiweiß produzieren, das die Bildung von Reif bei Temperaturen nahe dem Gefrierpunkt auslöst. Den manipulierten Bakterien war das Gen, welches für die Eiweißproduktion verantwortlich ist, »ausgebaut« worden. Ähnliche Versuche wurden mit gentechnisch veränderten Mikroben unternommen, die Stickstoffe für Pflanzen bilden, auf denen sie leben, oder toxische Stoffe produzieren, die Schädlinge abwehren. Die von Ökologen gegen diese Versuche erhobene Kritik konzentriert sich hauptsächlich auf die Gefahr, daß so manipulierte Mikroorganismen sich unkontrolliert verbreiten und außerhalb der gewünschten Anwendungsgebiete das ökologische Gleichgewicht stören.

Eine Verarmung der Artenvielfalt und eine Störung des ökologischen Gleichgewichts befürchten Ökologen auch, wenn Nutzpflanzen selbst gentechnisch verändert werden. Fragwürdig erscheint es auch, daß seit Mitte der achtziger Jahre chemische Unternehmen, die mit dem weltweiten Verkauf von Unkrautvernichtungsmitteln jährlich um 4 Milliarden Dollar verdienen, daran arbeiten, Nutzpflanzen gentechnisch so zu verändern, daß sie resistent gegen Herbizide werden – auch wenn diese, wie etwa Glyphosphat, für Säugetiere ungiftig sind und schnell zu harmlosen Stoffen abgebaut werden.

Was die Anwendungsmöglichkeiten der Gentechnik in der Nutztierwirtschaft anbelangt, so konzentrieren sich die Anstrengungen auf gentechnisch veränderte Mikroorganismen, die als Miniaturfabriken für die Herstellung von Medikamenten, Hormonen und anderen Stoffen dienen, welche zum Wachstum der Tiere, als Medikamente gegen Krankheiten und als Mittel zur Erhöhung der Milchproduktion eingesetzt werden.

Die Diskussion um die Gefahren der Gentechnik wird die Entwicklung dieser Zukunftstechnologie nicht aufhalten, denn sie verspricht riesige Gewinnchancen für die Industrie und Landwirtschaft.

Was die Anwendung der Gentechnik in der Lebensmittelindustrie anbelangt, so wird in Brüssel derzeit eine Novel-Food-Verordnung vorbereitet, die den Handel mit sogenannten neuartigen Lebensmitteln regeln soll. Um welche Lebensmittel es sich dabei handeln wird und wie diese manipuliert werden, das ist noch weitgehend ungewiß. Sicher ist nur, daß vieles von dem, was heute in den Labors vorbereitet wird, in Zukunft auch auf den Markt kommt, denn »nichts wird die Gentechnik stoppen, dazu bietet sie zu viele Chancen« (Jost Herbig).

Ob Öko-Produkte von der Gentechnik ganz freizuhalten sind, scheint noch zweifelhaft. Einer »Kriegserklärung an die Bio-Bauern«, so das Umwelt-Magazin »Greenpeace« (Nr. 2/93), kommt die Ergänzungsverordnung der EG-Kommission gleich, nach der das Bio-Siegel »aus ökologischem Anbau« auch solche Lebensmittel auszeichnen darf, die mit gentechnisch produzierten Mikroorganismen – etwa Backhefen – hergestellt wurden. Beim Europäischen Gerichtshof wurde eine Klage des Straßburger Europäischen Parlaments gegen diese Ergänzungsverordnung eingebracht. Auch unter Europas Volksvertretern fühlten viele sich brüskiert und argwöhnten, mit dem Freibrief für gentechnische Zusatzstoffe solle dem ökologischen Landbau der Vormarsch auf dem Lebensmittelmarkt verstellt werden.

7 Food Design: »light«, »fast« & Co.

Weniger ist mehr. Mit dieser bewährten Regel verdienen sich viele Lebensmittelhersteller eine goldene Nase. Dem Verbraucher, der den Vorwurf zu reichlichen Nahrungsmittelkonsums nicht auf sich sitzenlassen mag und eine schlankere Figur anstrebt, kommen Light-Produkte wie gerufen, die weniger Kalorien und Eßgenuß ohne Reue verheißen.

Nährstoffdichte (mg/1000 Kilojoule) einzelner Fast-food-Produkte im Vergleich mit anderen Nahrungsmitteln

	Kalzium	Eisen	Vitamine			
			A	B₁	B₂	C
Cola-Getränk (0,33 l)	22	0	0	0	0	0
Apfeltasche	23	0,5	0	0,07	0,02	nicht analys.
Pommes frites (mittlere Portion)	8,2	0,7	0	0,17	0,03	4
Hamburger	93,6	1,4	0,01	0,09	0,1	nicht analys.
Chef-Salat	161,2	1,03	0,07	0,26	0,33	3
Vollmilch (0,25 l)	448	0,37	0,12	0,11	0,67	5
Apfel und Joghurt	299	0,81	0,07	0,13	0,47	25

Auswertungs- und Informationsdienst für Ernährung, Landwirtschaft und Forsten (AID), »Fast Food - Essen auf die Schnelle«, S. 12.

Lebensmittel, die als Light-Produkte in den Handel kommen, werden in vielerlei Hinsicht verändert. Die Kalorienreduzierung ist nur ein möglicher von mehreren Bearbeitungsschritten. Mit dem lebensmittelrechtlich nicht geschützten Begriff »light« (auch: leicht, limit) werden auch coffeinarme oder entcoffeinierte Kaffeesorten angeboten, nikotinarme Tabakwaren, alkoholarme oder alkoholfreie Biere und ganz allgemein leicht Bekömmliches und leicht Verdauliches.

Echte Light-Produkte mit verringertem Energiegehalt müssen als »kalorienarm« (nicht mehr als 50 kcal in 100 g des verzehrfertigen Lebensmittels, bei Suppen, Getränken oder Brühen nicht mehr als 20 kcal je 100 ml) oder als »kalorienreduziert« (40 Prozent weniger Kalorien als vergleichbare normale Lebensmittel) gekennzeichnet sein. Solche Produkte werden beispielsweise mit Luft oder Stickstoff aufgeschäumt, um mehr Volumen, aber unverändertem Energiegehalt je Gewichtseinheit zu erreichen, sie enthalten Süßstoff statt Zucker oder Wasser statt Fett, beispielsweise in »Light«-Butter.

Die darf dann auch nicht mehr Butter heißen, sondern ist ein »fettreduziertes Streichfett« und wegen des Wassergehalts zum Braten und Backen nicht mehr geeignet.

Food Design, wie es sich immer mehr durchsetzt, meint aber nicht nur die Light-Produkte, sondern auch Fast food. Diese Form des Essens, ursprünglich im Stehen genossen, hat sich in vielen Variationen in vermutlich allen Ländern dieser Erde entwickelt: von der deutschen Bockwurstbude und dem britischen »Fish and Chips« bis hin zum griechischen Gyros, dem türkischen Kebab oder den Garküchen in den Metropolen Asiens. Heute allerdings hat auch Fast food einen fast weltweit gültigen Maßstab: die Hamburger-Ketten zweier US-Firmen, die – ähnlich wie Coca-Cola – die Grenzen der westlichen Zivilisation auf unserem Globus sehr präzise markieren und immer wieder in die Kritik geraten. Nicht nur, weil diese Form des Essens unnötig viel Abfall produziert, den Fleischkonsum weiter steigert und mit Eßkultur nur wenig zu tun hat, sind doch die entsprechenden Restaurants bewußt so gestaltet, daß der Gast nur so lange bleibt, wie er zum Verzehr der Speisen benötigt.

Auch die Qualität dieser Speisen war immer wieder umstritten. Ein Hamburger ist in wenigen Minuten gegessen, aber der Körper antwortet auf Nahrungszufuhr frühestens nach drei Minuten, in der Regel aber erst nach einer Viertelstunde mit einem Sättigungsgefühl, so daß der Fast-food-Kunde entweder hungrig vom Tisch aufstehen muß oder mehr verzehrt, als er wirklich braucht. Auch die Nährstoffdichte der Produkte, also die Menge der Nährstoffe pro Energie-Einheit, ist wenig überzeugend. Wer sich bevorzugt von Hamburgern mit Pommes frites und Cola ernährt, wird auf Dauer an Vitamin-, Calcium- und Eisenmangel leiden; allerdings verbessert schon ein Glas Milch oder Orangensaft die Nährstoffbilanz deutlich (siehe Tabelle Seite 23).

Ernährungsphysiologisch also ist Fast food zwar nicht unbedingt optimal, aber auch nicht völlig wertlos. Und vermutlich ist das auch nicht der größte Nachteil dieser Eßkultur. Er liegt wohl eher darin, daß sie ein Anspruchsdenken züchtet, wonach Speisen an allen Orten und zu allen Zeiten gleich schmecken müssen, was sie natürlicherweise nicht tun. Und darin, daß diese Form der Gastronomie mit ihren standardisierten Angeboten einer vielfältigen Landwirtschaft, die auch kleinen Familienbetrieben eine Existenz ermöglicht, keine Chance läßt.

Inzwischen gibt es schon den »alternativen Hamburger«: Bratlinge aus Grünkern, Ei, Petersilie und Pfeffer mit Vollkornbrötchen, Kräuterquark, Gewürzgurken, Tomaten und Zwiebeln.

Solche Rezepte – mehr davon stehen in: »›Hamburger‹ einmal anders«, herausgegeben von der Verbraucherzentrale Hamburg e.V. – beweisen, daß man Fast food auch aus naturbelassenen Lebensmitteln zubereiten kann – ohne am ökologischen Raubbau beteiligt zu sein, der zur Produktion der Hamburger-Fleischportionen betrieben wird.

Damit der Verbraucher sich ohne großen Zeitaufwand eine Mahlzeit zubereiten kann, werden mehr und mehr haltbar gemachte Fertiggerichte und »Convenience«-Produkte angeboten. Sie sollen möglichst lange und ohne Geschmacksveränderung haltbar sein, dennoch Aroma besitzen, und ihre Zubereitung soll so einfach wie möglich sein, also ohne Zugabe weiterer Stoffe. Auch wenn die Lebensmittelchemiker ihre schwierige Aufgabe zugegebenermaßen mit Bravour erfüllen und die Produkte mit Eigenschaften ausstatten, die sie von Natur aus nicht haben – mit frischen, naturbelassenen Lebensmitteln haben diese Produkte nichts mehr zu tun.

8 Zusatzstoffe: Kennzeichnung tut not

Konfrontiert mit der Forderung nach genauerer Kennzeichnung dessen, was ihre Produkte an Zusatzstoffen enthalten, haben Vertreter der Lebensmittelindustrie schon mit dem Argument gekontert, sie müßten dann so große Packungen herstellen, daß der Abfallberg noch schneller wachsen würde. Seit der Öffnung der EG-Binnengrenzen Anfang 1993 wäre eine Kennzeichnungspflicht allerdings noch dringlicher. Denn eine Harmonisierung der Bestimmungen, welche Zusatzstoffe in welchen Mitgliedsländern der EG erlaubt sind, steht noch immer aus. Nach der deutschen Lebensmittel-Kennzeichnungsverordnung für fast alle verpackten Lebensmittel müssen neben der sogenannten Verkehrsbezeichnung (beispielsweise »Deutsche Markenbutter« oder »Salatmayonnaise«) folgende Angaben auf der Verpackung erscheinen:

1. die Mengenangabe (nach Gewicht oder Volumen, in Sonderfällen auch nach Stückzahl);
2. das Mindesthaltbarkeitsdatum, gegebenenfalls mit Temperaturhinweis;

3. das Zutatenverzeichnis, aufgezählt nach Gewichtsanteil, in bestimmten Fällen auch mit EWG-Nummer, was beispielsweise bei den unterschiedlichen Konservierungsstoffen wichtig ist.

Bei »loser Ware« ebenso wie bei Packungen ohne Zutatenliste muß die Verwendung von Zusatzstoffen auf einem Schild neben der Ware gekennzeichnet sein. Diese Vorschriften sollen dem Warenvergleich und dem Schutz des Verbrauchers dienen. Um sich allerdings in der großen Familie der Zusatzstoffe auszukennen, bedarf es fast schon eines einschlägigen Studiums, schließlich zählen dazu Farb- und Konservierungsstoffe, Antioxidations-, Verdickungs-, Mehlbehandlungs-, Säuerungs-, Backtrieb- und Geliermittel, Stabilisatoren, Süßstoffe, Aromaverstärker, Säureregulatoren und Schaumverhüter. Ein Zusammenhang zwischen den steigenden Dosen dieser Zusatzstoffe, die wir über industrielle Lebensmittel zu uns nehmen, und der Zunahme von Lebensmittelallergien ist bislang nicht bewiesen.

Erschwerend für den Verbraucher kommt hinzu, daß Zusatzstoffe nicht namentlich, sondern durch eine Zahl, die EWG-Nummer, gekennzeichnet sind. Das Verzeichnis dieser Nummern – über drei Druckseiten – kann man beim Auswertungs- und Informationsdienst für Ernährung, Landwirtschaft und Forsten AID (s. Adreßteil) anfordern. Hier ein kurzer Überblick:

E 100 bis E 180 Farbstoffe
Sie kommen meist aus der Chemiefabrik, doch E 160a (Carotin) und E 162 (Farbstoff der roten Bete, Betulin) sind natürliche Farbstoffe. Wegen des Verdachts der Gesundheitsgefährdung verlangen einige Verbände das Verbot von Azo-Farbstoffen. Es handelt sich um E 102, 110, 122, 123, 124, 151, 180.

E 200 bis E 290 Konservierende Stoffe
Sie sollen frühen Befall mit Schimmel und Mikroben unterdrücken. Einige Gruppen sind nicht unbedenklich.

E 200 bis E 203 Sorbinsäure und -salze
Im menschlichen Stoffwechsel abbaubar, relativ harmlos.

E 210 bis E 213 Benzoesäure und -salze
Nicht abbaubar im normalen Stoffwechsel, belasten die Leber, sind aber auch natürlicher Bestandteil von Preisel-, Johannisbeeren und Pflaumen.

E 214 bis E 219 p-Hydroxibenzoesäure-Ester (PHB-Ester)
Pilztötend, geschmacklich nachteilig. Wirken auf die Blutgefäße erweiternd.

E 220 bis E 227 Schwefelverbindungen
Hemmen Enzyme im Organismus und verstärken den Abbau des wichtigen Vitamins B_1. »Geschwefelt« muß auf der Verpackung stehen, wenn mehr als 50 mg pro kg des Nahrungsmittels enthalten sind.

E 230 bis E 233 Oberflächenbehandlungsmittel
Die unangenehm stechend riechenden Konservierungsstoffe auf den Schalen der Zitrusfrüchte und Bananen.

E 236 bis E 238 Ameisensäure und -salze
Giftig, aber in kleinen Mengen (0,25 Prozent in Fruchtsäften) erlaubt.

E 250 bis E 252 Nitrit- und Nitratsalze
Pökelsalze in Fleischwaren (s. S. 53 über die Wirkung). Besonders bedenklich in Verbindung mit Aminen (Eiweißstoffen).

E 260 bis E 263, E 270, E 290 Säuerungsmittel
Natürliche Stoffe wie Essig- und Milchsäure und Kohlendioxid.

E 300 bis E 321 Antioxidantien
Dazu gehören der natürliche Stoff Zitronensäure und seine Verbindungen, natürliches sowie synthetisch hergestelltes Vitamin E (E 306–309). Gewarnt wurde vor E 320 (BHA) und E 321 (BHT), da sie Allergien auslösen können.

E 338 bis E 341, E 343, E 450, E 540, E 543, E 544 Phosphate
Sie binden Wasser in Fischstäbchen und saftigen Würsten und verleihen dem Joghurt Sämigkeit. Sie stehen in Verdacht, bei Kindern das hyperkinetische Syndrom auszulösen (motorische Unruhe). Generell liegt bei unserer Bevölkerung eine Überversorgung mit Phosphat vor.

E 400 bis E 466 Verdickungs- und Geliermittel, Stabilisatoren
Oft natürlichen Ursprungs, wie E 406 Agar-Agar, E 413 Tragant, E 440 Pektin, doch sogar E 410 (Johannisbrotkernmehl) wird von manchen Menschen schlecht vertragen.

E 422, E 470 bis E 475 Emulgatoren
Sie werden meist nicht mit der speziellen E-Nummer angezeigt. Sie sind in cremigen Substanzen wie Desserts und in Margarine enthalten. Über Gesundheitswirkungen ist nichts Nachteiliges bekannt.

E 620 bis E 625 Glutamat zur Geschmacksintensivierung
Es ist verantwortlich für das China-Restaurant-Syndrom (da es auch in der ostasiatischen Küche verwendet wird), das mit Kopfschmerzen und Herzklopfen auftritt.

Aromastoffe
Sie haben keine E-Nummer, werden auch nicht mit der chemischen Bezeichnung genannt. Die »naturidentischen Aromastoffe« werden synthetisch hergestellt, sind den natürlichen chemisch gleich. Die »künstlichen Aromastoffe« werden chemisch hergestellt und kommen in der Natur nicht vor.

Schon dieser kursorische Führer durch die Welt der Lebensmittelchemie läßt erahnen, was man sich und der Umwelt erspart, wenn man seine Nahrung von den Bio-Bauern in der näheren Umgebung bezieht – sei es, daß man die Produkte direkt am Hof kauft, sei es, daß man sich einer Bezugsgemeinschaft anschließt oder sonstige Angebote nutzt. Nicht immer werden Sie allerdings das Glück haben, in Ihrer näheren Umgebung einen großen Bio-Hof zu finden, der alles produziert, vom Käse bis zum Fleisch, vom Brot bis zum Gemüse. Um Ihnen lange Wege zu ersparen, haben wir eine umfangreiche Adressenliste in diesem Buch zusammengetragen, die Ihnen einen Überblick gibt, wo Sie Ihre biologisch erzeugten Lebensmittel kaufen können, und einige Informationen dazu bereitstellt, wie sie erzeugt werden und worauf der Verbraucher im Umgang mit ihnen achten sollte.

Gesunde Lebensmittel:
Was man wissen
und worauf man achten
sollte

9 Getreideerzeugnisse: Brot, Backwaren, Teigwaren, Müsli

Getreideerzeugnisse sind weltweit das wichtigste Grundnahrungsmittel. Sie decken den größten Anteil des Nahrungsbedarfs. Auf 80 Prozent der Ackerflächen weltweit werden die zu den Gräsern zählenden Getreidearten Weizen, Roggen, Reis, Mais, Hirse, Hafer und Gerste sowie das Knöterichgewächs Buchweizen angebaut. In Europa dominieren die beiden Brotgetreidearten Weizen und Roggen.

Bestandteile

Im Getreidekorn sind fast alle Nährstoffe enthalten, die wir brauchen: ein beachtlicher Gehalt an Eiweiß, etwas Fett, und zwar mit mehrfach ungesättigten Fettsäuren, dazu, als Hauptanteil, Kohlenhydrate in Form von Stärke und darüber hinaus die Vitamine aus dem Vitamin-Bereich, das für den Fettstoffwechsel und die Fortpflanzungsfähigkeit wichtige Vitamin E und Mineralstoffe wie zum Beispiel Eisen, Kalzium, Kalium und Magnesium.
Die wertvollsten dieser Vitamine und Mineralien sind im Keimling und in der direkt unter der Samenschale liegenden Aleuronschicht enthalten. Sie gehen verloren, wenn zur Herstellung ganz hellen Mehls, das in Europa traditionell als das feinste und edelste gilt, die Randschichten des Korns entfernt werden. Mehl der Type 405 hat nur noch die Hälfte des Fettanteils, nur noch ein Drittel des Kalzi-

ums, ein Fünftel des Kaliums und des Vitamins B_1, 70 Prozent weniger Vitamin B_2 und 50 Prozent weniger Vitamin B_6 als Getreidekörner. Angesichts dieser Werte werden die Empfehlungen, möglichst nur vollwertige Getreideprodukte zu verwenden, verständlich.

Wenn man sich überwiegend mit Produkten ernährt, die aus Feinmehlen stammen (Weißbrot und -brötchen, helles Gebäck, helle Nudeln, Mehlspeisen), treten früher oder später Vitamin- und Mineralmangelerscheinungen auf. Zudem wird der Körper mit zu hohen Stärke-(Kohlenhydrat-)Anteilen überschwemmt. Gesundheitsstörungen können die Folge sein (etwa die Aktivierung einer Veranlagung zu Zuckerkrankheit). Doch muß man nicht auf ein Stück Geburtstagstorte oder das Feiertags-Milchbrötchen verzichten. Sie sind Genußmittel, die bei einer ausgewogenen Ernährung nicht schaden.

Getreideverarbeitung

Das Getreidekorn wird meist unter Hitzeeinwirkung verarbeitet und selten zum rohen Verzehr verwendet. Nur ein geringer Anteil des in Europa konsumierten Getreides wird als Müsli aus geschroteten Körnern, als rohe gequollene Körner oder als gekeimtes Korn verzehrt. Der Grund dafür ist, daß die Hauptinhaltsstoffe des Getreidekorns durch Erhitzen besser aufgeschlossen werden und damit leichter verdaulich sind. Zwar werden beim Kochen und Backen Vitamine zum Teil zerstört, doch die freigesetzte Stärke, ein von Pflanzen bei der Photosynthese gebildeter Mehrfachzucker, ist eine unverzichtbare Energiequelle. Das Weizenkorn besteht zu 60 bis 70 Prozent aus Stärke, Reis sogar aus bis zu 80 Prozent. Stärke wird im Organismus durch Enzymeinwirkung zu Einfachzucker umgewandelt, der zu Glucose abgebaut wird und in dieser Form den Körperzellen Energie spendet. Das Getreidekorn ist eine natürliche Lebensmittelkonserve, es hält sich, wenn es dunkel, trocken und luftig aufbewahrt wird, zwei Jahre und länger. Sorgfalt bei der Lagerung genügt, um es vor Verderb durch Schädlinge und Pilze (Schimmel) zu schützen. Sobald aber durch Schroten oder Mahlen das Korn und seine schützende Samenschale aufgebrochen sind, werden die Fett- und Eiweißanteile des Keimlings und der Aleuronschicht den Einflüssen von Licht und Luft ausgesetzt und können sich verändern – zum Nachteil des Geschmacks. Die Fettanteile beispielsweise werden ranzig und verlieren an Nährwert. Überlagertes Vollkornmehl (oder -schrot) kann daher einen bitteren Geschmack annehmen.

Aus diesem Grund ziehen es manche Verbraucher vor, ihr Schrot und Mehl vor dem Verbrauch selbst zu mahlen. Sie erhalten auf diese Weise auch Mehl aus dem vollen Korn mit allen wichtigen Nährstoffen.

Konventioneller Getreideanbau

Der von der Landwirtschaft in Deutschland betriebene Getreideanbau stand in den letzten vier Jahrzehnten im Zeichen einer enormen Ertragssteigerung. Zwischen den fünfziger und den achtziger Jahren verdoppelte sich (in den damaligen Grenzen der Bundesrepublik) der Pro-Hektar-Ertrag. Das war nur durch eine intensive Erhöhung der Düngergaben möglich: Die Verdoppelung der Ernte erforderte zum Beispiel mehr als die Vervierfachung der Stickstoffzufuhr und die Verdoppelung der Phosphat-, Kali- und Kalkzufuhr.

Um das durch die üppige Düngung verursachte, jedoch unerwünschte Längenwachstum der Halme zu verhindern, werden chemische Präparate zur Halmverkürzung eingesetzt. Hochleistungssorten der Getreidepflanzen sind schon wegen der Monokultur anfällig für Schädlingsbefall. Daher müssen immer konsequenter Insektizide und Fungizide gegen Insektenbefall und Pilzerkrankungen eingesetzt werden. Um die Acker-Begleitflora wie Kornblumen, Ackerwinde und andere Pflanzen im Wachstum einzudämmen, werden außerdem Herbizide gespritzt.

Mehrere synthetische Mittel, die zu diesem Zweck angewendet werden, haben sich im Lauf der Jahre als »chemische Keulen« mit gefährlichen Nebenwirkungen erwiesen. So wurden bestimmte Insektizide und Herbizide wegen ihrer Gesundheitsschädlichkeit in Europa verboten (DDT, Atrazin, Lindan) und durch angeblich unschädliche Mittel ersetzt.

Doch trotz des Einsatzes von Pestiziden und Kunstdüngergaben ist das Getreide aus konventionellem Anbau keineswegs mit Schadstoffen verseucht. Soweit Rückstände nachgewiesen wurden, lagen sie in aller Regel deutlich unter den erlaubten Grenzwerten. (Natürlich sind diese nicht unumstritten, doch kann in diesem Rahmen darauf nicht näher eingegangen werden.) Ob aus konventionellem oder ökologischem Anbau: Unser Brot ist in aller Regel ein Lebensmittel ohne gesundheitsschädliche »Zutaten«.

Überdies ist es der chemischen Industrie gelungen, beispielsweise bei den Insektiziden die giftigen Chlorkohlenwasserstoffverbindungen durch andere Mittel zu ersetzen, die rasch zerfallen und nicht im Organismus gespeichert werden. Die Rückstände sind in den letzten Jahren insgesamt, also auch bei den Produkten aus konventionellem Anbau, zurückgegangen.

Andere Schadstoffe werden im Getreide sowohl aus konventionellem wie aus ökologischem Anbau nachgewiesen. Es sind die allerorts vorhandenen Schadstoffe in der Luft, im Regen und Boden, die natürlich auch auf die ökologisch bewirtschafteten Felder gelangen. Betroffen davon sind neben dem Getreide natürlich auch Obst und Gemüse.

Doch obwohl also Getreide aus konventionellem Anbau nicht stark schadstoffbelastet ist und man demnach Getreideprodukte wie Brot, ohne gesundheitliche Bedenken haben zu müssen, überall, also nicht nur im Bio-Laden, einkaufen kann, gibt es einen wesentlichen Grund, Getreideprodukte doch beim Bio-Bäcker oder im Bio-Laden zu kaufen: Man unterstützt durch die Nachfrage die Ausbreitung des ökologischen Landbaus und leistet damit einen Beitrag zum Umweltschutz. Denn die in Deutschland jährlich ausgebrachten 40 000 Tonnen Pestizide (pro Bundesbürger 1 Pfund) belasten nicht nur die angebauten Nutzpflanzen, sondern auch unsere Böden, die Luft und das Wasser nachhaltig.

Getreideanbau auf naturverträgliche Art

Der Landwirt, der sich zum ökologischen Anbau entschlossen hat, verzichtet vor allem auf zweierlei: auf leichtlöslichen Mineraldünger und auf jegliche chemisch-synthetischen Pflanzenschutzmittel.

Wer ökologisch wirtschaftet, kann sich nicht allein darauf beschränken, das Schädliche auszuschalten; er muß mehr als der konventionelle Landwirt auf die Pflege des Bodens achten, auf die Wahl der nach Bodenqualität und Klima bestgeeigneten Fruchtfolgen, wie es etwa der 1982 in München gegründete Naturland-Verband in seinem »Katalog der Hoffnung« beschreibt:

> »Naturland-Bauern gehen mit Energie und Rohstoffen sparsam um. Zum Beispiel durch die Einsaat von Leguminosen (Hülsenfrüchtlern). Klee und Wicken holen Stickstoff aus der Luft, statt tonnenweise Erdöl zu verschlingen wie synthetische Mineraldünger, die mit hohem Energieeinsatz produziert werden.
> Naturland-Bauern halten Gewässer und Grundwasser sauber. Ständig bewachsener und bedeckter Boden und behutsame organische Düngung mit Langzeitwirkung beugen einer belastenden Nitratauswaschung vor.
> Naturland-Bauern bewahren und verbessern die natürliche Fruchtbarkeit des Bodens. Weil sie gezielt die Milliarden Lebewesen im Boden ernähren und auf synthetische Pestizide völlig verzichten.«

Trotzdem nimmt Ertragseinbußen in Kauf, wer sich auf den ökologischen Landbau umstellt. Spitzenerträge von 80 Doppelzentner pro Hektar erntet man bei umweltgerechtem Getreideanbau nicht, und im Durchschnitt muß sich der Öko-Bauer mit 20 bis 30 Prozent geringeren Erntemengen zufriedengeben als der konventionell, auf Kosten der Natur arbeitende Nachbar. Umweltgerechte Getreideerzeugnisse kann es also nur geben, wenn sie entsprechend höhere Erlöse erzielen. Anders gesagt: Nur wenn Öko-Landwirte und Öko-Verbraucher gemeinsame Sache machen, der eine sich mit geringeren Ernten und der andere sich mit höheren Preisen anfreundet, wird es gesundes Brot und gesunde Natur geben.

Das Mehl

Bevor das Getreide in der Mühle gemahlen werden kann, durchläuft es mehrere, überwiegend mechanische Reinigungsprozesse: Es wird ausgelesen und maschinell gebürstet, um mit dem Schmutz Bakterien und Schimmelpilze sowie außen anhaftende Umweltgifte zu entfernen.
Was geschieht weiter in einer Mühle? Das Brotgetreide, also Weizen beziehungsweise Roggen, wird zerkleinert, erst zu Schrot, dann zu Grieß, schließlich zu immer feinerem Mehl. Für hellere Mehle werden die Samenschale und der Keimling abgetrennt, nur der Mehlkörper liefert das weiße Endprodukt. Gerade dies ist das, vom Standpunkt der gesunden Ernährung aus gesehen, nicht so wertvolle Feinmehl. Allerdings ist es lagerfähiger, da die leichtverderblichen Bestandteile des Getreidekorns entfernt wurden.
Je nach Ausmahlungsgrad enthält Mehl mehr oder weniger mineralhaltige Kornrandbestandteile. Die im Handel übliche Typenzahl des Mehls läßt erkennen, wie hoch der Ausmahlungsgrad ist, denn sie wird aus der Menge der Mineralstoffe erschlossen, die als Asche in Milligramm zurückbleiben, wenn man 100 Gramm (getrocknetes) Mehl verbrennt. Je mehr Kornrandbestandteile ein Weizenmehl hat, desto höher ist die Typennummer: Weizen-Auszugsmehl hat die Nummer 405, Brotmehl 1050, Backschrot 1700.
Je niedriger die Typenzahl, desto weißer das Mehl, desto geringer der Wert für gesunde Ernährung, desto besser aber andererseits die Backeigenschaften für feine Brote, Kuchen und Kleingebäck.

In der Mühle untersucht man die Backeigenschaften des gewonnenen Mehls. Sie sind je nach Erntejahr, Region, Klima durchaus unterschiedlich. Um ein gleich-

Nährstoffverluste durch Vermahlung zu Auszugsmehl (Type 405)			
	Weizen, ganzes Korn (100 g)	Weizenmehl Type 405 (100 g)	Verluste
Hauptnährstoffe (g)			
Eiweiß	11,7	10,6	- 9,4 %
Fett	2,0	1,0	- 50,0 %
Kohlenhydrate	69,3	74,0	+ 6,8 %
Mineralstoffe (mg)			
Kalzium	44,0	15,0	- 65,9 %
Kalium	502,0	108,0	- 78,5 %
Eisen	3,3	2,0	- 39,4 %
Vitamine (mg)			
B_1	0,5	0,1	- 80,0 %
B_2	0,1	0,03	- 70,0 %
B_6		0,44	0,18	- 49,1 %
E	3,2	2,3	- 28,1 %
Rohfaser	2,0	0,1-0,6	- 95-70 %
Quelle: Katalyse-Institut, Chemie in Lebensmitteln, Köln 1987, S. 148.			

mäßig zu verarbeitendes Produkt zu erhalten, werden vielfach chemische Mehlverbesserungsmittel zugesetzt. Sie sind zwar amtlich zugelassen, aber der Verbraucher weiß nichts von ihnen, wenn er Kuchen oder Brot kauft, auch nicht, wieviel von diesen Zusätzen etwa noch im Brot verblieben ist. Von diesen Mehlverbesserungsmitteln ist die Ascorbinsäure (chemisch identisch mit Vitamin C) das harmloseste, sie dient der Regelung der Enzymtätigkeit und der Verbesserung der Klebereigenschaften; Klebereiweiß macht das Mehl erst zum Backen geeignet. Dem gleichen Zweck dienen die Aminosäuren Cystin und Cystein. Enzymhaltige Mehlverbesserungsmittel (Amylasen) sollen das Gärverhalten der Mehle beim Backen verbessern.

Was geschieht sonst noch in einer Mühle? Bei anderen Getreidesorten wie Hafer, Gerste oder Dinkel muß die Mühle vor dem Mahlen die harten Spelzen von den Körnern trennen (»Schälmüllerei«). Die Körner werden dazu maschinell geschmirgelt, geschleudert und die Samenschalen abgeschliffen. Haferkörner werden unter Hitzeeinwirkung (hydrothermische Behandlung) so erweicht, daß sie von Walzen zu Haferflocken plattgewalzt werden können.

Ein nach ökologischen Gesichtspunkten arbeitender Mühlenbetrieb wendet keine Mehlverbesserungsmittel aus dem Chemiewerk an. Wie aber kann er dennoch ein gleichbleibend gut zu verbackendes Mehl gewinnen? Er untersucht wie ein konventioneller Mühlenbetrieb die Backeigenschaften der verschiedenen Mehllieferungen. Es ist nun eine Sache der Erfahrung und des Wissens, Mehle zu mischen, deren Eigenschaften sich optimal ergänzen, und so Mehlverbesserungsmittel entbehrlich zu machen.

Darüber hinaus werden beim Schroten und Mahlen durch die Mühle nach Vereinbarung mit den weiterverarbeitenden Bäckereien strenge und enge Zeitpläne eingehalten, so daß besonders Vollkornmehl und -schrot noch am gleichen Tag von der Mühle in den Backtrog geliefert und ohne Qualitätsverlust verarbeitet werden können.

Brot und Brötchen

Allein an Brot soll es ungefähr 200 Sorten in Deutschland geben – wir sind also große Brotliebhaber und -spezialisten. Bei den unterschiedlichen Rezepturen handelt es sich meist um Variationen aus Weizen- und Roggenmehl (oder -schrot) mit verschiedenen Gewürzzusätzen.

Bis auf einige Sorten flacher Fladen- und Knäckebrote ist unser Brot aus »aufgegangenem« Teig hergestellt. Dieser Teig wird aus Weizen- und/oder Roggenmehl, Wasser sowie etwas Salz angemacht. Das »Aufgehen«, das die Lockerung des Teigs bewirkt, ist ein Gärungs- und Säuerungsvorgang, der durch Bakterien (Sauerteig) oder Pilze (Hefe) in Gang kommt. Durch die Gärung bildet sich aus den Zuckerbestandteilen des Mehls Kohlensäure, die in kleinen Bläschen den Teig durchsetzt und damit auflockert. Es entstehen auch Milch- und Essigsäure, die dem Brot einen kräftig aromatischen Geschmack geben. Diese Säuren müssen außerdem Quellvorgänge im Teig unterstützen. In manchen Fällen, wenn Roggenmehl (und -schrot) einen zu hohen Enzymgehalt (Alpha-Amylasen) entwickelt, müssen sie die Wirkung der Enzyme hemmen, die im Teig und während des Backvorgangs die Stärkemoleküle angreifen und die Krumenbildung behindern (das Brot wird »klitschig«). Der Bäcker hat es also beim Backen mit lebenden Organismen zu tun, mit Mikroorganismen, denen bestimmte Bedingungen geschaffen werden müssen, damit das Brot gelingen kann.

Traditionell schätzen wir unsere Roggen- und Roggenmischbrote als Sauerteigbrote des Geschmacks wegen und weil Roggen sich mit Sauerteig am besten verbacken läßt. Der Bäcker nimmt eine kleinere Menge reifen »Vollsauer«, das »Anstellgut«, und fügt Mehl und Wasser zu. Das ist dann der »Anfrischsauer«, in dem sich bei sommerwarmer Temperatur (25-27 Grad) die Mikroorganismen gut vermehren. Nach einer bestimmten Stehzeit wird aus dem Anfrischsauer durch Wasser-Mehl-Zugabe der »Grundsauer«, der wieder einige Zeit zum Ausreifen stehen muß. Die dritte Stufe heißt »Vollsauer«, nach neuerlicher Zugabe von Mehl und Wasser. Wenn er ausgereift ist, hat Milchsäuregärung und lebhafte Kohlensäurebildung stattgefunden. Nun kann durch Zugabe der Hauptmenge Mehl, des Wassers und der Gewürze der eigentliche Teig bereitet werden.

Diese ganze Prozedur der Sauerteigstufenführung dauert etwa 24 Stunden, umfaßt also Zeiten, in denen die Arbeit ruht. Je nachdem, ob der Grundsauer oder der Vollsauer bei geringerer Temperatur über Nacht »geführt« wird, entsteht ein anderer Brotgeschmack. Der Bäcker muß wissen, wie er die Mehlqualitäten, das Mischverhältnis der Mehle und die Temperaturen bei der Teigführung kombiniert, und er muß die Vorgänge im Sauerteig kontinuierlich beobachten.

Aus diesen Gründen hat die konventionelle Bäckerei sich intensiv um Möglichkeiten bemüht, das komplizierte Verfahren zu vereinfachen. Es gibt zweistufige und auch einstufige Sauerteigführungen zur Arbeitserleichterung sowie automatische Sauerteigbereitung und getrockneten Natursauer – der Kunde muß letztlich entscheiden, ob ihm das Ergebnis geschmacklich und von der Bekömmlichkeit her genügt.

Darüber hinaus hat eine rührige Backmittelindustrie viele Produkte entwickelt, die dem Bäcker die Arbeit erleichtern sollen. Da werden Quellmittel angeboten (Dickungs- und Geliermittel, die das Wasseraufnahmevermögen steigern, damit Brot lange einen »frischen« Eindruck macht), Säurekonzentrate als Säuren (Milch-, Wein-, Apfel-, Essigsäure) oder Salze, Phosphate zur Verbesserung des

Hefetriebs und des Volumens oder Teigsäuerungsmittel, damit ein sauerteigähnliches Brot ohne Sauerteig gebacken werden kann.

Kleingebäck aus Weizenmehl, Weiß- oder Toastbrot, süße Feingebäcke werden überwiegend mit Hefe gelockert (außer Sandkuchengebäck, dem dazu meist Backpulver zugesetzt wird). Backpulver besteht aus Natrium- oder Kaliumsalzen, oft in Verbindung mit Wein- oder Zitronensäure und Phosphat.

Jede Hausfrau weiß, wieviel Sorgfalt und »Fingerspitzengefühl« fürs Backen mit Hefeteig nötig sind, und wie schnell dieser Teig mißlingen kann. Ein Industriebetrieb will das nicht riskieren, darum ist es erklärlich, daß auch hier gleichbleibende Qualität mit Hilfsmitteln erreicht werden soll. Manche dieser Mittel bestehen aus natürlichen Rohstoffen und verpflichten nicht zur Deklaration. Dazu gehören Sojamehl, Lezithine (zur Teigstabilisierung, damit die Poren schön gleichmäßig werden), Malzmehl (zum Vergrößern des Gebäckvolumens), Emulgatoren (Mono- und Diglyzeride oder Diacetylweinsäureester, sie machen die Brötchen lockerer und größer, auch können mit ihrer Hilfe Sand- und Biskuitmassen in einstufigem Verfahren aufgeschlagen werden) sowie Frischhaltemittel (Monoglyzeride). Dagegen müssen Konservierungsmittel gegen Schimmelpilze, beispielsweise Sorbinsäure, nach der Zusatzstoff-Verordnung deklariert werden.

Eine vollständige Aufzählung und Bewertung aller Backmittel würde hier zu weit führen. Die Erfahrung hat allerdings gezeigt, daß durch den Zusatz dieser Mittel häufig das Aroma leidet: »Aufgeblasen« wirkende Brötchen mit fadem Geschmack oder schaumstoffartige Tortenböden vom Fließband zeigen deutlich, daß solche Mittel zwar die Arbeit rationalisieren und verbilligen, aber den Verbraucher nicht befriedigen.

Der Bio-Bäcker

Wie bei vielen anderen Lebensmitteln auch wird der gesundheitsbewußte Kunde für Brot etwas mehr ausgeben müssen, wenn er seine Frühstücksbrötchen nicht aus einem Supermarkt bezieht, sondern aus einem Bäckerladen, dessen Produkte von Sachverstand und den soliden handwerklichen Kenntnissen des Bäckers geprägt sind, mit mehr Zeitaufwand als Industriesemmeln hergestellt wurden und keine künstlichen Backmittel enthalten. In solchen Bäckerläden erhält der Kunde auch Roggen- und Roggenmischbrote aus Sauerteig, die nach alter Art in mehrstufiger Zubereitung – wie im vorigen Kapitel beschrieben – entstanden sind. Sie haben einen kräftig-kernigen Geschmack, bleiben länger frisch und kommen den

Wünschen des gesundheitsbewußten Verbrauchers entgegen, der, wo es nur irgend geht, künstlich zugesetzte Stoffe in Lebensmitteln vermeidet, selbst wenn deren chemische Zusammensetzung mit in der Natur vorkommenden Verbindungen identisch ist, wie Malz oder Zitronensäure.

Der Verbraucher sollte sich beim Kauf an dem höheren ernährungsphysiologischen Wert von Brot und Backwaren aus dem vollen Korn orientieren.

Wenn man sich vergewissern kann, daß Vollkornmehl (oder -schrot) nach dem Mahlvorgang in kürzester Zeit verbacken wird, kann man sicher sein, Brot mit einem optimalen ernährungsphysiologischen Wert zu bekommen. Vollwertig sind alle Produkte aus vollem Korn, ob sie nun mit ganzen Körnern, mit Schrot oder mit Vollkornmehl hergestellt werden.

Ein weiterer Vorteil besteht darin, daß Vollkornprodukte reich an Ballaststoffen sind. Sie verhindern Zivilisationskrankheiten (zum Beispiel chronische Verstopfung), setzen das Infarktrisiko herab, da unter ihrer Wirkung der Cholesterinspiegel sinkt, verlangsamen die Aufnahme von Zucker und halten die Darmschleimhaut gesund. Man hat herausgefunden, daß durch die künstliche Aufnahme von Ballaststoffen in Form von Kleietabletten nicht zuverlässig die gleiche positive Wirkung erreicht wird wie beim Verzehr von Vollkornbrot. Der höhere Kleieanteil in Vollkornmehl verursacht jedoch eine größere Festigkeit des Gebäcks, es wirkt trockener, krümelt und bröselt. Der gesundheitsbewußte Esser muß also abwägen: Kuchen, süßes Gebäck als besonderen, selteneren Genuß, Brot- und Backwaren aus Vollkornmehl aber als tägliche Grundnahrung. Dabei ist zu beachten, daß feine Backwaren mindestens 10 Prozent Fett oder Zucker enthalten – das Fett muß also in der Ernährungsbilanz als verstecktes Fett mitgezählt werden.

Übrigens: Kleingebäck, das mit Vollkornmehl hergestellt und mit Honig gesüßt wurde, erfreut sich zunehmender Beliebtheit. Der Honig verliert allerdings durch den heißen Backvorgang seine so wertvollen Enzyme.

Der Mensch lebt nicht vom Brot allein ...

Hier noch ein Wort zu anderen Getreideprodukten. Auch für sie gilt: Vollkorn ist gesünder! Auf dem Markt werden auch schon *Teigwaren* (Nudeln) aus Vollkorn angeboten, das aus dem ökologischen Anbau stammt. Zugegeben, sie erfüllen nicht die Erwartungen, die ein Liebhaber guter Nudelgerichte an sein Leibgericht stellt, aber sie sind auch eine Abwechslung und darum eine Bereicherung des Speiseplans.

Reis ist als Naturreis zu haben, bei dem nur die Spelzen abgeschliffen werden, nicht aber, wie beim Weißreis, die nährstoffreiche Silberhaut des Reiskorns. Naturreis schmeckt sogar besonders gut. Gegenüber dem Weißreis hat sogar der sogenannte Parboiled Reis Vorzüge; durch ein besonderes Behandlungsverfahren sind bei ihm viele Nährstoffe bewahrt, die beim polierten Reis fehlen.

Haferflocken werden häufiger als andere Getreideflocken zum »Müsli« roh gegessen. Sie werden aus entspelzten Körnern gewonnen, ihr nußartiger Geschmack geht auf das Erhitzen vor dem Flachwalzen zurück. Sie sind ballaststoffreich, enthalten mehr Eiweiß, mehr Fett und mehr Eisen als anderes Getreide und gelten darum als biologisch besonders hochwertig.

Grieß ist bei uns meist aus dem Weizenkorn, jetzt auch schon als Vollkorngrieß zu haben. Er eignet sich als kernige Geschmacksvariante zu Pudding, Brei, Suppen und Aufläufen.

Grünkern erfreut sich wieder größerer Beliebtheit. Es ist unreif geernteter, gedarrter Dinkelweizen. Zur Vollwerternährung wird das ganze Korn wie Reis zubereitet, sonst ist Grünkern als Mehl zu Suppen und Aufläufen beliebt. Grünkern muß »entspelzt« werden, dabei gehen Teile der mineralstoffreichen Samenschalen verloren.

Cornflakes entstehen aus Maisbrei, der gesüßt, getrocknet und gewalzt wurde. Sie sind bei weitem nicht so nährstoffreich, wie die Reklame uns glauben macht. Ihre Vitaminanteile werden meist künstlich hinzugefügt.

Experten zur Sache:

Siegfried Stocker, Hofpfisterei München

Sein Schlüsselerlebnis hatte der Hofpfisterei-Chef 1986, im Jahr der Tschernobyl-Katastrophe. Damals war Siegfried Stockers ökologische Brotproduktion noch jung, und es gab nur wenige Höfe, von denen er ohne Chemiedünger, Herbizide und Insektizide gereiftes Getreide beziehen konnte. Stocker hörte in den Nachrichten vom Cäsium-Niederschlag: »Ich wußte nicht, was das ist, aber mit Sicherheit ganz was Gräßliches«, erinnert er sich. Drei Möglichkeiten gab es für die Hofpfisterei* damals:

---

* Auch in Bayern weiß nicht jeder, was eine Pfisterei ist – das Wort geht auf *pistor* (lat.: Bäcker) zurück und meint eine Bäckerei, die meist an eine Mühle angeschlossen ist.

1. auch nach der neuen Ernte mit Biogetreide zu backen, obwohl es Cäsium-belastet war, also »einfach weiterzumachen«;
2. statt belastetem Biogetreide auf das konventionell erzeugte Getreide aus Lagerbeständen zurückzugreifen;
3. belastetes Biogetreide zu verwenden und in den Filialen Tabellen mit den aktuellen Becquerel-Werten der Strahlenbelastung auszuhängen.

Man entschied sich für die Variante Nummer drei, im Bewußtsein des Risikos, daß »normalerweise der Artikel hätte tot sein müssen«. Aber »das Sagenhafte geschah, die Kunden diskutierten zwar jeden Morgen, hielten aber doch dem ökologischen Anbau die Treue, es war ihnen wichtig genug«. Heute werden alle Hofpfisterei-Brote mit Getreide aus ökologischem Anbau gebacken. Der Verwendung von Öko-Getreide vorausgegangen war Siegfried Stockers Entschluß, zur traditionellen Sauerteigführung zurückzukehren und auf die von der chemischen Industrie angebotenen Backmittel ganz zu verzichten. In der firmeneigenen Mühle wird ohne künstliche Mehlverbesserungsmittel gemahlen. Warum der Verzicht auf solche Hilfsmittel, wenn doch das Backen ohne die längst allgemein üblichen Zusatzstoffe schwieriger und damit auch kostenaufwendiger ist?

»Der Geschmack ist einfach besser«, antwortet Siegfried Stocker. »Das ist durch kein Backmittel zu kompensieren.« Daneben fiel bei der Entscheidung auch Stockers Herkunft von einem niederbayerischen Bauernhof ins Gewicht. Ebenso wie die Tatsache, daß schon der Vater, der die Hofpfisterei im Ersten Weltkrieg gepachtet hatte, Distanz zu den damals aufkommenden chemischen Backmitteln und Zusatzstoffen hielt und lieber echte Bauernbrote buk. Und schließlich: Besser als vor zwanzig Jahren weiß man heute, wie notwendig der Verzicht auf vermeidbare Belastungen der Naturkreisläufe mit Chemikalien ist, zur Schonung von Wasser, Boden und Luft. »95 Prozent der Zusatzstoffe in der Lebensmittelindustrie sind überflüssig, mit etwas mehr Mühe kommt man ohne sie aus«, so Siegfried Stocker.

Seit 1331 existiert die Münchner Hofpfisterei. Auch wenn sie heute nicht mehr auf ihrem ursprünglichen Platz steht, so arbeitet sie doch mit altbewährten Verfahren. In speziellen Bauernbrot-Backöfen mit Backflächen aus Natursteinen oder Schamotteplatten (gebrannter, feuerfester Ton) backen die runden Laibe doppelt so lange wie normal, nämlich zwei Stunden. Das Rezept heißt: Die lange Backzeit bringt mehr Kruste – und jeder Millimeter Kruste bringt mehr Aroma. Ein Rezept, das sich bewährt. So erfolgreich wurde die Hofpfisterei, daß sie ihr Bauernbrot-Angebot immer weiter vergrößern konnte: mit »Schwabenlaiben« und »Frankenlaiben«, mit Bauernbrot dunkel und Bauernbrot hell, mit Vierkorn, Leinsamen, Soja und Kümmellaib, bis das Dutzend bald voll ist. Bauernbrote aus der Hofpfisterei kann man nicht nur in den rund 70 Münchner Hofpfisterei-Filialen kaufen. Liebhaber lassen sich per Post die Laibe zuschicken – nach Nord- und Westdeutschland, aber auch bis nach Istanbul und Peking.

Die richtige Vorratshaltung

Frisches Brot duftet appetitlich. Aber wie lange die Frische, die Appetitlichkeit und die Genießbarkeit vorhalten, das ist je nach Brotsorte verschieden. Weißbrot wird schon nach einem Tag altbacken, weil die Stärke sich verändert. Geschmack und Kruste werden lasch, außerdem trocknet das Brot oder Brötchen aus. Derselbe Effekt tritt bei Weizen- und Roggenmischbroten erst später auf, am längsten hält sich Roggenbrot »verzehrfrisch«. »Ofenfrisches« Roggenbrot ist feucht und liegt den meisten Menschen schwer im Magen, es sollte erst nach einem Tag gegessen werden.

Gesundes Brot enthält keine Konservierungsstoffe. Daher kann es natürlich von Schimmelpilzen befallen werden. Gewisse Schimmelsporen halten sich sogar bei Backtemperatur in der feuchten Krume und breiten sich in ihrer feuchtwarmen Umgebung leicht aus. Brot mit Gelbschimmel ist giftig, da es krebserregendes Aflatoxin enthält; in diesem Fall gehört der ganze Brotlaib oder die ganze Brotpackung in den Abfall.

Wegen der Schimmelgefahr sollten Sie auf Sauberkeit der Vorratsbehälter achten. Bewährt hat sich das Auswaschen mit heißem Essigwasser und, wenn nötig, das Erhitzen des Brottopfes im Backofen. Reste und Krümel sollten sich nie in Ritzen und Winkeln ansammeln.

Brot im Kühlschrank aufzubewahren empfiehlt sich nicht, da es dort an Geschmack und Elastizität verliert. Dagegen ist es durchaus günstig, frisches Brot einzufrieren. So hat man einen Vorrat – für mehrere Wochen, wenn nötig.

Anmerkungen zum Brotbacken

Die Qualität unseres Bäckerbrots ist meist so gut, daß man nicht selber backen muß. Doch manche wollen sich der Zutaten ganz gewiß sein, oder es macht ihnen einfach Spaß, etwas so Elementares wie Brot selbst herzustellen. Dazu wird sogar das Korn gekauft – hoffentlich ist es »mühlengereinigt«, das heißt von gesundheitsschädlichem Staub und Verunreinigungen befreit. Getreide hält sich bei dunkler, kühler und trockener Lagerung zwei bis drei Jahre. Aber sobald es gemahlen oder geschrotet ist, muß es bald verbraucht werden (s. S. 32 f.). Auf dem Markt gibt es viele leistungsstarke Haushaltsmühlen, in denen auch das Schrot für Müsli und Schrotbrei zur Freude der Vollwert-Anhänger frisch gewonnen werden kann. Wer Rezepte zum Brotbacken oder für das Ansetzen von Sauerteig haben möchte, findet sie reichlich in der einschlägigen Literatur.

Wenn man Mehl oder Schrot nicht selber mahlen will, sind viele Naturkostläden bereit, die gerade benötigte Menge in ihrer elektrischen Mühle zu mahlen.

Für Brotmengen, wie sie eine Kleinfamilie braucht, genügt der Haushaltsbackofen, der auch die nötige Hitze entwickelt. Freilich braucht es viel Erfahrung, ein wohlschmeckendes Brot mit guter Kruste zu backen. Es ist auch zu überlegen, ob der Energieaufwand – Brote backen stundenlang – zu verantworten ist.

Mehl, auch wenn es kein besonders empfindliches Vollkornmehl sein sollte, hält sich nicht unbegrenzt. Das gilt auch für andere Getreideprodukte wie Nudeln, Flocken, Graupen. Man sollte sie nicht länger als drei Monate aufbewahren, in der Originalverpackung oder unter Verschluß, bei wiederholter Kontrolle. Es gibt nämlich in jedem Haus Insekten wie die Mehlmotte, die sich unversehens einnisten können und mit ihren Gespinsten und Larven die Vorräte verderben.

Zum Schluß noch ein erfreulicheres Thema: das Selbstbacken von süßen Vollkorngebäcken. Man erspart sich Enttäuschungen, wenn man berücksichtigt, daß aus Vollkornmehl nur bestimmte Backwaren gebacken werden können: flache Blechkuchen, Kekse oder Böden für Obstkuchen. Große Torten, Sandkuchen, luftige Biskuitkuchen gelingen meist nicht zur Zufriedenheit. Einige alternative Hobbybäcker raten vom Gebrauch der Backhefe ab, was umstritten ist, denn Hefe ist ein Vitaminträger und lockert die schweren Vollkornteige gut auf. Richtig ist es, auf gehärtete Fette zu verzichten; kaltgeschlagene ungehärtete Pflanzenöle enthalten viele der wichtigen mehrfach ungesättigten Fettsäuren. Der Austausch von weißem Zucker gegen braunen Zucker oder Honig ist unerheblich für die Gesundheit, da der Körper alle drei in dieselben Bestandteile zerlegt. Vollkorngebäck ist alles in allem zwei- bis dreimal mineral- und ballaststoffreicher als konventionelles Gebäck.

VERBRAUCHERTIPS

1. Öfter Vollkornbrot kaufen – wegen der Vitamine und Mineralstoffe; in Feinmehlprodukten sind davon nur noch Reste enthalten.

2. Bei Mehl auf die Typennummer achten: Je höher die Typennummer ist, desto höher ist der Anteil an natürlichen Kornbestandteilen.

3. Beim Bäcker nach Sauerteigbrot fragen, das ohne künstliche Backmittel (die kennzeichnungspflichtig sind) gebacken ist – schon wegen des Geschmacks.

4. Möglichst keinen polierten Reis (Weißreis) verwenden, sondern Naturreis – wie das Vollkornmehl ist auch der Naturreis reicher an Nährstoffen.

5. Den Brotvorrat am besten in einem Steinguttopf oder Brotkasten (mit Luftzutritt) lagern, bei mäßiger Zimmertemperatur.

6. Wegen der Schimmelgefahr (gesundes Brot enthält keine Konservierungsstoffe) sorgfältig auf Sauberkeit der Vorratsbehälter achten: Krümel entfernen, Behälter mit heißem Essigwasser auswaschen, den Brottopf im Backofen erhitzen.

7. Angeschimmeltes Brot wegwerfen. Es genügt nicht, die schlechten Teile herauszuschneiden.

8. Mehl nicht länger als drei Monate aufbewahren.

10 Fleisch und Fleischerzeugnisse

In Deutschland, Österreich und in der Schweiz kommt in der Mehrzahl der Haushalte jeden Tag Fleisch auf den Tisch. Vielen gilt eine Hauptmahlzeit ohne Fleisch immer noch als »halbe« Mahlzeit. Ernährungsexperten empfehlen jedoch, den Appetit auf Fleisch nicht täglich, sondern höchstens zwei- oder dreimal in der Woche zu stillen. Und: Wenn man Fleisch ißt, sollte es frei von chemischen und pharmazeutischen Rückständen sein. Immer mehr Verbraucher sind bereit, diesen Ratschlägen zu folgen und einige Mark mehr für Öko-Fleisch auszugeben. Auch darum, weil es noch einen weiteren Vorzug hat: es schmeckt besser.

Bestandteile

Der hohe Gehalt an Eiweiß und mehrere wichtige Vitamine der B-Gruppe machen Fleisch zu einem wertvollen Nahrungsmittel. Der biologische Wert wird noch durch die essentiellen Aminosäuren des Fleischeiweißes gesteigert, die vom menschlichen Organismus nicht selbst aufgebaut werden können. Auch Mineralstoffe wie Kalzium, Eisen, Natrium und Phosphor sind im Fleisch enthalten.
Während der Eiweißgehalt verschiedener Fleischarten sehr ähnlich ist – reines Muskelfleisch enthält 21–23 Prozent –, erreicht der Fettgehalt bei fettem Rindfleisch rund 24 Prozent, bei fettem Schweinefleisch aber bis zu 46 Prozent.
Das im Fett enthaltene Cholesterin ist zwar lebensnotwendig (s. Kapitel *Speisefet-*

te und -öle, S. 99 ff.), steht aber auch im Verdacht, Arteriosklerose zu begünstigen und damit das Infarktrisiko zu erhöhen.

Der Verzehr von Fleisch und Fleischerzeugnissen birgt bei entsprechend veranlagten Personen außerdem die Gefahr einer Gichterkrankung. Die mittlerweile bei älteren Menschen stark verbreitete Krankheit geht auf eine Stoffwechselstörung zurück: Beim Abbau der in Fleisch (vor allem in Thymusdrüse, also Bries, Leber und Nieren) enthaltenen Purine lagern sich Harnsäuresalze in den Gelenken ab und verursachen Entzündungen und Deformierungen.

Cholesterin- und Puringehalt (Harnsäure) vom Fleisch und Innereien in mg/100g		
	Purin	Cholesterin
Rindfleisch, mager	120–160	45–70
Schweinefleisch, mager	125–160	45–65
Kalbfleisch, mager	125–165	50–70
Fettgewebe	0–2	60–100
Leber	200–250	250–300
Hirn	75–100	2000
Quelle: Nach AID, »Fleisch und Fleischerzeugnisse«, S. 45.		

Fleisch – kein lebensnotwendiges Nahrungsmittel

Die Deutsche Gesellschaft für Ernährung empfiehlt zwar den Verzehr von Fleisch (und Fisch), allerdings einen mäßigeren Konsum als den des durchschnittlichen Deutschen, Österreichers oder Schweizers. 120 g Fleisch und Fisch pro Tag sind die empfohlene Menge für einen Erwachsenen, gegessen werden aber 165 g pro Tag, wobei der Fischanteil wesentlich geringer ist, als im Idealernährungsplan der Deutschen Gesellschaft für Ernährung vorgesehen ist.

Fleisch ist jedoch kein lebensnotwendiges Nahrungsmittel, denn die im Fleisch enthaltenen Nährstoffe, etwa das Eiweiß, können auch mit pflanzlichen Nahrungsmitteln aufgenommen werden.

Abgesehen von den Menschen, die auf ärztlichen Rat hin ganz auf Fleisch verzichten müssen, nimmt die Zahl derer ständig zu, die Fleisch generell und freiwillig von ihrem Speiseplan streichen. Teils lehnen diese Menschen die heute übliche Massentierhaltung ab, und teils haben sie festgestellt, daß sie sich körperlich wohler fühlen, wenn sie sich rein vegetarisch ernähren. Doch wer gerne Fleisch ißt, der muß nicht ganz darauf verzichten. Fleisch, das man sich schmecken lassen kann, sollte allerdings aus artgerechter Haltung und umweltverträglicher Erzeugung stammen.

Die industrielle Fleischproduktion

Die technisierte, industrialisierte Tierproduktion in Großbetrieben widerspricht den beiden Grundforderungen: artgerechte Haltung und umweltverträgliche Erzeugung – zum Nachteil der Produkte.

Schweine werden heute üblicherweise in fabrikgroßen Hallen auf sogenannten Vollspaltenböden ohne Einstreu gehalten. Auch Mastrinder, Kühe und Kälber bleiben immer häufiger das ganze Jahr über in den Stall und dort in zu enge Boxen gesperrt. Natürliche Lebensbedürfnisse sind diesen Tieren versagt. Ihr Futter ist ein künstlich aufbereitetes Konzentrat. Schwere Verhaltensstörungen und Krankheiten bei Millionen von Nutztieren sind unausbleiblich die Folge. Die Nachteile, die dem Verbraucher aus dieser Massenproduktion erwachsen, sind offenkundig und inzwischen fast jedermann bekannt. Sie betreffen nicht nur die geschmackliche Qualität des Fleisches und der Fleischprodukte, sondern auch die inhaltliche Qualität als empfehlenswertes Nahrungsmittel. Fleisch ist heute vielfach belastet mit Rückständen aus schadstoffhaltigen Futtermitteln und mit pharmakologisch wirksamen Substanzen, die zu verschiedenen Zwecken in der Massentierhaltung eingesetzt werden: um Krankheiten vorzubeugen, um das Wachstum zu fördern oder um die hypersensiblen, überzüchteten Tiere beim Transport zum Schlachthof zu beruhigen. Einige wachstumsfördernde Medikamente und Tranquilizer sind bisher noch nicht einmal verboten worden.

Masthilfsmittel aus der Tierapotheke führen bei ordnungsgemäßer Anwendung zwar nicht zu Rückständen im Fleisch, doch bei den zur Vorbeugung gegen Krankheiten verwendeten Pharmaka können Rückstände nicht ausgeschlossen werden. Die gleichen oder ähnliche Mittel werden in der Humanmedizin eingesetzt, was zu einer Resistenz der bakteriellen Keime beim Menschen führen kann. Beruhigungsmittel dürfen zwar 24–36 Stunden vor der Schlachtung nicht verabreicht werden, und umfangreiche Verordnungen über »Zusatzstoffe« und »unerwünschte Stoffe« in Futtermitteln sollen den Verbraucher vor Schaden bewahren. Offensichtlich sind die kontrollierenden Instanzen jedoch überfordert, denn immer wieder werden Fälle bekannt, in denen Fleisch mit gesundheitlich bedenklich hohen Medikamentenrückständen auf dem Markt angeboten wird.

Wer möglichst rückstandsfreie Qualität auf dem Teller haben will, sollte die gängigen Handelsmarken und Gütesiegel kritisch prüfen.»Deutsches Qualitätsfleisch aus kontrollierter Aufzucht« verheißt ein Gütesiegel der CMA (Centrale Marketinggesellschaft der deutschen Agrarwirtschaft). Damit wird aber weder eine tiergerechte Haltung des Mastviehs garantiert noch beispielsweise eine Beschränkung bei Importfuttermitteln.

Glücklicherweise funktionieren aber heute zumindest die Kontrollen bezüglich der auch auf Menschen übertragbaren Seuchen wie etwa der Rinder-Salmonellose oder der auch für den Menschen lebensgefährlichen Parasiten (z. B. Trichinen). Die Schadstoffbelastung des Fleisches kann der Verbraucher nicht selbst feststellen. Doch den Verlust an Geschmack und Aroma nimmt er sofort wahr: Fleisch von Schweinen, die durch Einkreuzung magerer, streßempfindlicher Rassen gezüchtet wurden, ist blaß, weich und wäßrig und unter der abwertenden Bezeichnung PSE-Fleisch (für englisch pale, soft, exudative) schon vielen Verbrauchern ein Begriff. Das DFD-Fleisch (für englisch dark, firm, dry), ein dunkles, festes und trockenes Fleisch von Jungbullen, ist ähnlich fade im Geschmack wie das PSE-Fleisch und ebenso wie dieses leichter verderblich als anderes Fleisch. Vielen Verbrauchern ist gar nicht bewußt, daß die starke Nachfrage der Käufer nach besonders magerem Fleisch zur Züchtung von Schweinen und Rindern führte, die dieses magere Fleisch in größeren Mengen liefern.

Gesundes, wohlschmeckendes Fleisch vom Öko-Bauern

Das »Zurück zur Natur« bei der Fleischproduktion praktizieren Demeter-Höfe (s. S. 11 f) nach der biologisch-dynamischen Wirtschaftsweise schon seit Jahrzehnten: mit Tieren, die in einer Herde geboren und aufgezogen wurden – und zwar so, daß sie in ihren Verhaltensgewohnheiten und Bewegungsabläufen nicht unnötig behindert wurden. Psychopharmaka und Betablocker für gestreßte Schweine und Jungbullen erübrigen sich für diese gesunden Tiere. Das Futter wird im eigenen Betrieb erzeugt und nur bei Bedarf durch Zukäufe ergänzt.

Auch Naturland (s. S. 12) und Neuland, zwei der jüngeren Vereinigungen ökologischer Landwirte, verpflichten ihre Mitglieder auf Grundsätze, die das Nutztier während seiner Lebenszeit schonen und eine möglichst rückstandsfreie, hohe Fleischqualität sichern.

Die wichtigsten Neuland-Regeln der Tierhaltung: Ganzjähriger Auslauf für alle Tiere, keine Antibiotika und Hormone, ausreichend Auslaufflächen und Gruppenhaltung, mit Stroh ausgelegte Ställe (statt Spaltböden oder Betonböden), schonender Transport der Tiere zum Schlachthof, Ruhe und Sachverstand beim Schlachten. Vergleichsuntersuchungen haben erwiesen, daß bei solchen Lebensbedingungen eine deutlich höhere Fleischqualität erzielt wird als bei der Massentierhaltung.

Experten zur Sache:

Angelika Güntzel, Gut Adolphshof (Demeter-Hof)

»Sie haben sich vorgestellt, die Milch kommt aus der Fabrik hinter dem Supermarkt. Da war die Kuh mitten im Mist schon ein echter Schock.« Kinder im Konfirmandenalter aus dem Berliner Wedding, die in der Osterwoche zu Gast auf dem 160 Jahre alten Adolphshof im Hämelerwald bei Hannover waren, reagierten so auf das Landleben nach Demeter-Art. Das appetitlich verfremdete Stück Fleisch in der Supermarkt-Kühltheke ist eben nur die halbe Wahrheit des Lebens. Daß Dung und kräftige Gerüche zur artgerechten Tierhaltung gehören und auch Mäuse, Spinnen und Brennesseln auf einem Bauernhof Heimatrecht haben, ist nicht nur Kindern fremd geworden. Auf dem Adolphshof wird seit 160 Jahren Landwirtschaft betrieben, seit den fünfziger Jahren nach den biologisch-dynamischen Demeter-Regeln: mit weitgehend geschlossenen Kreisläufen von Fruchtfolgen, Futter und Dünger, mit Berücksichtigung der natürlichen Zeitrhythmen, mit biologischer Selbstkontrolle wildlebender Arten, mit Pflanzenextrakten im Kompost und mit handgebauter Getreidemühle, in der das Korn schonend zerrieben, nicht zerschlagen wird.

»Man soll der Natur nicht abquälen, was sie nicht geben kann«, sagt Angelika Güntzel. Mit ihrer Familie und der seit vier Generationen ansässigen Familie Hartmann ist sie hier zu Hause. Dazu wohnen noch rund ein Dutzend Auszubildende, Teilnehmer am freiwilligen ökologischen Jahr, Praktikanten und Helfer auf dem Adolphshof. Ein Schwein wird in einem Jahr statt in fünf Monaten aufgezogen, dafür ohne jene rasend schnelle Mästung, die die Zellen hauptsächlich mit Wasser anreichert. Jahrzehnte hat es gedauert, bis eine gesunde Rinderherde gezüch-

Fleisch und Fleischerzeugnisse

tet war, deren Kühe 16 Jahre lang normale Milchleistung liefern, während »eine Turbo-Kuh nach sieben Jahren ausgebrannt ist«. Gesund muß das Vieh auf dem Adolphshof noch aus anderem Grunde sein. Andernfalls würde es, meint Angelika Güntzel, von den Viren der vielen Besucher krank werden. Der Adolphshof steht allen Menschen offen, die eine biologisch-dynamische Landwirtschaft kennenlernen wollen. Besichtigungen kann man jederzeit verabreden.

Manche Gäste bleiben auch als freiwillige Helfer, auf ein Wochenende zur Obstbaumpflege, zum Aufhängen von Nistkästen, zum Heckenpflanzen. Alljährlich zu Pfingsten kommen Tausende zum Tag der offenen Tür. Angelika Güntzel über das letztjährige Erntefest: »Es gab hinterher nur zwei Tüten Müll und kein kaputtes Geschirr. Die Menschen wollen behutsam mit der Natur sein.«

Im Baumschatten des Hofgevi8rts stehen die Bänke und Tische für einen Imbiß, über Kopfsteinpflaster geht's nach nebenan zum Hofladen, wo es außer der Naturkost auch Schaffelle, Schreibwaren, Spielzeug und Keramik gibt. Grüne Alleen locken hinaus in die Landschaft.

»Ein Öko-Hof ist kein Museum«, bremst Angelika Güntzel aufkommende Dorfromantik, und sie will auch »nicht ständig nachweisen müssen, daß wir bis aufs Klopapier ökologisch sind«. Aber mit Gewißheit ist dies ein guter Platz, um zweierlei zu tun: im Einklang mit der Natur gesunde Nahrungsmittel erzeugen und Gästen – vor allem auch Schulklassen – zeigen, wie man das macht. Vor 40 Jahren, hören wir, gab es 17 Demeter-Höfe in Deutschland. Heute sind es rund 1200.

Wurstwaren

Was der Käse dem Franzosen bedeutet, das bedeutet den Deutschen und Österreichern die Wurst. In Deutschland werden heute 1500 verschiedene Wurstsorten im Handel angeboten.

Der Fachmann unterscheidet nach der Herstellungsart zwischen *Rohwürsten* (schnittfesten, wie Cervelatwurst oder Salami, und streichfähigen, wie Teewurst oder Mettwurst), *Kochwürsten* (Leberwurst, Blutwurst, Sülzwurst) und *Brühwürsten* (Mortadella, Wiener, Frankfurter Würstchen, Berliner Bockwurst, auch Jagdwurst, Leberkäse, Bierschinken).

Rohwürste werden durch Trocknen, Pökeln oder Räuchern haltbar gemacht und enthalten meist Nitritpökelsalz, das der gewöhnlich grau-braunen Grundmasse eine appetitliche rötliche Farbe verleiht.

Geschätzte Menge des mit der Nahrung im Laufe von 70 Jahren aufgenommenen 3,4-Benzo-a-pyren	
Brotgetreide (industriefern)	4,7 mg
Brotgetreide (industrienah)	14,2 mg
Gemüse (industriefern)	8,4 mg
Gemüse (industrienah)	41 mg
Obst (industriefern)	1,1 mg
Obst (industrienah)	7 mg
Margarine	5,3 mg
Pflanzenöle, Fette	1,4 mg
Bohnenkaffee	0,05 mg
Trinkwasser	0,5 mg
Räucherwaren	1,9 mg
gegrillte Produkte	0,3 mg
Quelle: E. Wynder u. a. Conference on the Etiology of Cancer in the Gastro-Intestinal Tract, in: Cancer, 19, S. 1561–1566, 1966.	

Kochwürste stellt man meist aus vorgegartem Schweinefleisch her, oft unter Zusatz von Blut und Innereien, Schwarten, Sehnen und Gewürzen, auch von Brötchen oder Grütze. Kalbsleberwurst muß zum Beispiel keine Kalbsleber enthalten, sondern darf auch aus Schweineleber und Kalbfleisch bestehen. Auch Kochwürste enthalten in der Regel Nitritpökelsalz.

Brühwürste werden nach Abfüllen der Wurstmasse in Hüllen gebrüht oder auch erst heiß geräuchert und dann gebrüht. Bis auf wenige Sorten (z. B. Weißwurst, Gelbwurst) wird auch Brühwürsten Nitritpökelsalz zugesetzt.

Nitritpökelsalz wirkt doppelt: konservierend und färbend (»Umrötezusatzstoff«). Leider ist Nitrit auch giftig, und daher darf Nitritpökelsalz höchstens ein halbes Prozent Nitrit enthalten.

Neben anderen gesundheitsschädlichen Wirkungen läßt Nitrit in Verbindung mit Aminen im Körper Nitrosamine entstehen, die als Krebsauslöser bekannt sind. An die Sorgfalt bei der Herstellung von Wurstwaren müssen darum höchste Anforderungen gestellt werden.

Gleiches gilt für das Räuchern. Diese keimtötende Konservierungstechnik ist uralt. Doch statt des traditionellen Kalträucherns mit dünnem, kaltem Rauch, das zwei bis sechs Wochen dauert, werden Fleisch- und Wurstwaren heute aus Zeit- und Kostengründen in wenigen Stunden oder Tagen heiß geräuchert, in unmittelbarer Nähe des Feuers. Der Nachteil dieser Methode ist, daß dabei polyzyklische aromatische Kohlenwasserstoffe entstehen, darunter das krebserzeugende 3,4-Benzo-a-pyren. Auch das inzwischen weitverbreitete Räuchern mit Rauchkondensat oder sogenanntem Flüssigrauch birgt dieses Risiko.

An chemischen Konservierungsmitteln wird neben der harmlosen Sorbinsäure (im Organismus wird sie im wesentlichen zu Kohlendioxid und Wasser abgebaut) vielfach auch Benzoesäure verwendet. Diese kann, insbesondere in Kombination mit anderen Stoffen, gesundheitsschädigend wirken.

VERBRAUCHERTIPS

1. Nicht öfter als zwei- bis dreimal in der Woche Fleisch essen – das bewahrt vor möglichen Gesundheitsschäden.

2. Fleischqualität ist mit bloßem Hinsehen nur bedingt zu beurteilen. Gut »marmoriertes«, das heißt mit dünnen Fettadern durchzogenes Fleisch ist zarter als sehr mageres. Fleisch mit gutem Safthaltevermögen, das auch hinreichend abgehangen (gereift) ist, bekommen Sie eher bei einem Fleischer Ihres Vertrauens als im Supermarkt. Beim Schweinefleisch genügen zur Reifung zwei bis drei Tage, Rindfleisch zum Braten sollte mindestens 14 Tage gereift sein.

3. Frisches Fleisch nur gekühlt aufbewahren. Hackfleisch soll am Einkaufstag verarbeitet werden, rohes Fleisch kann man im Kühlschrank etwa zwei Tage, gekocht oder gebraten etwa drei Tage lagern. Auch Koch- und Brühwürste halten sich nicht länger als einen Tag (rohe Brühwurst bei +5 Grad Celsius), zwei Tage (angeräucherte Koch- und Brühwürste) oder höchstens vier Tage (geräucherte Koch- und Bratwürste).

4. Tiefgekühlte Ware aus stark vereisten oder überfüllten Gefriertruhen grundsätzlich meiden.

5. Im Tiefkühlschrank soll Fleisch schnell und tief (-18 bis -20 Grad Celsius) eingefroren werden und nicht länger als neun bis zwölf Monate gelagert werden. Andernfalls gibt es Saftverluste beim Auftauen. Langsam auftauen.

6. Vorsicht mit Innereien, wegen möglicher Belastung mit Schwermetallrückständen. Nieren sollte man nicht häufiger als etwa einmal im Monat essen.

7. Vorsicht am Grill: Wenn Fleischsaft oder Fett in die Glut tropft, können gesundheitsschädliche polyzyklische aromatische Kohlenwasserstoffe entstehen. Daher möglichst mageres oder nur leicht fettdurchzogenes Fleisch verwenden und möglichst eine Wärmequelle wählen, die sich seitlich (wie beim Gyros- oder Dönerspieß) oder über dem Grillgut befindet. Als Brennmaterial kein Holz und keine Kiefernzapfen verwenden, sondern Holzkohle, die gut durchglühen sollte.

8. Auf- oder angetautes Gefrierfleisch (auch Geflügel) darf keinesfalls wieder eingefroren, sondern muß umgehend verarbeitet werden. Nach der Zubereitung (Kochen, Braten) ist das neuerliche Einfrieren nicht mehr gesundheitsschädlich.

11 Fisch, Krusten- und Schalentiere

Je weiter die Deutschen von den Meeresküsten entfernt wohnen, desto weniger Fisch essen sie, pro Kopf durchschnittlich 30 kg hoch im Norden, 4 – 5 kg im Süden. In anderen Ländern wird wesentlich mehr Fisch verzehrt, zweieinhalbmal soviel pro Kopf zum Beispiel in Spanien, Portugal und Dänemark, mehr als fünfmal soviel in Japan.
Dem Beispiel dieser Länder zu folgen, wäre gesünder, allerdings ist dabei die Auswahl entscheidend.

Fisch – ein wertvolles Nahrungsmittel

Fisch ist reich an Eiweiß, das lebensnotwendige essentielle Aminosäuren enthält (können vom menschlichen Organismus nicht selbst aufgebaut werden), einen hohen Nährwert hat und leicht verdaulich ist. Im Fettgewebe einiger Hochseefische finden sich zudem sogenannte Omega-3-Fettsäuren, die krankhaft erhöhten Cholesterinwerten im Blut des Menschen entgegenwirken.
Im Fettgewebe aller Fischarten kommen außerdem die fettlöslichen Vitamine A und D sowie Vitamine der B-Gruppe vor. Wer gern Fisch ißt, wird auch mit Kalium, Eisen, Phosphor, Fluor und Jod versorgt. Seefisch ist das einzige Nahrungsmittel, das in nennenswerten Mengen Jod enthält. Regelmäßige Fischmahlzeiten können den Schilddrüsenerkrankungen, die infolge chronischen Jodmangels auftreten, vorbeugen, wenngleich sie allein nicht ausreichen. (Die Deutsche Gesell-

schaft für Ernährung propagiert für das »Jodmangelland« Deutschland die Jodierung des Speisesalzes.)

Empfehlenswerte Speisefische

Fisch ist nicht gleich Fisch: Süßwasserfische, die milder schmecken und deren Fleisch zarter ist, werden von Feinschmeckern bevorzugt. Ihr Anteil am Speisefischverbrauch in Deutschland beträgt allerdings nur etwa 10 Prozent. Seefische sind nähr- und mineralstoffreicher und zudem preiswerter. Zu den sogenannten Meeresfrüchten zählt man auch Schalen- und Krustentiere, Muscheln, Krebse und Krabben.

Des Nährstoff- und Vitamingehalts wegen ist es wichtig, fettreiche Fische von fettarmen zu unterscheiden. Von den Seefischen enthalten Heilbutt, Hering, Makrele, Rotbarsch und Sprotte reichlich Fett, von den Süßwasserfischen Aal und Lachs – für Kalorienbewußte nur in kleinen Portionen zu empfehlen! Vorsichtige ziehen jedoch wegen der Schadstoffbelastung der Küstengewässer grundsätzlich Hochseefische wie Dorsch, schwarzen Heilbutt, Kabeljau, Makrele, Rotbarsch, Hering und Sardine den Fischen aus küstennahen Gewässern vor. Eine Einschränkung ist allerdings beim Hering vorzunehmen: Ostseeheringe sind – wie alle anderen Fische aus der Ostsee – relativ stark schadstoffbelastet.

Besonders im Mündungsgebiet der großen Flüsse, zum Beispiel der Elbe, ist die Wasserqualität durch Gifte und Fremdstoffe, die von Industrie, Siedlungsabwässern und Landwirtschaft in die Flüsse eingeleitet werden, stark beeinträchtigt. Die dort lebenden Fische, Miesmuscheln und Nordseegarnelen (Krabben) reichern in der Nahrungskette (Abwässer – Plankton – Algen – Fisch – Mensch) beträchtliche Schadstoffmengen an: Arsen, Blei und Quecksilber, polychlorierte Biphenyle (PCB) und Dibenzofurane. Besonders hohe Schadstoffgehalte wurden etwa in Rhein-Hechten und in Aalen aus der Elbe gemessen. Diese Fische hat man die »bedeutendste Quecksilberquelle für den Menschen« genannt. Hohe Quecksilberrückstände wurden außerdem im Roten Thunfisch aus dem Mittelmeer festgestellt.

Fische aus der Aquakultur

Die Speisefischzucht, die schon im Mittelalter von den Zisterziensern in ihren Klosterteichen mit großer Sachkenntnis betrieben wurde, hat sich zu einer weltweiten Industrie entwickelt. Außer in Zuchtanlagen im Meer, wo Muscheln und Austern gezogen werden, wird der Großteil der Aquakultur weiterhin in Binnengewässern betrieben. Lachse, Garnelen, Karpfen und Forellen bringen in künstlichen oder natürlichen Seen, in Netzgehegen oder Bassins erhebliche Fischerträge – pro Kubikmeter Gehege- oder Bassinraum und pro Saison 20 bis 100 kg. Hochwertige Futtermittel (es wird kaum noch Naturfutter verwendet) und hinreichende Sauerstoffzufuhr können einwandfreie Fischernten einbringen. Futter wird unter anderem auch aus Schlachtabfällen gewonnen, so daß die im tierischen Gewebe enthaltenen Medikamentenrückstände (s. Kapitel *Fleisch und Fleischerzeugnisse,* S. 47 ff.) ins Gewässer gelangen. Medikamente werden in der Zucht aber auch gezielt eingesetzt, um Fischkrankheiten zu bekämpfen und den Wuchs zu fördern. Trotzdem ist die Schadstoffbelastung von Fischen aus Teichhaltung oder Meeresfarmen meist geringer als die von Fischen aus Gewässern in der Nähe von Industriegebieten oder aus Küstengewässern. Das sollten besonders Freizeit- und Sportangler beachten.

Die Süßwasserfische aus süddeutschen, zumal oberbayerischen Gewässern sind allerdings immer noch vom Fallout des Tschernobyl-Reaktorunglücks so stark strahlenbelastet, daß man nur ein- bis zweimal im Monat Fisch aus diesen Regionen essen sollte.

Haltbarkeit und Verarbeitung – der weite Weg auf den Teller

Fisch verdirbt leicht. Aus den freien Aminosäuren im Fischfleisch entstehen dann biogene Amine, stark riechende Stickstoffverbindungen; der Unkundige hält den Geruch vielleicht sogar für normal. Die am Zersetzungsprozeß beteiligten Bakterien scheiden außerdem gesundheitsschädliches Histamin und Toxine aus. Man hat seit je versucht, Fisch haltbar zu machen. *Einsalzen* (z. B. von Heringen) ist eine der ältesten Methoden. Durch sorgsames Wässern sollte man vor dem Verzehr den übermäßigen Kochsalzgehalt wieder vermindern. Auch das *Trocknen* hat sich als natürliche Konservierungsmethode bei einigen Fischen (etwa Klippfisch, Stockfisch) bewährt. Trockenfische haben ebenfalls einen erhöhten Salzgehalt.

Auch *Räuchern* verlängert die Haltbarkeit von frischem Fisch. Räucherfisch ist aber heute vor allem wegen seines besonderen Geschmacks beliebt (außerhalb des Kühlschranks verdirbt auch Räucherfisch bald).

Gesundheitlich bedenkliche Rückstände vom Räuchern sind die polyzyklischen aromatischen Kohlenwasserstoffe, Methanol und 3,4-Benzo-a-pyren, die man allerdings größtenteils durch Abtrennen der Fischhaut entfernen kann. Im Öl von Fischkonserven konzentrieren sich die Schadstoffe, es ist also geboten, dieses Öl wegzugießen.

Eine weitere Methode des Haltbarmachens und der Geschmacksveränderung ist das *Marinieren*. Ohne Wärmebehandlung wird Fisch mit Salz, Essig und anderen Gewürzen eingelegt. Dadurch wird eine begrenzte Haltbarkeit erzielt, die allerdings meist durch künstliche Konservierungsstoffe unterstützt wird. Von diesen kann die Sorbinsäure, eine mehrfach ungesättigte Fettsäure, im menschlichen Organismus schadlos zu Kohlendioxid und Wasser abgebaut werden (Deklarationsnummer E 200–203). Die gleichfalls verwendete Ameisensäure (E 236–238) ist auch ein Stoffwechselprodukt des Menschen. Bedenklicher, da leberbelastend, ist die Benzoesäure (E 210–213). Die sogenannten PHB-Ester (E 214–219) verursachen Allergien, werden nicht vollständig wieder ausgeschieden und können die Darmflora schädigen. Eine weitere Gefahr für die Gesundheit besteht bei mariniertem Fisch in Dosen darin, daß saure Marinaden den Metallbehälter angreifen und Metallpartikel sich im Sud anreichern. Man sollte marinierten Fisch – Rollmöpse, Bismarckheringe usw. – in Glasbehältern vorziehen. Auch die teure Delikatesse Kaviar, Rogen (Eier) von Stör und Lachs, wird durch Konservierungsstoffe haltbar gemacht.

Um Fisch ohne Zusatzstoffe für die Abfüllung in Dosen dauerhaft zu konservieren, muß man ihn hitzesterilisieren; die Dosenware ist dann – meist in einer gewürzten Zubereitung – mehrere Jahre haltbar.

Die beste Methode, Fisch annähernd so frisch zu halten, wie er aus dem Meer kommt, ist die moderne Gefriertechnik. Schon auf dem Fangschiff werden die Fische filetiert und tiefgefroren bei minus 18 Grad transportiert. Oft wird dem Eis noch ein bakterizider Wirkstoff zugefügt.

Tiefkühlfertiggerichte mit Fisch als Grundlage werden als Fischstäbchen, Seemannsschmaus und unter anderen Phantasienamen angeboten. Sie bestehen oft nicht aus gewachsenen Fischteilen, sondern wurden aus Fischfleischmasse mit Gewürzen und Phosphat in Form gepreßt und dann paniert.

Das sofortige Filetieren auf hoher See ist schon deswegen nötig, damit das Fischfleisch nicht mit Nematoden (in Fischeingeweiden vorkommenden Würmern) verseucht wird. In den achtziger Jahren verursachten Veröffentlichungen über Befall von Speisefisch mit lebenden Nematodenlarven einen abrupten Rückgang des Fischverkaufs. Die Larven werden jedoch im Normalfall durch Tiefgefrieren (minus 20 Grad), Hitzebehandlung (über 70 Grad, Kochen), Salzen und Marinieren abgetötet. Nachdem in Fischhandel und -industrie die Aufmerksamkeit auf diese Problemlösungen gelenkt wurde, haben sich die Liebhaber eines guten Fischgerichts beruhigen können.

Fisch kann immer noch als wertvolles Grundnahrungsmittel gelten, auch wenn Umweltbelastungen Vorbehalte und Wachsamkeit erfordern.

VERBRAUCHERTIPS

1. Beim Einkauf auf folgende Merkmale achten: rote, nicht verschleimte Kiemen, festes, glänzend-durchscheinendes Fleisch, unaufdringlicher, nicht »fischiger« Geruch, ohne Ammoniakduft.

2. Beim Kauf von Marinaden auf die Liste der Zusatzstoffe achten (E 210–213 und E 214–219 sind nicht unbedenklich).

3. Im Supermarkt darauf achten, ob der Fisch im Laden fachgerecht aufbewahrt wurde. Die Verpackung von Tiefkühlware darf keine Eisschicht aufweisen. Kontrollieren, ob Fischkonserven, die ins Kühlfach gehören, auch dort stehen.

4. Muscheln sollen geschlossen sein, müssen sich aber beim Kochen öffnen – andernfalls wegwerfen. Vergiftungsgefahr!

5. Hochseefischarten sind Fischen aus Küstenbereichen ebenso vorzuziehen wie Teichzuchtfische den Flußfischen – wegen möglicher Schadstoffbelastungen.

6. Frischfisch und getauten Tiefkühlfisch noch am selben Tag verbrauchen.

7. Geöffnete Konserven sofort verbrauchen, Öl vor dem Verzehr des Fisches abgießen.

12 Gemüse, Hülsenfrüchte, Kartoffeln

Die Vielfalt der angebotenen Gemüsesorten hat sich in den letzten Jahrzehnten stark vergrößert. Gemüse ist beim Verbraucher beliebter denn je, da es als schlankmachende Kost gilt. Doch wir essen in Deutschland pro Person nur halb soviel Gemüse, wie ein Einwohner südeuropäischer Länder verzehrt. Die Steigerung des Gemüseanteils wäre eine bedeutende Verbesserung der Ernährung im Sinne einer ausgewogenen Mischkost, denn der hohe Anteil an Ballaststoffen (meist unverdauliche Zellulose) sorgt für den notwendigen Ausgleich unserer gewöhnlich viel zu konzentrierten, eiweiß- und fettreichen Kost.

Bestandteile

Frischgemüse besteht, von seinem hohen Wasseranteil (75–95 Prozent) abgesehen, hauptsächlich aus Kohlenhydraten und Ballaststoffen. Wertvolle Inhaltsstoffe sind die zahlreichen Vitamine und Mineralien: Vitamin C (besonders im Blumenkohl, Brokkoli, Rosenkohl, Petersilie, Paprika, Grünkohl), Vitamin A und seine Vorstufe Carotin (besonders reichlich in Mohrrüben, Grünkohl, Spinat, Petersilie und Fenchel, darüber hinaus in fast allen anderen Gemüsearten), Vitamine der Gruppe B (in allen Gemüsen außer Zwiebeln). Als Vitaminträger ist Gemüse durch kein anderes Lebensmittel zu ersetzen. Die Mineralstoffe sind mit Kalium, Phosphor, Magnesium gut vertreten, außerdem mit Eisen, Kalzium und Natrium. Der

Fettanteil von Gemüse liegt generell unter 0,5 g auf 100 g verzehrbarer Menge, der Eiweißanteil ist besonders bei Hülsenfrüchten (Erbsen, Bohnen, Linsen) beträchtlich.

Man unterscheidet verschiedene Warengruppen: chlorophyllreiche Blattgemüse (u. a. Kopf-, Endivien-, Eisbergsalat, Chicorée, Spinat, Kresse), Fruchtgemüse (u. a. Erbsen, Bohnen, Tomaten, Paprika, Gurken), ballaststoffreiche Kohlgemüse (u. a. Blumen-, Rosen-, Grünkohl, Weiß-, Rotkohl, Kohlrabi), Stengelgemüse (Spargel), kohlenhydratreiche Wurzelgemüse (u. a. Rettich, Mohrrüben, Sellerie) und Zwiebelgemüse (u. a. Porree, Zwiebeln).

Schadstoffe im Gemüse

Wie andere Lebensmittel enthält Gemüse natürliche Inhaltsstoffe, die der Gesundheit nicht zuträglich sind, und/oder Schadstoffrückstände, die jedoch nach Sorten und Anbauart stark variieren. Durch die richtige Auswahl kann der Verbraucher die aufgenommene Schadstoffmenge also auf ein Minimum begrenzen.

Das natürliche Stoffwechselprodukt Oxalsäure, das Kalzium bindet, ist etwa für den Knochenaufbau im menschlichen Körper nötig, kann aber auch zur Nierensteinbildung führen. Mangold, Petersilie, Rhabarberstiele, rote Bete, Sellerie und der früher als Kindernahrung besonders empfohlene Spinat sind reich an Oxalsäure. Keine Oxalsäure enthalten: Endivie, Erbsen, Feldsalat, Gurke, Kartoffel, Kopfsalat, Kürbis, Porree, Rettich, Schnittlauch, Schwarzwurzel, Weißkohl.

Der Nitratgehalt von Gemüse ist abhängig von der Gemüseart, von der Fähigkeit, Nitrat zu speichern, der Düngung und der Sonneneinstrahlung. Zuviel Stickstoffdünger und zuwenig Sonne erhöhen den Nitratgehalt. Treibhausgemüse oder Gemüse, das in nördlichen Gegenden im Frühjahr unter Folien oder während langer Schlechtwetterperioden herangezogen wird, enthält mehr Nitrat als Freilandgemüse in den Sommermonaten.

Zwar werden 80 Prozent der Nitratmenge, die man mit der Nahrung aufnimmt, wieder vom Körper ausgeschieden, doch von den restlichen 20 Prozent werden unterschiedlich große Mengen bei der Verdauung in Nitrit und weiter in Nitrosamine umgewandelt, wenn beispielsweise zuwenig Magensäure vorhanden ist. Nitrit beeinträchtigt den Sauerstofftransport des Blutes. Wenn sich Nitrit mit Aminen (Eiweißbausteinen) verbindet, können Nitrosamine entstehen, die zu den krebserzeugenden Substanzen gehören. Man hat festgestellt, daß Vitamin C die Nitrosaminbildung einschränkt oder gar verhindert.

Es besteht kein Grund, Gemüse wegen der Nitratbelastung zu meiden. Man sollte aber darauf achten, den nitratreicheren Gemüsesorten nicht ständig den Vorzug zu geben.

Den höchsten Nitratgehalt haben Kopfsalat, Eissalat, Endivie, Feldsalat, Fenchel, Mangold, Rettich, Rhabarber, rote Bete und Spinat. Erhebliche Schwankungen erschweren eine solche Klassifizierung jedoch. Für Kopfsalat und rote Bete liegen die Nitrat-Richtwerte des ehemaligen Bundesgesundheitsamts bei 3000 mg je kg Frischsubstanz, für Spinat bei 2000 mg. Einen mittleren Nitratgehalt weisen Auberginen, die meisten Kohlsorten, Lauch, frühe Mohrrüben, Sellerie und Zucchini auf. Einen von Natur aus niedrigen Nitratgehalt besitzen grüne Bohnen, Chicorée, Gurken, Kartoffeln, Paprika, Rosenkohl, Tomaten und Zwiebeln. Er liegt bei weniger als 500 mg je kg Frischsubstanz.

Der Nitratgehalt kann bei der Zubereitung reduziert werden, und zwar durch Dämpfen, Kochen, Wässern und durch das Entfernen besonders nitratreicher Pflanzenteile wie Stengel, Blattrippen und äußerer Blätter bei Kopfgemüse.

Neben der Nitratbelastung spielt die Schwermetall- und Pestizidbelastung die größte Rolle.

Schwermetallbelastungen treten regional auf. Ursache sind Altlasten in den Böden, Luftverschmutzungen in industriellen Ballungsgebieten und Düngung mit schwermetallhaltigen Klärschlämmen, deren Anwendung jedoch seit einiger Zeit gesetzlich begrenzt ist. Gemüse aus ökologischem Anbau ist auch hier die bessere Alternative, da der Öko-Landwirt weder belastete Klärschlämme aufbringt noch überhaupt auf schwer umweltbelasteten Böden wirtschaftet.

Schwermetalle werden besonders von Pilzen, Grünkohl und Wurzelgemüse aufgenommen und gespeichert. Pestizidrückstände sind in etwa der Hälfte des konventionell angebauten Gemüses nachweisbar, die gesetzlich festgelegten Höchstmengen werden allerdings selten überschritten. Treibhausgemüse ist Pflanzenbehandlungsmitteln besonders intensiv ausgesetzt, Gurken speichern die eingesetzten Chemikalien in der Schale.

Radioaktiv belastet sind heute – Jahre nach dem Tschernobyl-Unglück – nur noch Waldpilze. Die Gesundheitsbehörden empfehlen, nicht öfter als zweimal im Monat wild wachsende Pilze zu essen, und zwar höchstens 250 g Pilze pro erwachsener Person und Monat.

Trotz der Schadstoffbelastung ist Gemüse eines der gesündesten und wichtigsten Nahrungsmittel, auf das man keinesfalls verzichten sollte. Allein schon die im Gemüse enthaltenen Ballaststoffe, die den Darm aktivieren und damit der Verstopfung vorbeugen, sind sehr wichtig, denn ballaststoffreiche Kost setzt das Risiko herab, an Dickdarmkrebs zu erkranken, einer typischen Zivilisationskrankheit, die oft auf falsche Ernährung zurückzuführen ist.

Erzeugung, Herkunft und Güteklassen von Gemüsen

Auf unseren Großmärkten wird Gemüse aus dem Intensiv-Anbau gehandelt. Produzenten, Händler und Verbraucher sind an der Verteilung des Gemüseangebots über die klimatisch bedingten Saisongrenzen hinweg interessiert. Darum wird neben Gemüsekonserven und der Einfuhr aus wärmeren Anbaugebieten in beträchtlichem Maße Frischgemüse aus der Treibhauskultur angeboten. Wie bereits erwähnt, verlangen die Intensiv- und Treibhauskulturen die zusätzliche Düngung der Pflanzen und eine chemische Schädlingsbekämpfung.

Zur Orientierung der Verbraucher sind für Gemüse EG-Qualitätsnormen vorgeschrieben oder, wo diese noch fehlen, deutsche Handelsklassen: Extra, I, II und III. Nach diesen Handels- oder Güteklassen angebotenes Gemüse muß »grundsätzlich gesund, sauber, fest, von frischem Aussehen« sein, im übrigen aber teilen die Güteklassen das Gemüse nur nach Größe oder Länge, Gewicht und äußerer Beschaffenheit ein. »Über wertgebende Inhaltsstoffe sagen sie nichts aus«, heißt es in einer Broschüre des AID (Auswertungs- und Informationsdienst für Ernährung, Landwirtschaft und Forsten e.V.).

Der Verbraucher erwirbt also beim Kauf von Gemüse niedrigerer Handelsklassen keine schlechte Qualität. Gemüseproduzenten und -züchter bemühen sich allerdings, mit ihren Produkten den höchsten Kategorien zu genügen. Eine glatte Oberfläche und großes Volumen bringen mehr Geld ein. Um dieses Ziel zu erreichen, wird das Gemüse stärker gedüngt, wächst damit schneller und reichert mehr Wasser im Zellgewebe an. Es schmeckt dann, obwohl es tadellos aussieht, fade und wässerig, hat wenig Aroma und ist arm an Vitaminen.

Gesundes Gemüse aus alternativem Anbau

Der alternative Anbau unterscheidet sich grundsätzlich vom heute üblichen konventionellen Gemüseanbau und seinen intensiven Monokulturen. Bei der Mischkultur im ökologischen Landbau werden verschiedene Gemüsesorten nebeneinander angebaut. Durch bestimmte Kombinationen verschiedener miteinander verträglicher Sorten kann der Schädlingsbefall drastisch eingeschränkt werden. Gedüngt wird mit organischen Stoffen. Sollten dennoch Krankheiten und Schädlinge auftreten, werden sie durch einfache Kulturmaßnahmen (Hacken, Absammeln von Raupen), durch den Einsatz von natürlichen pflanzenstärkenden Präparaten und durch die Förderung von Nützlingen (insektenfressenden Wildtieren) bekämpft. Der Boden wird nur so weit bearbeitet, wie unbedingt nötig ist, um die Kleinstlebewesen im Erdreich zu schonen, die etwa für eine gute Belüftung des Bodens sorgen. Beim alternativen Gemüseanbau werden außerdem wechselnde Fruchtfolgen eingehalten, um den einseitigen Entzug bestimmter Nährstoffe aus dem Boden zu verhindern.

Natürlich muß bei dieser Anbauform auf ständige Ertragssteigerungen verzichtet werden. Wichtiger ist das langfristig erhaltene Gleichgewicht im Kreislauf des Lebens von Mensch, Pflanze und Boden. Aus diesen Gründen und wegen des erhöhten Arbeitsaufwands ist Gemüse aus sogenanntem alternativem Anbau teurer als das aus konventionellem, manchmal auch weniger ansehnlich.

Dagegen stehen die Vorteile: Gemüse aus Mischkulturen ist weniger mit chemischen Rückständen belastet als das Gemüse aus Intensivanbau im Freiland und beträchtlich weniger als das aus Treibhäusern. Dies wurde lange bestritten und durch trickreiche Meß- und Berechnungsmethoden scheinbar widerlegt. Inzwischen liegen aber Ergebnisse vor, die weit häufigere Rückstandsbelastungen bei Gemüse aus konventionellem Intensivanbau nachweisen. Das heißt allerdings nicht, daß Gemüse aus konventionellem Anbau immer und grundsätzlich belastet sein muß.

Aufgrund der allgemeinen Schadstoffbelastung der Luft, des Wassers und der Böden können Schadstoffspuren jedoch auch im Bio-Gemüse enthalten sein. Ausgenommen davon sind aber all jene Stoffe, die durch Überdüngung und Schädlingsbekämpfung in unser Gemüse gelangen können. Gemüse und Obst aus kontrolliert ökologischem Anbau haben einen volleren, charakteristischeren Geschmack im Vergleich zu anderer Ware – so behaupten viele Verbraucher, auch solche mit Feinschmecker-Erfahrung. Vielleicht hängt das bessere Aroma damit zusammen, daß der Anteil der erwünschten Mineralstoffe (Kalium, Kalzium, Eisen) bei organischer Düngung größer ausfällt.

Experten zur Sache:

Ruth Kleinöder und Isrid Andries, Gemüse-Abo »Bäuerinnen GbR«

Vorbilder aus Holland machten den beiden jungen Frauen Mut: Auf ihrem 1991 übernommenen Hof in Brandenburg, nördlich von Fürstenwalde, organisierten sie ein »Gemüse-Abonnement«. Ihr Ziel: ganzjährig aus einer großen Auswahl von Saisongemüsen und Obst rund 200 Haushalte in Berlin und in ihrer näheren Umgebung zu versorgen. Von Chicorée bis zu Zwiebeln reicht ihr rund 40 Sorten umfassendes Angebot, und grundsätzlich wird nur geliefert, was auf dem eigenen Boden oder in der Nachbarschaft nach Öko-Richtlinien produziert wurde.

»Wir achten sehr auf Qualität und Frische«, betonen die beiden als erstes, mit kritischem Seitenblick auf manche Bio-Läden, in denen Gemüse welkt und Obst schrumpelt, »wir ernten Donnerstag und liefern Freitag aus, über rund 20 zentrale Verteilstellen in verschiedenen Berliner Bezirken.«

Anders als bei anderen Abo-Systemen, bei denen die Kunden freie Bestellwahl haben, erleben die Kunden der »Bäuerinnen GbR« mit jeder neuen Abo-Kiste eine Überraschung. Der Inhalt wird von den beiden Frauen zusammengestellt, reicht für mehrere Mahlzeiten und enthält im Winter auch eingemachtes Gemüse. Der Vorteil für den Hof: Was produziert wird, kann auch abgesetzt werden, es gibt keine Überschußproduktionen. Und die Kunden, die zwischen einer kleineren und einer größeren Abo-Kiste wählen können, sind einverstanden mit dem Angebot? »Wir fordern von unseren Kunden sogar, daß sie auch während der Sommerferienzeit das Abo weiterführen, vielleicht mit einer Ersatzfamilie, aber wir stecken auch viel Arbeit in die Kundenbetreuung. So entsteht eine starke Bindung an den Hof.«

Der Blick der beiden Frauen in die Zukunft ist optimistisch: »Berlin ist ein riesiger Ballungsraum, es wird nie wirklich schwierig, Kunden zu finden.«

Gemüsekonserven und Gefriergemüse

Konserven sind praktisch für die schnelle Küche, aber bei der Konservierung von Gemüse in Dosen und Gläsern gehen, wie in Untersuchungen nachgewiesen wurde, zwei Drittel der wertvollen Vitamine und Mineralstoffe verloren. Zudem ist der Kochsalzgehalt in konserviertem Gemüse häufig ungesund hoch. Metalldosen, die keine (unverletzte) Innenlackierung haben, sollte man überhaupt meiden, denn der Säureanteil des Einmachguts kann Metallbestandteile aus dem Dosenblech lösen.

Besondere Vorsicht ist bei Dosen mit ausgebeultem Deckel (Bombarden) oder bei nicht dicht geschlossenen Einmachgläsern geboten. In diesen Konserven oder Einmachgläsern haben sich möglicherweise Botulinusbakterien angesiedelt, die für den Menschen tödliche Giftstoffe produzieren. Das Erhitzen oder Kochen des Einmachguts läßt diese Gifte nicht unwirksam werden. Häufig zeigt die durch die Bakterien verursachte Gasbildung im Innnern der Konserven den Verderb der Ware an.

Beim Tiefgefrieren werden Vitamine und Mineralstoffe besser bewahrt als beim Konservieren durch Hitzesterilisation (Konserven). Das meist nur wenige Stunden nach der Ernte eingefrorene Gemüse stammt allerdings aus dem intensiven Gemüseanbau. Auch bei tiefgekühltem Gemüse – nicht nur bei tiefgekühltem Fleisch oder Fisch – sollte die Dauergefriertemperatur von mindestens -18 Grad nicht lange unterbrochen werden. Denn sonst ist mit großen Vitaminverlusten und schließlich mit dem Verderb der Ware zu rechnen.

Hülsenfrüchte

Hülsenfrüchte werden als reife harte Samen geerntet oder nachgetrocknet: Erbsen (gelbe und grüne, stärkereiche Sorten), Bohnen (viele Sorten, sämig zerkochend oder weich im Kern bleibend), Kichererbsen (aus den Mittelmeerländern und Übersee, zu Püree, aber auch geröstet zum Knabbern), Linsen (verschiedene Größen) und Sojabohnen (stärkearm, sehr eiweiß- und ölreich). Hülsenfrüchte sind kohlenhydrat- und ballaststoffreich. Sie sind die Grundlage der vegetarischen Ernährung wegen ihres hohen Gehalts an Eiweiß, das vom Organismus besonders gut verwertet werden kann, wenn es zusammen mit Getreideprodukten gegessen wird.

Als Rohkost sind Hülsenfrüchte nicht geeignet, da sie zum Teil natürliche Giftstoffe enthalten, die erst durch Erhitzen zerstört werden. Allerdings kann man Hülsenfrüchte durch Keimen zum Heranziehen von Sprossengemüse verwenden, das gedünstet (Soja- und Linsenkeime auch roh) genießbar ist. In Naturkostläden werden einheimische Hülsenfrüchte (luftgetrocknete Bohnen) angeboten, die frei von Pestizidrückständen sind. Die Qualität der im üblichen Lebensmittelhandel angebotenen Hülsenfrüchte ist schwer zu beurteilen.

Gewöhnlich werden Hülsenfrüchte gegen Schädlingsbefall begast. Äußerlich haftender Staub sollte immer durch gründliches Waschen vor der Zubereitung entfernt werden.

Kartoffeln

In vielen Ländern zählt man die Kartoffel zu den Gemüsen. Bei uns nimmt sie eine Sonderstellung ein, wenn auch der Verbrauch in den vergangenen Jahrzehnten deutlich zurückgegangen ist. Immerhin ißt im statistischen Durchschnitt jeder Deutsche pro Jahr 40 kg Kartoffeln. Kartoffeln enthalten 2 Prozent Eiweiß, dessen biologische Wertigkeit unter den pflanzlichen Nahrungsmitteln an zweiter Stelle steht. Nur das Eiweiß der Sojabohne kann vom menschlichen Körper noch besser verwertet werden. Fett ist nur in Spuren vorhanden, Ballaststoffe machen 2,5 Prozent aus, die Mineralstoffe (Kalium, Magnesium, Mangan, Phosphor) 1 Prozent. Vitamin C ist in Kartoffeln reichlich vorhanden (17 mg auf 100 g), es überdauert eine längere Lagerung jedoch leider nur zum kleinen Teil.

Wenn Kartoffeln zu hell gelagert werden, bekommen sie grüne Flecken, es bildet sich in den Knollen Solanin, ein Gift, das gewöhnlich nur in den oberirdischen Teilen der Kartoffelpflanze enthalten ist.

Erzeugung

Dem kritischen Verbraucher fällt auf, daß aus konventionellem Anbau stammende Kartoffeln bei Tests allesamt nur die Geschmacksnote »mittel« bekommen. Die Ursache ist eine zu reichliche Düngung. Diese führt auch zu erhöhten Nitratwerten besonders bei Frühkartoffeln, die schnell wachsen sollen, damit sie früh auf den Markt kommen. Dabei ist die Kartoffel von Natur aus ein nitratarmes Gemüse!

Da Kartoffeln leicht anfällig sind für verschiedene Schädlinge, setzt man im Intensivanbau Pestizide und Fungizide (gegen Pilzkrankheiten) ein. Vor der Ernte werden die Pflanzen oft mit chemischen Mitteln entlaubt, nach der Ernte werden keimhemmende Mittel angewendet. Messungen im Auftrag des ehemaligen Gesundheitsamtes ergaben Pestizidrückstände in circa 15 Prozent der entnommenen Kartoffelproben. Besonders die viel gekaufte Sorte »Bintje« steht in dem Ruf, viele Gaben von Schädlingsbekämpfungsmitteln zu »brauchen«.

Kartoffeln aus alternativem Anbau

Wie bekannt, dürfen Bio-Bauern weder Pestizide noch mineralische Düngemittel verwenden. Um eine fehlerfreie Kartoffel zu ernten, bauen sie Kartoffeln nicht jahrelang auf demselben Acker an und entgehen damit auch der Gefahr, Pilzkrankheiten zu verbreiten.
Sie sorgen außerdem für lockere, durchlüftete Böden bei schonender Bodenbearbeitung und düngen mit organischem Dünger, wenn es nötig ist. Natürlich werden die Kartoffeln nach der Ernte nicht wie sonst üblich mit keimhemmenden Mitteln behandelt.

Kartoffelprodukte

Die Industrie bietet sich an, den Hausfrauen das unbeliebte Schälen, Raspeln und Frittieren von Kartoffeln abzunehmen. Puffer, Püree, Chips, Pommes frites, Knödel und vieles mehr warten in Tüten auf schnellen Verzehr. Diese Produkte enthalten allerdings viel mehr Kalorien, da ihnen oft Fett zugesetzt ist, und viel mehr Salz sowie Konservierungsmittel (Schwefeldioxid, dessen Rückstände das wertvolle Vitamin B_1 zerstören, und Phosphat). Gesünder ist es also, Kartoffelgerichte selbst zuzubereiten.

VERBRAUCHERTIPS

1. Gesundes, frisches Gemüse kauft man am besten in der Saison, um die erhöhte Belastung (z. B. durch Nitrat) von Treibhausware zu vermeiden.

2. Beim Kauf sollte man nicht nur die Güteklasse »Extra« oder »I« wählen, denn die Normierung nach rein äußeren Merkmalen sollte nicht gefördert werden. Weniger prächtig aussehendes Gemüse schmeckt häufig besser.

3. Frisches Gemüse vor Licht und Wärme schützen und bald verarbeiten, um Vitaminverluste zu vermeiden.

4. Gemüse vor dem Putzen und Zerkleinern gründlich mit lauwarmem Wasser waschen, um äußerlich haftende Rückstände zu entfernen. Aber nicht im Wasser liegen lassen, sonst werden wertvolle Mineralstoffe entzogen.

5. Gurken schälen, Rippen von Salat- und Kohlblättern sowie Hüllblätter entfernen (wegen der Nitratbelastung).

6. Waldpilze wegen der immer noch vorhandenen radioaktiven Belastung und der Schwermetallbelastung nur selten essen (höchstens zwei Mahlzeiten von je 250 g im Monat). Zuchtpilze (Kulturchampignon, Egerling, Austernpilz, Shii-take, Kulturträuschling) können öfter gegessen werden, sie sind wegen ihrer sehr kurzen Wachstumszeit nur wenig belastet.

7. Gemüse möglichst oft als Rohkost essen oder nur kurz dünsten, da durch Kochen ein Großteil der Vitamine verlorengeht. Nur Bohnen eignen sich nicht als Rohkost, da sie den Giftstoff Phasin enthalten, der erst beim Kochen unschädlich gemacht wird.

8. Verwenden Sie nur in Gläsern oder in lackierten Dosen eingemachtes Gemüse und werfen Sie zerbeulte Dosen oder solche mit geblähtem Deckel (Bombarden) weg, ebenso Gläser mit schäumendem Inhalt. Beim Verzehr solcher mit Botulinusbakterien verseuchten Ware besteht die Gefahr einer tödlichen Lebensmittelvergiftung!

9. Kartoffeln kühl, frostfrei, trocken – und unbedingt dunkel – lagern, sonst keimen sie aus und bilden giftiges Solanin.

10. Kartoffeln zur Vermeidung von Vitaminverlust nicht geschält ins Wasser legen, mit wenig Wasser gar dämpfen, nicht lange warm halten, am besten als Pellkartoffeln verarbeiten (die meisten Vitamine liegen direkt unter der Schale).

13 Obst und Fruchtsäfte

Wer Bio-Obst wählt, bekommt manchmal wieder Sorten auf den Tisch, die in der intensiven Obstwirtschaft ausgemustert wurden. Aroma ist Bio-Trumpf – im Gegensatz zu den vorzugsweise an äußeren Eigenschaften orientierten Qualitätsnormen der geltenden Handelsklassen. Um die gut verkäufliche Klasse I produzieren zu können, muß der Landwirt Chemie anwenden und Sorten anbauen, die dem »schönen Schein« leicht entsprechen. So haben auf den Obstmärkten leider Sortenvielfalt und Geschmacksqualität stark abgenommen. Darum wird die Nachfrage nach »anderem« Obst immer größer.

Bestandteile

Zum Obst gehören die eßbaren Früchte mehrjähriger Pflanzen (Kernobst, Steinobst, Beerenobst, Zitrusfrüchte u. a.) und die roh genießbaren Samenkerne des Schalenobstes (Mandeln, Nüsse). Bis auf geringe Mengen von Wildfrüchten wird Obst (meist veredelte Sorten) angebaut, und zwar in der Regel im Intensiv-Obstbau mit weitgehend rationalisierten Arbeitsgängen. Außer im Schalenobst (Nüssen, Mandeln) findet sich im Obst wenig Eiweiß, kein Fett, dafür aber Kohlenhydrate, hauptsächlich in Form von Fruchtzucker und Stärke. Die Kalorien- oder Joulezahl wird häufig unterschätzt, 100 g Weintrauben enthalten 70, Äpfel immerhin 50, Apfelsinen 40 Kalorien (kcal). Der Vitaminreichtum ist sprichwörtlich, jedoch innerhalb der einzelnen Sorten stark schwankend – die Vitamin-C-Menge eines einzigen Berlepsch-Apfels entspricht der von fünf Äpfeln der Sorte Golden Delicious. Weitere wertvolle Inhaltsstoffe sind Fruchtsäuren, die den Appetit anregen und bakterizid wirken, sowie Mineralstoffe, etwa Kalium, von dem hohe Werte in Aprikosen, Bananen, Johannisbeeren und Weintrauben enthalten sind. Pfirsich und schwarze Johannisbeere sind besonders eisen-, die Zitrusfrüchte Apfelsine, Satsuma und Clementine besonders kalziumreich.

Obst und Gemüse – reich an Nährstoffen					
	Energie		Kalium	Vitamin C	Ballaststoffe
je 100 g	kj	kcal	mg	mg	g
Kopfsalat	47	11	224	13	1,6
Paprika	85	20	212	139	2,0
Tomaten	81	19	297	24	1,3
Weißkraut	106	25	227	46	3,0
Äpfel	229	55	144	12	2,3
Pfirsiche	175	42	205	10	1,7
Bananen	384	92	393	12	2,0
Birnen	231	55	126	5	2,8
Erdbeeren	137	33	147	64	2,0
Orangen	178	43	177	50	2,2
Pflaumen	207	50	221	5	1,7
Quelle: Bayerische Landesanstalt für Ernährung					

Intensiv-Obstbau und die Alternative

Reihen von niedrigen Spindelbäumen oder Büschen in Abständen, die für die mechanischen Arbeitsgeräte bemessen sind – so sieht der Obstbau heute meist aus,

aus Gärten wurden Plantagen. Der Schnitt der Gehölze, die Bearbeitung des Bodens, die Pflege und Ernte dürfen nicht zu viel Zeit und Arbeitskraft kosten. Wegen der ausgedehnten Monokultur ist die Gefahr des Schädlingsbefalls groß, das »einfachste« Mittel dagegen ist die Chemie.

Wegen der bekannten Umwelt- und Gesundheitsbelastungen versucht man seit einigen Jahren, im »integrierten« Anbau eine vorsichtige Form des konventionellen Intensivanbaus zu betreiben: Der Bauer muß über Dünge- und Spritzmaßnahmen Buch führen, schont mit selektiv wirkenden Mitteln nützliche Insekten und spürt mit Lupe und Mikroskop den Befall schon im Anfangsstadium auf. Auf solche Weise und durch die Förderung von Nutzinsekten und Vögeln hat man im integrierten Anbau die Pestizideinsätze sehr stark einschränken können.

Doch erst müßte sich diese Anbaumethode allgemein durchsetzen, ehe der Verbraucher wirklich sicher sein kann, Obst zu bekommen, das frei von Pestizidrückständen ist. Noch vor einigen Jahren ergaben Untersuchungen Pestizidbelastungen bei über 50 Prozent der Obstkulturen, allerdings lagen sie unter den zugelassenen Höchstwerten.

Andere Schadstoffbelastungen können in der Nähe von industriellen Ballungsgebieten durch Luftverschmutzung auftreten: Blei (das auch an den Schalen haftet) und Cadmium dringen über Boden und Wurzeln in die Früchte ein.

Was im vorangegangenen Kapitel über Gemüse aus ökologischem Anbau gesagt wurde, gilt ebenso für den naturverträglichen Obstanbau ohne Chemie. Durch die sparsamere Düngung bleiben die Früchte zwar kleiner, es wurde jedoch festgestellt, daß etwa bei Äpfeln der Gehalt an Vitamin C und Aromastoffen bedeutend höher ist als bei Äpfeln aus dem Intensivanbau.

Obstprodukte

Trockenobst (Dörrobst) ist meist importiert, denn nur wenige einheimische Sorten (Äpfel, Birnen, Pflaumen) werden getrocknet. Datteln, Feigen, Johannisbrot, Rosinen sind die bekanntesten Trockenobst-Importe. Diese Obstarten stammen meist nicht aus ökologischen Anbauten, auch werden ihnen manchmal Konservierungsstoffe und Pektinlösungen zugesetzt.

Bei Obstkonserven beachte man das Abtropfgewicht, dessen Angabe gesetzlich vorgeschrieben ist, es gibt über den »echten« Inhalt, ohne Flüssigkeit, Auskunft. Der Zuckergehalt wird mit »leicht« (14 Prozent), »gezuckert« (bis 18 Prozent), und »stark gezuckert« (zwischen 20 und 22 Prozent) angegeben. Apfelmus ohne

Angabe hat 16,5 Prozent Zucker, »stark gezuckert« 24 Prozent. Erdbeer-, Himbeer-, Kirsch- und Pflaumenkonserven dürfen – mit Kennzeichnung auf der Konservenpackung – mit Lebensmittelfarbstoff nachgefärbt sein.
Konserven werden bei 100–120 Grad sterilisiert. Leider geht dabei über die Hälfte des Vitamingehalts verloren. Gläser sind Metallkonservendosen vorzuziehen, denn die in den Früchten enthaltenen Enzyme und Fruchtsäure lösen Partikel aus dem Dosenblech, wenn die Innenwand nicht mit Lack überzogen ist.
Tiefgefrieren ist die schonendste Art der Konservierung. Bedauerlicherweise stammt das Gefrierobst im Supermarkt vorerst noch nicht aus ökologischem Anbau. Wer selbst einfriert, erreicht meist keine befriedigende Qualität, weil das schockartige Schnellgefrieren bei Haushaltsgeräten häufig nicht gewährleistet ist. Gefrierobst sollte – wie alle anderen tiefgefrorenen Lebensmittel – beim Transport kühl gehalten werden. Vor dem Verbrauch sind schnelles Auftauen und die sofortige Verarbeitung empfehlenswert, wenn die wertvollen Inhaltsstoffe erhalten bleiben sollen.

Fruchtsäfte und Nektar

Fruchtsafthaltige Getränke sind als »flüssiges« Obst sehr beliebt. *Fruchtsaft* muß 100 Prozent Fruchtanteil haben, ohne Zusatz von Zucker oder anderen Stoffen. Der auf 50–60 Grad erwärmte Fruchtbrei wird ausgepreßt und der Saft bei 70–90 Grad pasteurisiert. Häufig, bei Säften aus Zitrusfrüchten zu fast 99 Prozent, wird der Saft durch Wasserentzug auf etwa ein Sechstel des Volumens durch Eindampfen im Vakuum oder, seltener, durch Gefrieren konzentriert, zur Transporterleichterung und besseren Lagerfähigkeit. Ein Aroma- und Vitaminverlust ist dabei nicht zu vermeiden.
Nektar hat 25–50 Prozent Fruchtanteil, *Fruchtsaftgetränk* 6–25 Prozent, *Limonade* 3 Prozent; bei den beiden letzten geben also Aromen und Zucker den Geschmack, nicht das Obst.
Fruchtsäfte und Fruchtnektar (und Gemüsesäfte) sind nicht nur Erfrischungsgetränke, sondern echte Lebensmittel, es gibt sie auch aus biologischem Anbau, die Nektare haben dort häufig höheren Fruchtanteil als vorgeschrieben.

VERBRAUCHERTIPS

1. Obst der Saison kaufen. Es hat weniger Schadstoffrückstände, mehr Vitamine, ist preiswerter und meist ohne weite Transportwege in den Laden gekommen. Erdbeeren im Januar sind Luxus, ihr Transport verschwendet Energie. Von weit her importiertes Obst ist meist halbreif oder unreif geerntet worden und kann schon deshalb sein Aroma nicht entfalten.

2. Obst so oft wie möglich direkt vom Erzeuger auf Höfen, Märkten oder im Bio-Laden kaufen. Man erwirbt damit in der Regel eine bessere Qualität und trägt außerdem nicht zur Förderung der Normierung der Ware nach rein äußerlichen Gesichtspunkten (Klasseneinteilung) bei.

3. Früchte gründlich waschen, Äpfel danach fest abreiben. Untersuchungen haben ergeben, daß dadurch anhaftende Schadstoffe, etwa Blei, am besten entfernt werden. Bei Zweifeln über die Herkunft das Obst schälen.

4. Wildfrüchte nicht an Straßenrändern sammeln; sie sind mit Blei aus den Autoabgasen belastet. Keine Beeren in Gegenden pflücken, die vom Fuchsbandwurm verseucht sind, tödliche Gefahr bei Infektion (Auskunft erteilen die Forstbehörden).

5. Obst der Klasse II bevorzugen; die Früchte sind kleiner, aber aromatischer.

6. Angeschimmelte Nüsse und Mandeln wegwerfen; sie enthalten krebserregende Aflatoxine. Bei Äpfeln kann man kleine angefaulte Stellen tief ausschneiden, sie können dann noch gegessen werden. Angefaultes Steinobst gehört in die Mülltonne.

7. Trockenfrüchte (kalorienreich) sind reich an Fruchtzucker und Ballaststoffen und fördern die Verdauung. Leider sind getrocknete Ananas, Aprikosen, Apfelringe, Rosinen häufig geschwefelt. Schwefel zerstört das so notwendige Vitamin B und kann Allergien auslösen. Die Früchte vor dem Essen daher gründlich warm waschen, ein Teil des Schwefels wird dann herausgelöst. Besser noch: ungeschwefelte Ware verlangen.

78 Obst und Fruchtsäfte

8. Bananenschalen sind mit Thiabendazol konserviert, deshalb nicht an Haustiere verfüttern.

9. Die Schalen von Zitrusfrüchten sind meist chemisch behandelt und/oder gewachst. Sie sind auch durch heißes Waschen nicht zu reinigen. Nach dem Schälen der Früchte Hände mit Seife waschen, da das Konservierungsgift haftet und sonst beim Essen auf das Fruchtfleisch übertragen wird. Ungespritzte Früchte werden zum Teil sogar schon in Supermärkten angeboten.

10. Den Inhalt von Metallkonserven sofort nach dem Öffnen umfüllen.

14 Rund ums Ei

Eier sind nach Erkenntnissen der Ernährungswissenschaft in ihren Inhaltsstoffen ideal zusammengesetzt: aus Eiweiß, Fett, Mineralstoffen und Vitaminen; die Natur hat gut vorgesorgt in der Keimzelle des Lebens. Doch in den letzten Jahren wurden die Verbraucher wiederholt durch Meldungen in den Medien über Schadstoffrückstände und Salmonellen in Hühnereiern verunsichert. Vor allem das Salmonellen-Risiko hat den jährlichen Pro-Kopf-Verbrauch von 292 Eiern 1972 auf 240 Anfang der neunziger Jahre sinken lassen.

Bestandteile

Die Eierschale umhüllt ein Wertpaket: Rund 11–12 Prozent Eiweiß (Protein, nicht zu verwechseln mit dem Eiklar), 9–10 Prozent Fett und Spuren von Kohlenhydraten sind in einem Ei enthalten, dazu außer Vitamin C alle wichtigen Vitamine und Mineralstoffe.
Die Aminosäuren des Eiweißes aus Hühnereiern sind von hoher biologischer Wertigkeit. So können 100 g Hühnereiweiß 94 g menschliches Körpereiweiß aufbauen. Zum Vergleich: Beim Eiweiß der Kuhmilch sind es 86 g, bei Rindfleisch 76 g, bei Kartoffeln 67 g.
Eigelb und Eiklar sind deutlich verschieden in ihrer Zusammensetzung. Das »Gelbe vom Ei«, der Dotter, enthält mehr Eiweiß und viel mehr Vitamine und Fett als

das Eiklar. Die wichtigen Mineralstoffe verteilen sich auf den Dotter (Kalzium, Phosphor und Eisen) und das Eiklar (Natrium und Kalium). Ein kräftig gelber Dotter zeigt aber nicht etwa eine bessere Qualität an, sondern ist im wesentlichen auf genau dosierte Futterzugaben von Carotinoiden (Vorstufe von Vitamin A) zurückzuführen. Unabhängig von den Inhaltsstoffen ist auch die braune oder weiße Farbe der Eierschale.

Warum also nicht mit unbegrenztem Appetit Eier verzehren? Auf dem Lande, erzählen die Großeltern, frühstückte mancher zwölf auf einen Sitz – und aß das dreizehnte mit der Schale. Ernährungswissenschaftler raten ab von so monotoner Kost und empfehlen wegen des Cholesteringehalts im Fett der Eier arteriosklerose- und infarktgefährdeten Personen mit gestörtem Fettstoffwechsel sogar nur 3–4 Eier wöchentlich. Dabei darf man das »versteckte Ei«, zum Beispiel in vielen Teig- und Backwaren, nicht außer acht lassen!

Nach einer EG-Regelung werden Eier in acht Gewichtsklassen (Klasse 0: über 75 g, Klasse 7: unter 45 g) eingeteilt sowie in drei Güteklassen: A (frisch), B (2. Qualität oder haltbar gemacht) und C (nur für industrielle Verwertung, etwa Knickeier mit defekter Schale und Brucheier mit beschädigter Innenhaut). Bebrütete Eier dürfen nicht in der Nahrungsmittelindustrie verarbeitet werden.

Hühnerhaltung und Eierqualität

Es gibt heute fünf verschiedene Arten der Hühnerhaltung: Bei der *Freilandhaltung* hat jedes Huhn eine Auslauffläche von mindestens 10 qm. Bei der *intensiven Auslaufhaltung* haben die Hühner Auslauf im Freien und mindestens 2,5 qm Fläche je Huhn.

Bei der *Bodenhaltung* in geschlossenen Räumen mit Sitzstangen und Scharrmöglichkeit werden bis zu sieben Tiere auf einem Quadratmeter zusammengedrängt. Die auf Eierpackungen oft werblich herausgestellte Bodenhaltung ist überdies sehr unnatürlich, da mit künstlichem Licht ein Tag-Nacht-Rhythmus hergestellt wird, der zur höheren Eierproduktion anregt. Die Bodenhaltung ist auch sehr unhygienisch, weil der ständige Kontakt mit dem Kot nicht zu vermeiden ist. Sie wird aber zur Hähnchenmast vielfach bevorzugt.

Bei der sogenannten *Volierenhaltung* sind die Hallen höher, haben übereinander angeordnete Sitzstangen (für jedes Huhn mindestens 15 cm), und pro Quadratmeter Stallbodenfläche dürfen 25 (!) Hühner gehalten werden.

In der Käfighaltung in »Legebatterien« – meist in 3–4 Käfigen übereinander –

gelten als Mindestrichtwerte 450 qcm Gitterbodenfläche pro Henne und 40 cm Käfighöhe (an keiner Stelle niedriger als 35 cm). In computergesteuerten Großanlagen wird automatisch Futter herangeführt, werden Klima und Licht reguliert und über die schrägen Käfigböden rollen die Eier auf Transportbänder. Die industrielle Käfighaltung steigert die »Legeleistung«: Statt durchschnittlich 120 Eiern im Jahr, wie um 1950, legt eine Henne heute durchschnittlich 260–300 Eier im Jahr. Vor allem aus hygienischen Gründen, erklärt der Zentralverband der Deutschen Geflügelwirtschaft, werden heute über 90 Prozent aller Legehennen in solchen Legebatterien gehalten: Da es keine Kotberührung gebe (wegen der Drahtgitter), erkrankten die Tiere weniger oft, und damit sei auch der Pharmaka-Einsatz geringer.

Doch in Wirklichkeit macht die Haltung auf engstem Raum die Tiere anfällig für Krankheiten. Gegen Wurmbefall und Infektionen wird »Medizinalfutter« verabreicht. Die offiziell geforderten Wartezeiten zwischen der Verabreichung von Pharmaka und der Abgabe der Eier dauern zwischen einem und 60 Tagen. Mangels häufiger Kontrollen gibt es keine Sicherheit, daß diese Wartezeiten eingehalten werden.

Zur Steigerung der Legeleistung und zur Wachstumsförderung können außerdem Antibiotika eingesetzt werden. Dies kann sich verhängnisvoll für den Menschen auswirken: Nimmt man mit dem Frühstücksei regelmäßig Medikamentenrückstände auf, kommt es – ähnlich wie bei rückstandsbelastetem Fleisch (s. S. 47 ff.) – zu Resistenzerscheinungen, und Antibiotika bleiben wirkungslos, wenn sie im Krankheitsfall helfen sollen.

Außer den Pharmaka sind es Arsenverbindungen und Schwermetallrückstände (Blei, Cadmium und Quecksilber) aus dem Hühnerfutter, die der Gesundheit des Menschen schaden.

Salmonellen – die wachsende Bedrohung

Mehr als zwei Drittel aller Salmonellen-Infektionen beim Menschen werden heute beim Verzehr von Eiern und Eierprodukten übertragen. Schon in den siebziger Jahren stellte der Bundes-Ernährungsbericht fest, daß man bei 70 bis 100 Prozent der Geflügelschlachtkörper aus den Hühnergroßfarmen mit einem Nachweis von Salmonellen rechnen müsse.

Millionen von Menschen machen mindestens einmal im Leben eine Salmonellose durch, ohne Schlimmeres als leichten Durchfall und Fieber zu erleiden. Doch unter den rund 2000 unterschiedlichen Salmonellentypen entdeckte man erst vor kurzem den sogenannten S. enteridis PT 4 (= Phagatyp 4), vermutlich eine Mutante, einen offensichtlich besonders aggressiven Salmonellentyp, der sich sehr schnell ausbreitete.

Die Erkrankung kann vor allem bei Kleinkindern, älteren Menschen und bei Menschen mit geschwächtem Immunsystem einen gefährlichen, manchmal tödlichen Verlauf nehmen. Sie beginnt als Entzündung der Darmschleimhaut, die zu einer bakteriellen Blutvergiftung führen kann.

Entdeckt wurden die stäbchenförmigen Bakterien von dem amerikanischen Wissenschaftler D. E. Salmon (1850–1914). Unter günstigen Bedingungen vermehren sich Salmonellen rapide: aus 10 Bakterien werden in 24 Stunden 10 Millionen.

Außer den Eiern und Eierprodukten sowie mit Eiern hergestellten Puddings, Cremes und Tortenfüllungen sind vor allem Hackfleisch und frische Mettwurst, Speiseeis, Wild und Fisch ideale Nährböden für Salmonellen.

Zurück zum gesunden Ei?

Weil vorzugsweise salmonellenverseuchte Eier und Eierspeisen die Erkrankung auslösen, gilt seit der Jahresmitte 1993 eine neue Salmonellenverordnung: Eier und Verpackung müssen – wie schon lange von Verbraucherverbänden gefordert – das Legedatum tragen oder mit einem Hinweis versehen sein, an welchem Tag mit der Kühlung begonnen werden muß (18. Tag nach dem Legen). Gaststätten und Kantinen sind verpflichtet, Speisen mit Bestandteilen von rohen Hühnereiern spätestens zwei Stunden nach der Zubereitung abzugeben.

Nach Meinung von Experten ist das aber nicht genug. Die auf der Eierschale zumeist vorhandenen Salmonellen kommen beim Aufschlagen des Eis nahezu unvermeidlich an Eigelb und Eiklar und vermehren sich massenhaft, wenn nicht stark gekühlt oder erhitzt wird. Vorsichtshalber verzichtet man also ganz auf Eier, die nicht gleich nach dem Legen gekühlt oder später ausgiebig gekocht wurden.

Von der Arbeitsgemeinschaft der Verbraucher wurde sogleich energisch die noch immer ausstehende »strikte Einhaltung der Kühlkette von der Produktion bis zum Handel« gefordert. Dies auch darum, weil Betrug beim Legedatum leider keineswegs ausgeschlossen ist.

Hühner in Freilandhaltung haben sich häufig widerstandsfähiger als die in Legebatterien erwiesen, auch im Hinblick auf den Salmonellenbefall (die Tiere selbst erkranken nicht). Wer also in der glücklichen Lage ist, von einem Landwirt seines

Vertrauens Eier direkt beziehen zu können, sollte diese Chance wahrnehmen – auch wenn die »Öko«-Eier etwas teurer sind.

Eierprodukte: unerkennbares Risiko

Als Eierprodukte werden überwiegend industriell hergestellte Halbfabrikate bezeichnet: wie Vollei-, Eiklar- und Eidotterpulver oder Vollei, Eiklar und Eidotter in gefrorenem oder chemisch konserviertem flüssigen Zustand. Alle diese Eierprodukte werden zur Konservierung auch pasteurisiert, das heißt erhitzt, aber nur unter 100 Grad Celsius. Viele Salmonellenarten finden in den Eierprodukten daher vorzügliche Nährböden.

Ein Großteil der Eierprodukte wird für Back- und Teigwaren, für Kuchen und Nudeln verwendet. Die Gefahr der Salmonelleninfektion ist jedoch gering, da die Erreger beim Kochen und Backen abgetötet werden.

Dagegen ist bei Geflügelsalaten sowie bei Mayonnaisen erhöhte Vorsicht geboten. Mayonnaise enthält mindestens 7,5 Prozent Eigelb (und mindestens 80 Prozent Fett) und sollte mäßig kühl, verschlossen und vor allem auch nicht über das Mindesthaltbarkeitsdatum hinaus aufbewahrt werden. Wechselnde Temperaturen verschlechtern die Qualität, zum Einfrieren taugt Mayonnaise nicht.

Noch besser ist es, die Infektionsgefahr durch salmonellenfreie Hühnerhaltung zu vermeiden. In der Vergangenheit hat minderwertiges, nicht hinreichend vorbehandeltes Hühnerfutter aus südamerikanischen Staaten wiederholt Verseuchungen verursacht. Außerdem wurden Hygienekontrollen durch die Hühnerhalter selbst oder die Aufsichtsämter vernachlässigt. Diese Mängel müßten künftig vermieden werden. Hilfe verspricht auch ein Impfstoff, der 1987 erstmals an thüringischen Legehennen erprobt und seit 1992 in Deutschland zugelassen ist. Er könnte für eine vorbeugende Immunisierung der Geflügelbestände eingesetzt werden.

Eierprodukte werden häufig auch aus Puten-, Gänse- oder Enteneiern hergestellt. Auch diese Eier können mit Salmonellen verseucht sein. Es sind also die gleichen Vorsichtsmaßnahmen zu beachten.

VERBRAUCHERTIPS

1. Frischeprüfung I: Eier in eine Schale Wasser legen – frische Eier bleiben auf dem Boden liegen, ältere Eier stellen sich auf die Spitze, noch ältere schwimmen. Ursache: Die Luftkammer im Ei vergrößert sich mit der Zeit, da Flüssigkeit durch die poröse Schale verdunstet.

2. Frischeprüfung II, am aufgeschlagenen Ei: Das frische Ei fließt wenig auseinander, der gelbe Dotter bleibt rundlich gewölbt, während ältere Eier flach auseinanderfließen.

3. Gekühlt bleiben Eier länger frisch – im Kühlschrank bis zu drei Wochen.

4. Salmonellenbefallene Eier sind weder am Geruch, Aussehen noch am Geschmack zu erkennen. Verwenden Sie möglichst nur Eier, die nicht älter als fünf Tage sind, und erhitzen Sie die Eier: Rühreier durchbacken, Spiegeleier beidseitig braten, das Frühstücksei nicht weich genießen, sondern bis zu zehn Minuten kochen. Auch in der Mikrowelle sollen eihaltige Speisen nicht nur kurz erwärmt, sondern gleichmäßig erhitzt werden.

5. Mit Eiern zubereitete Speisen immer gut gekühlt und nur kurzfristig aufbewahren. Kühlkette möglichst nur kurz unterbrechen, nicht mehr als zwei Stunden.

6. Bei der Verarbeitung von Eiern und Geflügel in der Küche auf peinliche Hygiene achten: Eierschalen sofort in den Abfall geben, Auftauflüssigkeit von Tiefkühlhähnchen nicht an Arbeitsgeräte und andere Lebensmittel kommen lassen.

7. Nach Möglichkeit Eier aus salmonellenfreien Beständen kaufen – das sind im Zweifelsfall bäuerliche Hühnerhaltungen, auch wenn eindeutig aussagekräftige Untersuchungen noch fehlen.

15 Milch und Milchprodukte

Hochwertiges Eiweiß, Fett, Mineralstoffe und Vitamine: Milch enthält alle Aufbaustoffe, die der menschliche Organismus benötigt. Verschiedene Milchprodukte werden unterschiedlichen Gesundheits- und Diätbedürfnissen gerecht, darum lohnt es sich für jeden Menschen zu wissen, welche Milchprodukte für seine individuelle Ernährung am besten geeignet sind. Unter den Milchprodukten war die Butter vor einigen Jahren wegen ihres Cholesteringehalts ins Gerede gekommen. Ernährungswissenschaftler empfehlen heute jedoch wieder maßvollen Konsum von Butter – wegen der Bekömmlichkeit des Milchfetts.

Die Milch: Bestandteile

In Deutschland darf nur Kuhmilch den schlichten Namen Milch tragen, die Milch anderer Tiere muß entsprechend gekennzeichnet werden. Kuhmilch besteht zu 84–90 Prozent aus Wasser, zu 3,3–3,95 Prozent aus Eiweiß (enthält alle essentiellen Aminosäuren, seine Hauptbestandteile sind Casein – Käsestoff – und Lactalbumin), zu 2,8–4,5 Prozent aus Milchfett, zu 3,0–5,5 Prozent aus Milchzucker (dem Kohlenhydratanteil der Milch) sowie zu 0,7–0,8 Prozent aus Mineralsalzen, vor allem Kalzium, Kalium, Phosphor und Eisen. Im Milchfett sind die Vitamine A und D_3 gelöst; ferner enthält Milch u. a. die Vitamine E, K, B_1, B_2, B_6, B_{12} und C. Ein halber Liter Kuhmilch deckt daher den täglichen Bedarf des Menschen an Kal-

Milch und Milchprodukte

Nährstoffe von Milch und Milchprodukten (in 100 g)

	Eiweiß	Fett	Kohlenhydrate	Natrium	Kalium	Kalzium	Phosphor	Vitamine A	Vitamine B_1	Vitamine B_2	Cholesterin
	g	g	g	mg	mg	mg	mg	µg	µg	µg	µg
Vollmich	3,2	3,5	4,7	48	157	120	92	30	40	180	12
Fettarme Milch	3,3	1,5	4,7	47	155	118	91	13	40	180	7
Buttermilch	4,0	1,0	4,0	55	145	110	90	12	30	150	in Spuren
Vollmilchjoghurt	3,9	3,8	4,6	48	157	120	92	32	40	180	10
Schlagsahne	2,4	31,7	3,4	34	112	80	63	275	30	150	102
Kondensmilch 10%	8,8	10,1	12,5	128	420	315	246	72	90	480	33
Magermilchpulver	35	0,97	51,9	557	1580	1290	1020	12000	340	2180	–
Molke	0,8	0,2	4,7	45	129	68	43	300	37	150	–

Quelle: Katalyse-Institut, Das Ernährungsbuch, Köln 1989, S. 150.

zium, Phosphor sowie Vitamin B_2 und B_{12} zu rund 50 Prozent, seinen Eiweißbedarf zu 33 Prozent. Das Milchfett ist nicht im Milchserum gelöst, sondern bildet kleine Fettkügelchen, die sich als Rahm an der Oberfläche der Milch absetzen, wenn diese länger steht; die Bekömmlichkeit der Milch liegt darin, daß das Milchfett bei 37 Grad Celsius, also der Körpertemperatur des Menschen, schmilzt. Aufgrund der feinen Verteilung (Emulsion) der Fettkügelchen kann das Milchfett im menschlichen Verdauungsapparat dann rasch – von dem Enzym Lipase – zerlegt werden. Der Milchzucker, auch als Laktose bezeichnet, verwandelt sich durch die

Tätigkeit der Milchsäurebakterien je nach Temperatur und Keimgehalt der Milch in Milchsäure (Laktat), die im menschlichen Darm durch ein Enyzm (Beta-Galaktosidase, früher auch als Laktase bezeichnet) aufgeschlossen wird. Fehlt dieses Enzym, und das ist bei 90 Prozent der Weltbevölkerung der Fall (in Japan sowie in Schwarzafrika bei fast 100 Prozent der Bevölkerung), ist Kuhmilch nicht verträglich und verursacht Bauchschmerzen und Durchfälle.

Wie bei allen Säugetieren erlischt auch bei den Kühen die Tätigkeit der Milchdrüsen normalerweise dann, wenn die Jungtiere sich selbst versorgen können. Durch regelmäßiges Melken stimuliert, können Kühe aber bis zu zehn Monate im Jahr Milch geben. Es gehört zu den zweifelhaften Errungenschaften der Agrarindustrie, Hochleistungskühe gezüchtet zu haben, die heute bis zu 4000 l Milch im Jahr geben (zum Vergleich: noch 1960 betrug die durchschnittliche Milchproduktion rund 2500 l), aber dafür viel (importiertes) Kraftfutter, stärkende Hormonbeigaben und überhaupt mehr Medikamente benötigen. Im Euter der Kuh ist die Milch noch steril. Schon beim Melken aber kann die Milch verunreinigt werden, durch Bakterien, Pilze oder sonstige Krankheitserreger, und die Molkereien sind angehalten, von jeder Milchlieferung Proben zu nehmen. Die Untersuchungen nach der gesetzlichen Milchgüteverordnung analysieren den Fett- und Eiweißgehalt der Milch, das Vorhandensein von Antibiotika-Resten, die Keimzahl (Mikroben) sowie die Zahl der somatischen Zellen (Zellzahl), die auf Erkrankungen im Kuheuter hinweisen. Auf Schadstoffrückstände aus der Umgebung, die die Kuh beispielsweise über das Futter aufnimmt, wird die Milch nicht regelmäßig untersucht. Pestizidrückstände aus Importfutter kommen vor, liegen aber in der Regel unter den gesetzlich zugelassenen Höchstgrenzen. Schwermetallrückstände und Mykotoxine (Schimmelpilzrückstände) werden nur selten nachgewiesen, fettlösliche polychlorierte Kohlenwasserstoffe dagegen häufiger. Dennoch weist die Kuhmilch hier bessere Ergebnisse auf als etwa Muttermilch; würde Kuhmilch deren Schadstoffwerte erreichen, dürfte sie nicht mehr in den Handel gelangen (trotzdem wird das Stillen weiterhin dringend empfohlen, da Muttermilch in jedem Fall die optimale Ernährung für den Säugling darstellt und von der Mutter gebildete wichtige Immunstoffe gegen Krankheiten enthält).

Milchhygiene

Bei der Gewinnung und Verarbeitung der Milch ist extreme Sauberkeit erforderlich, denn Milch ist ein idealer Nährboden für Bakterien. Bei Zimmertemperatur wird sie schnell sauer, und außer den Milchsäurebakterien können auch Krankheitskeime durch Milch übertragen werden, etwa Tuberkulose, Typhus oder Gelber Galt, eine Streptokokken-Erkrankung des Kuheuters, die bei Menschen zu Entzündungen im Hals-Nasen-Ohren-Bereich führen kann. Deshalb sind die Auflagen für den Verkauf von Rohmilch auf dem Bauernhof so streng: Die Keimzahl der Milch darf die gesetzlichen Höchstgrenzen nicht überschreiten, die Beschäftigten dürfen selbst keine ansteckenden Krankheiten verbreiten, und es muß ein gesonderter Raum für den Milchverkauf vorhanden sein, in dem auch darauf hingewiesen wird, die Milch vor dem Verzehr abzukochen. Jahr für Jahr muß sich der Milcherzeuger vom Amtstierarzt und vom Gesundheitsamt bescheinigen lassen, daß er die Vorschriften erfüllt und seine Milch einwandfrei ist. Es überrascht daher nicht, daß unbearbeitete Milch »frisch von der Kuh« nicht überall zu haben und natürlich teuer ist.

Molkereien akzeptieren Milch mit bis zu 300 000 Keimen pro Milliliter, und sie dürfen rückstandsarme Milch mit belasteter Milch vermischen. Sie bieten überprüfte Rohmilch unter der Bezeichnung »Vorzugsmilch« an. Wem die Rohmilch der Molkereien nicht genügt, der kann seine Milch natürlich auch bei einem Bio-Bauern direkt ab Hof kaufen. Und wer das Glück hat, einen Bio-Bauern zu finden, der mit seiner Milch auch Rohmilchkäsereien beliefert, der darf sich freuen: Zum Rohmilchkäsen benötigt man extrem keimfreie Milch, die nicht mehr als 10 000 Keime pro Milliliter enthalten darf.

Um die Haltbarkeitsdauer der Milch zu verlängern, gibt es verschiedene Möglichkeiten: die Milch kann pasteurisiert, ultrahocherhitzt oder sterilisiert werden. Pasteurisierte Milch wurde zunächst auf 60 Grad Celsius und dann für 45 Sekunden auf 71 bis 74 Grad erhitzt. Dadurch verlängert sich ihre Haltbarkeit, ohne daß der Frischmilchgeschmack gänzlich zerstört wird; auch die meisten Aufbaustoffe bleiben erhalten. Ultrahocherhitzte Milch wurde für 3–10 Sekunden auf eine Temperatur von 150 Grad Celsius gebracht. Dabei werden nicht alle Keime abgetötet, aber verschlossen bleibt diese H-Milch bis zu sechs Wochen ungekühlt haltbar. Allerdings hat sie bis zu 20 Prozent ihrer Vitamine verloren, und bis zu 90 Prozent ihres Eiweißes wurden denaturiert. Zur Denaturierung des gesamten Eiweißes und zum Verlust von bis zu 100 Prozent der Vitamine kommt es, wenn Milch sterilisiert wird, was eine Erhitzung auf 110 bis 120 Grad über einen Zeitraum von 20 Minuten bedeutet; diese Milch besitzt keine lebensfähigen Keime mehr. Abgekochte Milch ist annähernd so denaturiert wie sterilisierte Milch, aber nur sie ist für Säuglinge geeignet. In der Molkerei wird die Milch auch noch homogenisiert. Um das Milchfett besser zu verteilen, preßt man die Milch durch feine Düsen, wodurch die Fettkügelchen zerschlagen werden. Der Rahm setzt sich dann nicht mehr an der Oberfläche der Milch ab; für die Molkereien bringt das Verfahren den Vorteil, daß der Verbraucher aus dieser Milch keinen Rahm mehr gewinnen kann und diesen extra kaufen muß. Für die Abfüllung der Milch in Flaschen ist Homogenisierung völlig überflüssig. Ferner reduzieren die Molkereien den Fettgehalt der Vollmilch auf 3,5 Prozent, indem sie mittels einer Zentrifuge das Fett abtrennen und später wieder in die Magermilch einrühren.

Daß all diese Verarbeitungsschritte die Milch nicht verbessern, liegt auf der Hand. Sie sind aber teilweise unumgänglich, um dieses leicht verderbliche Produkt haltbar und damit auch transportfähig zu machen, auch wenn das mittlerweile zu einem Milchtourismus führt, wenn beispielsweise Milch aus Bayern aufgrund steuerlicher Vorteile in Italien zu Joghurt verarbeitet wird. Mittlerweile aber gibt es in manchen Regionen so viele Bio-Bauern, die ihre Milch ab Hof verkaufen, daß mehr und mehr Verbraucher zumindest einmal die Woche frische Milch von dort beziehen können – zu ihrem Vorteil, denn homogenisierte Milch provoziert Allergien und aktiviert das Enzym Xanthinoxidase, das die Wände der Blutgefäße angreift und die Ablagerung von Cholesterin fördert. Was pasteurisierte Milch betrifft: Englische Untersuchungen zeigten, daß Säuglinge, die mit pasteurisierter Milch ernährt wurden, bis zu einem Drittel weniger Gewicht zulegten als Säuglinge, denen – streng untersuchte – Rohmilch verabreicht wurde. Tierversuche an der Universität Lausanne erbrachten bei Ratten ähnliche Ergebnisse, bei der Ernährung mit H-Milch sogar eine erhöhte Anfälligkeit für Infekte und eine verringerte Fruchtbarkeit. Bei Milchverpackungen ist aus ökologischen Gründen die Mehrwegflasche aus dunklem Glas – wegen der Lichtempfindlichkeit der Milch – jeder Einwegverpackung vorzuziehen, etwa der Verpackung aus Pappe, die mit Polyethylen beschichtet ist. Noch umweltschonender wäre eigentlich der Milchverkauf aus einem Tank mit Selbstabfüllung, der sogenannten Stählernen Kuh, die sich allerdings nicht durchsetzen konnte, da sowohl Kunden als auch Verkäufer durch die notwendigen hygienischen Maßnahmen überfordert waren. Auf keinen Fall ratsam ist es, Milch in Weichplastikbeuteln zu kaufen, da Bestandteile der Verpackung in die Milch übergehen können.

Milchprodukte

Milch ist der Ausgangsstoff für eine Reihe von Produkten, die meist durch bakterielle Vorgänge entstehen, wobei der Milchzucker in Milchsäure umgewandelt wird. Da sich die Umweltschadstoffe vor allem im Milchfett konzentrieren, besonders die chlorierten Kohlenwasserstoffe von Pestiziden sowie polychlorierte Biphenyle (PCB), gilt grundsätzlich, daß fettreiche Milchprodukte damit stärker belastet sind als fettarme.

Butter

Wird Milchrahm mechanisch geschlagen oder geschüttelt, brechen die Kügelchen des Milchfetts auf, und es bildet sich – während die übrigen Rahmbestandteile als Buttermilch abgeschieden werden – ein festes und streichfähiges Gemisch aus Wasser (rund 15 Prozent), Fett (82–85 Prozent) und fettfreier Trockenmasse: Butter. Zur Herstellung von 1 kg Butter sind rund 25 kg Frischmilch notwendig, wobei in Deutschland der Rahm gesäuert wird, bevor er zu Butter verarbeitet wird, da diese Sauerrahmbutter aromatischer schmeckt als die aus süßem Rahm gewonnene Butter.

Der Geschmack und die Streichfähigkeit von Butter sind davon abhängig, wie das Milchvieh gefüttert wird. Butter aus der Milch von Tieren, die Grünfutter fressen, ist weicher, gelblicher und aromatischer.

In Deutschland wird Butter nach verschiedenen Kriterien – Geruch, Geschmack, Wasserverteilung, Streichfähigkeit und Säuerungsgrad (also pH-Wert) – mit 5 Qualitätspunkten pro Kriterium bewertet; Markenbutter muß mindestens vier, Molkereibutter drei Punkte erreichen. Außerdem muß Butter – sofern sie aus deutschen Milcherzeugerbetrieben stammt, darf sie sich Landbutter nennen – einen Fettgehalt von mindestens 82 Prozent besitzen, der Wassergehalt darf 16 Prozent nicht übersteigen. Ausländische Butter ist nicht zwingend deutschen Qualitätsvorschriften unterworfen.

Der Ernährungswert von Butter wurde in den letzten Jahren immer wieder heftig diskutiert wegen ihres Gehalts an gesättigten Fettsäuren und Cholesterin. Nach wissenschaftlichen Untersuchungen verhindert jedoch eine cholesterinarme Diät allein kaum die gefährlichen Ablagerungen in den Arterien. Es sind individuelle Stoffwechseleigenheiten, die den Cholesterinspiegel beeinflussen. Ohnehin bildet der Körper selbst Cholesterin, und auch in der Muttermilch ist es reichlich vorhanden. Freilich gilt für Butter, wie für alle anderen Speisefette: Maßhalten beim Verzehr.

Butter ist leicht verderblich, unter Einfluß von Licht, Wärme und Sauerstoff zersetzt sich ein Teil des Fetts in Fettsäuren und Glycerin – die Butter fängt an, ranzig zu schmecken. Daher sollte man beim Einkauf auf das Mindesthaltbarkeitsdatum achten, aus dem allerdings keine exakten Rückschlüsse darauf möglich sind, wann die Butter hergestellt wurde.

Butterschmalz wird durch Ausschmelzen der Butter gewonnen, wodurch Wasser und das restliche Milcheiweiß abgetrennt werden. Butterschmalz spritzt und verbrennt nicht in der Pfanne, auch ist es haltbarer als Butter (auch ohne Kühlung), aber um viele nicht hitzebeständige Vitamine ärmer.

Buttermilch

Dieses Sauermilchprodukt bleibt übrig, wenn bei der Butterherstellung das Milchfett abgetrennt wird. Buttermilch ist kalorienarm und erfrischend, reich an Lecithin, das eine wichtige Rolle im Fettstoffwechsel spielt, und sie enthält viele Vitamine und Mineralstoffe. Im Gegensatz zu Milch wird sie meist auch von Menschen vertragen, für die Milchzucker unverträglich ist. Die Bezeichnung »reine Buttermilch« weist darauf hin, daß dem Produkt weder Wasser noch Magermilch zugesetzt wurden.

Joghurt

Beim Joghurt entsteht die Säuerung der Milch durch mehrere Gruppen milchsäureproduzierender Bakterien, die links- und rechtsdrehende Milchsäuren erzeugen. Beide Milchsäuren sind chemisch identisch, physikalisch aber voneinander unterschieden: Eine Lösung aus rechtsdrehenden Milchsäuremolekülen L (+) lenkt einen durch sie fallenden Lichtstrahl nach rechts, eine Lösung linksdrehender Milchsäurebakterien D (-) nach links ab. Der Organismus von Säugetieren verarbeitet rechtsdrehende Milchsäure sofort, die linksdrehende muß erst umgebaut werden, was einige Zeit dauert.

Bakterien der Gruppe Lactobacillus bulgaricus erzeugen zu 100 Prozent linksdrehende Milchsäure, Streptococcus thermophilus zu 100 Prozent rechtsdrehende Milchsäure, Lactobacillus acidophilus erzeugt zu jeweils 50 Prozent links- und rechtsdrehende Milchsäure.

Der Anteil an Milchsäure im fertigen Joghurt liegt bei 0,7 Prozent. Das Bazillus Bifidum bifidum, das für das Sauermilchprodukt Biogarde verwendet wird, erzeugt zu 95 Prozent rechtsdrehende Milchsäure.

Mancher handelsübliche Joghurt wird, um seine Haltbarkeit zu verlängern, nach der Reifung nochmals erhitzt – es handelt sich dann um ein mikrobiologisch totes Produkt.

Auch der so beliebte Fruchtjoghurt ist – abgesehen von seiner Verpackung in Plastikbecher – nicht unbedingt empfehlenswert. In diesem Fall wird Joghurt auf eine konservierte Fruchtmasse gesetzt oder damit verrührt, wodurch der Zuckeranteil für den Verbraucher hoch und nicht mehr kontrollierbar wird. Besser ist es, sich aus Naturjoghurt und frischem Obst seinen Fruchtjoghurt selbst zuzubereiten. Wer übrigens Joghurt aus Rohmilch selbst ansetzen will, wird meist erfolglos bleiben, da die Rohmilch viele »wildwachsende« Milchsäurebakterien enthalten kann, die die Reifung hemmen.

Kefir

Kefirkulturen enthalten Streptococcus lactis und Lactobacillus caucasicus sowie Torulahefen. Werden sie der Milch zugesetzt und bei Zimmertemperatur dunkel abgeschlossen, bilden sich erbsengroße Kefirknollen, die nach 15–20 Stunden die Milch in Kefir umwandeln, wobei in geringen Anteilen auch Alkohol (0,5–0,8 Prozent) und Kohlendioxyd entstehen, das den Deckel der Kefirbecher auftreibt – in diesem Falle kein Zeichen von Verderb.

Kondensmilch

Im 19. Jahrhundert wurde in den USA das Verfahren erfunden, Milch durch Verdampfen einzudicken und durch Zugabe von Natriumhydrogencarbonat und anderen Stoffen die Gerinnung des Caseins zu verhindern. Kondensmilch hat außer Fett, Milchzucker und Eiweiß keine Aufbaustoffe mehr. Wer übrigens Kondensmilch in der Dose kauft, sollte sie, einmal angebrochen, in ein Porzellan- oder Glasgefäß umfüllen, da Kondensmilch unter Lufteinfluß Metall aufnimmt.

Molke

Bei der Käsegewinnung bleibt nach dem Gerinnen der Milch flüssige Molke übrig, die als Diätgetränk verkauft wird – arm an Fett und Eiweiß, aber reich an Vitaminen und Mineralstoffen. Sie wird häufig mit Fruchtsaftkonzentrat und Süßstoff geschmacklich ergänzt.

Quark (Topfen)

Gerinnt Milch nicht – wie in der Käserei – durch den Zusatz von Lab, sondern nach längerem Stehenlassen durch die Milchsäurebakterien, die den Milchzucker in Milchsäure abbauen, entsteht nach Abfluß der Molke ein Frischkäse, der nicht weiterreift und nur begrenzt haltbar ist. Er wird heute im Handel in verschiedenen Fettstufen angeboten, teils mit gezuckerten Fruchtkonzentraten ergänzt und mit Gelier- und Dickungsmitteln dem gängigen Geschmack angepaßt.
Wer Quark selbst herstellen will: Es gelingt mit Roh- oder Vorzugsmilch, nicht aber mit pasteurisierter Milch. Diese wird nicht sauer, sondern faulig. Quark ist sehr wasserhaltig, aber sehr fettarm. 100 g mit 20 Prozent Fett i. T. (Trockenmasse) enthalten nur 4,5 g Fett. Als Eiweißlieferant kann Quark auch Fleisch ersetzen, als Füllung oder als Beilage zu Gemüse und Kartoffeln.

Sahne

Sahne wird durch Abschöpfen des Rahms von der Rohmilch gewonnen und ist sehr fettreich: Kaffeesahne besteht zu 10 bis 30 Prozent, Schlagsahne zu mindestens 30 Prozent aus Fett. Um Sahne schlagen zu können, muß sie mindestens 27 Prozent, am besten 33 Prozent Fettanteil besitzen (weshalb Kaffeesahne in der Regel nicht zu Schlagsahne verarbeitet werden kann). Saure Sahne (Sauerrahm, Crème fraîche) erhält man durch Zusatz von Milchsäurebakterien, sie muß 30 Prozent Fettanteil aufweisen.

Trockenmilch

Trockenmilch entsteht, indem die Milch auf erhitzte Rollen gespritzt wird, gerinnt und anschließend getrocknet wird. Sie kann durch Zugabe von Wasser wieder als Milchnahrung verabreicht werden. Die Lebensmittelindustrie verwendet Milchpulver wegen seiner Haltbarkeit sehr gerne, auch als Grundstoff in der Babynahrung ist Milchpulver im Gebrauch, angereichert mit Vitaminen, Mineralstoffen, Molkeproteinen und Pflanzenölen, um die Milch qualitativ der Muttermilch anzugleichen – auch weil Kuhmilch für Säuglinge nicht ohne weiteres gut verträglich ist.

Milchimitate

In Deutschland dürfen im Rahmen der Gleichschaltung der Rechtsvorschriften in der EG seit 1990 Milchimitate verkauft werden, sofern sie entsprechend gekennzeichnet sind.

Milchimitate sind mehr oder weniger phantasievolle Mixturen aus Fett, Eiweißträgern und Chemikalien, vom Farbstoff über Konservierungs- und Aromastoffe bis hin zu Emulgatoren und Antioxidationsmitteln. Sie erfüllen in jeder Hinsicht die Wünsche der Industrie, weil sie billig herzustellen (bevorzugt aus EG-Überschußprodukten), fast unbegrenzt lagerfähig sind und sich durch den Zusatz von reichlich Vitaminen auch noch den Anschein geben können, »gesünder« als das Original zu sein – mittlerweile gibt es Imitationen von Butter, Kondensmilch, Käse, Casein (das jedoch noch nicht auf dem Markt ist) und Schlagsahne, aber die Produktpalette ist damit nicht ausgereizt.

Wer diese Imitate verzehrt, sollte wissen, daß er damit weitgehend synthetische Lebensmittel zu sich nimmt und einen Trend in der Lebensmittelindustrie unterstützt, der auf Dauer weder die Interessen des Verbrauchers noch der mittelständischen Landwirtschaft unterstützt. Für die Bauern mit ihren frischen Produkten verkleinert sich der Markt, und der Verbraucher nimmt durch diese Imitate Nahrungsbestandteile auf, die eigentlich Abfallprodukte sind: Knochen- und Blutmasse beispielsweise. In Form von Breien oder als Gel gehen sie in die Verarbeitung ein und erhalten durch den Zusatz von Aromastoffen den gewünschten Geschmack. Auch die sogenannte »Light-Butter«, die durch ihren hohen Wasseranteil zum Braten und Backen ungeeignet ist, erhält nur durch Farbstoffe und Emulgatoren ihr cremig-gelbes Aussehen. In Großbritannien haben die Imitate beispielsweise schon rund 10 Prozent des Markts für Milchprodukte erobert.

Käse

Die älteste Form der Käseherstellung besteht darin, die Milch stehenzulassen, bis sie durch die Arbeit der Milchsäurebakterien gerinnt. Dadurch erhält man nach Abtrennung der Molke Quark und, nach weiterer Reifung, Sauermilchkäse. Er wird überwiegend in der Magerstufe hergestellt (Fettgehalt unter 10 Prozent) und besitzt einen hohen Eiweißanteil. Der Sauermilchkäse kann weiter reifen durch den Einsatz von Gelb- und Rotschmierekulturen (Harzer Roller, Stangenkäse, Mainzer Handkäse) oder durch die Zugabe von Schimmelkulturen (Korbkäse, Handkäse, Spitzkäse).

Die entwickeltere Form des Käsens – die Labkäserei – wurde von den Römern verbreitet, die dieses Verfahren offensichtlich aus dem Vorderen Orient übernahmen. Dabei mischt man der Milch bei Temperaturen zwischen 26 und 32 Grad das Labenzym bei, das aus den Mägen von Kälbern gewonnen wird, die ausschließlich mit Milch aufgezogen wurden. Die Kälbermägen werden aufgeschnitten, getrocknet und vermahlen. Allerdings bietet die Industrie auch hier bereits standardisierte Labmischungen an. Wer seinen Käse jedoch bei einem Bio- oder Rohmilch-Käser bezieht, kann davon ausgehen, daß der Käser über genügend Kenntnisse und auch Stolz verfügt, sich sein Lab selbst herzustellen. Das Lab läßt die Milch zum Käsebruch gerinnen; spezielle Bakterienkulturen, die neben dem Lab der Milch noch beigegeben werden, sorgen dafür, welche Art von Käse schließlich heranreift, wobei das Mikroklima der Umgebung – Temperatur und Luftfeuchtigkeit – noch eine wichtige Rolle spielt.

Ist die Milch hinreichend geronnen, trennt sie der Käser mittels der Käseharfe in kleine Stücke, die Käsekörner, die er schließlich, nachdem er seinen Kessel auf 35 bis 55 Grad erhitzt hat, abschöpfen kann. Je intensiver diese Arbeit und je kleiner die Käsekörner ausfallen, um so trockener wird später der Käse. Die Käsemasse wird anschließend geformt und, um die Molke auszuscheiden, teilweise gepreßt oder mit Salz bestreut. Danach kommt der Käse für einige Tage in das Salzbad, wo sich die Rinde zu bilden beginnt, und durchläuft dann mehrere Reifestadien im Käsekeller. Gehört dazu auch ein warmer Gärkeller, dann bildet sich im Käse Kohlendioxyd, das mangels Ausweg die Löcher im Käse entstehen läßt. Je kühler andererseits der Keller, desto kleiner die Löcher – oder sie fehlen ganz. Hartkäse – beispielsweise Emmentaler – muß mehrere Monate im Reifekeller verbringen, Bergkäse sogar über ein Jahr, Parmesankäse noch länger, und dabei regelmäßig gewendet und mit Salzlauge eingerieben werden.

Umgekehrt gilt: Je weniger fein die geronnene Milch in Käsekörner zerschnitten und erwärmt wird und je kürzer das Salzbad und die Reifezeit ausfällt, desto weicher wird der Käse.

Der Fettgehalt des Käses wird in Prozenten der Trockenmasse (i. Tr.), also des Gewichts ohne Wasser, angegeben. Frischkäse ist wasserhaltig (80 Prozent), auf 100 g enthält er bei 50 Prozent Fett i. Tr. somit 10 g Fett. Dabei unterscheidet man zwischen Doppelrahmstufe (60 bis 85 Prozent Fett i. Tr.), Rahmstufe (mindestens 50 Prozent), Vollfettstufe (mindestens 45 Prozent), Dreiviertelfettstufe (mindestens 40 Prozent), Halbfettstufe (mindestens 30 Prozent), Viertelfettstufe (mindestens 20 Prozent) und Magerstufe (mindestens 10 Prozent).

Je härter der Käse, desto weniger Wasser enthält er natürlich. Auch hier gibt es verschiedene Gruppen: Hartkäse (bis 56 Prozent Wasser), Schnittkäse (55 bis 63 Prozent), halbfester Schnittkäse (62 bis 69 Prozent), Weichkäse (68 bis 76 Prozent) und Frischkäse (75 bis 87 Prozent). Schon diese Zahlen lassen erkennen, daß um so mehr Milch nötig ist, je härter der Käse werden soll; 100 kg Milch reichen für 10 bis 13 kg Weichkäse, aber nur für 4 bis 6 kg Hartkäse aus. Die Rinde beim Hartkäse bildet sich durch Austrocknen der Oberfläche und kann während der Reifung verhindert werden, wenn der Käse in Folie verpackt wird. Überhaupt reifen die verschiedenen Käsesorten unterschiedlich; Hartkäse beispielsweise gleichmäßig, halbfester Schnittkäse von innen nach außen, Weichkäse von außen nach innen, wobei man hier durch Schimmelpilzkulturen die Oberfläche noch gesondert reifen läßt.

In jedem Fall gehört viel Arbeit und Erfahrung dazu, Käse von guter Qualität zu machen, und es überrascht nicht, daß auch hier die Industrie versucht, Reife- und Arbeitsprozesse abzukürzen und die Lagerfähigkeit zu erhöhen. Die Großmolkereien mischen Milch aus allen möglichen Kuhbeständen und erhitzen sie aus hygienischen Gründen auf höhere Temperaturen, womit der Käse aus einer Region schon einmal einen Teil seines charakteristischen Geschmacks einbüßt. Anschließend darf er kaum mehr ausreifen, wird mit Farbstoffen versetzt, um ein angenehmes Aussehen zu erhalten, und mit dem Antibiotikum Natamycin (das Ärzte dem Menschen sonst gerne gegen Geschlechtskrankheiten, Mundfäule und Fußpilz verschreiben) behandelt, um Schimmelbildung zu verhindern und die Lagerzeit zu erhöhen. Und um beim Verkauf des Käses nicht allzuviel Personal zu benötigen, schweißt man ihn in Plastik ein und nimmt ihm dann endgültig jeden Geschmack.

Wer wissen will, wie Käse schmecken kann, sollte einmal eine der im Adreßteil angeführten kleinen Käsereien besuchen. Da sie im Vergleich zu den industriellen Großmolkereien nur relativ kleine Milchmengen verarbeiten, können sie auf das Pasteurisieren verzichten und Käsemachen zur Kunst erheben, indem sie Rohmilchkäse herstellen.

Damit erhält man einen landschaftsspezifischen Käse, der sich zwar im Wechsel der Jahreszeiten und des Viehfutters geschmacklich stets verändert, aber von höchster Qualität ist (wie die Milch übrigens, aus der er gewonnen wird; aus

Milch mit hoher Keimzahl oder sonstigen Rückständen kann auch der beste Käser keinen Rohmilchkäse produzieren). Emmentaler und Bergkäse müssen immer aus Rohmilch hergestellt werden. Eines sollte der Verbraucher beim Verzehr von Rohmilchkäse jedoch beachten: Es besteht die Gefahr einer bakteriellen Infektion, der Listeriose, die bei Schwangeren eine Fehlgeburt oder Erkrankungen des Ungeborenen herbeiführen kann, sonst aber ungefährlich ist. Frauen sollten daher während der Schwangerschaft auf den Genuß von Rohmilchkäse sicherheitshalber verzichten.

VERBRAUCHERTIPS

1. Wer seine Milch vom Hof eines Bio-Bauern kauft, erhält – die Sauberkeit des Betriebs vorausgesetzt – ein naturbelassenes Produkt ohne Rückstände von Pestiziden oder Antibiotika. Roh- und Vorzugsmilch ist zwar eine leicht verderbliche Ware und sollte daher rasch verbraucht werden, ist aber in jeder Hinsicht von höherer Qualität als die behandelten Milchsorten.

2. Milch nicht nur gekühlt, sondern auch abgedunkelt aufbewahren.

3. Milch sollte man nur in verschlossenen Gefäßen in den Kühlschrank stellen, da sie Gerüche anderer Speisen leicht annimmt.

4. Angebrochene Kondensmilch keinesfalls in der Dose in den Kühlschrank stellen (unter Lufteinfluß nimmt die Milch Metall auf), sondern in Porzellan- oder Glasgefäß umfüllen.

5. Trinkjoghurt kann man ganz einfach selbst zubereiten: Auf einen Liter pasteurisierte Milch, den man auf 50 Grad C erwärmt hat, gibt man drei Eßlöffel einfachen Joghurt (nicht pasteurisierten Fruchtjoghurt!). Über Nacht in der Thermosflasche stehen lassen – der flüssige Joghurt ist fertig.

6. Käse nach Möglichkeit kühl und dunkel aufbewahren (10 bis 15 Grad C) und schon 20 Minuten vor dem Verzehr aus dem Kühlschrank nehmen, damit er seinen Geschmack entfalten kann. Wird Käse bei Temperaturen unter 6 Grad gelagert, hemmt das die Aromabildung und läßt ihn weiter aus-

trocknen. Camembert gehört erst in den Kühlschrank, wenn er den gewünschten Reifegrad erreicht hat.

7. Wer seinen Käse nicht von einer Bio-Käserei bezieht, sollte die Rinden von Hart- und Schnittkäse nicht verzehren, da sich hier Rückstände aus Antibiotika und Schimmel konzentrieren; auch die Wachsüberzüge, die manche Käsesorten umgeben, sind nicht zum Verzehr geeignet.

8. Weißschimmel (außen beim Camembert oder beim Brie) und Blauschimmel (beispielsweise beim Roquefort) sind ungiftige Schimmelkulturen. Alle anderen Schimmelarten, die Käse befallen können, sind schädlich. Angeschimmelter Weich- und halbfester Käse gehört in den Abfall. Bei Hartkäse genügt es, die befallene Partie großzügig wegzuschneiden; hier schützt die dicke Rinde und der hohe Anteil an Trockenmasse in der Regel ohnehin vor dem Eindringen von Giftstoffen.

16 Speisefette und -öle

Neben Eiweiß und Kohlenhydraten gehört Fett zu den Hauptnährstoffen, die der menschliche Körper benötigt, und in den opulenten Phantasien eines sorgenfreien Lebens durfte früher das flüssige Gold nicht fehlen, das von glänzenden Würsten und schmalzigen Krapfen nur so troff. Heute hat sich der Geschmack der Verbraucher geändert: Mager und fettfrei soll unser Essen sein, und wer seinen Braten gut durchwachsen liebt und zum Nachtisch gerne eine Buttercremetorte verzehrt, tut dies fast nur noch mit schlechtem Gewissen. Die Menschen in den westlichen Industrieländern ernähren sich zu fett und zu süß. Allerdings – ohne Fette und Öle geht es auch nicht.

Bestandteile

Grundsätzlich unterscheidet man zwischen tierischen und pflanzlichen Fetten. Butter aus Milch, Schmalz vom Schwein und auch von der Gans, Talg vom Rind sind die im Handel erhältlichen tierischen Fette. Sie enthalten stets Cholesterin. Pflanzenfette werden aus ölreichen Früchten gewonnen; bei Oliven und Palmfrüchten aus dem Fruchtfleisch, bei Sojabohnen, Sonnenblumen, Raps oder Kakao aus den Samen. Fette sind in Wasser unlöslich und vertragen hohe Temperaturen, ohne zu verbrennen, weshalb sie zum Zubereiten von Speisen unentbehrlich sind. Die Unterscheidung zwischen Fett und Öl richtet sich nach dem

Schmelzpunkt: Fett, das bei Zimmertemperatur flüssig ist, bezeichnet man als »Öl«.
Der Mensch speichert – wie andere tierische Organismen und auch Pflanzen – Fett als energiereiches Reservedepot, denn es besitzt einen doppelt so hohen Energiegehalt wie Eiweiß oder Kohlenhydrate (9 kcal pro 1 g). Zugleich liefern Fette ungesättigte – »essentielle« – Fettsäuren, die der Körper nicht selbst aufbauen kann, aber als Bausubstanz der Körperzellen sowie für die Bildung von Hormonen benötigt. Diese Hormone wirken ausgleichend auf lebenswichtige Funktionen wie die Durchblutung des Herzmuskels, den Herzrhythmus und den Blutdruck.
Auch kann der Körper nur mit Hilfe der Fettsäuren die fettlöslichen Vitamine A, D, E und K verwerten. Und nicht zuletzt ist Fett ein wichtiger Aroma- und Geschmacksträger, denn Aroma- und Geschmacksstoffe lösen sich im Fett leichter und intensiver. Die wichtigste essentielle Fettsäure ist die Linolsäure; der Tagesbedarf eines Erwachsenen liegt bei 10 g. Diese vergleichsweise große Menge wird jedoch in der Regel bei gemischter Kost leicht aufgenommen, da Linolsäuren in vielen Fetten und Ölen enthalten sind.
Ernährungsphysiologisch besonders vorteilhaft wirken die mehrfach ungesättigten Omega-3-Fettsäuren im Fisch (besonders bei Hering, Lachs und Makrele); sie verbessern die Fließeigenschaften des Blutes, beeinflussen den Fettstoffwechsel vorteilhaft und wirken Ablagerungen in den Blutgefäßen entgegen. Sie werden als »mehrfach ungesättigt« bezeichnet, weil in ihrer Molekülstruktur nicht alle Kohlenstoffatome mit Wasserstoffatomen reagiert haben, »gesättigt« sind. Auch in vielen Pflanzenölen sind ungesättigte Fettsäuren – darunter Ölsäure, Linolsäure und Linolensäure – enthalten.
Tierische und pflanzliche Fette enthalten neben ungesättigten auch die weniger wertvollen gesättigten Fettsäuren, darunter Buttersäure (sie ist für den ranzigen Geschmack von Butter und Milchfetten verantwortlich), Laurinsäure und Capronsäure in Kuhmilchbutter sowie Myristin-, Palmitin- und Stearinsäure in fast allen tierischen und pflanzlichen Fetten. Sie treten zudem häufig in Gesellschaft des Fettbegleitstoffes Cholesterin auf, der vom Körper benötigt wird, aber auch zu Ablagerungen an den Blutgefäßwänden und damit zu Arteriosklerose und der Gefahr von Herzinfarkten führt.
Insgesamt sollte man pro Tag nicht mehr als 80–90 g Fett zu sich nehmen, nach Möglichkeit hochwertige pflanzliche Öle. Diese Menge ist nicht leicht zu bestimmen, denn vor allem tierisches Fett nimmt der Mensch in versteckter Form – in Wurst, Fleisch und Käse – zu sich.

Hochwertige Pflanzenfette

Spätestens seit der deutsche Urlauber die Feinheiten der italienischen Küche entdeckte, wurde ihm auch bewußt, daß man Pflanzenöle – vor allem aus Oliven – auf zwei Wegen gewinnen kann: durch die Kaltpressung und durch die Extraktion. Und auch wer nie so recht wußte, wie das alles vor sich geht, eines wußte er immer: Das beste Öl läßt sich nur mittels der Kaltpressung gewinnen.
Kaltgepreßte Öle werden bei etwa 40–50 Grad mechanisch gepreßt und kommen nach Ablagerung der Trübstoffe ohne weitere Behandlung in den Verkauf. Besonders begehrt ist das Öl der ersten Pressung (»Jungfernöl«, »Extra Vierge« oder »Extra Vergine«), das nur einen sehr geringen Anteil an scharf schmeckenden freien Fettsäuren (1 Prozent) besitzt, während deren Gehalt bei den übrigen Vierge-Ölen auf rund 3 Prozent ansteigt. Kaltgepreßtes Olivenöl ist teuer, aus dem einfachen Grund: je niedriger die Temperaturen, bei denen das Öl gewonnen wird, desto höher seine Qualitäten und desto geringer der Ertrag. Wird Olivenöl bei 70 Grad heißgepreßt (wobei mitunter alles, was bei Temperaturen unter 100 Grad gepreßt wird, noch fälschlicherweise als »kaltgepreßt« bezeichnet wird), so läßt sich sehr viel mehr Öl gewinnen. Allerdings besitzt das Öl – das vor der Pressung auch noch mechanisch behandelt wird, damit die Pflanzenzellen aufplatzen – dann einen hohen Anteil an freien Fettsäuren. Da sie einen störend scharfen Geschmack besitzen, müssen sie in mehreren Arbeitsgängen gereinigt – »raffiniert« – werden. Das Öl, das im verbleibenden Ölkuchen noch enthalten ist, extrahiert man durch Einsatz von Hexan, einem organischen Lösungsmittel; Rückstände dieses Lösungsmittels, eines wesentlichen Bestandteils des Petroläthers, verbleiben im extrahierten Öl (rund 0,1 Prozent).
Die Raffination ist ein komplizierter und letztlich wenig appetitanregender Prozeß. Dem heißgepreßten Rohöl oder dem durch Extraktion gewonnenen Öl wird zunächst das Lezithin entzogen, anschließend werden durch Phosphorsäure, unerwünschte Kohlenhydrate und Proteine sowie durch Beigabe von Natronlauge die freien Fettsäuren entfernt: das Öl wird »entschleimt« und »entsäuert«. Anschließend »bleicht« man das Öl mit Hilfe von Aluminiumsilikaten, die mit Salzsäure behandelt und mit Aktivkohle kombiniert sind und Farbstoffe, Schwermetalle und Schleime abtrennen. Eine Destillation mit Wasserdampf entfernt schließlich noch unerwünschte Aromastoffe (das Öl wird »desodoriert«). Soll das Öl als Speiseöl verwendet werden, muß es noch »winterisiert«, also kältefest gemacht werden, damit es sich nicht bei tieferen Lagertemperaturen verfestigt;

Speisefette und -öle

Versteckte Fette in Lebensmitteln (Angabe pro 100 g bzw. 100 ml Lebensmittel)	
Schinken, gesalzen und geräuchert	35 g
Schinken ohne Fettrand	3 g
deutsche Salami	50 g
Fleischwurst, Leberkäse	30 g
Bockwurst	25 g
Bierschinken	19 g
Corned beef	6 g
Schweineschnitzel natur, gebraten	6 g
Kalbs-, Puten-, Hähnchenschnitzel natur, gebraten	4 g
marinierter Hering, geräucherte Makrele	16 g
Kabeljau, Seelachs	0,9 g
Camembert, 60% F. i. Tr.	34 g
Camembert, 30% F. i. Tr.	14 g
Quark, Magerstufe	0,2 g
Schlagsahne	32 ml
Vollmilch	3,5 ml
Buttermilch	0,5 ml
Vollmilch-Joghurt	3,5 g
geröstete Erdnüsse	50 g
Kartoffelchips	40 g
Schokolade	32 g
Nußkuchen	24 g
Brot	ca. 2 g
Getreide	1–2 g
Bohnen	1,5 g
Möhren	0,2 g
Kartoffeln	0,1 g
Obst	nur in Spuren
Quelle: AID, Fette in der Ernährung.	

dazu werden Triglyceride mit einem höheren Schmelzpunkt ausgeschieden. Alle Fette, sofern sie nicht kaltgepreßt sind, werden diesem Prozeß unterworfen, gleichgültig, ob sie von Sonnenblumen, Raps, Palmfrüchten, Sojabohnen oder Erdnüssen stammen. Es gibt sogar Hersteller, die ihre Oliven kalt pressen und anschließend heiß raffinieren, was eine schwere Irreführung des Verbrauchers darstellt, der sich darauf verlassen sollte, daß die schonende Gewinnung des Rohstoffs nicht durch die zerstörerische Form der Weiterverarbeitung konterkariert wird. Die Raffination führt zu einem klaren, haltbaren Öl, einem Massenprodukt, dem zwar jeder charakteristische Eigengeschmack und natürliche Ursprünglichkeit fehlt, das sich aber vortrefflich zur Herstellung von Margarine eignet.

Die These, daß raffiniertes Öl in jedem Fall schlechter sei als kaltgepreßtes, stimmt so aber auch nicht. Kaltgepreßte Öle sind weniger lang haltbar, besitzen aber einen eigenständig-charakteristischen Geschmack und lassen sich wunderbar für Salate und andere kalte Speisen verwenden, während raffinierte Öle haltbarer sind, dafür geschmacksneutral und besser geeignet zum Braten und Backen. Es hat wenig Sinn, teures kaltgepreßtes Öl zu kaufen und es anschließend in der Pfanne zum Sieden zu bringen.

Margarine

Margarine war das erste Lebensmittelimitat der Geschichte und zugleich eines der erfolgreichsten. Margarine besteht hauptsächlich aus Fett (mindestens 80 Prozent), das auch tierischen Ursprungs sein kann, Wasser, Emulgatoren sowie aus Konservierungsmitteln, Farb- und Aromastoffen, Milchpulver, Kochsalz, Stärke (mindestens 2 Prozent) und Gelatine.

Das Kunstprodukt Margarine ist mittlerweile so entwickelt, daß Stoffe, die bei der Herstellung zerstört werden, wie essentielle Fettsäuren und Vitamine, nachträglich wieder hinzugefügt werden können. Es gibt heute zahlreiche Sorten von Margarine, auch solche mit einem recht hohen Anteil an ungesättigten Fettsäuren. Koch- oder Haushaltsmargarine enthält zwischen 6 und 25 Prozent, Pflanzenmargarine zwischen 20 und 33 Prozent ungesättigte Fettsäuren. Trägt das Produkt die Aufschrift »linolsäurereich«, muß der Anteil der Linolsäure mindestens 30 Prozent der Gesamtfettsäuren betragen; verspricht das Produkt, »reich an ungesättigten Fettsäuren« zu sein, muß deren Anteil mindestens 50 Prozent betragen.

Oft werden der Margarine auch Vitamine zugesetzt, in jedem Fall aber enthält sie

Emulgatoren, die das Fett streichfähig machen und den Ölanteil mit den anderen Bestandteilen gleichmäßig vermischen; es handelt sich dabei um jenes Lezithin, das den Pflanzenölen bei der Raffination ursprünglich entzogen wurde.

Seit Margarine auf dem Markt ist, tobt der Kampf der Werbestrategen und Gesundheitsexperten, ob sie der Butter vorzuziehen sei oder nicht. Margarine ist ein cholesterinfreies Produkt, reich an ungesättigten Fettsäuren, aber kein naturnahes Lebensmittel. Vermutlich ist der gesamte Streit ohnehin akademischer oder von Gewinninteressen geprägter Natur, und letztlich kann es gar nicht darum gehen, auf Butter zugunsten von Margarine zu verzichten oder umgekehrt, sondern darum, den Fettverbrauch insgesamt zu reduzieren und sich auf hochwertige Fette zu konzentrieren. Damit ist der Gesundheit vermutlich am ehesten gedient.

Richtig fritieren

Fritierte Speisen kommen den ärztlichen Ermahnungen, den Fettverbrauch zu reduzieren, nicht entgegen, erfreuen sich aber großer Beliebtheit. Fritierfette, die der Handel anbietet, bestehen in der Regel aus raffiniertem Erdnußöl. Es eignet sich für Temperaturen um 180 Grad; fritiert man mit Fett, das weniger heiß wird, saugt sich das Fritiergut damit voll und wird unbekömmlich. Erhitzt man das Fett jedoch auf weit über 180 Grad, entstehen gesundheitsschädliche Zersetzungsprodukte, die an einer deutlichen Braunfärbung des Fettes, einer Rauchentwicklung und einem kratzend-bitteren Geschmack der fritierten Lebensmittel festzustellen sind. Der Verderb des Fritieröls läßt sich durch regelmäßiges Filtrieren verzögern, aber nicht verhindern. Empfohlen werden auch Plattenfette, die meist aus Kokosöl bestehen und relativ hitzestabil sind. Altes Fritierfett ist übrigens strenggenommen Sondermüll. Wer es einfach in den Ausguß gießt, stellt sein Klärwerk vor Probleme.

VERBRAUCHERTIPS

1. Öle und Fette sollten kühl und dunkel gelagert werden, denn Wärme, Sauerstoff und Licht begünstigen das Auftreten freier Fettsäuren, die das Fett rasch ranzig und damit verdorben schmecken lassen.

2. Achten Sie auf verstecktes Fett in Wurst, Fleisch, Käse und Mayonnaise (s. Tabelle S. 102).

3. Pflanzenöle mit mehrfach ungesättigten Fettsäuren nicht hoch erhitzen, sie verlieren dabei ihre gesundheitlich wertvollen Eigenschaften. Zum Braten und Fritieren gehärtete Fette oder Schmalz benutzen.

4. Speisefette nicht überhitzen (Rauch!), es entstehen schädliche Stoffe.

17 Zucker, Honig und Süßwaren

Stark zuckerhaltige Speisen sind für eine ausgewogene Ernährung ungünstig. Viele Verbraucher mögen jedoch nicht auf Süßes verzichten. Es ist daher unrealistisch, zur Totalenthaltung von Zucker, Honig, Süßwaren und anderen Schleckereien zu raten. Es empfiehlt sich jedoch, den Zuckerkonsum einzuschränken, denn der jährliche Pro-Kopf-Verbrauch von 35 kg Zucker in den alten und 41 kg in den neuen deutschen Bundesländern ist zu hoch.

Zusammensetzung

Zucker ist ein Nahrungsmittel mit hohem Kaloriengehalt (394 kcal/1650 kJ pro 100 g), aber ohne Vitalstoffe, also Vitamine und Mineralstoffe. Stark zuckerhaltige Speisen tragen ursächlich zu Karies bei, auch wenn die Zuckerindustrie diese Volkskrankheit gerne auf den Mangel an Fluor zurückführen will. Ferner besteht ein enger Zusammenhang zwischen dem steigenden Zuckerverbrauch in den westlichen Industrieländern und dem Anstieg von Zuckerkrankheit, Arteriosklerose und Herzinfarkt.

Für den Ernährungswissenschaftler ist Zucker nicht einfach Zucker. Die gesamte wichtige Nährstoffgruppe der Kohlenhydrate wird nach ihrer chemischen Struktur – sie besteht aus Kohlenstoff, Wasserstoff und Sauerstoff – in Einfach-, Mehrfach- und andere Zucker eingeteilt. Zu den Einfachzuckern, den Monosacchariden, gehören Glucose (Dextrose, Traubenzucker) sowie Fructose (Fruchtzucker), zum Mehrfachzucker (Polysaccharide) die Stärke, das wichtigste Kohlenhydrat für den Menschen, und schließlich, in der Untergruppe der Disaccharide, der Rohr- und Rübenzucker (Saccharose), also das, was gemeinhin als »Zucker« oder Haushaltszucker bezeichnet wird.

Zucker – der allgegenwärtige Stoff

Im Jahre 1990 wurden weltweit rund 110 Millionen Tonnen Zucker produziert, davon 60 Prozent Rohr- und 40 Prozent Rübenzucker. Die Zuckerrüben werden dabei zerkleinert und mit heißem Wasser ausgelaugt. Der dadurch entstehende Saft (Melasse) wird zu Sirup eingedickt und mehrfach geschleudert und gereinigt (raffiniert), bis am Ende weißer Zucker übrigbleibt, der in verschiedenen Formen verkauft wird: als Weißzucker (Grundsorte), Raffinade (Qualität I), Würfelzucker, Puderzucker (vermahlen), Kandiszucker (mit großen Zuckerkristallen), Einmachzucker (dem schaumbildende Inhaltsstoffe entzogen werden), Gelierzucker (Raffinade mit Pektin und Weinsäure) und Invertzucker (aus Saccharose und Glucose im Verhältnis 1:1, auch in Kunsthonig enthalten).

Das wesentliche Problem für den, der sich bewußt und gesund ernähren will: Zucker ist allgegenwärtig. Wohl kaum ein Produkt wird so vermarktet und so beworben – die Werbeindustrie hat es geschafft, Zuckerprodukte (von der Milchschnitte über die Kinderschokolade bis hin zum Pausensnack und Müsliriegel) mit den Attributen »gesund«, »modern« und »aktiv« zu verbinden, selbst wenn sie weitgehend nur aus einer Zucker-Fett-Lösung bestehen, und sie hat es geschafft, vor allem Festtage im Jahr, darunter natürlich Weihnachten, zu einer großen Bescherung für ihre Klientel werden zu lassen; das Verschenken von Zuckerprodukten gilt als liebevolle Aufmerksamkeit, nicht als Angriff auf die Gesundheit. Daß Zucker ansonsten in Produkten enthalten ist, in denen man ihn nicht vermuten würde – von der Salatsoße bis zur Fischkonserve –, gehört zu den Dingen, die die Lebensmittelkonzerne lieber verschweigen. Allerdings kann der Verbraucher sich schützen, wenn er das Kleingedruckte auf den Packungen und Konserven liest: Zucker – oft Saccharose genannt – muß in der Liste der Inhaltsstoffe ausgewiesen werden, allerdings ohne Mengenangabe.

Im Körper kann Zucker nur mit Hilfe von Vitamin B_1 verwertet werden, das dem Vitaminvorrat des Körpers entnommen wird. Zucker entzieht dem Körper somit Vitamine, statt sie ihm zuzuführen; auch muß der Körper, um Zucker verarbeiten zu können, Insulin produzieren, das den Zucker abbaut und den Blutzuckerspiegel senkt. Dies führt zu einem Hungergefühl, das gerne mit einem »Pausensnack« bekämpft wird. Der Körper schüttet daraufhin wieder Insulin aus, und so schwankt der Blutzuckerspiegel hin und her, je mehr der Konsument sich mit »Pausensnacks« fit halten will.

Am Ende bricht – im schlimmsten Fall – die Insulinproduktion zusammen, und es kommt zur Zuckerkrankheit.

Zuviel Zucker schädigt außerdem die Zähne.

Zuckeraustausch- und Ersatzstoffe

Um die Nachteile des Zuckers zu vermeiden, verwendet die Industrie auch Zuckeraustauschstoffe, die zwar ebenso viele Kalorien wie Zucker haben, aber zu ihrer Verwertung im Körper weniger oder gar kein Insulin benötigen. Es handelt sich dabei um *Fructose* (Fruchtzucker), enthalten im Obst und im Honig; seine Süßkraft verringert sich beim Erhitzen; *Sorbit,* das chemisch hergestellt wird, aber auch in manchen Baumfrüchten vorkommt, allerdings von geringerer Süßkraft als Saccharose ist und daher mit Süßstoffen ergänzt wird; *Isomalt* und *Maltit,* auf der Grundlage von Malzzucker und Isomaltose künstlich hergestellt; *Xylit,* chemisch aus Zelluloseprodukten hergestellt, mit einer höheren Süßkraft als Saccharose. Alle Zuckeraustauschstoffe wirken mehr oder minder abführend.

Wer süß leben, aber Zucker samt seinen Kalorien vermeiden will, für den hält die Industrie Zuckerersatzstoffe – Süßstoffe – bereit, darunter Saccharin, Cyclamat oder Aspartam, deren Süßkraft die des Zuckers bei weitem übersteigt. Auch wenn ihnen mitunter eine gesundheitsschädliche Wirkung nachgesagt wurde, konnte diese in wissenschaftlichen Tests nie bestätigt werden.

Schokolade und andere Süßigkeiten

Alle Einwände, die gegen den Zucker erhoben werden können, gelten auch für Schokolade. Eine Tafel enthält mindestens 50 Prozent Zucker sowie Kakaomasse, gewonnen aus Kakaobohnen, die geschält, geröstet und vermahlen werden und aus denen durch Pressen der Großteil der Kakaobutter entfernt wird. Der Vollmilchschokolade wird Vollmilchpulver zugesetzt, weiße Schokolade besteht aus Kakaobutter, Milchpulver und Zucker, bittere Schokolade besitzt einen hohen

Anteil (60 Prozent) an Kakaobestandteilen, weshalb sie so teuer ist. Kakaobutter enthält nur einen geringen Anteil an essentiellen Fettsäuren, weshalb Schokolade nach ernährungsphysiologischen Gesichtspunkten als Nahrungsmittel nicht zu empfehlen ist.

Ohnehin enthält Schokolade zu viele Kalorien: Eine 100-g-Tafel deckt ein Viertel des täglichen Kalorienbedarfs eines Erwachsenen, führt dem Körper jedoch keine Vitamine und Mineralstoffe zu. Allerdings enthält Schokolade anregende Stoffe, neben Theobromin und Coffein auch Spuren von Aminen, die sich positiv auf das seelische Wohlbefinden auswirken sollen.

Es gibt noch keinen Kakao aus biologischem Anbau, doch liegen die Rückstände an Pestiziden und Herbiziden seit Jahren unter den Grenzwerten. Leider neigen einige Kakaopflanzensorten dazu, die Schwermetalle Nickel und Cadmium zu speichern. Bio-Läden bieten ein schokoladenähnliches Produkt an, Carob, das aus dem Mehl der Früchte des Johannisbrotbaums stammt. Es enthält einen hohen Anteil an Trauben- und Fruchtzucker und soll besser bekömmlich sein als Kakaoprodukte, ist aber ebenso kalorienreich.

Schokoladen- und Zuckerwaren sind ein Spielfeld für Lebensmittelchemiker und Food-Designer. Unter Zusatz von Aroma- und Farbstoffen bringen diese fortwährend neue Produkte auf den Markt, die immer nur Variationen der schon seit langem bekannten Zuckerwaren sind.

Hier die Bestandteile einiger Zucker- und Süßwaren:
Bonbons: Zucker mit Zusätzen von Aromastoffen, Fruchtsäuren oder auch Milch und Milchfett (Weichkaramel). Es sind Bonbons auf der Basis von Zuckeraustauschstoffen auf dem Markt, die die Zähne weniger angreifen, aber nicht kalorienärmer als Zuckerbonbons sind.
Eiskonfekt: Kokosfett, Traubenzucker und Kakao. Der Kälteeffekt entsteht beim Schmelzen des Kokosfetts und Lösen des Traubenzuckers.
Gummibonbons und Gelees: Zucker mit Quell- und Gelier- sowie Aroma- und Farbstoffen.
Kandierte Früchte: Obst, das in hochprozentiger Zuckerlösung eingelegt und wiederholt aufgekocht wurde, wobei alle Vitamine verlorengehen. Der Zuckeranteil kann bei 60 Prozent liegen.
Lakritze: Eingekochter Saft des Süßholzes, mit Salmiaksalz, Zucker und manchmal Mehl versetzt.
Schaumzuckerwaren: Zucker, Eiweiß, Farbstoffe und Verdickungsmittel zum Aufschlagen des Eiweißes.

Nougat: Haselnüsse oder Mandeln sowie Kakao, Milchpulver und Puderzucker. Durch die Nußanteile ist Nougat für die Ernährung etwas wertvoller als andere Süßigkeiten.

Türkischer Honig: Zucker, Eiklar, Gelatine, Glucose, kandierte Früchte, Nüsse und Honig.

Halva: Ähnlich wie türkischer Honig, aber mit einem hohen Anteil an gemahlenen Sesamkernen, die essentielle Fettsäuren enthalten.

Marzipan: Die Rohmasse aus gemahlenen Mandeln enthält 35 Prozent Zucker; da sie leicht verdirbt, werden Marzipanartikel meist – außer beim Lübecker Marzipan – mit einem erhöhten Puderzuckeranteil versehen. Persipan: Anstelle der Mandeln werden die billigeren Aprikosen- und Pfirsichkerne verwendet.

Kaugummi: Zucker (bis zu 80 Prozent) sowie eine Gummimasse aus Kautschuk, die auch Wachse oder Polyethylen enthalten kann. Es gibt Kaugummis mit den Zuckeraustauschstoffen Sorbit und Xylit, die sich im Mund nicht zersetzen und keine Karies verursachen.

Honig

Honig gilt, im Gegensatz zum Zucker, als gesundes, weil natürliches Lebensmittel. Tatsächlich ist er dem Zucker kaum überlegen, denn sein Gehalt an Vitaminen und Mineralstoffen ist letztlich unerheblich. Zu rund 80 Prozent besteht Honig aus verschiedenen Zuckerarten, hauptsächlich aus Fructose und Glucose, und zu rund 17 Prozent aus Wasser. Den Zähnen und dem menschlichen Stoffwechsel ist es weitgehend gleichgültig, ob der Zucker aus Honig oder aus der Zuckerraffinerie stammt.

Honig kann daneben Schadstoffe enthalten, wenn die Bienen in der Nähe von vielbefahrenen Straßen oder Industrieanlagen ernten oder aber Insektizide gespritzt wurden, die am Wachs der Waben haften bleiben und auf diesem Weg in den Honig gelangen.

Waldhonig, der im Gegensatz zum Blütenhonig nicht aus Nektar, sondern aus den Ausscheidungen der baumbewohnenden Läuse und deren Verarbeitung im Bienenmagen entsteht, ist meist stärker belastet, denn diese Läuse befallen mit Vorliebe kranke und geschwächte Bäume. Weniger ins Gewicht fällt, ob der Honig beim Abfüllen erhitzt wird oder nicht, da die dabei vernichteten Enzyme ohnehin nur in unerheblicher Menge vorhanden sind. Gute, schadstofffreie Qualität bekommt man beim Imker seines Vertrauens, dessen Standort und Vorgehens-

Zucker, Honig und Süßwaren

Anteil von Zucker an Nahrungs- und Genußmitteln	
	Prozent
Bonbons	97
Kaugummi	78
Gummibärchen	77
Puddingpulver	63–75
Nußnougatcreme	53–65
Marmelade	60–62
Vollmilchschokolade	55
Müsliriegel	bis zu 44
Obstkonserven	14–55
Fruchteis	bis zu 32
Tomatenketchup	28–30
Fertigmüsli	20–30
Fruchtnektar	bis zu 20
Salatsoße	9–10

Quelle: N. und S. Krisch, Was auf den Tisch kommt, Wien 1987.

weise man kennt. Übrigens stammt der Großteil des in Deutschland verkauften Honigs aus dem Ausland.

Speiseeis

Je nachdem, ob die Grundbestandteile aus Sahne, Milchpulver (mit Milchfett angereichert), Vollmilch oder Wasser bestehen, unterscheidet man zwischen Sahneeis, Eiscreme, Milchspeiseeis oder Eis auf Wasserbasis. Seine geschmeidige, cremige Konsistenz erhält Eis dadurch, daß es mit Luft vermischt schockartig gefroren wird, ohne daß sich Eiskristalle bilden. Der Kohlenhydratanteil beträgt 22 Prozent beim Milchspeiseeis und 32 Prozent beim Eis auf Wasserbasis – zwei Drittel der Kohlenhydratmenge stammen aus dem zugefügten Zucker. Auch wird dem Eis bei einzelnen Sorten Fruchtmus zugesetzt, dazu Kakaoprodukte sowie Aroma- und künstliche Farbstoffe, an deren Stelle aber auch immer mehr natürliche Pflanzenfarben – aus Carotin oder Spinat beispielsweise – treten können.

Weitere Zusatzstoffe sind Bindemittel (Stabilisatoren) wie Mehl aus Johannisbrotkernen (E 412) oder aus Algenprodukten (E 401, phosphathaltig). Emulgatoren gewinnt man aus pflanzlichen Speisefetten oder Zitronensäure-Verbindungen. Soweit Eis aus Milchprodukten hergestellt wird, besitzt es deren wertvolle Bestandteile, darunter Eiweiß, Kalzium und Vitamin B_2, aber auch einen hohen Fettanteil. Bedenklich bleibt jedoch in jedem Fall der hohe Zuckeranteil.

Eis erwärmt sich noch im Mund auf rund 30 Grad, so daß es – entgegen vielverbreiteter Ansicht – nicht kalt in den Magen gelangt. Allerdings ist eine Magenverstimmung nach Eisgenuß nicht selten, denn Eis ist ein vorzüglicher Nährboden für Bakterien. Wer hier kein Risiko eingehen will, sollte abgepacktes Fabrikeis kaufen.

VERBRAUCHERTIPS

1. Schränken Sie Ihren Zuckerverbrauch ein.

2. Zucker verursacht Karies, darum nach Süßem: Zähne putzen!

3. Fertig gemischte Pulver für Schokoladengetränke enthalten meist einen zu hohen Zuckeranteil, es ist gesünder, sich das Kakaopulver selbst zu mischen.

4. Achten Sie auf die Diastase-Zahl, die bei deutschem Markenhonig angegeben wird; sie verweist auf die natürliche Gewinnung und auf das Vorhandensein von stärkeabbauenden Enzymen. Der Wert sollte die Zahl 8 übersteigen. Diastase selbst ist, da sich im menschlichen Magen ihre Wirkung verliert, für die Ernährung unerheblich.

5. Der HMF-Wert auf dem Etikett sollte, wenn man unerhitzt gewonnenen Honig wünscht, die Zahl 20 nicht übersteigen.

6. Das Aroma des Honigs hängt von seiner Herkunft ab, denn bestimmte Blüten ergeben einen charakteristischen Geschmack. Bei Blütenhonig müssen nach gesetzlicher Regelung mindestens 50 Prozent des Honigs von der angegebenen Blüte stammen.

7. Wenn Honig fest wird, da der Zucker kristallisiert, tritt damit kein Qualitätsverlust ein.

8. Honig sollte gut verschlossen werden, er nimmt leicht Fremdgerüche an und zieht Wasser.

9. Honig kann in Gärung geraten, er ist dann nicht mehr zum Verzehr geeignet.

10. Wenn man Speiseeis in Großpackungen eingekauft hat, soll man die Kühlkette nicht unterbrechen, also die Packung isolieren (in mehrere Lagen Zeitungspapier wickeln) und nach kurzem Transport ins Tiefkühlfach legen.

18 Salz und Gewürze

Ähnlich wie Zucker waren auch Salz und Gewürze bis in die Neuzeit hinein begehrte und teure Güter. Der Reichtum von Städten und Regionen konnte sich mitunter allein auf das Salz gründen. Salz – chemisch Natriumchlorid – ist nicht nur lebenswichtig für den menschlichen Körper, es hilft auch, die Speisen geschmacklich anzureichern und haltbar zu machen. Salz kann aber auch gesundheitsschädlich sein. Ein Übermaß von Salz zu vermeiden, können Gewürze helfen; sie gehören von alters her auf den Speisezettel des Menschen. Die älteste Nutzgartenkunde mit Beschreibungen und Anbauanleitungen von Gewürzen stammt aus Babylon, aus dem 2. Jahrtausend v. Chr. Gewürze werden definiert als naturbelassene Teile (Wurzeln, Wurzelstücke, Zwiebeln, Rinden, Blätter, Kräuter, Blüten, Früchte oder Samen) von Pflanzen, die teils getrocknet oder zerkleinert zur Geschmacksverbesserung der Nahrung dienen.

Salz

Kochsalz stammt entweder aus dem Meer, wo es an der Küste durch Verdampfen des Meerwassers gewonnen wird, oder aus dem Steinsalz, wie es in den Alpen oder in anderen Regionen bergmännisch abgebaut wird. Zum Ausgleich des in vielen Teilen Deutschlands herrschenden Jodmangels, der zu Schilddrüsenerkrankungen führt, wird empfohlen, jodiertes Salz zum Würzen zu verwenden, das in Deutschland kennzeichnungspflichtig ist. In Österreich und der Schweiz ist das handelsübliche Salz stets jodiert.

Der Körper benötigt Salz in den Körperzellen und deren Zwischenräumen aus vielen Gründen: um die Gewebespannung, das osmotische Druck-Gleichgewicht, das Volumen und den pH-Wert der Zellflüssigkeit aufrechtzuerhalten, zur Reizübertragung in Muskeln und Nerven sowie als Bestandteil des Knochengewebes. Bei Salzmangel, wie er durch Erbrechen, Durchfall oder durch übermäßiges Schwitzen bei körperlicher Anstrengung hervorgerufen wird, kommt es zu Schwindel, Muskelkrämpfen und damit einhergehender Mattigkeit; wenn zwei Prozent des Körpergewichts durch Schwitzen verlorengehen, sinkt die Leistungsfähigkeit um 20 Prozent.

So notwendig Kochsalz ist, so schädlich kann es auch sein. Zuviel Salz belastet die Nieren und das Kreislaufsystem und fördert die Entwicklung von Bluthochdruck. Der Salzbedarf eines gesunden Erwachsenen liegt bei 5 g täglich. Tatsächlich liegt die durchschnittliche Kochsalzaufnahme in der Bundesrepublik weit über diesem Wert, bei täglich rund 10 g (Ernährungsbericht 1992). Die Gründe dafür liegen nicht nur im leichtfertigen Griff zum Salzstreuer, sondern vor allem in der Aufnahme versteckter Salze in industriell gefertigten Lebensmitteln, besonders in Brot, Konserven, Fertigsuppen, Kartoffelchips und schließlich Wurst- und Fleischwaren sowie Räucherfisch und Käse. Einen Ausgleich kann der Verzehr von kochsalzarmen Lebensmitteln schaffen, wie Obst, Gemüse und Quark. Diät-Ersatzsalze (Kaliumchlorid) haben geschmackliche Nachteile.

Gewürze

Von alters her gehören Gewürze in die Küche, nicht nur, weil sie die Speisen verfeinern, sondern auch, weil sie die Verdauung unterstützen. Sie regen beispielsweise den Speichelfluß an (Pfeffer, Chili, Curry, Senf und Paprika), erhöhen (Anis, Fenchel, Ingwer, Zimt und Paprika) oder bremsen (Pfeffer und Senf) die Sekretion von Salzsäure im Magen, können den Kreislauf beeinflussen (Paprika, Senf und Ingwer), die Durchblutung verschiedener Hautbereiche steigern (Chili, Senf) und arteriosklerotische Ablagerungen an den Gefäßwänden verhindern (Knoblauch). Auch besitzen viele Gewürze eine antibakterielle Wirkung, ein Grund, weshalb Speisen in den Tropen oft so kräftig gewürzt sind.

Es gibt heimische Gewürze, die man im Hausgarten oder auch auf dem Balkon ziehen kann, und exotische Gewürze, die als Pulver oder Samenkörner erhältlich sind. Zur ersten Gruppe gehören Petersilie, Dill, Schnittlauch, Zitronenmelisse, Estragon, Borretsch, Thymian, Oregano, Bohnenkraut und Basilikum. Andere Gewürze werden importiert, aus Südeuropa oder Übersee. Pfeffer stammt aus Brasilien, Indien, China und den übrigen Ländern Südostasiens, Vanille und Gewürznelken vorwiegend aus Madagaskar, Zimt und Zimtblüten aus Indonesien und Sri Lanka, Ingwer aus China und Brasilien, Muskatnüsse aus Sri Lanka, Indien und Südostasien, Kümmel aus der Türkei und Ungarn, Paprika aus Italien, Griechenland und dem sonstigen Südosteuropa, und auch Anis, Wacholder, Thymian, Lorbeer, Safran, Fenchel und Koriander stammen zumeist aus den Mittelmeerländern.

Ihren Duft und ihre würzende Wirkung erhalten die Gewürze aus ätherischen Ölen, Bitterstoffen, natürlichen Antioxidantien, die den Verderb der Speisen verhindern, sowie aus Gerb- und Schleimstoffen oder organischen Säuren. Zermahlene Gewürze, wie sie abgepackt erhältlich sind, haben meist nicht mehr das Aroma und den Geschmack frischer Gewürzpflanzen. Beim Kauf sollte man auf das Verfallsdatum achten. Greifen Sie daher bei heimischen Gewürzen auf Pflanzen aus dem eigenen Anbau oder vom Bio-Gärtner zurück. Sie können dann sicher sein, daß diese Pflanzen nicht chemisch behandelt wurden. Bei importierten Gewürzen ist diese Sicherheit nicht immer gegeben. Plantagen in der Dritten Welt werden noch immer reichlich mit Pestiziden verseucht, und auch für den Transport werden Gewürze nicht immer, was die unbedenklichste und gründlichste Lösung wäre, mit heißem Wasserdampf, sondern mit chemischen Mitteln sterilisiert. In einigen EG-Ländern ist die radioaktive Bestrahlung von Gewürzen zur Sterilisation erlaubt, etwa in den Niederlanden; seit dem Fall der EG-Binnengrenzen dürfen diese Produkte auch in Deutschland verkauft werden, und zwar bisher ohne die von Verbraucherverbänden längst geforderte Kennzeichnung.

Obwohl nichts einfacher und wohlschmeckender ist, als seine Speisen mit frischen Gewürzen zu verfeinern, ist es der Lebensmittelindustrie auch hier gelungen, Produkte zu kreieren, die die Qualität der Originalkräuter nicht erreichen und sich doch verkaufen lassen: Gewürzmischungen, die aus Salz, Stärke, Milchzucker, Fetten, Geschmacksverstärkern, Antioxidantien, Gemüse- und Gewürzresten bestehen. Achten Sie auf die Liste der Inhaltsstoffe! Die Lebensmittelindustrie hat viel Erfahrung im Umgang mit Gewürzen, weil sie große Dosen davon benötigt, um ihre Fertigprodukte geschmacklich aufzubessern oder überhaupt genußfähig zu machen. Diese Gewürzmischungen wirken allerdings noch natürlich im Vergleich zu dem, was es sonst noch an Suppen- und Flüssigwürze gibt. Zur Herstellung von Suppenwürze werden Ölsaaten und Getreidekleber mit Salzsäure gekocht und diese mit Natronlauge neutralisiert. Eine Art »Gewürzmischung« ist der Tomatenketchup, er enthält neben Essig, Salz und Tomaten verschiedene Gewürze. Leider ist der Zuckeranteil hoch: bis zu 50 Prozent. Tomatenketchup, der im Naturkosthandel angeboten wird, ist frei von chemischen Konservierungsstoffen, enthält weniger Zucker (oft in Form von Honig), und die Tomaten selbst stammen aus biologischem Anbau.

VERBRAUCHERTIPS

1. Bewußt weniger salzen; entdecken Sie den Eigengeschmack der Speisen, den Sie nach kurzer Übergangszeit auch wieder stärker empfinden.

2. Die Speisen nur kurz garen, damit ihr Eigenaroma erhalten bleibt.

3. Die Speisen erst nach dem Kochen bei Tisch salzen. So können Sie Ihren Salzverbrauch kontrollieren.

4. Vor dem Salzen erst andere Gewürze verwenden, die meist sehr viel geeigneter sind, um die Speisen schmackhaft zu machen.

5. Gewürze sollte man nicht mitkochen, sondern nur in den heißen Speisen ziehen lassen.

6. Getrocknete Kräuter läßt man vor der Anwendung in Wasser quellen.

7. Getrocknete und zermahlene Gewürze müssen luftdicht und lichtgeschützt aufbewahrt werden.

8. Gewürzkörner, wie Pfeffer, Muskat oder Anis, haben ein kräftigeres Aroma, wenn man sie erst kurz vor der Anwendung mahlt.

19 Getränke – alkoholfrei und alkoholisch

Der Mensch besteht bekanntlich vorwiegend aus Wasser – zu 61,6 Prozent (und zu 17 Prozent aus Eiweiß, zu 13,8 Prozent aus Fett und zu 1,5 Prozent aus Kohlenhydraten). Auch ohne starke körperliche Anstrengung verliert der Mensch über den Harn, die Lunge und die Haut täglich zwischen 2 und 3 l Wasser. Rund 0,5 l Wasser muß der Mensch in jedem Fall täglich ausscheiden, um sich der Stoffwechselendprodukte und der überschüssigen Mineralsalze zu entledigen. Rund 0,4 l Wasser gewinnt er selbst durch die Verbrennung von Nährstoffen, so daß eine tägliche Flüssigkeitszufuhr von mindestens 2 l Wasser notwendig ist, um die Funktionen des Organismus aufrechtzuerhalten. Am meisten Flüssigkeit brauchen Säuglinge (130–180 ml pro Kilogramm Körpergewicht täglich).
Nur den kleineren Teil seines Flüssigkeitsbedarfs nimmt der Mensch über die feste Nahrung zu sich, den größeren Teil – die Ärzte empfehlen, täglich in jedem Fall 2 l Wasser zu trinken, selbst wenn das Durstgefühl nicht ausreichend sensibilisiert ist – muß er in Form von Flüssigkeiten zu sich nehmen. Da dem Körper durch Getränke nicht nur Wasser zugeführt wird, ist die Auswahl der Getränke für die Ernährung insgesamt von Bedeutung.

Trinkwasser

Sauberes Wasser ohne giftige Rückstände aus Landwirtschaft und Industrie ist mittlerweile selten geworden. Die jahrzehntelange Überdüngung des Bodens und das Ausbringen von Pestiziden hat dazu geführt, daß chemische Verbindungen, Phosphate und Nitrate auch das Grundwasser erfaßt haben. Trinkwasser sollte farb- und geruchlos sein, ohne giftige Metalle (wie Chrom, Blei und Arsen) oder organische Verbindungen aus Industrieabwässern. Die Zahl giftiger Keime sollte beim Grundwasser unter 5 pro Milliliter liegen; wo dies nicht der Fall ist oder Trinkwasser aus dem Oberflächenwasser oder Uferfiltrat der Flüsse gewonnen wird, muß es mit Chlor und Ozon desinfiziert werden.

Die Wasserwerke tun sich vor allem schwer, nitratarmes und von Pestizidrückständen freies Trinkwasser zu gewinnen. Obgleich diese Probleme seit langem bekannt sind und die Wasserwerke davor auch immer gewarnt haben, gelang es der Lobby der chemischen Industrie in Zusammenarbeit mit Bauernverbänden, wirksame gesetzgeberische Eingriffe zu begrenzen. Die Wasserwerke müssen mit immer kostspieligeren Verfahren versuchen, die Folgen einer umweltzerstörerischen Agrarpolitik zu beseitigen.

Beispiel Nitratbelastung: Es ist in der Bundesrepublik Deutschland nicht gelungen, den Grenzwert von 50 mg Nitrat pro Liter Trinkwasser einzuhalten. Je nach geologischen Bedingungen weist Trinkwasser einen Nitratgehalt von 1–5 mg Nitrat pro Liter auf, auch 20 mg können in vereinzelten Lagen vorkommen. Überall dort jedoch, wo die Massentierhaltung mit den nicht mehr zu entsorgenden riesigen Güllemengen auftritt, kommt es zu einer Nitratbelastung von weit über 50 mg Nitrat pro Liter Trinkwasser, die absolut gesundheitsschädlich ist. Nitrate können im menschlichen Magen krebserregende Nitrosamine bilden, und Säuglingen droht schon bei 50 mg Nitrat pro Liter die Gefahr der Methämoglobinbildung, der gefährlichen Blausucht. Eltern, die in diesen Gebieten wohnen, sollten die Nahrung ihrer Kinder nicht mit Leitungswasser, sondern mit natriumarmem Mineralwasser anrühren. Bei Pestiziden bereiten vor allem Atrazin (bei Ratten krebserregend) und das Phenoxyessigsäureherbizid 2–4 D (in den USA mit einer Form des Lymphdrüsenkrebses in Verbindung gebracht) große Probleme.

Neben der Nitratbelastung des Grundwassers in landwirtschaftlich genutzten Gebieten ist es besonders die Verschmutzung der Gewässer durch die Industrie, die die Wasserwerke vor große Probleme stellt. Allein aus dem Rhein werden rund 20 Millionen Menschen mit Trinkwasser versorgt. Auch hier wälzen die Produzenten die Kosten ihrer Produktionsweise auf die Allgemeinheit ab. Die Reinigung des Wassers durch Chlor schafft neue Probleme, da sich chlorierte Kohlenwasserstoffe bilden können; auch Schwermetalle, Stickstoffverbindungen wie Ammonium und Nitrat sowie organische Chlorverbindungen lassen sich nicht vollständig entfernen.

Mineralwasser, Quellwasser, Tafelwasser

Teils liegt es wohl an Werbung und Mode, teils liegt es aber sicherlich auch an der schleichenden Verschmutzung unseres Trinkwassers, daß der Verbrauch von Mineralwasser ständig steigt. Lag der Pro-Kopf-Verbrauch in den alten Bundesländern 1970 nur bei durchschnittlich 13 l im Jahr, so stieg er bis 1992 auf 93 l. Die Menschen in den neuen deutschen Bundesländern konsumieren derzeit 35 l pro Kopf und Jahr, dürften aber den Rückstand in wenigen Jahren aufholen.

Anders als Trink- und Leitungswasser muß Mineralwasser eine »ursprüngliche Reinheit« aufweisen, die ein Entkeimungs- oder Reinigungsverfahren nicht notwendig macht. Lediglich das Abtrennen von Eisen- und Schwefelverbindungen und die Zugabe von Kohlensäure ist erlaubt. Kohlensäure ist anregend und geht schon durch die Mundschleimhaut ins Blut über.

Mineralwasser weist, wie der Name schon sagt, einen erheblichen Gehalt an Mineralstoffen und Spurenelementen auf, vor allem Kalzium, Natrium, Magnesium, Chloride und Sulfate. Natrium ist, wenn es sich mit dem vorhandenen Chlorid zu Kochsalz verbindet, eher nachteilig für Säuglinge und Menschen mit Bluthochdruck. Sulfat kann harntreibend und abführend wirken.

Mineralwasser ist geeignet für die Zubereitung von Säuglingsnahrung, wenn es nicht mehr als 20 mg Natrium, 10 mg Nitrat (NO_3), 0,02 mg Nitrit (NO_2), 240 mg Sulfat und 1,5 mg Fluorid pro Liter enthält. Soll Mineralwasser für eine natriumarme Ernährung verwendet werden, sollte sein Natriumgehalt ebenfalls nicht über 20 mg pro Liter liegen. In jedem Fall reicht Mineralwasser für die Versorgung des Menschen mit Mineralstoffen nicht aus, es kann nur ergänzend wirksam sein.

Die regelmäßige, alle zwei Jahre stattfindende behördliche Kontrolle der Mineralquellen bedeutet nicht, daß keinerlei Schadstoffe im Wasser enthalten sind – das wäre beim heutigen Stand der Umweltverschmutzung auch nicht mehr möglich. Grenzwerte für Schadstoffe tragen dem bereits Rechnung. So darf Mineralwasser nicht mehr als 0,05 mg Arsen, 0,005 mg Cadmium, 0,06 mg Blei und 0,001 mg Quecksilber enthalten und liegt damit paradoxerweise teilweise über den Grenzwerten für Trinkwasser; dort sind für Blei wie Arsen nur 0,04 mg pro Liter zugelassen.

Während *Mineralwasser* nur in Originalflaschen mit Mindesthaltbarkeitsdatum verkauft werden darf, dürfen Quell- und Tafelwasser auch aus Zapfanlagen abgefüllt werden. *Quellwasser* stammt aus unterirdischen Wasservorkommen, die mikrobiologisch so sauber wie Mineralwasser sein, aber dessen ursprüngliche Reinheit und die Mindestmengen an Mineralstoffen nicht erreichen müssen. Auf den Flaschen dürfen Analysen und Inhaltsstoffe sowie die Namen der Quellen nicht genannt werden.

Tafelwasser ist eine Mischung aus Trinkwasser und Mineral- oder keimfreiem Meerestiefenwasser. Für Tafelwasser existieren sehr viel mehr Schadstoffgrenzwerte, weil man offensichtlich davon ausgeht, daß die »ursprüngliche Reinheit« der Mineralwasserquellen gegen weitergehende Verschmutzungen gefeit ist. Tatsächlich enthalten aber auch Mineralwässer mehr und mehr Fremdstoffe. Auch beim Tafelwasser sollte, wer es für Säuglingsnahrung verwenden will, auf die Grenzwerte für Natrium (20 mg pro Liter), Nitrat (10 mg pro Liter) und Nitrit (0,02 mg pro Liter) achten.

Als *Sodawasser* darf Tafelwasser bezeichnet werden, das einen Mindestgehalt von 570 mg Natriumhydrogencarbonat pro Liter aufweist, während »mineralarmes« Wasser nicht mehr als 500 mg Mineralstoffe pro Liter, »besonders mineralarmes« Wasser nicht mehr als 50 mg Mineralstoffe pro Liter aufweisen darf. Heilwässer unterliegen dem Arzneimittelgesetz und sollten nur unter ärztlicher Aufsicht eingenommen werden.

Kaffee

Eines der beliebtesten Getränke und Genußmittel stammt aus den Samen des tropischen Kaffeebaumes. Geröstet, gemahlen und mit heißem Wasser aufgegossen, beruht die Wirkung auf ihrem Gehalt an Coffein und anregenden Aromastoffen. Verschiedene Herkunftsgebiete, unterschiedliche Röstverfahren bewirken Geschmacksvarianten, wobei hauptsächlich der Säuregehalt, nicht der Coffeingehalt schwankt. Es wird außerdem Kaffee angeboten, dem das Coffein durch organische Lösungsmittel vor dem Rösten entzogen wurde (nicht mehr als 0,1 Prozent Coffein verbleibt), auch Bitterstoffe können zur Erzielung eines magenschonenden Kaffees mit Wasserdampf unter Druck vermindert werden. Coffein wirkt anregend auf Herz und Kreislauf, über seine gesundheitsschädlichen Auswirkungen gibt es widersprüchliche Erkenntnisse, doch dürfte ein maßvoller Kaffeegenuß zu den Annehmlichkeiten gehören, die man sich gönnen darf.

Die Rückstandsbilanz ist beim Bohnenkaffee erfreulich, weil die Kaffeebohne nicht direkt mit Pestiziden und Herbiziden in Berührung kommt, ist sie doch vom Fruchtfleisch und den Innenhäuten umhüllt. Beim Rösten werden möglicherweise eingedrungene Giftstoffe verbrannt. Testergebnisse zeigten völlige Rückstandsfreiheit bei der Hälfte der untersuchten Proben und bei der anderen Hälfte nur äußerst geringe Rückstandsmengen. In entcoffeiniertem Kaffee finden sich manchmal Lösungsmittelrückstände.

Naturkost- und Dritte-Welt-Läden bieten Kaffee aus kleinbäuerlichen Betrieben an. Ihr Vorteil liegt in der Regel nicht in pestizidfreier oder biologisch verträglicher Anbauweise, sondern darin, daß der Vertrieb die Existenz kleiner Familienbetriebe und ihrer Dörfer sichert. Daher ist dieser Kaffee meist etwas teurer.

Kaffee-Ersatz besteht aus gerösteten Pflanzenprodukten, meist aus geröstetem Getreide und der Wurzel der Zichorie, die keine Schadstoffe und kein Coffein, jedoch Bitter- und Röststoffe enthalten.

Pulver- und Instantkaffee enthält dagegen die gleichen Inhaltsstoffe wie Bohnenkaffee; er wird durch Gefrier- oder Sprühtrocknung des aufgebrühten Kaffees hergestellt und kann rasch zubereitet werden, allerdings verliert er bei dem energieaufwendigen Herstellungsverfahren viele seiner Aromastoffe und wird deswegen vom Verbraucher oft gesundheitsschädlich hoch dosiert.

Tee

Nach Wasser ist Tee das am meisten konsumierte Getränk dieser Erde. Vor allem in Asien gehört der coffeinhaltige Tee zum Alltag der Menschen, während er in Deutschland auf der Beliebtheitsskala hinter Kaffee rangiert. Der Verbrauch liegt bei 200 g pro Kopf und Jahr, mit regionalen Besonderheiten. In Ostfriesland wird zehnmal so viel Tee getrunken wie im Rest der Republik. Je nach Herkunftsland, Erntezeitpunkt und Verarbeitung unterscheidet man zahlreiche Teearten, wobei Tee aus den Blättern (am besten jenen, die unmittelbar unter der Knospe wachsen) und den Blattknospen des Teestrauchs gewonnen wird. Es gibt, abgesehen von Früchte- und Kräutertee, fermentierten schwarzen, unfermentierten grünen und weißen Tee sowie Oolong, bei dem die Fermentierung abgekürzt ist. Je nachdem, wie die Blätter zerkleinert werden (»Blattgrad«), spricht man von »Blatt« (nur geringfügig gebrochene Blätter), »Broken« (mehrfach gebrochene Blätter), »Fannings« (kleine Blatteile) und »Dust« (ganz kleine Blatteile, wie sie in Teebeuteln verwendet werden und die geringste Qualität besitzen). Grüner Tee wird nach dem Pflücken gedämpft, gerollt und schließlich getrocknet, schwarzer Tee gewelkt und vor dem Trocknen noch fermentiert.

Schwarzer Tee enthält drei Prozent Coffein (früher Tein genannt), die jedoch der Körper durch den Gehalt an Gerbstoffen (Tannin) langsamer als beim Kaffee aufnimmt. Daher wirkt Tee länger erfrischend und schont den Kreislauf. Daneben enthält Tee auch Spurenelemente wie Fluorid und Mangan, ferner Gluthation und Adenin, Aromastoffe und Vitamine (C, B_1, B_6).

Daß vor allem Teeplantagen intensiv mit Pestiziden und Insektiziden behandelt werden, ist bekannt. Im Jahre 1988 untersuchte die Zeitschrift *Ökotest* 36 Teesorten, von denen nur 6 ohne Rückstände waren. Die Hälfte enthielt Rückstände der Pestizide Lindan, Hexachlorbenzol, HCH und das in westlichen Breiten verbotene, aber noch produzierte und in der Dritten Welt immer noch eingesetzte DDT. Allerdings blieben die Rückstände unter den gesetzlichen Höchstgrenzen, und man kann Tee ohne Sorge um die Gesundheit genießen, weil die Pestizide nicht wasserlöslich sind.

Dennoch sollte der Verbraucher – schon aus Rücksicht auf die Plantagenarbeiter in der Dritten Welt – biologisch angebauten Tee bevorzugen, wie er mittlerweile im Angebot der Naturkostläden ist.

Kräutertees enthalten spezifische Vitamine und Mineralstoffe und sind als Hausmittel von jeher im Gebrauch. Viele sind als täglich getrunkene Durstlöscher aber nicht geeignet, das gilt auch für Pfefferminz-, Brennessel- und Huflattichtee. Auch Arzneitees (Hustentee, Nierentee u. a.) sollten nur über einen kurzen Zeitraum verwendet werden. Sehr schädlich ist zuckerhaltiger Kindertee, der bei häufigem Genuß schwere Zahnschäden verursacht.

Limonaden, Erfrischungs- und Fruchtsaftgetränke

Fruchtsäfte sind etwas anderes als Fruchtsaftgetränke. Der Unterschied ist wohlbegründet. Während Fruchtsäfte zu den Nahrungsmitteln zählen (s. S. 73), enthalten Limonaden und Fruchtsaftgetränke zahlreiche Zusätze der Lebensmittelchemie – von Aromastoffen bis zu Farbstoffen – und vor allem Zucker. Bei Limonaden sind bis zu 7 Prozent Zuckergehalt gestattet, bei Cola-Getränken zwischen 65 und 250 mg Coffein und bis zu 700 mg Phosphorsäure, bei Bitterlimonaden bis zu 85 mg Chinin pro Liter. Die Inhaltsstoffe müssen auf dem Flaschenetikett erscheinen. Bei Light-Getränken ist ein Teil des Zuckers durch Süßstoff ersetzt. Fruchtsaftgetränke enthalten einen höheren Anteil an Fruchtsaft oder Fruchtmark und werden mit Zucker, Wein-, Zitronen- und Ascorbinsäure geschmacklich abgerundet.

Isogetränke, eine moderne Art von Erfrischungsgetränken, sollen bei Sportlern ausgeschiedene Mineralstoffe rasch ersetzen. Ihr Genuß ist – außer vielleicht bei

Hochleistungssportlern – nicht erforderlich, sie sind zudem meist mit Zucker versetzt, teuer und belasten die Umwelt durch die Aluminiumdosen, in denen sie fast ausschließlich verkauft werden.

Bier

Bier zählt in Deutschland zu den beliebtesten Getränken. Aber anders als Kaffee oder auch Tee ist Bier reich an Kalorien aufgrund seines Gehalts an Alkohol (zwischen 3,2 und 4 Prozent beim Vollbier) und Kohlenhydraten.

Seit durch die EG-Gesetze in Deutschland auch Bier zugelassen ist, das nicht nach dem traditionellen Reinheitsgebot gebraut wurde, ist der Blick auf das Flaschenetikett wichtig geworden. Allein die Aufschrift »Gebraut nach dem Reinheitsgebot von 1516« garantiert, daß nur Wasser (mindestens Trinkwasserqualität), Hopfen und aus Gerste oder, bei obergärigem Bier (Weißbier), aus Weizen gewonnenes Malz verwendet wurden. Findige Brauer im Ausland verwenden anstelle der Gerste billigeren Mais oder Reis.

Unvermälzter Reis oder Mais läßt den Anteil an Fuselalkoholen im Bier steigen, die bei starkem Bierkonsum Kopfschmerzen und Leberbeschwerden verursachen können.

Tatsache ist, daß die nicht gemälzten »Rohfruchtbiere« schneller verderben als das nach dem Reinheitsgebot gebraute Bier, weshalb Konservierungsstoffe eingesetzt werden und, zur Geschmacksverbesserung, auch Enzyme, die Getreidestärke in Zucker verwandeln. Der Bekömmlichkeit dienen diese Maßnahmen natürlich nur vordergründig, gerade auf solche Enzyme reagieren viele Menschen mit Allergien. Tatsache ist jedoch, daß auch bei dem nach dem Reinheitsgebot gebrauten Bier die Segnungen der Agrarchemie nicht verschmäht werden. Hopfen wird beim Anbau intensiv und regelmäßig mit Insektiziden und Pestiziden bestäubt. Zwar läßt sich im Endprodukt davon letztlich nichts mehr nachweisen, aber die Böden werden davon nicht besser. Auch die Braugerste wird in der Hochleistungslandwirtschaft nicht gerade nach dem Geist des Reinheitsgebotes produziert.

Mittlerweile aber gibt es, in Bayern wie in anderen Bundesländern, etliche Brauer, die ihr Bier mit Hopfen und Gerste aus biologischem Anbau brauen und damit jederzeit mit den Großbrauereien konkurrieren können – geschmacklich. Ohnehin ist es besser, Bier aus den regionalen, umliegenden Brauereien zu kaufen, schon allein wegen der kurzen Transportwege.

Wein

Neben Bier ist Wein das alkoholische Volksgetränk schlechthin, und wie beim Bier werden auch hier hohe Anforderungen an den edlen Tropfen gestellt, der wie kein anderes Getränk ein »Genußmittel« ist. Aber sein Renommee und die Treue seiner Liebhaber verschonten den Wein nicht vor mancherlei Manipulationen. Hatte man beispielsweise an Rhein und Donau ohnehin auf Menge statt auf Qualität gesetzt und die Supermärkte der Welt mit Weinen beliefert, die so anspruchslos wie süß waren, so ruinierte man den Ruf in den achtziger Jahren durch Panschereien oder die Zugabe so appetitlicher Stoffe wie Gefrierschutzmittel. Trockene Weine aus Frankreich und Italien begannen den Markt zu dominieren, und erst allmählich gelang es engagierten Winzern, zu beweisen, daß auch Wein aus Deutschland oder Österreich ähnliche Qualitäten aufweisen kann.

Beim Gärungsprozeß des Traubensafts verwandeln sich die Zuckeranteile der Früchte nahezu vollständig in Alkohol. Ein trockener zehnprozentiger Wein besitzt pro Liter 560 kcal Energie aus dem Alkoholanteil und 100 kcal aus den Extraktstoffen, wozu Mineralstoffe, Wein- und Fruchtsäuren sowie Vitamine zählen. Ein lieblicher Wein hat wegen des Zuckeranteils mehr Kalorien.

Mit seinem Mineral- und Säureanteil ist Wein ein gesundheitsförderndes Getränk (eine vorbeugende Wirkung gegen Herz-Kreislauf-Erkrankungen wurde von Ärzten bestätigt), wenn die täglich erlaubte Menge Alkohol nicht überschritten wird. Faustregel: Männer nicht mehr als 0,75 l, Frauen nicht mehr als 0,35 l Wein täglich. Wein darf nur aus dem Saft frischer Trauben hergestellt werden, und die Rebsorten bestimmen mit ihrem boden-, sorten- und klimabedingten Geschmack den Charakter des Weins. Gerade weil Weinbau eine für Schädlinge anfällige Monokultur ist, die zudem in mitteleuropäischen Breiten häufig unter schwierigen Bedingungen betrieben wird, an Steilhängen, die die einfallende Sonne besonders effektiv nutzen, war hier der Einsatz von Insektiziden und Pestiziden besonders intensiv, und auch am Dünger wurde nicht gespart. Mittlerweile hat sich die Erkenntnis durchgesetzt, daß gerade ein so empfindliches Produkt wie der Wein auf diese Behandlung mit Qualitätsverlust reagiert, und die Zahl der Giftspritzungen pro Vegetationsperiode wurde von 10–15 auf heute 5–7 reduziert – gegen Schädlinge und Pilze.

Wer seinen Wein aber weitgehend ohne Chemie genießen will, dem seien die Bio-Weine empfohlen – deren Winzer verzichten auf den Einsatz von Gift und Kunstdünger. Öko-Winzer versuchen, die Anfälligkeit der Monokultur durch Begrünung und Förderung der natürlichen Begleitflora der Reben und damit ihrer Nützlinge zu durchbrechen. Lediglich im Kampf gegen den falschen und den echten Mehltau sind in der Regel Kupfersulfat und Schwefel notwendig – allerdings in sehr begrenzten Mengen –, da der Weinstock gegen diese Pilzkrankheiten keine Abwehrmöglichkeiten besitzt.

Die Trauben werden nach der Ernte gepreßt und über den Most zum alkoholhaltigen Wein vergoren. Der Kellermeister kann Zucker zusetzen, wenn nicht genügend Fruchtzucker für die Gärung vorhanden ist; das ist bei Qualitätsweinen mit Prädikat allerdings nicht gestattet. Durch Zugabe von Gelatine, Alkohol und Kaolin-Erde werden Trübstoffe ausgefällt, und mit kohlensaurem Kalk darf bis zu 1 g Weinsäure pro Liter entsäuert werden. Säurearmen Weinen darf Wein-, Apfel- oder Zitronensäure hinzugefügt werden. Und schließlich verhindert Schwefel die Oxidation des Weins und verlängert seine Haltbarkeit. Auch in den Kellereiverfahren suchen Öko-Winzer neue Maßstäbe zu setzen. In ihren Kellern sind genetisch veränderte Hefen, Sorbinsäure und die Schönung des Weins durch Blutlaugensalz verboten, ebenso Reinigungsmittel, die nicht umweltverträglich sind. Ohne Schwefel kommen auch die Öko-Winzer nicht aus, doch in ihren Richtlinien wird »der geringstmögliche Einsatz« empfohlen.

VERBRAUCHERTIPS

1. Wer viel Mineralwasser trinkt, sollte nicht gerade natrium-, chlorid- und fluoridreiches Wasser vorziehen. (Natrium und Chlorid unter 150 mg, Fluorid unter 3 mg.)

2. Kaffee und andere coffeinhaltige Getränke (wie Tee und Cola) sind für Kinder und hyperaktive Jugendliche auch in verdünnter Form nicht geeignet.

3. Kaffee ist vom Röstdatum an 8 Wochen unter Verschluß ohne Aromaverlust haltbar, gemahlener Kaffee ist 1 bis 2 Wochen verschlossen und kühl ohne Aromaverlust haltbar (vakuumverpackt etwa ein Jahr).

4. Tee nimmt leicht andere Aromen an. In dicht verschlossener Blechdose ist er in trockener Umgebung etwa 3 Jahre lang haltbar.

5. Wenn man 5 bis 6 Tassen schwarzen Tee täglich trinkt, deckt man damit den Bedarf des Körpers an Fluoriden und über die Hälfte des Bedarfs an Mangan.

6. Wenn man besonders hartes, kalkhaltiges Leitungswasser hat, sollte man vor dem Teeaufguß das Wasser zweimal aufkochen lassen, der Tee schmeckt dann besser.

7. Vorsicht vor reichlichem Zuckergehalt in Limonaden! 1 l Limonade enthält etwa 31 Stück Würfelzucker.

8. Erfrischend, gesund und zuckerfrei sind Getränke, die man sich selbst aus reinem Fruchtsaft und Mineralwasser mischt.

9. Flaschenbier kühl und dunkel lagern, der Geschmack mindert sich bereits zwei Monate nach der Abfüllung – schon vor Ablauf des Mindesthaltbarkeitsdatums.

10. »Alkoholfreies« Bier enthält bis zu 0,5 Prozent Alkohol.

11. Wer nicht spezielle Weinkenntnisse hat, läßt sich besser beim Fachhändler, im Naturkostladen oder beim Erzeuger direkt beraten.

12. Wein in korkverschlossenen Flaschen liegend, kühl (8 bis 12 Grad C) und dunkel lagern. Weine aus säurebetonten Rebsorten halten sich zwei Jahre – und oft weit länger – und reifen dabei; sie gewinnen ihren besten Geschmack erst mit der Zeit.

Adressen von Läden,
Direktvermarktern, Verbänden
und Institutionen in
Deutschland,
Österreich und der Schweiz

Hinweise für den Benutzer

Die auf den Seiten 133 bis 496 abgedruckten 10 000 Adressen sind nach Bundesländern, innerhalb der Bundesländer nach Orten und innerhalb der Orte nach Straßen alphabetisch sortiert; die schweizerischen und österreichischen Adressen nach dem Ortsalphabet.

Angegeben werden jeweils die Anschrift, die Telefon- und gegebenenfalls auch die Fax-Nummer von Läden, Direktvermarktern, Verbänden und Institutionen. Darüber hinaus sind die angebotenen Produkte – nach Nummern sortiert (siehe untenstehende Liste) – und die Verbandszugehörigkeit beziehungsweise die Verbandsprodukte, die verkauft werden, aufgelistet.
Werden keine Angaben über die Produkte oder die Verbandszugehörigkeit beziehungsweise die Verbandsprodukte gemacht, so waren diese nicht eindeutig zu ermitteln. Bei vielen Läden kann aber von einer breiten Angebotspalette ausgegangen werden. Eine Garantie dafür, daß die angegebenen Produkte tatsächlich angeboten werden, kann nicht übernommen werden.
Auf die Öffnungszeiten wurde verzichtet, da diese sich häufig ändern. Cafés mit Vollwert-Backwaren wurden aufgenommen, da hier in der Regel auch Brot und Gebäck gekauft werden kann. Die Adressen von Vollwert-Restaurants sind hier nicht verzeichnet.
Innerhalb der jeweiligen Ortsangabe werden auch alle Verbände oder Institutionen genannt, die dort ansässig sind. In einer Bundesliste (Seite 135) sind noch einmal alle Verbände, Institutionen und Kontrollstellen nach dem Namensalphabet zusammengefaßt, in den Länderlisten – vor dem jeweiligen Ortsalphabet – die für das Bundesland relevanten Verbände, Institutionen oder Kontrollstellen. Diese Adressen weisen nicht auf Verkaufsstellen hin, aber auf Ansprechpartner, an die Sie sich, etwa bei Qualitätsfragen, wenden können; deshalb werden auch Verbraucherverbände genannt.
Die Daten wurden vor allem von den Bundes- sowie Landes- und Regionalverbänden des biologischen Landbaus beziehungsweise der Naturkost (Informationen über die einzelnen Verbände siehe Seiten 11/12) zur Verfügung gestellt. Die mit VgtM

gekennzeichneten Adressen gehen auf Listen des Vereins gegen tierquälerische Massentierhaltung e.V. zurück. Darunter sind auch verbandsunabhängige Einkaufsstellen: kleinere Einzelhandelsgeschäfte, Marktstände, Verkaufswagen und Supermärkte, die Eier, Geflügel oder Fleisch aus garantierter Freilandhaltung anbieten. Alle Adressen wurden vor Drucklegung noch einmal überprüft (Stand Januar 1994). Eine Gewähr für die Richtigkeit der Angaben kann nicht übernommen werden; für Hinweise auf Veränderungen und Ergänzungen ist die Redaktion dankbar *(Zuschriften unter dem Stichwort »Knaurs Bio-Einkaufsführer« an den: Droemer Knaur Verlag, D-81664 München).*

Die Autoren und auch der Verlag danken der Textverarbeitung Brigitte Apel in Wietze und Frau Dagmar Nerb für ihren unermüdlichen Einsatz bei der Adressenerfassung, -kontrolle und -korrektur und Herrn Henrik Arneth von der Softwarefirma punctum in München für die technische Realisierung bei der Erstellung der Adressenliste sowie allen Verbänden und vielen anderen Institutionen für ihre Mithilfe.

Die von den genannten Läden, Direktvermarktern und Verbänden angebotenen Produkte (P) sind nach folgendem Nummernschlüssel unter den jeweiligen Adressen angegeben:

1 Bier
2 Brot, Gebäck
3 Eier
4 Fisch
5 Fleisch, Wurst
6 Geflügel
7 Gemüse
8 Getreide
9 Kartoffeln
10 Mehl, Grieß, Flocken, Teigwaren
11 Mich, Milchprodukte
12 Obst
13 Säfte
14 Schaf, Schafprodukte
15 Sonstiges
16 Wein, Spirituosen

Deutschland

Deutsche Bundesverbände und Institutionen

AGRECO-WITZEN-
HAUSEN
Dipl.-Ing. R. F. Göderz
Mündener Str. 19
**37218 Witzenhau-
sen-Gertenbach**
Tel. 05542/4044
Fax 05542/6540

AGÖF AG Ökologi-
scher Forschungs-
institute
Rheingasse 810
53113 Bonn
Tel. 0228/630129

ANOG e.V.
Josef-Schell-Str. 17
53121 Bonn
Tel. 0228/627591
Fax 0228/616170

Arbeitsgemeinschaft
Ökologischer Landbau
e.V.
Baumschulenweg 11
64295 Darmstadt
Tel. 06155/2081
Fax 06155/5774

Auskunftsstelle d. Ar-
beitsgemeinschaft f.
naturgemäßen Land-,
Obst- u. Gartenbau
Waldstr. 10
77866 Rheinau
Tel. 07844/2128
Fax 07844/2128
V: Demeter

Auslandsberatungen
im ökol. u. biol.-dyn.
Landbau
Bahnhofstr. 44
88682 Salem
Tel. 07553/8556
Fax 07553/6850
V: Demeter

AVV - Demeter
Fenchelstr. 14
70619 Stuttgart
Tel. 0711/447831
Fax 0711/4411690
P: 2,5,6,7,8,9,10,
11,12,13,15

Beratungsring Ökolog.
Landbau e.V. Beeskow
Außenstelle f. Ver-
marktung
Struveweg 2
**16515 Oranienburg-
Eden**
Tel. 03301/800749
Fax 03301/800749

Beratungsring Ökologi-
scher Landbau e.V.
(BÖL)
Luchsstr. 32
15848 Beeskow
Tel. 03366/26717
Fax 03366/26717

BIOhenne - Gemein-
schaft für ökologische
Landbewirtschaftung
e.V.
Steinkreuzweg 1

06618 Naumburg
Tel. 03445/777967
Fax 03445/702894

Biokreis Ostbayern
e.V. Kontrollstelle
Theresienstr. 36
94032 Passau
Tel. 0851/931145
Fax 0851/32332

Biol.-Dyn. Wirtschafts-
weise Auslandsbera-
tung
Hörvelsinger Weg 27
89081 Ulm
Tel. 0731/6020190

Bioland Verband für
organ.-biolog. Land-
bau e.V.
Barbarossastr. 14
73066 Uhingen
Tel. 07161/31012
Fax 07161/37819
P: 1,2,3,5,6,7,8,9,
10,11,12, 13,14,15,16

Bund für Umwelt u.
Naturschutz Deutsch-
land e.V.
Im Rheingarten 7
53225 Bonn
Tel. 0228/400970
Fax 0228/400970

Bundesverband Deut-
scher Reformhäuser
e.V.
Waldstr. 6

61440 Oberursel
Tel. 06172/32002
Fax 06172/31054

Bundesverband für
ökolog.-biolog. Land-
produkte e.V. - Bun-
desgeschäftsstelle
Schauerstr. 2-4
80638 München
Tel. 089/1785158
Fax 089/1782275
P: 3, 7, 8, 9, 11, 12

Bundesverband Natur-
kost Naturwaren Ein-
zelhandel
Robert-Bosch-Str. 6
50354 Hürth
Tel. 02233/632303
Fax 02233/63383

Bundesverband Natur-
kost Naturwaren
Großhandel
Robert-Bosch-Str. 6
50354 Hürth
Tel. 02233/66326
Fax 02233/63383

Bundesverband Natur-
kost Naturwaren Her-
steller
Robert-Bosch-Str. 6
50354 Hürth
Tel. 02233/68102
Fax 02233/63383

136 Deutsche Bundesverbände und Institutionen

Bundesverband Tierschutz e.V.
Dr.-Boschheidgen-Str. 20
47441 Moers
Tel. 02841/25244

Bundesverband ökologischer Weinbau e.V.
Obergasse 9
67308 Ottersheim
Tel. 06355/1285
Fax 06355/1529
P: 16

Consumenten Bund e.V., Bund umweltbewußter Verbraucher
Plantagenstr. 12
51107 Köln
Tel. 0221/875063

Demeter Baden-Württemberg
Hauptstr. 82
70771 Leinfelden-Echterdingen

Deutscher Tierschutzbund e.V.
Baumschulallee 15
53115 Bonn
Tel. 0228/631005
Fax 0228/631264

Deutscher Verbraucherschutzverband
Leberberg 4
65193 Wiesbaden
Tel. 0611/528616

ECOVIN
Obergasse 9
67308 Ottersheim
Tel. 06355/1285
Fax 06355/1529
P: 16

Gesellschaft f. biol. u. bio-dyn. Landprodukte OHG
Nordbahnhofstr. 57

70191 Stuttgart
Tel. 0711/2576303

IFOAM Intern. Vereinigung Verein Biologischer Landbaubewegungen
Hofgut Imsbach
66636 Tholey
Tel. 06853/5190
Fax 06853/30110

INAC-International Nutrition and Agriculture Consultancy
Rudolf-Herzog-Weg 23
37213 Witzenhausen
Tel. 05542/5100
Fax 05542/72752

Katalyse Gesellschaft f. angewandte Umweltforschung GmbH
Weinsbergstr. 190
50825 Köln
Tel. 0221/5461055
Fax 0221/545338

Naturland Verband für naturgemäßen Landbau e.V. Bundesgeschäftsstelle
Kleinhaderner Weg 1
82166 Gräfelfing
Tel. 089/8545071
Fax 089/855974
P: 1,2,3,4,5,6,7,8,9, 10,11,12,13,14,15,16

Naturschutzbund Deutschland e.V.
Herbert-Rabius-Str. 26
53225 Bonn
Tel. 0228/97561-0
Fax 0228/97561-90

NEULAND
Baumschulallee 15
53115 Bonn
Tel. 0228/631005
Nord Control e.V.

Triangel 6
21385 Amelinghausen
Tel. 04132/912015
Fax 04132/912024

SGS Controll-Co.m.b.H.
Raboisen 28
20095 Hamburg
Tel. 040/30101-0
Fax 040/326331

Stiftung Ökologie u. Landbau
Weinstraße Süd 51
67098 Bad Dürkheim
Tel. 06322/8666
Fax 06322/8794

Verband der Reformwaren-Hersteller e.V.
Schwedenpfad 2
61348 Bad Homburg
Tel. 06172/24064
Fax 06172/21598

Verbraucher Initiative e.V.
Breite Str. 51
53111 Bonn
Tel. 0228/7263393
Fax 0228/7263399

Verbraucherberatung POP 15 d. Arbeitsgemeinschaft der Verbraucherverbände
Poppelsdorfer Allee 15
53115 Bonn
Tel. 0228/224061

Verein gegen tierquälerische Massentierhaltung e.V.
Teichtor 10
24226 Heikendorf
Tel. 0431/241550
Fax 0431/245238

Verein Rudolf-Steiner-

Stiftung für die Landwirtschaft
Neuhof
67317 Altleiningen
Tel. 06356/1799
P: 2,3,5,7,8,9,10,11
V: Demeter

VOF-Verband der Oectotrophologen e.V.
Arndtstr. 8
58097 Hagen
Tel. 02331/15571

Ökozentrum Bonn e.V. BUND Robin Wood Greenpeace VCD Ökobank
Heerstr. 20a
53111 Bonn
Tel. 0228/692220
Fax 0228/631124

Baden-Württemberg: Landesverbände und Institutionen

Alicon GmbH - Kontrollstelle für ökolog. erzeugte Lebensmittel
Schelztorstr. 9
73728 Esslingen
Tel. 0711/355138
Fax 0711/355167

Arbeitsgruppe für Verbraucherfragen
Schützenstr. 18
70190 Stuttgart
Tel. 0711/247046

Arbeitskreis für Ernährungsforschung e.V.
Zwergweg 19
75378 Bad Liebenzell
Tel. 07052/3061
V: Demeter

Auskunftsstelle d. Arbeitsgemeinschaft f. naturgemäßen Land-, Obst- u. Gartenbau
Waldstr. 10
77866 Rheinau
Tel. 07844/2128
Fax 07844/2128
V: Demeter

Auslandsberatungen im ökol. u. biol.-dyn. Landbau
Bahnhofstr. 44
88682 Salem
Tel. 07553/8556
Fax 07553/6850
V: Demeter

AVV - Demeter
Fenchelstr. 14
70619 Stuttgart
Tel. 0711/447831
Fax 0711/4411690
P: 2,5,6,7,8,9,10,11, 12,13,15

Beratungsdienst ökol. Landbau Breisgau - Schwarzwald e.V.
Beim Amt für Landwirtschaft
79312 Emmendingen-Hochburg
Tel. 07641/580087
Fax 07641/580044

Beratungsdienst Ökolog. Obstbau e.V.
LVWO Weinsberg
Traubenplatz 5
74189 Weinsberg
Tel. 07134/8935

Biol.-Dyn. Wirtschaftsweise Auslandsberatung
Hörvelsinger Weg 27
89081 Ulm
Tel. 0731/6020190

Bioland Verband für organ.-biolog. Landbau e.V.
Barbarossastr. 14
73066 Uhingen
Tel. 07161/31012
Fax 07161/37819

P: 1,2,3,5,6,7,8,9,10, 11,12,13,14,15,16

Bioland - Landesverband Baden-Württemberg
Eugenstr. 21
72622 Nürtingen
Tel. 07022/35090
Fax 07022/33403

Bundesverband Ökologischer Weinbau Gruppenvertretung Württemberg
Ernst-Heinkel-Str. 22
71404 Korb
Tel. 07151/32652/326

Bundesverband Ökologischer Weinbau Gruppenvertreter Baden
Unterdorf 30
79112 Freiburg
Tel. 07664/95272
Fax 07664/5446
P: 16

Demeter Baden-Württemberg
Hauptstr. 82
70771 Leinfelden-Echterdingen

Forschungsver. f. biol.-dyn. Wirtschaftsweise e.V.
Zwergweg 57
75378 Bad Liebenzell
V: Demeter

Fördergemeinschaft f. biol.-dyn. Entwicklungen
Goerdelerweg 24
89075 Ulm

Gesellschaft f. biol. u. bio-dyn. Landprodukte OHG
Nordbahnhofstr. 57
70191 Stuttgart
Tel. 0711/2576303

Kontrollverein ökolog. Landbau e.V.
Oechselestr. 22
75173 Pforzheim
Tel. 07231/299199
Fax 07231/299199

Lacon GmbH
In der Spöck 10
77656 Offenburg
Tel. 0781/55802
Fax 0781/55812
P: 15

Maizena Diät GmbH
Knorrstr. 1
74074 Heilbronn
Tel. 07131/501-0

Prüfverein Verarbeitung
Oechselestr. 22
75173 Pforzheim
Tel. 07231/27826
Fax 07231/299199

138 Baden-Württemberg: Landesverbände und Institutionen

Unabhängiger Beratungs- u. Kontrolldienst für ökol. Landbau
Birksiedlung 1
74743 Seckach
Tel. 06293/7242

Verbraucher-Zentrale Baden-Württemberg e.V.
Paulinenstr. 47
70178 Stuttgart
Tel. 0711/669114
Fax 0711/669150

Ökologische Verbrauchergemeinschaft Kinzigtal e.V.
Metzgergasse 4
77716 Haslach
Tel. 07832/4397
P: 1,2,3,5,7,8,9,10,11, 12,13,15,16

Baden-Württemberg: Einkaufsadressen

78267 Aach
Die Alternative Klara Müller
Singener Str. 12
V: Demeter

73430 Aalen
Die Arge Naturwaren GmbH
Beinstr. 33
Tel. 07361/680151
Fax 07361/680351
P: 1,2,3,4,5,6,7,8,9,10, 11,12,13,14,16
V: BNN

73430 Aalen
Naturata
Friedhofstraße
V: Demeter

73453 Abtsgmünd
Loni u. Thomas Widmaier
Dinkbühl 15
Tel. 07963/296
P: 5,7,8,9,10,11,13,14
V: Bioland

73453 Abtsgmünd
Josef Hofer
Straßdorf 17
Tel. 07963/8136
P: 5,7,8,9,10,11,12, 13,15
V: Demeter

77855 Achern
Alois Benkeser
Im Grün 23
P: 12
V: Demeter

77855 Achern
Otto Schneider
Im Stecket 8
V: Demeter

77855 Achern
Naturkorb
Kapellenstr. 21
Tel. 07841/25737
V: BNN

77855 Achern
Alfred Siefermann
Kreuzstr. 30
P: 12
V: Demeter

77855 Achern
Ewald Fritsch
Langmatt 18
V: Demeter

77855 Achern
Bäckerei Albin Armbruster
Oberacherner Str. 37
P: 2
V: Demeter

77855 Achern
Hanna's Naturkost
Spitalstr. 6
V: Demeter

77855 Achern
Reinhard Weber
Vogesenstr. 6
Tel. 07841/5176
Fax 07841/21834
P: 12
V: Demeter

77855 Achern-Fautenbach
Rainer Ganter
Borkenweg 7
Tel. 07841/5360
P: 11

79235 Achkarren
Ökologisches Weingut
Winzerweg 5
Tel. 07662/6347
P: 2, 9, 12, 13, 16
V: BÖW

73099 Adelberg
Gerhard Übele
Hintere Hauptstr. 22
P: 3
V: VgtM

73486 Adelmannsfelden
Andreas u. Gabi Schmid
Bühler 4
Tel. 07963/457
P: 8, 11, 12
V: Demeter

74740 Adelsheim
Naturkost Margarete Borosch
Brunnenrain 2
Tel. 06291/2220
V: Demeter

74740 Adelsheim
Bertold Schweizer
Merchinger Steige 25
Tel. 06291/7552
P: 5
V: Naturland

71563 Affalterbach
Albrecht Räuchle
Erdmannhäuserstr. 26/1
Tel. 07144/37778
V: Bioland

74744 Ahorn
Klaus Jenninger
Hauptstr. 13
Tel. 06296/639
P: 8,9,11
V: Demeter

72631 Aichtal-Grötzingen
Karl-Schubert-Werkstätten Gärtnerhof Rudolfshöhe
Uhlandstr. 34
Tel. 07127/56399
P: 7
V: Demeter

88319 Aitrach
Thomas Dieng
Schmiddis 1
Tel. 07568/204
P: 3
V: Demeter

88319 Aitrach
Alois Gögler
Untermukken 1

Tel. 07565/5476
P: 3, 5, 8, 9, 11
V: Bioland

73095 Albershausen
Berta Weber
Edelstr. 11
V: Demeter

72458 Albstadt
Der kleine Laden im Hof
Im Hof 14
Tel. 07431/51459

72458 Albstadt
Naturkosthäusle
Marktstr. 59
Tel. 07431/2659
V: BNN, Demeter

72461 Albstadt
Willi Keinath
Allenberghöfe 1
Tel. 07432/21874
P: 3, 5, 8, 9, 11
V: Bioland

72458 Albstadt-Ebingen
Reformhaus Schmitt
Marktstr. 56
P: 3
V: VgtM

72458 Albstadt-Ebingen
Reformhaus zum Kurbad
Kirchgrabenstr. 12
P: 3
V: Demeter, VgtM

76686 Aldingen
Metzgerei Berger
Cannstatter Straße
P: 3
V: VgtM

73553 Alfdorf
H. Lindauer
Bruckstr. 10
Tel. 07176/822
V: Bioland

73553 Alfdorf
Karl Gruber
Im Brühl 28
Tel. 07182/7442
P: 5, 8, 9
V: Bioland

78467 Allensbach
Holstein-Naturkost GmbH
Zum Riesenberg 6
Tel. 07733/9309-0
P: 2, 10, 15
V: Bioland

78476 Allensbach
Verkaufswagen Grünkern
Radolfzeller Str. 91

78476 Allensbach
Verkaufswagen Grünkern
Scheffelstr. 10

78476 Allensbach
Die Tofurei Kurt Müller
Zum Schwarzenberg 8
Tel. 07533/7393
V: BNN

89604 Allmendingen
Norbert Tauer
Hagäcker 10
Tel. 07384/6347
P: 5, 7, 8, 9, 11, 13
V: Bioland

71573 Allmersbach
Helmut Hahn
Friedhofstr. 10
Tel. 07191/52071
P: 8, 12
V: Naturland

72275 Alpirsbach
Hannelore Denner
Karlstr. 4
P: 3
V: VgtM

71155 Altdorf
Kornkammer Altdorf
Furtweg 18
V: Demeter

71155 Altdorf
Altdorfer Mühle
Tel. 07031/609370
Fax 07031/602551
P: 8, 10

88499 Altheim
Ulrich Hirsch
Oberes Tor 18
Tel. 07371/8968
P: 11
V: Bioland

72119 Ammerbuch
Metzgerei Egeler
Altingerstr. 10
Tel. 07073/7956
P: 5

73340 Amstetten-Stuber
Heinrich Kilian
Froststr. 5
Tel. 07331/41542
V: Demeter

88279 Amtzell
Georg Mohr
Landolz
V: Demeter

88279 Amtzell
Matthias Kathan
Oberhelbler
V: Demeter

88279 Amtzell
Leo Pfau
Ravensburger Str. 8
Tel. 07520/6276

P: 11
V: Bioland

88279 Amtzell
Adolf Schmid
Schattbuch 186
Tel. 07520/6172
P: 3, 11
V: Bioland

74918 Angelbachtal
Heimo Linse
Hohlbinsenstr. 6
V: Demeter

77767 Appenweier
Yvonne Schneider
Hauptstr. 57
V: Demeter

77767 Appenweier
Biogam GmbH
Hitzgutstr. 3
Tel. 07805/40827

77767 Appenweier
Naturkost Schramm GmbH
Hitzgutstr. 3
Tel. 07805/4080

77767 Appenweier
L. Wiedener
Mühlweg 18
Tel. 07805/1869
P: 12
V: Demeter

77767 Appenweier
Fam. Ludwig u. Heike Kornmeier
Nesselrieder Str. 26
Tel. 07805/4738
P: 5,8,9,11,12,14
V: Demeter

77767 Appenweier-Urloffen
Frank Erhardt
Renchenweg 22
Tel. 07805/5217

Einkaufsadressen 141

Fax 07805/5217
P: 12, 15
V: Demeter

88260 Argenbühl
Adolf u. Erich Stangel
Artisberg 7
V: Demeter

88260 Argenbühl
Gerhard Schele
Buchen 3
Tel. 07522/21649
P: 11
V: Bioland

88260 Argenbühl
Fidel Forster
Ratzenried, Im Oberhof 5
V: Demeter

88410 Arnach
Schäfereigenossenschaft Finkhof e.G.
St.-Ulrich-Str. 1
Tel. 07564/4530
Fax 07564/4967
P: 5, 14
V: Bioland

71546 Aspach
Marianne u. Erich Holz
Karlshof
Tel. 07191/20212
P: 2, 5, 7, 8, 9, 11, 12, 13
V: Demeter

97959 Assamstadt
Josef Stauch
Bad Mergentheimer Str. 30
Tel. 06294/1225
P: 8, 9, 12
V: Demeter

88448 Attenweiler
Hans Härle
Ellighofer Str. 36
Tel. 07357/844
Fax 07357/2555

P: 2,3,5,7,8,9,10,11,12
V: Demeter

79280 Au
Josef Lorenz
Hägerhof
P: 3
V: VgtM

79424 Auggen
Fritz Deutschmann
Hauptstr. 12
Tel. 07631/2556
Fax 07631/12506
P: 13,16
V: BÖW

88326 Aulendorf
Hartmut Theoboldt
Auf der Scheibe 2
V: Demeter

88326 Aulendorf
Anton Halder
Hallerstr. 12
Tel. 07525/8206
P: 5
V: Bioland

88326 Aulendorf
Naturladen
Hauptstr. 93
Tel. 07525/7704
P: 1,2,3,7,8,9,10,11,12, 13,15,16
V: BNN

88326 Aulendorf
Naturkost Arche Eberhard Jung
Rugetsweiler Str. 24
V: Demeter

88326 Aulendorf
Hühnerhof Rothäusle Teigwarenfertigung
Tel. 07525/2697
P: 2
V: Bioland

71522 Backnang
NATURATA Fachgeschäft für Naturwaren
Am Schillerplatz 12
Tel. 07191/83535
Fax 07191/71010
P: 1,2,3,4,5,6,7,8,9,10, 11,12,13,14,15,16
V: BNN

71522 Backnang
G. u. A. Adrion
Feldkircherstr. 15
Tel. 07191/67381
P: 9, 12, 13
V: Bioland

79415 Bad Bellingen-Bamlach
Manfred Dannmeyer
Salzbrunnen 4
Tel. 07635/1358
P: 16
V: BÖW

73087 Bad Boll
Sonnenhofgemeinschaft GbR Rainer Weber
Astwiesen 2
V: Demeter

76332 Bad Herrenalb
Naturkost-Gärtnerei
Schwimmbadstr. 1
Tel. 07083/51803
Fax 07083/51809
P: 1,2,3,4,5,6,7,8,9,10, 11,12,13,15,16
V: Bioland

79189 Bad Krozingen
Naturkost-Scheune Heide Schöffler
Feldmesser Str. 3
Tel. 07633/14887
V: Demeter

75378 Bad Liebenzell
Hofgut Georgenau
P: 3

V: VgtM

75378 Bad Liebenzell
Georg v. Reden-Lütcke Hofgut Georgenau
Möttlingen
Tel. 07052/1321
P: 5, 8, 11
V: Bioland

75378 Bad Liebenzell
Arbeitskreis für Ernährungsforschung e.V.
Zwergweg 19
Tel. 07052/3061
V: Demeter

75378 Bad Liebenzell
Forschungsver. f. biol.-dyn. Wirtschaftsweise e.V.
Zwergweg 57
V: Demeter

97980 Bad Mergentheim
Naturkost Krötenei
Mühlwehrstr. 29
Tel. 07931/51089
V: BNN, Demeter

97980 Bad Mergentheim-Apfelbach
Wilh. u. Hiltrud Gruhnwald
Apfelhof
Tel. 07932/375
P: 2, 3, 5, 8, 11, 12, 13
V: Demeter

97980 Bad Mergentheim-Dörtel
Familie Bürckert
Wittmannstr. 27
Tel. 07931/41743
P: 2, 5, 7, 8, 9, 11, 12
V: Demeter

97980 Bad Mergentheim-Stuppach
Albert Retzbach

Wehrgasse 1
Tel. 07931/45418
P: 5, 7, 8, 9, 10, 11, 12
V: Demeter

74906 Bad Rappenau
Roland Sienel
Grafenwald 3
Tel. 07264/6799
P: 3, 5, 7, 8, 9, 15
V: Bioland

79713 Bad Säckingen
Bio-Haus Bad Säckingen
Keltenweg 6
Tel. 07761/50055
Fax 07761/58949
P: 1,2,3,4,5,6,7,8,9,10,
11,12,13,14,15,16
V: BNN

76669 Bad Schönborn
Naturkost
Beethovenstr. 16
Tel. 07253/31470

88427 Bad Schussenried
Joachim Loderer
Hopferbach 14
V: Demeter

75385 Bad Teinach-Zavelstein
Wanderheim Zavelstein
Fronwaldstr. 120
Tel. 07053/8831

73337 Bad Überkingen-Hausen
Hans Büchele
Degginger Str. 5
V: Demeter

72574 Bad Urach
Biolandhof Bleiche
Bleiche 1
Tel. 07125/70870

Fax 07125/979434
P: 2,3,5,7,8,9,10,11,12,
13,14

72574 Bad Urach
Naturkost Martin Korzer
Neue Str. 24
Tel. 07125/8113
V: Bioland, BNN, Demeter

72574 Bad Urach
Bioland-Mobil
Hohenwittlingen
Tel. 07125/3764
Fax 07125/3975
P: 2,3,5,8,10,11

88339 Bad Waldsee
Olaf Kraus
Wurzacher Str. 89
P: 3
V: VgtM

88339 Bad Waldsee
Franz Schmid
Mattenhaus
P: 3
V: VgtM

88339 Bad Waldsee
Fritz Welte
Arisheim
P: 3
V: VgtM

88339 Bad Waldsee
Beate u. Berthold Weber
Mattenhaus 2
Tel. 07524/1419
P: 3, 5, 8, 9, 11, 12, 13
V: Bioland

88339 Bad Waldsee
Roland Schmidt-Hagenlocher
Schweizergasse 1
Tel. 07524/3344
P: 2, 7, 8, 9, 11

V: Bioland

88339 Bad Waldsee
Margarete Schmid
Wolpertsheim 6
Tel. 07524/8159
V: Demeter

88339 Bad Waldsee
Tee- u. Kräuterladen
Wurzacher Str. 12
Tel. 07524/2331
V: BNN, Demeter

88410 Bad Wurzach
Schäfergen. Finkenhof
St.-Ulrich-Str. 1
P: 14
V: VgtM

88410 Bad Wurzach
Fam. Roggenkamp
Haidgau, Baurenhof
Tel. 07524/8458
P: 2,5,7,8,9,11
V: Demeter

88410 Bad Wurzach
Martin u. Henriette Schindler
Hauerz, Engelsberg 2
Tel. 07568/1340
P: 5,9,11
V: Bioland

88410 Bad Wurzach
Kernbeisser Naturkost/Naturwaren
Franz-Graf-Str. 5
Tel. 07564/4232
Fax 07564/4232
V: BNN

88410 Bad Wurzach
Gabi u. Friedrich Schraag
Haidgau, Kimpfler
Tel. 07564/2638 o. 1
P: 5, 7, 8, 9
V: Bioland

88410 Bad Wurzach
Wolfgang u. Petra Müller
Humberg 4
Tel. 07564/4168
P: 8, 9, 11, 13
V: Demeter

88410 Bad Wurzach
Benno Sauter
Truil, Kapellenstr. 10
V: Demeter

88410 Bad Wurzach
Günther Pirlein
Knetzenweiler
V: Demeter

76530 Baden-Baden
Molkenkur
Quettigstr. 19
Tel. 07221/33257

76530 Baden-Baden
S'Schneggehus Thomas Vogt
Rettigstr. 6
Tel. 07221/24771
V: Demeter

76534 Baden-Baden
Winzergenossenschaft Steinbach und Umweg eG
Umweger Str. 59
Tel. 07223/57095
Fax 07223/5354
P: 16
V: BÖW

79353 Bahlingen
Öko. Weingut & Hausbrennerei Trautwein
Riegeler Str. 2
Tel. 07663/2650
Fax 07663/50027
P: 13,16
V: Bioland

72270 Baiersbronn
Bernhard Schwenkel

Einkaufsadressen 143

Am Wiesenrain 11
Tel. 07442/7200
P: 7, 8, 9, 11
V: Bioland

72270 Baiersbronn
*Treffpunkt Gesundheit
Marita Fox*
Murgtalstr. 547
V: Demeter

72270 Baiersbronn
*Feinkost Schnilling
OHG Inh. Faißz u.
Masz*
Oberdorfstr. 65
Tel. 07442/2837
P: 3,7,9,10,13,15,16
V: Demeter

88255 Baindt
IFA-Markt Schwarz
Marsweiler Str. 37
P: 3
V: VgtM

72336 Balingen
Hermann Maier
Dorfstr. 42
Tel. 07433/21774
Fax 07433/22274
P: 2,3,5,7,8,9,10,11,12, 13,15,16
V: Bioland

72336 Balingen
Heinz Stiefel
Fliederstr. 3
V: Demeter

72336 Balingen
Bäckerei Geiger
Frommernerstr. 2
Tel. 07433/4476
P: 2
V: Bioland

72336 Balingen
Walter Merz
Heersbergstr. 4
P: 12

V: Demeter

72336 Balingen
*Kornkammer Klaus
Reichert-Böhme*
Kameralamtsstr. 5
Tel. 07433/6163
V: Demeter

72336 Balingen
Bäckerei Geiger
Obere Kirchstr. 10
Tel. 07433/21317
P: 2
V: Bioland

72336 Balingen
*Regioladen Wir-Handel - Naturwaren
GmbH*
Obere Kirchstr. 10
Tel. 07433/20775

72336 Balingen
Ulrich Schmidt
Stockenhauser Str. 9
Tel. 07433/36971
P: 5
V: Bioland

72336 Balingen
Ernst Hess Obstbau
Ulmenstr. 8
Tel. 07433/35134
P: 12
V: Demeter

72336 Balingen-Frommern
Gärtnerei Vogelsang
Brühlstr. 5
Tel. 07433/37583
P: 3,7,9,12
V: Demeter

79282 Ballrechten-Dottingen
WG Ballrechten
Franz-Hess-Str. 2
Tel. 07634/8233
Fax 07634/6172

P: 16
V: BÖW

79802 Baltersweil
Franz Kübler
Holzwiesenhof
Tel. 07745/7298
P: 2, 3, 5, 8, 9, 11, 12, 13
V: Demeter

73666 Baltmannsweiler
Friedrich Scharpf
Albstr. 4
Tel. 07153/42470
P: 7, 8, 9, 13
V: Demeter

73666 Baltmannsweiler
*Futura GmbH & Co.
KG*
Pfarrstr. 38
Tel. 07153/42266
P: 5
V: Demeter, VgtM

69245 Bammental
Hans-Diether v. Wehren Naturkost
Reilsheimerstr. 10
Tel. 06223/40414
V: Demeter

71726 Benningen
B. Leutenecker
Jahnstr. 8
V: Demeter

88276 Berg
Horrachhof
Horrach 1
Tel. 0751/26113
Fax 0751/26113
P: 1,2,3,5,7,8,9,10,11, 12,13,15
V: Bioland

88368 Bergatreute
Josef Fleischer

Im Tal 4
P: 3
V: VgtM

88368 Bergatreute
Josef Bendel
Riedhof
P: 3
V: VgtM

88368 Bergatreute
Franz Wäscher
Gambach
P: 3
V: VgtM

88368 Bergatreute
Albert Rißmann
Giesenweiler 3
V: Demeter

73663 Berglen
Gärtnerei Hassel
Josef-Haas-Weg 10
V: Demeter

88697 Bermatingen
*Hofgut Wiggenweiler
Roderich Seefried*
V: Demeter

88697 Bermatingen
ÖkoBo Erhard Karrer
Mühlenweg 4
Tel. 07544/1587
Fax 07544/73787
P: 12
V: Bioland

74354 Besigheim
Andreas Joos
Aussiedlerhof, Schwalbenhälde
Tel. 07143/7784
P: 12, 16
V: Demeter

72660 Beuren
Bio logisch!
Am Karlsplatz
Tel. 07025/2433

144 Baden-Württemberg

Fax 07025/8214
P: 15

77781 Biberach
Finkhof e.G. Arnach
Wochenmarkt Kirchentreppe
P: 14
V: VgtM

77781 Biberach
Metzgerei Schmalzig
Karpfengasse 13
P: 5
V: VgtM

88400 Biberach
VgtM-Marktstand (Sa)
Nähe Kirchenstraße
P: 3
V: VgtM

88400 Biberach
Pfunds-Laden
Karpfengasse 18-20
P: 3
V: VgtM

88400 Biberach
Reformhaus Freitag
Marktplatz 32
P: 3
V: VgtM

88400 Biberach
Reformhaus Riedel
Marktplatz 22
Tel. 07531/71198
Fax 07531/14580
P: 2,3,7,8,9,10,12,13,16
V: Neuform

88400 Biberach
Josef u. Paula Weber
Althof 10
Tel. 07351/8896
P: 1,3,5,6,7,8,9,10,11, 12,13
V: Bioland, VgtM

88400 Biberach
Bäckerei Keim & Brecht
Banatstr. 41
Tel. 07351/12586
P: 2
V: Bioland

88400 Biberach
Bäckerei Keim & Brecht
Hindenburgstraße
Tel. 07351/12588
P: 2
V: Bioland

88400 Biberach
Viva-Naturkost
Karpfengasse 3/1
Tel. 07351/12788
V: Bioland, BNN

88400 Biberach
Bäckerei Keim & Brecht
Marktplatz 31
Tel. 07351/12584
P: 2
V: Bioland

88400 Biberach
Sonnenwende Herr Bauer
Marktplatz 42
V: Demeter

88400 Biberach
Bäckerei Keim & Brecht
Nickeleshalde 61
Tel. 07351/12587
P: 2
V: Bioland

72525 Bichishausen
Demeter-Hof Treß-Freytag
Steighöfe 9
Tel. 07383/504
P: 3, 5, 7, 8, 9, 10

74321 Bietigheim-Bissingen
Schnauferhof
Lettengrube 1
Tel. 07142/41146
P: 2,3,5,7,8,9,10,11, 12,15
V: Demeter

74321 Bietigheim-Bissingen
Metzgerei Villemin
Pfarrstr. 10
Tel. 07142/44240
Fax 07142/44890
P: 3, 5
V: Demeter, VgtM

74842 Billigheim
Reinhold Würth
Schmelzenhof
Tel. 06265/7666
P: 2, 5, 8, 9
V: Bioland

75217 Birkenfeld
Kornkraft Birkenfeld
Hauptstr. 92
V: Demeter

75217 Birkenfeld
Matthias Bahr
Kirchstr. 5
V: Demeter

76476 Bischweier
Bettina Hertweck GmbH
Bahnhofstr. 9
Tel. 07222/48005
P: 5
V: Demeter

72406 Bisingen
Berthold Fecker
Immentalstr. 6
V: Demeter

72406 Bisingen
Hans Schmidt
Untere Klingen 2

Tel. 07476/1609
P: 12
V: Demeter

72406 Bisingen
Artur Fecker
Zellerhornstr. 13
V: Demeter

72475 Bitz
Timo Titze
Schwantelhof 2
Tel. 07431/81979
P: 5, 8, 9, 14
V: Bioland

89143 Blaubeuren
Ernst Jacob
Albstr. 12/1
Tel. 07344/4687
P: 5,8,9
V: Bioland

89143 Blaubeuren
Kurt Dussler
Schelkinger Str. 3
Tel. 07344/6092
P: 7, 8
V: Bioland

89143 Blaubeuren
Natürlich Leben
Webergasse 12
Tel. 07344/4422
Fax 07344/4422
P: 1,2,3,7,8,9,10,11,12, 13,15,16
V: BNN, Vgtm

74572 Blaufelden
Alfred u. Ute Vogt GbR
Heufelwinden 14
Tel. 07958/738
P: 3, 5, 7, 8, 9, 11, 15
V: Bioland

74572 Blaufelden
Ernst Weber
Hofgasse 31
Tel. 07958/568

Einkaufsadressen

P: 1,2,3,5,7,8,9,10,11, 12,13,16
V: Bioland

74572 Blaufelden
Albert Retzbach
Tel. 07953/542
P: 5, 7, 8, 9, 11, 12, 15
V: Demeter

89134 Blaustein
Gerhard Baiker
Hohenstein 3
Tel. 07304/6606
P: 3, 7, 8, 9
V: Bioland, VgtM

89134 Blaustein
Johann Georg Danner
Kirchstr. 7
Tel. 07304/6255
P: 5,7,8,9,10,11,15
V: Bioland

89134 Blaustein
Betrieb Hay
Werrengasse 5
Tel. 07304/5315
P: 8, 9, 10, 11
V: Bioland

89134 Blaustein-Bermaringen
Demeter-Vertragsmetzgerei Jörg Rießland
Kirchstr. 12
Tel. 07304/41112
Fax 07304/7038
P: 5,6,14

78351 Bodman-Ludwigshafen
Klosterbäckerei Bodman
Kaiserpfalzstr. 78
Tel. 07773/5792

88285 Bodnegg
Holzofenbäckerei Andreas Decker
Hargarten 10

Tel. 07520/2668
P: 2
V: Demeter

88285 Bodnegg
Bernd Joos
Im Graben 1
V: Demeter

88285 Bodnegg
Käserei Bauhofer
Kofeld 4
Tel. 07529/2221
P: 11
V: Bioland

88285 Bodnegg
Ekkehard + Hanne Geray
Widdum 8
Tel. 07520/2569
P: 3, 9
V: Bioland

71032 Böblingen
Naturkost im Marktgässle
Marktgässle 6/1
Tel. 07031/226556
P: 3
V: Demeter, VgtM

71032 Böblingen
Reformhaus Otto Dietz
Postplatz 4
Tel. 07031/220887
Fax 07031/222819
P: 1,2,3,4,5,6,7,8,9,10, 11,12,13,14,15,16
V: Demeter, VgtM

74357 Bönnigheim
Bönnigheimer Sonnen-Lädle V. Balcarek u. K. Wehner
Hauptstr. 40
Tel. 07143/25775
Fax 07143/28906
P: 2,3,7,8,9,10,11,12, 13,15,16
V: Demeter

74357 Bönnigheim
Bio-Service Direktvertrieb Wolfgang Unz
Meister-Simon-Str. 3
Tel. 07143/23439
P: 13,15,16

73104 Börtlingen
Martin u. Viola Mohring
Bergfeldhof
Tel. 07161/51383
V: Demeter

79268 Bötzingen
H. Schulz
Im Grün
P: 3
V: VgtM

79268 Bötzingen
Naturhaus Freiburg
Schiffstr. 5
P: 3
V: VgtM

79268 Bötzingen
Biologisches Weingut Schambachhof Adolf u. Matthias Höfflin
Schambachhof
Tel. 07663/1474
Fax 07663/1461
P: 16
V: Bioland

73087 Boll
Krippe-Naturwarenlädle
An der Wette 3
Tel. 07161/4312
V: BNN, Demeter

71149 Bondorf
Richard Hiller
Speckgasse 22
Tel. 07457/1660
P: 7, 8, 9
V: Bioland

79848 Bonndorf
Körnerstüble
V. Paschwitz
Donaueschinger Str. 3
V: Demeter

79848 Bonndorf
Matthias Frey
Großer Wald 5
Tel. 07703/7361
P: 3, 5
V: Bioland

79844 Bonndorf
Werner Kern
Lindenhof
Tel. 07703/408
Fax 07703/1612
P: 5,8,9
V: Demeter

79848 Bonndorf
Markus Jägler
Schulstr. 5
V: Demeter

73441 Bopfingen
Johannes Schwindig
Kalkofen 1
Tel. 07362/6898
P: 1,2,3,5,7,8,9,10,11, 12,15
V: Bioland

97944 Boxberg
R. Hettinger
Junkerholzweg 15
Tel. 07930/6667
P: 5, 7, 8, 9, 11, 12, 15
V: Demeter

97944 Boxberg
Bundschuh-Genossenschaft Schwabhausen
Kappelholzweg 13
Tel. 07930/2211
P: 7, 8, 9, 13, 15
V: Demeter

97944 Boxberg
Lothar Rumm

146 Baden-Württemberg

Seehöferstr. 1
Tel. 07930/6459
Fax 07930/1418
P: 6, 8
V: Naturland

97944 Boxberg
Werner Volk
Steinstr. 25
Tel. 07930/2844
P: 2, 5, 8, 11, 12, 15
V: Demeter

97944 Boxberg
Walter Pfeil
Wasserscheide 12
Tel. 07930/711
P: 7, 8, 9, 15
V: Demeter

97944 Boxberg
Dietmar Hofmann
Zentweg 13
Tel. 07930/517
P: 2, 7, 8, 9, 10
V: Demeter

74336 Brackenheim
*Grünkern Naturwaren
Birgit Hammel*
Heilbronner Str. 16
V: Demeter

**74336 Brackenheim-
Meimsheim**
Fritz Weiss
Kreuzweg 4
Tel. 07135/6985
P: 7,8,9,12
V: Demeter

78199 Bräunlingen
*Brot- u. Feinbäckerei
Joachim Schmid*
Dögginger Straße
P: 2
V: Demeter

78199 Bräunlingen
*C. + G. Wehinger-Foll-
waczny*

Grauchachstr. 26
Tel. 07707/488
V: Bioland

**78199 Bräunlingen-
Döggingen**
Betrieb Wehinger
Joh.-Schmidt-Str. 9
P: 3, 5
V: VgtM

74542 Braunsbach
Siegfried Stepper jr.
Arnsdorf
P: 7,8,9,11,12

74542 Braunsbach
*Rolf + Elisabeth
Daeuber*
Langenburger Str. 2
Tel. 07906/8586
P: 1,2,3,5,7,8,9,10,12,
15,16
V: Bioland

74542 Braunsbach
Roland Bauer
Tel. 07905/747
P: 2,8,9,13,14,15
V: Demeter

79206 Breisach
*Der andere Laden
Tee u. Naturkost*
Kupfertorstr. 32
Tel. 07667/7628
V: Demeter

79206 Breisach
*Bad. Winzerkeller
Hr. Trogus*
Zum Kaiserstuhl 6
Tel. 07667/820
P: 16
V: BÖW

79874 Breitnau
Otto Schuler
Rainhof
Tel. 07651/5901
V: Demeter

75015 Bretten
Jakob Sitzler
Friedenstr. 54
V: Demeter

75015 Bretten
Kornblume
Friedrichstr. 3
Tel. 07252/85358
V: BNN

75015 Bretten
Bäckerei Buck GmbH
Weißhofer Str. 63
P: 2
V: Demeter

74626 Bretzfeld
Otto Brenner
Lärchenhof
Tel. 07946/8426
V: Demeter

74626 Bretzfeld
Fritz Grabert
Oststr. 3
Tel. 07946/8844
P: 5, 8, 11, 12, 13
V: Demeter

79336 Broggingen
*Weinbau - Hausbren-
nerei Kehnel*
Riedstr. 8
Tel. 07643/6300
Fax 07643/6325
P: 15, 16
V: BÖW

76646 Bruchsal
*Bio Boeuf GmbH Fest-
Service*
Bergstr. 1
Tel. 07251/18415
Fax 07251/18455
P: 6,7,8,9,10,11,12,13,
14,15,16
V: Demeter

76646 Bruchsal
*Kornkammer
Naturwaren*
Kübekmarkt 6
Tel. 07251/97230
V: Bioland, BNN, Deme-
ter

76646 Bruchsal
Gerhard Bühler
Neibsheimer Str. 4
V: Demeter

68782 Brühl
Gärtnerei Schmerse
Ketscherstr. 44
Tel. 06202/71512
P: 7, 12
V: Demeter

88637 Buchheim
Erich Braun
Donautalstr. 13
Tel. 07777/1324
P: 8, 11
V: Bioland

88637 Buchheim
Walter Fehrenbacher
Jakobihof
Tel. 07777/861
P: 2, 5, 7, 8, 9, 11, 12
V: Bioland, VgtM

77815 Bühl
Hubert Mußler
Hauptstraße
Tel. 07223/57232
P: 7
V: Demeter

77815 Bühl
Rudolf Ibach
Mooserstr. 42
V: Demeter

77815 Bühl
Gärtnerei Mußler
Ottenhofener Str. 27
Tel. 07223/57232
Fax 07223/58485

Einkaufsadressen 147

P: 3,7,8,9,10,11,12,13,
15
V: Demeter

77815 Bühl
Michael Mast
Rappenbergweg 9
Tel. 07223/30972 o.
P: 12
V: Bioland

77815 Bühl
Kornhäusl V. Pfeiffer-
Höting
Sternenstr. 1
Tel. 07223/8470
V: BNN, Demeter

77830 Bühlertal
Helmut Braun
Hauptstr. 105
V: Demeter

77830 Bühlertal
Haus Mecki GmbH
Abt. Gartenbau
Schönbuchweg 66a
V: Demeter

77830 Bühlertal
Ayus Lebensqualität
Oshadhi
Schoferstr. 9
Tel. 07223/74590

74424 Bühlertann
Thomas Hägele
Ziegelstr. 8
Tel. 07973/451
P: 7,8,9,15
V: Bioland

74426 Bühlerzell
Daniela u. Jürgen
Maisch
Bühlerzeller Str. 16
Tel. 07974/616
P: 5, 11, 12, 14
V: Bioland, Demeter

79426 Buggingen
Elisabeth Meyer
Betberger Str. 17
V: Demeter

79426 Buggingen
Gärtnerei Amaranth
Inh. Martin Hämmerlin
Biergasse 1
Tel. 07631/8646
Fax 07631/8654
P: 7,8,9,12,15
V: Demeter

79426 Buggingen
Friedrich Ruesch
Gebirgstr. 18
Tel. 07631/4533
P: 12,13,16
V: BÖW

79426 Buggingen
Martin Küchlin
Noblingstr. 10
Tel. 07634/1753
P: 16
V: BÖW

79426 Buggingen
Weßbecher-Rit-
ter/Scheulin GbR
Weingartenstr. 18
V: Demeter

88483 Burgrieden
Sonne GmbH, Früchte
- Gemüse - Getreide
Hauptstr. 21
Tel. 07392/80643
Fax 07392/80542
P: 7,8,9,12,16

79235 Burkheim a.K.
Hubert Schies
Am Weinberg 11
Tel. 07662/342
P: 8, 11

75365 Calw
Eselohr Mayer & Voll-
mer GbR

Lederstr. 46
P: 3
V: Demeter, VgtM

74389 Cleebronn
Helmut Oehler
Botenheimer Weg 21
Tel. 07135/6153
P: 7, 12
V: Demeter

74564 Crailsheim
Johanna Faure
Beuerlb. Hauptstr. 58
Tel. 07951/41285
P: 8, 11, 12
V: Demeter

74564 Crailsheim
Familie Kampmann
Bruckstr. 50
Tel. 07951/22323
P: 2, 5, 7, 8, 9, 10, 11
V: Demeter

74564 Crailsheim
Naturkost Munzinger
Faber Str. 2
Tel. 07951/41884
V: Demeter

74564 Crailsheim
Familie Storz
Ingersheimer
Hauptstr. 10
Tel. 07951/7353
P: 2, 7, 8, 9, 11
V: Demeter

74564 Crailsheim
Karl Schuler
Kaihof
V: Demeter

74564 Crailsheim
Biologischer Garten-
bau
Schönebürgstr. 11
Tel. 07951/5312
P: 7
V: Demeter

97993 Creglingen
Richard Beck
Reinsbronn 14
Tel. 07933/7844
P: 2, 7, 8, 9, 11
V: Bioland

97993 Creglingen
Bernhard Förster
Reutsachsen 7
Tel. 07939/301
V: Demeter

97993 Creglingen
Karl Vogel
Reutsachsen Nr. 16
Tel. 07939/68
P: 7, 8, 9, 11
V: Demeter

97993 Creglingen
Hans-Dieter Frede
Rothenburgerstr. 35
Tel. 07933/510
P: 7, 9, 13
V: Bioland

97993 Creglingen
Klaus Hagenauer
Uhlandstr. 16
Tel. 07933/330
P: 7
V: Bioland

97993 Creglingen
Otto Striffler
Waldmannshofen 42
Tel. 09335/518
P: 7, 8, 9, 11
V: Demeter

**88693 Deggen-
hausertal**
Camphill Werkstätten
GmbH
Lehenhof
Tel. 07555/8010
Fax 07555/80135
P: 2,7,8,9,11
V: Demeter

148 Baden-Württemberg

88693 Deggen-hausertal
Otto Bommer
Untergehrenberg 2
Tel. 07555/602
P: 3, 8
V: Bioland

88693 Deggen-hausertal
Otto Müller
Unterlimpach 30
V: Demeter

73326 Deggingen
Korngarbe Naturkostladen
Hauptstr. 70
V: BNN, Demeter

79211 Denzlingen
W. Nübling
Kirchstr. 7
P: 3
V: VgtM

79211 Denzlingen
H. Schwab
Hauptstr. 207
P: 3
V: VgtM

79211 Denzlingen
Bierer Naturwaren
Fröbelstr. 7
V: Demeter

79211 Denzlingen
Kräutergarten Ralf Meissler
Mühlengasse 6
Tel. 07666/4069
P: 7, 9, 12
V: Bioland

79211 Denzlingen
Bierer-Naturwaren
Rosenstr. 9
Tel. 07666/6673
V: BNN

79211 Denzlingen
Christoph Höfflin
Südhof
Tel. 07666/2698
P: 13
V: Bioland

76706 Dettenheim
Wolfgang Denzel
Geißstr. 51
V: Demeter

76706 Dettenheim
Bernd u. Ludmilla Denzel
Huttenheimer Str. 3
V: Demeter

76706 Dettenheim
Bernd Denzel
Schulstr. 4
V: Demeter

79802 Dettighofen
Hauser GbR - Regionale Naturkost
Kapellenweg 14
Tel. 07742/4333
Fax 07742/2736
P: 1,3,5,7,8,9,10,12,13, 16
V: Bioland

79802 Dettighofen
Zengel Natürliches Quellgemüse
Oskar-Schlemmer-Weg 5
Tel. 07742/7814
Fax 07742/5621
P: 7,8,9,10,11,12
V: Demeter

72581 Dettingen
Bäckerei Fritz
Metzinger Str. 21
Tel. 07123/7056
P: 2
V: Bioland

78465 Dettingen
Verkaufwagen Grünkern (Fr 14)
Ringstr. 5
P: 3
V: VgtM

73265 Dettingen-Teck
Scheu & Weber
Hintere Str. 98
P: 5
V: VgtM

75447 Diefenbach
Sonne, Mond & Sterne Naturwaren Margit Langer GmbH & Co. KG
Mühlacker Str. 49
Tel. 07043/5556

69234 Dielheim
J. Sieber u. P. Burkhard
Kriegsstr. 24
Tel. 06222/70534
V: Bioland

89165 Dietenheim
Ulrich Unterweger
Neuhauser Hof
Tel. 07347/7405
P: 2, 3, 5, 7, 8, 9, 11, 12
V: Bioland

89561 Dischingen
Roland Bahmann
Hofener Str. 6
Tel. 07327/6307
P: 5, 8, 9
V: Bioland

71254 Ditzingen
Marcus Arzt u. Monika Feil
Drosselweg 3
Tel. 07152/522820
Fax 07152/522282
P: 3,7,8,9,10,11,12,13, 15
V: Bioland

71254 Ditzingen
Arnold Güldner
Eichweg 2
Tel. 07152/52103
P: 12
V: Bioland

71254 Ditzingen
Wilfried Greishaber
Im Weidle 3
Tel. 07156/39654
P: 1,2,5,7,8,9,10,11,12, 16
V: Bioland

71254 Ditzingen
Sonnenschein
Münchinger Str. 18
V: Demeter

74677 Dörzbach
Klaus Bartz
Hafengasse 3
Tel. 07938/372
P: 2, 5, 7, 8, 9, 11, 12
V: Demeter

78166 Donaueschingen
Gärtnerei Mössner
Hauptstr. 18
Tel. 07705/257
V: Demeter

78166 Donaueschingen
Herdepfel Naturkost
Josefstr. 6
Tel. 0771/14320
V: BNN, Demeter

78166 Donaueschingen
Konrad Benitz
Schloßbuch 2
V: Demeter

89160 Dornstadt
August Scheiffele

Einkaufsadressen

Klosterstr. 8
Tel. 07336/6721
P: 9, 11
V: Bioland

69221 Dossenheim
Brennessel
Bahnhofstr. 9
Tel. 06228/862044

69221 Dossenheim
Brennessel
Rathausstr. 14
V: Demeter

77770 Durbach
Josef Wörner
Vollmersbach 5
Tel. 0781/41252
P: 12
V: Demeter

69412 Eberbach
Metzgerei Ph. Schmitt
Odenwaldstr. 63
P: 5
V: VgtM

69412 Eberbach
Burzlaf
Bahnhofstr. 22
V: Demeter

69412 Eberbach
Internationale Öko-Weine H. Lenz
Holdergrund 23
Tel. 06271/72163
Fax 06271/72164
P: 16

69412 Eberbach
s'Lädle
Kellereistr. 23
Tel. 06271/71430
P: 1,2,3,7,8,9,10,11,12, 13,15,16
V: Demeter

69412 Eberbach
Kornkammer

Kellereistr. 29
V: Demeter

69412 Eberbach
Naturkost B. Burzlaff
Obere Badstr. 21
Tel. 06271/3294

71735 Eberdingen
Fam. Albert Burger
Kapellpfad 1
Tel. 07042/13227
Fax 07042/93369
P: 7,9
V: Bioland

71735 Eberdingen
Manfred Waldbauer
Sickentalerhof 3
Tel. 07042/77706
V: Demeter

88436 Eberhardzell
Manfred Dautel
Auenweg 2
Tel. 07355/7219
P: 7
V: Bioland, Demeter

88436 Eberhardzell
Gerhard Merk
Ritzenweiler 9
Tel. 07355/7137
V: Demeter

88371 Ebersbach-Musbach
Alfred Eisele
Hauptstr. 6
Tel. 07581/3270
P: 2, 3, 5, 7, 8, 9, 11, 13
V: Bioland

88371 Ebersbach-Musbach
Elisabeth Stohr
Ortsstr. 6
V: Demeter

88371 Ebersbach-Musbach

Stefan u. Petra Weiß
Ried 60
Tel. 07525/2454
P: 3, 8, 11
V: Bioland

88371 Ebersbach-Musbach
Alfred Eisele
Saulgauer Str. 6
Tel. 07581/3270
P: 3
V: Bioland

72224 Ebhausen
Ernst Seger
Lindenhof
P: 3
V: VgtM

72224 Ebhausen
Gerhard Kempf
Effringerstr. 6
Tel. 07054/431
P: 2, 10
V: Bioland

79285 Ebringen
Schüler
Talhauser Straße
P: 3
V: VgtM

79588 Efringen-Kirchen
Kalkwerk Istein
Am Kehrenweg 10
Tel. 07628/26130
P: 16
V: BÖW

79588 Efringen-Kirchen
Natura
Im Winkel 4
V: Demeter

79588 Efringen-Kirchen
Weinbau- u. Vertriebs-genossenschaft

Winzerstr. 2
Tel. 07628/778
P: 16
V: BÖW

76344 Eggenstein-Leopoldshafen
Ralf Huber
Leopoldstr. 54
Tel. 07247/22352
V: BNN

79805 Eggingen
Harald Brunner
Heidelstr. 15
Tel. 07746/2475
V: Bioland

89584 Ehingen
Karl-Josef u. Therry Locher
Brunnenstr. 80
Tel. 07393/3818
P: 3, 8, 9, 12
V: Bioland

89584 Ehingen
Bioland Bauralädele
Hauptstr. 24
Tel. 07391/71815
V: Bioland

89584 Ehingen
Friedrich Ströbele
Kammerer-Schott-Str. 18
Tel. 07395/572
P: 3, 5, 8, 9, 11, 12
V: Bioland

89584 Ehingen
Bäckerei Reiber
Kollegiengasse 13
Tel. 07391/51724
P: 2
V: Bioland

89584 Ehingen-Tiefenbach
Hubert Stiehle
St.-Nikolaus-Weg 7
P: 5,8,11

Baden-Württemberg

V: Demeter

71139 Ehningen
Theodor Bauer
Königstr. 81
V: Demeter

79238 Ehrenkirchen
Franz Burgert
Batzenbergstr. 10
Tel. 07633/5726
P: 16

79238 Ehrenkirchen
WG Kirchhofen Hr.
Diederichs
Herrnstr. 11
Tel. 07633/7029
Fax 07633/7029
P: 16
V: BÖW

79238 Ehrenkirchen
Joachim Greiner
Lehen 7
P: 12
V: Demeter

79356 Eichstetten
Alois u. Imme Herr
Bahlingerstr. 18
Tel. 07663/1795
Fax 07663/99232
P: 2,3,5,7,8,9,10,11,12,13
V: Demeter

79356 Eichstetten
Weinkellerei Kiefer
Bötzingerstr. 13
P: 13
V: Bioland

79356 Eichstetten
Naturkost W. Rinklin GmbH
Bruckmattenstr. 18
Tel. 07663/4041
Fax 07663/5333
V: Bioland

79356 Eichstetten
Walter Gross
Hauptstr. 129
Tel. 07663/2533
V: Demeter

79356 Eichstetten
Rudi Dreher
Hauptstr. 83
Tel. 07663/3211
P: 7, 8, 9, 12
V: Bioland

79356 Eichstetten
Albert Schmidt
Hauptstr. 94
Tel. 07663/2619
P: 7, 9
V: Bioland

79356 Eichstetten
Friedhelm Rinklin
Hauptstr. 94
Tel. 07663/1524
P: 3, 7, 8, 9, 16
V: Bioland, VgtM

78253 Eigeltingen
Elmar Galster
Glashütter Str. 20
Tel. 07465/1235
P: 8, 9, 11
V: Bioland

79591 Eimeldingen
Fritz Gerwig
Im Winkel 8
Tel. 07621/61104
P: 3, 8, 9
V: Bioland

73054 Eislingen
Doderer
Näherhof 2
P: 3
V: VgtM

73054 Eislingen
Metzgerei H. Mayer
Stuttgarter Str. 13
P: 3

V: VgtM

73054 Eislingen
Obst- und Gemüse
Gauder
Scheerstr. 35
P: 3
V: VgtM

73479 Ellwangen
Biolandhof Borsthof
Borsthof
Tel. 07961/4748
P: 2, 8, 10

73479 Ellwangen
Alfons Fuchs
Schönau 10
Tel. 07961/7935
P: 5, 8, 9, 11
V: Bioland

79215 Elzach
Martin Werner - Hansenhof
Bachere 5
V: Demeter

79215 Elzach
Alois Herr
Hinterzinken 17
Tel. 07682/7977
P: 2, 5, 10
V: Naturland, VgtM

74834 Elztal
Bäckerei Friedbert Englert
Dorfstr. 15
P: 2
V: Demeter

74834 Elztal
Getreidemühle Rudolf Biemer
Marientalstr. 3
Tel. 06261/12369

79312 Emmendingen
Bio Top Naturkost
Karl-Friedrich-Str. 29

Tel. 07641/47272
P: 1,2,3,7,8,9,10,11,12,13,15,16
V: Demeter

79312 Emmendingen
Naturhaus Löffler
Lessingstr. 17
Tel. 07641/51471

79312 Emmendingen
Die Waage
Klaus Bleuler
Markgrafenstr. 16
V: Demeter

79312 Emmendingen
Reform- & Naturhaus Steinhart
Kirchstr. 2

79312 Emmendingen-Hochburg
Beratungsdienst ökol.
Landbau Breisgau -
Schwarzwald e.V.
Beim Amt für Landwirtschaft
Tel. 07641/580087
Fax 07641/580044

72186 Empfingen
Oasis Teehandel GmbH
Weillindestr. 2022
Tel. 07485/1035
Fax 07485/1377
P: 15

79346 Endingen
Gärtnerei Distel
Herrnstr. 12
Tel. 07642/4352
P: 7,9,12
V: Bioland

79346 Endingen
Reformhaus Steinhart
Marktplatz 11
Tel. 07642/7101
Fax 07642/2905

Einkaufsadressen 151

V: Demeter

78234 Engen
Verkaufswagen Grünkern Wochenmarkt
(Do 7-11.45)
P: 3
V: VgtM

78234 Engen
Metzgerei Lambrecht
Willi-Bischof-Str. 2
Tel. 07733/1401
Fax 07733/3522
P: 5
V: Demeter, VgtM

72829 Engstingen
Körnerlädle
Im Tennenloch 9
Tel. 07129/3702
V: Demeter

72829 Engstingen
pax an GmbH
Raiffeisenstr. 2
Tel. 07129/141-0
Fax 07129/14141
V: Bioland, BNN

72829 Engstingen
Familie Kurt Schrade
Müllersberg 2
Tel. 07385/810
P: 8, 9, 10
V: Bioland

72800 Eningen
Gärtnerei Mayer
Gewand Betzenried 4
Tel. 07121/47395
Fax 07121/470325
P: 1,3,7,9,12,16
V: Bioland

69214 Eppelheim
Drogerie Budjan
Hauptstr. 79
V: Demeter

75031 Eppingen
Bäckerei Armin Stier
Altstadtstr. 20
P: 2
V: Demeter

75031 Eppingen
Simmere Naturkost
Küfergasse 1
V: Demeter

75031 Eppingen
Mobiler Bauernladen
GbRmbH Dammhöfer
Gärtner Hof
Dammhof
Tel. 07262/7755
Fax 07262/4048
P: 2, 3, 7, 8, 9, 10, 11, 12, 13, 15, 16
V: Demeter

89155 Erbach
Johannes Schenk
Achstetter Str. 7
Tel. 07305/3857
P: 3, 5, 8
V: Bioland

71729 Erdmannhausen
Walter Bay
Poppenweiler Str. 5
Tel. 07144/7106
V: Demeter

71729 Erdmannhausen
Erdmann Hauser Getreideprodukte GmbH
Riedstr. 1
Tel. 07144/338-0
Fax . 07144/338-44

88097 Eriskirch
Metzgerei Brugger
Mariabrunnenstr. 73
P: 5
V: VgtM

88453 Erolzheim
Norbert Vogel
Mittelgasse 11
Tel. 07354/7915
P: 8
V: Bioland

88521 Ertingen
Martin Koch
Kapellenstr. 23
Tel. 07371/4989
P: 5, 11
V: Bioland

73569 Eschach
Oswald Wagner
Batschenhoferstr. 13
Tel. 07175/6385
V: Demeter

73107 Eschenbach
Eberhard Mühlhäuser
Brunnengasse 2
V: Demeter

89542 Eselsburg
Hofgemeinschaft Biotal
Talstr. 23
Tel. 07324/5805
P: 1,3,5,8,9,10,11,15
V: Bioland

78333 Espasingen
Verkaufswagen Grünkern Wochenmarkt
(Mi 17.15-17.30)
P: 3
V: VgtM

73728 Esslingen
Alicon GmbH - Kontrollstelle für ökolog. erzeugte Lebensmittel
Schelztorstr. 9
Tel. 0711/355138
Fax 0711/355167

73728 Esslingen
Allerleirauh Naturkost
Kasernenstr. 2
Tel. 0711/352525
Fax 0711/3508108
P: 1,2,3,4,5,6,7,8,9,10, 11,12,13,14,15,16

73728 Esslingen
Volkmar Onat
Kupfergasse 79
Tel. 0711/353818
V: Demeter

73728 Esslingen
Feinkost Böhm
Innere Brücke 4
P: 3, 5
V: VgtM

73730 Esslingen
Naturkost Münzenmayer
Weiherstr. 13
V: Demeter

73733 Esslingen
Naturkostladen Löwenzahn e.V.
Bergstr. 15
V: Demeter

73733 Esslingen
Gerhard Meurer
Kelterstr. 85
Tel. 0711/3701744
P: 2, 5, 10
V: Bioland, VgtM

73734 Esslingen
Frischmarkt-Vollwertkost-Weine
R. u. K. Brändle
Kronenstr. 35
V: Demeter

77955 Ettenheim
Wolfgang Ibert
Herrenstr. 24
Tel. 07822/3624
P: 16
V: BÖW

Baden-Württemberg

77955 Ettenheimerweiler
Weingut Enz
Am Kahlenberg 1a
Tel. 07822/76177
Fax 07822/78177
P: 16
V: Naturland

76275 Ettlingen
Wurzelmännle
Albstr. 21
Tel. 07243/14133
V: Bioland, BNN, Demeter

76275 Ettlingen
Gottfried Ochs
Etzenackerweg 8
Tel. 07243/2207
P: 8, 9, 11
V: Bioland

76275 Ettlingen
Klösterle
Klostergasse 3
Tel. 07243/31830, 91

76275 Ettlingen
Thalhof Thomas Fritsch
Talstr. 27
Tel. 07243/28495
P: 7,8,9
V: Demeter

74864 Fahrenbach
Karl u. Gisela Friedel
Rathausstr. 4
Tel. 06267/599
P: 5, 9, 13, 16
V: Bioland

79868 Feldberg
Johannes Zug - Feldberghaus
Haslach Feld 2
V: Demeter

70734 Fellbach
Walter Seibold
Pfarrstr. 41/1
Tel. 0711/580987
P: 7, 8, 9, 13
V: Bioland

70734 Fellbach
Gärtnerei Wilhelm Langjahr
Waiblinger Str. 124
Tel. 0711/581133
P: 7, 12
V: Demeter

70736 Fellbach
Korn-Lädle Naturkost Adolf Stelzl
Bahnhofstr. 135
V: Demeter

74427 Fichtenberg
Gerhard Noller
Gehrhofweg 3
Tel. 07971/5650
P: 3, 5, 7, 8, 9, 11, 12
V: Demeter

70794 Filderstadt
Biogemüse Schrade u. Ecofit Frischdienst GmbH
Friedensstr. 18
Tel. 0711/706706

70794 Filderstadt
Karl Schweizer GmbH
Hans-Han-Str. 14
Tel. 07158/8238

70794 Filderstadt
Kornmühle Naturprodukte
Mühlbachstr. 11
Tel. 0711/776530
P: 3
V: VgtM

79592 Fischingen
Ruth Homberger
Dorfstr. 20
V: Demeter

88373 Fleischwangen
Hermann Rauch
Zippern 2
Tel. 07505/781
V: Bioland

88373 Fleischwangen
Matthäus Walser
Zippern 7
Tel. 07505/376
P: 7, 8, 13
V: Bioland

78737 Fluorn-Winzeln
Karl Ohnmacht
Hochkreuzstr. 7
Tel. 07402/440
P: 3,5,8,9,11
V: Bioland

78737 Fluorn-Winzeln
Walter Manz
Küferweg 1
V: Demeter

74586 Frankenhardt
Bio-Biss
Brunnenberg 7
Tel. 07959/1274
V: BNN

74586 Frankenhardt
Helga u. Walter Schöll Buchenhof
Brunzenberg 2
Tel. 07959/837
P: 1,2,3,5,6,7,8,9,10,11, 12,15,16
V: Demeter

74586 Frankenhardt
Arge Urformholz
Hellmannshofen 2
Tel. 07959/438

74586 Frankenhardt
Bernhard Finck
Korleshof
Tel. 07959/501

P: 5, 7, 8, 9, 12
V: Demeter

74586 Frankenhardt
Martin Klopfer
Ostweg 15
Tel. 07959/819
P: 5, 7, 8, 9, 11
V: Demeter

79348 Freiamt
Wolfgang Hodalp
P: 3
V: VgtM

71691 Freiberg
Gärtnerei Tylo Strehnisch
Mittlerer Weg 3
Tel. 07141/71489
P: 3, 7, 9, 12, 15
V: Naturland

79098 Freiburg
Der Salatgarten
Löwenstr. 1
Tel. 0761/35155

79098 Freiburg
Potpurella M. Frahry
Marienstr. 13
Tel. 0761/24613

79098 Freiburg
Naturhaus Löffler
Schiffstr. 57
Tel. 0761/37271 u. 83434
Fax 0761/892471
P: 2,3,7,8,9,10,11,12, 13,15,16

79100 Freiburg
Keller Biogarten u. Gesundheit
Konradstr. 17
Tel. 0761/706313
Fax 0761/706314
P: 1,2,3,4,5,6,7,8,9,10, 11,12,13,15,16
V: BNN, Demeter

Einkaufsadressen 153

79020 Freiburg
Aktion Dritte Welt e.V.
Kronenstr. 16 a
Tel. 0761/74003
Fax 0761/709866

79102 Freiburg
Natural Food Store
Adalbert-Stifter-Str. 15
Tel. 0761/77984
P: 1,2,3,4,5,6,7,8,9,10, 11,12,13,15,16
V: Demeter

79102 Freiburg
Ökoversand u. Naturwarenladen
Dreikönigstr. 19
V: Demeter

79102 Freiburg
Hildaladen
Hildastr. 30
Tel. 0761/78387
V: BNN, Demeter

79102 Freiburg
Die Flocke Naturkost GmbH
Kartäuserstr. 38
Tel. 0761/381337
V: BNN

79102 Freiburg
Monte Blanco
Prinz-Eugen-Str. 20
Tel. 0761/701920

79104 Freiburg
Öko-Markt Kiefer u. Schwind GmbH
Habsburgerstr. 86
Tel. 0761/382519
Fax 0761/24363
P: 1,2,3,4,5,6,7,8,9,10, 11,12,13,14,15,16
V: Bioland

79104 Freiburg
Jürgen Schuchard
Karlstr. 19
V: Demeter

79104 Freiburg
Karlotte
Karlstr. 71
Tel. 0761/23057
V: BNN

79106 Freiburg
Metzgerei Hans Hügele
Guntramstr. 29
Tel. 0761/273683
P: 5

79106 Freiburg
Taifun Wolfgang Heck
Stühlingerstr. 6
V: Demeter

79106 Freiburg
Solaris Naturkost
Wentzinger Str. 46-48
Tel. 0761/273071
Fax 0761/287637
P: 1,2,3,4,7,8,9,10,11, 12,13,14,15,16
V: BNN, VgtM

79108 Freiburg
Vita Naturwaren
Robert-Bunsen-Str. 6
Tel. 0761/500508
P: 16
V: BNN

79108 Freiburg
Hubert Brutscher
Steingrübleweg 12
Tel. 07665/1720
P: 7, 8, 9
V: Bioland

79111 Freiburg
Kornkammer beim Vogtshof
Andreas-Hofer-Str. 65a
Tel. 0761/442338
V: Demeter

79112 Freiburg
Sonnenbrunnen Weingut - Hausbrennerei - Naturkost
Unterdorf 30
Tel. 07664/59274 u. 59273
Fax 07664/5446
P: 1,2,3,7,8,9,10,11,12, 13,15,16
V: BNN, BÖW, Demeter

79112 Freiburg
Bundesverband Ökologischer Weinbau Gruppenvertreter Baden
Unterdorf 30
Tel. 07664/95272
Fax 07664/5446
P: 16

79115 Freiburg
Biogenial Naturprodukte Lothar Schubert
Basler Landstr. 15
Tel. 0761/475354
Fax 0761/443677
V: Demeter

79115 Freiburg
Kornkraft - Marktstand
Lörracher Str. 21
Tel. 0761/484504
P: 8,15

79117 Freiburg
Max u. Moritz Konrad Roser
Littenweilerstr. 5
Tel. 0761/62090
V: BNN, Demeter

79117 Freiburg
Bioladen Kappel Inh. Robert Schmidt
Moosmattenstr. 5
Tel. 0761/66118
P: 1,2,3,7,8,9,10,11,12, 13,15,16
V: BNN

79117 Freiburg
Menner Reform
Steinhalde 110
Tel. 0761/67368

79108 Freiburg
Bio Metzgerei Herr
Nürnbergstr. 1
Tel. 07665/1674
Fax 07665/95815
V: Naturland

79238 Freiburg-- Ehrenkirchen
Geflügelhof im Tierschutzzentrum
Lindenstr. 29
Tel. 07664/7096
Fax 07664/61666
P: 3
V: VgtM

72250 Freudenstadt
Biologische Oase Ingrid Schulze-Hermann
Alfredstr. 40
Tel. 07441/84567
V: BNN, Demeter

72250 Freudenstadt
Naturkostlädle Hartmann
Friedrichstr. 40
V: Demeter

72250 Freudenstadt
Otto u. Georg Bohnet
Mühlhaldenstr. 4
Tel. 07443/3990
P: 5,7,8,9,11
V: Bioland

72250 Freudenstadt
Karl Schneider
Nagoldtalstr. 6
Tel. 07442/2932
P: 5
V: Bioland

154 Baden-Württemberg

72250 Freudenstadt
Hartmann's Naturkostladen
Reichsstr. 62
Tel. 07441/83254
V: BNN

88045 Friedrichshafen
Naturkost am Buchhornplatz
Buchhornplatz 1
Tel. 07541/24335
V: Demeter

88045 Friedrichshafen
Metzgerei Brugger
Keplerstr. 27
Tel. 07541/25560
P: 5
V: Bioland, VgtM

88045 Friedrichshafen
Robert Hartmann
Seemooser Weg 5
Tel. 07541/23957
P: 5, 8, 11, 12, 13
V: Bioland

88046 Friedrichshafen
Metzgerei Brugger
Schwabstr. 68
P: 5
V: VgtM

88046 Friedrichshafen
Metzgerei Brugger
Albrecht-Dürer-Str. 42
Tel. 07541/27661
P: 5
V: Bioland, VgtM

88046 Friedrichshafen
Franz Mayer
Allmannsweiler Str. 110
Tel. 07541/53278

Fax 07541/56332
P: 3, 7, 8, 9
V: Bioland

88048 Friedrichshafen
Metzgerei Brugger
Bodenseestr. 5
Tel. 07541/55044
P: 5
V: Bioland, VgtM

88048 Friedrichshafen
Naturprodukte Naturkost Güttinger
Brunnisachweg 2
Tel. 07541/42061
Fax 07541/43223

88048 Friedrichshafen
Bruno Brugger
Dornierstr. 139
Tel. 07541/41437
Fax 07541/42809
P: 12, 13
V: Bioland, Demeter

88048 Friedrichshafen
Karl Rehm
Kappelhof
Tel. 07541/52606
Fax 07541/57607
P: 12
V: Naturland

88048 Friedrichshafen
Eduard Korrmann
Ziegelstr. 1
Tel. 07541/41876
P: 12, 13
V: Bioland

88048 Friedrichshafen-Manzell
Elisabeth u. Michael Veser König-Hof
Schnetzenhauser Str. 13

Tel. 07541/41989
P: 8, 11, 12, 13
V: Bioland

78120 Furtwangen
Alle Weltladen
Bahnhofstr. 14
Tel. 07723/1664

71116 Gärtringen
Betriebskooperation Gärtringen-Rohrau
Buchenstr. 12
V: Demeter

76571 Gaggenau
Kornkammer
Rathausstr. 12
Tel. 07225/71644

76571 Gaggenau-Bad Rotenfels
Natur Nahrung Renate Baier
Rathausstr. 23
V: Demeter

74405 Gaildorf
Christoph Heinle
Buchenstr. 12
Tel. 07971/4108
P: 8, 11
V: Demeter

74405 Gaildorf
Wolfgang Hasenmaier-Reimer
Flurstr. 6
Tel. 07971/8584
P: 2, 3, 5, 7, 8, 9, 12, 13
V: Bioland

74405 Gaildorf
Naturkost im Milchhäusle
Graf-Pückler-Str. 13
Tel. 07971/4587
P: 1,2,3,7,8,9,10,11,12, 13,14,16

74405 Gaildorf
Karlheinz Wannenwetsch
Oskar-Bamberg-Str. 18
Tel. 07971/8427
P: 2, 5, 11
V: Demeter

74405 Gaildorf
Gottfried Elßler
Steppach 1
Tel. 07971/22217
P: 3, 11
V: Demeter

78262 Gailingen
Verkaufswagen Grünkern (Do 16.30-17)
Dörflinger Straße
P: 3
V: VgtM

72501 Gammertingen
Konrad Raichle
Mörikeweg 5
Tel. 07574/393
P: 6, 8, 9
V: Bioland

72501 Gammertingen
Mariaberger Heime
Riedäcker 1
Tel. 07574/29220
P: 5, 7, 8, 9
V: Bioland

72393 Gaselfingen
WIR-Handel mit Naturwaren GmbH
Rechsteinstr. 14
Tel. 07475/7032

75391 Gechingen
Sonja u. Thomas Dittmayer
Lerchenhof
Tel. 07056/2997
V: Bioland

Einkaufsadressen

78187 Geisingen
*Metzgerei
Martin Lamprecht*
Leipferdingen-Fürholz
P: 5
V: VgtM

73312 Geislingen
Sonnenblume
Schloßgasse 14
Tel. 07331/45111
V: BNN

73312 Geislingen
Demeter-Laden Margit Schiele
Wilhelmstr. 11
P: 3, 5
V: Demeter, VgtM

75050 Gemmingen
Rudolf Brain
Schwaigerner Str. 66
Tel. 07267/205
P: 3,7,8,9,10,11,12,13
V: Demeter

74376 Gemmrigheim
Walter Zürn
Heinzenberg 2
V: Demeter

77723 Gengenbach
Haus Hasenkamp
Auf dem Abtsberg 6
Tel. 07803/3378

77723 Gengenbach
Ringelblume
Oberdorfstr. 13
Tel. 07803/6979
V: BNN, Demeter

74582 Gerabronn
Hermann Lipp
Hamme, Amlishagen Nr. 68
V: Demeter

74582 Gerabronn
*Die Backstube KG
Inh. H. Büllingen*
Dünsbach 177
P: 2
V: Demeter

74582 Gerabronn
Andreas Heinlein
Tel. 07952/5720
P: 8, 11, 12
V: Demeter

74582 Gerabronn
Hermann Stirn
Wannenhof
Tel. 07952/5278
P: 2,5,7,8,9,10,11,12,13, 15
V: Demeter

70839 Gerlingen
Kraut & Rüben P. Lohdal/K. Winkelmeier
Schillerstr. 17
V: Demeter

76593 Gernsbach
Naturkostladen Grünkern B. + M. Gleisle
Färbertorstr. 1
V: Demeter

89547 Gerstetten
Christian Mack
Anhauser Str. 21
Tel. 07324/5243
P: 2, 10
V: Bioland

89547 Gerstetten
Ernst Schwäble
Heutenburg 3a
Tel. 07323/4265
V: Demeter

89547 Gerstetten
Hans Neuburger
Weilerstr. 8
Tel. 07324/5257
P: 8, 9

V: Bioland

89537 Giengen
Hans u. Ingeborg Bosch
Dettinger Str. 24
Tel. 07324/5805
P: 5, 8
V: Bioland

73033 Göppingen
Früchtehaus Kurz
Untere Freihofstr. 21
P: 3
V: VgtM

73033 Göppingen
Metzgerei Kümmerle
Grabenstr. 30
Tel. 07161/68087
Fax 07161/15106
P: 5, 11
V: Bioland, VgtM

73033 Göppingen
Bio-Hof-Olzreute
Geislinger Str. 12
Tel. 07165/8565
V: Demeter

73033 Göppingen
Senfkorn
Lange Str. 39
Tel. 07161/75088
P: 3
V: BNN, Demeter, VgtM

73033 Göppingen
Reformhaus Winzenried
Pfarrstr. 18
V: Demeter

73033 Göppingen
Naturata
Ulrichstr. 42
Tel. 07161/28475
P: 3
V: VgtM

73035 Göppingen
Jutta + Otto Bidlingmaier
Auchtweide 2
Tel. 07161/26107
P: 5, 8, 9, 11
V: Bioland

73035 Göppingen
Hansjörg Ziegler
Friedhofstr. 12
Tel. 07161/21307
P: 5, 7, 8, 9
V: Bioland

73035 Göppingen
Mobiler Öko-Imbiss
Keplerstr. 24
Tel. 07161/75316

73035 Göppingen
Hans Föll
Tintenbachstr. 16
Tel. 07161/43118
P: 3
V: Demeter, VgtM

73037 Göppingen
Hans Brunner
Iltishof
Tel. 07161/812192
Fax 07161/82253
P: 5, 7, 8, 9, 13
V: Bioland

73035 Göppingen
Fam. Minkmar
Lerchenbrg, Sonnenhofweg 1
Tel. 07161/27160
P: 3, 5, 7, 8, 10, 11
V: Bioland, VgtM

79733 Görwihl
Dietmar Walter - Johanneshof
Rüßwihl 78
V: Demeter

79733 Görwihl
Bioland-Naturwaren Huber
Mühleberg 13
Tel. 07754/865
P: 7, 8, 9

72532 Gomadingen
Wilhelm Hirrle
Dottinger Str. 1
Tel. 07385/852
V: Demeter

72532 Gomadingen
Ruth u. Eberhard Laepple
Oberdorfstr. 20
Tel. 07385/1752
P: 3, 5, 7, 9
V: Bioland

72532 Gomadingen
Gerhard Geckeler
Talstr. 20
V: Demeter

72810 Gomaringen
Eberhard Grauer
Hurschstr. 4
Tel. 07072/2307
P: 7, 8, 9, 13
V: Bioland

75053 Gondelsheim
Günther Kohler
Fasanenstr. 6
Tel. 07252/80285
Fax 07252/87408
P: 2,7,9,12
V: Demeter

78244 Gottmadingen
Verkaufswagen Grünkern Wochenmarkt (Fr)
P: 3
V: VgtM

78244 Gottmadingen
Bäckerei-Konditorei Cafe-R. Mond
Hilzinger Str. 3

Tel. 07731/71454
P: 2
V: Bioland

78244 Gottmadingen
Bäckerei-Konditorei Cafe-R. Mond
I.-G.-Fahrstr. 2
P: 2
V: Bioland

76676 Graben-Neudorf
Max Metzger
Albert-Schweitzer-Str. 49
Tel. 07255/9223
P: 7, 8
V: Bioland

76676 Graben-Neudorf
Gerald Zinecker
Hauptstr. 3
Tel. 07255/9242
P: 7
V: Bioland

76676 Graben-Neudorf
Pusteblume
Mannheimer Str. 101
Tel. 07255/4248
V: BNN

89608 Griesingen
Hugo Raiber
Alte Landstr. 23
Tel. 07391/2129
P: 5, 7, 8, 9, 11, 13
V: Bioland

71546 Großaspach
Martin Lachenmaier
Aussiedlerhof, Schrehengrund 2
Tel. 07191/23422
P: 5,8,9,11
V: Bioland

71577 Großerlach
Hof Helle Platte

Erlacher Höhe
Tel. 07193/8633
P: 7, 8, 9, 11, 13
V: Demeter

71577 Großerlach
Silberstollen
In der Reute 4
Tel. 07903/3969

71579 Großhöchberg
Hofgemeinschaft Höchberg Demeter-Gärtnerei
Tel. 07194/1379
Fax 07194/8731
P: 2, 3, 7, 9, 12

88287 Grünkraut
Josef Baumann
Friedach 5
Tel. 0751/61469
P: 1, 5, 8, 9, 11, 13
V: Bioland

88287 Grünkraut
Georg u. Johanna Look
Loch 19
Tel. 0751/66628
P: 5
V: Demeter

74417 Gschwend
H. Zwiener
Jakobsberg
Tel. 07972/2529
P: 11
V: Naturland

74417 Gschwend
Kurt Hägele
Wimberg 20
Tel. 07972/896
P: 2, 5, 7, 8, 9, 11
V: Bioland

74363 Güglingen
Erwin Jesser
Seebergstr. 33
Tel. 07135/5691

V: Bioland

79194 Gundelfingen
Keimzelle Naturkost I. Selinger
Kirchstr. 2
Tel. 0761/582844
V: BNN, Demeter

74831 Gundelsheim-Höchstberg
Vollkornbäckerei Schenk
Bernbrunner Str. 3
Tel. 07136/7256
P: 2
V: Bioland

88484 Gutenzell-Hürbel
Johann Keller
Kirchberger Str. 4
Tel. 07352/4093
P: 5, 7, 8, 9, 11, 12, 13
V: Bioland

88484 Gutenzell-Hürbel
s'Bauralädle Josef Bopp
Laubachtal 1
Tel. 07352/8928
P: 1,2,3,9,10,12,13,15, 16
V: Bioland

88484 Gutenzell-Hürbel
Marianne u. Norbert Schädler
Reinhard 1
Tel. 07352/3784
Fax 07352/3784
P: 1, 2, 3, 5, 6, 7, 8, 9, 10, 11, 12, 13, 15, 16
V: Bioland

72221 Haiterbach
Gerhard Brezing
Horberstr. 30
Tel. 07456/296
P: 2, 8, 10

Einkaufsadressen

V: Bioland

72221 Haiterbach
Reform Ölmühle Weingarten GmbH
Lange Umbrüche 19
Tel. 07456/1863
Fax 07456/6664

72221 Haiterbach
C. Ziechhaus-Hartelt
Kastanienhof
Oberhofweg 16
Tel. 07456/6769
P: 5
V: Bioland

72221 Haiterbach
M. Vöhringer
Salzstetter Str. 33
Tel. 07456/1373
V: Demeter

71577 Hals
Gärtnerei Scharpf
Einkornstr. 22
Tel. 0791/2188
P: 2, 3, 5, 7, 8, 9, 12, 13
V: Bioland

71577 Hals
Familie Ernst Heyd
Haus Nr. 24
Tel. 07907/2776
P: 5, 8
V: Bioland

71577 Hals
Friedrich Müller
Tel. 0791/345
P: 7, 8, 9, 11
V: Demeter

76707 Hambrücken
Edelbert Krämer
Schoferstr. 10
Tel. 07255/4148
P: 7
V: Bioland

74239 Hardthausen
Haaghof Familie Kress
Haaghof 1
Tel. 07139/7008 u. 1434
P: 2, 3, 5, 7, 8, 9, 13, 16
V: Bioland, VgtM

74239 Hardthausen
Jesser Mühle
Kochersteinsfeld
Tel. 07139/1358
V: Bioland

77716 Haslach
Ökologisches Verbrauchergemeinschaft Kinzigtal e.V.
Metzgergasse 4
Tel. 07832/4397
P: 1,2,3,5,7,8,9,10, 11,12,13,15,16

73110 Hattenhofen
Fam. Gallus
Zellerstr. 6
P: 3
V: VgtM

78595 Hausen
Manfred Riesle
Hauptstr. 18
Tel. 07424/3761
P: 2, 8, 9, 11
V: Bioland

72534 Hayingen
Ziegenhof Maisenburg
Maisenburg
Tel. 07386/594
P. 11
V: Naturland

72534 Hayingen
Karl Stehle
Mühlstr. 9
Tel. 07386/330
P: 5, 8, 9
V: Bioland

72534 Hayingen
K. Herb
Münsinger Str. 10
Tel. 07386/308
V: Demeter

72379 Hechingen
Wolfgang Markowis
Brunnenwörthstr. 26
Tel. 07477/1742
P: 5, 11, 13
V: Bioland

72379 Hechingen
Naturkostgeschäft
Anton Wolf
Herrenackerstr. 7
Tel. 07471/16564
V: BNN, Demeter

72379 Hechingen
Gangolf Gindele
Killertalstr. 30
Tel. 07477/1277
P: 3, 7, 8, 11, 12, 13
V: Bioland

68542 Heddesheim
Lebensgarten
Edekastr. 1012
V: Demeter

68542 Heddesheim
Bäckerei Wolfgang
Hoppner
Poststr. 4
P: 2
V: Demeter

69115 Heidelberg
Feinschmeckerlädle W. Heil
Bahnhofstr. 15
V: Demeter

69115 Heidelberg
Der Mahlzahn GmbH
Vollkornbäckerei
Gaisbergstr. 74
Tel. 06221/160997

P: 2,3,7,8,9,10,11,12,13, 14,15,16

69115 Heidelberg
Naturkost Weststadt
Römerstr. 60
Tel. 06221/184352
V: BNN, Demeter

69115 Heidelberg
Früchte-Heil
Rohrbacher Str. 16
V: Demeter

69117 Heidelberg
Bäckerei Grimm
Märzgasse
P: 3
V: VgtM

69117 Heidelberg
Nudelmacher
Hauptstr. 60
Tel. 06221/164334

69117 Heidelberg
Gesund Essen
Rita Fehst
Heugasse 2
Tel. 06221/0761
V: BNN

69117 Heidelberg
Biogarten Ulfert
Märzgasse 16
Tel. 06221/160450
V: Demeter

69117 Heidelberg
Kornlädle
Renate Jedermann
Marktplatz 2
V: Demeter

69117 Heidelberg
Bäckerei H. Göbes
Plöck 34
P: 2
V: Demeter

Baden-Württemberg

69117 Heidelberg
Jedermann's Kornläd'l
Zwingerstr. 21
Tel. 06222/160611

69120 Heidelberg
Lebensmittel Kussmann
Brückenstr.
P: 3
V: VgtM

69120 Heidelberg
Bäckerei Konold
Rahmengasse 34
P: 2
V: Bioland

69121 Heidelberg
Apfel & Korn Naturprodukte
Dossenheimer Landstr. 61
Tel. 06221/472229
V: Demeter

69121 Heidelberg
Naturprodukte Apfel u. Korn
Handschuhsheimer Landstr. 39
V: Demeter

69121 Heidelberg
Gärtnerei Wiesenäcker
Mühltalstr. 23
Tel. 06221/419164
Fax 06221/419164
P: 3,7,9,12,13,16
V: Bioland

69123 Heidelberg
Luzerne Sprossenzucht
Weidweg 16
Tel. 06221/833958
Fax 06221/830138
P: 15

69124 Heidelberg
Klatschmohn
Pleikartsförster Str. 4
Tel. 06221/720114

69126 Heidelberg
Wunderkorn
Rathausstr. 42
Tel. 06221/374815
V: Demeter

69115 Heidelberg
Der Mahlzahn GmbH Vollkornbäckerei
Märzgasse 2
Tel. 06221/160997
P: 2,3,7,8,9,10,11,12,13,14,15,16

69115 Heidelberg
Der Mahlzahn GmbH Vollkornbäckerei
Ladenburgerstr. 19
Tel. 06221/471492
P: 2,3,7,8,9,10,11,12,13,14,15,16

89522 Heidenheim
Schwarzwurzel Angela Wesser
Pfluggasse 1
Tel. 07321/21091
Fax : 07321/20471
V: BNN, Demeter

89522 Heidenheim
Naturkornmühle Werz
Stäffeleswiesen 28-30
Tel. 07321/51018-19
Fax 07321/54147
P: 2
V: Demeter

89522 Heidenheim
Sivert u. Marianne Joerges
Talhof 1
Tel. 07321/42826
Fax 07321/49841
P: 2,3,8,9,10,11
V: Demeter

74072 Heilbronn
Naturata-Laden Helmut Schneider
Lixstr. 10
Tel. 07131/80289
P: 1,2,3,4,5,6,7,89,10,11,12,13,14,15
V: Demeter

74074 Heilbronn
Martin Häberlen
Charlottenstr. 56
Tel. 07131/576309
P: 16
V: BÖW

74074 Heilbronn
Weingut Schäfer-Heinrich Andreas u. Elke Hieber
Im Letten 3
Tel. 07131/162454
Fax 07131/165659
P: 13, 16
V: BÖW

74074 Heilbronn
Maizena Diät GmbH
Knorrstr. 1
Tel. 07131/501-0

74076 Heilbronn
Brot- u. Feinbäckerei Böhringer GmbH
Kernerstr. 11
P: 2
V: Demeter

74076 Heilbronn
Lebenslust u. Leselust
Sichererstr. 96
Tel. 07131/161587
V: BNN, Demeter

74078 Heilbronn
Hof-Lädle
Heisenbergstr. 15
Tel. 07066/4119

74078 Heilbronn
Helmut Gärtner
Schleifhöhe 3
V: Demeter

74080 Heilbronn
Ackerwinde
Großgartacher Str. 46
Tel. 07131/485482
V: Demeter

88633 Heiligenberg
Dorfgemeinschaft Hermannsberg
Lichthof
Tel. 07552/26010
V: Demeter

88633 Heiligenberg
Walter Fellmann
Neuweiler Hof
Tel. 07552/6102
P: 2, 5, 8, 9, 10, 13
V: Bioland

71296 Heimsheim
Walter Gommel
Amselweg 13
V: Demeter

73092 Heiningen
Kreuthof
Tel. 07161/49414
P: 1,3,5,7,8,9,10,11,12,13
V: Bioland

79423 Heitersheim
Weingut Feuerstein
Hauptstr. 4
Tel. 07634/2289
P: 13, 15, 16
V: BÖW

79423 Heitersheim
Weingut Zähringer
Hauptstr. 42
Tel. 07634/1025
Fax 07634/1027
P: 16
V: BÖW

Einkaufsadressen

79423 Heitersheim
Fritz Lampp
Mühlenstr. 22
Tel. 07634/2460
P: 16
V: BÖW

71282 Hemmingen
Peter Pfeiffer
Finkenstr. 2
V: Demeter

71282 Hemmingen
M. Pfeiffer
Heimerdinger Str. 9
Tel. 07150/6293
P: 7, 12
V: Demeter

69502 Hemsbach
Albert Schäuffele
Kattowitzer Str. 4
P: 3
V: VgtM

74532 Herboldshausen
Friedrich Maaß
Im Brühl 8
Tel. 07954/338
P: 7, 8, 9, 11, 12, 13
V: Bioland

79336 Herbolzheim
Torladen
Hauptstr. 71
Tel. 07643/4343
V: Demeter

89542 Herbrechtingen
Hans-Günther Konold
Friedhofstr. 1
V: Demeter

89542 Herbrechtingen
Reformhaus Duddek KG
Stangenhausstr. 66
V: Demeter

89542 Herbrechtingen
Fritz Schneider
Wangenhof
V: Demeter

89542 Herbrechtingen-Bolheim
Gartenbau Hamann
Breite Str. 19
Tel. 07324/41117
P: 7
V: Demeter

88634 Herdwangen-Schönach
Möhrlehof
Aachtalstr. 10
Tel. 07552/8840
Fax 07552/8840
P: 1,2,3,5,7,8,9,10,11, 12,13,15,16
V: Demeter

88634 Herdwangen-Schönach
Hofgemeinschaft Heggelbach
Heggelbach 8
V: Demeter

88634 Herdwangen-Schönach
Dorfgemeinschaft Lautenbach Gärtnerei
V: Demeter

89568 Hermaringen
Reiner Gansloser
Schulstr. 4
Tel. 07322/21899
Fax 07322/22265
P: 5,8,9,10,11,15,16
V: Demeter

71083 Herrenberg
Heinrich Marquardt
Hägisstr. 54
V: Demeter

71083 Herrenberg
Dietmar Nüßle
Lauterstr. 12
V: Demeter

71083 Herrenberg
Natur-Garten
Mühlstr. 5
Tel. 07032/34848
V: Demeter

71083 Herrenberg
Keimling Naturkost
Stuttgarterstr. 14
Tel. 07032/23132
P: 3
V: BNN, Demeter, VgtM

71083 Herrenberg
Heger GmbH
Zaberstr. 26
Tel. 07032/3035

71083 Herrenberg-Oberjesingen
Gärtnerei Schweizer
Rheinstr. 16
Tel. 07032/31261
P: 7
V: Demeter

79737 Herrischried
Norbert Marschall - Quellenhof
Atdorf 17
Tel. 07764/6576
V: Demeter

72513 Hettingen
Josef Liener
Im Tal 4
V: Demeter

78247 Hilzingen
Verkaufswagen Grünkern Wochenmarkt (Di 13.45-14)
Plörenstraße
P: 3
V: VgtM

78247 Hilzingen
G. Riesterer
Georgshof
Tel. 07731/65403
P: 8, 9, 11
V: Bioland

69493 Hirschberg
Kunz-Mühle
Talstr. 16
Tel. 06201/55326

79862 Höchenschwand
Werkgemeinschaft Arche
Amrigschrand 23
Tel. 07755/1493
V: Demeter

77749 Hohberg
A. Schneider
Gartenstr. 8
Tel. 07808/3383
P: 12
V: Demeter

72531 Hohenstein
Gerhard Geckeler
Gässle 4
Tel. 07387/419
P: 3, 7, 8, 9, 10
V: Bioland

72531 Hohenstein
Hohensteiner Käserei
Heidäckerhof
Tel. 07387/1297
Fax 07387/1297
P: 9, 11, 16
V: Bioland

72531 Hohenstein
Staatsdomäne Maßhalderbuch
Tel. 07387/269
P: 3, 5, 7, 8, 9, 11, 12, 13
V: Bioland

Baden-Württemberg

72531 Hohenstein
Karl Speidel
Waldhof
Tel. 07387/380
P: 5, 7, 8, 9, 10, 15
V: Bioland

79801 Hohentengen
Gutsverwaltung Rohrhof
Tel. 07742/5457
P: 5
V: Demeter

72160 Horb
Heinz Schäfer
Felldorfer Str. 35
Tel. 07451/2342
V: Demeter

72160 Horb
Wolfgang Sickler
Im Mitteldorf 15
Tel. 07451/3672
P: 8
V: Bioland

72160 Horb
Walter u. Renate Klink
Laurentiusstr. 93
Tel. 07486/7313
P: 2, 7, 8, 9, 10
V: Bioland

72160 Horb
Irene Schäfer
Nordstetterstr. 2
V: Demeter

72160 Horb
Naturhaus
Reibegässle 6
Tel. 07451/4994
P: 16
V: Demeter

88263 Horgenzell
Franz Seger
Ludisreute-Wolketsweiler
V: Demeter

78343 Horn
Sirius Kunst + Kost
Weilerstr. 3
Tel. 07735/1458
P: 2,3,7,8,9,10,11, 12,13,14,15,16

69234 Horrenberg
Erzeugergemeinschaft Kraichgau
Blumenstr. 7
Tel. 06222/70961

78183 Hüfingen
Max Bogenschütz
Am Bach 1
Tel. 0771/62849
V: Demeter

79241 Ihringen
Weingut Sonnenwirbele
Bahnhofstr. 7
Tel. 07668/803
P: 16
V: Bioland

79241 Ihringen
Horstrup-Schmitt
Breulstr. 4
Tel. 07668/7645
P: 7
V: Bioland

79241 Ihringen
Helga u. Reinhold Pix Öko-Weingut
Eisenbahnstr. 19
Tel. 07668/7213
P: 16
V: Bioland

79241 Ihringen
Rebschneckle Öko-Weine
Im Westengarten 10 a
Tel. 07668/7213
Fax 07668/9391
P: 16
V: Bioland

79241 Ihringen
Hubert Lay
Scherkhofenstr. 52
Tel. 07668/1870
P: 16
V: BÖW

79241 Ihringen
Meinrad Selinger
Untere Dorfstr. 35
P: 16
V: BÖW

88636 Illmensee
Paul Bodenmüller
Glashütten-Höchsten Nr. 2
Tel. 07555/469
P: 7, 8, 9, 11
V: Bioland

74360 Ilsfeld
Obsthof Böhringer
Im Klee 4
Tel. 07062/61620
P: 12, 13
V: Bioland

74360 Ilsfeld
Dieter Wulle
Robert-Stolz-Str. 10
Tel. 07133/7147
P: 16
V: BÖW

74532 Ilsfeld
Karl Ebert
Brübelgasse 1
Tel. 07904/7241
P: 3, 8, 9, 11
V: Bioland

74532 Ilsfeld
Wilfried Haag
Dorfallee 25
Tel. 07904/8234
P: 8, 11, 12
V: Demeter

74532 Ilsfeld
Klaus Herterich
Kilianstr. 10
Tel. 07904/347
P: 7, 8, 9, 11, 12
V: Demeter

74532 Ilshofen
Ingrid Bischoff
Klingenstr. 17
Tel. 07904/8811
P: 11
V: Bioland

74532 Ilshofen-Altenberg
Margarete Bodmann
Haus-Nr. 21
P: 3
V: VgtM

74653 Ingelfingen
Metzgerei Spreng Demeter-Milchprodukte
Mariannenstr. 12
Tel. 07940/3529
P: 11

74379 Ingersheim
Gärtnerei Willmann
In den Beeten
Tel. 07142/20522
V: Demeter

88316 Isny
Sonnenbaum Isny
Bahnhofstr. 29
V: Demeter

88316 Isny
Naturkost Isny
Esperantostr. 10
Tel. 07562/5487

88316 Isny
Franz Hiemer
Schwanden 18
Tel. 07562/3601
P: 5
V: Bioland

73489 Jagstzell
Gärtnerei A. Schlosser

Einkaufsadressen 161

Riegelhof
Tel. 07967/6854
P: 7
V: Bioland

79361 Jechtingen a.K.
Franz Schüber
Roßmattenhof 1
Tel. 07662/6414
P: 7, 12, 16

79361 Jechtingen a.K.
Josef u. Klara Vögtle
Sponeckstr. 101
Tel. 07662/6325
P: 7, 9, 12, 13, 16

79798 Jestetten
Naturkost Solaris
Hauptstr. 2
Tel. 07745/7080
V: Demeter

71131 Jettingen
Vorteilkauf
Oberjettingen
P: 3
V: VgtM

71131 Jettingen
Emil Baitinger
Nagolderstr. 17
Tel. 07452/75667
P: 7, 8, 11, 12
V: Demeter

79400 Kandern
Naturhaus
Blumenplatz 2
Tel. 07626/7799
Fax 07626/8389
P: 1,2,3,4,5,6,7,8,9,10, 11,12,13,14,15,16
V: Bioland, Demeter

79400 Kandern
Robert Wägner
Egertenstr. 12
V: Demeter

79400 Kandern
Obst- u. Gemüsebau Riedlingen
Im Gässli 20
Tel. 07626/8454
P: 7, 9, 12

79400 Kandern
Andreas Grether
Mühlestr. 4
Tel. 07626/1467
P: 5, 8, 12
V: BÖW, Demeter

79400 Kandern
Werksiedlung St. Christoph
Steinenstr. 4
Tel. 07626/80013
P: 2, 10
V: Demeter

76689 Karlsdorf-Neuthard
Naturkost W. Baumgärtner
Hauptstr. 25
V: Demeter

76131 Karlsruhe
Fasanenbrot Vollkornbäckerei
Fasanenstr. 8
Tel. 0721/358383
V: Demeter

76133 Karlsruhe
Threefold Axel Köhler
Akademiestr. 16
Tel. 0721/23412
Fax 0721/24071

76133 Karlsruhe
Neuleben Reformhäuser, Inh. Jürgen Hartmann
Douglasstr. 24
V: Demeter

76133 Karlsruhe
Klatschmohn
Gartenstr. 40
Tel. 0721/855780
V: BNN, Demeter

76133 Karlsruhe
Baabs Müsli-Ecke
Herrenstr. 23
Tel. 0721/574418

76133 Karlsruhe
AlnaturA-Laden
Kaiserstr. 229
Tel. 0721/25571

76133 Karlsruhe
Laden 3
Kreuzstr. 31
Tel. 0721/388171
P: 1,2,3,4,5,6,7,8,9,10, 11,12,13,14,15,16
V: Bioland, BNN

76133 Karlsruhe
Paradies-Naturkost
Waldstr. 8
Tel. 0721/22609
V: BNN, Demeter

76137 Karlsruhe
Mistelzweig
Baumeisterstr. 36
Tel. 0721/32783
P: 3
V: VgtM

76137 Karlsruhe
Die Weinblume
Marienstr. 81
Tel. 0721/373354
P: 16

76139 Karlsruhe
Gärtnerei Petra Strumpf
Vokkenaustr. 51
Tel. 0721/684943
P: 2, 5, 7, 9, 11, 12, 13
V: Demeter

76149 Karlsruhe
Dirk Jasse

An der Sandgrube 3
Tel. 0721/706960
P: 7, 8, 12, 13
V: Bioland

76187 Karlsruhe
Willi Litzenberger
Jakob-Dörr-Str. 17
Tel. 0721/561591
P: 3, 8, 9
V: Bioland

76227 Karlsruhe
Sonnenblume
Am Zwinger 8
Tel. 0721/405319
V: BNN, Demeter

76227 Karlsruhe
Auemer Lädle
Westmarkstr. 30
Tel. 0721/491492

76228 Karlsruhe
Grünkern
Am Wetterbach 41
Tel. 0721/45272
P: 1,2,3,7,13,15,16

76229 Karlsruhe
Petra Stumpf
Heinstr. 6
V: Demeter

76229 Karlsruhe
Biolandhof Knöbl
Laden am Rathaus
Schultheiß-Kiefer-Str. 4
Tel. 0721/483466
Fax 0721/483469
P: 2, 3, 5, 7, 8, 9, 10, 11, 12, 13, 15, 16

76133 Karlsruhe
Füllhorn Naturkost Naturwaren GmbH
Akademiestr. 9
Tel. 0721/28532
Fax 0721/23739
P: 1,2,3,4,5,6,7,8,910, 11,12,13,14,15,16

162 Baden-Württemberg

77694 Kehl
Schramm GmbH
Hauptstr. 137a
Tel. 07851/78635
P: 7, 12

77694 Kehl
Biolädchen Walter
Gleichmann
Neue Bahnhofstr. 16
V: Demeter

77694 Kehl
Regenbogen
Naturwaren
Rheinstr. 45
Tel. 07851/3801
V: BNN, Demeter

75210 Keltern
Claus Bischoff
Leibnizstr. 9
Tel. 07236/6728
P: 16
V: BÖW

79341 Kenzingen-Bombach
Weingut Familie Hügle
Kirchberghof
Tel. 07644/1261
Fax 07644/4054
P: 13, 16
V: BÖW

71394 Kernen
Café-Konditorei Roth
Karlstr. 33
Tel. 07151/41949
Fax 07151/47417
P: 2
V: Demeter

71394 Kernen-Stetten
Pfefferkorn
Mühlstr. 12
Tel. 07151/41669
P: 2,3,4,5,7,8,9,10,11, 12,13,15,16

77971 Kippenheim
Werner Weis
Herrenweiherhof
Tel. 07825/7445
P: 8, 15, 16
V: Naturland

77971 Kippenheim
Michael Nathanson
Wallburger Str. 5
Tel. 07825/7571
P: 2, 3, 12
V: Bioland

71737 Kirchberg
Wilhelm Föhl
Eberhardstr. 12
Tel. 07144/35782
P: 7, 12
V: Demeter

71737 Kirchberg
Fa. Dietz Fruchtsaftkelterei
Neuhof
Tel. 07144/3284
P: 13
V: Bioland

71737 Kirchberg
Robert Trautwein
Schillerstr. 30
Tel. 07144/39259
Fax 07144/331365
P: 1,2,5,7,8,9,10,11, 12,13,16
V: Bioland

74592 Kirchberg
Naturkost Schofroh & Müller GbR
Marktstr. 14
Tel. 07954/444
V: Demeter

74592 Kirchberg
Sozialtherapeut. Lebens- u. Arbeitsgem.
Weckelweiler
Tel. 07954/801-0
Fax 07954/80160

P: 7, 8, 9, 15
V: Demeter

74592 Kirchberg
Karl Kuch
Weckelweiler Nr. 2
Tel. 07954/8356
P: 7,8,9,11
V: Demeter

74592 Kirchberg
Bauernschule
Hohenlohe
Weckelweiler
Tel. 07954/328

72138 Kirchentellinsfurt
Eva Weissinger-Serra
Karlstr. 15
V: Demeter

72138 Kirchentellinsfurt
Naturkost Speisekammer B. Siegele
Rathausplatz 12
Tel. 07121/68860
V: BNN, Demeter

73230 Kirchheim
Bäckerei Kienzle
Dieselstr. 1
P: 2
V: Demeter

73230 Kirchheim
Gegenwind Gabriela Weiss
Flachsstr. 7
Tel. 07021/3783
P: 3
V: BNN, Demeter, VgtM

73230 Kirchheim
Reformhaus Lässing
Marktstr. 45
V: Demeter

73230 Kirchheim
Metzgerei Scheu & Weber
Max-Eyth-Str. 45
P: 5
V: VgtM

73467 Kirchheim
Fritz Krummrein
Weihermühle
Tel. 07362/7437
P: 8, 9, 12
V: Bioland

74366 Kirchheim
Werner Lieberherr
Am Schützenpfad
V: Demeter

74366 Kirchheim
Roland Gamnitzer
Haghof
V: Demeter

79199 Kirchzarten
Naturwaren
Peter Jakob
Freiburger Str. 6
Tel. 07661/2731
V: Demeter

88353 Kißlegg
Naturstüble
Schloßstr. 7
Tel. 07563/1238
V: Demeter

88353 Kißlegg
D'Beers
Stolzenseeweg 27
Tel. 07563/553
V: Bioland, Demeter

75438 Knittlingen
Bäckerei Reinhardt
Brettener Str. 15
P: 2
V: Demeter

75438 Knittlingen
Kurt Suedes

Einkaufsadressen 163

Hauptstr. 30
Tel. 07043/6108
V: Demeter

75438 Knittlingen
Gerhard Bonnet
Hauptstr. 6
Tel. 07043/6107
P: 2, 8, 10, 11
V: Demeter

75438 Knittlingen
Otto Blanc
Kleinvillars
Tel. 07043/6102
P: 5, 7, 8, 12
V: Demeter

75438 Knittlingen
Saponaria
Pforzheimer Str. 35
Tel. 07043/31201
P: 15,16

73257 Köngen
Erich Zimmermann
Buchenhof 1
Tel. 07024/81634
P: 3, 7, 9, 12, 15
V: Naturland

97953 Königheim
Weingut Elisabeth u. Norbert Geier
Baugasse 10
Tel. 09341/4539
Fax 09341/61166
P: 16
V: BÖW

78126 Königsfeld
Helga Holzky
Friedrichstr. 10
V: Demeter

78126 Königsfeld
Bäckerei Gebr. Sapel
Friedrichstr. 4
P: 2
V: Demeter

78462 Konstanz
Wegwarte
Willi Rahmig
Brücklestr. 37a
V: Demeter

78462 Konstanz
Natur u. Feinkost
Beate Schmid
Hohenhausgasse 14
V: Demeter

78462 Konstanz
Kurt Müller
Hüetlinstr. 3
V: Demeter

78462 Konstanz
Biotop-Naturkost
Hüetlinstr. 32
Tel. 07531/25626
Fax 07531/25626
P: 1,2,3,7,8,9,10,11,12, 13,15,16
V: BNN

78462 Konstanz
Grünkern e.V. Erzeuger- u. Verbrauchergenossenschaft
Inselgasse 15
Tel. 07531/29392
P: 1,2,3,4,5,7,8,9,10,11, 12,13,15,16
V: VgtM

78462 Konstanz
Niederburgladen
Rheingasse 1
Tel. 07531/21114

78462 Konstanz
Holstein's Backhaus
Rosgartenstr. 8
Tel. 07531/29719
P: 2
V: Bioland

78462 Konstanz
Reformhaus Fecht
Stephansplatz 11

V: Demeter

78462 Konstanz
Mestel Naturkost
Tägermoosstr. 27
Tel. 07531/16373
V: BNN, Demeter

78462 Konstanz
Holstein's Backhaus
Wessenbergstr. 13a
Tel. 07531/20294
P: 2
V: Bioland

78464 Konstanz
Jura Naturheilmittel
Nestgasse 2
Tel. 07531/31487

78467 Konstanz
Klaus Thurner
Am Briel 51b
V: Demeter

78467 Konstanz
Holstein's Backhaus
August-Borsig-Str. 3
Tel. 07531/653
Fax 07531/66873
P: 2
V: Bioland

78467 Konstanz
Holstein's Backhaus
Wollmatinger Str. 25
Tel. 07531/52247
P: 2
V: Bioland

71404 Korb
Bundesverband Ökologischer Weinbau Gruppenvertretung Württemberg
Ernst-Heinkel-Str. 22
Tel. 07151/32652/326

71404 Korb
Weingut Schmalzried
Kirchstr. 61/3

Tel. 07151/32652
P: 16

70825 Korntal
Gärtnerei Jürgen Walter
Am Lotterberg 13A
Tel. 0711/8380437
Fax 0711/837582
P: 7, 9
V: Bioland, VgtM

70825 Korntal
Ökoweindepot & Naturfeinkost Ute Walter
Weilimdorfer Str. 1
Tel. 0711/831199
Fax 0711/837582
P: 1,2,3,4,5,6,7,8,9,10, 11,12,13,14,15,16
V: Bioland

70806 Kornwestheim
Reformhaus Ute Herrmann
Bahnhofstr. 34
V: Demeter

70806 Kornwestheim
Reformhaus
Braig S. Grill
Johannes-Str. 9
V: Demeter

76703 Kraichtal
Egger-Bio-Produkte
Burgstr. 26
Tel. 07250/455
P: 15

76703 Kraichtal
Bertold Hering
Roßfeld 1
V: Demeter

76703 Kraichtal
Herbert Ernst
Untere Bergstr. 20
P: 7, 8, 9
V: Bioland, Demeter

Baden-Württemberg

76703 Kraichtal-Gochsheim
Lepp GbR
Seebergerteich
Tel. 07258/405
P: 5,8,9,10,11
V: Demeter

72505 Krauchenwies
Helmut Seeger
Weihergarten 4
Tel. 07576/7440
P: 5, 7, 8, 9, 11
V: Bioland

88079 Kressbronn
Siegfried Jäger
Turnau 7
Tel. 07543/8045
P: 7, 9, 11, 12
V: Bioland

97900 Külsheim
Willi Krug
Kapellenstr. 11
Tel. 09345/6989
P: 8, 11
V: Demeter

97900 Külsheim
Walter Müller
Pfarrgasse 18
Tel. 09345/1069
P: 3, 7, 8, 9, 11
V: Demeter

74653 Künzelsau
Bäckerei Wolf
Keltergasse 51
Tel. 07940/3577
P: 2
V: Demeter

74653 Künzelsau
's Fingerhütle
Komburgstr. 6/1
Tel. 07940/6766
P: 2,3,7,8,9,10,11,12, 13,15,16
V: BNN, Demeter

74653 Künzelsau
Rudolf Reinhart
Schloß Stetten
V: Demeter

74653 Künzelsau
Ernst Bürkert
Siegelhof
Tel. 07940/2246
P: 5, 7, 8, 9, 11, 12
V: Demeter

74653 Künzelsau
Fritz Frank
Steinbacherweg 100
Tel. 07940/8392
P: 7, 8, 9, 11
V: Demeter

74653 Künzelsau
Dr. C. v. Wistinghausen Brunnenhof
Tel. 07940/2230
Fax 07940/4911
P: 6, 15
V: Demeter

79790 Küssaberg
Verein Öpfelbutze e.V.
Hauptstr. 12
V: Demeter

79790 Küssaberg
Bäckerei-Lebensmittel August Amann
Zurzacher Str. 18
P: 2
V: Demeter

74635 Kupferzell
Metzgerei Beck
Am Marktplatz 13
Tel. 07944/2875
P: 5
V: Bioland

74635 Kupferzell
Martin Schäfer
Belzhag-Bühlweiler 15
Tel. 07944/2566
P: 7, 8, 9, 11, 12, 13

V: Demeter

68526 Ladenburg
Cyclus
Hauptstr. 58
Tel. 06203/15010

68526 Ladenburg
Naturkost Löwenscheuer
Kronbergergasse 3
Tel. 06203/15532
V: BNN, Demeter

77933 Lahr
Nakola
Ernetstr. 22
Tel. 07821/3411

77933 Lahr
Labyrinth
Kaiserstr. 44b
Tel. 07821/271108
V: BNN, Demeter

77933 Lahr
Naturkost Mechler
Max-Planck-Str. 6
Tel. 07821/22653

77933 Lahr
Weingut Stadt Lahr Hans Wöhrle
Weinbergstr. 3
Tel. 07821/25332
Fax 07821/39398
P: 16
V: BÖW

89150 Laichingen
Natürlich Leben
Heinrich-Kahn-Str. 2
Tel. 07333/7597
V: Demeter

88255 Landwirt
Franz Kuch
Sulpach
P: 3
V: VgtM

88085 Langenargen
Metzgerei Brugger
Eisenbahnstr. 21
Tel. 07543/2298
P: 5
V: Bioland

88085 Langenargen
Franz Sauter
Oberdorferstr. 36
Tel. 07543/2351
P: 5, 8, 12
V: Bioland

74243 Langenbrettach
Rolf Hilligardt
Neuenstadter Str. 30
Tel. 07139/8163
P: 5, 7, 8, 11, 12, 13
V: Bioland

74595 Langenburg
Norbert Fischer
Blaufelder Str. 49
Tel. 07905/475
P: 5,11,12,14,15
V: Demeter

74595 Langenburg
Gerhard Steinbrenner
Blaufelder Str. 39
Tel. 07905/5121
P: 3, 5, 7, 8, 9, 11, 12, 13
V: Bioland

74595 Langenburg
Familie Stier
Merzenwiesen 3
Tel. 07905/664
P: 3, 5, 6, 7, 9, 12, 14
V: Demeter

97912 Lauda-Königshofen
Naturata e.G.
Tauberstr. 25
Tel. 09343/6209-0
Fax 09343/6209-49
P: 15

Einkaufsadressen

74348 Lauffen
Walter Moser
Landturm 2
Tel. 07133/6679
P: 5, 7, 8, 9, 11, 13
V: Demeter

74348 Lauffen
Kornhäusle Anna Rost
Schulstr. 13
Tel. 07133/12884
Fax 07133/63759
P: 1,2,3,7,8,9,10,11,12, 13,15,16
V: Bioland, BNN, Demeter

89584 Lauterach
Familie Mammel
Am Hochberg 27
Tel. 07375/1246
P: 2, 3, 5, 7, 8, 9, 10, 11, 12, 13
V: Bioland

78730 Lauterbach
Günther Buchholz
Welschdorf 2
Tel. 07422/7250
V: Demeter

78730 Lauterbach
Maria King
Hasenhof 1
V: Demeter

88637 Leibertingen
Lothar Braun-Keller
Bäumlehof 1
Tel. 0/466/1292
P: 5, 8, 9, 12, 13
V: Bioland

69181 Leimen
Metzgerei Schneider GmbH
Theodor-Heuss-Str. 42
V: Demeter

69181 Leimen-Gauangelloch
Fam. Lutz Lindenhof
P: 3
V: VgtM

70771 Leinfelden-Echterdingen
Martin Schäfer
Michaelshof am Streitgraben
Tel. 0711/793951
P: 7, 8, 9
V: Demeter

70771 Leinfelden-Echterdingen
Hansjörg Schrade
Wochenmarkt
Am Rathaus
P: 3
V: VgtM

70771 Leinfelden-Echterdingen
Edeka-Markt
Martin-Luther-Str. 1
P: 3
V: VgtM

70771 Leinfelden-Echterdingen
Öko Frischmarkt - Gerhard Genswein
Wochenmarkt
(Mi+Sa 7-12)
Tel. 07127/703
Fax 07127/894

70771 Leinfelden-Echterdingen
Demeter Baden-Württemberg
Hauptstr. 82

73252 Lenningen
Metzgerei Scheu & Weber
Weiler Str.
P: 5
V: VgtM

79853 Lenzkirch
Ernst Rogg
Kreuzhof
Tel. 07653/700
P: 5
V: Demeter

71229 Leonberg
Gepa - Aktion Dritte Welt Handel Regionalstelle Süd
Mollenbachstr. 25
Tel. 07152/9742-0
Fax 07152/9742-50
P: 15

71229 Leonberg
Grünkern Naturkost Dieter Römhild
Bahnhofstr. 1
V: Demeter

71229 Leonberg
Mörk Naturprodukte
Glemseckstr. 69
Tel. 07152/22156

71397 Leutenbach
Naturkostvertrieb
Sommerhalde 20
V: Demeter

88299 Leutkirch
Dieter Schapke
Bergs 1
Tel. 07561/1603
P: 3,5,9,11

88299 Leutkirch
Betriebsgemeinschaft Boschenhof
Friesenhofen 50
Tel. 07567/273
V: Demeter

88299 Leutkirch
Naturkost Übelhör KG
Friesenhofen-Bahnhof 2325
Tel. 07567/400 u. 820
Fax 07567/834

P: 8,10,15

88299 Leutkirch
Sonnenbaum Josef Schill
Kornhausstr. 6
V: Demeter

88299 Leutkirch
Regenbogen Vollwertkost
Nachtigallenweg 18
Tel. 07561/7847
V: Demeter

88299 Leutkirch
Naturkost Naturwaren Ulrike Breisch
Untere Grabenstr. 11
Tel. 07561/6630
Fax 07561/6630
P: 1,2,3,7,8,9,10,11,12, 13,14,15,16
V: BNN

88299 Leutkirch
Alfons Notz
Weipolshofen 6
Tel. 07561/1635
V: Demeter

77839 Lichtenau-Scherzheim
Gerhard Wahl
Kirchstr. 7
Tel. 07227/794
P: 3,5,7,8,9,10,12,13
V: Bioland

72805 Lichtenstein
Jürgen Stolz
St.-Blasius-Str. 14
Tel. 07129/5383
P: 6, 9
V: Bioland

72805 Lichtenstein-Honau
Albtal-Naturkost GmbH
Mahlweg 8

166 Baden-Württemberg

Tel. 07129/921040
Fax 07129/6217
P: 8, 10
V: Bioland, Naturland

74931 Lobbach
Frank's Vollwert-
Service
Klosterstr. 112
Tel. 06226/42308
V: BNN

74369 Löchgau
Helmut Schneider
Freudentalerstr. 41
Tel. 07143/18798
Fax 07143/26908
P: 16
V: BÖW

79843 Löffingen
Eberhard Meister
Gässle 3
Tel. 07654/1345
P: 5, 8, 9
V: Bioland

79843 Löffingen
Ute's Kornkiste
Kirchstr. 11
V: Demeter

79843 Löffingen
Karl-Heinz Benz
Wutachstr. 25
V: Demeter

79539 Lörrach
Gänseblümchen Öko-
Vertrieb
Haagener Str. 94
Tel. 07621/46617

79539 Lörrach
Sesam
Spitalstr. 9
Tel. 07621/49224

79540 Lörrach
Ile nature Herr Mer-
holz

Hermann-Albrecht-Str. 2
V: Demeter

89173 Lonsee
Hartmut Wachter
Albstr. 4
V: Demeter

89173 Lonsee
Karl Braun
Scharenstetter Str. 9
V: Demeter

73547 Lorch
Reformhaus Schäfer
Hauptstr. 37
P: 3
V: VgtM

72290 Loßburg
Gutshof Beilharz
Schömberg
Tel. 07446/2337
V: Demeter

71634 Ludwigsburg
Der Leuchtkäfer
Kaffeeberg 6
Tel. 07141/920587
P: 1,2,3,7,8,9,10,11,12,
13,15,16
V: BNN, Demeter

71634 Ludwigsburg
Rapunzel-Einzelhandel
Lindenstr. 40
Tel. 07141/921266
Fax 07141/901957

71640 Ludwigsburg
Feinkost Böhm
Breuningerland
P: 3, 5
V: VgtM

71642 Ludwigsburg
Drogerie Escher
Affalterbacher Str. 5
Tel. 07144/7183
Fax 07144/15820

P: 2,3,8,9,10,11,12,13,
15,16

77972 Mahlberg
Gärtnerei Karl Zipf
Eisenbahnstr. 39
Tel. 07825/655
P: 7, 9, 12
V: Bioland

**79429 Malsburg-
Marzell**
H. Vollmer + Ingrid
Goerz-Vollmer
Lippisbacherhof 1
V: Demeter

69254 Malsch
Weingut Millichbich'l
B. Sieber
Gartenstr. 23
Tel. 07253/25581
P: 16
V: Bioland

76316 Malsch
Naturkost Göhringer
u. Kropp
Richard-Wagner-Str. 11
Tel. 07246/6929
P: 1,2,3,4,5,6,7,8,9,10,
11,12,13,14,15,16
V: Bioland

68161 Mannheim
AlnaturA-Laden
N7, 12
Tel. 06121/152690
V: Demeter

68161 Mannheim
Kraut u. Rüben Natur-
kostladen Sabine Weiß
Quadrat T 3, 22
Tel. 0621/27191
P: 1,2,3,7,8,9,10,11,12,
13,15,16

68161 Mannheim
Kassiopelia
V 3, 13 Hinterhaus

Tel. 0621/28294
P: 15

68163 Mannheim
Bäckerei-Konditorei
Otto Burkart
Windeckstr. 30
P: 2
V: Demeter

68165 Mannheim
Biotopia Bioland-Gärt-
nerei
Augartenstr. 110
Tel. 0621/406713
P: 7
V: Bioland

68165 Mannheim
Reformhaus Ludwig u.
Schütthelm
Friedrichsplatz 15
V: Demeter

68165 Mannheim
Korntruhe - Inh. Kern
Seckenheimer Str. 30
Tel. 0621/443982
P: 2,7,8,9,10,11,12,
13,15
V: Demeter

68199 Mannheim
Naturata e.G.
Jürgen Hamm
Wilhelm-Wundt-Str. 75
V: Demeter

68239 Mannheim
Rewe-Markt Fedel
Schwabenstr. 2
V: Demeter

68259 Mannheim
Reformhaus E. Woll-
schläger
Hauptstr. 121
V: Demeter

Einkaufsadressen 167

68259 Mannheim
Vollkornbäckerei Lummerland
Schwanenstr. 43
P: 2, 7
V: VgtM

68307 Mannheim
Biotopia Gemüsebau
Am oberen Bruchrand
Tel. 0621/785154
Fax 0621/785154
P: 2, 3, 7, 8, 9, 11, 12, 16
V: Bioland

68307 Mannheim
*Biohof Blumenau
Gemeinschaftswerk
Arbeit u. Umwelt e.V.*
Im Blumenauer Bruch 3
Tel. 0621/788221
Fax 0621/788221
P: 3, 7
V: Bioland

68307 Mannheim
Korntruhe
Schönauer Str. 17b
Tel. 0621/774213

79232 March
Mobile
Alemannenstr. 23
Tel. 07665/3286

79232 March
*Holzapfel Naturkost
Dobiey u. Rukavina*
Hauptstr. 12
Tel. 07665/4640
V: Demeter

88677 Markdorf
Knusperhäusle
Ittendorfer Str. 3
Tel. 07544/6291
V: BNN

71706 Markgröningen
Helmut Mayer
Badgasse 13
Tel. 07145/4246
P: 7, 9, 12
V: Bioland

74214 Marlach
Katrin Graf
Äussere Gasse 6
Tel. 06294/9475

88437 Maselheim
Elmar Braun
Mühlgasse 1
Tel. 07356/2735
P: 8
V: Bioland

75433 Maulbronn
Kühlmann
Frankfurter Str. 110
V: Demeter

75433 Maulbronn
Pusteblume
Lienzinger Str. 16
Tel. 07043/8774

75433 Maulbronn
*Christian Birkle-Erben
Scheuelberghof*
Tel. 07043/2250
P: 2,3,5,6,8,9,12,16

79689 Maulburg
Hermann Jobst
Auf der Thalhalden
Tel. 07622/8195
V: Demeter

79689 Maulburg
*Ernst u. Christoph
Krumm*
Lettenweg 12
Tel. 07622/9490
P: 2, 3, 5, 7, 8, 9, 10, 11, 12, 13, 15
V: Bioland

88074 Meckenbeuren
Eugen Ludescher
Pfingstweidenstr. 9
P: 12
V: Demeter

88074 Meckenbeuren
Metzgerei Brugger
Tettnanger Str. 14
Tel. 07542/218
P: 5
V: Bioland

74909 Meckesheim
Wilhelm Welz
Meckesheimer Hof 4
Tel. 06226/2680
V: Demeter

88709 Meersburg
Familie Brugger
Laßbergstr. 9
Tel. 07532/6575
P: 7, 8, 11, 12
V: Bioland

88709 Meersburg
Kern & Korn
Winzergasse 14
V: Demeter

77974 Meißenheim
Dorothee Geist
Kürzeller Hauptstr. 43
Tel. 07824/2384
P: 7
V: Bioland

88512 Mengen
Alfons u. Erika Laux
Schnabelgasse 2
Tel. 07572/3325
P: 2, 5, 8, 10
V: Bioland

79291 Merdingen
Harald Süssle
Stockbrunnenstr. 6
Tel. 07668/7516
P: 16
V: BÖW

79291 Merdingen
Thomas Selinger
Wenzingerstr. 11
Tel. 07668/1052
P: 16
V: BÖW

71263 Merklingen
*Potpourri
Umweltladen*
Katharinenstr. 4
Tel. 07033/33929
Fax 07033/35652

89188 Merklingen
Raimund Walter
Beurerweg 6
Tel. 07337/554
P: 5, 7, 8, 9, 10, 11
V: Demeter

89188 Merklingen
Gerhard Salzmann
Millergasse 5
V: Demeter

72555 Metzingen
Bäckerei Fritz
Badstr. 12
Tel. 07123/42919
P: 2
V: Bioland

72555 Metzingen
Drogerie Fischer
Beim Rathaus 4
V: Demeter

72555 Metzingen
Metzgerei Reusch
Fabrikstr. 1
Tel. 07123/4348
P: 5
V: Bioland

72555 Metzingen
Löwenzahn
Stuttgarter Str. 45/1
Tel. 07123/14398
Fax 07123/18377

Baden-Württemberg

P: 1,2,3,7,8,9,10,11,12, 13,15,16
V: BNN

72555 Metzingen
Öko Frischmarkt -
Gerhard Genswein
Wochenmarkt
(Mi+Sa 7-12)
Tel. 07127/70326
Fax 07127/89404

88605 Meßkirch
Hans-Ulrich Andres
Jahnstr. 42
Tel. 07575/2997
P: 5, 8, 13
V: Bioland

72469 Meßstetten
Dritte Welt Laden
Ebinger Str. 12
Tel. 07431/6932
Fax 07431/63208

74545 Michelfeld
Fritz Dietrich
Koppelinshof 2
Tel. 0791/72438
P: 3, 5, 7, 8, 9
V: Bioland

77781 Mittelbiberach
Metzgerei Schmalzig
P: 5
V: VgtM

88441 Mittelbiberach
Bäckerei Keim &
Brecht
Industriestr. 5
Tel. 07351/12583
Fax 07351/14390
P: 2
V: Bioland

96268 Mitwitz
Ute u. Hermann Schäfer
Schwärzdorf 19
Tel. 09266/1362

P: 2, 5, 8, 9, 10, 15
V: Demeter

74219 Möckmühl
Naturkostladen Erika
Noz
Keltergasse 5
V: Demeter

73563 Mögglingen
Albert Lang
Hauptstr. 5
Tel. 07174/5925
V: Demeter

73563 Mögglingen
Demeter Gärtnerei
H. Wiedmann
Lauterner Str. 109
Tel. 07174/294
P: 7, 8, 9, 12

71696 Möglingen
Naturkost Hans-Peter
Henk
Rathausplatz 15
Tel. 07141/482045

71297 Mönsheim
H. u. J. Kleiner
Lerchenhof
Tel. 07044/7367
P: 3
V: Bioland

72116 Mössingen
Körnerstüble Beate
Schneider
Karl-Jaggy-Str. 35
Tel. 07473/21564
Fax 07473/21595
P: 1,2,3,4,5,6,7,8,9,10, 11,12,13,14,15,16
V: Demeter

74821 Mosbach
Reformhaus Jungborn
Keßlergasse
P: 3
V: VgtM

74821 Mosbach
Siebenkorn Naturladen
Thomas Latzel
Schwanengasse 11
Tel. 06261/17613
Fax 06261/18795
P: 1, 2, 7, 8, 9, 10, 11, 12, 13, 15, 16
V: BNN

69427 Mudau
Hofgemeinschaft Mühlenhof
Reisbacher Grund
V: Demeter

69427 Mudau-Steinbach
Georg Moser
Mudauer Str. 24
Tel. 06284/1588
P: 5, 8, 9
V: Demeter

75417 Mühlacker
Alfred Heermann
Denzelhalde 1
V: Demeter

75417 Mühlacker
Grünes Blatt
Rapp & Fischer
Schulstr. 7
Tel. 07041/45026
V: Demeter

78259 Mühlhausen-Ehingen
Wolfram Schultheiß
Schweizerhof
Tel. 07733/2821
P: 8, 9, 11
V: Bioland

78357 Mühlingen
Richard Wurst
Glashüttenhof
Tel. 07775/356
P: 5, 8

79379 Müllheim
Naturwaren-Löwenzahn
Renate Kratzmeier
Bismarckstr. 26
Tel. 07631/13770
V: Demeter

79379 Müllheim
Karl Heitz
Friedhofstr. 11
Tel. 07631/14214
P: 8, 9
V: Bioland

79379 Müllheim
Christopherus-Gemeinschaft Niederweiler
Lettengasse 8
V: Demeter

79379 Müllheim
Gärtnerei Pickel & Ludwig
Paula-Hollenweger-Str. 11
Tel. 07631/15756
P: 7, 9, 12
V: Demeter

79379 Müllheim
H. u. E. Weßbecher-Ritter
Weilertalstr. 35
Tel. 07631/2169
P: 7, 9, 12
V: Demeter

72525 Münsingen
Karl Tress Steighof
Bichishausen
P: 3, 5
V: VgtM

72525 Münsingen
LaVendel Naturladen
Beim unteren Tor 2
Tel. 07381/3931
Fax 07381/3254
V: BNN

Einkaufsadressen

72525 Münsingen
A. Engelhart
Gundelfinger Str. 17
Tel. 07383/473
P: 5
V: Demeter

72525 Münsingen
F. Kloker
Hauptstr. 17
Tel. 07383/1528
V: Demeter

72525 Münsingen
Steighof Tress
Landwirtschaftsstraße
Tel. 07383/504
V: Demeter

72525 Münsingen
Karl Krieg
Rosenbühlstr. 39
V: Demeter

72525 Münsingen-Bremelau
Franz Kloker
Ehinger Str. 22
Tel. 07383/1528
P: 2, 5, 7, 8, 9, 10
V: Demeter

74673 Mulfingen
Gerhard Henn
Albertshof 3
Tel. 07938/7403
P: 8, 9, 16
V: Bioland

74673 Mulfingen
Klaus Hildebrand-Weygoldt
Bernshofen 18
Tel. 07938/7462
P: 5
V: Bioland

74673 Mulfingen
Karl Rudolf Kollmar
Brunnengasse 15
Tel. 07938/482

P: 5, 7, 8, 11
V: Bioland

79112 Munzingen
Klaus Vorgrimmler
Ehrentrudisstr. 63
Tel. 07664/2489
P: 7,8,9,13,16
V: BÖW

71711 Murr
Mechthild von Woedtke
Burgweg 5
V: Demeter

71711 Murr
F. Bühler
Hohenhartweg 14
Tel. 07144/21484 u. 25113
P: 3, 7, 8, 9, 11, 13
V: Demeter

71540 Murrhardt
Körnerlädle
Brunnengasse 1
Tel. 07192/1429

71540 Murrhardt
Heiner Weiss
Hoffeld 18
Tel. 07192/6734
P: 8

71540 Murrhardt
Sonne-Post
Karlstr. 6
Tel. 07192/8083

71540 Murrhardt
Wacholderhof e.V.
Wacholderhof 17
Tel. 07192/7710
P: 7, 11
V: Bioland

70771 Musberg
Rudolf Gmelin GmbH & Co.
Eselsmühle

Tel. 0711/7542535
Fax 0711/7542806
P: 1,2,3,5,7,8,9,10,11, 12,13,15,16
V: Demeter

70771 Musberg
Feinkost Fischer
Hölderlinstr. 9-13
P: 3
V: VgtM

73557 Mutlangen
Josef Fauser
Erlengasse 1
Tel. 07171/71056
P: 5
V: Bioland

72202 Nagold
Obstmarkt Kokoschka
Am Turm
Karlstr. 31
P: 3
V: VgtM

72202 Nagold
Öko Lädle
Anita Menzler
Gerberstr. 8
V: Demeter

72202 Nagold
Naturfeinkost Mayer
Pfaffenstich
V: Demeter

69151 Neckargemünd
Obst-Gemüse-Südfrüchte Chr. Schäfer
Hauptstr. 63
V: Demeter

69151 Neckargemünd
Kornblume
Neckarstr. 5
Tel. 06223/72777
V: Demeter

69437 Neckargerach
AJS e.V.
Läufertsmühle
Weisbacher Str. 12
Tel. 06263/1643

74172 Neckarsulm
Metzgerei Prestel
Felix-Wankel-Str. 17
P: 5
V: VgtM

74172 Neckarsulm
Vollkornbäckerei Zartmann
Göppinger Str. 17
Tel. 07132/2336
P: 2
V: Bioland

74172 Neckarsulm
Vollkornbäckerei Zartmann
Hauptstr. 22
Tel. 07132/2336
P: 2
V: Bioland

74172 Neckarsulm
Karl Kühner
Ortsstr. 2
Tel. 07139/6743
P: 2, 3, 5, 7, 8, 11, 12, 13
V: Bioland

74172 Neckarsulm
Vollkornbäckerei Zartmann
Schloßgasse 7
Tel. 07132/2336
P: 2
V: Bioland

74172 Neckarsulm
Thomas u. Beate Lang
Wimpfener Str. 24
Tel. 07132/43427
P: 3, 5, 7, 8, 9, 11, 12, 13
V: Bioland

Baden-Württemberg

74172 Neckarsulm-Auerbach
Biolandgärtnerei Landes
Eugenbalzstraße
Tel. 07132/89119
Fax 07132/89021
P: 1,2,3,4,5,7,8,9,10,11, 12,13,14,15,16

72666 Neckartailfingen
Heinrich Wenzelburger
Tübinger Str. 74
V: Demeter

72654 Neckartenzlingen
Naturalis
Ermsstr. 5
Tel. 07127/18192
V: Demeter

74382 Neckarwestheim
Omikron
Marktplatz 5
Tel. 07133/17081
Fax 07133/17465

89189 Neenstetten
Ernst Unseld
Dorfplatz 21
Tel. 07340/6915
P: 7, 8, 9, 11
V: Bioland

89189 Neenstetten
Wolfgang u. Erwin Siehler
Ulmenstr. 18
Tel. 07340/7362
P: 5, 8, 9, 11
V: Bioland

88239 Neu-Ravensburg
Lydia Wurm
Hüttenweiler 3
Tel. 07528/6867
V: Demeter

89231 Neu-Ulm
Handelshof
Memminger Str. 54
P: 3
V: VgtM

89231 Neu-Ulm
Bühler's Reformhaus
Augsburger Str. 5
P: 3
V: VgtM

89231 Neu-Ulm
Erdapfel
Eckstr. 37/3
Tel. 0731/86588
Fax 0731/86825
P: 1,2,3,4,5,6,7,8,9,10, 11,12,13,15,16

75387 Neubulach
Bäckerei-Konditorei Walter Walz
Calwer Str. 10
P: 2
V: Demeter

75387 Neubulach-Altbulach
Martin Dietrich u. Fritz Lutz
Mühlstr. 6
Tel. 07053/3525 u. 7622
P: 3,5,9,11
V: Bioland

75305 Neuenbürg
Rena Schwarz
Vogelsangstr. 25
Tel. 07082/3714

75305 Neuenbürg
Naturkostladen
Wildbader Str. 65
Tel. 07082/50525

74196 Neuenstadt
Gemüsesaft GmbH
Obere Mäurichstr. 4
Tel. 06264/7570
Fax 06264/7770

P: 13
V: Bioland, Demeter

74196 Neuenstadt
Helmut Hübner
Klingenberg 4
Tel. 07139/8514
P: 7, 8, 9, 11, 12
V: Demeter

74196 Neuenstadt
Walter Kress
Liststr. 17
Tel. 07139/2805
P: 2, 3, 5, 7, 8, 9, 11, 12
V: Bioland

74632 Neuenstein
K. Breutner
Döttenweiler Haus Nr. 3
Tel. 07942/8089
V: Demeter

74632 Neuenstein
Christoph Knausenberger
Friedrichsruher Str. 80
Tel. 07942/2360
P: 1,3,7,8,9,10,11,12,13
V: Bioland

74632 Neuenstein
Charisma
Friedrichstr. 3

74632 Neuenstein
E. Dadischeck u. R. Käppler
Häuserstr. 18
V: Demeter

74632 Neuenstein
Metzgerei Beck
Schloßstr. 15
Tel. 07942/2320
P: 5
V: Bioland

79691 Neuenweg
Friedrich Hornberger
Haus Wiesengrund

Tel. 07673/279
V: Demeter

72639 Neuffen
Norbert Edlmayer
Kirchstr. 6
Tel. 07123/15043
P: 9, 12, 13
V: Bioland

72419 Neufra
Josef Dickreuther
Untere Gasse 25
Tel. 07574/3385
P: 5, 8, 9, 12, 13, 14, 15
V: Bioland

73765 Neuhausen
Naturwaren Siebenkorn
Bahnhofstr. 6
Tel. 07158/7173
P: 2,3,4,5,6,7,8,9,10,11, 12,13,15,16
V: BNN

73765 Neuhausen
Itufa
Marktstr. 8
V: Demeter

75242 Neuhausen
Erich Enghofer
Forststr. 5
Tel. 07234/5904
P: 8, 9
V: Bioland

75242 Neuhausen
Gebhard Mühlthaler
Schelmenstr. 4
Tel. 07234/1408
P: 7, 8, 9, 11, 12, 15, 16
V: Bioland

88099 Neukirch
Waltraud u. Alfred Schupp
Hinteressach 2
Tel. 07528/2304
P: 3, 5, 7, 12

Einkaufsadressen 171

V: Bioland

73491 Neuler
Willi Rupp
Jägerstr. 21
Tel. 07366/5957
P: 5, 7, 8, 9
V: Demeter

88239 Neuravensburg
Franz u. Lydia Wurm
Hüttenweiler 3
Tel. 07528/6867
Fax 07528/7423
P: 12, 13
V: Demeter

77743 Neuried
Bäckerei E. Marzluff
Große Riedgasse 24
P: 2
V: Demeter

75389 Neuweiler-Oberkollwangen
Hermann Lutz
Wildbaderstr. 11
Tel. 07055/1232
V: Demeter

78078 Niedereschach
Gustav Vosseler
Bühlhof
Tel. 07728/582
P: 7, 8, 9, 12
V: Bioland

74676 Niedernhall
R. Käppler u.
E. Dadischeck
Hofgut Hermersberg
Tel. 07940/6894
Fax 07940/58138
P: 3, 7, 9, 12, 13, 15
V: Demeter

74676 Niedernhall
O. Faul-Grünsfelder
Hofgut Hermersberg 6
Tel. 07940/53833

P: 2, 5, 7, 8, 9, 12, 13
V: Demeter

97996 Niederstetten
Gerhard Harpf
Aussiedlerhof 75
Tel. 07932/8363
P: 7, 8, 9, 11
V: Demeter

97996 Niederstetten
Biohof Albert Dürr
Eichenhof 24
Tel. 07932/8345
P: 3,16
V: VgtM

97996 Niederstetten
Karl Gebhardt
Eichhof Haus Nr. 21
Tel. 07932/396
P: 5, 7, 8, 9, 11, 12
V: Demeter

97996 Niederstetten
Friedrich Brenner
Heimberg 21
Tel. 07939/402
P: 8, 9
V: Bioland

97996 Niederstetten
Familie Oskar Striffler
Kirchstr. 27
Tel. 07932/365
P: 3, 7, 8, 9, 11
V: Demeter

97996 Niederstetten
Wilhelm Dimler
Pfitzingen 34
Tel. 07932/8624
P: 3, 5, 7, 8, 9, 11, 12, 13
V: Demeter

74226 Nordheim
Günter Aufrecht
Bahnhofstr. 7
Tel. 07133/5731
P: 12

V: Demeter

77787 Nordrach
Heinrich Uhl
Huberhofstr. 26
Tel. 07838/233
P: 5
V: Demeter

77787 Nordrach
Schmieder
Schottenhöfen 5
Tel. 07838/354
P: 12
V: Naturland

72622 Nürtingen
Reformhaus-Riedel
Gerhard Riedel
Brunnsteige 11
Tel. 07022/39266
Fax 07022/36740
P: 2,3,8,9,10,11,12, 13,16

72622 Nürtingen
Christa u. Eugen
Traub Hopfenhof
Oberensinger Höhe
Tel. 07022/5670
P: 1, 2, 3, 5, 7, 8, 9, 10, 11, 12, 13, 15
V: Bioland, VgtM

72622 Nürtingen
Primel Naturkost
GmbH
Wörthstr. 12
Tel. 07022/32292
Fax 07022/33793
V: BNN

72622 Nürtingen
Bioland -
Landesverband
Baden-Württemberg
Eugenstr. 21
Tel. 07022/35090
Fax 07022/33403

69226 Nußloch-Maisach
Markus Schmutz
Ortsstr. 8
Tel. 06224/170462
P: 1,2,3,5,7,8,9,10,11, 12,13,15,16
V: Bioland

72644 Oberboihingen
Naturwaren Barbara Ertl
Hintere Str. 12
V: Demeter

77704 Oberkirch
Habakuk Naturwaren
Obere Grendelstr. 4
Tel. 07802/7144
Fax 07802/7144
P: 1,2,3,7,8,9,10,11,12, 13,15,16
V: BNN, Demeter

89611 Obermarchtal
Demeterhof
Ziegelhüttenweg 7
Tel. 07375/1482
Fax 07375/1482
P: 2, 5, 8

78727 Oberndorf
E. Dierolf
Römlinsdorfer Str. 9
Tel. 07423/3380
V: Demeter

74420 Oberrot
Fritz Altvater
Burgstr. 31
Tel. 07977/8129
P: 5, 11
V: Bioland

74420 Oberrot
Bäckerei Bohnet
Lindenstr. 18
P: 2
V: Bioland

Baden-Württemberg

74420 Oberrot
Betriebsgemeinschaft
Hägele Völklewaldhof
P: 2, 5, 7, 8, 9, 11
V: Demeter

74423 Obersontheim
Monika Schwarz
Am Sturz 4
Tel. 07973/5269
P: 5, 11, 15
V: Demeter

74423 Obersontheim
Familie Schmidt
Erlenstr. 35
Tel. 07973/230
P: 5, 7, 8, 9, 11
V: Demeter

74423 Obersontheim
Martin Mayer
Hengelgasse 1
Tel. 07973/5924
P: 5, 8, 9, 11
V: Bioland

74182 Obersulm
Drogenhilfe Tübingen e.V.
Friedrichshof 1
Tel. 07130/8987
P: 7, 12, 13
V: Bioland

74182 Obersulm
Weingut Frisch
Löwensteinerstr. 74
Tel. 07134/4726/3352
Fax 07134/10432
P: 16

74182 Obersulm-Willsbach
Die Runkelrübe
Mühlstr. 16
Tel. 07134/18417
Fax 07134/14053
P: 1,2,3,5,7,8,9,10,11,
12,13,14,15,16
V: BNN

88094 Oberteuringen
Reinhold Spenninger
Blankenried 2/1
Tel. 07546/2185
P: 3, 7, 8, 9, 11, 12, 16
V: Bioland

88094 Oberteuringen
V. Metzler
Gehrenbergstr. 15
Tel. 07546/2214
P: 8, 9, 11, 13
V: Bioland

74847 Obrigheim
Heinrich-Hof
Kirstetter Str. 23
Tel. 06261/7763
Fax 06261/7763
P: 2, 3, 5, 7, 8, 9, 10,
11, 12, 13
V: Demeter

88416 Ochsenhausen
R. u. H. Musch
Ulmer Str. 18
Tel. 07352/3975
P: 7, 8, 9, 10, 12
V: Bioland

78337 Öhningen
Christoph Henn
Im Oberdorf 8
V: Demeter

74613 Öhringen
Hans Stasche
Alter Weinberg
Tel. 07941/7289
P: 12
V: Demeter

74613 Öhringen
Gerhard Herrmann
Am Bächle 1
Tel. 07941/35760
P: 7, 8, 9, 11, 12
V: Demeter

74613 Öhringen
'S Körnle Naturwaren & Tee
Austr. 17
Tel. 07941/37987
Fax 07941/63725
P: 1,2,3,7,8,9,10,11,12,
13,15,16
V: BNN, Demeter

74613 Öhringen
Rosemarie Will
Gartenbühlstr. 33
Tel. 07948/539
P: 3, 5, 8, 9, 12
V: Bioland, VgtM

74613 Öhringen
Jürgen Baumgartl
Hof Ruckhardtshausen
Tel. 07948/2482
P: 5, 7, 9, 12
V: Bioland

74613 Öhringen
G. Herrmann
Obermaßholderbach
Tel. 07941/35760
V: Demeter

74613 Öhringen
Kornblume Öhringen
Poststr. 22
V: Demeter

74613 Öhringen
Gärtnerei Ruckhardts-hof
Ruckhardtshausen 1
Tel. 07948/784
P: 7, 8
V: Bioland

74613 Öhringen-Untersöllbach
Roland u. Brigitte Geist
Kirchenrain 11
Tel. 07941/7434
Fax 07941/38188
P: 1, 13, 15, 16

V: Bioland

75248 Ölbronn-Dürrn
Metzgerei Brunner
Hauptstr. 28
P: 5
V: VgtM

75443 Ötisheim
Agathe Keller
Pfleggärten 3
Tel. 07041/2380
P: 7, 9
V: Bioland

77652 Offenburg
DER andere
NATURKOSTLADEN
Walter Kubin
Franz-Volk-Str. 22
Tel. 0781/75110
P: 1,2,3,4,5,6,7,8,9,10,
11,12,13,14,15,16

77652 Offenburg
Lebensmittelgeschäft
für Demeter- und Bio-
Erzeugnisse
Spitalstr. 6
Tel. 0781/73396
P: 2,5,7,13

77654 Offenburg
Naturkost-Yggdrasil
Schäfer
Hildastr. 49
Tel. 0781/34456
Fax 0781/43556
V: Demeter

77656 Offenburg
Lacon GmbH
In der Spöck 10
Tel. 0781/55802
Fax 0781/55812
P: 15

77656 Offenburg-Weier
Johannes Witt
Hubertusstr. 13

Einkaufsadressen 173

Tel. 0781/56840
P: 7, 9

72131 Ofterdingen
Metzgerei Karl-Heinz Grießhaber
Bachsatzstr. 9
Tel. 07473/22310
P: 5

68723 Oftersheim
Die kleine Mühle
Mannheimerstr. 11
Tel. 06202/53665

73275 Ohmden
E. und K. Bachhofer
Holzmadener Str. 14
P: 3
V: VgtM

77728 Oppenau
Siegfried Müller
Mattenhofweg 1
Tel. 07804/3326
Fax 07804/3029
P: 5, 7, 9, 11
V: Demeter

71570 Oppenweiler
Walter Bühler
Rietenauer Weg 29
Tel. 07191/443552
V: Bioland

74706 Osterburken
Fa. Dietz Fruchtsaftkelterei
Industriepark 2
Tel. 06291/8091
Fax 06291/9519
P: 13
V: Bioland

73760 Ostfildern
Alfons Hackenberg
Im Kapf 4
Tel. 0711/444318
P: 7, 8, 9
V: Bioland

73113 Ottenbach
Weeger
Breitfelderhof
P: 3
V: VgtM

77833 Otterweier
Franz Dinger
Goethestr. 1
V: Demeter

77833 Otterweier
Kurt Paulus
Hubstr. 54
Tel. 07223/24636
P: 12

73277 Owen
Fritz Nuffer
Brühlstr. 6
Tel. 07021/58829
P: 12
V: Bioland

73277 Owen
Metzgerei Scheu & Weber
In der Braike 20
Tel. 07021/51774
P: 5
V: VgtM

73277 Owen
Familie Heinrich Gruel
Kirchheimer Str. 87
Tel. 07021/81158 u. 861461
P: 3, 7, 8, 9, 10, 11, 12, 13, 16
V: Bioland

72285 Pfalzgrafenweiler
Kurt Hindennach
Herzogstr. 69
Tel. 07445/6319
P: 5
V: Demeter

74629 Pfedelbach
Familie Moll

Pfedelbacher Str. 2
Tel. 07941/35020
P: 12
V: Demeter

76327 Pfinztal-Berghausen
Beate u. Helmut Petrik Biolandhof Am Heulenberg
Tel. 0721/460728
Fax 0721/465442
P: 2, 3, 5, 7, 8, 9, 12, 16

75172 Pforzheim
Viva - Das Vollwert-Bistro
Westl.-Karl-Friedrich-Str. 17
Tel. 07231/105962

75173 Pforzheim
Feinkost Böhm
Dillsteiner Str. 13
P: 3, 5
V: VgtM

75173 Pforzheim
Naturkostladen Wentz
Bleichstr. 46
Tel. 07231/25530
V: Bioland, Demeter

75173 Pforzheim
Die Waage GmbH & Co. KG
Schwarzwaldstr. 28
Tel. 07231/24138
V: Demeter

75177 Pforzheim
Sichermann
Eisinger Landstraße
Tel. 07231/52868
Fax 07231/52749
P: 3, 5, 6, 7, 8, 9, 10, 14
V: ANOG

75180 Pforzheim
Brot- u. Feinbäckerei GmbH Dieter Gleich

Belremstr. 28
Tel. 07231/72728
P: 2
V: Demeter

75173 Pforzheim
Prüfverein Verarbeitung
Oechselestr. 22
Tel. 07231/27826
Fax 07231/299199

75173 Pforzheim
Kontrollverein ökolog. Landbau e.V.
Oechselestr. 22
Tel. 07231/299199
Fax 07231/299199

88630 Pfullendorf
Kürbis Naturkost-Naturwaren
Am alten Spital 4
Tel. 07552/5533
P: 1,2,3,4,5,6,7,8,9,10, 11,12,13,14,15,16
V: BNN

88630 Pfullendorf
Johanneshof
Großstaddhofen 29
Tel. 07552/7453
P: 2, 5, 7, 8, 9, 11
V: Demeter

88630 Pfullendorf
Konrad Senn
Hausener Str. 9
V: Demeter

72793 Pfullingen
Der Naturladen
Marktstr. 14
Tel. 07121/78668
Fax 07121/790567
P: 1,2,3,4,5,6,7,8,9,10, 11,12,13,14,15,16
V: BNN

74385 Pleidelsheim
Gregor Sing

174 Baden-Württemberg

Großbottwarer Weg 3
Tel. 07144/21051
P: 7
V: Demeter

74385 Pleidelsheim
Rudolf Bender
Stuifenstr. 12
V: Demeter

72124 Pliezhausen
Naturwaren
Pliezhausen
Alemannenstr. 1
Tel. 07127/71288
V: Bioland, BNN, Demeter

72124 Pliezhausen
Bioland Gemüsebau
Dorothea Beck
Schützenstr. 7
Tel. 07127/70326
Fax 07127/89404
P: 1,3,5,7,8,9,12,13,14,16

72124 Pliezhausen
Öko Frischmarkt - Gerhard Genswein Wochenmarkt (Fr 7.30-12)
Tel. 07127/70326
Fax 07127/89404

73655 Plüderhausen
Karl Frey
Im Aichenbachhof 17
Tel. 07181/82073
P: 7, 12
V: Demeter

78315 Radolfzell
Ursula Krug
Bodenseestr. 14
P: 3
V: VgtM

78315 Radolfzell
Ursula Krug
Scheffelstr. 13
P: 3

V: VgtM

78315 Radolfzell
Holstein's Backhaus
Höllstr. 9
Tel. 07532/52354
P: 2
V: Bioland

78315 Radolfzell
Grünkern e.V.
Höllturmpassage 1
Tel. 07732/52464

78315 Radolfzell
Holstein's Backhaus
Konstanzer Str. 39a
Tel. 07732/13940
P: 2
V: Bioland

78315 Radolfzell
Neuköllner
Reformwaren GmbH
Postf. 13 80
Tel. 07732/807-0

78315 Radolfzell
Hermine Biethinger
Zur Schanz 4
Tel. 07738/5401
P: 12
V: Bioland

72414 Rangendingen
Herbert Beiter
Obere Gasse 4
Tel. 07471/8593
P: 3, 7, 8, 9, 15
V: Bioland

72414 Rangendingen
Konstantin Konstanzer
Rosenstr. 4
V: Demeter

76437 Rastatt
Mandelbaum
Schiffstr. 3
Tel. 07222/39208
V: BNN

76437 Rastatt-Plittelsdorf
Demeter - Obst- u. Gemüsebau
Blumenstr. 22
Tel. 07222/20668
P: 2, 3, 7, 8, 9, 11, 12, 13, 14

88212 Ravensburg
Wochenmarkt (Sa)
Arkaden
am Gespinstmarkt
P: 3
V: VgtM

88212 Ravensburg
Stand Forstenhäusler
Ummendorf
P: 3
V: VgtM

88212 Ravensburg
Gänsbühl
Einkaufszentrum-
Marktstr. 52
P: 3
V: VgtM

88212 Ravensburg
Hans Hespeler
Hinzistobel 16
Tel. 0751/25159
P: 8, 9, 11
V: Bioland

88212 Ravensburg
Bioase - S. Völker
Kirchstr. 9
Tel. 0751/15317
P: 1,2,3,7,8,9,10,11,12, 13,15,16
V: BNN

88212 Ravensburg
Mönchmühle
Inh. August Schuler
Leonhardstr. 5-6
Tel. 0751/23407 + 25
P: 8
V: Bioland

88212 Ravensburg
Kräutle Naturwaren
Marktstr. 23
Tel. 0751/33421
Fax 0751/33438
P: 1,2,3,4,5,6,7,8,9,10, 11,12,13,14,15,16
V: BNN

88213 Ravensburg
Martin Rieger
Oberzell
Tel. 0751/61786
P: 3, 8, 9, 12, 13
V: Bioland

88213 Ravensburg
Bäckerei Müller
Rümelinstr. 7
Tel. 0751/96202
P: 2
V: Bioland

88213 Ravensburg
Bäckerei Müller
Schloßhalde 31
Tel. 0751/96202
P: 2
V: Bioland

88213 Ravensburg
Hof Ibele -
Das Gemüseabo
Wippenreute 1
Tel. 07504/1428
Fax 07504/1515
P: 7, 9, 12, 13
V: Demeter

88214 Ravensburg
Gfroerer & Huber GbR
Anton-Bruckner-Str. 4
Tel. 03457/478313
Fax 034757/486449
P: 7, 12, 16

88214 Ravensburg
A. Rothenhäusler
Blaser
Tel. 07520/2276
P: 12

Einkaufsadressen 175

V: Naturland

88214 Ravensburg
Dieter Schwendinger
Goethestr. 9
V: Demeter

74747 Ravenstein
Reinhold Otterbach
Hoher Baum 7
Tel. 06297/744
P: 2, 3, 8, 10
V: Bioland

74747 Ravenstein
Hubert Ziegler
Schollhof 1
Tel. 06297/530
P: 5, 7, 8, 9, 11, 15
V: Demeter

**74934 Reicharts-
hausen**
Günter Engelhart
Weinweg 1
V: Demeter

73262 Reichenbach
Reichenbacher Natur-
kostladen
Bahnhofstr. 16
Tel. 07153/54502
P: 1,2,3,5,7,8,9,10,11,
12,13,15,16

73262 Reichenbach
Naturkostladen Sylvia
Schurr
Hauptstr. 19
V: Demeter

78564 Reichenbach
Roland Hördt-Küttner
Martinsberg 6
Tel. 07429/667
P: 15
V: Bioland

68799 Reilingen
Doris Lochner
Uhlandstr. 24

V: Demeter

75196 Remchingen
Naturwaren Krauß
Hauptstr. 8
Tel. 07232/72332

73630 Remshalden
Ernst-Friedrich Haller
Im Brunnengarten 7
Tel. 07181/73637
P: 8, 12, 15
V: Demeter

77871 Renchen
Bäckerei-Konditorei-
Café Bruno Brose
Hauptstr. 66
P: 2
V: Demeter

77871 Renchen-Ulm
Sonja Kutz
Fronhofstr. 20
Tel. 07843/2774
P: 7, 12, 15
V: Demeter

71272 Renningen
G. Baral
Am Pfarrtor 9
P: 7, 12
V: Demeter

72764 Reutlingen
Engel GmbH
Albstr. 38
Tel. 07121/36321

72764 Reutlingen
Metzgerei Müller
Federnseestr. 20
Tel. 07121/329439
P: 5
V: Bioland, VgtM

72764 Reutlingen
Naturkost am Eck
Mauerstr. 26
Tel. 07121/321013
V: BNN

72764 Reutlingen
Der grüne Markt
Untere Gerberstr. 19
Tel. 07121/334488
Fax 07121/339529
P: 1, 2, 3, 7, 8, 9, 10,
11, 12, 13, 14, 15, 16
V: BNN, Demeter, VgtM

72764 Reutlingen
Vollkorn-Bäckerei
Berger
Wilhelmstr. 12
Tel. 07121/37387
P: 2
V: Bioland

72764 Reutlingen
Reformhaus Sperling
Wilhelmstr. 78
V: Demeter

72768 Reutlingen
Oferdinger Mühle
Am Mühlwehr 16
Tel. 07121/96670
Fax 07121/966720
P: 8,10,16
V: Bioland

72768 Reutlingen
Thomas Fuhr
Käthe-Kollwitz-Str. 16
Tel. 07121/670595
P: 2, 3, 7, 8, 9, 11
V: Bioland

**72770 Reutlingen-
Gönningen**
H. u. J. Freudigmann
Groß-Erlach
Tel. 07072/6595
P: 8, 12
V: Bioland

77866 Rheinau
Vollkornbäckerei Hans
Wüst
Römerweg 6
Tel. 07227/1092
Fax 07227/1092

P: 2
V: Demeter

77866 Rheinau
Auskunftsstelle d. Ar-
beitsgemeinschaft f.
naturgemäßen Land-,
Obst- u. Gartenbau
Waldstr. 10
Tel. 07844/2128
Fax 07844/2128
V: Demeter

79618 Rheinfelden
Der Natürliche Laden
Rolf Böhler
Kapfweg 7
Tel. 07623/63816
V: BNN

79618 Rheinfelden
Richter-Mühle
Nollingerstr. 66
Tel. 07623/1490
Fax 07623/1490
P: 2, 7, 8, 10, 11,16

77836 Rheinmünster
Hubert Meder
Wacholderhof
V: Demeter

78247 Riedheim
Verkaufswagen Grün-
kern (Do 12.50-13)
Gasthof Freihof
P: 3
V: VgtM

79400 Riedlingen
Matthias Wolff
Im Gässli 20
P: 16

88499 Riedlingen
Eugen Herb
Am Ziegelberg 6
Tel. 07371/3365
P: 5, 12, 13, 14
V: Bioland

176 Baden-Württemberg

88499 Riedlingen
Birgit Funk
Sägmühlstr. 6
Tel. 07373/785
P: 5, 7, 8, 9, 11
V: Bioland

78239 Rielasingen
Verkaufswagen Grünkern
Gärtnerei Wachenheim
P: 3
V: VgtM

73469 Riesbürg-Goldburghausen
Heinrich Hiesinger
Baldinger Str. 11
Tel. 09081/7289
P: 2,3, 5, 7, 8, 9, 10, 11, 15
V: Bioland

88400 Ringschnait
Helmut Schick
Hauptstr. 39
Tel. 07352/7504
Fax 07352/7738
P: 7,8,9
V: Bioland

74255 Roigheim
Günther Baur
Hauptstr. 88
Tel. 06298/1913
V: Demeter

73494 Rosenberg
Heinz u. Lieselotte Mack
Schüsselhof 1
Tel. 07967/6214
P: 2, 10
V: Bioland

74749 Rosenberg
Dr. Jürgen Hämer
Gestüt Hinter d. Hesselich
Tel. 06295/1312
P: 8

V: Bioland

74749 Rosenberg
Siegfried Frank
Vorstadt 11
Tel. 06295/629
P: 2, 3, 5, 7, 8, 9, 11, 12
V: Bioland

72348 Rosenfeld
Weingut
Günther-Lehnerhof
Balinger Straße
Tel. 07428/1241
P: 16
V: Naturland

72348 Rosenfeld
Helixor Heilmittel GmbH
Hofgut Fischermühle
V: Demeter

72344 Rosenfeld
Vereinigung für wesensgemäße Bienenhaltung e.V.
Hofgut Fischermühle
Tel. 07428/2705
Fax 07428/2599

74585 Rot am See
Susanne u. Martin Dörr
Herbertshausen
Tel. 07958/261
P: 2, 5, 7, 8, 9, 15
V: Demeter

74585 Rot am See
Kurt Laukenmann
Kleinansbach Nr. 1
Tel. 07958/451
P: 8, 9, 11
V: Bioland

74585 Rot am See
Hannelore Frank
Weikersholz Nr. 8
Tel. 07958/329
P: 5, 8, 11

V: Demeter

74585 Rot am See-Kleinansbach
Kurt Laukenmann
Schwellenwiesen 1
Tel. 07958/451
P: 5, 7, 8, 9, 11
V: Bioland

74585 Rot am See-Kühnhard
Walter Östreicher
Limbacher Str. 14
Tel. 07958/8190
P: 2,3,5,7,8,9,10
V: Bioland

89616 Rottenacker
Dieter Walter
Bleiche 1
Tel. 07393/1741
P: 3, 7, 8, 9, 11
V: Bioland

72108 Rottenburg
Vorteilkauf
Niedernauer Str.
P: 3
V: VgtM

72108 Rottenburg
Kapuzinerladen
Gartenstr. 8
Tel. 07472/3578
Fax 07472/26117
P: 1,2,3,4,5,6,7,8,9,10, 11,12,13,14,15,16
V: BNN, VgtM

72108 Rottenburg
Alfred Beck
Hechingerstr. 10
Tel. 07472/8064
P: 8
V: Bioland

72108 Rottenburg
Hans Lanz
Immenweg 11
V: Demeter

72108 Rottenburg
Bäckerei Johannes Vees
Königstr. 60
P: 2
V: Demeter

72108 Rottenburg
Volkmar Raidt
Rohrhaldenweg 13
V: Demeter

72108 Rottenburg
JVA Rottenburg
Schloß 1
Tel. 07472/162271
P: 7, 8, 9
V: Bioland

72108 Rottenburg
Georg Rauser
Heuberger Hof 5
Tel. 07472/21320
V: Bioland

72108 Rottenburg-Baisingen
Alois + Klaus Stopper
Weberstr. 3
Tel. 07457/4216
P: 2, 7, 8, 9, 10, 12
V: Bioland

72108 Rottenburg-Bieringen
Lorenz Truffner
Neckartalstr. 13
Tel. 07472/41104
P: 8, 9, 12
V: Bioland

78628 Rottweil
Claus Lutz Hofgut Neckarburg
Tel. 0741/44575
Fax 0741/44575
P: 8, 10
V: Bioland

Einkaufsadressen 177

78628 Rottweil
Bäckerei Maier Inh.
Schwarz
Königstr. 67
P: 2
V: Demeter

78628 Rottweil
Alois Fisahn
Lochenstr. 6
V: Demeter

78628 Rottweil
Sonnenblume Monika
Hoffmann
Schramberger Str. 5
V: Demeter

73635 Rudersberg
Barbara + Hermann
Schulz
Haube 10
Tel. 07183/42228
P: 5, 9, 11
V: Bioland, VgtM

73635 Rudersberg
Naturalis Gärtnerei am
Waldenstein
Kelterstr. 16
Tel. 07183/2739 u. 7475
P: 3,7,9,11,12
V: Demeter

73577 Ruppertshofen-Birken
Herbert Zwiener
Hofstatt 1
Tel. 07176/2529
P: 11
V: Naturland

74343 Sachsenheim
Amaranth Naturkost
Obere Str. 28
V: Demeter

73084 Salach
Früchtekorb Köller
Wilhelmstr. 8
V: Demeter

88682 Salem
Jochen Albrecht
Stefansfelder Str. 9
P: 3
V: VgtM

88682 Salem
Vollkornbäckerei
Sieben Zwerge
Grünwanger Str. 4
P: 2
V: Demeter

88682 Salem
Hans Albrecht
Hof Schapbuch
Tel. 07553/7502
Fax 07553/7502
P: 2,5,7,8,9,10,11,12,
13,14,15

88682 Salem
Gustav Möhrle
Reutestr. 2
Tel. 07553/8714
P: 8, 9, 11, 12
V: Bioland

88682 Salem
Wolfgang Sorms - Rosenhof
Tüfingen
V: Demeter

88682 Salem
Auslandsberatungen
im ökol. u. biol.-dyn.
Landbau
Bahnhofstr. 44
Tel. 07553/8556
Fax 07553/6850
V: Demeter

88682 Salem
Gärtnerei Heilstätte
Sieben Zwerge
V: Demeter

88682 Salem
Rolf Günther
Spießhalden 1

V: Demeter

79361 Sasbach
Alexander Burkhard
Guldengasse 11
Tel. 07662/6173
P: 16
V: BÖW

79361 Sasbach
Max u. Alice Schneider
Karolinger Str. 3
V: Demeter

79361 Sasbach
Guido Friederich
Marckolsheimer Str. 3
V: Demeter

74589 Satteldorf
Familie Sander
Bölgental
P: 2, 5, 7, 8, 9, 11
V: Demeter

74589 Satteldorf
Willi Zinnecker
Gersbach
V: Demeter

88348 Saulgau
Reinhard Fuchs
Ostracher Str. 37
Tel. 07581/2831
P: 7, 8, 9, 11
V: Bioland

88348 Saulgau
Naturkost Härle
Paradiesstr. 4
Tel. 07581/6101

88348 Saulgau
Roland Stützle
Renhardsweilerstr. 26
V: Demeter

88348 Saulgau
Anton Löw
Saulgauer Str. 13

Tel. 07581/7624
P: 8, 9
V: Bioland

79227 Schallstadt
Helmut Stein
Vogesenstr. 4
V: Demeter

72516 Scheer
Agnes u. Eugen
Pröbstle
Hindenburgplatz 3
Tel. 07572/8218
P: 5, 8, 9, 11
V: Bioland

74850 Schefflenz
Peter Frey
Mühlbacher Str. 28
Tel. 06293/457
P: 7, 9
V: Bioland

89601 Schelklingen
Hans Kneer
Brunnenstr. 14
Tel. 07394/689
P: 5, 8, 11
V: Bioland

88433 Schemmerhofen
Michael Rechtsteiner
Bachhof 1
Tel. 07356/3440
P: 3, 5, 7, 8, 9, 11, 12
V: Bioland

74523 Scherbenmühle
Familie Ernst Heyd
Haus Nr. 24
Tel. 07907/2776
P: 5, 8, 9
V: Bioland

78337 Schienen
Verkaufswagen Grünkern (Di 16.15-16.45)
Im Leimacker

Baden-Württemberg

P: 3
V: VgtM

79418 Schliengen
Weingut Lämmlin-Schindler
Müllheimerstr. 4
Tel. 07635/440
P: 16
V: BÖW

79418 Schliengen
Anja u. Jürgen Schmid
Hanebecks-Hof
Obereggenen
Tel. 07635/8425
P: 11, 12
V: Demeter

88281 Schlier
Joh. Schattmaier
Butzenberg
P: 3
V: VgtM

88281 Schlier
Bernhard Heiss
Hof Zundelbach 1
Tel. 0751/41336
P: 2,3,5,7,8,9,10,11,12, 13
V: Demeter

88281 Schlier
Natürlich Fuchs
Kochernweg 100
Tel. 07529/3051

88281 Schlier
Sabine u. Albert Batzill
Rößlerhof
Tel. 0751/45619
P: 2, 3, 5, 7, 8, 9, 11, 12
V: Bioland

88281 Schlier
Gärtnerei Ulrich Gruninger
Rößlerhof
Tel. 0751/53389

P: 1, 2, 3, 5, 7, 8, 9, 11, 12, 13
V: Bioland

79859 Schluchsee
Heinrich Till
Mayerscher Hof
Tel. 07656/1792
V: Demeter

89194 Schnürpflingen
Siegbert Heese
Ammerstetten Nr. 27
Tel. 07346/3469
V: Demeter

75328 Schömberg
Kaufhaus Ingrid u. Konstantin Eitel
Schillerstr. 2
V: Demeter

71101 Schönaich
Horst Schönhaar
Schillerstr. 31
Tel. 07031/5609
P: 7, 8, 9, 12
V: Bioland

74214 Schöntal
Herbert Specht
Hohe Str. 3
Tel. 07947/558
P: 8

79650 Schopfheim
Demeter-Landprodukte
Bläsiweg 11
Tel. 07622/9601

79650 Schopfheim
Grünkern Jürgen Baas
Feldbergstr. 4a
Tel. 07622/62975
V: BNN, Demeter

79650 Schopfheim
Betriebsgemeinschaft H. Bartneck/G. Suyter

Raitbach 8
Tel. 07622/3731
P: 7
V: Demeter

72296 Schopfloch
Ökognom
Hauptstr. 33
Tel. 07443/3767

73614 Schorndorf
Lebensmittel Abramzik
Philip-Palm-Straße
P: 3
V: VgtM

73614 Schorndorf
Schwarzwurzel
Burgstr. 30
Tel. 07181/66322
V: BNN, Demeter

73614 Schorndorf
Drogerie Fotohaus Erdmann GmbH & Co. KG
J.-P.-Palm-Str. 9
V: Demeter

73614 Schorndorf
Schwarzwurzel
Konnenbergstr. 20
V: Demeter

73614 Schorndorf
Körnerlädle Naturkost
Neue Str. 13
Tel. 07181/69529
P: 3
V: Demeter, VgtM

78713 Schramberg
Franz King
Deisendorf 4
Tel. 07422/52251
V: Demeter

78713 Schramberg
Gerhard Schmid
Heimbachstr. 46
Tel. 07402/7277

Fax 07402/7077
P: 2,3,4,5,7,8,9,10,11, 15,16
V: Bioland

78713 Schramberg
Naturladen Reni Schatz
Marktstr. 2
Tel. 07422/21374
V: Demeter

69198 Schriesheim
Teekessel
Bahnhofstr. 14
Tel. 06203/68355
Fax 06203/62745
P: 1,2,3,5,6,7,8,9,10, 11,12,13,14,15,16
V: Demeter

69198 Schriesheim
Weingut Pfisterer
Landstr. 78
Tel. 06203/61288
Fax 06203/660429
P: 16
V: Bioland

74573 Schrozberg
Molkereigenossenschaft Hohenlohe-Franken eG
Postfach 46
Tel. 07935/546
Fax 07935/8547
P: 11
V: Demeter

74575 Schrozberg
Werner Neff
Albrecht-Dürer-Str. 17
V: Demeter

74575 Schrozberg
Otto u. Siegfried Dietz
Lindlein
Tel. 07935/241
P: 2, 5, 7, 8, 9, 11, 12, 13
V: Demeter

Einkaufsadressen 179

74575 Schrozberg
OBEG Organ. Biolog.
Erzeugergemeinschaft
Hohenlohe GmbH
Zell Nr. 3
Tel. 07935/1545
Fax 07935/1381
P: 1, 8, 10, 13, 15, 16
V: Bioland, VgtM

74575 Schrozberg
Walter Schuch
Zell Nr. 3
Tel. 07935/391
P: 8, 9, 12, 13, 16
V: Bioland

77978 Schuttertal
Astrid u. Wolfgang
Braun
Loh 13
Tel. 07826/542
P: 5, 6, 12, 13, 15
V: Naturland

77746 Schutterwald
Bäckerei-Konditorei
Klemens Walter
Hauptstr. 83
P: 2
V: Demeter

77746 Schutterwald
Arbeitsgemeinschaft f.
naturgemäßen Land-,
Obst- u. Gartenbau
e.V.
Ritterstr. 12
Tel. 0781/52830

73525 Schwäbisch Gmünd
Aura Naturkost
Ackergasse 1
Tel. 07171/64891
V: BNN, Demeter

73525 Schwäbisch Gmünd
Reform-Drogerie-Neuform Egon Müller

Eutighofer Str. 43
V: Demeter

73525 Schwäbisch Gmünd
Bäckerei Rolf Stemke
Vordere Schmiedgasse 13
P: 2
V: Demeter

73525 Schwäbisch Gmünd
Reformhaus
Ledergasse 16
P: 3
V: VgtM

73527 Schwäbisch Gmünd
Schloß Lindach GmbH
Abele
Schloß Lindach
V: Demeter

73527 Schwäbisch Gmünd
Albert Bader
Sachsenhof 16
P: 3
V: VgtM

73529 Schwäbisch Gmünd
Otto Retzbach
Schönbronn 2
V: Demeter

73529 Schwäbisch Gmünd
Michael Krieg
Steinbacher Höfe 1
V: Demeter

73529 Schwäbisch Gmünd
A. Klotzbücher
Marienstr. 1
P: 5
V: VgtM

73529 Schwäbisch Gmünd
Adalbert Klotzbücher
Marienstr. 1
Tel. 07171/4625
P: 5, 8, 11
V: Bioland

74523 Schwäbisch Hall
Bäckerei-Konditorei
Kronmüller
Gelbinger Gasse 24
Tel. 0791/6286
Fax 0791/7688
P: 2

74523 Schwäbisch Hall
Naturkosthaus
Wundertüte
Elisabeth Robakowski
Heimbacher Gasse 9
Tel. 0791/71915
P: 1,2,3,7,8,9,10,11,12, 13,16
V: Bioland

74523 Schwäbisch Hall
Metzgerei Beck
Im Haal 7
Tel. 0791/6532
P: 5
V: Bioland

74523 Schwäbisch Hall
Justizvollzugsanstalt
Schwäbisch Hall
Klein-Komburg
Tel. 0791/3068
Fax 0791/6966
P: 3, 7, 8, 9, 11, 12
V: Bioland

74523 Schwäbisch Hall
Vollkornbäckerei
Striffler
Kornhausstr. 17

Tel. 0791/71979
P: 2
V: Bioland

74523 Schwäbisch Hall
Vollkornbäckerei
Striffler
Lange Straße 25
Tel. 0791/7408
P: 2
V: Bioland

74523 Schwäbisch Hall
Günter Mohring
Obere Herrengasse 3
Tel. 0791/6775
Fax 0791/85413
P: 2,3,7,8,9,10,11,12, 13,15,16

74523 Schwäbisch Hall
Hohenloher Molkerei
eG
Raiffeisenstr. 4
Tel. 0791/2141-43
Fax 0791/2145
P: 11
V: Bioland

74523 Schwäbisch Hall
Friedrich Müller jr.
Ramsbach Nr. 3
Tel. 0791/3452
V: Demeter

74523 Schwäbisch Hall
Gärtnerei Scharpf
Hessenthal,
In der Klinge 10
Tel. 0791/2188
P: 2, 10
V: Bioland

74523 Schwäbisch Hall
Wundertüte

Baden-Württemberg

Heimbacher Gasse 9
Tel. 0791/71915
P: 1,2,3,7,8,9,10,11,12,
13,14,16

74193 Schwaigern
Reiner
Waldweghöfe 4
Tel. 07138/7164
Fax 07138/5900
P: 12
V: ANOG

74869 Schwarzach
s'Lädle
Hauptstr. 36
Tel. 06262/2990
Fax 06262/2990
P: 1,2,3,7,8,9,10,11,12,
13,15,16
V: Demeter

88477 Schwendi
Walcher-Speidel
Obere Str. 6
V: Demeter

88477 Schwendi-Hörenhausen
Josef Brugger
Hauptstr. 29
Tel. 07347/7681
P: 8, 9
V: Naturland

68723 Schwetzingen
Gasthaus Frankeneck
Friedrich-Ebert-Str. 36
Tel. 06202/3323

68723 Schwetzingen
*Tee & Naturkostladen
Ursula Pusch*
Friedrichstr. 37
Tel. 06202/14846
V: Demeter

74743 Seckach
Unabhängiger Beratungs- u. Kontroll-

dienst für ökol. Landbau
Birksiedlung 1
Tel. 06293/7242

74743 Seckach
Bäckerei Troißler
Friedhofstr. 1
Tel. 06298/385
P: 2
V: Bioland

89250 Senden
Segmüller
Aufheimer Str. 10
P: 3
V: VgtM

89250 Senden
Norma
Hauptstr. 37
P: 3
V: VgtM

89250 Senden
Norma
Berliner Str. 17
P: 3
V: VgtM

74372 Sersheim
Regenbogen
Bahnhofstr. 3
V: Demeter

74372 Sersheim
*Naturkost u. Weinbau
Xander*
Silcherstr. 10
Tel. 07042/33208
P: 16
V: Bioland

72488 Sigmaringen
Naturkostladen Sigmaringen E. Böhringer
Antonstr. 34
Tel. 07571/52442
Fax 07571/50236
P: 1,2,3,4,5,6,7,8,9,10,
11,12,13,14,15,16

V: Bioland

72488 Sigmaringen
Bruno Stehle
Christlhof
Tel. 07571/52116
P: 5, 8, 11
V: Bioland

72488 Sigmaringen
Bioland-Erzeugergemeinschaft Donau-Bodensee
Fürst-Wilhelmstr. 38
Tel. 07571/14601

72488 Sigmaringen
Bäckerei Schnitzer
Leopoldstr. 37
Tel. 07571/14858
P: 2
V: Bioland

79263 Simonswald
Friedrich Baumer
Nonnenbach 7a
Tel. 07683/432
P: 14
V: Naturland

79263 Simonswald
Reformhaus Steinhart
Talstr. 36

71063 Sindelfingen
Domo
Maichinger Str.
P: 3
V: VgtM

71063 Sindelfingen
Kornlädle Tomanek
Obere Vorstadt 36
V: Demeter

71065 Sindelfingen
Feinkost Böhm
Tilsiter Str. 15
P: 3, 5
V: VgtM

71065 Sindelfingen-Maichingen
GDR Schwarz u. Schartel
Hauptstr. 38
V: Demeter

78224 Singen
Grünkern e.V. Erzeuger- u. Verbrauchergenossenschaft
Alpenstr. 13
Tel. 07731/64427
P: 2,3,5,7,8,9,10,11,12,
13,14,15,16
V: VgtM

78224 Singen
Sanatur GmbH
Georg-Fischer-Str. 40a
Tel. 07731/64031

78224 Singen
*Der Laden
am Münsterplatz*
Kronengasse 2
Tel. 07721/52266

78224 Singen
*Naturkost Sunnewirbel
Günter Ruppert*
Thurgauer Str. 5
Tel. 07731/68479
Fax 07731/69866
P: 1,2,3,4,5,6,7,8,9,10,
11,12,13,14,15,16
V: Demeter

74889 Sinsheim
Norbert Schüle
Adersbacher Str. 15
Tel. 07261/61948
P: 5,7
V: Demeter

74889 Sinsheim
E. u. J. Voortman
Alte Römerstr. 21
Tel. 07261/4936
P: 7,12
V: Demeter

74889 Sinsheim
*Baudach's Backstube
u. Naturkostladen*
Bürgermeister-Sidler-
Str. 12
Tel. 07261/2286
Fax 07261/17978
P: 2
V: Demeter

74889 Sinsheim
W. Rittlinger
Hirschgasse 8
Tel. 07260/821
P: 7
V: Demeter

74889 Sinsheim
Bäckerei Gerd Landes
Hoffenheimer Str. 6
P: 2
V: Demeter

74889 Sinsheim
Karl Schirk
Kleinfeldstr. 17
Tel. 07261/4795
P: 7, 12
V: Demeter

74889 Sinsheim
*Naturkost Mini-Markt
u. Versand*
Weidengasse 4
Tel. 07266/2690

74889 Sinsheim
Ernst Schmutz
Wöttlinstr. 2
Tel. 07266/8503
V: Bioland

74889 Sinsheim
*Naturkostladen
Holunder*
Zwingergasse 1
Tel. 07261/63303
V: BNN, Demeter

**74889 Sinsheim-
Adersbach**
Philipp Schneider Aussiedlerhof
Tel. 07261/2869
P: 5, 7, 8, 9, 10, 11, 15
V: Demeter

76547 Sinzheim
Frische Insel
Kirrlachweg 1
Tel. 07221/85351
Fax 07221/85352
P: 1,2,3,4,5,6,7,8,9,10, 11,12,13,14,15,16

**76547 Sinzheim-
Halberstung**
Reinhard u. Gabriele Frank
Lindenstr. 29
Tel. 07221/83307
P: 7, 8, 9

72820 Sonnenbühl
*Metzgerei
Allmendinger*
Schießgasse 4
Tel. 07128/2302
Fax 07128/2991
P: 5
V: Bioland, VgtM

78549 Spaichingen
Die Insel
Hauptstr. 126
Tel. 07424/4949
V: BNN, Demeter

71579 Spiegelberg
Hans Jakob Felger
Hauptstr. 12
V: Demeter

71579 Spiegelberg
Familie Geyer
Hinter den Gärten 26
Tel. 07194/286
P: 5, 7, 8, 9, 11, 12
V: Demeter

78112 St Georgen
Schnitzer GmbH & Co. KG
Feldbergstr. 11
Tel. 07724/8802-0

78112 St Georgen
*Edgar Schmieder
Grußjocklhof*
Hilsbachweg 1
Tel. 07724/1609
Fax 07724/5563
P: 5, 8, 9, 11, 14
V: Demeter

78112 St. Georgen
*Naturkostladen
Brigitte Winterhulder*
Gerwigstr. 33
Tel. 07724/4069
P: 1,2,3,7,8,9,10,11,12, 13,14,15

78112 St. Georgen
Helmut u. Inge Haas
Märtishof
Tel. 07724/1452
P: 5, 11
V: Bioland

78112 St. Georgen
Wälder GbR Untermühlbachhof Familie Lenzner
Petersell
Tel. 07724/1008
Fax 07724/2974
P: 5, 8, 11
V: Bioland

**72813 St. Johann-
Gächingen**
Siegbert Lamparter
Alte Steige 8
Tel. 07122/3170
P: 5
V: Bioland

68789 St. Leon-Rot
Werner Hennrich
Weinbergstr. 14
V: Demeter

79271 St. Peter
Hans Frey - Freyhof
Eichwaldstr. 3
Tel. 07660/451
V: Demeter

**74653 Stachen-
hausen**
Erich Landes
Weldingsfelder Weg 5
Tel. 07940/8135
P: 3, 7, 8, 9, 11
V: Bioland

78315 Stahringen
Verkaufswagen Grünkern (Fr 16-16.20)
Töpferei Melchinger
P: 3
V: VgtM

72181 Starzach
Elisabeth Kienzle
Frommenhauserstr. 9
Tel. 07478/1743
P: 8
V: Bioland

79217 Staufen
Eubiona Naturwaren GmbH
Hauptstr. 58
Tel. 07633/80166
Fax 07633/80166
P: 15

79219 Staufen
Kreuz-Drogerie Otto Riesterer
Kirchstr. 16
V: Demeter

**79219 Staufen-
Grunern**
Weingut Köpfer
Dorfstr. 22
Tel. 07633/5288
Fax 07633/500419
P: 16

182 Baden-Württemberg

V: BÖW

77790 Steinach
Franz Xaver Weber
Dorfstr. 1
Tel. 07832/1554
P: 5
V: Naturland

77790 Steinach
Eduard Obert
Halderweg 4
Tel. 07832/8443
P: 5
V: Naturland

79585 Steinen
Schillinghof
Weitenau
Tel. 07627/571
V: Demeter

89555 Steinheim
Angelika u. Wolfgang Preiß
Knillweg 11
Tel. 07329/6281
P: 5
V: Bioland

88719 Stetten
Landwirt August Mark
Hauptstr. 16
P: 3
V: VgtM

88719 Stetten
Stefan Müller
Roggelestr. 1
Tel. 07532/9826
Fax 07532/5352
P: 3, 8, 9, 12
V: Bioland

78333 Stockach
Verkaufswagen Grünkern Wochenmarkt (Di)
P: 3
V: VgtM

78333 Stockach
Bio Bahnhof
Stahringer Str. 15
Tel. 07771/61123
P: 1,2,3,4,5,6,7,8,910, 11,12,13,14,15,16
V: BNN

78333 Stockach
Öko-Weinimport Peter Riegel
Zielstr. 13
Tel. 07771/61304
Fax 07771/5936
P: 16

75334 Straubenhardt
Jürgen Vischer
Parkweg 46
Tel. 07082/20439
P: 8, 9
V: Bioland

79780 Stühlingen
Karl Marber
Am Bad 1
V: Demeter

76297 Stutensee
Emil Friebolin
Am Rain 5
Tel. 07244/9520
P: 1, 3, 7, 8, 9, 10, 11, 12, 13, 15, 16

76297 Stutensee
Wichtelmännchen's Vollwert-Party-Service
Buchenring 23
Tel. 0721/689775
V: BNN

76297 Stutensee
Landesjugendheim Bernhard Rapp
Schloß Stutensee
Tel. 07249/770
P: 8, 9
V: Bioland

70173 Stuttgart
Feinkost Böhm
Calwer Str. 18
P: 3, 5
V: VgtM

70173 Stuttgart
Feinkost Böhm
Breuningermarkt
P: 3, 5
V: VgtM

70173 Stuttgart
Feinkost Böhm
Marktstr. 3
P: 3, 5
V: VgtM

70173 Stuttgart
Futura GmbH & Co. KG
Dorotheenstr. 4
Tel. 0711/233615
P: 5
V: VgtM

70173 Stuttgart
Naturgabe Markthalle
Dorotheenstr. 4
Tel. 0711/246824

70173 Stuttgart
Scheel
Eberhardstr. 1
V: Demeter

70176 Stuttgart
Metzgerei Belz
Traubenstr. 37
P: 3
V: VgtM

70178 Stuttgart
Reformhaus Heimbach Dr. H. Bruggrabe
Marienstr. 15
P: 3
V: VgtM

70178 Stuttgart
Café Merlin
Augustenstr. 72
Tel. 0711/618541

70178 Stuttgart
Wein + Sekt Andreas Schmiedberger
Hauptstätter Str. 77a
Tel. 0711/6493855
P: 16

70178 Stuttgart
Reformhaus Heimbach-Biesinger
Rotebühlstr. 59
P: 3
V: Demeter, VgtM

70182 Stuttgart
Naturwaren am Olgaeck Hans-Peter Ruff
Blumenstr. 38
V: Demeter

70184 Stuttgart
Ringelblume Sia Karimi
Schwarenbergstr. 158a
V: Demeter

70186 Stuttgart
Kramer
Gänsheidestr. 83
V: Demeter

70188 Stuttgart
C. Stein
Haußmannstr. 122a
P: 3
V: VgtM

70188 Stuttgart
Gesunde Kost J. König & Partner KG
Haußmannstr. 124
Tel. 0711/281372
P: 3
V: Demeter, VgtM

70190 Stuttgart
Arbeitsgruppe für Verbraucherfragen

Einkaufsadressen

Schützenstr. 18
Tel. 0711/247046

70191 Stuttgart
Denreé-Abholmarkt
Innerer Nordbahnhof 39
Tel. 0711/2573253
Fax 0711/2571713
V: Bioland

70191 Stuttgart
Gesellschaft f. biol. u. bio-dyn. Landprodukte OHG
Nordbahnhofstr. 57
Tel. 0711/2576303

70192 Stuttgart
A. Weckert
Eduard-Pfeiffer-Str. 120
Tel. 0711/251912
Fax 0711/25677283
P: 7,8,9,10,11,12
V: Demeter

70193 Stuttgart
Müller
Forststr. 180
V: Demeter

70195 Stuttgart
Evi Beierl
Griegstr. 27
V: Demeter

70197 Stuttgart
Feinkost Bissbort
Ludwigstr. 100
P: 3
V: VgtM

70197 Stuttgart
K. Horlacher Wochenmarkt
Bismarckplatz
P: 3
V: VgtM

70197 Stuttgart
Immergrün U. Hieber u. Partner KG
Seyfferstr. 59
Tel. 0711/632875
P: 3
V: Demeter, VgtM

70327 Stuttgart
Reformhaus Knupfer
Widdersteinstr. 13
P: 3
V: VgtM

70329 Stuttgart
Korngarbe
Augsburger Str. 660
Tel. 0711/326268
P: 1,2,3,4,5,6,7,8,9,10, 11,12,13,15,16
V: BNN, Demeter, VgtM

70372 Stuttgart
Feinkost Böhm
Seelbergstr. 26
P: 3, 5
V: VgtM

70372 Stuttgart
Reformhaus Seelberg Günther Stirnad
Wildunger Str. 77
V: Demeter

70372 Stuttgart
Cannstatter Naturkostlädle
Wilhelmstr. 12
Tel. 0711/567434
P: 1,2,3,4,5,6,7,8,9,10, 11,12,13,15,16
V: BNN, VgtM

70374 Stuttgart
Bionorm-Vertrieb G. Schmelzer KG
Tannenbergstr. 127
Tel. 0711/523058
Fax 0711/524007
P: 1,2,3,5,6,7,8,9,10,11, 12,13,15,16
V: Demeter

70435 Stuttgart
Metzgerei Eisenmann
Unterländer Str. 32
P: 3
V: VgtM

70435 Stuttgart
Naturwaren Löwenzahn
Elsässer Str. 24
Tel. 0711/8701391
Fax 0711/8702964
P: 1,2,3,5,6,7,8,9,10,11, 12,13,15,16
V: Demeter, VgtM

70469 Stuttgart
Rolf Gerlach
Stuttgarter Str. 169
P: 3
V: VgtM

70469 Stuttgart
Feuerbacher Reformhaus Siegfried Hoffmann
Stuttgarter Str. 105
V: Demeter

70499 Stuttgart
Rolf Gerlach
Pforzheimer Str. 353
P: 3
V: VgtM

70499 Stuttgart
Reformhaus Ammon
Glemsgaustr. 17
Tel. 0711/8873048
P: 3
V: VgtM

70563 Stuttgart
Grünschnabel
Robert-Koch-Str. 43
Tel. 0711/352502
P: 3
V: BNN, Demeter, VgtM

70563 Stuttgart
Das Biomobil Produkte aus kbA
Waldburgstr. 120
Tel. 0711/732194

70565 Stuttgart
M. Kolb
Thingstr. 77
P: 3
V: VgtM

70567 Stuttgart
Erwin Wolf
Filderbahnstr. 12
V: Demeter

70567 Stuttgart
Rabsteyn
Holdermannstr. 25
V: Demeter

70567 Stuttgart
Naturkost Möhringen
Märzenbaumstr. 20
P: 3
V: Demeter, VgtM

70567 Stuttgart
Hofladen Dorothea Reyer-Simpfendörfer
Unteraicher Str. 8
Tel. 0711/711890
Fax 0711/711890
P: 2,3,5,6,7,8,9,10,11, 12,13,15,16
V: Demeter

70567 Stuttgart
Ernst Längerer jr.
Vaihinger Str. 41
Tel. 0711/713663
P: 12

70569 Stuttgart
Feinkost Baun
Burgstr. 11
P: 3
V: VgtM

Baden-Württemberg

70597 Stuttgart
Feinkost Böhm
Löffelstr. 3-7
P: 3, 5
V: VgtM

70597 Stuttgart
Degerlocher Bio-Laden
Hans Orth
Felix-Dahn-Str. 52
Tel. 0711/7655407
P: 3
V: Demeter, VgtM

70597 Stuttgart
Laden Am Kastanienbaum
Laustr. 22
Tel. 0711/7654995
P: 3
V: BNN, Demeter, VgtM

70599 Stuttgart
Hansjörg Schrade
Marktstand
Alte Dorfstr. 1a
P: 3
V: VgtM

70599 Stuttgart
Gerhard Weber
Filderhauptstr. 30
P: 3
V: VgtM

70599 Stuttgart
Kernhaus
Mönchhof 2
P: 3
V: Demeter, VgtM

70619 Stuttgart
Feinkost Böhm
Sillenbuch, Kirchheimer Str. 71
P: 3, 5
V: VgtM

70619 Stuttgart
Metzgerei O. Fluhr
Fenchelstr. 15
P: 3
V: VgtM

70619 Stuttgart
Metzgerei Sokol
Schemppstr. 6
P: 3
V: VgtM

70619 Stuttgart
AVV - Demeter
Fenchelstr. 14
Tel. 0711/447831
Fax 0711/4411690
P: 2,5,6,7,8,9,10,11,12, 13,15

70619 Stuttgart
Tausendpfund Naturkost
Kleinhohenheimer Str. 4
V: Demeter

70619 Stuttgart
J. Gehrung Feinkost
Nellinger Str. 30
V: Demeter

70629 Stuttgart
Brücke-Cafe u. Dritte Welt Laden
Paulinenstr. 18
Tel. 0711/609090

70629 Stuttgart
Reinhard + Ursula Ortlieb
Uhlbacher Str. 201
Tel. 0711/328969
P: 2, 10
V: Bioland

70178 Stuttgart
Verbraucher-Zentrale Baden-Württemberg e.V.
Paulinenstr. 47
Tel. 0711/669114
Fax 0711/669150

73079 Süssen
Elisabetha Tuti
Bauschstr. 5
Tel. 07162/42636
P: 8, 10
V: Demeter

72172 Sulz
Peter Kuhn
Austernstr. 6
Tel. 07454/4569
P: 8
V: Bioland

72172 Sulz
Ökohof Neubauer
Dettingerstr. 27
Tel. 07454/3575
P: 5, 7, 8, 9
V: Bioland

74429 Sulzbach-Laufen
Haus Waldesruh
Schafhof
Tel. 07976/360
P: 5, 7, 12
V: Bioland

79295 Sulzberg
Regina Loreth u. Stefan Rueß
Hauptstr. 11
P: 2,3,11

79295 Sulzburg
Weingut Wendelin Brugger
Bachtelgasse 8
Tel. 07634/8957
Fax 07634/6410
P: 16
V: BÖW

79295 Sulzburg
WG Laufen
Hr. H. Czwartek
Weinstr. 48
Tel. 07634/714
P: 16
V: BÖW

97941 Tauberbischofsheim
Naturkostladen Kernbeißer
Manggasse 1
Tel. 09341/12140
Fax 09341/4720
P: 2,3,7,8,9,10,11,12, 13,15,16
V: Bioland

97941 Tauberbischofsheim
Gudrun u. Klaus Lauerbach
Tiefengasse 2
Tel. 09341/2621
P: 13,16
V: BÖW

78250 Tengen
Sonett Werner Geibel & Co. KG
Hohentwielstr. 15
Tel. 07736/7780

79331 Teningen
Norbert Hügle
Gallushof
Tel. 07641/51242
P: 16
V: BÖW

78144 Tennenbronn
Josef u. Erika Günter
Vorderer Mooshof
Tel. 07729/8154
P: 5, 9, 11
V: Bioland

88069 Tettnang
Bergpracht Milchwerk Halder & Co.
Tel. 07542/6095
Fax 07542/6693
P: 11
V: Bioland, Demeter

88069 Tettnang
Bohner Peter
Dentenweiler 6

Einkaufsadressen

Tel. 07543/5232
P: 5, 8, 9, 11, 13
V: Demeter

88069 Tettnang
Heinrich Spinnenhirn
Götzenweiler 3
Tel. 07543/8185
P: 12, 13
V: Bioland

88069 Tettnang
Die Handlung
Montfortstr. 22
Tel. 07542/51218
Fax 07542/51218
P: 1,2,3,4,5,7,8,9,10,11,
12,13,14,15,16
V: Bioland, Demeter

88069 Tettnang
Gebhard Heilig
Motzenhaus
Tel. 07542/4903
P: 12
V: Demeter

88069 Tettnang
Bäckerei-Konditorei S. Schafnitzel
Oberhof
P: 2
V: Demeter

88069 Tettnang
Peter Bentele
Wellmutsweiler 2
Tel. 07528/2380
Fax 07528/1592
P: 1, 12, 13
V: Demeter

79822 Titisee-Neustadt
Sesam - J. Grieshaber
Scheuerlenstr. 32
Tel. 07651/1630
Fax 07651/4524
P: 1,2,3,7,8,9,10,11,12,
13,14,15,16

79822 Titisee-Neustadt
Alfred Rombach
Schwabenhof
Tel. 07651/5813
P: 3, 5, 11
V: Naturland

79682 Todtmoos
Holderbeer - Naturkost, Kunst und Umwelt
Forsthausstr. 2
Tel. 07674/8242
Fax 07674/8942
P: 1,2,3,4,5,6,7,8,9,10,
11,12,13,14,15,16

72818 Trochtelfingen
Lothar Schmid
Jägerhof/Wilsingen
Tel. 07388/309
P: 8, 9
V: Demeter

78647 Trossingen
Kornhäusle Naturkost Ganges u. Brummer
Hans-Lenz-Str. 1
Tel. 07425/8055
V: BNN, Demeter

78647 Trossingen
Ernst-Martin Messner
Im Winkel 7
Tel. 07425/7172
Fax 07425/21849
P: 5, 7, 8, 9, 11
V: Bioland

72070 Tübingen
Gemüseladen Brugger
Neue Str. 14
P: 3
V: VgtM

72070 Tübingen
Grüner Pfeffer Naturwaren GmbH
Belthlestr. 30
Tel. 07071/45383

Fax 07071/42571
P: 1,2,3,4,5,6,7,8,9,10,
11,12,13,14,15,16
V: Demeter, VgtM

72070 Tübingen
Kornblume - Hans-Paul Möller
Haaggasse 15
Tel. 07071/52708
Fax 07071/26253
P: 1,2,3,4,5,6,7,8,9,10,
11,12,13,14,15,16
V: BNN

72070 Tübingen
Milchwerk Tübingen eG
Rappstr. 21
Tel. 07071/43021
P: 11
V: Bioland

72072 Tübingen
Handelshof
Reutlinger Str.
P: 5
V: VgtM

72072 Tübingen
A&O-Markt
Autenriedstr. 3
P: 3
V: VgtM

72072 Tübingen
Tierheim-Shop
Aschach 1
P: 3
V: VgtM

72072 Tübingen
Naturwaren Südstadt
Ebertstr. 33
Tel. 07071/38577
Fax 07071/42571
P: 1,2,3,4,5,6,7,8,9,10,
11,12,13,14,15,16
V: Demeter

72072 Tübingen
Metzgerei Wizemann
Eugenstr. 34
Tel. 07071/32517
P: 5

72072 Tübingen
Rudolf Trescher
Wilonstr. 28
V: Demeter

72074 Tübingen
Laden im Äule Naturkost
Äulestr. 2
Tel. 07071/82597
Fax 07071/86374
P: 1,2,3,4,5,6,7,8,9,10,
11,12,13,14,15,16
V: BNN, VgtM

72074 Tübingen
Ursula Hartl Lustnauer Mühle
Äulestr. 6
Tel. 07071/83464
P: 16

72076 Tübingen
A&O-Markt
Beim Herbstenhof 3
P: 3
V: VgtM

72076 Tübingen
Laden im Schafsbrühl
Berliner Ring 65
V: Demeter

72076 Tübingen
Eva + Wolfgang Kenter
Peter-Goessler-Str. 15
Tel. 07071/62909
P: 7, 12
V: Bioland

72076 Tübingen
Eckart Wizemann Hofladen
Waldhausen 5

186 Baden-Württemberg

Tel. 07071/600242
P: 3,5,7,8,9,10,11,12,13, 16
V: Bioland

72074 Tübingen
Naturgabe Vollkornbäckerei GmbH
Gartenstr. 30
Tel. 07071/52623
Fax 07071/26699
P: 2
V: Bioland, Demeter

78532 Tuttlingen
Waaghäusle-Naturkostladen J. Fehrenbach
Oberamteistr. 1
Tel. 07461/12286
Fax 07461/12286
V: Bioland, BNN, Demeter

88662 Überlingen
Klaus Wekerle
Am Göhren 10
Tel. 07551/61686
P: 3, 7, 8, 9, 11, 12
V: Bioland

88662 Überlingen
Helmuth Wesle
Andelshofer Weg 17
Tel. 07551/3349
P: 5, 8, 9, 11, 12
V: Bioland

88662 Überlingen
Hofgut
Brachenreute
V: Demeter

88662 Überlingen
Bodan Verteilerdienst für Lebensmittel aus kontr. biol. Anbau
Bruckfelder Str. 6
Tel. 07553/824-0

88662 Überlingen
Munck's Reformhaus Dirk Munck
Franziskaner Str. 2
V: Demeter

88662 Überlingen
Fritz Glöckler
Goldbachstr. 56
V: Demeter

88662 Überlingen
Anneliese Schmeh
Hagenweiler Hof
Tel. 07553/7529
P: 1, 3, 5, 8, 9, 11, 12, 13, 15, 16
V: Bioland

88662 Überlingen
Martin Hahn
Heldenhof
Tel. 07773/1462
V: Demeter

88662 Überlingen
Klaus Niedermann
Höllwangen 15
Tel. 07551/3584 o. 6
V: Demeter

88662 Überlingen
Gesellschaft zur Förderung der Jugend
Gärtnerei Rengoldshausen
Tel. 07551/3514
Fax 07551/3529
P: 7, 8, 9, 11, 13, 15
V: Demeter

88662 Überlingen
Überlinger Kornmühlenladen
In den Mühlen 1
Tel. 07551/1665
V: BNN, Demeter

88662 Überlingen
Naturata GmbH
Rengoldshauserstr. 21

Tel. 07551/64524
Fax 07551/7823
P: 1,2,3,5,6,7,8,910,11, 12,13,14,15,16

88662 Überlingen
Tee-Diana Naturkost
Wiestorstr. 1
Tel. 07551/2709
V: BNN, Demeter

79777 Ühlingen-Birkendorf
Internat. Forschungsges. f. Umweltschutz u. Umwelteinflüsse - Markus Sperling
Breitwiesenhof
Tel. 07743/232
Fax 07743/1233
P: 2,3,5,6,7,8,9,10,11,13
V: Demeter

73066 Uhingen
Bioland Verband für organ.-biolog. Landbau e.V.
Barbarossastr. 14
Tel. 07161/31012
Fax 07161/37819
P: 1,2,3,5,6,7,8,9,10,11, 12,13,14,15,16

73066 Uhingen
Naturata Gartenbau KG
Heerstr. 150
Tel. 07161/31155
P: 7
V: Demeter

88690 Uhldingen-Mühlhofen
Hildegard Müller
Alte Uhldinger Str. 7
V: Demeter

88690 Uhldingen-Mühlhofen
Möwe Naturkost
Bahnhofstr. 2

Tel. 07556/6417
V: BNN

88690 Uhldingen-Mühlhofen
Loni Speck
Hauptstr. 9
P: 3,5
V: VgtM

89073 Ulm
Naturkostladen Schapfenmühle
Schwörhausgasse 1
P: 3
V: VgtM

89073 Ulm
Bühlers Reformhaus
Pfauengasse 25
Tel. 0731/62717
Fax 0731/92793
P: 2,3,7,8,9,10,11,12,13, 15
V: VgtM

89073 Ulm
Reformhaus Freitag
Platzgasse 13
P: 3
V: VgtM

89073 Ulm
Ringelblume Kosmetik
Gerbergasse 3
Tel. 0731/69212
Fax 0731/6021982

89073 Ulm
Kornmühle Naturkost G. Unseld
Herrenkellergasse 13
Tel. 0731/64515
P: 3
V: Bioland, BNN, Demeter

89073 Ulm
Verbraucher-Zentrale Baden-Württemberg e.V.

Einkaufsadressen 187

Beratungsstelle Ulm
Frauengraben 2
Tel. 0731/64420

89073 Ulm
Bäckerei Streck
Wielandstr. 61
Tel. 0731/23473
P: 2
V: Bioland

89075 Ulm
Fördergemeinschaft f. biol.-dyn. Entwicklungen
Goerdelerweg 24

89077 Ulm
Feinkost Weimper
Wagnerstr. 5
P: 3
V: VgtM

89077 Ulm
Naturkostmarkt
Engelbertstr. 12-14
P: 3
V: VgtM

89077 Ulm
Drogerie Distel
Neue Gasse
P: 3
V: VgtM

89077 Ulm
Mehlsäckle
Königstr. 53
P: 3
V: VgtM

89077 Ulm
Kuchler K. H.
Königstr. 53
V: Demeter

89077 Ulm
Erdapfel
Neue Gasse 30
Tel. 0731/386893

P: 1,2,3,4,5,6,7,8,9,10, 11,12,13,15,16

89079 Ulm
Drogerie Distel
Erenäcker 12
P: 3
V: VgtM

89081 Ulm
Frischlädle Kast
Eisenbahnstr. 4
P: 3
V: VgtM

89081 Ulm
Stäb
Brühlstr. 19
P: 3
V: VgtM

89081 Ulm
Irmgard Schick
Am Hochsträß 19
Tel. 0731/383038
P: 15,16
V: Demeter

89081 Ulm
Schapfenmühle C. Künkele GmbH & Co. KG
Franzenhauserweg 21
Tel. 0731/60811
Fax 0731/60813
P: 8,10

89081 Ulm
Biol.-Dyn. Wirtschaftsweise Auslandsberatung
Hörvelsinger Weg 27
Tel. 0731/6020190

89081 Ulm
Jäckle Frische-Partner GmbH
Industriestr. 6
Tel. 0731/60751
P: 11
V: Bioland

79224 Umkirch
Naturkost Kornblume
Hauptstr. 20
Tel. 07665/7494
P: 1,2,3,4,5,6,7,8,9,10, 11,13,13,15,16

88444 Ummendorf
Georg Forstenhäusler
Winkelhof
P: 3
V: VgtM

88444 Ummendorf
Konrad Vögele
Fischbacherstr. 45
Tel. 07351/24981
P: 2, 5, 7, 8, 9, 11, 16
V: Demeter

88527 Unlingen
Hans Göhring
Daugendorfer Str. 11
Tel. 07371/3519
P: 2, 3, 5, 7, 8, 9, 11, 12
V: Bioland

72669 Unterensingen
Heinz Eisele
Kirchstr. 41
Tel. 07022/64327
P: 7, 8, 9
V: Bioland

74199 Untergruppenbach
Gottfried u. Jörg Hannss
Abstatter Str. 11
Tel. 07130/7366
P: 9
V: Naturland

74199 Untergruppenbach
Tassilo Willaredt
Löwensteiner Str. 42
V: Demeter

73252 Unterlenningen
Metzgerei Scheu & Weber
Lindenhof
P: 5
V: VgtM

89617 Untermarchtal
Dieter Hartinger
Bahnhofstr. 15
Tel. 07393/4238
P: 3, 5, 6, 7, 8, 9, 11, 14, 15
V: Bioland

74547 Untermünkheim
Hartmut Engelhardt
Schönenberg 1
Tel. 07906/8195
P: 2, 3, 5, 7, 8, 9
V: Bioland

89597 Unterwachingen
Elisabeth Aßfalg
Haus Nr. 7
Tel. 07393/1614
P: 8
V: Bioland

73660 Urbach
Kanta Kozaki GmbH
Dammweg 16
Tel. 07181/87170
Fax 07181/87135

88524 Uttenweiler
Anton Scheffold
Biberacher Str. 3
P: 3
V: VgtM

71665 Vaihingen
Uli Natterer
Gärtnerei im Täle
Tel. 07042/12343
Fax 07042/17631
P: 7
V: Bioland

Baden-Württemberg

71665 Vaihingen
Erich + Michael Braun
Hof Hohberg
Hohberg 12
Tel. 07042/6669
P: 7, 8, 9
V: Bioland

71665 Vaihingen
Reformhaus Weinhardt
Marktgasse 1
V: Demeter

71665 Vaihingen
Buntspecht Naturkostladen
Oberamteigasse 1/1
Tel. 07042/12330

71665 Vaihingen
Willmann Handelskontor für Naturprodukte GmbH
Oberriexingerweg 90
Tel. 07042/905-0
Fax 07042/98420
V: Demeter

71665 Vaihingen
Buntspecht Naturkostladen
Radbrunnengasse 4
V: Demeter

71665 Vaihingen
Buntspecht Michael Weber
Stuttgarter Str. 22
V: Demeter

78050 Villingen-Schwenningen
Bioladen A. Thriene
Saarlandstr. 31
Tel. 07721/3896
V: Demeter

78052 Villingen-Schwenningen
Zollhäusle
Zollhäusleweg 5
Tel. 07721/21289

78056 Villingen-Schwenningen
Luzernenhof Helmut Thürauf u. Karina Schaar
Alfons-Käfer-Str. 5
Tel. 07425/1600
V: Demeter

72189 Vöhringen
Albrecht Merz
Rosenfelderstr. 17
Tel. 07454/4663
P: 5, 7, 8, 9, 10, 12, 14
V: Demeter

79279 Vörstetten
Hagen Susanne
Heimstr. 1
Tel. 07666/3938
P: 7, 9, 12
V: Bioland

88267 Vogt
Erhard Pfluger
Mosisgreut
Tel. 07529/3189
P: 7, 8, 9, 12
V: Demeter

88267 Vogt
Franz Köbach
Reich 34
Tel. 07529/7323
P: 3, 5, 7, 8, 9, 11
V: Bioland

88267 Vogt
natürlich Fuchs Naturprodukte
Alpenblick 24
Tel. 075929/7667
P: 3
V: VgtM

68753 Waghäusel
Roland Käpplein
Habichtstr. 6

Tel. 07254/60975
Fax 07254/66975
P: 8, 15
V: Naturland

68753 Waghäusel
Tee-Ecke
Inh. Redecker
Waghäusler Str. 66
V: Demeter

71332 Waiblingen
Naturkost Der Laden
Peter u. Günther Schnell
Kurze Str. 6
Tel. 07151/561518
V: Demeter

71332 Waiblingen
Metzgerei Walter Händle
Neue Bahnhofstr. 62
P: 5
V: Demeter

71336 Waiblingen
Herbert Gnamm
Am Hummelberg 1
Tel. 07151/81742
P: 7, 8, 9, 11, 12
V: Demeter

71336 Waiblingen
Werner Stetter
Bandhausstr. 20
Tel. 07146/41107
P: 12, 13
V: Bioland

71336 Waiblingen
Walter u. Susanne Klingler
Benningerstr. 9
Tel. 07151/21773
P: 7, 8, 9
V: Demeter

71336 Waiblingen
Rauleder Horst
Zillhardtshof 3

Tel. 07151/81727
P: 2,3, 5, 7, 8, 9, 10, 11, 12, 13, 15
V: Demeter

71336 Waiblingen-Bittenfeld
Klaus Pfleiderer
Tel. 07146/5186
P: 5
V: VgtM

69429 Waldbrunn-Mülben
Kurgestüt Hoher Odenwald
Simmesstr. 17
Tel. 06274/6283
P: 11

88289 Waldburg
Florian Krischl
Ried 11
V: Demeter

72141 Walddorfhäslach
Edel-Käserei Migliore
Brühlstr. 28
Tel. 07127/31365
P: 11
V: Demeter

72141 Walddorfhäslach
Gaiser + Fischer
Dorfstr. 101
Tel. 07127/3021 u. 3022
Fax 07127/22663
P: 1, 3, 5, 7, 8, 9, 10, 11, 12, 13, 16
V: Bioland

74638 Waldenburg
Metzgerei Beck
Hauptstr. 14
Tel. 07942/8131
P: 5
V: Bioland

Einkaufsadressen

74638 Waldenburg
Fam. Schmetzer-Bucka
Holunderhof
Tel. 07942/629 o. 23
P: 5, 8, 11, 12, 13
V: Demeter

79183 Waldkirch
Marktscheese e.G.
Damenstr. 3
Tel. 07681/3845
V: BNN, Demeter

79183 Waldkirch
Reformhaus & Naturkost
Fabrikstr. 1
Tel. 07681/7482

79183 Waldkirch
Franz Rieder
Kohlenbach 11
Tel. 07645/1584
P: 3, 5
V: Naturland

79183 Waldkirch
Gertrud Lindinger
Schwarzwaldstr. 62
V: Demeter

79761 Waldshut-Tiengen
Stephen Jacoby
Tel. 07743/285
V: Demeter

79761 Waldshut-Tiengen
Anton Simet
Schaffhauser Str. 84
V: Demeter

79761 Waldshut-Tiengen
Regenbogen
Wallstr. 32
Tel. 07751/5289
V: BNN, Demeter

73550 Waldstetten
Thomas Möhlmann
Hauptstr. 25
V: Demeter

69190 Walldorf
Kosmetik Gabrielle
Frau Sehrwind
Alte Friedhof-Str. 20a
V: Demeter

69190 Walldorf
Obst- und Gemüsehandlung Ingrid Astor
Hauptstr. 15
P: 3
V: VgtM

74731 Walldürn
Sonja Großkinsky
Neusasser Str. 16
Tel. 06282/1833
P: 6, 12

75045 Walzbachtal
Manfred Schmitt
Siedlung Binsheim
V: Demeter

73117 Wangen
Rolf Remppel
Gartenstr. 13
Tel. 07161/13925
V: Demeter

88239 Wangen
Franz Rehle
Böhen
Tel. 07522/6885
P: 9, 12, 16
V: Bioland

88239 Wangen
Alfred Biggel
Lachen 2
Tel. 07522/6103
P: 11
V: Bioland

88239 Wangen
Erwin Bek
Nieratz 1
Tel. 07522/2569
P: 11, 15
V: Bioland

88239 Wangen
Raso - Vollwertkost
Max Baumann
Rembrechtser Str. 7
Tel. 07528/2742
Fax 07528/2623
P: 15

88239 Wangen
Käserei Zurwies Holzinger & Kurzweil
Zurwies 11
Tel. 07522/5581
P: 11
V: Bioland

88239 Wangen
H.-P. Bruchmann
Schauwies 5/1
Tel. 07520/6800
P: 7,8,9,12,13
V: Bioland

88447 Warthausen
Karl Müßler
Kronenstr. 10
P: 5, 7, 8, 9, 11
V: Demeter

79241 Wasenweiler
WG Wasenweiler
Raiffeisenstr. 9
Tel. 07668/5076
Fax 07668/5008
P: 16
V: BÖW

89197 Weidenstetten
Bernhard Thierer
Postweg 3
V: Demeter

97990 Weikersheim
Supplementa
Aubweg 30
Tel. 07934/3257
Fax 07934/3257

97990 Weikersheim
Betriebsgemeinschaft
Hof Louisgarde
Tel. 07931/851 u. 1451
P: 2, 5, 7, 8, 9, 11, 12, 15
V: Demeter

97990 Weikersheim
Gerhard Weigel
Honsbronn 14
Tel. 07934/8934
P: 5

97990 Weikersheim
Biologische Produkte
Teigwaren u. Naturwaren
Honsbronn 50
Tel. 07934/7278
Fax 07934/7278
P: 2, 5, 7, 8, 9, 11, 12, 13
V: Bioland

97990 Weikersheim
Helmut Dollmann
Im Egelsee 1
Tel. 07934/7637
P: 2, 3, 5, 7, 8, 9, 11, 12
V: Demeter

97990 Weikersheim
Naturkostladen G. Hensch
Hauptstr. 39
Tel. 07934/1389
P: 2,3,7,8,9,10,12,13,15, 16

97990 Weikersheim
Naturwarenkontor
Neue Wege GmbH
Postf. 11
Tel. 07934/3023

Baden-Württemberg

97990 Weikersheim
Erntesegen Naturkost GmbH
Schäftersheimerstr. 49
Tel. 07934/3025
Fax 07934/8203
V: BNN

79576 Weil am Rhein
Demeter-Erzeugnisse Fachgeschäft Isabel Berg
Freiburger Str. 58
Tel. 07621/63026
Fax 07621/61742
P: 1,2,3,4,5,6,7,8,9,10, 11,12,13,14,15,16

79576 Weil am Rhein
Bäckerei-Konditorei Dieter R. Fuchs
Hauptstr. 49
P: 2
V: Demeter

79576 Weil am Rhein
Natura Weil
Hintere Dorfstr. 69
V: Demeter

79576 Weil am Rhein
WG Haltingen
Hr. G. Martini
Winzerweg 8
Tel. 07621/62449
Fax 07621/65725
P: 16
V: BÖW

79576 Weil am Rhein
Metzgerei Scheu & Weber
Ölting, Isolde-Kurz-Str. 5
P: 5
V: VgtM

71263 Weil der Stadt
Naturalia
Forchenrain 2/1
Tel. 07033/41176

71263 Weil der Stadt
s'Lädle Peter Fischer
Herrenbergerstr. 3
Tel. 07033/8585
V: Demeter

71263 Weil der Stadt
Erhard Eisenhardt
Stubenbergstr. 58
Tel. 07033/42181
P: 7, 8, 9, 11
V: Bioland

71263 Weil der Stadt
Wilhelm Schmidt
Waldweg 101
Tel. 07033/31649
P: 5, 8, 9, 11
V: Bioland, VgtM

71263 Weil der Stadt-Hausen
Friedrich Hartmann
Würmtalstr. 10
V: Demeter

71093 Weil im Schönbuch
Karl Ohmenhäuser
Poststr. 7
Tel. 07157/63204
V: Bioland

79576 Weil-Haltingen
Jürgen Reinhard
Willi-Baumann-Str. 18
Tel. 07621/65555
P: 7,8,9
V: Bioland

73235 Weilheim
Weilheimer Tee- u. Müsli-Lädle
Schulstr. 13
Tel. 07023/3549

76356 Weingarten
Füllhorn Naturkost Naturwaren GmbH
Bahnhofstr. 18
Tel. 07244/1329

Fax 07244/4937
P: 1,2,3,4,5,6,7,8,9,10, 11,12,13,14,15,16

76356 Weingarten
Gärtnerei Kammerer
Engelstr. 10
Tel. 0721/405319
P: 3
V: Demeter

88250 Weingarten
Kornblume Naturwaren GbR
Gartenstr. 15
Tel. 0751/46030
V: Bioland, BNN, Demeter

88250 Weingarten
Wochenmarkt
Karlstraße
P: 3
V: VgtM

69469 Weinheim
Reformhaus Wollschläger
Am Dürerplatz
V: Demeter

69469 Weinheim
Wachenburg
Auf der Wachenburg
Tel. 06201/12173

69469 Weinheim
Reform- u. Teehaus im Multzentrum
Berliner Platz 1
Tel. 06201/600160
Fax 06201/600189

69469 Weinheim
Umweltladen
Hauptstr. 38
Tel. 06201/14179
P: 1,2,3,4,7,8,9,10,11, 12,13,14,15,16
V: BNN

69469 Weinheim
Reformhaus Stein
Luisenstr. 3
V: Demeter

69469 Weinheim
Tillmann
Hauptstr. 145
P: 3
V: VgtM

74189 Weinsberg
Bäckerei Eberhard Drautz
Bahnhofstr. 16
Tel. 07134/8225
P: 2
V: Demeter

74189 Weinsberg
Beratungsdienst Ökolog. Obstbau e.V. LVWO Weinsberg
Traubenplatz 5
Tel. 07134/8935

71384 Weinstadt
Ehni-Mühle
Brühlweg 12
V: Demeter

71384 Weinstadt
Weinbau Siglinger
Mörikestr. 9
Tel. 07151/606400
P: 16
V: BÖW

71384 Weinstadt
E. Fischer
Schulgasse 8
V: Demeter

71384 Weinstadt
Beutelsbacher Fruchtsaftkelterei
Stuttgarter Str. 5759
Tel. 07151/68069

71554 Weissach
Michael Steinat

Einkaufsadressen

Oberer Dresselhof 20
Tel. 07191/57529
P: 7, 8, 9, 15
V: Demeter

74679 Weißbach
Helmut Stier
P: 5, 8, 11, 12, 13
V: Demeter

**77790 Welschen-
steinach**
Familie Josef Ketterer
Langbrunnen 26
Tel. 07832/8807
P: 5, 8, 13
V: Demeter

73642 Welzheim
Jürgen Keller
Gausmannsweiler
Tel. 07182/2664
P: 7, 8
V: Bioland

73642 Welzheim
*Hofladen
Gerhard Vogel*
Lanzenhaldenweg 7
Tel. 07182/7882
P: 2, 3, 5, 8, 9, 10, 11, 13
V: Bioland

73642 Welzheim
Gottlieb Heinrich
Seiboldsweiler
Tel. 07182/6424
V: Demeter

**73642 Welzheim-
Breitenfürst**
Fam. Bauer
Lachenacker 2
Tel. 07182/6673
P: 5, 8, 9, 11, 13
V: Bioland

73240 Wendlingen
Gerhard Klauß
Bohnackerhof

Tel. 07024/7595
P: 5, 7, 8, 11
V: Bioland, VgtM

73240 Wendlingen
*Brennessel Natur-
kost/Naturladen*
Brückenstr. 22
Tel. 07024/3417
V: BNN, Demeter

97956 Werbach
Weingut Emil Geiger
Hauptstr. 31
Tel. 09341/4345
P: 16
V: BÖW

73249 Wernau
Nährwert
Humboldtstr. 10
Tel. 07153/30183

97877 Wertheim
Naturkost Natürlich
Am Wenzelplatz
Tel. 09342/39273
V: BNN, Demeter

97877 Wertheim
Naturkost Natürlich
Friedleinsgasse 17
V: Demeter

97877 Wertheim
Bioland-Hof Fritz Klein
Schmiedsgasse 1
Tel. 09342/6386
P: 1, 5, 7, 8, 9, 10, 11, 12, 13, 16

97877 Wertheim
Adam Mayer
St. Georg-Str. 13
Tel. 09342/39555
P: 16
V: BÖW

97877 Wertheim
Tauberfränkischer

*Bocksbeutelkeller e.G.
Wertheim*
St.-Georg-Str. 1-3
Tel. 09342/2900-0
Fax 09342/2900-80
P: 16
V: BÖW

72589 Westerheim
Eugen Walter
Lange Gasse 5
P: 5, 6, 7, 8, 9

73463 Westhausen
M + B Schmid GbR
Hofweg 4
Tel. 07363/4968
Fax 07363/7349
P: 2,3,5,6,7,8,9,10,11, 12,15
V: Demeter

73463 Westhausen
Martin Häring
Jagsthof
Tel. 07363/5401
P: 1,2,3,5,6,7,8,9,10,15, 16
V: Bioland

73463 Westhausen
*Wegweiser
Naturwaren Sträßle*
Robert-Bosch-Str. 13
V: Demeter

74259 Widdern
Hans Heimberger
Obernbergsiedlung 2
Tel. 06298/7317
P: 7, 8, 9, 11
V: Bioland

75446 Wiernsheim
Dieter u. Jörg Blessing
Beim Hohen Kreuz 30
Tel. 07044/7253
P: 2, 5, 11
V: Bioland

75446 Wiernsheim
Fritz Martin
Weiherstr. 4/1
Tel. 07044/8713
P: 5, 8
V: Bioland

69168 Wiesloch
Öko Laden Wiesloch
Badgasse 7
Tel. 06222/4945

69168 Wiesloch
*Bäckerei-Konditorei
Berthold Sachs*
Hauptstr. 122
P: 2
V: Demeter

69168 Wiesloch
Wolfgang Hoffmann
Hofgut Langenstein
Tel. 06224/73816
V: Bioland

69168 Wiesloch
Naturladen Kornkistl
Marktstr. 6
Tel. 06222/2113
P: 2, 7, 8, 9, 10, 11, 12, 13, 15, 16

75323 Wildbad
Natürlich
Kurplatz 2
Tel. 07081/3189

72218 Wildberg
REWE
Rathfelder, Talstr. 17
P: 3
V: VgtM

88271 Wilhelmsdorf
*Fachkrankenhaus Ring-
genhof Landwirtschaft*
Tel. 07503/20244
Fax 07503/20261
P: 3, 5, 6, 8, 9, 10, 11, 13, 14, 15
V: Bioland

Baden-Württemberg

88271 Wilhelmsdorf-Zussdorf
Judith u. Thomas Gebhardt GbR
Leonhardstr. 3
Tel. 07503/2425
P: 1, 2, 3, 5, 7, 8, 9, 10, 11, 12, 13, 15
V: Bioland

77731 Willstätt-Eckartsweier
Gemüsebau Illmann
Inh. Hans Trunk
Willstätterstr. 6
Tel. 07854/390
Fax 07854/7271
P: 2, 3, 6, 7, 9, 10, 11, 12, 13
V: Bioland, Demeter

71364 Winnenden
Ceres GbR
Alfred-Kärcher-Str. 12
Tel. 07195/2236
Fax 07195/64540
P: 1,3,7,8,9,10,13,16

71364 Winnenden
Bäckerei Weber
Ringstr. 48
V: Demeter

71364 Winnenden
Naturkostinsel im Teeparadies
Torstr. 3
Tel. 07195/64867

73650 Winterbach
Die Stube
Hild-Holbeck
Am Marktplatz 2
Tel. 07181/72973

73650 Winterbach
Naturkost Winterbach
Westergasse 6
Tel. 07181/44304
P: 1,2,3,4,5,6,7,8,9,10, 11,12,13,14,15,16
V: Demeter

97957 Wittighausen
Angelika u. Ludwig Haaf
Oberwittighausen 34
Tel. 09347/587
P: 2, 3, 5, 7, 8, 9, 10, 11
V: Bioland

74549 Wolpertshausen
Wilfried Blanc
Hörlebacher Str. 18
Tel. 07904/341
P: 7, 8, 9, 11, 12
V: Demeter

74549 Wolpertshausen
Gottfried Gronbach
Im Katzensessel 6
Tel. 07904/8303
V: Demeter

74549 Wolpertshausen
Theodor Osiander
Rudelsdorf
Urtelstr. 9
Tel. 07904/8553
P: 8
V: Demeter

78239 Worblingen
Verkaufswagen Grünkern (Di 15-15.40)
Am Sportplatz
P: 3
V: VgtM

71543 Wüstenrot
Karfunkel
Edle Heilsteine
Michael Gienger
Heßbergstr. 12
Tel. 07945/1403

79879 Wutach
Siegfried Maier
Im Zinken 7
V: Demeter

79793 Wutöschingen
Friedrich Schüle Fleischwaren
Silberwiese 8
Tel. 07746/1011
P: 5

79369 Wyhl
Julius Schwörer
Forchheimer Str. 6
P: 12
V: Demeter

75059 Zaisenhausen
Landbäckerei Reinhold Barta
Hauptstr. 91
V: Demeter

79669 Zell
Kräuterzwerg Kufner
Schönauer Str. 1
V: Demeter

77736 Zell-Unterentersbach
Elisabeth u. Armin Reber
Dorfstr. 13
Tel. 07835/3126
P: 7, 9, 11, 12

74639 Zweiflingen
Familie
Richard Herterich
Turmweg 26
Tel. 07948/668
P: 5, 7, 8, 9, 11, 12
V: Demeter

Bayern: Landesverbände und Institutionen

Arbeitskreis Alternativer Landbau im Bund Naturschutz
Pläntschweg 72
81247 München

Bayerische Arbeitsgemeinschaft Rinderzucht auf Lebensleistung Dr. G. Postler
St. Hubertusstr. 12
85764 Oberschleißheim
Tel. 089/31561940

Bio Control System Peter Grosch GmbH
Sulzbacher Str. 79
90489 Nürnberg
Tel. 0911/5305322
Fax 0911/557097

Bio-Ring Allgäu e.V.
Leupolzer Str. 8
87437 Kempten
Tel. 0831/71595

Biokreis Ostbayern e.V. Kontrollstelle
Theresienstr. 36
94032 Passau
Tel. 0851/931145
Fax 0851/32332

Bioland - Kontrollstelle Bayern
Stadtjägerstr. 15

86152 Augsburg
Tel. 0821/159223
Fax 0821/150797

Bioland Landesverband Bayern
Stadtjägerstr. 15
86152 Augsburg
Tel. 0821/158615

Biologisch-Dynamische Vereinigung Bayern e.V.
Hohenbercha 13
85402 Kranzberg
Tel. 08166/6204
Fax 08166/6274
V: Demeter

Bund gegen den Mißbrauch der Tiere e.V.
Viktor-Scheffel-Str. 15
80803 München
Tel. 089/397159

Bund Naturschutz in Bayern e.V.
Kirchenstr. 88
81675 München
Tel. 089/482026

Bund-Naturschutz Landesfachgeschäftsstelle
Bauernfeindstr. 23
90471 Nürnberg
Tel. 0911/818780

Demeter-Verbraucher Nürnberg e.V.
Kasseler Str. 14
90491 Nürnberg

Förderkreis für Umweltgesundung d. Biol. Dyn. Wirtschaftsweise e.V.
Franz-Joseph-Str. 26
80801 München
Tel. 089/3401223
V: Demeter

Naturland Verband für naturgemäßen Landbau e.V. Bundesgeschäftsstelle
Kleinhaderner Weg 1
82166 Gräfelfing
Tel. 089/8545071
Fax 089/855974
P: 1,2,3,4,5,6,7,8,9,10, 11,12,13,14,15,16

Tu Was
Ökol. Verbraucherberatung Würzburg e.V.
Juliuspromenade 3
97070 Würzburg
Tel. 0931/57722

Verband der bayerischen Vollwertbäcker e.V.
Haberskirchnerstr. 16

94436 Simbach
Tel. 09954/1619
Fax 09954/7129

Verbraucher Initiative München e.V.
Lothringer Str. 17
81667 München
Tel. 089/4486575

Verbraucher-Zentrale Bayern e.V.
Mozartstr. 9
80336 München
Tel. 089/539870

Ökologische Verbraucherberatung e.V.
Humboldtstr. 81
90459 Nürnberg
Tel. 0911/459069

Ökologischer Jagdverein Bayern e.V.
Schönfeldstr. 8
80539 München
Tel. 089/288654

Bayern: Einkaufsadressen

91183 Abenberg
Pflugsmühler Brot GmbH Inh. Braun
Pflugsmühle 1b
P: 2
V: Demeter

91183 Abenberg
Katharina Maßner
Obersteinbach
P: 3
V: VgtM

91325 Adelsdorf
Egid Dobeneck
Weppersdorf 11
Tel. 09195/3495
P: 8, 9
V: Bioland

91325 Adelsdorf
Elfriede u. Norbert Schuhmann
Weppersdorf 21
Tel. 09195/1444
P: 2, 5, 8, 9, 11
V: Bioland, VgtM

86477 Adelsried
Naturkost Danis
Dillingerstr. 13
Tel. 08294/522
P: 1,2,3,5,7,8,9,10,11, 12,13,15
V: Bioland

86551 Aichach
Naturkost Löwenzahn Magdalena Federlin
Bahnhofstr. 17
Tel. 08251/4625
V: Demeter

86551 Aichach
Stephan Kreppold
Wilpersberg 1
Tel. 08258/211
P: 5, 7, 8
V: Bioland

86479 Aichen
Franz u. Monika Donderer
Pfarrer-Bobinger-Str. 6a
Tel. 08284/1292
P: 5,11
V: Bioland

83404 Ainring
Katra-Rehrl
Feldkirchen
P: 3
V: VgtM

83404 Ainring
Edeka-Markt Jutta Braun
Haus Nr. 70
P: 3
V: VgtM

87648 Aitrang
Aladin's Import + Vertrieb von Naturprodukten
Lindenstr. 45
Tel. 08343/1405
Fax 08343/1403

83544 Albaching
Fritz Roth
Stockmühle 1
Tel. 08076/1012
P: 5, 8
V: Naturland

86480 Aletshausen
Georg König
Schulstr. 22
Tel. 08282/1016
P: 8,9,14
V: Bioland

90518 Altdorf
Kornstube Naturkost Café
Röderstr. 1
Tel. 09187/8822
V: Demeter

90518 Altdorf
Naturkost Biegel
Wappeltshofen 42
V: Demeter

97237 Altertheim
Bärbel & Dieter Kraus-Egbers
Oberes Tor 21
Tel. 09307/1536
P: 5, 7, 8, 9, 11
V: Bioland, VgtM

93336 Altmannstein
Georg Gruber
Tel. 09446/1295
P: 5, 8
V: Naturland

84503 Altötting
Naturkost Löwenzahn
Neuöttingerstr. 5
Tel. 08671/13365
V: Demeter

84503 Altötting
Löwenzahn Christine Rudolf
Tillyplatz 1
V: Demeter

84503 Altötting
Reformhaus Lautenbacher-Stern
Trostberger Str. 21
V: Demeter

87452 Altusried
Josef Schmid
Buchen 5
Tel. 08375/559
P: 11
V: Bioland

87452 Altusried
Monika Domes
Burg 42
V: Demeter

87452 Altusried
Hermann Frey
Steifen 2
Tel. 08373/635
P: 11
V: Bioland

87452 Altusried
Peter Seelinger
Walkenberg 3

Einkaufsadressen 195

Tel. 08373/8552
P: 11, 14
V: Bioland

87452 Altusried
Josef Hailer
Wurms 1
Tel. 08373/635
V: Bioland

63755 Alzenau
Neuformwaren Emma Höfler
Hanauer Str. 94
V: Demeter

63755 Alzenau
Korinthe Naturkost Günther Reisert
Hauckwaldstr. 7
Tel. 06023/4789
V: BNN, Demeter

63755 Alzenau
Margit Richter
Hauptstr. 45
V: Demeter

63755 Alzenau
Sell
Taunusring 16
Tel. 06023/8374
P: 7, 9, 12, 15
V: Demeter

92224 Amberg
Bäckerei-Konditorei-Café Dieter Bretschneider
Friedrich-Ebert-Str. 29
P: 2
V: Demeter

92224 Amberg
Sonnenblume
Viehmarktgasse 3
Tel. 09621/24702
V: Demeter

92224 Amberg
Bauernladen

Ilse Rothkegel
P: 3
V: VgtM

83123 Amerang
Edeka-Markt Huber
Frabertshamer Str. 1
P: 3
V: VgtM

90614 Ammerndorf
J. u. A. Stinzendörfer
Mühlgasse 11
Tel. 09127/322
Fax 09127/6427
P: 10
V: Bioland

84539 Ampfing
E. Schiller
Schweppermannstr. 15
P: 3
V: VgtM

84539 Ampfing
Kathi Weichselgarten
Aidenbach 38
P: 3
V: VgtM

82346 Andechs
Molkerei Scheitz
Molkereistr. 5
Tel. 08152/1071
P: 11

82346 Andechs
Dr. W. u. J. Hegemann
Mühlstr. 14
Tel. 08152/1511
P: 2,3,6,7,8,9,12,14,15
V: Bioland

82346 Andechs
Ludwig Blasy
Mühlstr. 3
P: 8
V: Bioland

83454 Anger
Max Koch
Augerweg 5
Tel. 08656/1091
P: 5, 11, 12
V: Bioland

83454 Anger
Rudolf u. Rosa Maria Bauer
Irlberg 13
Tel. 08656/856
V: Demeter

83454 Anger
Vollwertbäckerei A. u. J. Wolfgruber
Pfaffendorfstr. 9
Tel. 08656/213
Fax 08656/1414
P: 2,8,10
V: Biokreis

91522 Ansbach
Reformhaus Schinnerer
Neustadt 21
V: Demeter

91522 Ansbach
Reichel - FEINES ZUM LEBEN
Reuterstr. 2
Tel. 0981/2252
Fax 0981/17321
P: 1,2,3,4,7,8,9,10,11, 12,13,15
V: BNN, VgtM

91522 Ansbach
Friedrich Fath Wochenmarktstand
Röttenbach
P: 3
V: VgtM

91522 Ansbach
Fleischgärtchen-Naturwaren
Martin-Luther-Platz 27
Tel. 0981/2129

P: 2,3,5,6,8,11,15,16
V: Bioland

85646 Anzing
Biogarten Naturkost u. Naturwaren Handels GmbH
Gartenweg 2
Tel. 089/900005-0
Fax 089/900005-55
V: BNN

85646 Anzing
Gärtnerei Regenbogen
Unterasbach 9
Tel. 08121/46614
Fax 08121/43034
P: 7, 9, 12, 15
V: Naturland

97450 Arnstein
Kauf das Beste Christoph Pfenninger
Bücholder Kreuzstr. 27
V: Demeter

97450 Arnstein
Metzgerei Anton Mohr
Kirchplatz 3
P: 5
V: Demeter

97450 Arnstein
Theodor Keidel
Hof Lindenhain 1
P: 5
V: Demeter, VgtM

97450 Arnstein
Thalhammer
Ruppertzaint 1
Tel. 09363/1648
P: 2, 7, 8, 9, 12, 13

97450 Arnstein
Metzgerei Mohr
Gänhelm
P: 5
V: VgtM

Bayern

85238 Asbach
Wirtshaus zu Asbach & Landwirtschaft
Dorfstr. 27
Tel. 08137/5972
Fax 08137/683
P: 1,2,3,6,7,8,9,10,11, 12,13
V: Bioland

86663 Asbach-Bäumenheim
ROKO
Rathausplatz 3
Tel. 0906/91881

63739 Aschaffenburg
Grünes Lädchen
Entengasse 4
Tel. 06021/27271
V: BNN, Demeter

63739 Aschaffenburg
Neuform Reformhaus H. Mengel Gesundbrunnen
Goldbacher Str. 13
V: Demeter

63739 Aschaffenburg
Drogenfuchs Josef Fuchs
Maximilianstr. 1
V: Demeter

63739 Aschaffenburg
Diät-Reformhaus Dietmar Sattran
Sandgasse
V: Demeter

63739 Aschaffenburg
Mutter Natur Naturwaren-Haus
Treibgasse 3
Tel. 06021/20404
P: 2,3,4,5,7,8,9,10,11, 12,13,14,15,16
V: BNN, Demeter

63741 Aschaffenburg
Bäckerei Burger GmbH
Lorbeerweg 4
P: 2
V: Demeter

63741 Aschaffenburg
Vollwertquelle
Meitnerweg 4
Tel. 06021/48318
V: BNN, Demeter

84072 Au in der Hallertau
Naturkost Elisabeth Hien
Obere Hauptstr. 6
V: Demeter

94530 Auerbach
Franz Schrimpf
Alperting 8
Tel. 09901/6829
V: Biokreis

86150 Augsburg
VITALIA Reformhaus GmbH
Augsburger Str. 40
Tel. 0821/544672
Fax 0821/544754

86150 Augsburg
VITALIA Reformhaus GmbH
Bürgermeister-Fischer-Str. 9
Tel. 0821/156569

86150 Augsburg
Mutter Erde
Bauerntanzgäßchen 3
Tel. 0821/154826
P: 3
V: BNN, Demeter, VgtM

86150 Augsburg
Rapunzel-Laden
Katharinengasse 10
Tel. 0821/514066

P: 1,2,3,4,5,7,8,9,10, 11,12,13,16
V: BNN

86152 Augsburg
Wurzel Sabine u. Hubert Bichler
Jakoberstr. 12
V: Demeter

86152 Augsburg
Bioland - Kontrollstelle Bayern
Stadtjägerstr. 15
Tel. 0821/159223
Fax 0821/150797

86152 Augsburg
Bioland Landesverband Bayern
Stadtjägerstr. 15
Tel. 0821/158615

86152 Augsburg
Sonnenblume
Theaterstr. 4
Tel. 0821/513157
V: Demeter

86152 Augsburg
Sonnenblume-Naturkost
Heilig-Kreuz-Str. 6
P: 3
V: VgtM

86154 Augsburg
Bernadett Bösel-Reichert
Ulmer Str. 17
V: Demeter

86154 Augsburg
Südmarkt
Zollernstraße
P: 3
V: VgtM

86157 Augsburg
Öko-Wein Redlich
Eberlestr. 39

Tel. 0821/529895
Fax 0821/529895
P: 16

86157 Augsburg
Löwenzahn
Leonhard-Hausmann-Str. 10
Tel. 0821/528251

86157 Augsburg
Löwenzahn Maria Heinzel
Löwenstr. 11
V: Demeter

86159 Augsburg
Wabun
Bismarckstr. 7 1/2
Tel. 0821/578404
V: BNN, Demeter

86163 Augsburg
Schubert Bio-Vollkorn Bäckerei + Konditorei GmbH
Münchner Str. 18
Tel. 0821/61011
Fax 0821/667521
P: 2
V: Bioland, Demeter

86165 Augsburg
Drei Rosen
Blücherstr. 27
Tel. 0821/717002

86165 Augsburg
Lech Bom GmbH Peter Vilgertshofer
Dr.-Nick-Str. 15
V: Demeter

86167 Augsburg
Kornkammer
Humboldtstr. 2
Tel. 0821/71296
V: BNN, Demeter

86169 Augsburg
Paradies Naturkost

Einkaufsadressen 197

Neuburger Str. 264
Tel. 0821/70674
V: BNN, Demeter

86199 Augsburg
Rübezahl Naturkost
Wellenburger Str. 9
Tel. 0821/993150
Fax 0821/993150
P: 1,2,3,5,7,8,9,10,11,
12,13,14,15,16
V: BNN

86736 Auhausen
Fritz Kollmar
Klosterstr. 23
Tel. 09832/7422
P: 1,5,8,9,15
V: Bioland, Demeter

97717 Aura
Willibald Götz
Hauptstr. 17
Tel. 09704/6943
V: Bioland

91589 Aurach
Ulrich u. Markus Bomebusch
Gut Wahrberg
Tel. 09804/424
P: 8, 9, 13, 15
V: Bioland

91086 Aurachtal
Tofurei Schönemann
Dörflaser Weg 22
V: Demeter

85107 Baar-Ebenhausen
Richard Haunsperger
Münchener Str. 45
Tel. 08453/8136
P: 7, 8, 9
V: Naturland

83547 Babensham-Penzing
Martin Weidinger
Dorfstr. 3

Tel. 08071/3175
P: 8, 9
V: Biokreis

83043 Bad Aibling
VITALIA Reformhaus GmbH
Rosenheimer Str. 9
Tel. 08061/5753

83043 Bad Aibling
Obstgarten
Volker Reinbold
Sedanstr. 1
Tel. 08061/4621
V: Demeter

95460 Bad Berneck
Naturkost Lauterbach OHG
Marktplatz 21
V: Demeter

97769 Bad Brückenau
Naturecke
Sinntor 22
Tel. 09741/2546
V: Demeter

83075 Bad Feilnbach
Christian Eder
Hocheckstr. 25
Tel. 08066/545
P: 12, 15
V: Naturland

83075 Bad Feilnbach
Georg Impler
Hummelhausen
Tel. 08064/308
P: 12
V: Bioland

83075 Bad Feilnbach
Wendelstein Drogerie
Kufsteiner Str. 36a
V: Demeter

83075 Bad Feilnbach-Au
Michael Grimm
Gottschallingerstr. 40
Tel. 08064/361
P: 5, 12, 15
V: Naturland

94072 Bad Füssing
Franz Xaver Kollmayer
Auenstr. 15
Tel. 08531/2453
V: Biokreis

94086 Bad Griesbach
Bieringer-Mühle Naturkostmarkt
Niedermühle 2
Tel. 08532/2552
P: 1,2,3,5,7,8,9,10,11,
12,13,16
V: Biokreis

83670 Bad Heilbrunn
Naturwaren Claudia Harms
Hochfeldstr. 3
Tel. 08046/1483

97688 Bad Kissingen
Christel u. Franz Antretter
Gutenbergstr. 6
Tel. 0971/3486

97688 Bad Kissingen
Naturkostladen Löwenzahn Oliver Rockstroh
Turmgasse 4
V: Demeter

97631 Bad Königshofen
Brennessel Ulrich Hümpfner
Rentamtstr. 6
V: Demeter

97616 Bad Neustadt
Naturkost am Hohntor
Hohnstr. 32

Tel. 09771/97265
Fax 09771/5341
P: 1,2,3,5,7,8,9,10,11,
12,13,15,16

97616 Bad Neustadt
Erdenkraft Naturkost - W. + B. Beer
Bauerngasse 28
V: Demeter

83435 Bad Reichenhall
Feinkost Aschauer
Poststr. 14
P: 3
V: VgtM

95138 Bad Steben
Feinkost Hans Ernst
Hauptstr. 1
V: Demeter

83646 Bad Tölz
Feinkost H. Simbeck
Jungmayrplatz 17
V: Demeter

83707 Bad Wiessee
Gesundheits-Stadl Irma Hermeling
Münchner Str. 20
Tel. 08022/81340
P: 1,2,3,7,8,9,10,11,12,
13,14,15,16
V: Demeter

91438 Bad Windsheim
Regenbogen Naturkost
Herrngasse 7
Tel. 09841/7271
Fax 09841/5458
P: 1,2,3,4,5,6,7,8,9,10,
11,12,13,14,15,16
V: BNN

86825 Bad Wörishofen
Sigrid Löber

Katharinenstr. 26
V: Demeter

82065 Baierbrunn
Josef Fröhler
Bahnhofstr. 4
Tel. 089/7934902
P: 8, 9
V: Naturland

82065 Baierbrunn
Jakob Rothmeier
Kirchenstr. 3
Tel. 089/7931530
P: 5, 8, 9, 14
V: Naturland

91083 Baiersdorf
Wolfram Kahle Naturwaren
Forchheimer Str. 19
Tel. 09133/9901
Fax 09133/9994
P: 1,2,3,4,5,6,7,8,9,10, 11,12,13,14,15,16
V: BNN, Demeter

83623 Bairawies
Kaspar Gröbmaier
Kappelsberg
Tel. 08027/388
P: 11, 12
V: Bioland

85598 Baldham
Naturkost Kölbl
Karl-Böhm-Str. 160
Tel. 08106/4751
Fax 08106/4751
P: 2,3,7,8,9,10,11,12, 13,15,16
V: BNN, Demeter

85589 Baldham
Milch-Hobby
Chr. Gerrits
Gustav-Mahler-Weg 13
Tel. 08106/302728
P: 11

86483 Balzhausen
Willi Wilhelm
Am Bächle 1
Tel. 08281/1487
V: Bioland

96047 Bamberg
Lichtblick Naturkost
Frauenstr. 32
Tel. 0951/28010
V: BNN

96047 Bamberg
Sonnenblume
J. Söllner
Frauenstr. 32
V: Demeter

96047 Bamberg
Kornkammer Hans Endres
Innere Löwenstr. 13
V: Demeter

96052 Bamberg
Naturkostladen
Hauptsmoorstr. 79
V: Demeter

96052 Bamberg
Carola Lustig
Untere Königstr. 19
V: Demeter

95444 Bayreuth
Hollerbusch Naturwaren
Luitpoldplatz 16
Tel. 0921/81911
P: 3
V: BNN, Demeter, VgtM

95444 Bayreuth
Speisekammer Claudia Nossol
Sophienstr. 19
P: 3
V: Demeter, VgtM

83457 Bayrisch-Gmain
Edeka-Markt Aigner
Lattenberrstr. 12
P: 3
V: VgtM

91572 Bechhofen
Geflügelzucht Friedrich Fath
Röttenbach
P: 3
V: VgtM

84149 Belden-Vils
Hans u. Hildegard Lehrhuber
Holzen 36
Tel. 08742/8100
P: 8
V: Naturland

83671 Benediktbeuern
Klostergärtnerei Benediktbeuern
Fraunhoferstr. 5
Tel. 08857/88265
Fax 08857/9729
P: 1,2,3,7,8,9,10,11,12, 13,15,16
V: Naturland

87734 Benningen
Hermenegild Kling
Hawanger Str. 13
Tel. 08331/80479
P: 5, 8
V: Naturland

93176 Beratzhausen
Willy Schmid
Hardt 19
Tel. 09493/1272
P: 3, 5, 7, 8, 11, 12
V: Naturland

93176 Beratzhausen
Mitterkreither Hof
Mitterkreith 2
Tel. 09493/1530

V: Demeter

93176 Beratzhausen
Ruth Kroehling
Mitterbüg 1
P: 3
V: VgtM

92334 Berching
Naturwarenservice Fürst
Abt-Maurus-Str. 9
V: Demeter

83471 Berchtesgaden
Früchtehaus Johanna Göbel
Marktplatz 3
V: Demeter

83471 Berchtesgaden
Honigstüberl Berchtesgaden
Marktplatz 3
Tel. 08652/63212

83471 Berchtesgaden
Keimling Naturkost
Nonntal 8
Tel. 08652/3278
V: BNN

83471 Berchtesgarden
Feinkost Grüsser
Marktplatz 4
P: 3
V: VgtM

82335 Berg
Stefan Mair
Kirchplatz 1
Tel. 08151/51143
P: 5,8

82335 Berg
Fritz Friedrich
Oberer Lüßbach 45
Tel. 08171/29349
P: 3, 9, 11
V: Naturland

Einkaufsadressen

82335 Berg
Bretti's Naturkost GmbH
Seeburgstr. 6
Tel. 08171/7117
Fax 08171/1423
P: 15
V: Naturland

83346 Bergen
Bergener Naturkostladen
Bahnhofstr. 22
Tel. 08662/5302
V: BNN, Demeter

83346 Bergen
Edeka-Markt Suhrer
Dorfplatz 10
P: 3
V: VgtM

83233 Bernau
Spar-Markt Schauer
Baumannstr. 33
P: 3
V: VgtM

83233 Bernau
Edeka-Markt Schmid
Chiemseestraße
P: 3
V: VgtM

83346 Bernhaupten
Edeka-Markt Pfeilstetter
Bahnhofstr. 182
P: 3
V: VgtM

86485 Biberbach
Michael Mayer
Fuggerstr. 20a
Tel. 08271/2967
P: 5, 8
V: Bioland

89346 Bibertal-Echlishausen
Biolandhof - Der Andere Laden, Anton u. Gunhilde Zeller
Rohräckerweg 1
Tel. 08226/1349
Fax 08226/9217
P: 1,2,3,5,7,8,9,10,11, 12,13,16

95493 Bischofsgrün
Friedmar Reichel
Brinstengl 25
Tel. 09276/354
P: 7, 8, 9
V: Demeter

86657 Bissingen
Josef Ebermayer
Unterbissingen 42
V: Demeter

63825 Blankenbach
Ingrid Staab
Am Steinkuppel 12
V: Demeter

89434 Blindheim
Naturlandhof Erhard Knötzinger
Weilheim 2
Tel. 09074/4974
Fax 09074/5992
P: 7,8,9,15

86399 Bobingen
Franz Schmieder
Frieda-Forster-Str. 15
Tel. 08234/5278
V: Demeter

85461 Bockhorn
Lorenz Lex
Emling Nr. 17
Tel. 08122/4477
P: 3, 8, 9, 15
V: Naturland

84155 Bodenkirchen
A. Schneider
Bodenkirchen 1
Tel. 08741/1785
V: Naturland

84155 Bodenkirchen
Naturprodukte Gretel Kropp
Litzelkirchen 3
V: Demeter

84155 Bodenkirchen
Hans Stadler
Scherneck 2
Tel. 08722/1719
P: 2, 5, 6, 7, 8, 11, 14
V: Naturland

94249 Bodenmais
Silberdistel Naturkost
Lehmgrubenweg 32
Tel. 09924/7377

82389 Böbing
J. Drexler
Leiten 9
Tel. 08867/1367
P: 11
V: Bioland

94255 Böbrach
Himmelhof
Haidsberg 6
Tel. 09923/1566
P: 11

94327 Bogen
Fritz Brunner
Sandhof 1
Tel. 09422/2128
P: 5
V: Bioland

83254 Breitbrunn
Gartenbau Leiker
Eggstätter Str. 31
Tel. 08054/265
P: 7

82211 Breitbrunn
Perger Natursäfte
Herrschinger Str. 51
Tel. 08152/8551 u. 2380
Fax 08152/5738
P: 13
V: Bioland

83254 Breitbrunn
Chiemgauer Naturfleisch GmbH
Kailbachstr. 3
Tel. 08054/1229
Fax 08054/803
P: 5
V: Biokreis

83254 Breitbrunn
Firma SOTO Barthof u. Schramm
Wolfsbergerstr. 47
Tel. 08054/1283
V: BNN

87739 Breitenbrunn
Josef Böck
Unterberghöfe 14
Tel. 08263/1245
P: 9
V: Naturland

92363 Breitenbrunn
W. Staudigl
Dürn 40
Tel. 09495/858
V: Demeter, Naturland

93179 Brennberg
Dr. Eberhard Klein
Höllmühle
Tel. 09484/435
P: 5,14
V: Demeter

86875 Bronnen
Jacob Kienzle
St. Margarethen 6
Tel. 08246/258
V: Naturland

92436 Bruck
Metzgerei Gustl Schuhbauer
Bischof-Krautbauer-Str. 8
Tel. 09434/683 u. 3460
Fax 09434/3792
P: 5
V: Demeter

200 Bayern

91590 Bruckberg
Bine's Naturlädle
Schindler
Am Sandhof 16
V: Demeter

83052 Bruckmühl
Einkaufen auf dem
Bauernhof, Georg u.
Annemarie Ettenhuber
Noderwiechs 36
Tel. 08062/6751
P: 11,16
V: Demeter

84428 Buchbach
Monika Niemaier
Gerberstr. 21
V: Demeter

84428 Buchbach
Thomas Müller
Haus Nr. 1
Tel. 08086/590
V: Biokreis

84428 Buchbach
Gärtnerei Berger
Kastenbergerstr. 5
Tel. 08086/1250
P: 7
V: Demeter

86807 Buchloe
Georg u. Theresia Trö-
bensberger
Augsburger Str. 24
Tel. 08241/1606
V: Demeter

86807 Buchloe
Rost
Bahnhofstr. 7
V: Demeter

86807 Buchloe
Naturwaren-Paradies
Helga Scholz
Paradies-Äcker 1
V: Demeter

86807 Buchloe
Otto Zech Bauern-
markt (2. u. 4. Sa im
Monat)
Immle-Platz
P: 11
V: Naturland

91054 Buckenhof
Agathe Kugler
Weiselstr. 40
Tel. 09131/55460
P: 12
V: Naturland

86977 Burggen
Josef Hölzle
Bergstr. 4
Tel. 08860/1452
P: 11
V: Bioland

86977 Burggen
Josef Kögel, Landwirt
Schongauerstr. 10
Tel. 08860/463
P: 4,5,7,9,11,12
V: Naturland

84489 Burghausen
Naturkost Sanicola
Helmut Edhofer
Am Stadtplatz 62
V: Demeter

84489 Burghausen
Kornkammerl
Haus der Natur
Gerhard Mayer
Robert-Koch-Str. 11
Tel. 08677/7847
Fax 08677/66245
P: 1,2,3,7,8,9,10,12,
13,14,15,16

84489 Burghausen
Lebensmittel Heindl
Wackerstr. 33
P: 3
V: VgtM

84489 Burghausen
Edeka-Markt Nickel
Unghauserstr. 19-21
P: 3
V: VgtM

84489 Burghausen
Stockinger
Lindacher Str. 23
P: 3
V: VgtM

84489 Burghausen
Georg Stadler
Niederholz 1
P: 3
V: VgtM

84508 Burgkirchen
Andreas Remmelber-
ger
Reit 17
Tel. 08679/6474
V: Biokreis

**93133 Burglengen-
feld**
Kornmandl
Siegfried Kirschner
Rathausstr. 3
Tel. 09471/7600
V: Demeter

91595 Burgoberbach
Lorenz Wenk
Erlenweg 18
V: Demeter

91595 Burgoberbach
Buntes Gemüse, Scholl
& Buchhorn, Wochen-
markt R. Buchhorn
Sommersdorf 22
P: 3,7,9,12
V: Bioland,Deme-
ter,VgtM

86647 Buttenwiesen
Christiane Keindl
Kapellenstr. 2
V: Demeter

**85114 Buxheim-
Tauberfeld**
Franz u. Christa
Thiermeyer
Volchlinstr. 12
Tel. 08458/4164
P: 3, 7, 8, 9, 12
V: Naturland

90556 Cadolzburg
Dr. Biene
Bioladen Stodolka
Am Weiher 16
V: Demeter

97355 Castell
Johannes u. Thomas
Gernert
Birklinger Str. 12
Tel. 09325/490
P: 8
V: Bioland

97355 Castell
Fürstlich Castell'sches
Domänenamt Castell
Tel. 09325/60185
Fax 09325/60185
P: 16
V: Naturland

93413 Cham
Germania-Drogerie/Re-
formhaus
Hafnerstr. 12
Tel. 09971/2447
Fax 09971/2447
P: 1,2,3,5,8,10,11,12,
13,16

93413 Cham
Aura Naturkost
Spitalplatz 10
Tel. 09971/40359

83339 Chieming
Gebhardt Schuhböck
Eglsee 2
Tel. 08664/262
V: Demeter

83339 Chieming
Edeka-Markt Haider
Egerer Str. 1
P: 3
V: VgtM

83339 Chieming
M. Huber
Hauptstr. 30
P: 3
V: VgtM

96450 Coburg
Dietrich u. Friedrike
Pax
Gärtnerhof Callenberg
Tel. 09561/62623
Fax 09561/62623
P: 1,2,3,7,8,9,10,11,12,
13,14,15
V: Demeter

96422 Coburg
Naturkost + Drogerie
Zimmermann
Steinweg 66
Tel. 09561/94711
P: 1,2,3,4,5,6,7,8,9,10,
11,12,13,14,15,16
V: Demeter

96450 Coburg
Wegwarte Naturkost
Unterer Bürglass 1
Tel. 09561/95400
V: Demeter

96450 Coburg
Bäckerei Zapf
Eichhofweg 18
Tel. 09561/3571
Fax 09561/37907
P: 2,10
V: - 54 Filialen -

85221 Dachau
Siegfried Klein
Birkenweg 2
Tel. 08131/82725
P: 7, 9, 15
V: Naturland

85221 Dachau
Naturkosteck Rote
Rübe
Frühlingsstr. 30
Tel. 08131/84144

85221 Dachau
S. Klein
Hermannstr. 4
Tel. 08131/72522
P: 7
V: Naturland

85221 Dachau
Naturkost-Insel
M.-Huber-Str. 18
Tel. 08131/86896
Fax 08131/86896
P: 1,2,3,4,5,7,8,9,10,11,
12,13,16
V: BNN

94469 Deggendorf
Körndl-Naturkost
Pfleggasse 31
Tel. 0991/7267
P: 1,2,3,7,8,9,10,11,12,
13,15,16

82544 Deining
Sebastian Köglsperger
Klosterweg 1
Tel. 08170/374
Fax 08170/8193
P: 2,3,5,7,8,9,10,11,12,
13,16
V: Bioland

86738 Deiningen
Günter Pflanz
Alerheimer Str. 19
Tel. 09081/4530
P: 5
V: Naturland

86738 Deiningen
Hermann u. Ruth Faul
GbR
Hauptstr. 12
Tel. 09081/23328
P: 5, 8

V: Naturland

85095 Denkendorf
L. Böhm
Altenberg Nr. 4
Tel. 08466/281
V: Naturland

85095 Denkendorf
Lorenz Maier
Hauptstr. 4
Tel. 08466/1015
V: Demeter

97337 Dettelbach-Bibergau
Weinbau Schinhammer
Lindenstr. 8
Tel. 09324/771
P: 16
V: Bioland

91456 Diespeck
Gerhard Veit
Birkenhof 14
Tel. 09161/9563
P: 3, 7, 8, 9
V: Bioland, VgtM

91456 Diespeck
Georg Pfundt
Ehe 17
Tel. 09161/9714
P: 2,3,5,7,8,9,10,12,16
V: Bioland

84378 Dietersburg
Rita Altmannsberger
Breitenbach 8
Tel. 08564/1351
V: Biokreis

92345 Dietfurt
Naturkostladen Meier
Hauptstr. 33
V: Demeter

83623 Dietramszell
Johann Müller
Haarschwaige 1

P: 7, 8, 11
V: Demeter

86911 Dießen
Vivena
Schützenstr. 29
V: Demeter

86911 Dießen
H. Kracher
Schulstr. 15
Tel. 08807/7363
P: 5
V: Naturland

84130 Dingolfing
Naturkostladen Gabi
Bengler
Gartenweg 8
Tel. 08731/4521
V: BNN

91550 Dinkelsbühl
Sunflower
Nördlinger Str. 33
Tel. 09851/6930
V: BNN

91550 Dinkelsbühl
Naturwarenladen
Offinger
Schreinergasse 3
V: Demeter

91550 Dinkelsbühl
Rathaus-Drogerie Hoffmann
Segringerstr. 24
V: Demeter

91550 Dinkelsbühl
Grüne Wolke Förster
Turmgasse 13
V: Demeter

86424 Dinkelscherben
Naturkost Veronika
Eser
Marktstr. 21
V: Demeter

Bayern

91723 Dittenheim
Ewald Lüdke
Windsfeld 7
Tel. 09834/1375
P: 8,9,11
V: Bioland

86609 Donauwörth
Ökomax Naturwaren
Max Rohrer
Weidenweg 3
Tel. 0906/3145
V: BNN, Demeter

97499 Donnersdorf
Brigitte u. Tino Lenhard-Scheithauer
Hauptstr. 29
Tel. 095218/7836
Fax 09521/7836
P: 7,8
V: Naturland

84405 Dorfen
Tagwerk e.G. Verbraucher- u. Erzeugergenossenschaft
Erdinger Str. 32
Tel. 08081/4764
Fax 08081/1726
P: 1,2,3,5,7,8,9,10,11, 12,13,14,15,16
V: Bioland, VgtM

84405 Dorfen
F. u. C. Kratzer
Neuharting 3
Tel. 08081/2166
P: 5
V: Naturland, VgtM

84405 Dorfen
Georg Schwaiger
Parschalling 1
Tel. 08081/4895
P: 3, 5, 6, 8
V: Naturland

84405 Dorfen
Tagwerk e.G.
Johannisplatz 3

Tel. 08081/544
P: 1,2,3,5,7,8,9,10,11, 12,13,14,15,16
V: Bioland, VgtM

82067 Ebenhausen
Feinkost Hindelang Käse Lebensmittel Schmid
Poststr. 2
V: Demeter

82390 Eberfing
Prof. Dr. U. Ammer
Eichendorf 1
Tel. 08801/669
P: 5, 8, 9
V: Bioland

91320 Ebermannstadt
Metzgerei Hübschmann
Hauptstr. 34
P: 5
V: Demeter

91320 Ebermannstadt
Gabriel Deinhardt
Wohlmuthshüllerstr. 6
Tel. 09194/8480
P: 6, 7, 8, 9
V: Demeter

96106 Ebern
Lucia Kleinhenz
Bramberg 12
Tel. 09534/538
P: 3, 7, 8
V: Naturland

96106 Ebern
Lebensfreundliche Produkte Feustel
Klein Nürnberg 8
V: Demeter

85560 Ebersberg
Morgana Naturkost
Marienplatz 13

Tel. 08092/2755
V: BNN

85560 Ebersberg
Drogerie Erich Bischoff
Marienplatz 9
V: Demeter

85560 Ebersberg
Bäckerei Wallner Friedrich Wallner
Sieghartstr. 8a
V: Demeter

90542 Eckental
Naturkost Grafe
Klingenstr. 25
V: Demeter

90542 Eckental
Frohnhofer Mühlen-Lädla
Frohnhof-Mühle
Tel. 09126/5475
Fax 09126/288014
P: 1,2,3,4,5,6,7,8,9,10, 11,12,13,14,15,16
V: Bioland

91090 Effeltrich
Helmut Wisheckel
Hauptstr. 14
Tel. 09133/751
P: 7, 12
V: Demeter

87743 Egg
Klaus u. Sabine Heimann
Wesbach 5
Tel. 08333/2788
P: 3, 5, 8, 9, 11
V: Naturland

84307 Eggenfelden
Rottaler Naturkoststüberl
Inh. Anna Kreisl
Öttingerstr. 24
Tel. 08721/6194
V: BNN, Demeter

84307 Eggenfelden
Naturkost Eggenfelden
Schellenbruckplatz 9
Tel. 08721/8483
V: BNN

82544 Egling
Naturhaus im Bachhuber, Michael Kraft
Hauptstr. 3
Tel. 08176/1313
Fax 08176/1781
P: 1,2,3,4,5,6,7,8,9,10, 11,12,13,14,15,16
V: BNN, Demeter

91349 Egloffstein
Ingrid Münch
Schweintal 8
V: Demeter

86741 Ehingen
Gerhard Fuchs
Meierstr. 1
Tel. 09082/2890
P: 3, 7, 8, 9, 14, 15
V: Bioland

86741 Ehingen
Josef Müller
Ringstr. 1
V: Demeter

97246 Eibelstadt
Dr. Friedericke Seydel
Unterer Grund 5
Tel. 09303/8287

82223 Eichenau
Terra Sole
Bahnhofstr. 77
Tel. 08141/80883
Fax 08141/80883
P: 1,2,3,7,8,9,10,11,12, 13,14,15,16
V: BNN, Demeter

94428 Eichendorf
Josef u. Waltraud Stockner
Enzerweis 23

Einkaufsadressen 203

V: Demeter

85072 Eichstätt
Moskito Naturwaren
Widmanngasse 6
Tel. 08421/5194
V: Demeter

97725 Elfershausen
Walter Schaub
Brunnenstraße
Tel. 09732/1521
P: 8
V: Naturland

97483 Eltmann
Manfred Schmitt
Limbach Nr. 40
Tel. 09522/5636
P: 2,3,5,7,8,9,10,11,12,13,16
V: Bioland

91448 Emskirchen
Bäckerei Fuhrmann
Marktstr. 3
V: Demeter

91448 Emskirchen
Marg. u. Georg Scherzer
Neidhardswinden 50
Tel. 09102/1815
P: 3, 5, 8, 9
V: Bioland, VgtM

83093 Endorf
Lebensmittel Buchauer
Bahnhofstr. 24
P: 3
V: VgtM

73650 Engelberg
Christoph Clees
Im Steinbruch 1
V: Demeter

84549 Engelsberg
Vollwert- u. Naturkost
Gabriele Gröll-Huber
Kühberg 2

V: Demeter

91238 Engelthal
Ernst Fuchs
Am Schloß 8
V: Demeter

91238 Engelthal
Naturwaren Lotte Heck
Glasergäßchen 9
Tel. 09151/699
Fax 09158/1444
P: 1,2,3,4,5,6,7,8,9,10,11,12,13,14,15,16
V: Demeter

91238 Engelthal
Fritz Leipold
Hauptstr. 21
Tel. 09158/379
P: 2,5,7,8,9,10,11,12
V: Demeter

92266 Ensdorf
Dr. K. Lautenschlager
Hauptstr. 24
Tel. 09624/2750
P: 5, 8, 12, 15
V: Naturland

85435 Erding
VITALIA Reformhaus GmbH
Am Rätschenbach 1
Tel. 08122/2425

85435 Erding
Kräuterhaus Erding Schulte
Heilig-Geist-Hof 3
V: Demeter

85435 Erding
Naturgarten
Siglfinger Str. 3
Tel. 08122/41808
V: Demeter

85435 Erding
Tagwerk e.G. Wochenmarkt (Do 8-12)
Grüner Markt
P: 1,2,3,5,7,8,9,10,11,12,13,14,15,16
V: Bioland, VgtM

85435 Erding
Tagwerk e.G. - Die Zwiebel
Landshuter Str. 39
Tel. 08122/3411
Fax 08122/3411
P: 1,2,3,5,7,8,9,10,11,12,13,14,15,16
V: Bioland, VgtM

84061 Ergoldsbach
Waren für Mensch u. Natur
Rudolf Grobmeier
Jahnstr. 14 1/2
V: Demeter

94140 Ering
Bio-Frischdienst Krauß
Halmlehen 1
Tel. 08573/778
V: Biokreis, Demeter

87746 Erkheim
Weber's Naturkostwaren
Unteres Esch 1
Tel. 08336/1262
P: 1,2,3,7,8,9,10,11,12,13,15,16

91052 Erlangen
Reformhaus Brandt
Nürnberger Str. 60
V: Demeter

91052 Erlangen
Reformhaus Kolbe
Schuhstr. 51
Tel. 09131/879020
P: 3
V: VgtM

91054 Erlangen
Naturkost - Kaffee
Altstädter Kirchenplatz 2
Tel. 09131/27180

91054 Erlangen
Reformhaus Kolbe
Marktplatz 5
Tel. 0931/87900
Fax 09131/879030
P: 2,3,7,8,9,10,12,13,15,16
V: Demeter, VgtM

91054 Erlangen
Schweikert Naturkost
Marquardsenstr. 8
Tel. 09131/209950
Fax 09131/209950
P: 1,2,3,7,8,9,10,11,12,13,15,16

91054 Erlangen
Kornblume Stürcke
Schiffstr. 9
P: 3
V: Demeter, VgtM

91054 Erlangen
Vier Jahreszeiten Naturkost
Südliche
Stadtmauerstr. 16
Tel. 09131/26489
Fax 09131/26489
P: 1,2,3,5,7,8,9,10,11,12,13,15,16
V: Demeter, VgtM

91056 Erlangen
Manfred Weller
Büchenbach, Alter Markt 1
Tel. 09131/992748
Fax 09131/994232
P: 3,7,8,9,10,12,16
V: Bioland

Bayern

91058 Erlangen
*Der Guldenbrot
Bäcker Meyer Vollkornbäckerei*
Bunsenstr. 3
Tel. 09131/64844
P: 2
V: Bioland

91058 Erlangen
*Berthold Dennerlein
GmbH*
Gutenbergstr. 1
Tel. 09131/67450
Fax 09131/66870
P: 2

91058 Erlangen
*Der Ökomarkt
Karin Mälzer*
Max-Planck-Str. 30
Tel. 09131/65649
V: Demeter

84567 Erlbach
*Lebensmittel
Waitzhofer*
Haus Nr. 68
P: 3
V: VgtM

63906 Erlenbach
Bäckerei Armin Kirchgäßner
Bahnstr. 21
P: 2
V: Demeter

63906 Erlenbach
*Naturwaren Günter
Breunig*
Saarlandstr. 24
V: Demeter

85283 Eschelbach
*Der Körnerladen
Maria Gschlössl*
Turmstr. 2
V: Demeter

97839 Esselbach
Wecker
Michelrieth 10
Tel. 09394/8225
P: 2, 7, 8, 9, 12, 13, 15

82547 Eurasburg
V. von Poschinger
Gut Waltersteig
Tel. 08179/8805
Fax 08179/8544
P: 5,8,9,15
V: Naturland

86495 Eurasburg
*Alfred Colsmann +
Sohn GbR*
Hergertswiesen Nr. 2
Tel. 08208/240
P: 2, 5, 10
V: Bioland

82547 Eurasburg
Fam. Urban Pöcklhof
Oberherrnhausen 5
Tel. 08179/8822
Fax 08179/5424
P: 1,2,3,5,7,8,9,0,11,12, 13,16
V: Bioland, VgtM

84326 Falkenberg
*Bio Landhandel
Schmidt Naturkost
Lieferservice*
Ortholbing Haus Nr. 4
Tel. 08727/401
P: 1,2,3,4,5,6,7,8,9,10, 11,12,13,14,15,16
V: Demeter

84550 Feichten
Hans Wöcherl
Edelham 102
Tel. 08634/8911
P: 8
V: Biokreis

82340 Feldafing
*Naturkost in Feldafing
G. Haidl u. U. Pötzl*
Bahnhofstr. 16
Tel. 08157/7148
Fax 08157/4662
P: 1,2,3,5,6,7,8,9,10,11, 12,13,15,16
V: BNN

85622 Feldkirchen
*Bio-Garten Roswitha
Weber-Emmerling*
Friedrich-Schüle-Str. 15
V: Demeter

83620 Feldkirchen-Westerham
*Naturkostladen
Förtsch*
Grieblweg 13
V: Demeter

83620 Feldkirchen-Westerham
*Früchtehaus Viktoria
Mayer*
Westhamer Str. 5
V: Demeter

87748 Fellheim
Naturkost Beim Käser
Im Winkel 5
Tel. 08335/8471
V: Demeter

83629 Fentbach
Kaspar Riesenberger
65 1/4
Tel. 08020/444
P: 11
V: Naturland

90537 Feucht
Reformhaus Gawollek
Hauptstr. 18
V: Demeter

90537 Feucht
Ringelblume Heinze
Hauptstr. 59
V: Demeter

97353 Feuerbach
Reiner u. Renate Will
Schwarzacher Str. 23
V: Demeter

95686 Fichtelberg
Kräuterstube Brunner
Gablonzer Str. 14
V: Demeter

92685 Floß
Günter Robel
Gailersreuth 2
V: Demeter

91301 Forchheim
*Der Ökoladen
Franz Köppl*
Bammersdorfer Str. 8
V: Demeter

91301 Forchheim
Der Ökomarkt
Birkenfelderstr. 17
Tel. 09191/66786
Fax 09191/89043
V: Demeter

85661 Forstinning
Naturkost in der Löfflmühle
Wolfsmühle 1
Tel. 08121/3334
Fax 08121/42580
P: 1,7,8,9,10,11,12,13, 16
V: BNN

83395 Freilassing
Mathias Kreutzeder
Eham 9
Tel. 08654/7510
P: 2, 10
V: Bioland

83395 Freilassing
Reformhaus Sulek
Fürstenweg 6
Tel. 08654/61808
P: 2,3,4,8,10,11,13,15
V: Demeter

Einkaufsadressen 205

83395 Freilassing
Herbosan Kräuterhandel GmbH
Hauptstr. 16
Tel. 08654/9846
V: Demeter

83395 Freilassing
Bio Naturkost
Peter Nagy
Laufenerstr. 34
Tel. 08654/64200
V: BNN, Demeter

83395 Freilassing
Edeka-Markt Feil
Mittlere Feldstr.
P: 3
V: VgtM

83395 Freilassing
Spar-Markt Deichsel
Zwieselstr. 18
P: 3
V: VgtM

83562 Freimehring
A. Friesinger
Hauptstr. 20
Tel. 08076/234
P: 9
V: Naturland

85354 Freising
VITALIA Reformhaus GmbH
Obere Hauptstr. 43
Tel. 08161/92145

85354 Freising
Löwenzahn
M. Schmid/J. Pfügl
Bahnhofstr. 10
V: Demeter

85354 Freising
Naturkost Erde + Schönheit Elisabeth Fleischmann
General-von-Nagel-Str. 4a

Tel. 08161/92829
V: Demeter

85354 Freising
Tagwerk Freising
Ziegelgasse 7
Tel. 08161/12423
Fax 08161/12423
P: 1,2,3,5,7,8,910,11, 12,13,14,15,16
V: Bioland, VgtM

85354 Freising
Tagwerk e.G. Wochenmarkt (Sa 8-12)
Marienplatz
P: 1,2,3,5,7,8,9,10,11, 12,13,14,15,16
V: Bioland, VgtM

85356 Freising
Naturgarten Schönegge
Asamstr. 21
Tel. 08161/68665
P: 7, 9, 12, 15
V: Naturland

85356 Freising
Georg Plank
Brandau 44a
Tel. 08169/1416
P: 5

96158 Frensdorf
Otto Ziegler
Abtsdorf 16
Tel. 09502/1032
P: 5, 7, 8, 9
V: Bioland

92342 Freystadt
Ehemann u. Kuttner
Oberndorf 21
Tel. 09179/5602
V: Demeter

94078 Freyung
Naturstub'n Wolfstein Brunner
Grafenauer Str. 5

V: Demeter

83413 Fridolfing
Johann Schärtl
Oberdorf am Kloster 9
Tel. 08684/467
P: 8, 11, 12
V: Naturland

83413 Fridolfing
Lebensmittel Bräumann
Hadrianstr. 36
P: 3
V: VgtM

83413 Fridolfing
Lebensmittel Herrmann
Hadrianstr. 44
P: 3
V: VgtM

86316 Friedberg
Naturkostladen Welz GmbH
Kriststr. 32
V: Demeter

86316 Friedberg
Naturhaus Friedberg W. Schwab
Marienplatz 19
Tel. 0821/60591
V: BNN, Demeter

86316 Friedberg
Josef Niedermaier
Ottmaring,
Tel. 0821/601498
P: 7,8,9,11
V: Bioland

87654 Friesenried
Maria Kößlinger-Mitschke
Aschtal 7
P: 3, 5
V: VgtM

97727 Fuchsstadt
Wehner-Pfülb
Schweinfurter Str. 34
Tel. 09732/5183 u. 7260
P: 3, 7, 8, 9, 12, 13
V: Naturland

86925 Fuchstal
Bachbauernhof
Lechsberg 1
Tel. 08243/1900
P: 2, 7, 8, 9, 11
V: Naturland

82256 Fürstenfeldbruck
Natur-Köstliches
Susanne Wisskirchen
Am Brunnenhof 13
V: Demeter

82256 Fürstenfeldbruck
Reformhaus Eduard Altmann
Hauptstr. 20
V: Demeter

82256 Fürstenfeldbruck
Grünling
Naturkostladen
Nordendstr. 6
Tel. 08141/16530

82256 Fürstenfeldbruck
Natürlich Leben Miller
Schöngeisinger Str. 19
V: Demeter

94081 Fürstenzell
Bruno Wander
Mühlsteg 2
V: Demeter

94081 Fürstenzell
Johanna Buchner
Post Pfeffenhausen
Tel. 08782/781
P: 7, 8, 9, 11

Bayern

V: Naturland

94081 Fürstenzell
Thomas Fischer
Wallmer 48
Tel. 08502/385
V: Demeter

90762 Fürth
Rolands Kramerladen
Gustavstr. 53
V: Demeter

90762 Fürth
Grashupfer
Nürnberger Str. 82
Tel. 0911/709270

90762 Fürth
Bioweinvertrieb Ernst
Schillerstr. 5
V: Demeter

90762 Fürth
Neue Wege Naturkost
Jakobinenstr.
P: 3
V: VgtM

90763 Fürth
Getreidekorn
Ludwigstr. 70
Tel. 0911/711457
V: Demeter

90763 Fürth
Kiechl
Schwabacher Str. 133
V: Demeter

90765 Fürth
Hermann Beck
Sacker Hauptstr. 35
Tel. 0911/303512
P: 7, 8
V: Naturland

90768 Fürth
Hans Arold
Am Europakanal 375
Tel. 0911/722489

P: 7, 9, 12
V: Naturland

90768 Fürth
Kunstmühle
Regelsbacher Str. 30
V: Demeter

87629 Füssen
Naturkost Uta Creutznacher
Lechhalde 2
Tel. 08362/39249
P: 1,2,3,7,8,9,10,11,12,
13,14,15,16
V: Demeter

87629 Füssen
Franz Bechteler
Reichenstr. 8
V: Demeter

93437 Furth
Waldhäusl Naturkost
Heinrichmeyer
Äußere Kötztinger
Str. 33
V: Demeter

84140 Gangkofen
York u. Silke Simon
Oberschmiddorf 4
Tel. 08722/8705
P: 3, 5, 7, 8, 9, 11
V: Naturland, VgtM

85748 Garching
Byodo Naturkost
GmbH
Dieselstr. 21
Tel. 089/3204019
Fax 089/3207252
P: 15
V: BNN

85748 Garching
Naturkost Annemarie
Schmidbauer
Prof.-Angemair-Ring 6b
V: Demeter

85748 Garching
Tagwerk e.G. Wochenmarkt (Fr 14-18)
Bürgerplatz
P: 1,2,3,5,7,8,9,10,
11,12,13,14,15,16
V: Bioland, VgtM

82467 Garmisch-Partenkirchen
Naturkost Partenkirchen Wolpert & Böhm
GbR
Hauptstr. 49
Tel. 08821/2939
V: BNN, Demeter

82467 Garmisch-Partenkirchen
VITALIA Reformhaus
GmbH
Ludwigstr. 56
Tel. 08821/2993

82467 Garmisch-Partenkirchen
VITALIA Reformhaus
GmbH
Von-Brug-Str. 22
Tel. 08821/51883

82467 Garmisch-Partenkirchen
Joh. Hellinger Gemüsemarkt (Fr)
P: 3
V: VgtM

83536 Gars
F. Fürfanger
Bergholz 156
Tel. 08073/1467
P: 8
V: Naturland

83536 Gars
Lebensmittel Mitterer
Johannisgasse 2
P: 3
V: VgtM

82131 Gauting
VITALIA Reformhaus
GmbH
Bahnhofstr. 16
Tel. 089/8503454

82131 Gauting
Naturkostladen Frodl
Bahnhofstr. 8
Tel. 089/8507801
V: Demeter

82131 Gauting
Fa. Horst Heirler
Grubmühlerfeldstr. 52
Tel. 089/8506041

82131 Gauting
Johann Penzl
Oberbrunn, Petriweg 10
Tel. 089/8507025
P: 3, 7, 8, 9, 11
V: Naturland

82131 Gauting
G. & H. Braun
Untertaxetweg 40
Tel. Te. 089/8503376
P: 16

95482 Gefrees
Angus Hof
Ackermannshof 1
Tel. 09273/7551
Fax 09243/7551
P: 4,5,6,7,9,12,15
V: Naturland

95482 Gefrees
Bines Marktständla
Metzlersreutherstr. 27
Tel. 09254/8210
Fax 09254/7290
P: 1,2,3,5,7,8,9,10,11,
12,13,15,16
V: BNN

94244 Geiersthal
Wurzelwerk e.G.
Franz-Xaver Peter
Unterberging 4

Einkaufsadressen 207

Tel. 09923/2383
V: Biokreis

93449 Geigant
Johann Wutz
Sinzendorf 5
V: Demeter

94333 Geiselhöring
Hans Reichl
Weingarten 2
V: Demeter

86682 Genderkingen
Martin Mittl
Hauptstr. 19
Tel. 09002/3299
P: 8, 9, 11
V: Bioland

91166 Georgens-gmünd
Naturkostladen
Hammerweg 12
V: Demeter

82041 Gerbling-hausen
Brigitte u. Georg Mayer
Tel. 08170/7516
P: 3, 7, 8, 9, 11
V: Naturland

82538 Geretsried
Naturkost Geretsried
Regina von Dulong
Adalbert-Stifter-Str. 21
Tel. 08171/3604
V: BNN, Demeter

82538 Geretsried
VITALIA Reformhaus GmbH
Egerlandstr. 50
Tel. 08171/61534

82538 Geretsried
Naturkost-Großmarkt Geretsried
Jeschkenstr. 28

Tel. 08171/80110

87656 Germaringen-Kettenschwang
Moser-Hof GbR
Bergstr. 3
Tel. 08344/1643 u. 481
P: 7,8,9,11
V: Bioland

97447 Gerolzhofen
Naturwarenladen Löschner
Weiße-Turm-Str. 1
Tel. 09362/4115 u. 7989
Fax 09382/5692
P: 1,2,3,4,5,7,8,9,10,11, 12,13,15,16
V: Demeter

86368 Gersthofen
Naturhaus Rainer Höpfl
Bauernstr. 9
V: Demeter

86368 Gersthofen
Albert Mayer
Wertlinger Str. 17
Tel. 0821/463549
P: 5, 7, 8, 9
V: Bioland

88167 Gestratz-Brugg
Heinrich Mück
Hof Leiten 172
Tel. 08383/322
P: 3,5,6,7,11,14
V: Demeter

82205 Gilching
Naturkost Isolde Warmke
Am Burgstall 13
V: Demeter

82205 Gilching
Keimling
Karolingerstr. 10
Tel. 08105/24537

V: BNN

82205 Gilching
Metzgerei
Robert Ederer
Starnberger Str. 66
P: 5
V: Demeter

82205 Gilching
Landfrau Biometzgerei
Waldstr. 2
Tel. 08105/5341
P: 5
V: VgtM

85625 Glonn
Biolandgärtnerei
Meyer + Schmid
Herrmannsdorf 1
Tel. 08093/4333
Fax 08093/4168
P: 7,9,12

85625 Glonn
Martin Sigl
Reinstorf 4
Tel. 08093/5223
P: 8, 11
V: Naturland

85625 Glonn
Hermannsdorfer Landwerkstätten
Herrmannsdorf 7
Tel. 08093/5760
Fax 08093/57610
P: 1,2,3,4,5,6,7,8,9,10, 11,12,13,14,15,16
V: Biokreis, Bioland

85625 Glonn
Gärtnerei im Jugenddorf Piusheim
Unterlausstr. 31
Tel. 08093/5510
P: 7
V: Bioland

85625 Glonn
Ludwig Winhart

Ursprung 4
Tel. 08093/20355222
P: 7,8,9,10

83703 Gmund
Stefan Poschenrieder
Hochwiesweg 2
Tel. 08022/75509
P: 5
V: VgtM

83703 Gmund
Maximilian-Reformhaus
Tegernseer Str. 8
Tel. 08022/7362
Fax 08022/7362
P: 2,3,7,8,9,10,11,12,13, 15

83703 Gmund
Johann Probst
Waldhof 2
V: Demeter

63773 Goldbach
Frankenstube
Aschaffenburgerstr. 42
Tel. 06021/54144

83355 Grabenstätt
Georg Klauser
Hirschau 53
Tel. 08661/753
P: 5,7,8,9,11,12
V: Demeter

83355 Grabenstätt
Obst-Beyer Meisinger
A. U. L.
Marwang 33
V: Demeter

83355 Grabenstätt
Hofmark-Reform
Jochen Bischoff
Traunsteiner Str. 1
Tel. 08661/771
Fax 08661/8028
P: 2,3,4,5,6,8,9,10,11, 13,14,15,16

208 Bayern

V: Demeter, Bioland

82166 Gräfelfing
Reformhaus Reichardt
G. Wehrl
Bahnhof
V: Demeter

82166 Gräfelfing
Bio-Marktgemein-
schaft Genossenschaft
zur Vermarktung ökol.
erzeugter Produkte
e.G.
Finkenstr. 29
Tel. 089/8543234
Fax 089/8545785
P: 1,2,3,4,5,6,7,8,9,10,
11,12,13,14,16

82166 Gräfelfing
DAX & Müller Natur-
kosthandelsges.
m.b.H.
Finkenstr. 29
Tel. 089/8543540
Fax 089/8545785

82166 Gräfelfing
Naturland Verband für
naturgemäßen Land-
bau e.V. Bundesge-
schäftsstelle
Kleinhaderner Weg 1
Tel. 089/8545071
Fax 089/855974
P: 1,2,3,4,5,6,7,8,9,10,
11,12,13,14,15,16

82166 Gräfelfing
Tofurei Svadesha
Pasinger Str. 16
Tel. 089/851238
V: BNN

82166 Gräfelfing
Würmwurzel
Helga Geier
Schulstr. 5
Tel. 089/8545481
V: BNN, Demeter

82166 Gräfelfing
Seidlhof
Spitzlbergerstr. 2A
Tel. 089/855607
Fax 089/855607
P: 3, 7, 8, 9, 12, 15
V: Naturland

82166 Gräfelfing
Pichler's Biofleisch-
laden u. Naturkost
Finkenstr. 29
Tel. 089/8545397
Fax 089/8545785
P: 5
V: Bioland, Naturland,
VgtM

94481 Grafenau
Sepp Koller
Nendlnach 32
Tel. 08554/2206
V: Biokreis

85567 Grafing
Manfred Schreiner
Vollwertbäckerei Natur-
kost
Griesstr. 12
Tel. 08092/4279
V: Demeter

85567 Grafing
Korn für Korn
Jahnstr. 2
Tel. 08092/7102
V: Demeter

85567 Grafing
Monika Sauer
Sanftlring 12
V: Demeter

94539 Grafling
Mielhaus-Backstube
Fam. Roth
Hochfeld 1
Tel. 0991/26376
P: 7, 11
V: Biokreis

82284 Grafrath
Lebensmittel Marthas-
hofen GmbH
Hauptstr. 42
Tel. 08144/559

82284 Grafrath
Gärtnerhof J. An-
trup/A. Sprenger
Unteraltinger Str. 5
Tel. 08144/7855
P: 5, 7, 9, 11
V: Demeter

83224 Grassau
Naturkostmarkt
Saldivar
Mietenkamerstr. 186

83224 Grassau
Edeka-Markt Schmid
Bahnhofstr. 10
P: 3
V: VgtM

83224 Grassau
Drogerie u. Reform-
haus Elfriede Lypp
Kirchplatz 7
Tel. 08641/2215
P: 3
V: VgtM

94541 Grattersdorf
Josef Reitberger
Falkenacker 1
Tel. 09904/227
V: Biokreis

86926 Greifenberg
Landfrau Biometzgerei
Fleisch u. Wurst GmbH
Hofgut Algertshausen
Tel. 08193/5630
Fax 08193/5838
P: 5
V: Naturland

86926 Greifenberg
Naturkostvertrieb
Horst Haller

Krottenkopfstr. 5
V: Demeter

83556 Griesstätt
Walter Heinzmann
Hochholz 1
Tel. 08038/756
Fax 08038/1507
P: 5
V: Bioland

82194 Gröbenzell
Naturkost Traidkasten
Frodl
Schubertstr. 8
Tel. 08142/8288
V: BNN

**90613 Großhabers-
dorf**
Gisela Fliehr
Farrnbacher Str. 9
Tel. 09105/727
P: 2, 3, 5, 10
V: Bioland, VgtM

**90613 Großhabers-
dorf**
Leonhard Güttler
Hohle Gasse 4
V: Demeter

**83109 Groß-
karolinenfeld**
Werner Friedl-Zimmer-
mann
Harthauser Str. 4
Tel. 08031/5777
P: 7
V: Naturland

63762 Großostheim
Bäckerei Fries GmbH
Bachstr. 18
Tel. 06026/7466

63762 Großostheim
dennree Versorgungs-
GmbH
Nordring 1
Tel. 06026/7039

Einkaufsadressen

Fax 06026/4176

63762 Großostheim
Zöschinger Gärtnerei Weilerhof
Uhlandstr. 9
Tel. 06026/1682 u. 6730
Fax 06026/8738
P: 2,3,5,6,7,8,9,10,11, 12,13,14,15
V: Demeter, VgtM

83536 Grub
Gottwald Lippert
V: Demeter

82031 Grünwald
Alter Wirt
Marktplatz 1
Tel. 089/6417855
Fax 089/6414266
P: 2, 7, 8, 10, 16

82031 Grünwald
VITALIA Reformhaus GmbH
Rathausstr. 1
Tel. 089/6414094

82031 Grünwald
Reformhaus Reich
Südliche Münchner Str. 46a
V: Demeter

82031 Grünwald
Naturell Ilona Baer
Südliche Münchner Str. 4
Tel. 089/6415691
P: 1,2,3,5,6,7,8,9,10,11, 12,13,14,15,16
V: BNN, Demeter

89423 Gundelfingen
Kronenbrauerei Rudolf Nahl KG
Professor-Bamann-Str. 20
Tel. 09073/7358
Fax 09073/3874
P: 1
V: Bioland, BÖW

89423 Gundelfingen
Spezialbrauerei u. Mineralbrunnen Bucher
Untere Vorstadt 15-19
Tel. 09073/2068
Fax 09073/3733
P: 1
V: Naturland

91710 Gunzenhausen
Löwenzahn Margret Till
Weißenburgerstr. 32
Tel. 09831/1780
V: Demeter

83527 Haag
Almut u. Dr. Arndt Raupach Ederhof
Neuberg 7
Tel. 08072/8887
Fax 08072/1382
P: 5
V: Naturland

83527 Haag
Naturkostladen Schmidbauer
Wasserburger Str. 30
V: Demeter

95473 Haag
Adam Schmidt
Obernschreez 6
Tel. 09201/275
P: 7, 8, 11
V: Demeter

85540 Haar
VITALIA Reformhaus GmbH
Leibstr. 1
Tel. 089/4605779

85540 Haar
Naturkost Thomas Scharf
Am See 29
V: Demeter

85540 Haar
Naturkostmarkt Zährl
Leibstr. 2
Tel. 089/4605779

85764 Hackermoos
Moorwurm Biogemüse, Walter Hoffmann
Siedlstr. 12
Tel. 089/3150058
P: 7, 8, 9, 15
V: Naturland

93095 Hagelstadt
Gänseblümchen Fellner
Böhmerwaldstr. 1
V: Demeter

85778 Haimhausen-Amperpettenbach
Gepa - Aktion Dritte Welt Handel Regionalstelle Bayern
Alte Kreisstr. 29
Tel. 08133/1482
Fax 08133/6744
P: 15,16

87642 Halblech
Erich Meichelböck
Dorfstr. 7
Tel. 08368/1476
P: 5, 11
V: Naturland

87642 Halblech
Foolke Immler
Poststr. 5
V: Demeter

87490 Haldenwang
Naturecke Schindler
Hauptstr. 13
Tel. 08374/6117
V: BNN, Demeter

83128 Halfing
Bauernmarkt Chiemgau e.G.
Kirchplatz 8

Tel. 08055/772
Fax 08055/8076
P: 11
V: Bioland, Biokreis, Naturland

91352 Hallerndorf
Franz Köppl Gemüsebau
Thoräcker 10
Tel. 09545/8716
P: 7
V: Demeter

84553 Halsbach
Sepp Rottenaicher
Buch 1
Tel. 08623/7427
P: 5, 8
V: Biokreis

84553 Halsbach
Franz Blüml
Lebern 27
Tel. 08623/538
V: Naturland

84553 Halsbach
Josef Hochreiter
Mooswinkl 24
Tel. 08623/347
V: Biokreis

84553 Halsbach
Alois Hochreiter
Schmidhub 15
Tel. 08623/345
P: 8
V: Biokreis

97762 Hammelburg
Saatkorn
Kissinger Str. 14
Tel. 09732/5144
V: BNN, Demeter

83404 Hammerau
R. Steinbacher
Saalachau 16
P: 3
V: VgtM

Bayern

86655 Harburg
Wolfgang Geiß
Schattenhofen 5
Tel. 09085/273
P: 3, 6, 9, 12, 14, 15
V: Naturland

90596 Harm
Hühnerhof Pöllet
P: 3
V: VgtM

97907 Hasloch
Grashüpfer T. Schulte
Faulbacher Str. 8a
V: Demeter

91729 Haundorf
Leonhard Schmidt
Geislohe 6
V: Demeter

97262 Hausen
Brigitte u. Richard Konrad
Fährbrücker Str. 9
Tel. 09367/2956
Fax 09367/8867
P: 1,2,3,5,7,8,9,10,11,
12,13,14,15,16
V: Demeter

97262 Hausen
Hermann Schmitt
Sulzwiesenerstr. 11
Tel. 09367/1097
P: 12
V: Naturland

97437 Haßfurt
Naturkostladen Körnermühle Dieter Heller
Hauptstr. 74
Tel. 09521/2295
P: 1,2,3,7,8,9,10,11,12,
13,15,16

85241 Hebertshausen
Anton Orthofer
Lotzbach Nr. 2
Tel. 08139/2276
P: 5
V: Naturland

85241 Hebertshausen
Franz Schmidt
Tel. 08139/560
P: 7, 9
V: Naturland

63869 Heigenbrücken
Trixies Lädchen Beatrix Eck-Cibis
Promenadenweg 2
V: Demeter

91560 Heilsbronn
Walter Sturm
Berghof 1
Tel. 09872/1246
P: 7, 8
V: Bioland

91560 Heilsbronn
Christa Maier
Bergstr. 14
Tel. 09872/1728
P: 7, 9
V: Demeter

91560 Heilsbronn
Gerhard Meyer
Trachenhöfstatt 2
Tel. 09872/8187
P: 8,7,9,11
V: Bioland

85551 Heimstetten
VITALIA Reformhaus GmbH
Raeterstr. 20
Tel. 089/9039683

95233 Helmbrechts
Alois Winkler
Einzigenhöfen 36
Tel. 09289/5102
P: 5, 9, 11

95233 Helmbrechts
Naturkostladen Kleeblatt - M. Schmidt
Kulmbacherstr. 6
V: Demeter

95233 Helmbrechts
regenbogen Thilo Kumbernuß
Luitpoldstr. 15
Tel. 09252/3388
Fax 09252/3378
P: 1,2,3,4,5,7,8,9,10,11,
12,13,14,15,16

95233 Helmbrechts
Günter Schmid
Wäldleinweg 3
Tel. 09252/1528
P: 9, 11
V: Demeter

93155 Hemau
Bioase, Hans Mirbeth
Höfen 1
Tel. 09491/590
P: 2, 3, 10
V: Demeter

93155 Hemau
Biolandhof Schacha
Schacha 13
Tel. 09491/3191
Fax 09491/3191
P: 1,2,3,5,7,8,9,10,11,
12,13,14,16

91334 Hemhofen
Thomas Böning
Hauptstr. 14
V: Demeter

91334 Hemhofen
Landgut Schloß Hemhofen, Die Abokiste
Schloßhof 2
Tel. 09195/8381
Fax 09195/2403
P: 2,3,4,5,7,8,9,10,11,
12,13,14,15,16
V: Demeter

97258 Hemmersheim
Georg Haegele
Dorfstr. 67
Tel. 09335/296
P: 5, 7, 8, 9, 11
V: Demeter

94491 Hengersberg
Grüner Punkt Naturkost GmbH
Schwanenkirchner Str. 28
Tel. 09901/1873
Fax 09901/1875

94491 Hengersberg
S. Burkert
Schwanenkirchner Str. 35
Tel. 09901/7256
Fax 09901/3519
P: 7
V: Bioland

88145 Hergatz
Georg u. Barbara Wetzel
Gemüsehof Muthen 1
Tel. 08385/1755
P: 7, 8, 9
V: Bioland

91336 Heroldsbach
Karin Hellwig
Steigweg 5
Tel. 09190/1338
P: 8
V: Bioland

91567 Herrieden
Duft & Korn
Hintere Gasse 5
Tel. 09825/1703
P: 8, 10, 15

82211 Herrsching
Kraut & Rüben Wiedemann
Seestr. 27
Tel. 08152/2574
V: Demeter

82211 Herrsching
VITALIA Reformhaus GmbH
Mühlfelder Weg 28
Tel. 08152/5704

91217 Hersbruck
Rübezahl Naturwaren
Bahngelände 1
Tel. 09151/2066
V: Demeter

91074 Herzogenaurach
Aller Welt's Laden
Hintere Gasse 36
Tel. 09132/5894
V: Demeter

91074 Herzogenaurach
Obsthäusle
Kirchenplatz 2a
V: Demeter

91074 Herzogenaurach
Naturwarenladen
Marktplatz 13
V: Demeter

91074 Herzogenaurach
Märchenprinz Sapre
Ringstr. 6
V: Demeter

91093 Heßdorf
Metzgerei Adolf Thomann
Erlanger Str. 18
Tel. 09135/260
P: 5
V: Demeter

91161 Hilpoltstein
Obst + Gemüse Meier
Markstr. 10
V: Demeter

91161 Hilpoltstein
Lebensmittelhandlung Erich Dierks
Markt 3
V: Demeter

91161 Hilpoltstein
Gerhard Zimmermann
Weiherhaus 1
V: Demeter

97267 Himmelstadt
Wolfgang Seidel
Brückenstr. 27
Tel. 09364/1538
P: 2,3,6,7,8,9,10,11,12, 13,15
V: Demeter

87541 Hindelang
Ahorn Naturkost
Karl-Hafner-Str. 1
Tel. 08324/2670
P: 3
V: BNN, Demeter, VgtM

87541 Hindelang
Michael Rädler
Riedle 3
P: 3
V: VgtM

96114 Hirschaid
Weigl Fleisch GmbH
Nürnberger Str. 34
V: Demeter

97204 Höchberg
Naturkostkeller
W. Seubert
Hauptstr. 95
Tel. 0931/407141
V: BNN, Demeter

97204 Höchberg
Pane Pasta GmbH
Jens v. Brandemer
Max-Planck-Str. 14
V: Demeter

97633 Höchheim
Geissenhof
Mendhäuserstr. 2
Tel. 09764/1095
P: 5, 11
V: Bioland

91315 Höchstadt
Kornstube Naturwaren
Irmgard Rodler
Hauptstr. 3
V: Demeter

89420 Höchstädt
Michael Lindner
Am Mühlbach 1
Tel. 09074/2711
V: Bioland

95186 Höchstädt
Hans Bauer
Tännig 1
Tel. 09235/465
P: 7, 8, 9
V: Demeter

85635 Höhenkirchen-Siegertsbrunn
Stumbeck-Hof
Fam. Mayer
Hohenbrunner Str. 4
Tel. 08102/3639
P: 1,3,5,6,7,8,9,10,11, 12,13,16
V: Bioland

63768 Hösbach
Erich Fleckenstein
Hirtenhof
Tel. 06024/9877
P: 3, 8, 9
V: Bioland

95183 Hof
Speisekammer
Karolinenstr.34
Tel. 09281/18484
Fax 09281/18484
P: 1,2,3,5,7,8,9,10,11, 12,13,15,16
V: BNN

95028 Hof
Bäckerei Heinrich Richter
Hauptstr. 6
V: Demeter

95028 Hof
Alraune
Marienstr. 52
Tel. 09281/16253

94544 Hofkirchen
Gerfried Schneider
Gsteinöd 18
Tel. 08541/6185
V: Biokreis

85662 Hohenbrunn
Franz Estendorfer
Jäger-von-Fall-Str. 8
Tel. 08102/4578
P: 8
V: Naturland

85662 Hohenbrunn
Metzgerei Sigl
Taufkircher Str. 3
P: 5
V: VgtM

86558 Hohenwart
Dietmar Döhner
Ingoldstädter Str. 6
Tel. 08446/1020
P: 5, 7, 8
V: Naturland

96142 Hollfeld
Ernst Görl
Weiher 10
Tel. 09274/1227
P: 5, 9
V: Bioland

97618 Hollstadt-Junkershausen
Dietmar u. Klara May
Wülfershauser Str. 8
Tel. 09762/6218
P: 1,2, 3, 5, 6, 7, 8, 9, 10, 12, 15

Bayern

V: Naturland

83607 Holzkirchen
Früchteparadies
Christiana Kieslinger
Münchner Str. 55
V: Demeter

83607 Holzkirchen
Wolfgang Sappl
Roggersdorferstr. 117
Tel. 08024/2348
Fax 08024/2348
P: 1,2,3,4,5,6,7,8,9,10, 11,12,13,14,16
V: Bioland

83607 Holzkirchen
Casa Verde
Schock-Jünger
Tölzer Str. 10
Tel. 08024/5772
Fax 08024/5772
P: 1,2,3,4,5,6,7,8,9,10, 11,12,13,14,15,16
V: BNN

86497 Horgau
Naturkost-Ecke
R. Mühlberger
Augsburger Str. 1
Tel. 08294/757
V: Demeter

86497 Horgau
Christine Mayr-Steer
Hauptstr. 29
Tel. 08294/1542
P: 9
V: Bioland

83209 Hub
Josef Obermüller
P: 11
V: Demeter

83359 Hufschlag
Andreas Müller
Trenkmoos 12
Tel. 0861/3160
P: 5

V: Naturland

83359 Hufschlag
Lebensmittel Schmid
Waginger Str. 42
P: 3
V: VgtM

86685 Huisheim
Walter Schneider
Stoffelmühle
Tel. 09092/1295
P: 5
V: Naturland

82057 Icking
Edith's Lädchen
Wenzberg 26
Tel. 08178/5839
Fax 08178/5670
P: 2,3,4,5,6,7,8,9,10,11, 12,13,15,16
V: BNN

94547 Iggensbach
Heinrich Waller
Wollmering 3
Tel. 09903/8442
V: Biokreis

86859 Igling
Gärtnerei Magnus-
Werkst.
Magnusstraße
Tel. 08241/5004191
Fax 08241/5004190
P: 7, 9
V: Bioland

87509 Immenstadt
Gabi u. Helmut Kirch-
bihler
Akams 8
Tel. 08323/4903
P: 5, 11
V: Bioland

87509 Immenstadt
Ludwig Mayr
Freibrechts 15
Tel. 08379/7078

V: Bioland

87509 Immenstadt
Löwenzahn
Hofgartenstr. 8
Tel. 08323/4523
V: BNN, Demeter

87509 Immenstadt
Reformhaus Ress
Bahnhofstr. 32
Tel. 08323/8631
P: 3
V: VgtM

85049 Ingolstadt
Körnerstube
Naturwarenhandel
Kreuzstr. 5
Tel. 0841/32308
V: BNN

85049 Ingolstadt
Naturkost Biotop
Beate Heck
Schulstr. 9
V: Demeter

85049 Ingolstadt
Naturwarenhaus an
der Donau
Tränktorstr. 4
Tel. 0841/32489
Fax 0841/17370
P: 1,2,3,5,7,8,9,10,11, 12,13,16

85051 Ingolstadt
Metzgerei
Richard Huber
Medererstr. 2
P: 5
V: VgtM

85053 Ingolstadt
Demeter-Gemüse-
anbau Eberhard
Katschke
Zanderweg 1
Tel. 08459/1522
P: 7

94548 Innernzell
Konrad Wiederer
Gmünd 2
Tel. 08554/500
P: 7, 8, 9, 11
V: Bioland

83334 Inzell
A. Dießbacher
Traunsteiner Str. 2
P: 3
V: VgtM

83334 Inzell
Vita Nova
Herschmann
Gschall 7
V: Demeter

83334 Inzell
Chiemgauer Hof
Lärchenstr. 5
Tel. 08665/6700

83334 Inzell
Gela's Naturladen
Kleinmaier
Reichenhaller Str. 18
Tel. 08665/7962
V: Demeter

83737 Irschenberg
Sebastian Thrainer
Thalhammer
Tel. 08025/1473
P: 3, 11
V: Bioland

85737 Ismaning
Joswig
Fischerhäuser
P: 3
V: VgtM

85737 Ismaning
Regenbogen e.V.
Gleitnerhof
Freisinger Str. 108
Tel. 089/966299
P: 7
V: Naturland

Einkaufsadressen

85737 Ismaning
Barnhouse Naturprodukte GmbH
Oskar-Messter-Str. 14
Tel. 089/963088
Fax 089/963488
P: 8,10
V: BNN

96274 Itzgrund
Alfred Precklein
Gleußen 18
Tel. 09533/542
P: 8, 9
V: Demeter

94118 Jandelsbrunn
Albert Skalweit
Zielberg 20
Tel. 08583/316
V: Biokreis

86860 Jengen
*Naturland Hof
Otto Zech*
Koneberg 36
Tel. 08246/326
P: 5, 11

86860 Jengen
Hans Moser
Weinhausen Nr. 1
Tel. 08241/2699
P: 7, 8
V: Bioland

84381 Johanniskirchen
Theo Noneder
Lapperding 10
Tel. 08564/694
V: Bioland

84387 Julbach
Johann Bessel
Dorfstr. 3
Tel. 08571/3368
V: Biokreis

93183 Kallmünz
Siegfried Adam

Wiedenhof
Tel. 09473/265
P: 8, 9
V: Bioland

89358 Kammeltal-Ettenbeuren
Hubert Krimbacher
Ichenhauserstr. 24
Tel. 08223/765
P: 1, 3, 5, 8, 9, 10
V: Bioland

97842 Karbach
Ulrich Schmelz
Obere Klimbach 9
Tel. 09391/3438
P: 2, 3, 7, 8, 9, 11, 15
V: Bioland

86668 Karlshuld
*Mooserde-Versand
Manuela Edler*
Neuburger Str. 10
Tel. 08454/1641
P: 15

97753 Karlstadt
Biolädchen W. Gleichmann
Alte Bahnhofstr. 16
Tel. 09353/2141
V: BNN

63791 Karlstein
Dieter Kreisel
Hanauer Landstr. 131
V: Demeter

92280 Kastl
Georg Plank
Hohenburger Str. 20a
Tel. 09625/443
P: 5, 8, 9
V: Bioland

87600 Kaufbeuren
Fam. Dörfler
Am Webereck 32
P: 7
V: Bioland

87600 Kaufbeuren
*Die Wurzel
Naturkostfachgeschäft*
Ledergasse 7
Tel. 08341/15395
V: BNN

87600 Kaufbeuren
Michael Merk
Ludwigstr. 33
V: Demeter

87600 Kaufbeuren
Naturwaren Siegmund
Sommerstr. 26
Tel. 08341/68154
V: BNN

86916 Kaufering
Kauferinger Naturkostladen eG
Dr.-Gerbel-Str. 34
Tel. 08191/6158
V: BNN, Demeter

93309 Kelheim
Naturkost am alten Markt, K. Schaible
Wittelsbacher Gasse 5
V: Demeter

95478 Kemnath
Feinkost Schiffmann Höpfl
Stadtplatz 16
V: Demeter

87435 Kempten
Brotladen
An der Stadtmauer 10
Tel. 0831/24763

87435 Kempten
Der kleine Prinz
Königstr. 20
Tel. 0831/25009
P: 2,7,8,9,10,11,12,13, 15
V: BNN

87437 Kempten
Richard Haneberg
Hinterholz 1
Tel. 0831/77226
P: 3, 5, 11, 15
V: Naturland

87437 Kempten
*Ringelblume
Edwin Jeni*
Im Oberösch 3c
V: Demeter

87437 Kempten
Jan Harding
Leonhardstr. 9
V: Demeter

87437 Kempten
Bio-Ring Allgäu e.V.
Leupolzer Str. 8
Tel. 0831/71595

87437 Kempten
Bioland-Gärtnerei Wegscheider
Tiefenbacher Weg 51$^1/_2$
P: 7

87439 Kempten
Walter Hiedl
Neuhauserweg 120
Tel. 0831/91803
P: 7
V: Bioland

87439 Kempten
Naturkostlädele Klaus Dechent
Fürstenstr. 10
Tel. 0831/24628
V: Demeter

87439 Kempten
Gärtnerei Bayrhof
Memminger Str. 97
Tel. 0831/93120
Fax 0831/94795
P: 7, 9
V: Bioland

Bayern

87439 Kempten
Rapunzel Naturkost
Memminger Str. 75
Tel. 0831/202724
Fax 0831/202881
P: 1,2,3,5,7,8,9,10,11,
12,13,15,16
V: BNN

**87656 Ketten-
schwang-Buchingen-
Bergho**
Veronika Sehlig-Hohler
Moorbadstr. 26
V: Demeter

83088 Kiefersfelden
*VITALIA Reformhaus
GmbH*
Thierseestr. 1
Tel. 08033/7249

83088 Kiefersfelden
*Bio-Natur-Reform-
Haus Calendula*
Steilnerjochstr. 6a
Tel. 08033/8225

83361 Kienberg
*Hans u. Thietburga
Urbauer*
Helming 3
Tel. 08628/634
V: Bioland

86981 Kinsau
Ferdinand Ruderer
Bachstr. 12
V: Demeter

86981 Kinsau
Franz Schilcher
Epfacherstr. 2
Tel. 08869/485
P: 5
V: Demeter

84434 Kirchberg
Alfred Bauer
Ziegelberg 5
Tel. 08762/2123

P: 6, 7, 8, 9, 12, 14
V: Naturland

83527 Kirchdorf
Alois Meier
Wella 1
Tel. 08072/726
P: 8
V: Naturland

84375 Kirchdorf
Albert Alfranseder
Gstetten 7
Tel. 08571/8883
V: Biokreis

**85414 Kirchdorf a.
d. Amper**
Sepp Weingartner
Hirschbachstr. 1
Tel. 08166/7386
P: 5,7,8,9,11
V: Naturland

**91356 Kirchehren-
bach**
Bäckerei Hofmann
Hauptstr. 23
V: Demeter

**95466 Kirchenpin-
garten**
Josef Haßmann
Tressau Nr. 9
Tel. 09275/464
P: 7, 8, 9
V: Demeter

**91241 Kirchensitten-
bach**
*Strohhalm GmbH
Gerhard Scharrer*
Aspertshofen 48
Tel. 09151/94723 u.
96969
Fax 09151/96969
P: 7,8,9,10,12,15
V: Demeter

85551 Kirchheim
*Biokontor Michael u.
Margot Reheis*
Hausener Str. 99
V: Demeter

85551 Kirchheim
*Körner-Stüberl Karin
Dürner*
Poinger Str. 21
V: Demeter

85551 Kirchheim
*Biomarkt
Rudi Maslowski*
Rathausstr. 2f
V: Demeter

84558 Kirchweidach
*Rindfleischspezialitäten
Fuchshof*
Tel. 08623/683
P: 5, 6
V: Demeter, VgtM

84558 Kirchweidach
*Maierhof Neukirchen
A. u. E. Troll*
Neukirchen 2
Tel. 08634/8740
P: 2,7,8,9,11,12
V: Demeter

84558 Kirchweidach
F. Müller
Röckenwagen 2
Tel. 08623/898
P: 3
V: Naturland

84558 Kirchweidach
Edeka-Markt Aigner
Raiffeisenstr. 5
P: 3
V: VgtM

86438 Kissing
Gerhard Mildner
Gewerbering 17
Tel. 08233/5307
P: 8

V: Bioland

97318 Kitzingen
Teehütte Wehner
Grabkirchgasse 1
V: Demeter

97318 Kitzingen
Harald Müller
Hindenburgring Nord 7
Tel. 09321/4442
P: 16
V: BÖW

97318 Kitzingen
Erich Gahr
Mainbernheimer Str. 66
Tel. 09321/32663
P: 7, 15
V: Naturland

97318 Kitzingen
Körnerland Ziehr
Rosenstr. 20
Tel. 09321/7194
V: BNN, Demeter

63801 Kleinostheim
*VICOR - Gesundheitsla-
den Dr. Klaus Bsonek*
Goethestr. 56
Tel. 06027/6570
Fax 06027/8226
P: 1,2,3,7,8,9,10,11,12,
13,16
V: Demeter, Bioland

63911 Klingenberg
Willi Stritzinger
Bergwerkstr. 19
Tel. 09372/3315
P: 16
V: BÖW

63911 Klingenberg
*Korntruhe - Naturkost
H. Völker*
Lindenstr. 5
Tel. 09372/3839
Fax 09372/12536

Einkaufsadressen 215

P: 1,2,3,4,5,7,8,9,10,
11,12,13,15,16
V: BNN, Demeter

97478 Knetzgau
Ulrich Förster
Zellerweg 3
Tel. 09527/1572
P: 15
V: Naturland

82431 Kochel
Käsefachgeschäft-Naturkost Martin Jäger
Bahnhofstr. 10
V: Demeter

82431 Kochel
Erhardhof
Kapellenweg 8
Tel. 08851/1429
V: Bioland

86343 Königsbrunn
Naturkost Peter Reinhard
Donauwörther Str. 12c
V: Demeter

86343 Königsbrunn
Brennessel-Naturkost Pflieger
Hauptstr. 33
V: Demeter

86343 Königsbrunn
Geflügelhof Phyrkosch
Inh. Karl Gall jun.

82549 Königsdorf
nur natur Stillern-Mooseuracher GmbH
Tel. 08179/1325
Fax 08179/8211
P: 15
V: Naturland

82549 Königsdorf
Hofgemeinschaft Mooseurach
Mooseurach 9

Tel. 08179/745 u. 1250
Fax 08179/745
P: 3, 5, 6, 8, 9, 13
V: Naturland

96167 Königsfeld
Otto Weiß
Laibarös 10
Tel. 09207/667
Fax 09207/694
P: 2, 3, 5, 8, 9, 10, 14
V: Naturland

86669 Königsmoos
Völpel GmbH + Co. KG
St.-Wolfgang-Str. 1
Tel. 08433/1017
P: 7,15
V: Biokreis, Bioland, Demeter, Naturland

93444 Kötzting
Naturwaren Himmel u. Erde
Am Regen 9
Tel. 09941/6215
V: Demeter

94149 Kößlarn
Albert Denk
Grünberg 1
Tel. 08536/545
V: Biokreis

94149 Kößlarn
Bio-Bauern-Frischdienst Alfons Espenberger
Neuwimm 4
Tel. 08533/2985
P: 5
V: Biolreis

83059 Kolbermoor
Gerhard Schlarb
Dr.-Thann-Str. 2a
Tel. 08061/2366
P: 5
V: Naturland

83059 Kolbermoor
Neuland
Rosenheimer Str. 5
Tel. 08031/95849
V: Demeter

95692 Konnersreuth
Richard Eckstein
Höflas 14
Tel. 09233/8228
P: 7, 8
V: Demeter

95176 Konradsreuth
Günther Anders
Weberstr. 25
Tel. 09292/1445
P: 11
V: Bioland

94357 Konzell
Ziegenmeierei Rohrmühle
Rohrmühle 1
Tel. 09963/1309
V: Bioland

94357 Konzell
Markus Schwarzgruber
Tel. 089/583017
P: 5,14
V: VgtM

84076 Koppenwall
Michael Meier
Tel. 08782/1280
V: Naturland

85402 Kranzberg
Angela u. Franz Ostermaier
Ebersp oint 3
Tel. 08166/7644
P: 2,3,8
V: Bioland

85402 Kranzberg
Elisabeth u. Max. Böck
Hohenbercha 26
Tel. 08166/3392

P: 9
V: Naturland

85402 Kranzberg
Biologisch-Dynamische Vereinigung Bayern e.V.
Hohenbercha 13
Tel. 08166/6204
Fax 08166/6274
V: Demeter

84178 Kröning
Jakob Meindl
Wieselsberg 3
Tel. 08702/1093
P: 3, 5, 8, 12, 15
V: Naturland

96317 Kronach
Hermann Wich
Höfles
Tel. 09261/96034
P: 7, 8, 9, 12
V: Demeter

96317 Kronach
Reformhaus Probst
Kühnlenzhof 2
Tel. 09261/95444
Fax 09261/95444
P: 1,2,3,6,7,8,9,10,11,
12,13,15,16
V: Bioland, Demeter

96317 Kronach
Teekännchen
Schwedenstraße
P: 3
V: VgtM

86381 Krumbach
Gilda Ziegler
Karl-Mantel-Straße
V: Demeter

86556 Kühbach
Georg Fichtner
Wöresbacher Str. 22
Tel. 08251/3615
V: Bioland

216 Bayern

92245 Kümmersbruck
Bäckerei Kellermann
Hammerberg 6
V: Demeter

97273 Kürnach
Friedbert Bieber
Semmelstr. 31
Tel. 09367/2983
P: 3, 5
V: Bioland, VgtM

95326 Kulmbach
Bio-Markt
Inh. H. Wendel
Spitalgasse 12
Tel. 09221/83028
P: 3
V: BNN, Demeter, VgtM

95326 Kulmbach
Kornladen
Obere Stadt 10
Tel. 09221/3717
Fax 09221/86458
P: 3
V: BNN, VgtM

84036 Kumhausen
Alfons und Maria
Rosenhammer
Demeter-Gärtnerei
Hausberg 11
Tel. 08705/663
P: 2, 3, 7, 8, 9, 10, 11, 12, 13, 15, 16

94551 Lalling
A. Scheungraber
Hauptstr. 11
Tel. 09904/1326
P: 12
V: Naturland

94551 Lalling
Max Feldmeier
Zueding 10
Tel. 09904/920
P: 12
V: Naturland

94405 Landau
Naturkramer Fischer
Hauptstr. 84
V: Demeter

94405 Landau
Naturkost Rapunzel
Gabi Fischer
Viehauserstr. 18a
V: Demeter

86899 Landsberg
Naturkostladen Kornblume
Herkomerstr. 24
Tel. 08191/50017

86899 Landsberg
Der Biobauer
Hindenburgring 82
Tel. 08191/599366
Fax 08191/59936
P: 1,2,3,5,7,8,9,10,11, 12,13,16

86899 Landsberg-Reisch
Karl Mayr
Kapellenstr. 2
Tel. 08191/47459
Fax 08191/47459
P: 7,8,9,12,13
V: Naturland

82290 Landsberied
Johann Märkl
Kirchenweg 1
Tel. 08141/18949
Fax 08141/23772
P: 7,8,9,11
V: Demeter

85652 Landsham
Joh. Weiss Naturkostgroßhandel
Gewerbestr. 12
Tel. 089/905004-0
Fax 089/905004-21
P: 16

84028 Landshut
Kräuterladen Hildegard Huber
Kirchgasse 227
Tel. 0871/26155
V: Demeter

84028 Landshut
Naturkost Günter Beck
Neustadt 459
Tel. 0871/25312
V: Demeter

84028 Landshut
Tee + Kräuterstube
Adolf Wiesner
Schirmgasse 287
V: Demeter

84034 Landshut
Bäckerei Konditerei Café
Seligenthaler Str. 50
Tel. 0871/28441
Fax 0871/274405
P: 2

84034 Landshut
Gärtnerei Siebensee
Siebensee 2
Tel. 0871/61794
Fax 0871/670943
P: 1,2,3,5,7,8,9,10,11, 12,13,14,15,16
V: Bioland, VgtM

84028 Landshut
Brotkastl
Inh. Karl Wittig
Ländgasse 122
Tel. 0871/23638
P: 2
V: Naturland

86863 Langenneufnach
Naturprodukte Böck & Käsbohrer GbR
Weberstr. 8
Tel. 08239/54544
V: Demeter

85465 Langenpreising
Anton Wollschläger
Pottenau 19
Tel. 08761/4611
P: 5, 8, 9, 11
V: Naturland

90579 Langenzenn
G. Tiefel u. E. Semmler
Farrnbachstr. 8
Tel. 09101/1608
V: Bioland

90579 Langenzenn
Bioladen Haas
Klosterstr. 1
V: Demeter

83410 Laufen
Bäckerei Schneider
Marienplatz 2
V: Demeter

83410 Laufen
Spitzauer
Oswaldstr. 11
P: 3
V: VgtM

89415 Lauingen
Naturkost Seider
Imhofstr. 2
Tel. 09072/5373
P: 2,3,7,8,9,10,11,12, 13,15,16

87764 Legau
Rapunzel Naturkost AG
Haldergasse 9
Tel. 08330/910-186
P: 1,2,3,5,7,8,9,10,11, 12,13,15,16
V: BNN

91611 Lehrberg
Leonhard Kahr
Obersulzbach
P: 3

Einkaufsadressen

V: VgtM

94339 Leiblfing-Schwimmbach
Alfred u. Angela Blohberger
Geiselhöringer Str. 11
Tel. 09427/1407
P: 5, 8, 9
V: Demeter

83661 Lenggries
Grünes Warenhaus
Isarstr. 19
Tel. 08042/1392

83661 Lenggries
Anne Liebig
Am Ried 2
P: 3
V: VgtM

95666 Leonberg
Wohlrab Martin
Haus Nr. 11
Tel. 09633/1392
P: 5, 7, 11
V: Demeter

91578 Leutershausen
Christian Münich
Büchelberg 1
Tel. 09823/1261
P: 5, 8
V: Naturland

96215 Lichtenfels
Apfelbaum
Elvira Göres
Coburger Str. 36
Tel. 09571/72050
Fax 09571/72050
P: 1,2,3,5,7,8,9,10,11, 12,13,15,16
V: BNN

96215 Lichtenfels
Samenhandlung Landwarenhandel A. Born
Dieter Ganzmann
Laurenzistr. 4

Tel. 09571/2147
Fax 09571/2119
P: 2, 8, 9, 10, 13, 15, 16
V: Bioland

96215 Lichtenfels
Georg u. Angelika Lypold
Leo-Veth-Str. 22
Tel. 09571/5254
P: 6, 7, 8
V: Bioland, Demeter

88131 Lindau
Karl Vögele
Berchtersweiler 35
Tel. 08382/1226
V: Demeter

88131 Lindau
Naturell Rohner
Fischergasse 1
Tel. 08382/21485
Fax 08382/24702
P: 1,2,3,5,7,8,9,10,11, 12,13,14,16
V: BNN

88131 Lindau
Ernst Messmer
Sorgersweg 1
Tel. 08382/6875
P: 7, 12
V: Demeter

88131 Lindau
Brög Dankward
Stockach 1
Tel. 08382/78745
P: 5, 9, 12, 15
V: Bioland

88131 Lindau
Hans Wuggezer
Tobelstr. 31
Tel. 08382/26487
P: 13
V: Demeter

88161 Lindenberg
Naturwaren H. Lang

Hauptstr. 46a
Tel. 08381/4349
V: Demeter

84494 Lohkirchen
Fritz u. Anna Schweiger
Rabenöd 1
Tel. 08637/7067
P: 5, 8, 14
V: Naturland

97816 Lohr
Erntedank Naturkost
Untere Schlachthausgasse 2
Tel. 09352/5761
V: BNN, Demeter

88167 Maierhöfen
Imkerei Schehle
Hauptstr. 6 1/4
P: 2
V: Demeter

86747 Maihingen
Biolandhof Schwarz & Schartel
Hauptstr. 38
Tel. 09087/230
P: 5, 7, 8, 9

95336 Mainleus
Bio-Markt Hildegard Wendel
Buchau 61
V: Demeter

95336 Mainleus
Öhrlein's Hof
Eichberger Str. 9
Tel. 09229/7197
Fax 09229/8423
P: 7, 8, 9, 12
V: Bioland

95336 Mainleus
Unser kleiner Laden
Gisela Unger KG
Petersbergweg 5
Tel. 09229/7670

Fax 09229/7670
P: 1, 2, 3, 5, 7, 8, 9, 10, 11, 12, 13, 15, 16
V: BNN, VgtM

95336 Mainleus
Gärtnerhof Marianne van Putten-Geier
Veitlam 11
Tel. 09229/7490
V: Demeter

95336 Mainleus-Veitlahn
Alwin Schneider Petersberghof
Petersbergweg 7
Tel. 09229/1301
Fax 09229/1301
P: 7, 8, 9, 11
V: Demeter

97320 Mainstockheim
Winzerhof Karl Burrlein
Schloßstr. 20
Tel. 09321/5578
Fax 09321/550
P: 16
V: BÖW

82216 Maisach
Maisacher Naturkost- u. Naturwarenladen
Hauptstr. 6
Tel. 08141/94483
V: BNN

83558 Maitenbeth
Bio-Garten F. Kainz
Diebelstätt 1
Tel. 08076/8005
P: 7
V: Naturland, Demeter

83558 Maitenbeth
Thomas Oexle
Lohe 3
V: Demeter

Bayern

83558 Maitenbeth
Ziegenmeierei Oberlohe Thomas u. Lore Oexele
Tel. 08076/1738
Fax 08076/1739
P: 2,5,9,11
V: Bioland, Demeter

94094 Malching
Rüdiger Gebhardt
Beham 1
Tel. 08573/1312
P: 3
V: Biokreis

82291 Mammendorf
Innozenz Drexler
Egg 3
Tel. 08145/1273
P: 3, 6, 7, 8, 9
V: Naturland

85077 Manching
Bio Top Gärtnerei Veit-Thuringer
Fischergasse 17
Tel. 08459/1795 u. 7265
P: 3, 7, 8, 9, 12
V: Naturland

84163 Marklkofen
Josef Ostner
Reithen 1
Tel. 08732/1208
P: 2, 3, 5, 6, 8, 9, 11
V: Naturland

91801 Markt Berolzheim
Fritz Hörner
Carl-Carben-Str. 2
Tel. 09146/315
P: 2, 5, 7, 8
V: Demeter

85229 Markt Indersdorf
Naturkost-Eck GdbR
Leonhard u. Doris Gailer
Sigmertshauser Str. 2
Tel. 08136/5018
Fax 08136/9844
P: 1,2,3,4,5,6,7,8,9,10, 11,12,13,14,15,16
V: Naturland

91478 Markt Nordheim
Lindner's Hof
Herbolzheim 77
Tel. 09842/2941
P: 5, 8
V: Bioland, VgtM

87733 Markt Rettenbach
Mühle - Naturkost Karl Zinsmeister
Mühlweg 4
Tel. 08392/211
P: 8,10

85570 Markt Schwaben
Tagwerk e.G. - da Bio-lon
Marktplatz 30
Tel. 08121/46783
Fax 08121/46783
P: 1, 2, 3, 5, 7, 8, 9, 10, 11, 12, 13, 14, 15, 16
V: Bioland, VgtM

86865 Markt Wald
Naturkostladen Sonja Staß
Lindenstr. 2
V: Demeter

86865 Markt Wald
Michael Donderer
P: 8, 11
V: Naturland

91613 Marktbergel
Maria u. Peter Richter
Ermetzhof 8+9
Tel. 09845/1218
P: 3, 6
V: Demeter, VgtM

97340 Marktbreit
Bäckerei Hans Gebert
Gnodstadt
P: 2
V: Demeter

97828 Marktheidenfeld
Kornmühle Monika Breitgens
Luitpoldpassage
Tel. 09391/6324
V: BNN, Demeter

84533 Marktl
Hermann Lohr
Neuhaus 3
Tel. 08678/8822
P: 2,3,7,8,9
V: Bioland

87616 Marktoberdorf
Naturgarten
Salzstr. 5
Tel. 08342/4377
V: BNN, Demeter

95615 Marktredwitz
Der Naturladen Brigitte Artmann
Egerstr. 20
Tel. 09231/63535
P: 1,2,3,4,5,6,7,8,9,10, 11,12,13,14,15,16

96364 Marktrodach-Seibelsdorf
Schlosserhof, Gerhard u. Gusti Stumpf
Vogtsplatz 4
Tel. 09223/1215
P: 1,2,5,7,8,9,10,12,13, 15,16
V: Bioland

95509 Marktschorgast
Martin Greim - Thormühle
Gefreeser Str. 4
Tel. 09227/1627
V: Demeter

97342 Marktsteft
F. Seidel
Marktbreiterstr. 40
Tel. 09332/9522
P: 7
V: Naturland

82362 Marnbach
Peter Saal
Kirchstr. 10
Tel. 0881/2802
P: 5, 11, 12
V: Demeter

83250 Marquartstein
Brennessel Naturkost Inh. Otto Rauch
Alte Dorfstr. 2
P: 3
V: Demeter, VgtM

83250 Marquartstein
Käseimport B. Rauch
Streunthalerweg 12
Tel. 08641/61363
P: 11

83250 Marquartstein
Edeka-Markt Kaltschmid
Pettendorfer Str. 1
P: 3
V: VgtM

86688 Marxheim
Behindertenwerk St. Johannes Abt. Gartenbau
Schloßstr. 8
Tel. 09007/8090
Fax 09007/208
P: 7
V: Naturland

84323 Massing
Rupert Fisch
Neumarkter Str. 22

Einkaufsadressen

Tel. 08724/352
V: Biokreis

84561 Mehring
Georg Stadler
Niederholz 1
Tel. 08677/4451
P: 5, 11
V: Biokreis

86405 Meitingen
Naturladen Lydia Beutmüller/Marlies Mick
Hauptstr. 18
V: Demeter

86405 Meitingen-Waltershofen
Biolandhof Günther Baumann
Waltrichstr. 25
Tel. 08721/2452
P: 7, 8, 9

97638 Mellrichstadt
Franz Robeis
Berkader Höhe 51
Tel. 09776/5854
P: 3, 5, 7, 8
V: Naturland

87700 Memmingen
Hans Rabus
Einöde 10
Tel. 08331/80133
P: 9
V: Bioland

87700 Memmingen
Libhilt Schöffel
Hart 33
Tel. 08331/69844
V: Bioland

87700 Memmingen
Herbert Brommler
Hitzenhofen 3
Tel. 08331/63784
P: 5
V: Bioland

87700 Memmingen
Schrotmühle
Kalchstr. 6
Tel. 08331/82120
V: Demeter

87700 Memmingen
Metzgerei Greiff
Kalchstr. 7
Tel. 08331/12051
P: 5

86415 Mering
Naturkostladen Mering
Meringerzeller Str. 14
Tel. 08233/92220
P: 2,3,5,7,8,9,10,11,12, 13,15,16

96247 Michelau
*Kornmühle Michelau
Martin Münz*
Rosengartenstr. 8
V: Demeter

86866 Mickhausen
Werner Hör
Schweinebachstr. 10
Tel. 08204/508
V: Bioland

83714 Miesbach
Bäckerei Kurt König
Marktplatz 5
Tel. 08025/1468
Fax 08025/4739
P: 1,2,3,7,8,10,11,12,13, 15,16

83714 Miesbach
Michael Stief
Schopfgraben 41
V: Demeter

83714 Miesbach
Gärtnerei Wallenburg
Tel. 08025/7271
Fax 08025/2275
P: 5, 7, 9, 12, 13, 15, 16
V: Bioland

63897 Miltenberg
Natur u. Pflege
Hauptstr. 142
V: Demeter

63897 Miltenberg
*Der Biomarkt
Bernhardt Obier*
Hauptstr. 92
V: Demeter

63897 Miltenberg
Farrenkopf
Schippach
P: 3
V: VgtM

87719 Mindelheim
Naturkost Siessmeir
Reichenwallerstr. 14
Tel. 08261/6499
Fax 08261/8730
V: BNN, Demeter

87719 Mindelheim
Johann Fischer
St. Anna 2
Tel. 08261/8917
V: Bioland

87547 Missen-Wilhams
Hans-Georg v. d. Marwitz
Maienhof
Tel. 08320/1012
P: 3
V: Naturland

82293 Mittelstetten
Innozenz Bader
Hauptstr. 17
Tel. 08202/414
P: 8
V: Naturland

94360 Mitterfels
Bernhard Gutknecht
Hagenberg
Tel. 09961/6736
P: 3, 7, 8, 9

V: Naturland

95666 Mitterteich
Martin Wohlrab
Münchsgrün 11
V: Demeter

95666 Mitterteich
Die Backstube Männl
Wehrgasse 14
Tel. 09633/1349

63776 Mömbris
Hof Heeg
Am Wasen 1
Tel. 06029/7454
P: 3, 5, 6, 7, 8, 9, 11, 12
V: Demeter

63776 Mömbris
Monika Siegfried
Rappach 48
V: Demeter

63853 Mömlingen
*Naturkostladen
Elfriede Klotz*
Gehrenstr. 3
V: Demeter

63853 Mömlingen
Vogel
Ketteler Str. 10
Tel. 06022/3389
P: 7, 8, 9, 11, 12, 14, 15
V: Demeter

63933 Mönchberg
Wolz
Wolzmühle
P: 5, 8, 9, 10, 13, 15, 16
V: Bioland, Demeter, Naturland

86753 Möttingen
Mailänder Mühle
Egerweg 30
Tel. 09083/208

93099 Mötzing
F. Leinzinger

Kastnerstr. 72
Tel. 09480/1534
P: 2, 10
V: Naturland

85368 Moosburg
J. u. B. Voit
Thalbacher Str. 34
Tel. 08761/60307
P: 7
V: Naturland

85368 Moosburg
Tagwerk e.G. - Kleeblatt
Am Mühlbachbogen 38h
Tel. 08761/61166
P: 1,2,3,5,7,8,9,10,11, 12,13,14,15,16
V: Bioland, VgtM

85368 Moosburg
Adolf Hörl
Weghausen
P: 3
V: VgtM

84453 Mühldorf
Tee Biokost Kräuter Matzeder & Westlhuber
Bräugasse 12
Tel. 08631/6500
V: Demeter

84453 Mühldorf
Reform- u. Diäthaus Treiber Hans Treiber
Katharinenplatz 8
V: Demeter

84453 Mühldorf
Kornblume Eva + Heinrich Krickl
Spitalgasse 8
P: 3
V: Demeter, VgtM

84453 Mühldorf
Kautschitz
Innstr. 73

P: 3
V: VgtM

84453 Mühldorf
Feinkost Laske
Stadtplatz 46
P: 3
V: VgtM

92360 Mühlhausen
Hermann Heiselbetz
Ellmannsdorf 5
Tel. 09185/1020
P: 3
V: Bioland, VgtM

92360 Mühlhausen
H. Haubner
Hofen 24
Tel. 09185/1937
P: 7
V: Bioland

92360 Mühlhausen
Bachhofer
Hofen 33
Tel. 09185/1353
V: Bioland

92360 Mühlhausen
Willy Dauscher
Kerkhofen 13
Tel. 09185/255
P: 2, 8, 9, 10
V: Bioland

92360 Mühlhausen
Hans Emmerling
Kerkhofen 22
Tel. 09185/1855
P: 5
V: Bioland

92360 Mühlhausen
Leonhard Dauscher
Kirchgasse 1
Tel. 09185/394
P: 2, 8
V: Bioland

92360 Mühlhausen
Michael Pfindel
Nr. 10
Tel. 09185/1619
P: 3, 5, 8, 11
V: Bioland

95213 Münchberg
Kornkiste
Bayreuther Str. 6
V: Demeter

95213 Münchberg
Stadtmarkt Gudrun Lehmann
Torgasse 6
V: Demeter

80638 München
Bundesverband für ökolog.-biolog. Landprodukte e.V. - Bundesgeschäftsstelle
Schauerstr. 2-4
Tel. 089/1785158
Fax 089/1782275
P: 3, 7, 8, 9, 11, 12

80331 München
Landfrau Biometzgerei
Blumenstr. I
Tel. 089/2606264
Fax 08193/5838
P: 3,5,6,11
V: Naturland

80331 München
VITALIA Reformhaus GmbH
Kaufingerstr. 25
Tel. 089/293203

80331 München
Mango
Rosental 34
Tel. 089/2608907

80331 München
VITALIA Reformhaus GmbH
Rosental 7

Tel. 089/2603145

80331 München
VITALIA Reformhaus GmbH
Sendlinger Str. 24
Tel. 089/2608864

80331 München
VITALIA Reformhaus GmbH
Zweibrückenstr. 3
Tel. 089/220588

80333 München
Naturkost 134
Theresienstr. 134
Tel. 089/5234452

80333 München
VITALIA Reformhaus GmbH
Theresienstr. 27
Tel. 089/284750

80333 München
Naturkostladen Birke
Theresienstr. 48
Tel. 089/288644
V: BNN

80335 München
Ludwig Stocker Hofpfisterei GmbH
Kreittmayrstr. 5
Tel. 089/5202-0
Fax 089/5202-207
P: 2
V: - 85 Filialen -

80335 München
VITALIA Reformhaus GmbH
Schützenstr. 8
Tel. 089/695647

80336 München
Reformhaus Alpen Rita Grashey
Goethestr. 16
V: Demeter

Einkaufsadressen

80336 München
Verbraucher-Zentrale
Bayern e.V.
Mozartstr. 9
Tel. 089/539870

80337 München
Naturkostladen Neidel-
Friedrich
Adlzreiterstr. 33
Tel. 089/7251969
V: Demeter

80337 München
Karthago
Kapuzinerstr. 25
Tel. 089/5380697

80337 München
Naturkost Hans Her-
bert Heckel
Lindwurmstr. 139a
V: Demeter

80337 München
Schmidhuber
Lindwurmstr. 169
V: Demeter

80337 München
Pichler's Biofleisch-
laden u. Naturkost
Lindwurmstr. 215
Tel. 089/7257229
Fax 089/7257229
P: 5
V: Bioland, Naturland,
VgtM

80337 München
Voll-Corner Willi Pfaff
Maistr. 10
Tel. 089/5328063
V: BNN, Demeter

80337 München
Naturkost Marlies
Schneeberger
Tumblingerstr. 42
V: Demeter

80339 München
Nikos Naturkost
Günther Nikolaus
Gollierstr. 45
V: Demeter

80339 München
Nic's Natur Kost
Kazmairstr. 46
Tel. 089/509370
Fax 089/5029568
P: 1,2,3,4,5,7,8,9,10,11,
12,13,15,16

80802 München
VITALIA Reformhaus
GmbH
Münchner Freiheit 24
Tel. 089/394954

80469 München
Biofrisch
Baaderstr. 16
Tel. 089/229548

80469 München
Dolce Vita
Natur-Feinkosthaus
Corneliusstr. 7
Tel. 089/2606707
Fax 089/2606708
P: 1,2,3,4,5,6,7,8,9,10,
11,12,13,14,15,16
V: BNN

80469 München
Naturkontor
Dreimühlenstr. 7
P: 16

80469 München
Naturkost Vier Jahres-
zeiten Renate Brücher
Jahnstr. 20
Tel. 089/2603410
V: Demeter

80469 München
Auryn Naturkostladen
Klenzestr. 40ab
Tel. 089/268746

V: BNN, Demeter

80538 München
Distel
Robert-Koch-Str. 16
Tel. 089/2283772
Fax 089/228772
P: 4, 5, 6, 15
V: BNN

80538 München
Reformhaus Max 11
Jutta Klug
Thierschstr. 41
V: Demeter

80538 München
VITALIA Reformhaus
GmbH
Triftstr. 4
Tel. 089/222353

80539 München
Ökologischer Jagdver-
ein Bayern e.V.
Schönfeldstr. 8
Tel. 089/288654

80634 München
Voll-Corner Neuhau-
sen GmbH
Frundsbergstr. 18
Tel. 089/161709
V: BNN

80634 München
Naturkost Bester
Renatastr. 38
Tel. 089/168755
P: 1,2,3,4,5,6,7,8,9,10,
11,12,13,14,15

80634 München
Naturkost Mooser
Wilderich-Lang-Str. 6
Tel. 089/166038

80634 München
Tagwerk e.G. Wochen-
markt (Do 13-18)
Rotkreuzplatz

P: 1,2,3,5,7,8,9,10,11,
12,13,14,15,16
V: Bioland, VgtM

80636 München
Naturkost in Neuhau-
sen Wahlandt-Hege-
mann
Blutenburgstr. 51
V: Demeter

80636 München
Metzgerei Ederer
Fenderstr. 21
Tel. 089/1232860
P: 5

80636 München
Vergißmeinnicht Natur-
kost & Naturtextilien
Nymphenburger Str. 134
Tel. 089/1291319
V: Demeter

80636 München
Reformhaus Heinrich
Müller
Nymphenburger Str. 92
V: Demeter

80638 München
Reformhaus Pelka
Gerner Str. 15
V: Demeter

80639 München
Siebenschläfer Natur-
kost
Hirschgartenallee 26a
Tel. 089/174948
V: Demeter

80639 München
VITALIA Reformhaus
GmbH
Notburgastr. 19
Tel. 089/170069

80639 München
VITALIA Reformhaus
GmbH

222 Bayern

Winthirstr. 8
Tel. 089/1678730

80686 München
Natur u. Kost Ingrid Zenker
Fürstenrieder Str. 143
Tel. 089/560884
V: Demeter

80686 München
VITALIA Reformhaus GmbH
Fürstenrieder Str. 37a
Tel. 089/562557

80687 München
Markus Schwarzgruber
Landsberger Str. 320
Tel. 089/583017
P: 5
V: VgtM

80689 München
Grüner Zweig
Camerloherstr. 82
Tel. 089/562273
V: BNN

80796 München
Bio-Handel GmbH
Kornblume Schwabing
Belgradstr. 5
V: Demeter

80796 München
Müller's Landhaus
Belgradstr. 5
Tel. 089/3089117
P: 1,2,3,4,5,6,7,8,9,10, 11,12,13,14,15,16

80796 München
Gourmet's Garden GmbH
Belgradstr. 9
Tel. 089/3088493

80796 München
VITALIA Reformhaus GmbH
Elisabethstr. 57
Tel. 089/181743

80796 München
VITALIA Reformhaus GmbH
Hohenzollernstr. 88
Tel. 089/3007729

80796 München
Erdgarten
Tengstr. 31
Tel. 089/2719152
V: BNN

80797 München
Avalon-Naturkost
Hornstr. 1
Tel. 089/3088862
Fax 089/3088862
P: 1,2,3,5,7,8,9,10,11, 12,13,14,15,16

80797 München
Horst Kroeger Brotspezialitäten
Schleißheimer Str. 186
Tel. 089/3081104
Fax 089/3084828
P: 2

80798 München
Naturgarten e.V.
Görresstr. 33
Tel. 089/5234770

80798 München
Karotte, Birgit Patermann-Heuer
Schellingstr. 133
V: Demeter

80799 München
Naturkost Mutter Erde
Amalienstr. 89
Tel. 089/283127
V: Demeter

80799 München
Naturkost Gesund u. Fit, Barthe
Barer Str. 47
V: Demeter

80799 München
VITALIA Reformhaus GmbH
Barer Str. 49
Tel. 089/2720625

80799 München
Café Ignaz
Georgenstr. 67
Tel. 089/2716093
Fax 089/2713946
P: 1,2,7,8,9,13,16

80799 München
Lobewein's Weine & Feines
Türkenstr. 63
Tel. 089/2712767
Fax 089/2731161
P: 15, 16

80801 München
Förderkreis für Umweltgesundung d. Biol. Dyn. Wirtschaftsweise e.V.
Franz-Joseph-Str. 26
Tel. 089/3401223
V: Demeter

80802 München
Naturwarenladen
Haimhauser Str. 6
Tel. 089/344666

80802 München
Kornkammer - Naturkost an der Münchner Freiheit
Haimhauser Str. 8
Tel. 089/341135
V: Demeter

80802 München
Naturkostladen Josef Strasser
Seestr. 2
V: Demeter

80802 München
VITALIA Reformhaus GmbH
Trautenwolfstr. 2
Tel. 089/399917

80802 München
Reformhaus Laude
Leopoldstr. 17
Tel. 089/343006
P: 5
V: VgtM

80803 München
Reform- u. Diäthaus Bernd Gailus
Clemensstr. 15
V: Demeter

80803 München
Bund gegen den Mißbrauch der Tiere e.V.
Viktor-Scheffel-Str. 15
Tel. 089/397159

80803 München
Erdgarten
Viktoriastr. 26
Tel. 089/399165
Fax 089/345994
V: BNN

80804 München
Naturmädel
Simmernstr. 3

80805 München
K. O.-Back
Gundelindenstr. 1
V: Demeter

80809 München
Helios Naturwarenhandel GmbH

Einkaufsadressen

Riesenfeldstr. 76a
V: Demeter

80939 München
Werner Leitenberger
Schlößlanger 26
V: Demeter

80992 München
VITALIA Reformhaus GmbH
Bunzlauer Str. 6
Tel. 089/1411539

80992 München
Wolfgang Werbinek
Gärtnerstr. 20
V: Demeter

80992 München
Bio-Laden
Gärtnerstr. 30
P: 3
V: VgtM

80997 München
Naturkosthaus Sylvia Wiedemann
Haldenbergerstr. 28
Tel. 089/145288
V: BNN, Demeter

80999 München
Naturkostladen Hirtentäschel
Dora Wittchow
Franz-Nißl-Str. 21
Tel. 089/8128233
P: 1,2,3,4,5,6,7,8,9,10, 11,12,13,15,16
V: BNN

80999 München
Jeanine Friese
Naturprodukte aus Frankreich
Theodor-Fischer-Str. 8
Tel. 089/8123249
Fax 089/8131184
P: 6, 15

81241 München
Reformhaus Mehl GmbH
Gleichmannstr. 14
V: Demeter

81241 München
VITALIA Reformhaus GmbH
Gleichmannstr. 3
Tel. 089/887671

81241 München
Kerndlfresser
Naturkost P. Egger u. G. Karger
Hillerstr. 2
Tel. 089/8344268
Fax 089/8202714
P: 1,2,3,4,5,7,8,9,10,11, 12,13,14,15,16
V: BNN

81241 München
Dr. Devanando Otfried Weise
Perlschneiderstr. 39
Tel. 089/8344978
Fax 089/8204484
P: 15

81241 München
Hans Kamlah
Schlagweg 10
Tel. 089/833173
P: 7
V: Naturland

81241 München
Anton Weinhuber Toskana Import/La Selva
Karl-Hromadnik-Str. 3
Tel. 089/886400
Fax 089/8204666
P: 15, 16
V: Naturland

81243 München
Bio-Emma
Limesstr. 110
Tel. 089/8711113

V: BNN

81243 München
Gemüseladen
Rita Gillitzer
Maria-Eich-Str. 71
V: Demeter

81245 München
Fidibus Fachgroßhandel für Naturwaren
Altostr. 36
Tel. 089/8634369
Fax 089/8633467

81247 München
Arbeitskreis Alternativer Landbau im Bund Naturschutz
Pläntschweg 72

81247 München
Neuform Reformhaus Irmgard Schmoll
Verdistr. 45
V: Demeter

81369 München
Natur u. Kunst
Barblin Beutel
Albert-Roßhaupter-Str. 101
V: Demeter

81369 München
Naturkost
Th. Merkle/S. Stölzl
Albert-Roßhaupter-Str. 52
V: Demeter

81369 München
Naturkost Glückskafer
Plinganserstr. 18b
Tel. 089/772191

81371 München
Naturkost Hollerbusch
Lindenschmitstr. 21

81371 München
Isartal-Reform + Naturkost
Pullacher Platz 8
Tel. 089/7241595

81373 München
Tee-Oase
Heidi Vornehm
Meindlstr. 23
V: Demeter

81377 München
Terra Viva
Fürstenrieder Str. 267
V: Demeter

81377 München
Reformhaus Birk-Müller
Trautweinstr. 40
V: Demeter

81377 München
Wintergarten
Waldfriedhofstr. 72
Tel. 089/7191293
V: Demeter

81476 München
Naturkost Tuttifrutti
Susanne Löffl
Züricher Str. 29a
V: Demeter

81479 München
Naturkost Solln
Herterichstr. 49
Tel. 089/7917720
V: Demeter

81479 München
Sollner Reformhaus Hermine Kreuzpointer
Sollner Str. 45
V: Demeter

81539 München
Manfred Rechner
Pfarrweg 2D
Tel. 089/683490

224 Bayern

81539 München
Der Metzger Huber
Walchenseeplatz 2
P: 5
V: VgtM

81541 München
Nielsens Naturkost in der Au
Asamstr. 6
Tel. 089/652041
V: Demeter

81541 München
Schnaubelt/Kindler
Auerfeldstr. 4a
V: Demeter

81541 München
Natur pur, Maria Spreen-Rauscher
Untere Grasstr. 15
Tel. 089/6912688
V: Demeter

81541 München
Tagwerk e.G. Wochenmarkt (Sa 8-13)
Maria-Hilf-Platz
P: 1,2,3,5,7,8,910,11, 12,13,14,15,16
V: Bioland, VgtM

81543 München
Alternatives Handels Kontor AHK eG
Sommerstr. 37
Tel. 089/656984
Fax 089/6515700
P: 16

81545 München
Reformhaus Horst Leye
Naupliastr. 81
V: Demeter

81547 München
Naturkost Uhl
Mangfallplatz 10
V: Demeter

81549 München
Barbara Müller Wein - Import
Tegernseer Landstr. 270
Tel. 089/6991242
Fax 089/6991242
P: 16

81667 München
Lebascha Naturkost GmbH
Breisacher Str. 12
Tel. 089/4802495
V: Demeter

81667 München
Sonnenblume Naturkost Herbert Rupp
Johannisplatz 21
V: Demeter

81667 München
Verbraucher Initiative München e.V.
Lothringer Str. 17
Tel. 089/4486575

81667 München
Teeladen
Pariser Str. 27
Tel. 089/4801653

81667 München
Grüner Markt Haidhausen
Rosenheimer Str. 65
Tel. 089/486193
V: BNN, Demeter

81667 München
Kasladl Naturkostladen
Steinstr. 28
Tel. 089/4483565
V: Demeter

81669 München
Conforma GmbH Rudolf Walter
Gallmayerstr. 12
V: Demeter

81669 München
VITALIA Reformhaus GmbH
Orleansplatz 11
Tel. 089/483494

81669 München
Wurzelfood
Rablstr. 33
Tel. 089/ 4485629

81669 München
Fritz' Mühlenbäckerei GmbH
Rablstr. 38
Tel. 089/482876
Fax 089/4485736
P: 2,3,8,10,11

81669 München
Reformhaus am Rosenheimer Platz
Rosenheimer Str. 52
Tel. 089/4486648
V: Demeter

81671 München
Boris Mitkovski
Rupertigaustr. 67
V: Demeter

81673 München
VITALIA Reformhaus GmbH
Kreillerstr. 3
Tel. 089/4314193

80333 München
VITALIA Reformhaus GmbH
Augustenstr. 80
Tel. 089/521474

81675 München
Sathi
Kirchenstr. 32
Tel. 089/484504

81675 München
Bund Naturschutz in Bayern e.V.
Kirchenstr. 88
Tel. 089/482026

81677 München
Dr. Ritter GmbH
Prinzregentenstr. 155
Tel. 089/41161-585

81677 München
Reformhaus Percsy
Stuntzstr. 32
V: Demeter

81679 München
Famoses Naturkost
Montgelasstr. 15
Tel. 089/980572
V: Demeter

81737 München
Reformhaus Pfanzeltplatz, Dr. Schnabel
Putzbrunner Str. 1
V: Demeter

81737 München
VITALIA Reformhaus GmbH
Thomas-Dehler-Str. 12
Tel. 089/6371626

81737 München
Tagwerk e.G. Wochenmarkt (Fr 13-18)
Hanns-Seidl-Platz
P: 1,2,3,5,6,7,8,9,10,11, 12,13,14,15,16
V: Bioland, VgtM

81825 München
Mühlen Kaiser
Feldbergstr. 78
Tel. 089/4392878
P: 8
V: Demeter

81825 München
Michael Raab
Huchenstr. 43
Tel. 089/428160
Fax 089/425086

Einkaufsadressen

P: 11

81825 München
Bio Erz. u. Backwaren-
vertrieb J. Asel GmbH
Truderinger Str. 288
Tel. 089/9038961

81825 München
VITALIA Reformhaus
GmbH
Truderinger Str. 300
Tel. 089/421374

81827 München
Öko-Hans Johann
Bieringer
Elfriedenstr. 35
Tel. 089/4305090
Fax 089/4395630
P: 1,2,3,4,5,6,7,8,9,10,
11,12,13,14,15,16

81827 München
Bio-Markt Truderring
Wasserburger
Landstr. 246
Tel. 089/4309094
V: Demeter

81827 München
VITALIA Reformhaus
GmbH
Wasserburger-
Landstr. 250
Tel. 089/4305221

81925 München
Der grüne Korb
Oberföhringer Str. 212
Tel. 089/951939
V: BNN, Demeter

81927 München
Reformhaus Cosima-
Park Galle
Englschalkinger Str. 196
V: Demeter

81927 München
Naturkost
Ennemoserstr. 17
V: Demeter

81927 München
Kornfeld Naturmarkt
Warthestr. 1
Tel. 089/9304289
Fax 089/938446
P: 1,2,3,4,5,6,7,8,9,10,
11,12,13,14,15,16
V: BNN, Demeter

81929 München
Fruchtkörbchen
Monika Kasper
Kardinal-Wendel-Str. 13
V: Demeter

81667 München
VITALIA Reformhaus
GmbH
Innere Wiener Str. 52
Tel. 089/4486705

80335 München
VITALIA Reformhaus
GmbH
Stachus Einkaufscen-
trum/Karlsplatz
Tel. 089/598281

80333 München
VIATLIA Reformhaus
GmbH
Theresienstr. 27
Tel. 089/284750

80869 München
VITALIA Reformhaus
GmbH
Willibaldplatz 3
Tel. 089/585079

80639 München
VITALIA Reformhaus
GmbH
Winthirstr. 8
Tel. 089/1678730

97702 Münnerstadt
Mürschter
Naturkostladen
Am Anger 7
Tel. 09733/6005
V: Demeter

97702 Münnerstadt
Max u. Moritz Voll-
kornbäckerei
Grabfeldstr. 4
P: 2
V: Demeter

82541 Münsing
Max u. Gretl
Korntheuer
Bolzwang 2
Tel. 08171/26013
P: 8, 9, 11
V: Demeter

**86505 Münster-
hausen**
Helmut Atzkern
Hauptstr. 56
Tel. 08281/1756
P: 8
V: Bioland

82418 Murnau
Hacklhof
Mauritiusstr. 4
Tel. 08841/5206
V: BNN

82418 Murnau
Körndlkramer
Obermarkt 35
Tel. 08841/99275
V: BNN

82418 Murnau
VITALIA Reformhaus
GmbH
Schloßbergstr. 6
Tel. 08841/5489

92507 Nabburg
Brot - Wein - Käse
Karl Urban

Georgenstr. 14
Tel. 09433/352
P: 2,7,8,11,12,13,15,16

95119 Naila
Herbert Bayreuther
Modelsmühle
Tel. 09282/8251
P: 5, 8, 9, 11
V: Bioland

87484 Nesselwang
Peter Erd, Vieh- u.
Fleischhandel
Blütensteig 1
Tel. 08361/3353
P: 5

89233 Neu-Ulm
Hans Scheffler
Friedhofstr. 1
Tel. 0731/712577
P: 8, 9
V: Bioland

85579 Neubiberg
Linke Weinhandelsges.
mbH
Cramer-Klett-Str. 24a
Tel. 089/6018072
Fax 089/604762
P: 16

85579 Neubiberg
Hans-Otto Kuhn
Hauptstr. 21
V: Demeter

85579 Neubiberg
Tagwerk e.G. Wochen-
markt (Do 15-18)
Im Umweltgarten
P: 1,2,3,5,7,8,9,10,11,
12,13,14,15,16
V: Bioland, VgtM

86633 Neuburg
Naturladen
Ursula Kober
Markthalle
V: Demeter

Bayern

86633 Neuburg
Natur u. Diätkost Himmelstoß/Weber
Mazillistr. 147c
V: Demeter

93186 Neudorf
Hollerstauern
Von Stetten-Schmid
Gartenstr. 11
V: Demeter

91564 Neuendettelsau
Hans Selz
Aich, Haus Nr. 7
V: Demeter

91564 Neuendettelsau
Mauerblümchen
E. Pillot + G. Dürr
Joh.-Flierl-Str. 5
V: Demeter

85375 Neufahrn
Klatschmohn
Dietersheimerstr. 10
Tel. 08165/5880
P: 2,3,5,7,8,9,10,11,12, 13,15,16

85646 Neufahrn
Naturkostladen Klatschmohn
Dietersheimer Str. 10
P: 3
V: VgtM

94152 Neuhaus
Konrad Hamelinger
Hartham
P: 3
V: VgtM

83364 Neukirchen
Michael u. Petra Haigermoser
Andrichstadt
V: Demeter

93453 Neukirchen-Rittsteig
Karl Altmann
Schwedenweg 1
Tel. 09947/1032
P: 6,8,9,11,12
V: Biokreis

92318 Neumarkt
Neumarkter Lammsbräu
Amberger Str. 1
Tel. 09181/404-0
P: 1
V: Bioland

92318 Neumarkt
Naturkost am Viehmarkt
Pulverturmgasse 6
V: Demeter

84494 Neumarkt-Sankt Veit
Bioland-Hof Josef u. Luise Hacklsperger
Hörbering 39
Tel. 08639/1563
P: 2,3,5,7,8,9,10,11,12, 13,16

84494 Neumarkt-Sankt Veit
Wolfgang Falk - Gärtnerhof Teising
Teising 8
Tel. 08639/1591
P: 7, 8
V: Naturland

92431 Neunburg
Erika's Naturladen
Hauptstr. 51
Tel. 09672/2321
V: Demeter

92431 Neunburg
Theobald Fleischmann
Stetten 2
Tel. 09672/3361
V: Demeter

91077 Neunkirchen
Obst + Gemüse Seubert
Äußerer Markt 4
V: Demeter

91077 Neunkirchen
Naturwaren
Erleinhofer Str. 17
V: Demeter

91077 Neunkirchen
R. Scherlein
Hirtengasse 8a
Tel. 09134/7393
P: 12
V: Naturland

94089 Neureichenau
Thomas Ernst Zipp
Klausenweg 3
Tel. 08583/1847
V: Demeter

86356 Neusäß
Paradieserl
Brigitte Metzner
Ulmer Str. 21
Tel. 0821/483600
Fax 0821/484922
P: 15
V: Demeter

91413 Neustadt
Neustädter Naturwarenhaus
Würzburger Str. 27
V: Demeter

92660 Neustadt
Hans Kummer
Knorrstr. 21
P: 5

97464 Niederwerrn
Naturwaren
Reiner Pittrof
Wichernstr. 9
V: Demeter

93149 Nittenau
Georg Doll jun.
Harthöfl 1
Tel. 09436/8888
Fax 09436/8888
P: 2, 3, 5, 6, 8, 9, 10, 13, 14, 16
V: Demeter

93152 Nittendorf
Naturkost & Naturwaren
Goethestr. 1
Tel. 09404/4711
Fax 09404/4711
P: 1,2,3,4,5,7,8,9,10, 11,12,13,15,16

86720 Nördlingen
Naturhaus Am Brettermarkt
Brettermarkt 5
Tel. 09081/24343
Fax 09081/1800
V: BNN

86720 Nördlingen
I. Wokert
Vordere Angerstr. 7
V: Demeter

97334 Nordheim
Manfred u. Christine Rothe
Hauptstr. 14
Tel. 09381/4579
Fax 09381/6644
P: 12,13,16
V: Bioland

97334 Nordheim
Weingut Rainer Zang
Kreuzbergstr. 2
Tel. 09381/6761
Fax 09381/3942
P: 16
V: Naturland

97334 Nordheim
Weingut Helmut & Angelika Christ

Einkaufsadressen

Volkacherstr. 6
Tel. 09381/2806
Fax 09381/6640
P: 7,12,15,16
V: Bioland

97334 Nordheim
Weingut Erwin Christ
Weinbergstr. 6
Tel. 09381/2880
P: 16
V: Bioland

90402 Nürnberg
Reformhaus Freidhöfer
Färberstr. 7
V: Demeter

90402 Nürnberg
Reformhaus Jungbrunnen
Vordere Sterngasse 1
Tel. 0911/224413
P: 3
V: VgtM

90403 Nürnberg
Der Bauchladen Dietrich
Tetzelgasse 17
V: Demeter

90403 Nürnberg
IL Nuraghe GmbH
Theresienplatz 7
Tel. 0911/501091
Fax 0911/504560
P: 7,10,11,14,15,16

90403 Nürnberg
Lotos GmbH
Unschlittplatz 1
Tel. 0911/243598
V: BNN, Demeter

90403 Nürnberg
Gesunde Stube Naturkost
Bayernstr. 158
P: 3
V: VgtM

90408 Nürnberg
Der grüne Laden
Kaulbachstr. 28
Tel. 0911/352299
P: 3
V: BNN, Demeter, VgtM

90409 Nürnberg
*Speisekammer
C. Nossol*
Maxfeldstr. 12
V: Demeter

90409 Nürnberg
Sabine Kreb
Pirckheimerstr. 121
V: Demeter

90411 Nürnberg
Kaufmarkt Naturkost-Einkauf
Klingenhofstr. 50a
Tel. 0911/563065

90411 Nürnberg
S. Kohlert
Ziegelsteinstr. 34/32
V: Demeter

90419 Nürnberg
Bäckerei Rainer Bauer
Johannisstr. 47a
P: 2
V: Demeter

90419 Nürnberg
*Sonnenblume Naturwaren
H. Jeschke*
Juvenellstr. 17
Tel. 0911/330015
Fax 0911/381504
P: 1,2,3,4,5,6,7,8,9,10, 11,12,13,14,15,16
V: BNN

90419 Nürnberg
Rainer Marx
Kirchenweg
V: Demeter

90419 Nürnberg
Marktstand Nutto
Äußere Großweidenmühlstr. 23
V: Demeter

90419 Nürnberg
Reformhaus Marx
Rohledererstraße
P: 3
V: VgtM

90425 Nürnberg
Kaufmarkt Naturkostabteilung
Wilhelmshavener Str. 15

90425 Nürnberg
ÖKO Weinkontor
Wilhelmshavener Str. 27
Tel. 0911/342401
P: 16

90427 Nürnberg
Gründlacher Naturstube
Großgründlacher Hauptstr. 24a
Tel. 0911/305986
V: BNN

90429 Nürnberg
Weinvertrieb Georg Brandl
Denisstr. 40
Tel. 0911/262946
P: 16

90439 Nürnberg
Kaufmarkt
Felixstr. 16
V: Demeter

90439 Nürnberg
Kaufmarkt Naturkostabteilung
Schwabacher Str. 99

90443 Nürnberg
Naturkost-Hönig
Bauerngasse 19

V: Demeter

90443 Nürnberg
Lotos GmbH
Rothenburger Str. 51
Tel. 0911/266180
P: 3
V: BNN, Demeter, VgtM

90449 Nürnberg
Kaufmarkt Naturkostabteilung
Dombühler Str. 9

90451 Nürnberg
Weinservice Dietz
Eibacher Hauptstr. 6
V: Demeter

90451 Nürnberg
Reformhaus Marx
Eibacher Hauptstraße
P: 3
V: VgtM

90453 Nürnberg
G. Lößel
Lohhofer Str. 10
Tel. 0911/639005
V: Demeter

90453 Nürnberg
Naturgarten Eichenseher
Reichelsdorfer Hauptstr. 140
Tel. 0911/6484702
Fax 0911/6884702
P: 1,2,3,4,5,6,7,8,9,10, 11,12,13,14,15,16
V: Demeter

90453 Nürnberg
Drogerie Bierlein
Reichelsdorfer Hauptstr. 154
V: Demeter

228 Bayern

90455 Nürnberg
Die Eichenseher
Worzeldorfer
Hauptstr. 13
Tel. 0911/882479
P: 3
V: BNN, VgtM

90459 Nürnberg
Ökologische Verbraucherberatung e.V.
Humboldtstr. 81
Tel. 0911/459069

90459 Nürnberg
*Die Naturecke
Moorcroft*
Hummelsteiner Weg 69
V: Demeter

90459 Nürnberg
*Naturspezialitäten
Dörrbaum*
Pillenreuther Str. 97
V: Demeter

90461 Nürnberg
Naturkost Rabenstein
Sperberstr. 21
V: Demeter

90461 Nürnberg
Der Sonnengarten - Naturkost
Wodanstr. 3
Tel. 0911/497251
P: 3, 4, 5, 7, 8, 9, 10, 11, 12, 13, 14, 15, 16

90469 Nürnberg
Marktstand Engl
Wendelstein-Marktplatz
P: 3
V: VgtM

90471 Nürnberg
Naturwaren Zaich & Woar GmbH
Lübener Str. 13
Tel. 0911/803081
Fax 0911/804492

P: 16
V: BNN

90478 Nürnberg
*Gesunde Stube
Renner + Vorläufer*
Bayernstr. 158
Tel. 0911/407173
V: BNN, Demeter

90403 Nürnberg
Naturkost im Zentrum
Rotschmiedgasse 2
Tel. 0911/243383
P: 3
V: VgtM

90480 Nürnberg
Rosengarten-Naturwaren Geuder
Schedelstr. 4
V: Demeter

90480 Nürnberg
Feinkost E. Käser
Zerzabelshofer Hauptstraße
P: 3
V: VgtM

90482 Nürnberg
Rosengarten Herstellung u. Vertrieb von Naturkostprodukten GmbH
Eslarner Str. 9
Tel. 0911/5430038
V: BNN

90482 Nürnberg
*Kaufmarkt
Naturkostabteilung*
Laufamholzstr. 38

90482 Nürnberg
Schneckenhaus
Mögeldorfer
Hauptstr. 62
Tel. 0911/5460969
P: 3
V: BNN, Demeter, VgtM

90482 Nürnberg
Bock's Backparadies
Brandstr. 27
Tel. 0911/502227
Fax 0911/5048368
P: 2,3
V: VgtM

90489 Nürnberg
Karin Ludwig
Fenitzerstr. 27
V: Demeter

90489 Nürnberg
Ulrich
Ludwig-Feuerbach-Str. 8
V: Demeter

90489 Nürnberg
Die Kornkammer
Rennweg 36
P: 3
V: Demeter, VgtM

90489 Nürnberg
*Kaufmarkt
Naturkostabteilung*
Sulzbacher Str. 77
Tel. 0911/563065
V: Demeter

90489 Nürnberg
*Bio Control System
Peter Grosch GmbH*
Sulzbacher Str. 79
Tel. 0911/5305322
Fax 0911/557097

90491 Nürnberg
*Naturkoststube
B. Väth*
Bismarckstr. 107
V: Demeter

90491 Nürnberg
Reformhaus Reiber KG
Erlenstegenstr. 82
V: Demeter

90491 Nürnberg
*Demeter-Verbraucher
Nürnberg e.V.*
Kasseler Str. 14

90491 Nürnberg
*Weltmarkt e.V.
Ute Müller*
Zwickauer Str. 1
V: Demeter

90471 Nürnberg
Bund-Naturschutz Landesfachgeschäftsstelle
Bauernfeindstr. 23
Tel. 0911/818780

83365 Nußdorf
Hand Dandl
Chieminger Str. 8
Tel. 08669/7481
V: Bioland

82487 Oberammergau
Naturkost Pernetta
Judasgasse 2
Tel. 08822/7118
Fax 08822/7256
V: BNN

90522 Oberasbach
Naturkost Euerl
Gartenstr. 5
Tel. 0911/691610
P: 2, 4, 5, 7, 8, 9, 10, 11, 12, 13, 15
V: Bioland

91617 Oberdachstetten
*Georg u. Gabriele
Hörber*
Hauptstr. 3
Tel. 09854/702
P: 2, 3, 5, 6, 8, 9, 11
V: Naturland

87634 Obergünzburg
Ackermännle
Unterer Markt 1

Tel. 08372/1085
V: BNN, Demeter

82041 Oberhaching
Georg Mayer Naturlandhof u. Hofladen
Gerblinghausen 1
Tel. 08170/7516
P: 2, 10

96173 Oberhaid
Die Natur
Schweinfurterstr. 5
Tel. 09503/4040
Fax 09503/7484
P: 1,2,3,7,8,9,10,11,12, 13,15,16
V: BNN

63785 Obernburg
Bischof
Lindenstr. 51
Tel. 06022/8553
P: 12
V: Demeter

63785 Obernburg
Knecht-Mühle
Mühlstr. 7
Tel. 06022/31200
V: Bioland

91619 Obernzenn
Klaus Herbolsheimer
Egenhausen 28
V: Demeter

91619 Obernzenn
Wolfgang Baumann
Egenhausen 54
P: 2, 3, 5, 7, 8, 9, 11
V: Demeter

86869 Oberostendorf
Metzgerei Zech
Austr. 2
Tel. 08344/264
P: 5

86869 Oberostendorf
Alfred Waldmann

Hörmannstr. 15
Tel. 08344/1703
V: Bioland

91483 Oberscheinfeld
Ziegenhof im Steigerwald, Theo & Sabine Mandel
Herpersdorf 20
Tel. 09162/7619
P: 5, 11
V: Demeter

91483 Oberscheinfeld
Manfred u. Georg Schwab
Oberambach 10
Tel. 09162/7145
P: 16
V: Naturland

85764 Oberschleißheim
Naturkost u. Naturwaren Markus
Freisingerstr. 10
Tel. 089/3150312
V: BNN, Demeter

85764 Oberschleißheim
Bayerische Arbeitsgemeinschaft Rinderzucht auf Lebensleistung Dr. G. Postler
St. Hubertusstr. 12
Tel. 089/31561940

82395 Obersöchering
Käserei Thalerhof Fam. Tafferthofer
Abertshausen 2
Tel. 08847/804
Fax 08847/804
P: 5, 9, 11
V: Demeter

87534 Oberstaufen
Pelisande

Bahnhofstr. 7
Tel. 08386/1322
P: 16

87534 Oberstaufen
Karl Grueber
Salzstr. 72
Tel. 08325/235
P: 11
V: Bioland

87561 Oberstdorf
Sonja Meier
Alpgaustr. 8
V: Demeter

87561 Oberstdorf
Oberstdorfer Naturlädle
Bachstr. 3
Tel. 08322/2796
Fax 08322/8655
P: 1,2,3,5,6,7,8,9,10,11, 12,13,14,15,16
V: BNN

97199 Ochsenfurt
Naturkostladen im Kastenhof
Badgasse 11
Tel. 09331/4740
V: BNN, Demeter

82398 Oderding
Martin Albrecht
Eichbergstr. 37
Tel. 0881/1240
V: Demeter

82398 Oderding
Josef Albrecht Ammertaler Erzeugnisse
Unterdorfstr. 15
Tel. 0881/8098
Fax 0881/69936
P: 1,2,3,4,5,7,8,9,10,11, 12,13,15,16
V: Demeter

94560 Offenberg
Wilhelm Mittermeier

Wolfstein 2
Tel. 09906/851
V: Biokreis

82140 Olching
Biohofladen Amperhof Kinzelmann
Adlerweg 15
Tel. 08142/2266
Fax 08142/18854
P: 1,2,3,4,5,7,8,9,10,11, 12,13,15,16
V: Bioland

82140 Olching
Josef Hecker
Estinger Str. 14
Tel. 08142/12131
P: 8, 9
V: Bioland

82140 Olching
Naturkost Tangram Hildegard Groschupf
Fritzstr. 7
V: Demeter

82140 Olching
Vita Cron GmbH
Gottlieb-Daimler-Str. 10
Tel. 08142/30013

82140 Olching
VITALIA Reformhaus GmbH
Hauptstr. 8
Tel. 08142/15442

88145 Opfenbach
Hofgemeinschaft Schutzhof
Oberheimen 87 1/2
Tel. 08385/732
P: 5, 11
V: Bioland

88145 Opfenbach
Erwin Epple
Tannenhof 16
Tel. 08385/578
P: 11

Bayern

V: Bioland

94496 Ortenburg
G. Eder
Oberdorfstr. 32
Tel. 08542/2513
P: 7, 14
V: Demeter

94486 Osterhofen
Naturkostladen Belter
Vorstadt 2
V: Demeter

83624 Otterfing
Josef u. Bernhard Hellwasser
Kreuzstr. 107
Tel. 08024/4387
P: 7, 8, 9, 11
V: Demeter

83624 Otterfing
Gutshof Mareis
Zur Leiten 10

83624 Otterfing
Katharina Kirmayr
Heigenkamer Hof
Tel. 08024/4421
P: 5, 6
V: VgtM

87724 Ottobeuren
Elmar Abröll
Bühl 13
Tel. 08332/237
P: 11
V: Bioland

85571 Ottobrunn
VITALIA Reformhaus GmbH
Friedrich-Rückert-Str. 1
Tel. 089/603285

85521 Ottobrunn
Naturkosthaus an der Ottosäule
Robert-Koch-Str. 11
Tel. 089/6098877

P: 1,2,3,4,5,6,7,8,9,10, 11,12,13,14,15,16
V: Demeter

85521 Ottobrunn
Lebensbaum
Händelstr. 15
Tel. 089/6099335
V: Demeter

85521 Ottobrunn
Fiegert
Bäckerei Konditorei
Mozartstr. 73
V: Demeter

85521 Ottobrunn
Gesund-Oase Dagmar Brandl
Ottostr. 47
V: Demeter

85521 Ottobrunn
Metzgerei Sigl
Rosenheimer Landstr. 109
Tel. 089/6096433
P: 3, 5
V: VgtM

83349 Palling
Vom Getreidekorn zum Vollkornbrot
Kari Kirmeier
Steiner Str. 17
Tel. 08629/1613
Fax 08629/1317
P: 2, 15

83349 Palling
Johann Huber
Stetten Lamholz
Tel. 08629/217
V: Demeter

83349 Palling
Eva Gruber
Oberhafing 2
P: 3
V: VgtM

94032 Passau
Bio-Top Siegl.
Jacob/Gertrud Kammereit
Grabengasse 16
V: Demeter

94032 Passau
Passauer Naturkostladen Paul Brunner
Grabengasse 27
V: Demeter

94032 Passau
Richard Schwägerl
Löwengrube 1
V: Demeter

94032 Passau
Biokreis Ostbayern e.V. Kontrollstelle
Theresienstr. 36
Tel. 0851/931145
Fax 0851/32332

94032 Passau
Reformhaus Buck
Wittgasse 8
Tel. 0851/31718
Fax 0851/31718
P: 2, 3, 4, 7, 8, 9, 10, 11, 12, 13, 15, 16

85669 Pastetten
Inge u. Josef Knauer
Taing 1
Tel. 08121/5717
P: 2, 5, 6, 7, 8, 9, 11, 12
V: Naturland

85307 Paunzhausen
Georg Sturm
Wehrbach 22a
Tel. 08444/7408
P: 7
V: Bioland

91257 Pegnitz
Bio-Lädle Harry Weidner
Hauptstr. 50

V: Demeter

86971 Peiting
Naturkost Regenbogen
Hauptplatz 11
Tel. 08861/5911

86971 Peiting
Georg Kirchbichler
Haus Nr. 5
V: Demeter

86971 Peiting
Herzogsägmühle Landwirtschaft Gärtnerei
Tel. 08861/2190
P: 5, 7, 8, 9
V: Naturland

86971 Peiting
Annemarie Zerhoch
Wankstr. 12
Tel. 08861/67150
P: 3, 9, 11, 12
V: Bioland

82380 Peißenberg
Michaels Hofladen
Gartenstr. 1
Tel. 08803/9429

82380 Peißenberg
Michael Sendl
Ludwigstr. 33
Tel. 08803/5167
P: 7
V: Bioland

82380 Peißenberg
Hoyer Imkereibetrieb
Tel. 0881/301

82377 Penzberg
Naturgarten
Bahnhofstr. 1
Tel. 08856/1057
V: Demeter

Einkaufsadressen

84567 Perach
Gerbig
Hauptstr. 15
P: 3
V: VgtM

91580 Petersaurach
Herbert Limberger
Altendettelsau 14
V: Demeter

86574 Petersdorf
Bonifatius Weichenberger
Deutschherrenstr. 15
P: 5, 8, 9

86574 Petersdorf
Sofie Möritz
Hartfeldstr. 6
Tel. 08237/1644
V: Bioland

85238 Petershausen
Vielfalter Naturkost & Naturwaren
Jetzendorferstr. 6
Tel. 08137/7068

85238 Petershausen
Der kleine Markt Josef Bösl
Marktplatz 3
V: Demeter

96175 Pettstadt
Rudolf Reinwald
Bachgasse 2
Tel. 09502/1349
V: Bioland

85276 Pfaffenhofen
Naturkost Mandala Albert Werther
Münchner Str. 14
Tel. 08441/6811
P: 1,2,3,8,9,10,11,12,13, 15,16
V: BNN

89284 Pfaffenhofen
Hermann Bischof
Erbishofen 2
Tel. 07302/5337
P: 7, 8, 9
V: Bioland

89284 Pfaffenhofen
Wilhelm Egle GmbH
Hauptstr. 47
Tel. 07302/8121

83539 Pfaffing
S. Spötzl
Gunzenrain 2
Tel. 08039/3920
P: 5
V: Naturland

84347 Pfarrkirchen
Kornkammer
Eggenfeldener Str. 17
Tel. 08561/3559
V: BNN, Demeter

84347 Pfarrkirchen
Hofladen A. Wimmer
Rockern 3
Tel. 08561/1879
Fax 08561/71927
P: 1, 2, 3, 5, 7, 8, 9, 10, 11, 12, 13, 15, 16
V: Bioland

84076 Pfeffenhausen
Jakob Mießlinger
Osterwind 1
Tel. 08782/1073
P: 2, 5, 8, 10, 11, 16
V: Naturland

84076 Pfeffenhausen
G. u. M. Bichlmaier
Wolfau 14
Tel. 08708/253
P: 7, 8, 9, 11
V: Naturland

87459 Pfronten
Das gesunde Haus Reinhard Doser
Kienbergstr. 25
V: Demeter

87459 Pfronten
Kräuterweible
Tiroler Str. 34
Tel. 08363/6235
V: BNN, Demeter

83451 Piding
Milchwerke Berchtesgadener Land Chiemgau eG
Hockerfeld 58
Tel. 08651/70040
Fax 086/700421
P: 11
V: Demeter

94431 Pilsting
Michael Gehwolf
Würglberg 4
Tel. 09953/681
P: 5, 9, 12
V: Naturland

82152 Planegg
Reformhaus Friedl Mayr
Bahnhofstr. 7
Tel. 089/8599559
Fax 089/8599559

91785 Pleinfeld
Bäckerei Schönlein
Nürnberger Str. 1
P: 2
V: Demeter

84568 Pleiskirchen
Gottfried Haderer
Kothingbuchbach 2
Tel. 08635/953
V: Biokreis

94060 Pocking
Johann Schiefereder
Haar 6
Tel. 08538/1087
Fax 08538/1016

P. 2,3,5,7,8,9,10,12,13, 14,15
V: Biokreis

94060 Pocking
Franz Mailhammer
Oberindling 38
Tel. 08531/1656
V: Biokreis

94060 Pocking
Mesnerhof Alois u. Ernestine Gerauer
Oberindling 48
Tel. 08531/8594
P: 1,3,5,6,7,8,9,10,12
V: Biokreis

94060 Pocking
Johann Vetter
Spitzöd 5
Tel. 08531/8602
V: Biokreis

85309 Pörnbach
I. Schäfer
Birklweg 15
Tel. 08446/1024
P: 12
V: Naturland

85309 Pörnbach
E. Sammer Sixtbauer
Regensburger Str. 8
Tel. 089/8113387
Fax 089/8115815
P: 7, 8, 9
V: Naturland

86554 Pöttmes
Josef Koller
Bürgermeisterstr. 5
Tel. 08253/6820
V: Bioland

86554 Pöttmes
Hubert Birkmeier Schorn
Kapellenstr. 6
Tel. 08253/6698
P: 7, 8, 9, 12

V: Demeter

82398 Polling
Johann Promberger
Ottostr. 22
Tel. 08802/326
P: 5, 8, 9, 11
V: Naturland

84570 Polling
Edeka-Markt Stellner
Dorfplatz 3
P: 3
V: VgtM

91224 Pommels-brunn
Obstgut M. Strehler
Am Lichtenstein 2
Tel. 09154/1235
P: 12
V: Demeter

97490 Poppenhausen
Rudolf Gäbel
Schweinfurterstr. 35
Tel. 09725/9416
P: 8, 9
V: Naturland

97490 Poppenhausen
Klaus Karg
Von Erthalstr. 4
Tel. 09725/1493
P: 1, 3, 5, 7, 8, 9, 10, 11, 13
V: Naturland

92284 Poppenricht
Hans u. Anna Pirkl
Traßlberg Hs. Nr.68
Tel. 09621/61097
P: 3, 7, 8, 9, 11
V: Demeter

94267 Prackenbach
Martin Baumann
Mitterdorf 1
Tel. 08667/8707
V: Biokreis

92690 Pressath
Nußgackl
Bachstr. 20
Tel. 09644/6961
P: 1, 2, 3, 5, 8, 9, 10, 11, 12, 13, 15, 16
V: Bioland

92690 Pressath
Hans Köferl
Ziegelhütte 4
Tel. 09644/6264
P: 3, 5, 8, 9
V: Bioland

91362 Pretzfeld
Hans Müller
Unterzaunsbach 26
V: Demeter

83209 Prien
Jakob Messerer
Am Berg 20
Tel. 08051/3530
V: Biokreis

83209 Prien
Metzgerei Kunz
Hilzpassage
Tel. 08051/61414
P: 5
V: VgtM

83209 Prien
Biotop Naturwaren
Schulstr. 10
Tel. 08051/5819
Fax 08051/63864
P: 1,2,3,5,6,7,8,9,10,11, 12,13,15,16

83209 Prien
Metzgerei Kunz
Seestr. 26
P: 5
V: VgtM

87463 Probstried
Richard Böckle GmbH
Hochvogelweg 6
P: 5

V: VgtM

82178 Puchheim
Ackers Naturkost
Am Grünen Markt 1
Tel. 089/808520
V: Demeter

82178 Puchheim
VITALIA Reformhaus GmbH
Lochhauser Str. 49
Tel. 089/803154

82049 Pullach
Naturkost aus dem Füllhorn
Schwanthalerstr. 3
Tel. 089/7938617
V: BNN

86641 Rain am Lech
Leonhard Knoll Org. biol. Landbau
Münchner Str. 55
Tel. 09002/2855
Fax 09002/2855
P: 8, 9, 11
V: Bioland

82399 Raisting
Hofladen Grenzebach
Stillern 1
Tel. 08809/862
Fax 08809/210
P: 1,2,3,5,7,8,9,10,11, 12,13,15,16

83064 Raubling
Rosi + Sepp Rechenauer
Schullerstr. 23
Tel. 08034/2502
V: Demeter

91126 Rednitzhembach
Oase Otto Steib
Bahnhofstr. 13
V: Demeter

96257 Redwitz
Naturkost Rösch
Hauptstr. 31
V: Demeter

94209 Regen
Naturkostfachgeschäft Müller-Scholz
Kirchsteig 2
Tel. 09921/6912
V: BNN, Demeter

93047 Regensburg
Regenbogen Renner & Mitke
Am Fischmarkt
V: Demeter

93047 Regensburg
Vollkornladen Ursula Deml
Malergasse 11
Tel. 0941/54311
P: 1,2,3,4,5,6,7,8,9,10, 11,12,13,14,15,16

93047 Regensburg
Bioladen Edith Copp
Ostengasse 14
V: Demeter

93047 Regensburg
Naturkramer GbR
Pfarrergasse 4
Tel. 0941/52020
Fax 0941/52020
P: 1,2,3,5,7,8,9,10,11, 12,13,15,16

93047 Regensburg
Vollkornladen & Cafe
Rote-Hahnen-Gasse 1
Tel. 0941/54382
P: 1,2,3,4,5,6,7,8,9,10, 11,12,13,14,15,16

93047 Regensburg
Antagon
Rote-Hahnen-Gasse 2
Tel. 0941/54661

Einkaufsadressen 233

93047 Regensburg
Regenbogen am Fischmarkt
Silberne-Kranz-Gasse 1
Tel. 0941/54971
V: BNN, Demeter

93047 Regensburg
Nicolaus Stark
Spiegelgasse 1
Tel. 0941/53014
V: Biokreis

93047 Regensburg
Reformhaus Schütz
Fröhliche Türkenstr. 12
Tel. 0941/52468
P: 3
V: VgtM

93047 Regensburg
Reformhaus am Stadttheater
Jakobstr. 2A
Tel. 0941/561425
P: 3
V: VgtM

93049 Regensburg
Bio-Bauern-Mobil Sedlmeier
Roter-Brach-Weg 26
V: Demeter

93049 Regensburg
Tofu-Haus Eisenreich
Steinmetzstr. 4
Tel. 0941/270127

93049 Regensburg
Reformhaus Schütz
Prüfeninger Str. 40
Tel. 0941/52468
P: 3
V: VgtM

93049 Regensburg
Röhrl
Biersackgasse
P: 3
V: VgtM

93051 Regensburg
Kornblume Roman Trautner
Dr.-Gessler-Str. 2
V: Demeter

93051 Regensburg
Lebensmittel Bögl
Kumpfmühler Str. 47
P: 3
V: VgtM

93059 Regensburg
Julian Pawlik
Am Pfaffensteiner Hang 32
Tel. 0941/83660
P: 8, 13, 15

93059 Regensburg
Milchwerk Regensburg
Donaustaufer Str. 87
P: 11

95194 Regnitzlosau
Bäckerei Wunderlich
Postplatz 5
V: Demeter

97234 Reichenberg
Bernd Rahner
Bachgasse 1
Tel. 09333/1329
P: 7, 12
V: Naturland

97234 Reichenberg-Albertshausen
Dormann
Hauptstr. 16
Tel. 09366/7193
P: 5
V: VgtM

85293 Reichertshausen
Franz Geisenhofer
Angerhofstr. 1
Tel. 08441/4289
Fax 08441/84289
P: 8

V: Naturland

84437 Reichertsheim
Gerhard Haslberger
Tiefenstätt 10
Tel. 08072/433
Fax 08072/433
P: 2, 5, 8
V: Naturland

84437 Reichertsheim
S. Mack
Bräustr. 4
P: 3
V: VgtM

84437 Reichertsheim
Bäckerei Radlmeier
Sonnenstr. 4
P: 3
V: VgtM

86934 Reichling
Naturkostladen natürlich natur
St. Leonhardstr. 8
Tel. 08194/8061
V: Demeter

85669 Reithofen
Naturland-Hof Sebastian Brandl
Erdinger Str. 18
Tel. 08124/268
P: 5, 8, 11

97280 Remlingen
Alex Diehm
Altes Schloß 6
P: 3, 5
V: Demeter, VgtM

93191 Rettenbach
Gerhard Falter
Ruderszell 3
Tel. 09462/1314
V: Biokreis

86510 Ried
Georg Menhard
Zillenberg 28

V: Demeter

83083 Riedering
VeGe-Markt Staber
Söllhubener Str. 1
P: 3
V: VgtM

83083 Riedering
Hubert u. Kathi Jaksch
Dorfstr. 7a
Tel. 08036/1420
P: 2, 5, 7, 8, 9, 11, 12, 15
V: Naturland

83083 Riedering
Hans Hamberger
Holzen 1
Tel. 08036/7759
P: 11
V: Bioland

83083 Riedering
Thomas u. Sabine Pummerer
Sechtl 1
Tel. 08036/8069
P: 3, 7, 9, 12, 15
V: Naturland

83083 Riedering
Mühle Naturkost Wagenstaller
Übermühl 49
V: Demeter

83083 Riedering
Edeka-Markt Mangst
Rosenheimer Str. 6
P: 3
V: VgtM

84326 Rimbach
Peter Loose
Diepoltskirchener Str. 15
Tel. 08727/1775

97222 Rimpar
Alois Krempel
Aussiedlerhof

Tel. 09365/9457
P: 8, 9
V: Bioland

97222 Rimpar-Maidbronn
Winzer Schömig-Rumpel GbR
Versbacherstr. 13
Tel. 09365/1644
P: 16
V: Naturland

83253 Rimsting
Marktgemeinschaft Biokreis
Pinswang 13
Tel. 08051/61120

83253 Rimsting
Johann Feuchtmeir
Prienerstr. 1
Tel. 08051/61619
P: 8, 11
V: Bioland

94160 Ringelai
Walkabout Naturwaren u. Kunsthandwerk
Kranzlweg 12A
Tel. 08555/8219

96476 Rodach
Armin Knauf
Elsastr. 42
Tel. 09564/4955
P: 7, 8, 9
V: Bioland

85244 Röhrmoos
Scharlhof, Arthur Stein
Ortstr. 11
Tel. 08139/249
P: 2, 3, 5, 7, 8, 9, 11, 12
V: Naturland

90552 Röthenbach
Bäckerei Sünkel
Rückersdorfer Str. 9
V: Demeter

90552 Röthenbach
Naturwaren Bleisteiner
Schützenstr. 2
V: Demeter

91189 Rohr
Georg Burger
Zum Flecken 18
Tel. 09876/493
Fax 09876/493
P: 7, 8, 9, 11
V: Bioland

93352 Rohr
Winter
Höfel 55
Tel. 08783/488
P: 1,2,3,5,7,8,9,10,11, 12,15,16
V: Bioland

85296 Rohrbach
Helmut Riedl jun.
Bahnhofstr. 48
Tel. 08442/5194 u. 8831
Fax 08442/5188
P: 8, 9, 10
V: Bioland

83022 Rosenheim
Teeladen Werner Stief
EKZ-Atrium/1.St.
V: Demeter

83022 Rosenheim
VITALIA Reformhaus GmbH
Gillizer Passage 1
Tel. 08031/13697

83022 Rosenheim
VITALIA Reformhaus GmbH
Herzog-Otto-Str. 4
Tel. 08031/32416

83022 Rosenheim
Bio-Markt Klaus Ganter
Herzog-Otto-Str. 8a
Tel. 08031/13554

V: Demeter

83022 Rosenheim
VITALIA Reformhaus GmbH
Kaiserstr. 13
Tel. 08031/14509

83024 Rosenheim
Naturkostladen Klotz
Schillerstr. 50
V: Demeter

83026 Rosenheim
Panorama-Einkaufszentrum
Heiligblut-Straße
P: 3
V: VgtM

88430 Rot a.d. Rot-Haslach
Anton Bär - Neuhauserhof
Tel. 08395/2389
P: 8, 9, 11
V: Bioland

88330 Rot an der Rot-Zell
Peter Kiefer
Steig 2
Tel. 08395/1713
P: 7, 8, 9, 13
V: Bioland

91154 Roth
Naturwarenladen Biene u. Rita
Bahnhofstr. 13
Tel. 09171/6564
V: BNN, Demeter

91541 Rothenburg
Immergrün
Paradeisgasse 5
Tel. 09861/1817
V: Demeter

91541 Rothenburg
Rudolf Schilling

Schnepfendorf 3
Tel. 09861/3946
P: 1,2,3,5,7,8,9,10,11, 13,15,16
V: Bioland

83543 Rott
Martin Gasteiger
Unterlohn 5
Tel. 08039/1635

83700 Rottach-Egern
Naturkost Annemarie Saller
Am Stachus 32
V: Demeter

83700 Rottach-Egern
Bio-Zentrum Zimmermann
Nördliche Hauptstr. 12
V: Demeter

82401 Rottenbuch
Franz u. Katharina Schwaller
Haldenberger Str. 18
V: Demeter

84056 Rottenburg
Lothar Fröschl
Ringstr. 12
Tel. 08781/1632
P: 2, 10
V: Naturland

97228 Rottendorf
Sonnenblume
Walter Häussner
Hofstr. 1
V: Demeter

94094 Rotthalmünster
Niko Gottschaller
Gottschall 1
Tel. 08522/408
V: Biokreis

94439 Roßbach
Bio Verde Abholmarkt
Thomas Hörhl
Ehrnstorf Nr. 8
V: Demeter

90574 Roßtal
Lebensmittel + Naturkost Peipp
Schloßmauer
V: Demeter

90574 Roßtal
Biolandhof Kernmühle
Jutta u. Martin Horneder
Tel. 09127/57434
Fax 09127/57134
P: 2,3,5,6,7,8,9,10,11, 12,13,14,15,16
V: VgtM

90574 Roßtal
Bio-Star Bauer
Wegbrückenstr. 6
V: Demeter

84104 Rudelzhausen
Hans Neumaier
Mainburger Str. 4
Tel. 08754/749
P: 3, 5, 8, 9
V: Naturland

84104 Rudelzhausen
Ziegelhof
Johann Kellner
Nandlstädterstr. 37
Tel. 08756/326
P: 5,11,16
V: Bioland

83324 Ruhpolding
Biovita Reform u. Diät
Dr. G. Haubold
Hauptstr. 44
V: Demeter

83324 Ruhpolding
Birnbacher
Eisenberger Str. 2

P: 3
V: VgtM

83324 Ruhpolding
Edeka-Markt Fischer
Kirchberggasse 1
P: 3
V: VgtM

83324 Ruhpolding
Feinkost J. Schmaus
Hauptstr. 50
P: 3
V: VgtM

63877 Sailauf
La Vida
Spessartstr. 25
V: Demeter

87775 Salgen
Rudolf Scholz
Hauptstr. 41
Tel. 08265/1783
V: Bioland

87775 Salgen
Friedrich Bichler
Eichbühlstr. 2
Tel. 08265/1063
P: 8, 9
V: Bioland

97616 Salz
Alfred Derleth
Hauptstr. 33
Tel. 09771/4244
P: 3, 8, 9
V: Naturland

94121 Salzweg
Biohof- Sammer Gottfried Sammer
Wilhartsberg 10
Tel. 0851/1287
P: 2,3,5,7,8,9,10,11,12, 15
V: Biokreis

97522 Sand
Rainer Gottschalk

Schillerstr. 15
Tel. 09524/7106
P: 16
V: BÖW

82054 Sauerlach
Gesund's Ladl
Helga Rainer
Münchner Str. 17
V: Demeter

82054 Sauerlach
Berling's Naturkost GmbH
Rudolf-Diesel-Ring 6
Tel. 08104/9582 u. 1889
Fax 08104/7928
P: 1,2,3,4,5,6,7,8,9,10, 11,12,13,14,15,16
V: Demeter

82054 Sauerlach
Erhard Baumann
Wolfratshauser Str. 39
Tel. 08104/7400
V: Naturland

89426 Schabringen
Georg u. Brigitte Steinle
Hauptstr. 7a
Tel. 09076/676
P: 7,8,9,10
V: Bioland

84175 Schalkham
R. + L. Fleischmann
Klosterstr. 2
Tel. 08744/557
P: 5, 6, 7, 8, 9, 14
V: Naturland

83135 Schechen
Naturkost Ganslmeier
Tulpenstr. 1
V: Demeter

91583 Schillingsfürst
Liane u. Evi's Bioeck
L. Englert & E. Halang
Hohenlohestr. 1

V: Demeter

92287 Schmidmühlen
K. C. Otte
Oberadlhof 1
Tel. 09474/1213
P: 5
V: Naturland

86511 Schmiechen
Naturkost Miller
Ringstr. 36
V: Demeter

86511 Schmiechen-Unterbergen
Erwin Resele
Kirchstr. 12
Tel. 08233/9779
P: 2, 3, 5, 7, 8, 9, 10, 11, 12, 15
V: Bioland

83530 Schnaitsee
Paradeiser
Kirchsloibersdorf 8 1/4
Tel. 08074/1462
P: 7
V: Demeter, Naturland

83530 Schnaitsee
Schachtner
Schnaitseer Str. 12
P: 3
V: VgtM

91220 Schnaittach
Johann Winkelmann
Götzlesberg 2
Tel. 09153/7802
P: 5
V: Demeter

91220 Schnaittach
Naturkost u. Tee Gößwein
Marktplatz 17
V: Demeter

63825 Schöllkrippen
Schipke-Markt
Ilse Schipke
Am Bahnhof 2
V: Demeter

94508 Schöllnach
Anton Zitzelsberger
Glashausen 1
Tel. 09903/323
P: 9
V: Biokreis

94513 Schönberg
Josef Danicek
Marktplatz 22
Tel. 08554/2964
P: 1,2,3,7,8,9,10,11,12, 13
V: BNN

85243 Schönbrunn
Schönbrunner Werkstätten
Prälat-Steininger-Str. 1
Tel. 08139/800505
Fax 08139/800506
P: 7, 9, 12, 15
V: Naturland

96185 Schönbrunn-Grub
Fr. und M. Burkhard
Teichstr. 4
Tel. 09549/1579
P: 2,3,5,7,8,9,11,12
V: Bioland, VgtM

86938 Schondorf
Das Landhaus, Naturwaren am Ammersee
Bahnhofstr. 25
Tel. 08192/7636
P: 2,3,5,7,8,9,10,11,12, 13,14,15,16
V: BNN

97795 Schondra
Andreas Martin
Dorfstr. 12
V: Demeter

86956 Schongau
Naturkost Pfifferling
Christophstr. 37
Tel. 08861/2822
Fax 08861/7613
P: 1,2,3,7,8,9,10,11,12, 13,15,16
V: BNN

86529 Schrobenhausen
Naturkostladen u. Bäckerei Laquai
Regensburgerstr. 13
Tel. 08252/1424

91126 Schwabach
Radiesla Naturkost
Königsplatz 8
Tel. 09122/13789
P: 11, 16

91126 Schwabach
Oase Naturwaren
Königstr. 15
V: Demeter

91126 Schwabach
Lebensmittelgroßhandel Jürgen Würth
Mariensteig 6
Tel. 09122/62386
Fax 09122/62567

91126 Schwabach
Natur-Kosmetik Kämpf
Weißenburger Str. 7
V: Demeter

91126 Schwabach
Die Ähre
Wittelsbacher Str. 3
Tel. 09122/15520
P: 3
V: BNN, Demeter, VgtM

86830 Schwabmünchen
Hans-Georg Stümpfl
Dorfstr. 21
V: Demeter

86830 Schwabmünchen
Rudolf Hiller
Mühlweg 3
Tel. 08232/4121
V: Demeter

86830 Schwabmünchen
Johann Pfänder
Römerstr. 9
Tel. 08283/8501
P: 8, 9, 11
V: Bioland

86830 Schwabmünchen
Mingalat
Schloßstr. 4
Tel. 08232/7181
V: BNN

92421 Schwandorf
Thomas Wellnhofer
Klosterstr. 2
V: Demeter

92548 Schwarzach
F.-X. Kiener-Pösl u. E. Pösl
Schulweg 3
V: Demeter

92548 Schwarzach
Martin Müller
Weinbergweg 3
V: Demeter

97359 Schwarzach
Gärtnerei Geiger
Waldhof
Tel. 09324/864
P: 7, 8, 9

95131 Schwarzenbach
Gerhard Munzert
Döbra am Wald
Tel. 09289/1654
P: 5, 8, 9, 11
V: Demeter

97525 Schwebheim
Christian Hennings
Hadergasse 12
Tel. 09723/4805
P: 9, 15
V: Naturland

97421 Schweinfurt
Reformhaus - Schiefer OHG
Am Zeughaus 40
Tel. 09721/1294
Fax 09721/27379
P: 2,3,7,8,9,10,11,12,13, 15

97421 Schweinfurt
Naturlädchen
Burggasse 6
Tel. 09721/26308
V: Demeter

97421 Schweinfurt
Samen u. Korn
Peter Bertschy
Fischersteig 21
V: Demeter

97424 Schweinfurt
Kaufmarkt Naturkostabteilung
Carl-Benz-Str. 7

97421 Schweinfurt
Reformhaus - Schiefer OHG
Metzgergasse 8
Tel. 09721/1294
Fax 09721/27379
P: 2,3,7,8,9,10,11,12, 13,15

86940 Schwifting
K. u. P. Kaindl
Ammerseestr. 43
Tel. 08191/2805
P: 5
V: Naturland

Einkaufsadressen 237

82229 Seefeld
Isana Naturfeinkost
GmbH & Co. KG
Neuhoffweg 22
Tel. 08152/70610
Fax 08152/70599
P: 4, 5, 11, 14, 15
V: Demeter, Naturland

83370 Seeon
Jochen Ackermann
Waltenbergweg 1
Tel. 08624/2523
Fax 08624/2523
P: 5,8,10,11
V: Demeter

95100 Selb
Kornblume Naturkost
G. Bareuther & E.
Bradler
Lorenz-Hutschenreuther-
Str. 2
V: BNN, Demeter

95152 Selbitz
Konditorei Hans Ernst
Hoferstr. 3a
P: 2
V: Demeter

**95517 Seybothen-
reuth**
Ziegenhof Würnsreuth
Würnsreuth 10
Tel. 09209/823
P: 5, 11
V: Bioland

93354 Siegenburg
Ulrich Forsthofer
Landshuter Str. 18
Tel. 09444/1404
P: 5, 8, 9, 11
V: Naturland

83313 Siegsdorf
Bio-Laden Christa Bier-
maier
Blaue-Wand-Str. 10
V: Demeter

83313 Siegsdorf
Karl-H. Jahncke
Reichhausen 22
Tel. 08662/9869
V: Biokreis

83313 Siegsdorf
Edeka-Markt Dauhrer
Hauptstr. 11
P: 3
V: VgtM

83313 Siegsdorf
Gillitz
Traunsteiner Str. 4
P: 3
V: VgtM

86577 Sielenbach
Sepp Bichler
Maria-Birnbaum-Str. 20
Tel. 08258/400
V: Bioland

84359 Simbach
Antersdorfer Mühle
GmbH
Antersdorf 34
Tel. 08571/8150
Fax 08571/6494
P: 8, 10
V: Biokreis

84359 Simbach
Konrad Schützeneder
Winklham 11
Tel. 08571/2238
P: 9
V: Biokreis

94436 Simbach
Verband der bayeri-
schen Vollwertbäcker
e.V.
Haberskirchnerstr. 16
Tel. 09954/1619
Fax 09954/7129

91245 Simmelsdorf
Christa Görg Liefer-
dienst

Strahlenfels 17
Tel. 09244/330
Fax 09244/8122
P: 2, 4, 7, 8, 9, 10, 13,
15

97215 Simmershofen
Hermann Krämer
Auernhofen 24
Tel. 09848/340
Fax 09848/1806
P: 2,3,7,8,9,16
V: Naturland

93449 Sinzendorf
Spägelhof
Josef u. Uta Wagner
Tel. 09975/371
P: 11
V: Demeter

93161 Sinzing
Naturladen Susanne
Mai
Saxbergstr. 22
Tel. 09404/4617

83139 Söchtenau
Georg H. Stocker
Eichen 5
Tel. 08053/1706
V: Naturland

97647 Sondheim
Helmut Strohmenger
Fuchsenberg 5
Tel. 09779/262
P: 14
V: Naturland

87527 Sonthofen
Reform- u. Diäthaus
Bach-Locher
Bahnhofstr. 4
V: Demeter

87527 Sonthofen
Naturkost
Bogenstr. 2
Tel. 08321/81486
V: BNN, Demeter

83564 Soyen
H. Mauer
Hub 12
Tel. 08073/2303
P: 8
V: Naturland

91174 Spalt
Karl Hausmann
Dorfstr. 40
P: 12
V: Demeter

92676 Speinshart
Hans Roder
Seitenthal 6
Tel. 09645/1216
P: 8, 9
V: Demeter

94568 St. Oswald
Hermann
Kammermeier
Goldener Steig 11
Tel. 08552/4955
Fax 08552/821
V: Biokreis

84427 St. Wolfgang
Brauerei Bauer GmbH
Hauptstr. 7
Tel. 08085/210
Fax . 08085/1076
P: 1
V: Naturland

92549 Stadlern
Wurzelgäbers Blüten-
paradies, Thomas Jäkel
Stadlermühle
Tel. 09674/1376

95346 Stadtsteinach
Salem-Lindenhof
Salem-Siedlung
Tel. 09225/8090

94375 Stallwang
Martin u. Martina
Wiethaler
Kammersdorf 3

238 Bayern

Tel. 09964/697
P: 5, 7, 8, 9
V: Bioland

93491 Stamsried
Christian Laußer
Unterdeschenried 1
Tel. 09466/332
P: 1,2,3,4,5,6,7,8,9,10, 11,12,13,14,15,16
V: Demeter

82319 Starnberg
Naturkost- u. Reformhaus Timan Baur
Hanfelderstr. 4
Tel. 08151/13781
P: 2,3,7,8,9,10,11,12, 13,15,16

82319 Starnberg
Reformhaus Vita-Norm
Hauptstr. 19a
V: Demeter

82319 Starnberg
Bäckerei-Conditorei-Café Gernot Meier
Hauptstr. 27
P: 2
V: Demeter

82319 Starnberg
VITALIA Reformhaus GmbH
Maximilianstr. 19
Tel. 08151/12732

82319 Starnberg
Körndl-Express Glas
Parkstr. 6
V: Demeter

82319 Starnberg
Joh. Hellinger Wochenmarktstand
P: 3
V: VgtM

84539 Stefanskirchen
A. Englmeier

Dorfstr. 7
P: 3
V: VgtM

85643 Steinhöring
Renate Polk
Klausenweg
Tel. 08094/1799
P: 7, 15
V: Naturland

85643 Steinhöring
Steinhöringer Werkstätten
Münchener Str. 39
Tel. 08094/182-135
Fax 08094/182-150
P: 7
V: Demeter

91628 Steinsfeld
Ökologischer Ferienhof Naturkostladen - J. u. M. Schammann
Hartershofen 5
Tel. 09861/3945
P: 1,2,3,5,6,7,8,9,10,11, 12,13,15,16
V: Demeter

83071 Stephanskirchen
Naturprodukte Graue
Breitensteinstr. 29
V: Demeter

83071 Stephanskirchen
Rupert Kaiser
Hofau 27
Tel. 08031/70925
V: Biokreis

83071 Stephanskirchen
Fruga Handels GmbH für Biogetränke St. Leonhardsquelle GmbH
Mühltalweg 47
Tel. 08031/72425
V: Biokreis

87778 Stetten
Cornelia Fischer
Alpenstr. 5
V: Demeter

92348 Stöckelsberg
Bäckerei Wehr
Postweg 2
Tel. 09189/7208
Fax 09189/9137
V: Bioland

87675 Stötten
Rudolf Schreyer
Riedhof 1
Tel. 08349/226
P: 11
V: Bioland

94315 Straubing
Die Spezerei
Albrechtsgasse 6
Tel. 09421/22289
V: Demeter

94315 Straubing
Aubergine
Am Platzl 22
Tel. 09421/81997

94315 Straubing
Georg Rösner Vertriebs-GmbH
Regensburgerstr. 23/32
Tel. 09421/23619
Fax 09421/81736
P: 8, 10, 15
V: Naturland

94315 Straubing
Diät-Reformhaus M. Schiller
Rosengasse 7
Tel. 09421/23814
P: 2,8,10,11,13,15,16
V: VgtM

82062 Straßlach-Dingharting
Pilzzucht Hawlik
Tel. 08170/651

Fax 08170/220
P: 7, 15

96129 Strullendorf
Oskar Frank
Schulgasse 1
Tel. 09543/5143
P: 2, 5, 8, 9
V: Bioland

94166 Stubenberg
Bio-Zentrale Naturprodukte GmbH
Windhag 3
Tel. 08536/611
Fax 08536/1373
P: 2,8,10,13,15,16
V: Bioland

91484 Sugenheim
Schlossgärtnerei Gebhard Rossmanith
Herrenstr. 21
V: Demeter

91484 Sugenheim
Hans Pflüger
Krassolzheim 20
Tel. 09165/489
P: 2,3,8,10,11,15
V: Bioland

63834 Sulzbach
Kornblume Naturkost Naturwaren
Breiter Weg 22
Tel. 06028/7899
P: 1,2,3,4,5,7,8,9,10, 11,12,13,15,16
V: BNN

63834 Sulzbach
Reformhaus Herzog
Main-Taunus-Zentrum
P: 3
V: VgtM

92237 Sulzbach-Rosenberg
Kornkistl
Neustadt 11

Einkaufsadressen

Tel. 09661/3993
Fax 09661/53627
P: 1,2,3,5,7,8,9,10,11,
12,13,15,16
V: BNN, Demeter

87477 Sulzberg
Café Becherer
Kemptener Str. 4
Tel. 08376/322

87477 Sulzberg
*Ziegenhof Monika u.
Ulrich Leiner*
Steingade 6
Tel. 08376/1476
P: 11
V: Naturland

97528 Sulzdorf
Lorenz Albert
Am Hain 4
Tel. 09763/1216
P: 8
V: Bioland

97529 Sulzheim
Lothar Stöckinger
Mühlstr. 6
Tel. 09382/5995
Fax 09382/5919
P: 16
V: BÖW

97717 Sulzthal
Alois Benkert
Eichstr. 26
Tel. 09704/5426
P: 11
V: Bioland

83373 Taching
Anton Schmid
Hörgassing 9
Tel. 08687/691
P: 2, 5, 8, 11
V: Bioland

83373 Taching
Joh. Mayer
Rambichl

P: 3
V: VgtM

83373 Taching
Simon Angerpointner
Tachenseestr. 4
Tel. 08681/1205
V: Biokreis

84367 Tann
Gottfried Gottanka
Schildthurn 5 1/2
Tel. 08572/8971
V: Biokreis

86977 Tannenberg
Albert Bißle
Haus Nr. 2
Tel. 08860/577
P: 3, 5
V: Naturland

86660 Tapfheim
Hubert Miller
Dorfstr. 14
Tel. 09004/226
P: 5, 7, 8, 9, 15
V: Naturland

86660 Tapfheim
Leonhard Kleinle
Ulmer Str. 31
Tel. 09004/272
P: 5,7,8,9,10
V: Demeter

82024 Taufkirchen
Bioform-Naturkost
Köglweg 2a
V: Demeter

84416 Taufkirchen
Tagwerk e.G. Wochenmarkt (Mo 15-18)
Dorfener Straße
P: 1,2,3,5,7,8,9,10,11,
12,13,14,15,16
V: Bioland, VgtM

84367 Taun
*Angushof
Jenny Krachenfels*
Berghausener Weg 16
Tel. 08572/8958
Fax 08151/5999
P: 5, 6, 8, 10
V: Naturland, VgtM

83684 Tegernsee
Natur Stadl
Steinmetzplatz 1
Tel. 08022/3570

83317 Teisendorf
Feinkost Fritsch
Steinwender Str. 11
P: 3
V: VgtM

96355 Tettau
Dietrich Schütze
Wildbergstraße
Tel. 09269/224
V: Demeter

91177 Thalmässing
Keller-Markt Schmidt
Marktplatz 4
V: Demeter

91177 Thalmässing
*Der Käse-Laden
Schulte*
Merleinsgasse 2
V: Demeter

86470 Thannhausen
*Biolandbäckerei -
Michael Sahlender*
Frühmeßstr. 21
Tel. 08281/3411
P: 2

97288 Theilheim
*Weinanbau Edgar
Wallrapp*
Bibelriederstr. 17
Tel. 09303/1580
P: 16
V: Bioland

94169 Thurmansbang
Naturkost Ingrid Pauker
Hochfeld 16
Tel. 08504/8779
P: 2, 8, 10, 11, 12

84184 Tiefenbach
Peter Pichlmeier
Hauptstr. 38
Tel. 08709/587
P: 2, 3, 5, 8, 9, 11, 12
V: Naturland

84184 Tiefenbach
*Josef u. Anneliese
Beck*
Obergolding 11
Tel. 0871/44876
P: 1, 3, 5, 8, 9, 10, 11,
13, 14, 16

94113 Tiefenbach
Maximilian Moritz
Permeting 2
Tel. 08509/1948
V: Biokreis

94113 Tiefenbach
Ludwig Dankesreiter
Unterkogl 2
Tel. 08509/1302
P: 3
V: Biokreis

95643 Tirschenreuth
Frohnatur Naturkostladen
Hochwartstr. 21
Tel. 09631/5396

95643 Tirschenreuth
Bernhard Schels
St.-Peter-Str. 34
Tel. 09631/3671
P: 8
V: Naturland

94104 Tittling
Der Bioladen Heindl
Ledergasse 12
V: Demeter

84529 Tittmoning
Hans Glück
Grassach 15
Tel. 08683/932
V: Biokreis

84529 Tittmoning
Helmut Winkler
Guggenberg 1
Tel. 08683/7894
P: 8
V: Biokreis

84529 Tittmoning
Josef Gramsamer
Ollerding 2
Tel. 08683/7862
P: 5, 6, 8, 11, 12
V: Naturland

84529 Tittmoning
H. Winkler
Pfarrwaldweg 1
Tel. 08683/894
P: 8
V: Naturland

84529 Tittmoning
Naturkostladen Helga Piethe
Stadtplatz 3
Tel. 08683/1684
V: Demeter

84529 Tittmoning
Johann Kraller
Wies 4
Tel. 08683/300
P: 3, 8, 9
V: Naturland

84529 Tittmoning
Schober
Kay, Trostberger Str. 4
P: 3
V: VgtM

95183 Töpen
dennree Versorgungs GmbH
Hoferstr. 11
V: BNN

95183 Töpen
Speisekammer Zentrale
Hoferstr. 13
Tel. 09295/1208

83301 Traunreut
Naturgarten
Werner-von-Siemens-Str. 32c
Tel. 08669/38332
P: 2, 3, 7, 8, 9, 10, 11, 12, 13, 15

83301 Traunreut
REWE-Markt Poje
St. Georgsplatz 12
P: 3
V: VgtM

83278 Traunstein
Reformhaus Wieser
Maximilianstr. 25
V: Demeter

83278 Traunstein
Kornblume
Mittlere Hofgasse 16
Tel. 0861/14922
P: 3
V: BNN, Demeter, VgtM

83278 Traunstein
Kornblume Naturkost u. Imbiss
Taubenmarkt 1
Tel. 0861/14922

83278 Traunstein
Simon Steiner
Kaiserstr. 5
Tel. 0861/124
P: 3, 5, 6
V: VgtM

83278 Traunstein
J. Seiler
Kammer, Moosstr. 2
P: 3
V: VgtM

83278 Traunstein
Edeka-Markt Falckinger
Traunstorfer Str. 13
P: 3
V: VgtM

83278 Traunstein
Bäckerei Färbinger
Wolkersdorfer Str. 19
P: 3
V: VgtM

83278 Traunstein
Kasfritz
Maxstraße
P: 3
V: VgtM

90619 Trautskirchen
Imkerei Reinhard Lang
Buch 16
Tel. 09107/7482
V: Demeter

90619 Trautskirchen
Heinz Schober
Buch 6
V: Demeter

91757 Treuchtlingen
Karl-Heinz Hartmann
Auernheimer 6
V: Demeter

91757 Treuchtlingen
Alraune
Bahnhofstr. 26
V: Demeter

91757 Treuchtlingen
Familie Hartmann Hils Kernhof
Auernheimer Str. 6
Tel. 09833/1678

V: Demeter

91757 Treuchtlingen
Erich Degen GbR
Schloßgut Möhren
Tel. 09142/2992
P: 2, 5, 9, 11
V: Naturland

84371 Triftern
Reinold Fischer
Lengsham, Landstr. 17
Tel. 08562/2170
V: Biokreis

84371 Triftern
Josef Reichenspurner
Rabensham 21
Tel. 08574/670
P: 8
V: Biokreis

83308 Trostberg
Naturkost Rainer Plum
Marienplatz 7
V: Demeter

82299 Türkenfeld
Kaufladen Christine Burkhart
Zankenhausener Str. 3
V: Demeter

86842 Türkheim
Naturkost
Böhmerwaldstr. 18
Tel. 08245/663
V: Demeter

85643 Tulling
Hofgemeinschaft Naturmädel
Elcheringer Str. 5
P: 12

83104 Tuntenhausen
Andreas u. Marianne Neichl
Hörmatting
V: Demeter

Einkaufsadressen 241

83104 Tuntenhausen-Ostermünchen
Klaus u. Marianne Bartl
Berg 14
V: Demeter

83104 Tuntenhausen-Ostermünchen
Josef u. Dora Huber
Berg 4
V: Demeter

83104 Tuntenhausen-Ostermünchen
Johann u. Anne Bodmaier
Fritz-Scheffer-Str. 26
V: Demeter

86874 Tussenhausen
Franz Steppich
Schloßgut
Tel. 08268/267
P: 3, 8
V: Naturland

82327 Tutzing
Kriessler
Bürgermeister-Greinwald-Str. 4
V: Demeter

82327 Tutzing
Naturkost am Rathaus
Kirchenstr. 8
Tel. 08158/7282
Fax 08158/7824
P: 1,2,3,4,5,6,7,8,9,10, 11,12,13,14,15,16
V: BNN

82327 Tutzing
Wulf Lichte
Lindermoos 1
Tel. 08157/3468
V: Demeter

82327 Tutzing
Martin u. Marlene Greinwald

Traubingerstr. 68
Tel. 08158/8968
P: 5, 11
V: Bioland

83236 Übersee
Saueramfer
Hinterbichl 3
Tel. 08642/6810
V: BNN

83236 Übersee
Edeka-Markt Suhrer
Bahnhofstr. 20
P: 3
V: VgtM

82497 Unterammergau
Josef Schratt
Pürschlingstr. 45
Tel. 08822/6921
V: Demeter

85774 Unterföhring
Kaufmarkt Naturkostabteilung
Feringastr. 16
Tel. 089/9595131
V: Demeter

82008 Unterhaching
Früchteparadies
Miroslav Melnik
Fasanenstr. 32
V: Demeter

82008 Unterhaching
Naturkost
Marion Gelder
Fasanenstr. 56
V: Demeter

82008 Unterhaching
VITALIA Reformhaus GmbH
Hauptstr. 33
Tel. 089/617495

96173 Unterhaid
Konrad Bäuerlein

Weinbergstr. 2
Tel. 09503/7435
P: 3
V: Naturland

86869 Unterostendorf
Spring-Hof
Viehweide 1
Tel. 08344/1025
P: 2, 3, 5, 8, 9
V: Bioland

97294 Unterpleichfeld
Benno u. Erika Wörle
Kirchstr. 4
Tel. 09367/2935
P: 1, 2, 3, 5, 7, 13, 15, 16
V: Demeter, VgtM

83567 Unterreit
Johann Vorderwestner
Hub 3
Tel. 08073/1359
P: 3,5,8,9,11,12
V: Biokreis

83567 Unterreit
Michael Ackermann
Kasten im Wald
Tel. 08073/1263
P: 2, 5, 8, 9, 11, 12, 13
V: Demeter

83567 Unterreit
Reinhard Henke
Au im Wald
Tel. 08073/2308
P: 5
V: Bioland

85716 Unterschleißheim
Schleißheimer Werkstätten f. Behinderte
Gärtnerei Hollern
Am Geflügelhof 10
Tel. 089/3104020
P: 7, 9, 15

V: Naturland

85716 Unterschleißheim
Reformhaus Getreidemühle Sanatura GmbH
Rathausplatz
V: Demeter

85716 Unterschleißheim
Tagwerk e.G. Wochenmarkt (Mi 14-18)
Rathausplatz
P: 1,2,3,5,7,8,9,10,11, 12,13,14,15,16
V: Bioland, VgtM

87647 Unterthingau
Bruno Hefele
Bergstr. 15
Tel. 08377/425
P: 3, 11
V: Naturland

97892 Unterwittbach
Biologische Pilze
Unterwittbacher Str. 9
Tel. 09342/85277
Fax 09342/85052
P: 15
V: ANOG

83246 Unterwössen
Edeka-Markt Kaltschmid
Hauptstr. 63
P: 3
V: VgtM

92289 Ursensollen
Biolandhof
Josef Lautenschlager
Heinzhof 3
Tel. 09628/661
P: 5, 8, 9

86919 Utting
Neuform-Depot -
Ursula Oberndörfer

242 Bayern

Maria-Theresien-Str. 9
Tel. 08806/7249
P: 2,3,7,8,9,10,11,12,
13,15
V: Demeter

83620 Vagen
Hofbäckerei Steingraber
Neuburgstr. 2
Tel. 08062/1233
Fax 08062/1422
P: 2,5,8,9,11
V: Demeter

85591 Vaterstetten
Avalon Naturkost
Fasanenstr. 22
Tel. 08106/31622

92355 Velburg
Friedrich Wienert
Dantersdorf 4
V: Demeter

92355 Velburg
Albrecht Wilhelm Hofgemeinschaft Haumühle
Tel. 09182/397
V: Demeter

92355 Velburg
Johann Gradl
Wernla 4
Tel. 09182/820
P: 3
V: VgtM

84149 Velden
Josef Liebl
Giglberg 18
Tel. 08742/622
P: 11
V: Biokreis

84149 Velden
Lebensgemeinschaft Höhenberg
Tel. 08086/100
Fax 08086/1031

P: 2, 7, 8, 9
V: Demeter

91235 Velden
Johann Leibold
Henneberg 7
Tel. 09152/395
Fax 09152/1342
P: 2, 5, 8, 9, 15
V: Demeter

91235 Velden
Lebensgemeinschaft Münzinghof e.V.
Münzinghof
Tel. 09152/411
V: Demeter

84137 Vilsbiburg
Sonnenblume Olaf + Sabine Eberhard
Bergstr. 2
V: Demeter

84186 Vilsheim
Martin Lackermeier
Gessendorf 3
Tel. 08706/591
P: 3, 5, 7, 8, 9, 12
V: Naturland

94474 Vilshofen
Gerda Hufschmid
Haus Nr. 29
Tel. 08549/548
V: Biokreis

94474 Vilshofen
Kornkammerl
Donaugasse 7
Tel. 08541/1266
Fax 08541/3326
P: 1,2,3,5,7,8,9,10,11,
12,13,14,15,16

89269 Vöhringen
Edeka Harald Arends
Bahnhofstr. 10
V: Demeter

97332 Volkach
Weingut Vogelsburg Gemeinsch. d. Augustinerschwestern e.V.
Tel. 09381/3029
P: 16

91247 Vorra
Steinbauer
Artelshofen Haus-Nr. 18
V: Demeter

83666 Waakirchen
G. Betzinger
Allgäustr. 45
Tel. 08021/910
P: 5
V: Naturland

86875 Waal
Josef u. Thomas Wörle
R.-v.-Herkomer-Str. 11
Tel. 08246/239
P: 5, 8, 11
V: Naturland

86875 Waal
Franz Magg
Singoldstr. 30
Tel. 08246/202
P: 3, 5, 7, 8, 9, 11
V: Naturland

96193 Wachenroth
Helmut Hofmann
Hauptstr.49
P: 5
V: VgtM

83329 Waging
Sepp Daxenberger
Dorfstr. 30
Tel. 08681/9521
P: 5
V: Bioland

83329 Waging
Edeka-Markt B. Böhr
Marktplatz 10
P: 3
V: VgtM

91344 Waischenfeld
Martin Krautblatter
Rabeneck 21
Tel. 09202/434
P: 7, 8, 9
V: Bioland

82237 Walchstadt
Klaus Werbinek
Alte Hauptstr. 5
V: Demeter

95679 Waldershof
Helga Schröter
Markt 32
V: Demeter

94065 Waldkirchen
Kornexlt Christoph
Böhmzwiesel 26
Tel. 08581/2446
P: 8
V: Biokreis

94065 Waldkirchen
Hanna's Kornkammerl
Hanna Stiegler
Hauzenbergerstr. 19
V: Demeter

84478 Waldkraiburg
Kolibri Naturkost Heimservice
Berlinerstr. 21
Tel. 08638/65749
V: BNN

84478 Waldkraiburg
Spiegl
Josef-Rössl-Weg 11
P: 3
V: VgtM

93449 Waldmünchen
Drogerie Germania/Reformhaus
Marktplatz 4
Tel. 09972/1433
P: 1,2,3,8,10,11,13,16

Einkaufsadressen

95652 Waldsassen
Rosemarie Siller Naturkost + Naturkosmetik
In-der-Maierzelch 30
Tel. 09632/2315
Fax 09632/2315
P: 1, 7, 8, 10, 12, 13, 15, 16

85253 Walkertshofen
Hans Schmid
Bergstr. 22
Tel. 08138/8325
P: 8, 11
V: Bioland

85253 Walkertshofen
G. u. J. Osterauer
Kirchfeldweg 1
Tel. 08138/1788
V: Naturland

86877 Walkertshofen
Christoph Karl
Am Burgberg 1
Tel. 08239/7340
V: Bioland

85469 Walpertskirchen
Sigrid Schlawjinski
Feldstr. 18
V: Demeter

96194 Walsdorf
Geo Gräbner
Birkenstr. 1
Tel. 09549/494
P: 5, 8, 9
V: Naturland, VgtM

87448 Waltenhofen
Adi Sprinkart
Gopprechts 16
Tel. 08379/7080
P: 3, 5, 11
V: Bioland

83627 Warngau
Johann Staudinger
Bürg 22

Tel. 08021/7972
P: 5, 12
V: Naturland

97797 Wartmannsroth
Kornelia Vogt
Steingrund 27
Tel. 09357/348
Fax 09357/1518
P: 2, 3, 7, 8, 9, 12, 13
V: Naturland

97797 Wartmannsroth
Hubert Roth
Windheimer Str. 1
Tel. 09732/3652
P: 5, 6, 8, 9, 11
V: Naturland

83512 Wasserburg
Verbrauchergemeinschaft Elisabeth Totzauer
Mozartstr. 87
V: Demeter

83512 Wasserburg
Andreas Obermayr
Pollersham 1
Tel. 08071/7810
Fax 08071/51425
P: 7, 8, 9, 12
V: Biokreis

83512 Wasserburg
Buchfink
Salburgerstr. 2
Tel. 08071/4441
V: BNN, Demeter

83512 Wasserburg
Inntaler Ziegen- u. Schafmilchprodukte GmbH
Anton-Wagner-Str. 6
Tel. 08071/50026 u. 50027
Fax 08071/51629
P: 11

94110 Wegscheid
Bergwinkelhof
Steffen Jacobs
Monigottsöd
V: Demeter

92637 Weiden
Gemüsebau Demeter
Josef König
Pressather Str. 163
Tel. 0961/22370
P: 7, 8, 9, 12

92637 Weiden
Biobau E. Lang/A. Mühlmichl-Schimmel
Pressather Str. 93
V: Demeter

92637 Weiden
Kornladl
Sedanstr. 15
V: Demeter

91746 Weidenbach
Wilhelm Wellhöfer
Dorfstr. 16
Tel. 09826/1463
P: 8, 9
V: Bioland

91746 Weidenbach
Johann Muser
Nehdorf 12
V: Demeter

88171 Weiler-Simmerberg
Hans u. Uta Raß
Ellhoferstr. 7
Tel. 08387/695
P: 5, 11
V: Naturland

88171 Weiler-Simmerberg
Trogener Naturwarentenne
Untertrogen 4
Tel. 08387/2189
Fax 08387/2189

P: 1,2,3,4,5,6,7,8,9,10, 11,12,13,14,15,16

82362 Weilheim
Zauberberg Buchhandlung - Naturkost - Café
Hofstr. 5
Tel. 0881/8518
P: 1,2,3,7,8,9,10,11,12, 13
V: BNN

82362 Weilheim
Kornmühle Naturwaren
Münchener Str. 10
Tel. 0881/1497

82362 Weilheim
Naturkost u. Naturwaren-Laden Marita Rottenfußer
Münchner Str. 24
V: Demeter

82362 Weilheim
Familie Königbaur
Parchetstr. 58
Tel. 0881/4280
P: 3, 5, 7, 8, 9, 11, 13
V: Demeter

82362 Weilheim
Gut Gossenhofen
Tel. 0881/7382
P: 5
V: Naturland

82362 Weilheim
Geflügelhof Hardtwiese Joh. Hellinger
P: 3
V: VgtM

87480 Weitnau
Fam. Kammerlander
Engelhirsch 14
Tel. 08375/361
P: 2, 3, 5, 7, 8, 9, 12, 13, 16
V: Bioland

87480 Weitnau
Wolfgang Fromm-
knecht
Ritzen-Sonnenhalb 1
Tel. 08375/520
P: 5
V: Bioland

91781 Weißenburg
Teeladen Weißenburg
Steinmetz
An der Schranne 1
V: Demeter

95163 Weißenhaid
Emil Hager
Weissenhaid
Tel. 09253/1266
P: 7, 8
V: Demeter

89264 Weißenhorn
Karga-Verbraucher-
markt
Kaiser-Karl-Str. 20
P: 3
V: VgtM

89264 Weißenhorn
Molkerei Weißenhorn
Kapuzinerstr. 2
Tel. 07309/96040
Fax 07309/960413
P: 11
V: Bioland

86465 Welden
E. + H. Hämmerle
Keltenschanzstr. 2
Tel. 08293/6344
P: 5, 8, 11
V: Bioland

90530 Wendelstein
Energiekugel Volkmar
Hösch
Nürnberger Str. 1
Tel. 09129/4373
V: BNN, Demeter

97440 Werneck
Udo Rumpel
Jambachstr. 49
Tel. 09722/1246
P: 2, 3, 5, 7 8, 9, 12, 13
V: Naturland

86637 Wertingen
Naturkost Kornblume
Birgit Heisig
Riedgasse 18
Tel. 08272/2901
P: 1,2,3,4,5,7,8,9,10,11,
12,13,15,16
V: BNN

82405 Wessobrunn
H. Guggemos
Forst Altkreut 2
Tel. 08809/393
V: Naturland

82234 Weßling
Naturhaus Weßling
Hauptstr. 22
Tel. 09129/4373
V: BNN, Demeter

**86879 Wieder-
geltingen**
Helmut Unsin
Mindelheimerstr. 10
Tel. 08241/4125
P: 8
V: Bioland

95676 Wiesau
Sebastian Höcht
Lengas 5
Tel. 09634/1500
P: 7, 8, 9
V: Bioland

97355 Wiesenbronn
Weingut Gerhard Roth
Büttnergasse 11
Tel. 09325/373
P: 15,16
V: BÖW

94344 Wiesenfelden
Hubert Weinzierl
Füchslmühle
Tel. 09966/364
V: Biokreis

94344 Wiesenfelden
Fa. Ökoland GmbH
Schloß Wiesenfelden
Tel. 09966/777

94344 Wiesenfelden
Bioland-Hof Wiesenfel-
den Hofladen
Utzenzellerstr. 13
Tel. 09966/470
Fax 09966/470
P: 1, 5, 7, 8, 9, 11, 16

91346 Wiesenttal
Gottfried Ochs
Rauhenberg 5
Tel. 09196/541
P: 2, 7, 8, 9
V: Bioland

91346 Wiesenttal
Helmut Ott
Stoernhof 22
Tel. 09196/367
Fax 09196/367
P: 2, 5, 8, 10, 15
V: Bioland

91632 Wieseth
Hans Krömmüller
Am Pflatterbach 7
Tel. 09822/5356
P: 2, 5, 8, 9, 11
V: Bioland

87487 Wiggensbach
Ludwig Heinle
Dörnen 2
Tel. 08370/215
P: 5, 11
V: Bioland

91489 Wilhelmsdorf
Andreas Seibold
Waaggasse 2

Tel. 09104/722
P: 5, 7, 9, 11
V: Bioland

91489 Wilhelmsdorf
Friedrich Schwinghamm-
mer
Zirkelgasse
P: 5
V: VgtM

91452 Wilhermsdorf
H. Ostertag
Meiersberg 28
Tel. 09102/1833
P: 7
V: Demeter

97348 Willanzheim
Erhard Hassolt
Aussiedlerhof 170
Tel. 09326/272
P: 16
V: BÖW

86949 Windach
O. Kloker
Am Wald 2
Tel. 08192/466
V: Naturland

91575 Windsbach
Demeter-Hof Hans
Schwab
Suddersdorf 25
Tel. 09871/477

91575 Windsbach
Metzgerei Schwarz
Veitsaurach 33
Tel. 09871/9044
P: 5
V: Demeter, VgtM

94577 Winzer
A. Phillip
Weghof 3
Tel. 08545/441
P: 12
V: Naturland

Einkaufsadressen

91637 Wörnitz
Ulrich März
Mühle 20
Tel. 07950/2518
V: Demeter

86709 Wolferstadt
Dr. F. Böller
Zwerchstr. 11
Tel. 09092/1490
V: Naturland

**82515 Wolfrats-
hausen**
VITALIA Reformhaus
GmbH
Am Obermarkt 2
Tel. 08171/78529

**82515 Wolfrats-
hausen**
Dr. Munzinger Frucht-
Spezialitäten
Hans-Urmiller-Ring 58
Tel. 08171/76566
Fax 08171/20806

**82515 Wolfrats-
hausen**
Schrothalde
Schießstätter Str. 37
Tel. 08171/78847
V: BNN, Demeter

**82515 Wolfrats-
hausen**
VITALIA Reformhaus
GmbH
Am Obermarkt 2
Tel. 08171/78529

85283 Wolnzach
Naturkostladen K.
Ewerling u. Ch. Huber
Marktplatz 10
Tel. 08442/1450
V: Demeter

85283 Wolnzach
Wendelin Hillerbrand
Schrittenlohe

Tel. 08442/3547
P: 5, 8, 14, 15
V: Naturland

97070 Würzburg
Reformhaus Lösch
Dominikanergasse 8
Tel. 0931/16600
V: Demeter

97070 Würzburg
Kornwinkel
Naturspeisewaren
Handgasse 7
P: 3
V: Demeter, VgtM

97070 Würzburg
Reformhaus Düchting
Herzogenstr. 2
V: Demeter

97070 Würzburg
Tu Was - Ökol.
Verbraucherberatung
Würzburg e.V.
Juliuspromenade 3
Tel. 0931/57722

97070 Würzburg
Klatschmohn Schmitt
Münzstr. 4
V: Demeter

97070 Würzburg
Ökoladen Natur & Um-
welt Greb
Reisgrubengasse 11
V: Demeter

97070 Würzburg
Naturwinkel Trude
Wellstein
Rosengasse 15
V: Demeter

97070 Würzburg
Vollwertstube Loho &
Caesar
Sanderstr. 2a
Tel. 0931/18981

P: 3
V: VgtM

97070 Würzburg
Kornwinkel
Semmelstr. 33
Tel. 0931/13238
V: BNN

97070 Würzburg
Viele Wege Naturkost
Naturwaren
Zinkhof 1
Tel. 0931/16167
P: 1,2,3,4,5,6,7,8,9,10,
11,12,13,14,15,16
V: VgtM

97070 Würzburg
Metzgerei Hemberger
Plattner Straße
P: 5
V: VgtM

97072 Würzburg
Vollkorn Bäckerei u.
Konditorei
Arndtstr. 14
Tel. 0931/884914
Fax 0931/881727
P: 2
V: BNN

97074 Würzburg
Kauf das Beste
Herbert Kübel
Erthalstr. 38
Tel. 0931/71239
Fax 0931/783710
P: 2,3,7,8,9,10,12,13,
15,16
V: ANOG

97076 Würzburg
Naturkost
Hans Gebert
Florian-Geyer-Str. 65
V: Demeter

97078 Würzburg
Kosmo Bio Back- u.
Teigwaren GmbH
Versbacher Str. 174
V: Demeter

97082 Würzburg
Wildblüte
Frankfurter Str. 82a
Tel. 0931/414222

97070 Würzburg
Viele Wege Naturkost
Naturwaren
Augustinerstr. 12-14
P: 1,2,3,4,5,6,7,8,9,10,
11,12,13,14,15,16
V: VgtM

97072 Würzburg
Vollkorn Bäckerei u.
Konditorei
Alte Mainbrücke
Fax 0931/881727
P: 2
V: BNN

95632 Wunsiedel
Ernst Benker
Sinatengrün 10
P: 3
V: VgtM

95632 Wunsiedel
Naturkost Marga Mül-
ler
Alte Ratsgasse 4
Tel. 09232/1545
P: 2, 8, 9, 10, 12, 15, 16
V: Bioland, Demeter

**84329 Wurmanns-
quick**
Naturkostladen Müller-
Burger
Etzenberg 36 1/3
V: Demeter

96199 Zapfendorf
Reinhold Finzel
Schloßstr. 13
Tel. 09547/1896
P: 2, 10
V: Bioland

90513 Zirndorf
Reformhaus Beß
Nürnberger Str. 16

V: Demeter

90513 Zirndorf
*Kaufmarkt
Naturkostabeilung*
Nürnberger Str. 29a

85406 Zolling
Familie Thalhammer
Kapellenstr. 4

Tel. 08167/1216
P: 7
V: Demeter

85604 Zorneding
Uta Philip
Pfarrstr. 4
V: Demeter

85604 Zorneding
*Naturkost Sieglinde
Kornek-Peters*
Wasserburger
Landstr. 35
V: Demeter

Berlin: Landesverbände und Institutionen

Grüne Liga Berlin
Prenzlauer Allee 230
10405 Berlin
Tel. 030/4427789
Fax 030/4427790

*Verbraucher-Zentrale
e.V. Ernährungswirtschaft*
Bayreuther Str. 40
10787 Berlin
Tel. 030/219070

Berlin: Einkaufsadressen

10115 Berlin
Bio-Scheune
Alte Schönhauser Straße
Tel. 030/2827416

10115 Berlin
Bibbis Bio Bude
Wöhlertstr. 1
Tel. 030/2828188
P: 1,2,3,4,5,7,8,9,10,
11,12,13,15,16

10117 Berlin
Die Handlung
Tucholskystraße
V: BUND

10119 Berlin
Bio-Scheune
Mulackstr. 14
Tel. 030/2827416

10247 Berlin
Grüner Laden
Müggelstr. 6
V: BUND

10405 Berlin
Grüne Liga Berlin
Prenzlauer Allee 230
Tel. 030/4427789
Fax 030/4427790

10435 Berlin
Manna
Kollwitzstr. 88
Tel. 030/4495381

10437 Berlin
Uckermarkt
Greifenhagener Straße
Tel. 030/4497993
P: 2,3,5,6,7,11,13,16
V: BUND, GÄA

10551 Berlin
Allerleirauh Naturkost
GmbH
Arminius-Markthalle
Tel. 030/3961481
P: 1,2,3,5,7,8,9,10,11,
12,13,15,16
V: BNN

10551 Berlin
Naturkostladen
Koriander
Waldstr. 54
Tel. 030/3965547
Fax 030/3966132
P: 1,2,3,4,7,8,9,10,11,
12,13,15,16
V: BNN, Demeter

10553 Berlin
Lust u. Laune
Kaiserin-Augusta-
Allee 44
Tel. 030/3448644
V: BNN

10555 Berlin
Moabiter Flocken
Elberfelder Str. 20
Tel. 030/3935623
P: 3
V: Demeter, VgtM

10555 Berlin
Moabiter Verbraucher
Initiative MOVI
Krefelder Str. 20
V: BUND

10555 Berlin
Peter A. Schober
Krefelder Str. 9
Tel. 030/3932142

10559 Berlin
La Dolce Vita
Wilsnacker Str. 62
Tel. 030/3943857
P: 1,2,3,4,5,6,7,8,9,10,
11,12,13,15,16
V: BNN

10585 Berlin
Naturkostladen Mutter
Erde
Behaimstr. 18
Tel. 030/3417955
Fax 030/3417955
V: BNN

10585 Berlin
Makrobiotisches Zen-
trum
Schustehrusstr. 26
Tel. 030/3414166

10589 Berlin
EVG-Wochenmärkte
Mierendorfplatz
P: 3
V: VgtM

10599 Berlin
Franz Dettloff
Alt Moabit 100
P: 3
V: VgtM

10623 Berlin
Ashoka - Satyam
Goethestr. 5
Tel. 030/3123029 u.
3129079
Fax 030/3122509
P: 7,8,10,12,13,15,16

10623 Berlin
Café Tiago
Knesebeckstr. 15
Tel. 030/3120942
P: 1,2,3,4,5,7,8,9,10,
11,12,13,16

10623 Berlin
Shell
Knesebeckstr. 22
Tel. 030/3128310

10623 Berlin
Sesam-Mühle
Knesebeckstr. 89
Tel. 030/3125199
P: 5
V: BNN, Demeter, VgtM

10625 Berlin
EVG-Wochenmärkte
Karl-August-Platz
P: 3
V: VgtM

10627 Berlin
Reformhaus Zilling
Kantstr. 105a
V: Demeter

10627 Berlin
Lotus Naturkost-Stehcafe
Pestalozzistr. 29
Tel. 030/3134633
Fax 030/3134633
P: 1,2,3,4,7,8,9,10,11, 12,13,15,16
V: Bioland

10707 Berlin
Naturkostladen Arame Naturshop
Bayerische Str. 3
V: Demeter

10707 Berlin
Reformhaus Olivia
Xantener Str. 12
V: Demeter

10711 Berlin
Reformhaus Rausch
Joachim-Friedrich-Str. 26
V: Demeter

10711 Berlin
Reformhaus Kühl
Kurfürstendamm 115
V: Demeter

10713 Berlin
Reformhaus Irschik
Blissestr. 2
V: Demeter

10713 Berlin
Naturkostladen Urwoge
Wegenerstr. 4
Tel. 030/8611670
V: BNN, Demeter

10713 Berlin
Alternative Metzgerei
Mannheimer Str. 32

P: 5
V: VgtM

10715 Berlin
Natuco
Berliner Str. 18
Tel. 030/875773
P: 16

10715 Berlin
Reformhaus Irschick
Hildegardstr. 17
V: Demeter

10715 Berlin
Heinz u. Monika Weichardt Weihhardt-Brot GmbH
Mehlitzstr. 7
Tel. 030/878099
P: 2, 15

10717 Berlin
Vollkornbäckerei Leib GmbH
Nassauische Str. 16a
Tel. 030/874765
Fax 030/879474
P: 2

10717 Berlin
Speisekammer
Nassauische Str. 38
Tel. 030/878198
Fax 030/871029
P: 1,2,3,4,5,6,7,8,9,10, 11,12,13,15,16
V: BNN

10717 Berlin
Reformhaus Krone
Trautenaustr. 12
V: Demeter

10719 Berlin
Reformhaus Zilling
Ludwigkirchstr. 11
V: Demeter

10777 Berlin
Reformhaus Weber

Motzstr. 70
V: Demeter

10777 Berlin
Naturkostladen Viva Verde
Welserstr. 24
Tel. 030/2113091
Fax 030/2137318
P: 1,2,3,4,5,6,7,8,9,10, 11,12,13,14,15,16
V: Demeter, VgtM

10779 Berlin
Meta Café
Barbarossastr. 32
Tel. 030/2118318
V: Demeter

10779 Berlin
Reformhaus Zilling
Bayerischer Platz 7
V: Demeter

10781 Berlin
Ackerschachtel
Barbarossastr. 61
Tel. 030/2153107

10781 Berlin
Lebensbaum Naturkost GmbH
Pallastr. 1011
V: Demeter

10781 Berlin
Baharat Falafel
Winterfeldtstr. 35

10787 Berlin
Verbraucher-Zentrale e.V. Ernährungswirtschaft
Bayreuther Str. 40
Tel. 030/219070

10789 Berlin
Naturkostladen Einhorn
Wittenbergplatz 5
Tel. 030/246347

V: Demeter

10772 Berlin
KaDeWe - Feinschmecker-Etage
Tauentzienstr. 21-24
Tel. 030/2121-366 u. -367
Fax 030/2121610
P: 3,5,6
V: VgtM

10799 Berlin
D. Surdyk
Bayrischer Platz 7
P: 3
V: VgtM

10823 Berlin
Naturkost Haferstich GmbH
Belziger Str. 23
Tel. 030/7820098
P: 1,2,3,4,5,7,8,9,10, 11,12,13,14,16
V: BNN

10825 Berlin
Löwenzahn Vollkost-Naturkost Handels GmbH
Koburger Str. 14
Tel. 030/7841426
V: Demeter

10827 Berlin
Mangold
Crellestr. 19-20
Tel. 030/7818407
P: 1,2,3,5,7,8,9,10,11, 12,13,15,16

10827 Berlin
Naturwaren P + H Horst Opolka
Crellestr. 38/39
Tel. 030/7881530
V: Demeter

250 Berlin

10827 Berlin
Reformhaus Stabenow
Hauptstr. 134
V: Demeter

10827 Berlin
D. Surdyk
Hauptstr. 107
P: 3
V: VgtM

10829 Berlin
La Maskera
Gustav-Müller-Str. 1
Tel. 030/7841227

10829 Berlin
D. Surdyk
Matthäus-
Friedhofsweg 1
P: 3
V: VgtM

10961 Berlin
*Türk u. Hertz OHG
Weinkeller*
Gneisenaustr. 15
Tel. 030/6934661
Fax 030/6915255
P: 16

10961 Berlin
Natürlich Laden
Gneisenaustr. 16
Tel. 030/6930148
V: BNN, Demeter

10961 Berlin
Thürnagel
Gneisenaustr. 57
Tel. 030/6914800

10961 Berlin
Hollyfood
Zossener Str. 12
Tel. 030/6928672

10961 Berlin
Naturkostladen Andramut
Zossener Str. 5

V: Demeter

10963 Berlin
Bäckerei Synanon e.V.
Bernburger Str. 24
P: 2
V: Demeter

10963 Berlin
Bio Art Adlung & Kaiser
Großbeerenstr. 11
V: Demeter

10969 Berlin
Immergrün GmbH
Hedemannstr. 11
Tel. 030/2515857 u.
2514696
Fax 030/2510938
P: 1,2,3,7,8,9,10,11,12,
13,15,16

10965 Berlin
*Hagelkorn Susanne
Rüsch-Deisberg*
Hagelbergstr. 51
Tel. 030/7864040
V: BNN, Demeter

10965 Berlin
Bioladen Schneckenhaus Ingeborg Kruse
Katzbachstr. 31
V: Demeter

10965 Berlin
El Locco
Kreuzbergstr. 43
Tel. 030/7859973
V: BUND

10967 Berlin
Risico GmbH
Dieffenbachstr. 59
Tel. 030/6942862
Fax 030/6946863
P: 1,2,3,4,5,6,7,8,9,10,
11,12,13,14,15,16
V: BNN

10967 Berlin
Alternative Metzgerei
Körtestr. 20
P: 5
V: VgtM

10969 Berlin
Scala Media
Friedrichstr. 231
Tel. 030/2517001-3

10969 Berlin
Kormoran Naturwaren
Neuenburger Str. 13
Tel. 030/2510496

10997 Berlin
Himmel & Erde
Skalitzer Str. 46
Tel. 030/6116041
V: BNN, Demeter

10997 Berlin
Biotopia-Ladenkollektiv
Wrangelstr. 56
Tel. 030/6123076

10999 Berlin
Der Bauernladen
Admiralstr. 21
Tel. 030/6149112

10999 Berlin
Sikasso-Markt
Dresdener Str. 124
Tel. 030/6148729

10999 Berlin
*Gesund & Munter
Mathild Berwein*
Liegnitzer Str. 17
V: Demeter

10999 Berlin
*Lebensmittelvertrieb
GmbH
Kraut und Rüben*
Oranienstr. 15
V: Demeter

11781 Berlin
Jupiter Naturkost
Pallasstr. 89
Tel. 030/2162102
P: 1,2,3,5,7,8,9,10,11,
12,13,15,16
V: BNN

12043 Berlin
*Neuform-Reformhaus
Lücke*
Anzengruberstr. 15
Tel. 030/6813545
P: 2,3,8,10,11,12,13,
15,16
V: Demeter

12043 Berlin
*Trollblume
E. Laumann u.
S. Fuldner-Petzold*
Berthelsdorfer Str. 6
Tel. 030/6816014
P: 1,2,3,7,8,9,10,11,
12,13,16

12043 Berlin
Rübezahl Naturkost
Donaustr. 112
Tel. 030/6232862
V: Demeter

12043 Berlin
*Fleischerei
Michael Kluge*
Fuldastr. 56
Tel. 030/6235556
P: 3,5,6
V: Neuland

12043 Berlin
Mehlwurm Vollkornbäckerei GmbH
Pannierstr. 23
Tel. 030/6243284
P: 2,8,10,13,15

12051 Berlin
EVG-Wochenmärkte
Kranoldplatz
P: 3

Einkaufsadressen

V: VgtM

12053 Berlin
*Vollkornkonditorei
Bernd Tillmann*
Briesestr. 9
Tel. 030/6861418
P: 2, 15
V: Bioland

12055 Berlin
Rumpelstilzchen
Schudomastr.3
Tel. 030/6859097
Fax 030/6859097
P: 1,2,3,4,5,6,7,8,9,10, 11,12,13,14,15,16
V: BNN

12057 Berlin
*Märkisches Landbrot GmbH
Joachim Weckmann*
Bergiusstr. 36
Tel. 030/6843033
Fax 030/6845184
P: 2, 15
V: Bioland, Demeter

12057 Berlin
Terra Naturkost Berlin
Bergiusstr. 36
Tel. 030/6845050
Fax 030/6845184
P: 1,8,10,13,16
V: BNN

12101 Berlin
Reformhaus Förste
Manfred-von-Richthofen-Str. 22
V: Demeter

12105 Berlin
Ufa Fabrik Gewerbebetriebs GmbH
Viktoriastr. 1018
Tel. 030/7523032
P: 3
V: VgtM

12107 Berlin
*Fleischereifachgeschäft
Jürgen Bachhuber*
Grüntenstr. 47
Tel. 030/872115
P: 5
V: VgtM

12109 Berlin
Reformhaus Irene Mickley
Mariendorfer Damm 95
V: Demeter

12157 Berlin
Rocamar
Schönhauser Str. 22
Tel. 030/8559347
P: 2,7,8,9,11,12,15

12159 Berlin
Naturkostladen Panis Pan
Handjerystr. 17
V: Demeter

12159 Berlin
Reformhaus Ewaldt
Hedwigstr. 10
V: Demeter

12159 Berlin
Steinmühle Coopera GmbH Theta
Rubensstr. 38
V: Demeter

12159 Berlin
EVG-Wochenmärkte
Breslauer Platz
P: 3
V: VgtM

12161 Berlin
Naturland Handel mit Naturprodukten
Bundesallee 131
Tel. 030/8520444
V: BNN, Demeter

12163 Berlin
*Schrot u. Korn
Reiner Kutsch*
Holsteinische Str. 14
Tel. 030/7919939
P: 5
V: Demeter, VgtM

12163 Berlin
Reformhaus Zilling
Schloßstr. 102
V: Demeter

12163 Berlin
Sonnenblume Naturkost Handels GmbH
Zimmermannstr. 31a
Tel. 030/7926771
P: 1,2,3,4,5,6,7,8,9,10, 11,12,13,14,15,16
V: BNN

12165 Berlin
Siebenkorn
Schützenstr. 9
Tel. 030/7916214
P: 5
V: BNN, Demeter, VgtM

12167 Berlin
Renner's Vollkornbäckerei & Grietgen Naturkost
Albrechtstr. 73
Tel. 030/7957778

12169 Berlin
Reformhaus Dausien
Steglitzer Damm 35
V: Demeter

12203 Berlin
Sonnenblume
Augustastr. 21
Tel. 030/8332434
V: BNN, Demeter

12203 Berlin
Hollerbusch
Hindenburgdamm 77
Tel. 030/8348934

P: 5
V: Demeter, VgtM

12203 Berlin
*Reformhaus Am Drakemarkt
Volkmar Wittenhagen*
Unter den Eichen 97
V: Demeter

12205 Berlin
*Naturkostladen
Der Bio-Garten*
Baseler Str. 46
Tel. 030/8333028
V: BNN, Demeter

12247 Berlin
Reformhaus Dausien
Leonorenstr. 89
V: Demeter

12249 Berlin
Terra Frischdienst
Haynauer Str. 72a
Tel. 030/7755022
V: BNN

12249 Berlin
Hans-Joachim Durant
Malteserstr. 99k
V: Demeter

12305 Berlin
*Reformhaus Krieger
Margret Ausner*
Bahnhofstr. 58
V: Demeter

12347 Berlin
Helmut Marg
Tempelhofer Weg 118
P: 3
V: VgtM

12351 Berlin
*Reformhaus-Vollwert
Günter Bellmann*
Johannes-Chaussee 313
V: Demeter

12351 Berlin
Kornblume
Lipschitzallee 22
Tel. 030/6032472
P: 1,2,3,5,7,8,9,10,11,
12,13,15,16
V: BNN

12353 Berlin
*Einkaufsgemeinschaft
Haus der Mitte Renate
Wellkörner*
Lipschitzallee 50
Tel. 030/6034021
V: BUND

12359 Berlin
Reformhaus Krieger
Buschkrugallee 27
V: Demeter

12487 Berlin
*Terra Naturkost
Frischdienst M. Schmitt*
Groß-Berliner-Damm 77
Tel. 030/6310516
Fax 030/6316975
P: 3,5,7,9,11,12,15

13088 Berlin
alterNatur Naturwaren
Bizetstr. 105
Tel. 030/4002957
P: 1,2,3,7,8,9,10,11,12,
13,15,16

13187 Berlin
Allercon Naturkost
Kavalierstr. 17
Tel. 030/4002300
Fax 030/4829625
P: 1,2,3,5,7,8,9,10,11,
12,13,15,16

13347 Berlin
Va Bene
Utrechter Str. 46
Tel. 030/4563257
P: 3
V: Demeter, VgtM

13349 Berlin
Reformhaus Seidel
Müllerstr. 133
V: Demeter

13349 Berlin
Reformhaus Mickley
Müllerstr. 60
V: Demeter

13353 Berlin
Tao-Naturkost Wolfgang Alte
Brüsseler Str. 14
Tel. 030/4539253
V: Demeter

13353 Berlin
*Theta Coopera GmbH
Fachgeschäft für Naturkost*
Genter Str. 10
Tel. 030/4653090
P: 1,2,3,5,6,7,8,9,10,11,
12,13,15,16
V: BNN, Demeter

13359 Berlin
*Alraune
Sabine Sanchez*
Prinzenallee 53
V: Demeter

13407 Berlin
Biosphäre
Alt-Reinickendorf 6
Tel. 030/4966053
P: 1,2,3,7,8,9,10,11,12,
13,15,16
V: BNN

13437 Berlin
Reformhaus Forkert
Oranienburger Str. 221
V: Demeter

13465 Berlin
Reformhaus Kühl
Rüdesheimer Str. 2
V: Demeter

13465 Berlin
Reformhaus Thiel
Welfenallee 1
V: Demeter

13467 Berlin
Die Wurzelstube
Fellbacherstraße/S-Bahnhof
Tel. 030/4048581
V: BNN

13469 Berlin
Eichhörnchen
Waidmannsluster Damm 126
Tel. 030/4146439
V: BUND

13507 Berlin
*Die Arche
Eva Maria Winter*
Bernstorffstr. 1
Tel. 030/4345791
P: 5
V: BNN, Demeter, VgtM

13507 Berlin
Reformhaus Thiel
Brunowstr. 51
V: Demeter

13509 Berlin
Reformhaus Mickley
Gorkistr. 22
V: Demeter

13595 Berlin
*Grünkern
Naturkostladen*
Brüderstr. 37
Tel. 030/3317357
V: BNN

13597 Berlin
Korn-Muhme
Kinkelstr. 30
Tel. 030/3339443
P: 1,2,3,4,5,7,8,9,10,11,
12,13,15,16
V: BNN

13597 Berlin
Reformhaus Vogel
Moritzstr. 1
V: Demeter

14057 Berlin
Die Malve
Kuno-Fischer-Str. 15
Tel. 030/3228665
V: Demeter

14057 Berlin
Kostbar Naturkost
Leonhardtstr. 2
Tel. 030/3237624

14059 Berlin
*Naturkost Sunrice H.
Sonnak u. P. Mallmann*
Klausenerplatz 11
Tel. 030/3212030
V: Demeter

14059 Berlin
Lylla Dankbar
Neufertstr. 13
Tel. 030/3216399
P: 1,2,3,7,8,9,10,11,12,
13,14,15,16
V: BNN, Demeter

14059 Berlin
Brotgarten
Seelingstr. 30
Tel. 030/3228880

14089 Berlin
Konrad Loibl
Kladower Damm 57
P: 7, 12
V: BUND

14109 Berlin
Mutter Fourage
Chausseestr. 15a
Tel. 030/8053363
V: BUND

14109 Berlin
*Heinrich Wegmeyer
Wochenmarktstand*

Einkaufsadressen

Westerholz
P: 3
V: VgtM

14129 Berlin
*Reformhaus
v. Przybylski*
Breisgauer Str. 8
V: Demeter

14163 Berlin
Goldene Mitte
Beerenstr. 5
Tel. 030/8027192

14163 Berlin
Speisekammer
Fischerhüttenstr. 67
Tel. 030/8138616
Fax 030/8138616
P: 1,2,3,5,7,8,9,10,11,
12,13,15,16
V: BNN

14163 Berlin
Reformhaus Demski
Fischerhüttenstr. 83

14163 Berlin
Gesund + Munter
Kesperhof 6
Tel. 030/8037284
Fax 030/8034647

14163 Berlin
Naturwaren Hackl
Fischerhüttenstr. 69
P: 5
V: VgtM

14165 Berlin
*Bäckerei H. u. M.
Weichardt*
Biesestr. 1
P: 2
V: Demeter

14165 Berlin
*Biolandhof Christian
Wendt*
Kleinmachnower Weg
17
Tel. 030/8151120
P: 7,8,9

14165 Berlin
Sterntaler
Machnower Str. 4
Tel. 030/8156897
P: 5
V: BNN, Demeter, VgtM

14169 Berlin
Reformhaus Demski
Teltower Damm 25
Tel. 030/8118866
Fax 030/8116737

P: 2,3,7,8,9,10,11,12,
13,16

14193 Berlin
*Schlachterei Wohlfeld
Lindow*
Teplitzer Str. 40b
Tel. 030/8255027
P: 5
V: VgtM

14193 Berlin
*Naturschutzzentrum
Ökowerk Berlin e.V.*
Teufelsseechaussee 22
Tel. 030/3052041-3

14195 Berlin
*Reformhaus Schulz &
Wegener*
Breitenbachplatz 12
V: Demeter

14195 Berlin
*Dritte Welt Laden
GmbH*
Pacelliallee 61
Tel. 030/8315432

14199 Berlin
*Hans-Georg Portner
Midgard Verteiler f.*

ökol. Produkte GmbH
& Co. KG
Hohenzollerndamm 136
Tel. 030/8236696
V: BUND, Demeter

12049 Berlin
Speisekammer
Wissmannstr. 48
Tel. 030/6226461
Fax 030/6215400
P: 1,2,3,5,7,8,9,10,11,
12,13,15,16
V: BNN

10625 Berlin
*Gärtnerei Staudenmüller Wochenmarktstand
(Sa 8-14)*
Weimarer Straße
Tel. 039882/263
P: 7, 9
V: Demeter

12681 Berlin
*Verbraucher-Zentrale
e.V. Ernährungswirtschaft*
Allee der Kosmonauten
69
Tel. 030/5418117

Brandenburg: Landesverbände und Institutionen

Beratungsring Ökolog. Landbau e.V. Beeskow Außenstelle f. Vermarktung
Struveweg 2
16515 Oranienburg-Eden
Tel. 03301/800749
Fax 03301/800749

Beratungsring Ökologischer Landbau e.V. (BÖL)
Luchsstr. 32
15848 Beeskow
Tel. 03366/26717
Fax 03366/26717

Bioland-Landesverband Brandenburg Agrargenossenschaft Spreetal e.G.
Hohenbrücker Str. 1
15910 Neu Lübbenau
Tel. 035473/604
P: 3
V: VgtM

Biolog.-dyn. Arbeitsgemeinschaft Brandenburg e.V.
Hof Marienhöhe
15526 Bad Saarow
Tel. 033631/2605
V: Grüne Liga

Grüne Liga
Lindenstr. 53
14467 Potsdam

Grüne Liga Bundesfachgruppe ökolog. Landbau
In den Gehren 8
14558 Bergholz-Rehbrücke
Tel. 033200/85902

GÄA Arbeitsgemeinschaft Land Brandenburg
Gutshof, Dorfaue 1
14979 Großbeeren
Tel. 03379/59306
Fax 03379/59306
P: 2,3,5,6,7,8,9,10,11, 12,13,14

Gäa Geschäftsstelle Brandenburg
Hof Marienhöhe
15526 Bad Saarow
Tel. 03363/2605

Märk. Wirtschaftsverbund Kontrollverband der ökolog. Ernährungswirtsch. in Berlin-Brandenb.
Im Speicher
15320 Wulkow-Booßen
Tel. 033602/230
V: Grüne Liga

Verbraucher-Zentrale Brandenburg e.V.
Hegelallee 9
14467 Potsdam
Tel. 0331/353981
Fax 0331/353983

Brandenburg: Einkaufsadressen

15938 Altgolßen
Horst Klauck
Dorfstr. 63
P: 3
V: VgtM

17291 Augustfelde
Regenbogenhof
Familie Hermsdorf
Nr. 15
P: 7,8,9,14
V: GÄA

15526 Bad Saarow
Biolog.-dyn. Arbeitsgemeinschaft Brandenburg e.V.
Hof Marienhöhe
Tel. 033631/2605
V: Grüne Liga

15526 Bad Saarow
Gäa Geschäftsstelle
Brandenburg
Hof Marienhöhe
Tel. 03363/2605

15526 Bad Saarow
Hofgemeinschaft Marienhöhe GbR
Marienhöhe 3
Tel. 033631/2605
P: 2,3,5,7,8,9,11,12,15
V: Demeter

19348 Baek
Kleehof Joachim Haker
Hauptstr. 32
Tel. 038782/555
P: 8, 9, 11.

V: GÄA

15848 Beeskow
Beratungsring Ökologischer Landbau e.V.
(BÖL)
Luchsstr. 32
Tel. 03366/26717
Fax 03366/26717

14558 Bergholz-Rehbrücke
Grüne Liga Bundesfachgruppe ökolog.
Landbau
In den Gehren 8
Tel. 033200/85902

16321 Bernau
FC Bernau
Margueritenstr. 36
V: BUND

14774 Brandenburg
Gut Plauerhof Paul
Schulze GbR
Briest, Kaltenhausen 3
P: 5, 8, 9, 11
V: Demeter

16230 Brodowin
Agrargenossenschaft
Öko-Dorf Brodowin
e.G.
Weißensee 1
Tel. 033362/246
P: 5,8,9,11
V: Demeter

15518 Buchholz
Gemüse-Abo Bäuerinnen GbR Isried Andries u. Ruth Kleinöder
Steinhöfler Str. 15
P: 3,7,8,9
V: GÄA

03044 Cottbus
Reformhaus Kaffner
Bahnhofstr. 55
Tel. 0355/22494

03054 Cottbus
Verbraucher-Zentrale
Brandenburg e.V. Beratungszentrum Cottbus
Straße der Jugend 155
Tel. 0959/31168

03046 Cottbus
VG Rübchen e.V.
Straße der Jugend 100
Tel. 0355/790234
P: 1,2,3,7,8,9,10,11,12, 13,15,16
V: Grüne Liga

14550 Deetz
Gerhard Schulz
Tel. 033207/2074
P: 3, 7, 9, 12, 15, 16
V: Bioland

14822 Deutsch-Bork
Biolandhof Volker
Rottstock
Nr. 37
Tel. 0171/3310389
P: 3, 5, 6, 7, 8, 9

16818 Deutschhof
Das Mosaik e.V.
Ökohof Kuhhorst
Dorfstr. 9
Tel. 033922/803
P: 5,6,7,8,9
V: GÄA

16766 Flatow
Ziegenkäserei Gela Angermann u. Roger
Lemke
Karolinenhof
Tel. 0161/2348916
P: 5, 11, 15
V: GÄA

15234 Frankfurt-Oder
Verbraucher-Zentrale
Frankfurt/Oder e.V.
Heinrich-Zille-Str. 9

15234 Frankfurt-Oder
Wichernheim Werkstätten GmbH Bio-Laden
Gronenfelder Weg 22
Tel. 0335/64623
Fax 0335/64442
P: 1,2,3,5,7,9,10,11,13, 15,16
V: Bioland

04758 Ganzig
Gottfried Römisch
Am Dreieck 1
P: 3
V: VgtM

Einkaufsadressen

14715 Gräningen
Willi Käthe
Rathenower Str. 7
Tel. 033878/269
P: 3, 5, 7
V: GÄA

15848 Groß Briesen
Milchgenossenschaft
Heideland e.G. Groß-
Briesen
Bahnhofstr. 2
Tel. 033673/219
P: 3, 11
V: Bioland, VgtM

03058 Groß Gaglow
Bioland-Reiterhof
Dr. Wilfried Bälka
Große Döbberner Str. 12
Tel. 0355/537993
P: 5, 11
V: Bund

14979 Großbeeren
GÄA Arbeitsgemein-
schaft Land Branden-
burg
Gutshof, Dorfaue 1
Tel. 03379/59306
Fax 03379/59306
P: 2,3,5,6,7,8,9,10,11,
12,13,14

16559 Hammer
Lothar Beuster
Poststr. 2a
Tel. 0161/234496
P: 3, 11
V: Naturland, VgtM

16259 Heckelberg
Kastanienhof Bernd
Klockow
Tel. 033451/313
Fax 033451/313
P: 8, 9, 11, 12
V: Demeter

15910 Hohenbrück
Carola Rebotzke Geflü-
gelhof Hohenbrück
Alte Straße 8
Tel. 035473/616
P: 3,6
V: Bioland, VgtM

14715 Hohennauen
Kinderbauernhof Ho-
hennauen Kai-Holger
Dech u. Co.
Siedlungsweg 2
Tel. 033872/285
P: 7, 11, 15
V: GÄA

17268 Hohenwald
Ökologische Domäne
Hohenwalde Hans-Joa-
chim Mautschke u.
Partner
Dorfstraße
Tel. 039886/335
P: 3, 5, 8, 11, 14
V: GÄA

15320 Jahnsfelde
Öko-Agrar GmbH
Jahnsfelder Landhof
Dorfstr. 4
Tel. 033477/240
P: 5, 7, 8, 9, 12, 15
V: Bioland, VgtM

15320 Jahnsfelde
Erhard Kriening
Obersdorfer Weg 25
Tel. 033477/234
P: 12
V: Bioland

17207 Karbow
Helmut Solf
Wittstockerstr. 5,
Tel. 039931/2229
P: 5
V: VgtM

03058 Klein Döbbern
Sigrid und Dieter
Illmer
P: 3
V: VgtM

19309 Lenzen
Landschaftspflege
GmbH Lenzen
Am Bahndamm 11
Tel. 038792/7245
Fax 038792/7247
P: 5
V: VgtM

15306 Libbenichen
Bauerngut KG Gärtne-
rei am Bauerngut
Frankfurter Str. 6
Tel. 033602/428
P: 7,8,9,11
V: Demeter

15306 Libbenichen
Gärtnerei am Bauern-
gut Heimen u. Frucht
GbR
Lindenstr. 1
P: 7
V: Demeter

16230 Lichterfelde
Ökozucht Buckow
GmbH
Tel. 03334/219102
V: Grüne Liga

16559 Liebenthal
Bauernhof Milch- u.
Milchprodukte Arne
Broja
Dorfstr. 38
P: 11
V: GÄA

16321 Lobetal
Gärtnerei Lobetal in
Hoffnungsthaler Werk-
stätten
P: 7, 12, 15
V: GÄA

15757 Löpten
Agrargenossenschaft
Löpten-Briesen e.G.
Eichenweg 34
Tel. 033766/420
P: 5, 8, 11
V: Bioland, VgtM

16230 Melchow
Melchhof Gärtnerei +
Landwirtschaft
Dorfstr. 20
Tel. 03337/2192
P: 3, 7, 9, 12, 14, 15
V: BUND, VgtM

15374 Müncheberg
Hofgemeinschaft
Apfeltraum
Am Bruch 12
Tel. 0161/1315934
P: 7, 8, 9, 11, 12, 15
V: Demeter

15374 Müncheberg
Zentrum f. Agrar-,
Landschafts- und Land-
nutzungssysteme
Wilhelm-Pieck-Str. 72
Tel. 033432/820
V: Grüne Liga

15748 Münchehofe
Agrargenossenschaft
Münchehof e.G.
Joachim Boden
Dorfstr. 13
Tel. 033760/210 u. 2
P: 3, 5, 8, 11
V: Bioland, VgtM

16278 Mürow
Bioland-Obsthof Wolf-
gang Riedel
Bahnhofstr. 3
Tel. 033335/2105
P: 12,13

15910 Neu Lübbenau
Bioland-Landesver-
band Brandenburg

Brandenburg

Agrargenossenschaft
Spreetal e.G.
Hohenbrücker Str. 1
Tel. 035473/604
P: 3
V: VgtM

15518 Neuendorf
Werkstatt für Behinderte Fürstenwalde GmbH, Außenstelle Kräuter u. Tierhof Neuendorf i. S.
Dorfstr. 32
P: 6, 7, 14, 15
V: BUND

03205 Ogrosen
Gut Orgrosen Lütke-Schwienhorst
Dorfstr. 35
Tel. 035436/218
P: 5, 7, 8, 9, 11
V: GÄA

16515 Oranienburg-Eden
Beratungsring Ökolog. Landbau e.V. Beeskow Außenstelle f. Vermarktung
Struveweg 2
Tel. 03301/800749
Fax 03301/800749

14513 ow
Szille 's Bauernladen
Ruhlsdorfer Str. 27
Tel. 03328/474843
P: 1,2,3,6,7,8,9,10,11, 12,13,14,16
V: Bioland

14467 Potsdam
Grüne Liga
Lindenstr. 53

14467 Potsdam
Lebensmittelkooperative Potsdam
c/o Argus/Grüne Liga

Lindenstr. 53
Tel. 0331/23500
V: Grüne Liga

14469 Potsdam
Florahof
Familie Schüler
Florastr. 2
Tel. 0161/1330682
P: 3, 5, 7, 8, 9, 12, 13, 15

14467 Potsdam
Verbraucher-Zentrale Brandenburg e.V.
Hegelallee 9
Tel. 0331/353981
Fax 0331/353983

14469 Potsdam
Familie Gerald Kroll
Kirschallee 60
P: 8, 12, 15
V: Bioland

14797 Rädel bei Lehnin
Ökodorf Märkische Heide
Tel. 03382/224
P: 3, 5, 7
V: GÄA, VgtM

16928 Rohlsdorf
Soziale Grüne Landscheune e.V.
Ringstr. 6
Tel. 033989/268
Fax 033989/268
P: 7, 9, 15
V: Bioland

15345 Ruhlsdorf-Strausberg
Ewaldhof Jürgen Ewald
Ruhlsdorferstr. 14
Tel. 03341/22727
P: 5
V: Bioland, VgtM

14822 Schlalach
Familienbetrieb Heinz Richter
Treuenbrietzener Str. 29
P: 3, 5, 8, 9
V: Bioland, VgtM

16945 Schmolde
Klaus Wirtz
Dorfstr. 28
P: 12, 15
V: BUND

15566 Schöneiche b. Berlin
FC Lebensart
Sieglinde Steinbrück
Rahnsdorfer Str. 40
Tel. 030/6498708
P: 1,2,3,7,8,9,10,11,12, 13,15,16

16909 Tetschendorf
WF Fleischring GmbH
Lindenstr. 12
P: 5
V: VgtM

14476 Töplitz
Lotus Gärtnerhof
Kanalweg 3
P: 7, 12, 15, 16
V: BUND

14476 Töplitz
Ahornhof
Sabine Pfeifer
Neutöplitzer Str. 18
Tel. 033202/227
Fax 033202/227
P: 3, 7, 9, 12, 13, 14, 15
V: Demeter

16727 Velten
Barb's Bio Bistro
Breite Str. 27
Tel. 03304/2656
P: 1,2,3,5,6,7,8,9,10,11, 12,13,15,16

17268 Vietmannsdorf
Gärtnerei Staudenmüller, Ortun Staude & Martin Müller
Templiner Str. 1
Tel. 039882/263
P: 7, 9
V: Demeter

17291 Wallmow
Land in Sicht e.V.
Wendtshof 4
Tel. 039862/2145
P: 7, 9
V: Bioland

15537 Wernsdorf
Landwirtschaftsbetrieb Dr.agr.J. Lehmann
Kablower Weg
Tel. 03362/820184
Fax 03362/820248
P: 5
V: Bioland, VgtM

15745 Wildau
Vollwert & Diät GmbH
Pischgang 2

16259 Wölsickendorf
Siegfried Kühne
Hauptstr. 21
P: 8

16259 Wölsickendorf
Helmut Lehmann
Sonnenallee
P: 8

16259 Wölsickendorf
Fasanenhof Kühne
Laue Lehmann
P: 3, 5, 8, 9
V: Demeter, VgtM

15320 Wulkow-Booßen
Märk. Wirtschaftsverbund Kontrollverband der ökolog. Ernäh-

rungswirtsch. in Berlin-Brandenb.
Im Speicher
Tel. 033602/230
V: Grüne Liga

14913 Zeuden
Möbius Naturhobby
Dorfstr. 10
Tel. 033747/540
P: 3
V: VgtM

Bremen: Landesverbände und Institutionen

*Bremer Erzeuger-
Verbraucher-Genossen-
schaft e.G.*
Donandtstr. 4
28209 Bremen
Tel. 0421/3499077
V: Bioland

*Verbraucher-Zentrale
des Landes Bremen
e.V.*
Obernstr. 3842
28195 Bremen
Tel. 0421/320834
Fax 0421/320970

Bremen: Einkaufsadressen

28201 Bremen
Le Sommelier Vert
Weinvertriebsgesellschaft
Hermannstr. 106-109
Tel. 0421/5366780
Fax 0421/5366781
P: 16

28195 Bremen
Mitra Naturfeinkost
Laden 6
Hinter dem Ansgarikirchhof 26
V: Demeter

28195 Bremen
Bauernladen Arsten
Obernstr. 40a

28195 Bremen
Verbraucher-Zentrale
des Landes Bremen
e.V.
Obernstr. 3842
Tel. 0421/320834
Fax 0421/320970

28195 Bremen
Reformhaus Lichte
Lichte u. Kohlmerger
U. Liebfrauenkirchhof 1011
P: 3
V: Demeter, VgtM

28195 Bremen
Schnoor Teestübchen
Wüstestätte 1
Tel. 0421/326091

28199 Bremen
Bio-Antakya
Georg-Wulf-Str. 1315
Tel. 0421/531799
Fax 0421/530450
P: 1,8,10,11,13,15,16

28199 Bremen
Grünkern
Lahnstr. 15
Tel. 0421/501478
V: BNN, Demeter

28199 Bremen
Reformhaus Maas
Pappelstr. 52
P: 3
V: VgtM

28201 Bremen
Essen u. Trinken
Ilse Hornberg
Buntentorsteinweg 324
Tel. 0421/532446
V: BNN, Demeter

28201 Bremen
Raab's Fleisch- u.
Wurstspezialitäten
Buntentorsteinweg 326
Tel. 0421/551655
P: 5
V: Bioland, VgtM

28201 Bremen
Reformhaus Drexhage
Buntentorsteinweg 58
P: 3
V: Demeter, VgtM

28201 Bremen
Naturkräuter Tee &
Kräuterladen
Kornstr. 118
P: 3
V: Demeter, VgtM

28201 Bremen
Bäckerei Marktwort
Kornstr. 121-123
V: Demeter

28203 Bremen
Bauernladen Ostertor
Beim Paulskloster 28
Tel. 0421/74999
P: 5
V: VgtM

28203 Bremen
Tabula Rasa
Fehrfeld 23
Tel. 0421/703761
V: Demeter

28203 Bremen
Schrot u. Körner
Feldstr. 110112
Tel. 0421/78116
V: BNN, Demeter

28203 Bremen
Forum
Lübecker Str. 37
Tel. 0421/705377

28203 Bremen
La Luna
Lübecker Str. 37
Tel. 0421/700750

28203 Bremen
Reformhaus Zorn
Ostertorsteinweg 101
P: 3
V: Demeter, VgtM

28203 Bremen
Löwenzahn
Ostertorsteinweg 96
Tel. 0421/77248
V: BNN

28203 Bremen
Lagerhaus
Schildstr. 1219
V: Demeter

28203 Bremen
Martin Clausen
Sielwall 21
V: Demeter

28203 Bremen
Fleischerei Andreas
Raab
Sielwall 51
P: 5
V: Bioland

28203 Bremen
Bio Biss Naturkostladen Naturkostbistro
Wulwesstr. 11a
Tel. 0421/703044

28203 Bremen
Kraut & Rüben
Wulwesstr. 5
Tel. 0421/73773
P: 3, 5

Einkaufsadressen

V: BNN, Demeter, VgtM

28205 Bremen
Fleischerei Andreas Raab
Mindener Str. 57
P: 5
V: Bioland

28205 Bremen
Krämerladen
Mindener Str. 58
Tel. 0421/492017
P: 3, 5
V: Demeter, VgtM

28205 Bremen
Neuform-Reformhaus Zorn
Hamburger Str. 9
P: 3
V: VgtM

28207 Bremen
Saft & Selters Manfred Weege
Auf der Hohwisch 28
V: Demeter

28207 Bremen
Reformhaus Ring
Insterburger Straße
V: Demeter

28209 Bremen
Bremer Erzeuger-Verbraucher-Genossenschaft e.G.
Donandtstr. 4
Tel. 0421/3499077
V: Bioland

28209 Bremen
Wildblüte, Ute Prieß
Franz-Liszt-Str. 3
V: Demeter

28209 Bremen
Reformhaus Wagner H. P. Wagner
Georg-Gröning-Str. 127

V: Demeter

28209 Bremen
Neuform-Reformhaus Zorn
Wachmannstr. 63
P: 3
V: VgtM

28211 Bremen
Bauernladen Schwachhausen
Kirchbachstr. 74
Tel. 0421/4984035
P: 5
V: VgtM

28211 Bremen
Milch & Honig
Schwachhauser Heerstr. 183
Tel. 0421/490835
P: 3
V: VgtM

28213 Bremen
Neuform-Reformhaus Zorn
Emmastr. 211
P: 3
V: VgtM

28215 Bremen
Sonnenblume
Worpsweder Str. 35
Tel. 0421/355459
V: BNN, Demeter

28215 Bremen
Sonnenblume
Admiralstr. 108
P: 3
V: VgtM

28217 Bremen
Blockhaus Walle
Elisabethstr. 134
P: 5
V: VgtM

28357 Bremen
Ökokiste Bioprodukthandel
Am Kleinen Moordamm 1
Tel. 0421/275934
Fax 0421/225939
P: 1,2,3,7,8,9,10,11, 12,13,16
V: Bioland

28219 Bremen
Grashoff
Rosenheimer Str. 7
V: Demeter

28237 Bremen
MOP Fachgroßhandel
Lindenhofstr. 20b
Tel. 0421/6163316
P: 11
V: BNN

28237 Bremen
Heidi's Naturhaus A. Bosse
Goosestr. 23
P: 3
V: VgtM

28259 Bremen
Dr. Mittwollen
An der Aue 91
V: Demeter

28277 Bremen
Die Birke
Theodor-Billroth-Str. 32
Tel. 0421/873831
V: Demeter

28279 Bremen
Renate Stein
Twiedelftsweg 75
V: Demeter

28279 Bremen
Bauernladen Arsten/Habenhausen
Oberstr. 40A
P: 5

V: VgtM

28327 Bremen
Reformhaus Drape
Berliner Freiheit 5f
P: 3
V: VgtM

28355 Bremen
Dynamis Jutta Bialek
Hodenberger Str. 32
V: Demeter

28355 Bremen
Biohandel Bremen
Rockwinkeler Landstr. 53
Tel. 0421/259438
V: BNN, Demeter

28357 Bremen
Klaus Albers
Blocklander Hemmstr. 99
P: 3
V: VgtM

28359 Bremen
Feinkostgeschäft Johann Hasch
Leher Heerstr. 56
V: Demeter

28717 Bremen
Bernhard Rathjen
Hindenburgstr. 35
V: Demeter

28717 Bremen
Lebensbaum
Hindenburgstr. 911
Tel. 0421/6361929
P: 3
V: Demeter, VgtM

28717 Bremen
T. u. Ch. Warnken u. Balzereit-Warnken
Kellerstr. 34
Tel. 0421/6361661
P: 5
V: Bioland

Bremen

28719 Bremen
Adele Esche
Waakhauser Str. 17
P: 3
V: VgtM

28719 Bremen
Mieswandt
Lesumbroker
Landstr. 134
P: 3
V: VgtM

28755 Bremen
Die Backstube u. Konditorei Rainer Knoll
Lindenstr. 21
Tel. 0421/666391
Fax 0421/666398
P: 2
V: BNN

28755 Bremen
Lindenblüte R. Blohm-Gengnagel
Lindenstr. 21
P: 3
V: Demeter, VgtM

28757 Bremen
Lindenblüte Naturkost
Kirchheide 46
Tel. 0421/6580475
P: 3, 5
V: BNN, VgtM

28757 Bremen
Kleiner Grüner Laden e.V.
Sagerstr. 39

28757 Bremen
Neuform-Reformhaus Zorn
Gerhard-Rohlfs-Str. 37
P: 3
V: VgtM

28757 Bremen
Reformhaus H. Bühring
Reeder Bischoff Str. 58

P: 3
V: VgtM

28779 Bremen
Blumenthal-Reformhaus Sabine Erdmann
Kapitän-Dallmann-Str. 8
V: Demeter

28779 Bremen
Neuform-Reformhaus Zorn
Kapitän-Dallmann-Str. 3
P: 3
V: VgtM

27568 Bremerhaven
Naturwaren Grünschnabel
Bürgermeister-Smidt-Str. 212
Tel. 0471/414188
Fax 0471/44908
P: 1,2,3,4,7,8,9,10,11, 12,13,15,16
V: BNN

27570 Bremerhaven
Bio-Laden
Friedrichstr. 19
Tel. 0471/26020
V: BNN, Demeter

27576 Bremerhaven
Reformhaus Borrmann von Kampen
Hafenstr. 137
V: Demeter

27299 Völkersen
Frau Engel
Stichweg 5
P: 3
V: VgtM

28844 Weyhe-Leeste
Weyher Reformhaus
Leester Str. 4
P: 3
V: VgtM

Hamburg: Landesverbände und Institutionen

A.U.G.E. Aktionsgemeinsch. Umwelt-Gesundheit-Ernährung
Reimerstwiete 22
20457 Hamburg
Tel. 040/362894

Arbeitsgemeinschaft Naturkost Hamburg u. Umgebung e.V.
Isestr. 58
20149 Hamburg
Tel. 040/404696

Hamburg: Einkaufsadressen

22111 Billstedt
Bioladen
Grünschnabel
Legienstr. 4a
Tel. 040/7323636
P: 3, 5
V: VgtM

22089 Eilbek
Reformhaus Koll
Wandsbeker
Chaussee 155
Tel. 040/205341
P: 3
V: VgtM

22159 Farmsen
Reformhaus Bock
Berner Heerweg 175
P: 3
V: VgtM

20094 Hamburg
Kornkammer Naturkost
Bergstr. 4
Tel. 040/7221822
P: 3, 5

20095 Hamburg
Gustav Vogt
Rathausmarkt 15
P: 5
V: VgtM

20095 Hamburg
Reformhaus D. F. Wulf
Cityhofpassage Block B
P: 3
V: VgtM

20095 Hamburg
Vitaland-Reformhaus
Schmiedestr. 20-22
V: VgtM

20095 Hamburg
Reformhaus Koll
Landesbank/Galerie am Mönkebergbrunnen
Tel. 040/335995
P: 3
V: VgtM

20099 Hamburg
Rüdiger Foldt
Lange Reihe 97
Tel. 040/2803423
V: Demeter

20099 Hamburg
Café Koppel
Koppel 66/
Lange Reihe 75
Tel. 040/249235

20144 Hamburg
Grüner Laden Jensen & Müntefehring OHG
Isestr. 20
Tel. 040/4200550
P: 3, 5
V: Demeter, VgtM

20144 Hamburg
Reformhaus D. F. Wulf
Grindelallee 159
P: 3
V: VgtM

20146 Hamburg
Naturkost Bornstraße
Nassod Fannifour
Bornstr. 20
V: Demeter

20146 Hamburg
Sommervogel
Günter Guth
Rentzelstr. 13
Tel. 040/456676
P: 1,2,3,5,6,7,8,9,10,11, 12,13,14,15,16

20146 Hamburg
Schwarzbrot Schwarzwurzel GmbH
Rutschbahn 5
P: 3, 5
V: Demeter, VgtM

20146 Hamburg
Effenbergers Brotgarten
Rutschbahn 18
Tel. 040/455445
P: 2, 8, 10

20148 Hamburg
Naturkost Beckmeyer
Heimweg 3
Tel. 040/445907
V: Demeter

20149 Hamburg
Arbeitsgemeinschaft Naturkost Hamburg u. Umgebung e.V.
Isestr. 58
Tel. 040/404696

20249 Hamburg
Reformhaus Bock
Görnestr. 7
P: 3
V: VgtM

20249 Hamburg
Golden Temple
Eppendorfer Baum 34
Tel. 040/483801

20249 Hamburg
Der Bioladen
Marcus Baumgartner
Schrammsweg 12
Tel. 040/4602634
Fax 040/4602634
P: 1,2,3,5,6,7,8,9,10,11, 12,13,14,16
V: Bioland, Demeter, Naturland, VgtM

20251 Hamburg
Körnerhof
Klaus Schubring
Eppendorfer Marktplatz 13
Tel. 040/483254
P: 3
V: Demeter, VgtM

20251 Hamburg
Ost-West-Zentrum
Hamburg e.V.
Eppendorfer
Marktplatz 13
Tel. 040/472750
P: 3
V: VgtM

Einkaufsadressen

20251 Hamburg
Burg's Naturwaren
Eppendorfer Weg 252
V: Demeter

20253 Hamburg
Biologo
Bismarckstr. 88
Tel. 040/4203989

20253 Hamburg
Golden Temple II
Manfred Burmeister
Eppendorfer Weg 209
V: Demeter

20253 Hamburg
Jörg Beulke
Gärtnerstr. 9
V: Demeter

20253 Hamburg
Axel Kock MC Signs
Kottwitzstr. 13
Tel. 040/4209060

20255 Hamburg
Sommer-Sprossen
Dagmar Hillingshäuser
Hellkamp 52
Tel. 040/404696
Fax 040/4908172
P: 1,2,3,7,8,9,10,
11,12,13,15,16
V: BNN

20255 Hamburg
Reformhaus Frank
Schröder
Osterstr. 146
Tel. 040/493212
Fax 040/493212
P: 2,3,8,9,10,11,13,16
V: Demeter, VgtM

20257 Hamburg
H. Fricke Stand Öko-
markt Aposteĺkirche
(Do)
Eimsbüttel

P: 5
V: VgtM

20257 Hamburg
Birgit Goedeken Natur-
speisewaren
Heußweg 4
Tel. 040/4904792
V: Demeter

20257 Hamburg
Sonnenblume-Natur-
kost Taylor Lehmann
Lappenbergsallee 34
Tel. 040/406538
V: Demeter

20257 Hamburg
Naturkostladen Öko-
korb Marius Meyer
Müggenkampstr. 43
Tel. 040/496680
P: 3
V: Demeter, VgtM

20259 Hamburg
Top Vit Uta Frenzel
Eichenstr. 16
V: Demeter

20259 Hamburg
Reformhaus Hessen-
bruch
Fruchtallee 134
V: Demeter

20259 Hamburg
Reformhaus Raulfs
Osterstr. 26
P: 5
V: Demeter, VgtM

20259 Hamburg
Fröhlicher Reisball - Na-
turkost, Makrobiotik
Ost-West-Zentrum e.V.
Schulweg 22
Tel. 040/404418
Fax 040/4918767
P: 1,2,3,7,8,9,10,11,12,
13,15,16

20354 Hamburg
Reformhaus Koll
Büschstr. 9
Tel. 040/346974
P: 3
V: VgtM

20354 Hamburg
Reformhaus Koll
Hanse-Viertel/Eingang
Poststraße
P: 3
V: VgtM

20354 Hamburg
Reformhaus D. F. Wulf
Drehbahn 1
P: 3
V: VgtM

20355 Hamburg
Himmel u. Erde
Steinwegpassage 4
V: Demeter

20357 Hamburg
Yeo-Men Naturkost
Andre Behrens
Altonaer Str. 70
V: Demeter

20357 Hamburg
Hamburger Umwelt-
institut - Zentrum für
soziale u. ökologische
Technik e.V.
Feldstr. 36
Tel. 040/4392091

20357 Hamburg
VE-Gabe GmbH Frau
Schlüter
Karolinenstr. 79
V: Demeter

20357 Hamburg
Dostis Bio-Laden
A. Q. Dost
Marktstr. 131
P: 3
V: Demeter, VgtM

20357 Hamburg
Alles Käse
Renate Rottmann
Marktstr. 147
V: Demeter

20357 Hamburg
Vasco Da Gama
Jürgen Barnewitz
Schulterblatt 98
P: 3
V: Demeter, VgtM

20357 Hamburg
Kornmühle Naturwa-
renverkaufs GmbH
Weidenallee 61
Tel. 040/4398321
P: 1,2,3,7,8,9,10,11,12,
13,15,16
V: Bioland, Demeter,
VgtM

20357 Hamburg
Schanzenstern
Bartelsallee 12
P: 3
V: VgtM

20357 Hamburg
Reformhaus D. F. Wulf
Weidenallee 63B
P: 3
V: VgtM

20359 Hamburg
Wilde Erdbeeren
Wilfried Salz
Brigittenstr. 1
P: 3
V: Demeter, VgtM

20457 Hamburg
Ökomarkt Verbraucher-
u. Agrarberatung e.V.
Bei den Mühren 70
Tel. 040/366385

20457 Hamburg
Reformhaus Wort-
mann

Kleiner Burstah
V: Demeter

20457 Hamburg
A.U.G.E. Aktionsgemeinsch. Umwelt-Gesundheit-Ernährung
Reimerstwiete 22
Tel. 040/362894

20535 Hamburg
Gisela Lüth
Carl-Petersen-Str. 88
V: Demeter

20535 Hamburg
*Reformhaus
Silke Vetter*
Carl-Petersen-Str. 99
V: Demeter

20535 Hamburg
*Reformhaus
Margarete Köber*
Caspar-Voght-Str. 90
V: Demeter

20535 Hamburg
Reformhaus Cornelia Kenschner
Hammer Steindamm 123
V: Demeter

20537 Hamburg
*Zieler + Co. GmbH
Nuss-Mühle*
Ausschläger Weg 3739
Tel. 040/25907476
P: 15

21029 Hamburg
*Dornröschen
Renate Hammerstein*
Bergedorfer Str. 131
P: 5
V: Demeter, VgtM

21029 Hamburg
Reformhaus H. Beermann
Bergedorfer Str. 156

V: Demeter

21029 Hamburg
Andreas Senf
Hulbepark 2
V: Demeter

21029 Hamburg
*Ökohaus
Wilfried Bobles*
Neuer Weg 21
V: Demeter

21029 Hamburg
Reformhaus Renate Hammerstein
Reetwerder 7
V: Demeter

21029 Hamburg
Milch u. Honig
Reetwerder 8
Tel. 040/7214622
Fax 040/7218255
P: 1,2,3,5,6,7,8,9,10,11, 12,13,14,15,16
V: BNN, VgtM

21029 Hamburg
Reform 2000 GmbH & Co. KG
Sachsentor 69
V: Demeter

21029 Hamburg
Reformhaus Norbert Engelhart KG
Sachsentor 73
V: Demeter

21035 Hamburg
Riensch & Held GmbH & Co.
Hans-Duncker-Str. 1
Tel. 040/73424-141
Fax 040/73424-160
P: 15

21037 Hamburg
*Gärtnerei Sannmann
Thomas u. Monika Sannmann*
Ochsenwerder Norderdeich 55
Tel. 040/7373768
P: 7, 8, 9, 12, 13, 15
V: Demeter

21037 Hamburg
Petra Behncken
Süderquerweg 224
V: Demeter

21073 Hamburg
*Reformhaus Eißendorf
Ronald Stüben*
Eißendorfer Str. 163
Tel. 040/7903688
P: 1,2,3,5,6,7,8,9,10,11, 12,13,15,16

21073 Hamburg
Reformhaus F. Fellisch
Hölertwiete 4
V: Demeter

21073 Hamburg
Bio Insel
Julius-Ludowieg-Str. 32
Tel. 040/7656752

21073 Hamburg
Reformhaus Klaus Schnoor
Krummholzberg 2
V: Demeter

21073 Hamburg
Consortium W. Wulff
Neue Str. 55
V: Demeter

21073 Hamburg
*Kürbiskern KG
Joachim Irmer*
Wilstorfer Str. 110
Tel. 040/773846
P: 5
V: Demeter, VgtM

21073 Hamburg
Bioland-Fleisch Fricke (Mi)
Marktfläche Am Sand
P: 5
V: VgtM

21073 Hamburg
Hofgemeinschaft Wörme (Mi+Fr)
Marktfläche Am Sand
P: 5
V: VgtM

21075 Hamburg
*Heimfelder Kornmühle
Bernd Dewitz*
Alter Postweg 41
Tel. 040/7927682
V: Demeter

21075 Hamburg
*Shiatsu zum Leben
Gabriele & Adrian Jones*
Alter Postweg 62
Tel. 040/778988

21079 Hamburg
*Reformhaus Am Ring
Störing*
Hamburger Ring 32
P: 3
V: VgtM

21109 Hamburg
Reformhaus EKZ Wilhelmsburg Harriet Schneider
Wilhelm-Strauß-Weg 10
V: Demeter

21129 Hamburg
*Finkenwerder Backhus
Willi Bahde*
Neßdeich 167
V: Demeter

Einkaufsadressen 269

21129 Hamburg
Christiane Scheffler
Neuenfelder Fährdeich 31
V: Demeter

21129 Hamburg
Reformhaus Jan Bok
Schloostr. 10
V: Demeter

21129 Hamburg
Siko's Bioladen
Steendiek 30
Tel. 040/7425755
V: Demeter

21149 Hamburg
Uteno Hamburger Öko-Weinkontor
Heidblick 3a
Tel. 040/7025482
P: 11,13,16

21149 Hamburg
Reformhaus Tollkühn GmbH
Marktpassage 1
V: Demeter

21149 Hamburg
Kolibri Naturkost
Neugrabener Bahnhofstr. 24
Tel. 040/7025775

21149 Hamburg
Naturata Neugraben M. Matthiessen
Neugrabener Bahnhofstr. 24
V: Demeter

22041 Hamburg
Reformhaus E. Höfeler
Wandsbeker Marktstraße
V: Demeter

22041 Hamburg
Hof Ehlers Wochenmarktstand
Wandsbek
P: 3, 5
V: VgtM

22043 Hamburg
Reformhaus H. Schröder
Rodigallee Ekz Jenfeld
V: Demeter

22045 Hamburg
Reformhaus Hohenhorst
Berliner Platz 13
V: Demeter

22047 Hamburg
Die Vollkorn-Mühle
Walddörferstr. 115
Tel. 040/6936085
V: BNN, Demeter

22049 Hamburg
Senfkorn Naturkost
Weißenburger Str. 3
Tel. 040/612296
V: BNN, Demeter

22081 Hamburg
Reformhaus H. D. Rummel
Barmbeker Markt 38
V: Demeter

22085 Hamburg
Reformhaus Reimar Kerkhoff
Winterhuder Weg 110
V: Demeter

22087 Hamburg
Naturkostladen
Lübecker Str. 137
Tel. 040/2509056
P: 1,2,3,4,5,6,7,8,9,10, 11,12,13,15,16
V: Bioland, Demeter

22087 Hamburg
Natur-Gourmet
Papenhuder Str. 37
V: Demeter

22087 Hamburg
Reformhaus Claußen
Papenhuder Str.
P: 3
V: VgtM

22107 Hamburg
Zur Stumpfen Ecke R. Moschewski
Rieckhoffstr. 14
V: Demeter

22111 Hamburg
Natur-Koch Jürgen Koch
Horner Landstr. 163
V: Demeter

22111 Hamburg
Reformhaus Richard Kniesch
Möllner Landstr. 13b
V: Demeter

22119 Hamburg
Reformhaus Frank Schröder
Graßmannweg 9
Tel. 040/6533032
P: 2,3,7,8,9,10,11,12,13, 15,16

22143 Hamburg
Der Biobus Schröder u. Baschnegel
Eilersweg 2ac
V: Demeter

22143 Hamburg
Reformhaus Helmut Bein
Rahlstedter Bahnhofstr. 10
V: Demeter

22147 Hamburg
Reformhaus Bein GmbH
Hermann-Balk-Str. 118
V: Demeter

22147 Hamburg
Löwenzahn Waltraut Sievertsen
Bekassinenau 35a
P: 3
V: VgtM

22149 Hamburg
Spar-Markt Hinrichs
Brockdorffstr. 94-96
P: 3
V: VgtM

22159 Hamburg
Neuform-Reformhaus Koll GmbH
Bauernrosenweg 26
V: Demeter

22175 Hamburg
Die Roggenmuhme
Stefan-Zweig-Str. 1
Tel. 040/6402856
P: 1,2,3,7,8,9,10,11,12, 13,15,16

22177 Hamburg
Reformhaus D. F. Wulf
Bramfelder Chaussee 276
P: 3
V: VgtM

22177 Hamburg
Brakula e.V. Doris Beilherz
Bramfelder Chaussee 265
V: Demeter

22177 Hamburg
Neuform-Reformhaus Koll GmbH
Bauernrosenweg 26
P: 3
V: VgtM

Hamburg

22297 Hamburg
Reformhaus D. F. Wulf
Heubergredder 28
P: 3
V: VgtM

22299 Hamburg
Biogarten
Hudtwalckerstr. 22
Tel. 040/4601822
V: Demeter

22299 Hamburg
Reformhaus Bock OHG
Winterhuder
Marktplatz 16
V: Demeter

22299 Hamburg
Ökomarkt Winterhude
Stand Biolandschlachterei
P: 5
V: VgtM

22299 Hamburg
Kornhues
Hilke Kleinhüs
Lattenkamp 68
Tel. 040/5118494
P: 3
V: VgtM

22301 Hamburg
Reformhaus
Dorotheenstraße
Dorotheenstr. 138
V: Demeter

22301 Hamburg
Naturel Gützlaff-Krehahn OHG
Poelchaukamp 22
V: Demeter

22303 Hamburg
Naturkost Löwenzahn
Kurosch A. Ghalaei
Gertigstr. 39-41
Tel. 040/2704036
P: 1,2,3,4,5,6,7,8,9,10, 11,12,13,14,16
V: Demeter

22303 Hamburg
Bioland-Sauerkonserven
Peter-Marquard-Str. 3
P: 5
V: Bioland

22305 Hamburg
Reformhaus Blumenberg & Co.
Fuhlsbüttler Str. 102
V: Demeter

22305 Hamburg
Reformhaus 001
Uwe Läsch GmbH
Fuhlsbüttler Str. 159
V: Demeter

22307 Hamburg
Mehlwurm
Lorichsstr. 44
Tel. 040/6309924
Fax 040/6309924
P: 1,2,3,4,5,6,7,8,9,10, 11,12,13,14,15,16

22309 Hamburg
Reformhaus Naturpark GmbH
Uwe Läsch GmbH
Fuhlsbüttler Str. 396
V: Demeter

22309 Hamburg
Famila
Eichenlohweg
P: 3
V: VgtM

22335 Hamburg
Johs. Schmidt
Hummelsbütteler
Landstr. 9
P: 3
V: VgtM

22335 Hamburg
Bechtel
Etzestr. 69
P: 5
V: VgtM

22335 Hamburg
Reformhaus K. D. Bechtel
Etzestr. 60
V: Demeter

22337 Hamburg
Der Schlachterladen
Kampe u. Lindner
Stübeheide 153
P: 5
V: VgtM

22339 Hamburg
Reformhaus Alsterweg
H. Lay
Hummelsbütteler
Weg 58
V: Demeter

22339 Hamburg
Neuland-Fleischerei
Basedahl
Lademannbogen 20
Tel. 040/5385099
P: 5
V: VgtM

22359 Hamburg
Bäckerei Gosch
Eulenkrugstr. 72
Tel. 040/6034292
P: 2
V: Bioland

22359 Hamburg
Reformhaus
Elke Kiefer
Im Alten Dorfe 31
V: Demeter

22359 Hamburg
Naturkostladen
Mensch & Erde
Weiße Rose 3
Tel. 040/6037603
V: Demeter

22391 Hamburg
Alstertal-Reformhaus
GmbH R. Sonderkamp
Heegbarg 5
V: Demeter

22391 Hamburg
Reformhaus Naturpark GmbH
Rolfinckstr. 12
V: Demeter

22391 Hamburg
Kornrade
Saseler Chaussee 88a
Tel. 040/6018534
V: BNN

22391 Hamburg
Reformhaus Koll
Rolfinkstr. 12
Tel. 040/5363838
P: 3
V: VgtM

22393 Hamburg
Reformhaus Wilkens
Frahmredder 11a
Tel. 040/6018032
P: 1,2,3,7,8,9,10,11,12, 13,15,16

22393 Hamburg
Reformhaus Sasel M. Denkena
Saseler Markt 12
Tel. 040/6019766
P: 2,3,7,8,9,10,11,12, 13,16

22393 Hamburg
Naturkost Steinberg-Ropers
Volksdorfer Weg 167a
V: Demeter

Einkaufsadressen

22395 Hamburg
Gärtnerhof am Stüffel e.V.
Stüffel 12
Tel. 040/6040010
P: 2, 3, 7, 8, 9, 10, 11, 12, 13
V: Demeter

22395 Hamburg
Bergstedter Brunnen
Volksdorfer Damm 253
Tel. 040/6046325
V: Demeter

22399 Hamburg
Reformhaus Dorte Sonnen
Harksheider Str. 3
V: Demeter

22399 Hamburg
Apfelbaum Heinz Loritz
Harksheider Str. 6c
Tel. 040/6022205
P: 15
V: Bioland, BNN, Demeter

22415 Hamburg
AK für Vollwerternährung u. gesunde Lebensweise e.V.
Reekamp 95
Tel. 040/5202128

22415 Hamburg
Reformhaus Mertineit
Tangstedter Landstr. 29
V: Demeter

22419 Hamburg
Müsli & Kräuterküche Sabine Ganthe
Schmuggelstieg 7
Tel. 040/5275922
V: Demeter

22453 Hamburg
Reformhaus Jens Bischkopf
Borsteler Chaussee 103
V: Demeter

22609 Hamburg
Weinkontor Marianne Reichel
Söbendieken 16
Tel. 040/8228248
Fax 040/8229151
P: 16

22455 Hamburg
Bioland-Frischfleisch Heiner Fricke
Rudolf-Klug-Weg 9
Tel. 040/5553646
Fax 040/5553646
P: 2,5,6,11,16
V: Bioland

22457 Hamburg
Reformhaus Schnelsen Reuer KG
Frohmestr. 6
V: Demeter

22459 Hamburg
Neuform Reformhaus Walter Heudorfer
Tibarg 19
V: Demeter

22459 Hamburg
Johs. Schmidt
Tibarg 44-48
P: 3
V: VgtM

22459 Hamburg
Reformhaus D. F. Wulf
Tibarg 21
P: 3
V: VgtM

22523 Hamburg
Reformhaus Ilka Krause
Eidelstedter Platz 4
V: Demeter

22523 Hamburg
Naturladen Gewerbeschule 12
Niekampsweg
V: Demeter

22523 Hamburg
Kurt Torner Fleischerfachgeschäft
Pinneberger Chaussee 104
Tel. 040/579212
Fax 040/577701
P: 2,3,5,6,14
V: BUND, Neuland

22523 Hamburg
Landsieg St. Ingbert GmbH, Verkaufsbüro Hamburg
Pinneberger Chaussee 60
Tel. 040/572029
P: 15
V: BNN

22523 Hamburg
Gebr. Fauser GmbH & Co. KG
Pinneberger Chaussee 64
Tel. 040/572020

22525 Hamburg
Neuform Intern.
Jacobsenweg 48
Tel. 040/5405021

22527 Hamburg
Edeka Klaus D. Kläre
Kieler Str. 635
V: Demeter

22529 Hamburg
Reformhaus D. F. Wulf
Vogt-Wells-Str. 3
P: 3
V: VgtM

22547 Hamburg
Reformhaus EKZ Barbara Milosevic
Elbgaustr. 126
V: Demeter

22547 Hamburg
H. Renz
Weistritzstr. 14
V: Demeter

22549 Hamburg
Reformhaus H.-D. Roshop
Bornheide 55c
V: Demeter

22549 Hamburg
Öko-Wochenmarkt in Hamburg
Kalenbarg 20
Tel. 040/8005408

22549 Hamburg
Fruchtshop H. Müller
Bornheide 10c
P: 3
V: VgtM

22559 Hamburg
Naturkostladen Rissen
Wedeler Landstr. 53
Tel. 040/813974
P: 1,2,3,7,8,9,10,11,12,13,16

22559 Hamburg
Reformhaus D. F. Wulf
Wedeler Landstr. 48
P: 3
V: VgtM

22587 Hamburg
Reformhaus D. F. Wulf
Blankeneser Bahnhofsplatz 10
P: 3
V: VgtM

Hamburg

22587 Hamburg
Dr. Krogmann Natur-
kosmetik Versand:
Babendiekstr. 59
Tel. 040/869681

22587 Hamburg
Reformhaus L. Köppen
Blankeneser
Bahnhofstr. 40
V: Demeter

22587 Hamburg
Blankeneser Naturkost
Blankeneser Hauptstr.
121
Tel. 040/865208
Fax 040/860515
P: 1,2,3,5,6,7,8,9,10,11,
12,13,16

22589 Hamburg
Hof Timmermann
Sülldorfer
Kirchenweg 237
Tel. 040/873327
Fax 040/8704054
P: 1,2,3,5,6,7,8,9,10,11,
12,13,15
V: Bioland

22607 Hamburg
Tofumanufaktur
Ch. Nagel GmbH
Osdorfer Landstr. 4
Tel. 040/894937
V: BNN, Demeter

22607 Hamburg
Reformhaus
Fr. Bleicher
Waitzstr. 21
V: Demeter

22607 Hamburg
Natürlich Naturkost
Waitzstr. 29a
Tel. 040/8993638
Fax 040/8993627
P: 1,2,3,4,5,6,7,8,9,10,
11,12,13,14,15,16
V: BNN, Demeter

22609 Hamburg
Reformhaus Nien-
stedten
Georg-Bonne-Str. 106
Tel. 040/823322

22609 Hamburg
Reformhaus Gronau
Osdorfer Landstr. 111
V: Demeter

22609 Hamburg
H. Fricke - Bioland-
schlachterei Stand
Ökomarkt (Fr)
Nienstedten
P: 5
V: VgtM

22761 Hamburg
Bioladen
Schnitzer-Depot
Julienstr. 2
P: 1,2,3,5,6,7,8,9,11,12,
13,14,15,16

22761 Hamburg
Reformhaus Meyer
Bahrenfelder
Chaussee 72
P: 3
V: VgtM

22761 Hamburg
Rana Mahmood
Bahrenfelder Stein-
damm 99
V: Demeter

22761 Hamburg
Bäckereibedarf May &
Co. GmbH
Schützenstr. 91
V: Demeter

22763 Hamburg
Gustav Vogt
Arnoldstr. 50
P: 5

V: VgtM

22763 Hamburg
Matthies Söhne
Holstentwiete 96
V: Demeter

22765 Hamburg
Evergreen Gunda
Brüning
Arnoldstr. 45
V: Demeter

22765 Hamburg
Achaldan Naturkost
Reinhard Schwede
Bahrenfelder Str. 83
V: Demeter

22765 Hamburg
Atlantik Fisch
Klaus Pasche
Barnerstr. 42
Tel. 040/391123
Fax 040/3906215
P: 4

22765 Hamburg
Naturkost Lieferservice
Terra Verde
Beetsweg 13
Tel. 040/393714

22765 Hamburg
Baff Dietlinde Peters
Behringstr. 14
V: Demeter

22765 Hamburg
Pinot Gris Weinhandel
Behringstr. 810
Tel. 040/2798961
Fax 040/277421
P: 16

22765 Hamburg
Weindirektvertrieb
Brandt & Hartig
Borselstr. 3-7
Tel. 040/3904031
Fax 040/396237

P: 15,16

22765 Hamburg
Kwasz OHG Völkel -
Bahde u. Partner
Gaußstr. 190
V: Demeter

22765 Hamburg
Horizont
Harkortstieg 4
Tel. 040/3893336

22765 Hamburg
Gepa - Aktion Dritte
Welt Handel Regional-
stelle Nord
Nernstweg 3234
Tel. 040/3909041

22765 Hamburg
M. Mauritz Verkaufs-
wagen (Di)
Spritzenplatz
P: 5
V: VgtM

22765 Hamburg
yeo-men naturkost
Bahrenfelder Str. 169
Tel. 040/393134
Fax 040/397878
P: 1,2,3,5,6,7,8,9,10,11,
12,13,14,15,16
V: VgtM

22767 Hamburg
Reformhaus H. Meyer
Große Bergstr. 199
V: Demeter

22769 Hamburg
Altonaer
Naturwarenladen
Arnkielstr. 15
Tel. 040/4399803
P: 1,2,3,7,8,9,10,11,12,
13,14,15,16
V: BNN

Einkaufsadressen 273

22769 Hamburg
Der Schlachterladen
Kampe u. Lindner
Juliusstr. 2a
V: Demeter

20357 Hamburg
Effenbergers
Brotgarten
Altonaer Str. 70
Tel. 040/4399701
P: 2,8,10,11,16

22767 Hamburg
Effenbergers
Brotgarten
Lornsenstr. 2
Tel. 040/3895065
P: 2,8,10

20095 Hamburg
Effenbergers
Brotgarten
City-Landesbank-Galerie
Tel. 040/335440
P: 2,8,10,12

20095 Hamburg
SGS Controll-
Co.m.b.H.
Raboisen 28
Tel. 040/30101-0
Fax 040/326331

**22339 Hummels-
büttel**
Das Andere Brot
Armin H. Lippke GmbH
Wilh.-Stein-Weg 17
Tel. 040/5386825

Fax 040/5386246
P: 2,3,8,10,15

**22359 Volksdorf-
Kattjahren**
Wochenmarkt (Mi+Sa)
Hasenmoor
P: 3,5
V: VgtM

Hessen: Landesverbände und Institutionen

Bioland Landesverband Hessen e.V.
Hintergasse 23
35325 Mücke-Ruppertenrod
Tel. 06400/8084
Fax 06400/6887

Bundesverband Ökologischer Weinbau Gruppenvertreter Rheingau
Schwalbacher Str. 15
65343 Eltville
Tel. 06123/2579

Hessische Arbeitsgemeinschaft f. Biol.-

Dyn. Wirtschaftsweise e.V.
Brandauer Weg 3
64397 Modautal
Tel. 06167/1565
Fax 06167/7341

Pro Oeko GmbH
Waldstr. 6
61440 Oberursel
Tel. 06172/32002
Fax 06172/31054

Verbraucher-Zentrale Hessen e.V.
Luisenplatz 8
65185 Wiesbaden
Tel. 0611/378001

Hessen: Einkaufsadressen

65326 Aarbergen
Günter Rupßus
Hauptstr. 13
Tel. 06120/5261
P: 3
V: Bioland

36211 Alheim
Manfred Möller-Sauter
Lindenstr. 31
Tel. 05664/8889
P: 5, 9
V: Bioland

36211 Alheim
Harald Brandau
Sterkelshauser Str. 3
Tel. 06623/7850
P: 5, 8, 9, 11
V: Bioland

36211 Alheim-Oberellenbach
Kirchhof Betriebsgemeinschaft
An der Kirche 6
Tel. 05664/1798
Fax 05664/6977
P: 1,2,3,5,7,8,9,10,11, 12,13,16
V: Demeter

36304 Alsfeld
Sesammühle
Altenburger Str. 11
Tel. 06631/71621
P: 1,2,3,4,5,6,7,8,9,10, 11,12,13,14,15,16
V: BNN

36304 Alsfeld
Kasper
Am Oberhof 8
Tel. 06631/71144
P: 2, 3, 4, 5, 6, 7, 8, 9
V: Demeter

36304 Alsfeld
Arbeitsloseninitiative
Georg-Dietrich-Bücking-Str. 20
Tel. 06631/4803
P: 7, 9
V: Bioland

63674 Altenstadt
Körner u. Kräuter
Hanauerstr. 10
Tel. 06047/4064
V: BNN, Demeter

35287 Amöneburg
Naturkost
Brücker-Mühle
Tel. 06422/2026
P: 1,2,3,4,5,7,8,9,10,11, 12,13,15,16
V: Bioland

35287 Amöneburg
Carl-Ludwig Pfeiffer
Hauptstr. 8
Tel. 06429/1657
P: 8
V: Bioland

36326 Antrifttal-Seibelsdorf
Brigitte Korle
Hauptstr. 11

P: 3
V: VgtM

34454 Arolsen
Arno's Kornmühle
Schloßstr. 9
Tel. 05691/7698

34454 Arolsen
Hofgut Kappel
Mengeringhausen
P: 3
V: VgtM

34454 Arolsen
Früchte Fengler
Bahnhofstr. 52
P: 3
V: VgtM

34454 Arolsen
Rewe-Markt Schwedes
Königsberger Allee 1
P: 3
V: VgtM

64832 Babenhausen
Franz-Heinrich Benzner
Wiesenhof
Tel. 06073/3731
V: Bioland, Demeter

65520 Bad Camberg
Umweltgalerie
Schmiedgasse 1a
Tel. 06434/5760
P: 1,2,3,5,7,8,9,10,11, 12,13,15,16
V: BNN

34308 Bad Emstal
Theas Biotheke
Kassler Str. 7
Tel. 05624/6594
V: BNN

36251 Bad Hersfeld
Grünes Lädchen
Hanfsack 5
Tel. 06621/63239

36251 Bad Hersfeld
Reformhaus Michael Müller
Linggplatz 8
V: Demeter

36251 Bad Hersfeld
Naturkosthaus Grünberg
Weinstr. 13a
Tel. 06621/77570
V: Demeter

61348 Bad Homburg
Verband der Reformwaren-Hersteller e.V.
Schwedenpfad 2
Tel. 06172/24064
Fax 06172/21598

64732 Bad König
Demeter-Obsthof
Georg u. Siegfried Koch
Fürstengrund 86
Tel. 06063/1444
P: 9, 12, 13
V: Demeter

Einkaufsadressen

64732 Bad König-Ober-Kinzig
Peter Krebs
Hummetroetherstr. 49
Tel. 06163/2276
P: 3,5,12,14

61231 Bad Nauheim
Steinfurter Bioland-Gärtnerei
Zum Sauerbrunnen
Tel. 06032/86710

63619 Bad Orb
Pusteblume
Mittelweg 13
Tel. 06052/5777
P: 2, 5, 7, 8, 11, 12, 13, 15
V: Demeter

65307 Bad Schwalbach
Naturmarkt
Bahnhofstr. 11
Tel. 06124/2334
P: 1,2,3,5,7,8,9,10,11, 12,13,16
V: Demeter

65307 Bad Schwalbach
Betriebsgemeinschaft Hof Fischbach
Tel. 06124/9119
P: 2, 5, 7, 8, 9, 11, 12, 15, 16
V: Demeter

65812 Bad Soden
Herbert Pfeifer Biolandhof
Kirchstr. 15
Tel. 06174/7587
P: 3,5,7,8,9,10,11,12, 13,16

65812 Bad Soden
Reformhaus Freya
Königssteinstr. 39
Tel. 06196/29520

P: 2, 7, 8, 12, 13, 15
V: Demeter

65812 Bad Soden
Eden-Waren GmbH
Königsteiner Str. 107
Tel. 06196/60040
Fax 06196/600444
P: 7,12,13

37242 Bad Sooden-Allendorf
Kornkraft
Kirchstr. 49
Tel. 05652/1467
V: Demeter

37242 Bad Sooden-Allendorf
Hutzelberghof Oberriede
Hilgershäuser Str. 20
Tel. 05542/72080
P: 2, 5, 7, 8, 11, 12
V: Demeter

37242 Bad Sooden-Allendorf
Armin Trube u. Ursula Schäfer
Landstr. 20
Tel. 05652/1377
Fax 05652/1377
P: 1, 2, 3, 5, 7, 8, 9, 10, 11, 12, 13, 16
V: Bioland

61118 Bad Vilbel
Primavera Naturkost Inh. Peter Sauer
Frankfurter Str. 4
Tel. 06101/89433
Fax 06101/89433
P: 1,2,3,5,7,8,9,10,11, 12,13,14,15,16
V: BNN

61118 Bad Vilbel
Betriebsgemeinschaft Dottenfelderhof
Tel. 06101/64514

P: 2, 3, 5, 7, 8, 9, 11, 12
V: Demeter, VgtM

34537 Bad Wildungen
Karl Hermann Emde
Anrafferstr. 9
Tel. 05621/5949
P: 8
V: Bioland

34537 Bad Wildungen
Gärtnerhof Braunau
Die Schmittenhöfe 9
Tel. 05621/3271
P: 3, 6, 12, 13
V: Bioland

34537 Bad Wildungen
Leib & Seele
Neue Str. 29
Tel. 05621/72707
V: BNN

34596 Bad Zwesten-Oberurff
Bioland Hofladen
Heideweg 1
Tel. 05626/261
P: 1,2,3,5,7,8,9,10,11, 12,13,15,16

34225 Baunatal
Johannes u. Eckhardt Eisenach
Holzhäuserstr. 8
Tel. 05665/6165
V: Bioland

34225 Baunatal
Gärtnerei Witzleben
Lindenallee 2
Tel. 0561/494116
V: Demeter

34225 Baunatal
Hof Fehrenberg Appel
Tel. 0561/494
P: 7, 8, 9, 11

V: Demeter

36179 Bebra
Betriebsgemeinschaft Tannenhof
Tannenbergweg 11
Tel. 06622/42432
Fax 06622/42432
P: 7,8,9,15
V: Bioland

35753 Beilstein
Erich Hof
Schloßstr. 3
P: 3
V: VgtM

35753 Beilstein
Familie Lorenz
Westerwaldstr. 13
P: 3
V: VgtM

64625 Bensheim
Alraune Naturkost Naturwaren
Dalbergergasse 5
Tel. 06251/62990
P: 3
V: BNN, Demeter, VgtM

64625 Bensheim
Walderdorffer Hof
Obergasse 18
Tel. 06251/4888

64625 Bensheim
Gartenbau Löffler Wochenmarktstand
P: 3
V: VgtM

64625 Bensheim
Reformhaus Simm
Hauptstr. 42
P: 3
V: VgtM

64625 Bensheim
Tee- und Kräuterhaus
Am Rinnentor

Hessen

P: 3
V: VgtM

64625 Bensheim
Obstkistl K. Plösser
Schwanheimer Str. 29
P: 3
V: VgtM

37297 Berkatal
*Betriebsgemeinschaft
Zum Stern*
Neue Str. 9
Tel. 05657/1098
P: 1,5,6,8,9,12,16
V: Bioland

37297 Berkatal
Jutta Seesing
Wiesenstr. 2
Tel. 05657/7636
V: Bioland

68647 Biblis
Pur Natur
Brückladestr. 21
Tel. 06245/8190
P: 2, 7, 8, 11, 12, 13, 15
V: BNN, Demeter

64404 Bickenbach
*AlnaturA Produktions-
u. Handels GmbH*
Darmstädter Str. 3
Tel. 06257/61006
Fax 06257/61006

63633 Birstein
Karl Schmidt
Unterdorf 6
Tel. 06054/5453
P: 7, 8, 9
V: Bioland

63633 Birstein
Wolfgang Schott
Unterdorf 8
Tel. 06054/2768
V: Bioland

63633 Birstein
*Palmen-Althaus Kasta-
nienhof*
Völzenberger Str. 14
Tel. 06668/1320
P: 5, 8, 11, 14, 15
V: Demeter

63633 Birstein
*Lärchenhof
Roth/Kaiser*
Zum Ahl 13
Tel. 06668/843
P: 5, 7, 8, 9, 11
V: Demeter

**35649 Bischoffen-
Roßbach**
Ammon
Seibachstr. 4
P: 3
V: VgtM

**35649 Bischoffen-
Roßbach**
Roland Ja
Am Südhang 4
P: 3
V: VgtM

35619 Braunfels
*Zibebe Lebens- & Nah-
rungsmittel*
Borngasse 27
Tel. 06442/6446
V: BNN

35619 Braunfels
Falk Zinke
Weingartenstr. 1
Tel. 06445/5257
P: 5, 7, 9
V: Bioland

36287 Breitenbach
*Helga u. Claus
Holthusen*
Zum Herzberg 2
Tel. 06675/472
P: 5
V: Bioland

35767 Breitscheid
Wolfgang Henrich
Hauptstr. 42
Tel. 02777/6739
P: 3
V: Bioland

64395 Brensbach
Bernd Klinger
Moorbachstr. 11
Tel. 06161/592
P: 8, 9, 11
V: Bioland

64753 Brombachtal
Solidarität
Wilh.-Adrian-Str. 8
Tel. 06063/4787
P: 2, 7, 8, 11, 12, 13, 15
V: Demeter

63486 Bruchköbel
*Fam. Stöppler
Marienhof*
Hanauer Str. 80
Tel. 06181/71465
P: 1,2,5,7,8,9,12,13,16
V: Bioland

63654 Büdingen
Avena-Naturkost
V: Demeter

63654 Büdingen
*Sonnenblume Natur-
kostladen*
Vorstadt 7
Tel. 06042/3373

68642 Bürstadt
*Keimling Naturkost
OHG*
Luisenstr. 7
Tel. 06206/71511
V: Demeter

68642 Bürstadt
Manfred Heil
Nibelungenstr. 71
V: Demeter

68642 Bürstadt
Hühnerfarm Loos
Steinlachstr. 58a
P: 3
V: VgtM

36151 Burghaun
Stefan Hämmelmann
Talstr. 14
Tel. 06653/454
V: Bioland

35418 Buseck
Hagebutte
Anger 5
Tel. 06408/3284
V: BNN

35418 Buseck
*Zaug GmbH Land- u.
Gartenbau*
Grüner Weg
Tel. 06808/3108
P: 7
V: Bioland

35091 Cölbe
Günter Klawon
Maximilianenhof
Tel. 06427/2210
Fax 06427/2509

**35091 Cölbe-
Schönstadt**
*Synanon Gemeinnützi-
ge u. Mildtätige Gesell-
schaft mbH*
Hof Fleckenbühl
Tel. 06427/8015
Fax 06427/543
P: 2, 5, 7, 8, 9, 10, 11, 12, 15
V: Demeter

64283 Darmstadt
*Reform- und Diäthaus
Raiss-Braunwarth Co.*
Luisencenter
Tel. 06151/23813
Fax 06151/292879

P: 2, 3, 5, 7, 8, 9, 10,
11, 12, 13, 16
V: Demeter

64283 Darmstadt
Farm Naturkost
Marktplatz 11
Tel. 06151/22867

64283 Darmstadt
Vital-Kost-Davis
Postf. 11 07 44
Tel. 06151/53692

64283 Darmstadt
*Sack & Pack
Simon Buttmi*
Rheinstr. 37
Tel. 06151/294484

64285 Darmstadt
Kornmühle
Bessunger Str. 34
Tel. 06151/63200
P: 2, 7, 8, 11, 12, 13, 15
V: Demeter

64285 Darmstadt
Reformhaus Stier
Wittmannstr. 2
V: Demeter

64287 Darmstadt
*Raiss-Braunwarth
Reformhaus*
Roßdörfer Str. 35
Tel. 06151/421626
P: 2, 7, 8, 12, 13, 15
V: Demeter

64289 Darmstadt
*Raiss-Braunwarth
Reformhaus Demeter-
Stube*
Robert-Schneider-Str. 12
Tel. 06151/710668
P: 2, 5, 7, 8, 11, 12, 13, 15

64289 Darmstadt
Reformhaus Skibbe
Gutenbergstr. 66
P: 3
V: VgtM

64291 Darmstadt
*Bruno Fischer Natur-
kost-Versand GmbH*
In der Hahnhecke 8
Tel. 06150/82051
Fax 06150/84989
P: 5,6,8,10,14,15

64291 Darmstadt
Lebende Erde
Untere Mühlstr. 11
Tel. 06151/372717
P: 2, 5, 7, 8, 11, 12, 13, 15
V: BNN

64295 Darmstadt
*Arbeitsgemeinschaft
Ökologischer Landbau
e.V.*
Baumschulenweg 11
Tel. 06155/2081
Fax 06155/5774

64295 Darmstadt
Lebendige Erde
Baumschulenweg 11
Tel. 06155/2674
Fax 06155/5774

64295 Darmstadt
Förster Eichwaldhof
Brandschneise 3
Tel. 06155/2309
P: 2, 5, 7, 8, 9, 11
V: Demeter

64297 Darmstadt
Reformhaus Heinze
Heidelberger
Landstr. 228
V: Demeter

64297 Darmstadt
Gäle - Rieb Naturkost
Heinrich-Delp-Str. 39
Tel. 06151/54450

P: 1,2,3,5,6,7,8,9,10,11,
12,13,15,16
V: Demeter, VgtM

64297 Darmstadt
Iris-Demeter-Haus
Pfungstädter Str. 25
Tel. 06151/594647
P: 2, 5, 7, 8, 11, 12, 13, 15

64807 Dieburg
Naturkost Schmidt
Zuckerstr. 17
Tel. 06071/5827

63128 Dietzenbach
Die Quelle
Landwehrstr. 6
Tel. 06074/33251
P: 2, 5, 7, 8, 11, 12, 13, 15
V: Demeter

35716 Dietzhölztal
Kornkammer
Am Mühlrain 2
Tel. 02774/3495

**35689 Dillingen-
Eibach**
Enseroth Rudi
Hauptstr. 84
Tel. 02771/7507
P: 3, 7, 9, 12
V: VgtM

63303 Dreieich
*Biotheke - Natur-
kostabt. der Dreieich
Apotheke*
Buchschlager Allee 13
Tel. 06103/66098
P: 1,2,3,4,5,6,7,8,9,10,
11,12,13,14,15,16

63303 Dreieich
*Naturwarenzentrum
Dreieich*
Hauptstr. 37
Tel. 06103/68014

**35085 Ebsdorfer-
grund**
Hans Deichsel Hain
Erbsengasse 7
Tel. 06424/4791
P: 12
V: Bioland

**35085 Ebsdorfer-
grund**
Harry Kull
Lindengasse 2
Tel. 06424/4716
P: 7, 9
V: Bioland

**35085 Ebsdorfer-
grund**
*Uwe u. Annemarie
Duske*
Potsdamer Str. 7
Tel. 06424/6831
Fax 06424/5827
P: 2,8,9,10
V: Bioland

**35085 Ebsdorfer-
grund**
Molkerei W. Fischer
Wittelsberger Str. 6
Tel. 06424/2044 u. 2045
Fax 06424/4771
P: 11
V: Bioland

61209 Echzell
*Lebensgemeinschaft -
Gärtnerei*
Schloßstr. 9
Tel. 06035/81179
P: 7, 8, 9, 12, 13, 15
V: Demeter

61209 Echzell
*Lebensgemeinschaft -
Landwirtschaft*
Schloßstr. 9
Tel. 06035/81155
P: 5, 8, 9,11, 12
V: Demeter

Hessen

36124 Eichenzell
Biolandhof
Rönshausen Helmut
Schönberger
Rohingstr. 22
Tel. 06659/3287
P: 3,5,11

64683 Einhausen
Hermann Helmling
Mathildenstr. 68
Tel. 06251/53996
Fax 06251/59755
P: 5, 7, 8, 11, 12, 13, 15
V: Demeter

64683 Einhausen
Lebensmittel Willi
Glanzner
Waldstr. 23
P: 3
V: VgtM

36132 Eiterfeld
Willi Lohfink
Erlenweg 3
Tel. 06672/425
P: 9, 11
V: Bioland

36132 Eiterfeld
Kornhüsli
Marktstr. 16
Tel. 06672/1601
Fax 06672/7959
P: 1,2,3,4,5,7,8,9,10,11, 12,13,15,16
V: Bioland, Demeter

65343 Eltville
Bundesverband Ökologischer Weinbau Gruppenvertreter Rheingau
Schwalbacher Str. 15
Tel. 06123/2579

65343 Eltville
Weingut Hirt
Michael Albrecht
Schwalbacher Str. 15
Tel. 06123/5471 u. 2573

P: 16
V: BÖW

65343 Eltville
Weingut Prinz Friedrich von Preußen
Schloß Reinhartshausen
Tel. 06123/676361
Fax 06123/4222
P: 16
V: BÖW

65343 Eltville
Helge Reuther
Weinbauschule
Tel. 06123/6101719
V: BÖW

64859 Eppertshausen
Kornlädchen
Wilhelm-Leuschner-Str. 27
Tel. 06071/34144

64390 Erzhausen
Erzhäuser Hof
Hauptstr. 29
Tel. 06150/82371

35713 Eschenburg
Grünes Land Naturprodukte Vertriebs GmbH
An der Lei 12
Tel. 02774/6288

37269 Eschwege
Wurzelwerk
Hinter der Mauer 4
V: Demeter

37269 Eschwege
Christian Lingemann
Hintergasse 9
Tel. 05651/21641
P: 1,2,3,5,7,8,9,10,11, 12,16
V: Bioland

37269 Eschwege
Reformhaus Ursula
Dietrich

Hospitalplatz 4
V: Demeter

37269 Eschwege
Holzapfel-Reformhaus
Ursula Holzapfel
Obermarkt 23
V: Demeter

36325 Feldatal
Uwe Roth
Talweg 3
Tel. 06645/551
P: 5, 11
V: Bioland

34587 Felsberg
Berninger
Hauptstr. 12
Tel. 05662/2972
P: 7, 8, 9
V: Demeter

34587 Felsberg
Helmut Koch
Postgasse 1
Tel. 05662/3131
P: 8
V: Bioland

63639 Flörsbachtal
Familie Herter
Waldstr. 15
Tel. 06057/1358
P: 2,3,5,6,7,8,9,10,11, 12,13,16
V: Bioland

65439 Flörsheim
Uwe Struck
Alleestr. 47
Tel. 06145/33811
P: 7, 9
V: Bioland

61197 Florstadt
Buch u. Natur
Altenstädter Str. 10
Tel. 06035/7404
Fax 06035/89177

P: 1,2,3,7,8,9,10,11,12, 13,15,16
V: BNN

61197 Florstadt
Sekowa Seibold
Basaltstr. 810
Tel. 06035/5061

35110 Frankenau
Konrad Krähling
Löhlbacher Str. 5
Tel. 06455/8271
P: 8
V: Bioland

35066 Frankenberg
Naturkost
Arnd Lipinski
Untermarkt 1
Tel. 06451/23467

60311 Frankfurt
Naturkost-Balance
Berliner Str. 39
Tel. 069/284616

60311 Frankfurt
Bioland-Fleischverkauf
Kleinmarkthalle
P: 5
V: VgtM .

60313 Frankfurt
Reformhaus Freya
Große Bockenheimer Str. 33
Tel. 069/590879
Fax 069/551976
P: 2,3,7,8,9,10,11,12, 13,15,16

60313 Frankfurt
Reformhaus Boemel-Ernst
Stiftstr. 30
V: Demeter

60314 Frankfurt
Bio-Top Agrexco &
Ltd.

Einkaufsadressen

Großmarkthalle 27
Tel. 069/4075111
Fax 069/439269

60318 Frankfurt
Lebensbaum Naturkost GmbH
Eckenheimer Landstr. 72
Tel. 069/5973068
P: 2, 3, 5, 7, 8, 11, 12, 13
V: BNN, Demeter, VgtM

60318 Frankfurt
Reformhaus Sohnius
Glauburgstr. 77
Tel. 069/558861
P: 2, 3, 7, 8, 11, 12, 13, 15
V: Demeter, VgtM

60318 Frankfurt
Natur-Bar
Oeder Weg 26
Tel. 069/554486
Fax 069/594464
P: 2,7,8,9,10,11,12,13, 15,16

60318 Frankfurt
Lebensbaum Naturkost Handels GmbH
Oeder Weg 43
Tel. 069/555931
P: 1,2,3,4,5,7,8,9,10, 11,12,13,15,16
V: BNN

60318 Frankfurt
Reformhaus Freya
Oeder Weg 56
P: 2, 7, 8, 12, 13, 15
V: Demeter

60320 Frankfurt
Reformhaus Dornbusch
Carl-Goerdeler Str. 3-5
V: Demeter

60323 Frankfurt
Reformhaus Freya
Reuterweg 69
Tel. 069/590879
P: 2, 7, 8, 12, 13, 15
V: Demeter

60325 Frankfurt
Heidi's neues Reformhaus, Inh. Hubert Munzenbach
Arndtstr. 24
Tel. 069/751464
P: 5
V: VgtM

60385 Frankfurt
Kornvogel Naturkost Lieferservice u. Versand
Freiligrathstr. 14
Tel. 069/434419

60385 Frankfurt
Rote Rebe
Wiesenstr. 28
Tel. 069/453029
V: BNN

60433 Frankfurt
Dagmar Koch Naturkost
Eschersheimer Landstr. 366
Tel. 069/516276
P: 2, 5, 7, 8, 11, 12, 13, 15
V: Demeter

60433 Frankfurt
Reformhaus Eschersheim
Eschersheimer Landstr. 436
P: 2, 7, 8, 11, 12, 13, 15
V: Demeter

60437 Frankfurt
Bio-Scheune
Am Burghof 4
Tel. 069/502151

60439 Frankfurt
Naturkostladen Fruchtbare Erde
Alt Niederursel 51
Tel. 069/587775
Fax 069/573056
P: 1,2,3,4,5,6,7,8,9,10, 11,12,13,15,16

60486 Frankfurt
Distel Naturkost GmbH
Homburger Str. 17
Tel. 069/777823
P: 1,2,3,4,5,6,7,8,9,10, 11,12,13,14,15,16

60487 Frankfurt
Naturkostladen Malm
Leipziger Str. 18
Tel. 069/702227
V: Demeter

60487 Frankfurt
Reformhaus Freya
Leipziger Str. 21
P: 2, 7, 8, 12, 13, 15
V: Demeter

60487 Frankfurt
Soyastern Naturkost GmbH Yamato Tofu
Trakehner Str. 79
Tel. 069/707502223
Fax 069/7075025
V: BNN

60594 Frankfurt
Reformhaus G. Fink
Diesterwegstr. 2
Tel. 069/613836
V: Demeter

60594 Frankfurt
Reformhaus G. Fink
Heimatring 14
Tel. 069/60596
V: Demeter

60594 Frankfurt
Reformhaus G. Fink

Offenbacher Landstr. 351
Tel. 069/651916
V: Demeter

60594 Frankfurt
Reformhaus Freya
Schweizerstr. 18
Tel. 069/590879
Fax 069/5519976
P: 2,3,7,8,9,10,11,12, 13,15,16

60594 Frankfurt
Grünkern
Stegstr. 59
Tel. 069/627649
V: BNN

60594 Frankfurt
Reformhaus Fink
Textorstr. 10
Tel. 069/629145
Fax 069/623421
P: 7,8,9,10,11,12,13, 14,15,16
V: Demeter

60594 Frankfurt
Wolkenbruch Vollkornpizzeria
Textorstr. 26
Tel. 069/622612

60594 Frankfurt
Naturkiste
Wallstr. 23
Tel. 069/622974
P: 2, 7, 8, 11, 12, 13, 15
V: Demeter

60596 Frankfurt
Linea Natura Ökoversandhandel
Schwanthaler Str. 54
Tel. 069/613948

65929 Frankfurt
Reformhaus Diefenbach
Dalbergstr. 4

282 Hessen

Tel. 069/313291
P: 2, 3, 7, 8, 11, 12, 13, 15
V: Demeter, VgtM

65933 Frankfurt
Thomas Schlimme
August-Bebel-Str. 2a
Tel. 069/3808114
P: 7, 9
V: Bioland

63579 Freigericht
Wigbert Kiefer
Barbarossastr. 22
Tel. 06055/82398
P: 7,8,9,12,13,15,16
V: Bioland

61169 Friedberg
Primavera Naturkost
Judengasse 11
Tel. 06031/12334
P: 2, 7, 8, 11, 12, 13, 15
V: BNN, Demeter

61169 Friedberg
Regenbogen
Taunusstr. 2
Tel. 06031/92039
V: BNN, Demeter

61381 Friedrichsdorf-Köppern
Naturell - Naturkost
Köpperner Str. 99
Tel. 06175/1500
P: 1,2,3,5,7,8,9,10,11, 12,13,15,16
V: BNN

34621 Frielendorf
Matthias Krutzinna
Am Glockenturm 12
Tel. 05684/6616
P: 8,9,11
V: Bioland

34621 Frielendorf
Kumpert
Salzmarkt 5

Tel. 05684/265
P: 5, 7, 8, 9
V: Demeter

34560 Fritzlar
Klaus Werner
Kasseler Str. 4
Tel. 05622/6690
P: 12, 13
V: Bioland

35112 Fronhausen
Rieck
Hauptstr. 40
Tel. 06426/821
P: 11, 14, 15
V: Demeter

35112 Fronhausen
Reimann
Waldstr. 4
Tel. 06426/7519
P: 5, 8, 9, 14
V: Demeter

35112 Fronhausen-Erbenhausen
Bioland-Gärtnerei Kastanienhof Manfred Haas
Sonnbach 3
Tel. 06426/6429
Fax 06426/6076
P: 7,9,12

64568 Fürth
Bäckerei Georg Fabian
Nähe Rathaus
P: 3
V: VgtM

64568 Fürth
Bäckerei O. Pfeifer
Heppenheimer Str. 27
P: 3
V: VgtM

64658 Fürth
Matthias u. Elke Bauer
Linnenbacherweg 2
Tel. 06253/5578

P: 3,5,6,7,8,9,11,14,16
V: Bioland

64658 Fürth
Anke u. Michael Schuller
Schlierbacher Str. 6
Tel. 06253/1674
V: Bioland

64568 Fürth-Linnenbach
Adam Geiß
Hauswiesenweg 6

36037 Fulda
Waidesgrund
Esperantostraße
Tel. 0611/603390

36037 Fulda
Hallimasch
Kanalstr. 30
Tel. 0661/70053
Fax 0661/23681
P: 1,2,3,7,8,9,10,11, 12,13,16
V: BNN

36037 Fulda
Vollkornbackstube
Petersberger Str. 48
Tel. 0661/78853
V: Bioland

36039 Fulda
Claus Hillenbrand
Leipziger Str. 163
Tel. 0661/64515
P: 2,5,8,9,11
V: Bioland

36039 Fulda
Kornkammer
Schlitzer Str. 92
Tel. 0661/57731
V: BNN, Demeter

36041 Fulda
St. Antoniusheim Land-

wirtschaft und Bioland Gärtnerei
An St. Kathrin 4
Tel. 0661/109783
Fax 0661/109780
P: 2,3,5,6,7,8,9,10,11, 12,13,15

34233 Fuldatal
Antonio März
Gut Kragenhof
P: 3
V: VgtM

65366 Geisenheim
Weinbau Stefan Muskat
Sand 4
Tel. 06722/50678
P: 16
V: BÖW

65366 Geisenheim
Sonnenblume
Winkler Str. 56
Tel. 06722/6506

63571 Gelnhausen
Die Körnerstubb
Hanauer Landstr. 16
Tel. 06051/61107
V: BNN, Demeter

63571 Gelnhausen
Sonnenblume Naturkostladen
Untermarkt 12
Tel. 06051/17334
V: BNN, Demeter

35329 Gemünden
Gerhard Knies
Ermenröderstr. 9
Tel. 06634/1540
P: 5, 7, 8, 9
V: Bioland

35329 Gemünden
Betriebsgem. Otterbacher Hof
Tel. 06634/8299

P: 5, 8
V: Bioland

35390 Gießen
Ökotopia Naturwaren
Bismarckstr. 11
Tel. 0641/72763
Fax 0641/72763
P: 1,2,3,8,10,11,
12,13,15,16
V: Bioland, BNN, Demeter

35390 Gießen
Klatschmohn
Neustadt 21
Tel. 06141/78718
P: 2, 7, 8, 11, 12, 13, 15
V: BNN, Demeter

35390 Gießen
Refo-Pig
Grünberger Str. 21
P: 5
V: VgtM

35390 Gießen
Naturkost Grünes
Land Rainer Hofheinz
Kaplansgasse 2
P: 3
V: VgtM

35394 Gießen
Rhiz
Grünberger Str. 32
Tel. 0641/46670

35398 Gießen
Familie Figura
Untergasse 17
Tel. 06403/72189
P: 3, 6, 11
V: Bioland

64689 Grasellenbach-Scharbach
Willi Sattler
Tromstr. 120
P: 5

V: VgtM

36323 Grebenau
Galions e.V. biol.-dyn.
Gärtnerhof
Brunnenstr. 3
Tel. 06646/252
P: 7, 15
V: Demeter

35753 Greifenstein
Klaus Hasselmann
Hauptstr. 30
Tel. 02779/370
P: 5, 7, 11
V: Bioland

64347 Griesheim
Öko-Produktion
Draustr. 47
Tel. 06155/61786
Fax 06155/61786
P: 7, 12
V: Bioland

64347 Griesheim
Aura
Hintergasse 4
Tel. 06155/78893
V: BNN, Demeter

64521 Groß-Gerau
Vollwerthaus Astrid
Weppler
Walther-Rathenau-Str. 4
Tel. 06152/82578
Fax 06152/84558
P: 1,2,3,4,5,7,8,9,10,11,
12,13,14,15,16
V: BNN

64823 Groß-Umstadt
Heil
Bahnhofstr. 26
Tel. 06078/8761
P: 5, 7, 8, 9, 12
V: Demeter

64823 Groß-Umstadt
Werle
Dieburger Str. 7

Tel. 06078/8523
P: 7, 12, 15
V: Demeter

64823 Groß-Umstadt
Kornmarkt
Obere Marktstr. 18
Tel. 06078/72880
P: 2, 7, 8, 11, 12, 13, 15
V: Demeter

64846 Groß-Zimmern
Naturkost-Laden
Angelgartenstr. 19a
Tel. 06071/42505
P: 2, 7, 8, 11, 12, 13
V: Demeter

36137 Großenlüder
Klaus Ommert
Am Fennbach 7
Tel. 09742/1894
P: 8
V: Bioland

35305 Grünberg
Junker
Alte Licher Str. 9
Tel. 06401/8675
P: 2, 5, 7, 8, 9, 11
V: Demeter

65589 Hadamar
Eckard Egenolf
Feldstr. 1
Tel. 06433/3125
P: 3
V: Bioland

63512 Hainburg
J. Tylla
Schulstr. 2
Tel. 06182/5632
P: 2, 5, 7, 8, 11, 12, 13, 15
V: Demeter

63450 Hanau
Naturhaus Kornkammer
Altstädter Markt 9

Tel. 06181/21941
P: 2, 7, 8, 11, 12, 13, 15
V: BNN, Demeter

63450 Hanau
power kraut
Langstr. 27
Tel. 06181/251777
Fax 06181/251777
P: 2,3,5,8,10,11,12,13,
15,16
V: BNN, Demeter

63450 Hanau
Café Zeitlos
Martin-Luther-Anlage 8
Tel. 06181/290240

63450 Hanau
Sternschnuppe
Schützenstr. 33
Tel. 06181/253082
P: 2, 5, 7, 8, 11, 12, 13, 15
V: BNN, Demeter

63450 Hanau
Reformhaus Achenbach
Krämerstr.14
Tel. 06181/21741
V: Demeter

63450 Hanau
Reformhaus Dokter-Riess
Fahrstr. 9
Tel. 06181/21775
Fax 06181/24425
P: 2,3,7,8,9,10,11,12,13
V: VgtM

63456 Hanau
Kaufhaus
Otto-Hahn-Str. 14
Tel. 06181/63821

35116 Hatzfeld
Peter Riewesell
Albert-Wagner-Str. 20a
Tel. 06452/3572

P: 8, 9
V: Bioland

65321 Heidenrod
Hof Zorn Müller
An der Ganswiese
Tel. 06775/8102
P: 2, 5, 7, 8, 9, 10, 11
V: Demeter

34298 Helsa
Helmut Papke
Lautenbachtal 6
Tel. 05605/3750
V: Bioland

64646 Heppenheim
Toni Röder
Ober Hambach 26
Tel. 06252/75633
P: 2,3,5,8,9,12,13
V: Bioland

64646 Heppenheim
Biomarkt
Marktstr. 16
Tel. 06252/6574
V: BNN

64646 Heppenheim
LWV Hessen Gutsbetrieb
Mozartstr. 76
Tel. 06252/16349
P: 3,5,7,8,9,15
V: Bioland

64646 Heppenheim
Reformhaus Koglin
Zwerchgasse 3
P: 3
V: VgtM

64646 Heppenheim
Gartenbau Löffler
Moselstraße
P: 3
V: VgtM

64646 Heppenheim
Bäckerei Stadler
Am Erbachwiesenweg 2
P: 3
V: VgtM

64646 Heppenheim
Feinkost Lapiana
Parkhofstr. 10
P: 3
V: VgtM

35745 Herborn
Das Vollwerthaus
Mühlgasse 25-27
Tel. 02772/2274
Fax 02772/2283
P: 1,2,3,7,8,9,10,11,12,
13,15,16

36358 Herbstein
Naturkost-Teekeller
Bibrastr. 5
Tel. 06643/7784

36358 Herbstein
Gem. Altenschlirf Der Laden
Erlenweg 9
Tel. 06643/70941 u.
70937
Fax 06643/70927
P: 2, 5, 7, 8, 9, 10, 11,
13, 14
V: Demeter

36358 Herbstein
Landversand Frank Zimmermann
Kanalstr. 11
Tel. 06643/1444

37293 Herleshausen
Ute u. Henner Göpel Bäckerei u. Hofladen
Fockenberghof
Tel. 05654/1050
P: 2,3,5,6,8,9,10,11

37293 Herleshausen-Unhausen
Helmut Tröll
Hof Holzliethe
Tel. 05654/6146
P: 3,6,7,8,9,10,12,14
V: Bioland

37235 Hessisch Lichtenau
Reformhaus Lisa Günther
Heinrichstr. 1
V: Demeter

37235 Hessisch Lichtenau
Kornblume
Günsteroder Str. 13
Tel. 05602/4655
P: 1,2,3,4,5,7,8,9,10,11,
12,13,15,16

65239 Hochheim
Weingut Heinrich Baison
Delkenheimer Str. 1820
Tel. 06146/9232
P: 16
V: BÖW

65239 Hochheim
Weinbau Bernd J. Richter
Taunusstr. 3
Tel. 06146/5855
P: 16
V: BÖW

34369 Hofgeismar
Neuform-Depot Heidi Klaft-Driemeier
Marktstr. 16
V: Demeter

34369 Hofgeismar
Tee & Weinkiste Achim Sonntag
Steinweg 1
V: Demeter

65719 Hofheim
Löwenhof Stoll
Casteller Str. 4749
Tel. 06192/36005
P: 2, 3, 10
V: Bioland

65719 Hofheim
Lebensquelle
Hermann-Löns-Str. 8
Tel. 06192/6717
V: BNN, Demeter

35644 Hohenahr
Landfleischerei Pfeffermühle E. u. V. Nickel
P: 5
V: VgtM

36284 Hohenroda
Kurt Bachmann
Am Sandacker 8
Tel. 06676/603
P: 1, 3, 7, 8, 9, 16
V: Bioland

36284 Hohenroda-Ransbach
Hildegard & Friedhelm Manß
Tulpenstr. 26
Tel. 06629/519
P: 5, 7, 8, 9
V: Bioland

65329 Hohenstein
Jahreszeiten Gemüsebau
Lindenhof
Tel. 06128/1661
P: 7
V: Bioland

65329 Hohenstein-Breithardt
Lindenhof
Tel. 06120/6600
Fax 06120/4815
P: 1,2,3,5,6,7,8,9,10,11,
12,13,15,16
V: Bioland

34576 Homberg
Dietmar Groß
Dorfbrunnen 1

Einkaufsadressen

Tel. 05681/2607
V: Bioland

34576 Homberg
Zinnhof Hartel-Heppe
Rinnetalstr. 13
Tel. 05681/2964
P: 5, 8, 9, 11, 14
V: Demeter

34576 Homberg
Tausendschön
Westheimer Str. 8
Tel. 05681/3241
P: 7, 8, 11, 12, 13, 15
V: Demeter

36154 Hosenfeld
Werner u. Zorica Jägermann
Altwiesenhof
Tel. 06669/595
P: 5, 11
V: Bioland

36154 Hosenfeld
Paulishof Göbel/Kaul
Baumstr. 18
Tel. 06669/571
P: 3, 5, 6, 7, 8, 9, 11, 12, 14, 15, 16
V: Bioland

36154 Hosenfeld
Käsereibedarf Bunte Kuh
Hinterdorfstr. 21
Tel. 06650/1560
Fax 06650/1560
P: 15

36088 Hünfeld
Bernhard Mihm
Elmenrodstr. 7
Tel. 06672/1200
P: 3, 6, 8, 9, 12
V: Bioland

36088 Hünfeld
Jörg u. Gudrun Diener
Herbertsmühle

Tel. 06652/6663
P: 5, 11
V: Bioland

36088 Hünfeld-Molzbach
Wendelinushof
Kerbachstr. 1
Tel. 06652/2936
Fax 06652/74434
P: 2,3,5,8,11,15
V: Bioland

65510 Hünstetten
Lothar Schmidt
Am Kirchgarten 3
Tel. 06126/3167
P: 2, 10
V: Bioland

35625 Hüttenberg
Hans Nauditt
Hauptstr. 216
Tel. 06403/4867
Fax 06403/4867
P: 7

35625 Hüttenberg
Traute u. Volker Weber Bioland Gärtnerei
Paul-Schneider-Str. 20
Tel. 06403/72230
P: 7, 9, 12

35625 Hüttenberg
Eckhard Hirsch
Schubertstr. 20
Tel. 06403/5701
P: 7, 9, 12
V: Bioland

35410 Hungen
Norbert Jung
Hungener Str. 4
Tel. 06402/7558
P: 8
V: Bioland

35410 Hungen
Udo Lederer

Nonnenroth, Brunnenstr. 11
P: 3
V: VgtM

65510 Idstein
Alraun Kräuter u. Gewürze
Weiherwiese 16
Tel. 06126/55575
Fax 06126/55669

34376 Immenhausen
Neuformwaren Monika Thies
Obere Bahnhofstr. 3
V: Demeter

34376 Immenhausen
A. Weymann-Luckenbach
Paul-du-Ry-Str. 9
Tel. 05673/2810
P: 7, 8
V: Demeter

34376 Immenhausen
Arnold Bachmann
Mühlenweg 9
P: 3
V: VgtM

55218 Ingelheim
Wolfgang Orth
Haxthäuser Hof
Tel. 06132/56147
P: 2, 3, 5, 7, 8, 9, 11, 12
V: Bioland

55218 Ingelheim
Gerhard Huf
Mainzer Str. 36
Tel. 06132/2002
P: 16
V: BÖW

34632 Jesberg
Hephata WFB-Landwirtschaft
Hofgut Richerode
Tel. 06695/420

Fax 06691/18129
P: 3,5,6,7,9,15
V: Bioland

63637 Jossgrund
Naturkostladen Grünkern
Konstantin Weismantel
Waldstr. 2
Tel. 06059/470

61184 Karben
Karbener Naturladen
Wernher-von-Braun-Str. 27
Tel. 06039/43126
P: 1,2,3,5,7,8,9,10,11, 12,13,15,16
V: BNN

34117 Kassel
Holomed
Kurfürstenstr. 10
Tel. 0561/774055

34117 Kassel
Alles für das neue Leben
Müllergasse 10
Tel. 0561/18400

34117 Kassel
Hans-Otto Waldeck
Schillerstr. 31
Tel. 0561/773802
P: 2, 8
V: Demeter

34117 Kassel
Reformhaus Jungbrunnen
Wolfsschlucht 4
P: 3
V: VgtM

34117 Kassel
Kräuter-Hilde
Martinplatz
P: 3
V: VgtM

Hessen

34117 Kassel
Reformhaus Zacharias
Am Entenanger
P: 3
V: VgtM

34117 Kassel
Kiosk am Hauptbahnhof
P: 3
V: VgtM

34117 Kassel
Waltraud's Käseladen
Friedrich-Ebert-Straße
P: 3
V: VgtM

34119 Kassel
Primavera E. Fröhlich
Friedrich-Ebert-Str. 118
Tel. 0561/17947
P: 1,2,4,5,6,7,8,9,10,11,
12,13,14,15,16
V: BNN

34119 Kassel
Brotgarten
Friedrich-Ebert-Str. 141
Tel. 0561/772158

34119 Kassel
Biometzgerei Fettnäpfchen
Lassallestr. 8
Tel. 0561/102995
P: 2,3,5,6,13,14,15,16

34119 Kassel
Schmanddibben
Lassallestr. 9
Tel. 0561/779101
P: 2, 5, 7, 8, 11, 12, 13, 15
V: Demeter

34119 Kassel
Natur Paradies
Wilhelmshöher Allee 114
Tel. 0561/770818

34119 Kassel
Schmanddippen
Kirchweg 64
P: 3
V: VgtM

34121 Kassel
Grünschnabel
Kohlenstr. 30
Tel. 0561/282099

34121 Kassel
Avocado
Schönfelder Str. 3
Tel. 0561/25301

34121 Kassel
Metzgerei Wilke
Virchowstraße
P: 3
V: VgtM

34125 Kassel
Edeka-Markt
Fuldastr. 39a
P: 3
V: VgtM

34125 Kassel
A. März - Gut Kragenhof, Verkaufsstand
Markthalle
P: 3
V: VgtM

34125 Kassel
A. März - Gut Kragenhof, Verkaufsstand
Markt Weilheiden
P: 3
V: VgtM

34128 Kassel
Obstbau v. Senfft
Am Obstkeller 7
Tel. 0561/882154
P: 12
V: Demeter

34128 Kassel
Naturkostladen Forst u. Garten
Harleshäuser Str. 125
P: 5
V: VgtM

34130 Kassel
Schmanddibben
Zentgrafenstr. 166
Tel. 0561/69135
P: 1, 2, 5, 7, 8, 9, 10, 11, 12, 13, 15, 16
V: BNN

34130 Kassel
Reformhaus Jungbrunnen
Teichstraße
P: 3
V: VgtM

34131 Kassel
Gärtnerhof Waldhof im Bildungswerk Beruf und Umwelt
Brabanter Str. 43
Tel. 0561/37206

34131 Kassel
Wilhelmshöher Schmanddibben
Kunoldstr. 29
Tel. 0561/35200
P: 1,2,3,4,5,6,7,8,9,10,
11,12,13,14,15,16

34131 Kassel
Speisekammer
Kurhausstr. 27
Tel. 0561/312608

34131 Kassel
Demeter-Lebensmittel H. Kloeker
Lange Str. 36
Tel. 0561/311370
P: 2, 5, 7, 8, 11, 12, 13, 15
V: VgtM

34131 Kassel
AlnaturA-Laden
Wilhelmshöher Allee 261
Tel. 0561/313406

34132 Kassel
Quer-Beet
Korbacher Str. 221
Tel. 0561/404702
Fax 0561/40720
P: 1,2,3,4,5,6,7,8,9,10,
11,12,13,15,16
V: BNN

34139 Kassel
Feinkost Kunold
Zentgrafenstr. 134
P: 3
V: VgtM

34117 Kassel
Biometzgerei Fettnäpfchen
Wolfsschlucht 27
Tel. 0561/107741
Fax 0561/107741
P: 2,3,5,6,13,14,15,16

34260 Kaufungen
Naturkost Kaufungen
Dorfstr. 25
Tel. 05605/6415
P: 1,2,3,7,8,9,10,11,12,
13,15,16
V: BNN

34260 Kaufungen
Kasseler Werkstätten
Im Schwabenfeld 5
Tel. 0561/512221
P: 7
V: Naturland

65779 Kelkheim
Reformhaus Kelkheim
Frankfurter Str. 37
Tel. 06195/3469
P: 2, 7, 8, 11, 12, 13, 15
V: Demeter

Einkaufsadressen

65779 Kelkheim
Tee- u. Naturkostecke Emrich
Friedrichstr. 1
Tel. 06195/73101
P: 2, 7, 8, 11, 12, 13, 15
V: Demeter

65399 Kiedrich
Weinbau Andreas Wenz
Eltviller Str. 18
Tel. 06123/61503
P: 16
V: BÖW

65399 Kiedrich
Weinbau J. + I. Engelmann
Rosenstr. 17
Tel. 06123/3876
P: 16
V: BÖW

35274 Kirchhain
Das Naturkosthaus
Frankfurter Str. 8
Tel. 06422/6886
P: 2, 5, 7, 8, 11, 12, 13, 15
V: Demeter

35274 Kirchhain
Naturkost
Steinstr. 22
Tel. 06422/2431

36320 Kirtorf
Lothar Erb
Alsfelder Str. 9
Tel. 06635/1313
P: 5, 8
V: Bioland

36320 Kirtorf
Hess-Heydt
Hochstr. 8
Tel. 06692/7893
P: 5, 7, 8, 9, 11
V: Demeter

36320 Kirtorf
Hof Haberlach
Ober-Gleener-Str. 1
Tel. 06635/635
P: 2, 5, 7, 8, 9, 11
V: Demeter

61462 Königstein
Imkerei Leppin & Schneider
Eppsteiner Str. 12
Tel. 06174/5834
P: 15

61462 Königstein
Klostergärtchen
Klosterstr. 3a
Tel. 06174/4757
V: BNN, Demeter

34327 Körle
Bernhard Wicke
Zum Rot 15
Tel. 05665/1403
P: 8, 9, 11, 14, 15
V: Bioland

34497 Korbach
Willi Köhler
Gutsweg 3
Tel. 05631/60130
P: 8
V: Bioland

34497 Korbach
Regenbogen
Marktplatz 6
Tel. 05631/63872
P: 2,3,7,8,9,10,11,12, 13,15,16
V: Bioland, BNN

34497 Korbach
Feinkost Vesper
P: 3
V: VgtM

61476 Kronberg
Hofgut Hohenwald Wolfram Meyer
P: 3
V: Demeter, VgtM

61476 Kronberg
Kronberger Naturkostladen
Katharinenstr. 8
Tel. 06173/7780
Fax 06173/7780
P: 1,2,3,4,5,6,7,8,9,10, 11,12,13,14,15,16
V: BNN

36093 Künzell
Oskar Manz
Oberdassen 6
Tel. 06661/33668
P: 3
V: Bioland

68623 Lampertheim
Jugendberufshilfe
Emilienstr. 20
Tel. 06206/56165
P: 7, 12
V: Bioland

68623 Lampertheim
Nahrungsmittel GmbH
Waldstr. 34
Tel. 06256/410
Fax 06256/1679
P: 15
V: Bioland

68623 Lampertheim
Reformhaus Buch
Hauptstr. 73
P: 3
V: VgtM

68623 Lampertheim
Raiffeisenwarenmarkt
Am Güterbahnhof
P: 3
V: VgtM

68623 Lampertheim
Lebensmittel Boxheimer
Falterweg 46
P: 3
V: VgtM

68623 Lampertheim
Bäckerei Hug
Bürstädter Str. 27
P: 3
V: VgtM

68623 Lampertheim
Bäckerei Hug
Römerstr. 162
P: 3
V: VgtM

68623 Lampertheim
Hilde Korb
Wormser Str. 69
P: 3
V: VgtM

68623 Lampertheim
Peter Vogel
Kaiserstr.
Tel. 06206/56540
P: 3
V: VgtM

63225 Langen
Ringelblume
Bahnstr. 12
Tel. 06103/25252
P: 2, 5, 7, 8, 11, 12, 13, 15
V: BNN, Demeter

63225 Langen
Spitzweg-Reformhaus
Bahnstr. 102
P: 3
V: VgtM

63505 Langenselbold
Sprossengarten
Seegasse 21
Tel. 06184/4390

63505 Langenselbold
Das Lädchen
Bremesgasse 5
Tel. 06184/62936
Fax 06184/62936

288 Hessen

P: 1,2,3,7,8,9,10,11,12, 13,15,16
V: BNN

35428 Langgöns
Uwe Frauenlob
Aulbachstr. 31
Tel. 06085/2579
P: 7, 9, 12, 13
V: Bioland

35428 Langgöns
Biomobil - Lieferdienst
Traute u. Volker Weber GbR
Bismarckstr. 11
Tel. 06403/74370
Fax 06403/74785
P: 1,2,3,5,7,8,9,10,11, 12,13,14,16
V: Bioland

35428 Langgöns
Burkhard Frey
Amthausstr. 27
Tel. 06403/72758
P: 2,3,4,5,6,7,8,9,10, 11,12,13,14,15,16
V: Bioland

36341 Lauterbach
Reformhaus Pontow
Marktplatz 15
Tel. 06641/2573
V: Demeter

36341 Lauterbach
Siegfried Schmelz
Vogelsbergstr. 151
Tel. 06641/7812
P: 2, 8, 9, 10
V: Bioland

64686 Lautertal
Metzgerei Hornung
Nibelungenstr. 243
Tel. 06254/1241
P: 5

35638 Leun
Lothar Klein
Junkerhof 1

Tel. 06473/1582
P: 5, 8, 9, 11
V: Bioland

35423 Lich
Naturkostecke
Ohlengasse 19
Tel. 06404/61138
V: BNN, Demeter

35423 Lich-Eberstadt
Dr. Christa Pavel-Wagner
Arnsburger Str. 56
P: 3
V: VgtM

35104 Lichtenfels
Ludwig Artzt
Am Dörnchen 1
Tel. 06454/310
P: 8, 9
V: Bioland

35104 Lichtenfels
Reinhard Weber
Hillershäuserstr. 27
Tel. 05636/1409
P: 5
V: Bioland

35104 Lichtenfels
Molkerei Sachsenberg
Orker Str. 19
Tel. 06454/227
P: 11
V: Bioland

35104 Lichtenfels
Hermann Schnell
Scheidstr. 6
Tel. 06454/874
P: 8, 9, 11
V: Bioland

35104 Lichtenfels
Heinrich Isken
Waldeckerstr. 46
Tel. 06454/1454
P: 2, 8, 10, 11
V: Bioland

35104 Lichtenfels
Karl Schäfer
Zum Mittelfeld 1
Tel. 06454/876
P: 3
V: Bioland

34396 Liebenau
Helmut Strippelmann
Bruchwerg 25
Tel. 05676/1039
P: 3, 6, 8
V: Bioland

65549 Limburg
Wundertüte
Parkstr. 2
Tel. 06431/8183
P: 7, 8, 11, 12, 13, 15
V: Demeter

65549 Limburg
Reformhaus Herzog
Bahnhofstr. 6
P: 3
V: VgtM

35440 Linden
Lindenblüte
Rathausstr. 51
Tel. 06403/64768
P: 7, 8, 11, 12, 13, 15
V: BNN, Demeter

64678 Lindenfels
Metzgerei H. Pfeifer
Nibelungenstraße
P: 3
V: VgtM

34253 Lohfelden
Henner Gröschner
Brunnenstr. 1
Tel. 05608/1233
Fax 05608/3644
P: 2, 5, 8, 9
V: Bioland

34253 Lohfelden
Biolandhof Armbröster
Am hohen Rod

Tel. 05608/1709

35102 Lohra-Damm
Hofladen in Damm
Fronhäuser Str. 12
Tel. 06426/7886 u. 1696
Fax 06462/1696
P: 2, 3, 5, 7, 8, 9, 10, 11, 12, 13, 15, 16
V: Bioland, Demeter

35457 Lollar
Hofgut Friedelhausen
Tel. 06406/75212
Fax 06406/71949
P: 5, 7, 8, 9, 11
V: Demeter

35457 Lollar
Geißler
Kirchberg 3
Tel. 06406/3153
P: 8, 9
V: Demeter

65391 Lorch
Weinbau Reinhard Glaßner
Langgasse 12
Tel. 06726/1019
P: 16
V: BÖW

65391 Lorch
Weinbaugemeinschaft Altenkirch/Schmidt
Langgasse 4
Tel. 06726/1614
P: 16
V: BÖW

65391 Lorch
Weingut Graf von Kanitz
Rheinstr. 49
Tel. 06726/346
Fax 06726/2178
P: 16
V: BÖW

Einkaufsadressen

65391 Lorch
Weinbau Josef
Schwenzer
Weiselberg 35
Tel. 06726/9267
P: 16
V: BÖW

64563 Lorch
Bierbaum Getreide u.
Lebensmittel
Nibelungenstr. 118
P: 3
V: VgtM

64563 Lorch
Kunstladen
G. u. J. Liebetreu
Kirchstr. 18
P: 3
V: VgtM

64653 Lorch
Mehlwurm
Mozartstr. 1
Tel. 06251/53337
P: 2, 3, 7, 8, 11, 12, 13, 15
V: BNN, Demeter, Vgt

64653 Lorch
Bäckerei Theo Rehm
Heppenheimerstr. 1
P: 3
V: VgtM

64653 Lorch
Willi Guthbier
Hügelstr. 38
P: 3
V: VgtM

64653 Lorch
Hermann Helmling
Römerstr. 8
Tel. 06251/56821
P: 5, 7, 8, 11, 12, 13, 15
V: Demeter

63477 Maintal
Vinothek Hessler

Am Bootshafen 4
Tel. 06181/43030
Fax 06181/430333
P: 16

63477 Maintal
Karotte Naturwaren
Schwanengasse 4
Tel. 06181/492655
Fax 06181/494463
P: 1,2,3,4,5,6,7,8,9,10, 11,12,13,15,16
V: BNN

55252 Mainz-Kastel
Schrotmühle Julia Karl
Ankertorstr. 24
V: Demeter

55252 Mainz-Kastel
Bäckerei Budecker + Co. KG
Schmalweg 48
P: 2
V: Demeter

55246 Mainz-Kostheim
Ökotex
Hochheimer Str. 44
Tel. 06134/26662

34323 Malsfeld
Harald u. Karin Kellner
Höhenstr. 11
Tel. 05661/6152
P: 5, 8, 9, 11
V: Bioland

35037 Marburg
Karl-Heinz Otte
Friedrichsplatz 5
Tel. 06421/12438
P: 7
V: Bioland

35037 Marburg
Dreyerley Naturkost
Gutenbergstr. 3
Tel. 06421/14717

P: 1,2,3,7,8,9,10,11,12, 13,15,16

35037 Marburg
Reformhaus Th. Kirchhof
Ketzerbach 8
Tel. 06421/67112
Fax 06421/67112
P: 2, 3, 7, 8, 9, 10, 11, 12, 13, 15, 16

35037 Marburg
Rübezahl
Reitgasse 3
Tel. 06421/12372
P: 3,7, 8, 11, 12, 13, 15
V: Demeter, VgtM

35037 Marburg
Reformhaus Früchtekorb
Schwanallee 26
Tel. 06421/14713
P: 2, 5, 7, 8, 11, 12, 13, 15
V: Demeter

35037 Marburg
Naturkost Weidenhausen GmbH
Weidenhäuser Str. 31
Tel. 06421/26677
Fax 06421/26630
P: 1,2,3,5,7,8,9,10,11, 12,13,15,16
V: BNN

35037 Marburg
Naturkost Frömel
Frankfurter Str. 31
P: 3
V: VgtM

35043 Marburg
Petra u. Peter Ritter
Zum Lahnberg 13
Tel. 06421/22420
V: Bioland

35037 Marburg
S. Herzmann Naturkost
Bahnhofstr. 6b
Tel. 06421/64461
P: 1,2,3,7,8,9,10,11,12, 13,15,16

37290 Meißner
Fritz Walter
Kombergstr. 16
Tel. 05657/449

37290 Meißner
Fam. Trampenau-Rutz
Schwemme 4
Tel. 05657/7374
Fax 05657/7374
P: 2, 3, 5, 8, 9, 10, 14, 15, 16
V: Bioland

34212 Melsungen
Kernbeisser
Mühlenstr. 17
Tel. 05661/4919
V: Demeter

64409 Messel
Chatarina Laigneau u.
Rudolf Koch Forsthaus
Steinacker
P: 5
V: VgtM

64720 Michelstadt
Biosphäre Naturkost & Tee
Obere Pfarrgasse 25
Tel. 06061/72223
V: Demeter

64397 Modautal
Jährling
Althoxhohl 35
Tel. 06167/1767
P: 5, 6, 7, 8, 9, 12, 13
V: Demeter

Hessen

64397 Modautal
Hessische Arbeitsgemeinschaft f. Biol.-Dyn. Wirtschaftsweise e.V.
Brandauer Weg 3
Tel. 06167/1565
Fax 06167/7341

64397 Modautal
W. Windirsch
Neutscher Hof
Tel. 06167/493
V: Demeter

64397 Modautal
Ernst Seeger
Wassergasse 6
P: 3
V: VgtM

64397 Modautal
Philipp Schanz
Ernsthofener Str. 18
P: 3
V: VgtM

64397 Modautal
Fam. Schuchmann Hof Gruenau
Neutsch
Tel. 06167/475
P: 3
V: VgtM

64546 Mörfelden-Walldorf
Kornstube
Waldstr. 29
Tel. 06105/74433
P: 2, 7, 8, 11, 12, 13, 15
V: Demeter

64546 Mörfelden-Walldorf
Kl. Küchler L. Wenz
Wolfsgartenstr. 4
Tel. 06105/25627
P: 2, 5, 7, 8, 11, 12, 13, 15
V: Demeter

69509 Mörlenbach
Natur-Stube
Weinheimerstr. 7
Tel. 06209/1434
V: BNN

35325 Mücke
Hof Müller
Darmstädter Str. 1
Tel. 06400/6011
P: 5, 8
V: Demeter

35325 Mücke
Klaus Malek
Grüner Weg
Tel. 06634/8396
P: 5
V: Bioland

35325 Mücke-Ruppertenrod
Bioland Landesverband Hessen e.V.
Hintergasse 23
Tel. 06400/8084
Fax 06400/6887

63165 Mühlheim
Windmühle
Bahnhofstr. 9
Tel. 06108/67421
P: 2, 7, 8, 11, 12, 13, 15
V: Demeter

64367 Mühltal
Wolfgang Pitsch Gartenbau
V: Demeter

64839 Münster
Kornmühle
Altheimer Str. 9
Tel. 06071/31102
P: 2, 7, 8, 11, 12, 13, 15
V: Demeter

35516 Münzenberg
Eugen Wiesenbach
Spitalstr. 1
P: 3

V: VgtM

34311 Naumburg
Joachim Löber
Waldeckerstr. 2
Tel. 05625/398
P: 8, 9
V: Bioland

37249 Neu-Eichenberg
Lehr- u. Versuchshof der Gesamthochschule Kassel
Ringstr. 16
Tel. 05542/8386
P: 3,5,6,7,8,9
V: Bioland

63263 Neu-Isenburg
Naturkost Bahnhofstraße
Bahnhofstr. 46
Tel. 06102/23214
P: 1,2,3,4,6,7,8,9,10,11, 12,13,14,15,16

63263 Neu-Isenburg
Vinoc Weinimport u. -handels GmbH Wein aus ökol. Anbau
Beethovenstr. 72
Tel. 06102/27910
Fax 06102/27956
P: 16

36119 Neuhof
Jürgen Heuer
Sandweg 3
Tel. 06669/1546
P: 11
V: Bioland

34626 Neukirchen
Reform-Versand
Klapperbornweg 5
Tel. 06694/1530
Fax 06694/427
P: 15

35279 Neustadt
Bernd Lau
Lindenstr. 16
Tel. 06692/1514
P: 3, 6, 7, 8
V: Bioland

35279 Neustadt
Kelterei Matsch & Brei Ökowein-Import
Steinweg 10
Tel. 06692/1400
Fax 06692/6819
P: 16

63667 Nidda
Wolfgang Koch
Am Lerchenrain 3
Tel. 06043/8728
P: 5, 8, 9, 11
V: Bioland

63667 Nidda
Wolfgang Weigand
Am Weinberg 36
Tel. 06043/1001
P: 12, 13
V: Bioland

63667 Nidda
Bernd Raschendorfer
Frankenstr. 6
Tel. 06043/2913
P: 8
V: Bioland

63667 Nidda
Ulrich Walkowiak
Laisbachstr. 14
Tel. 06046/2359
V: Bioland

63667 Nidda
Mehlwurm
Mühlstr. 25
Tel. 06043/4668
V: BNN

63667 Nidda
BUND-Ortsverband
Sonnenhang 13

Einkaufsadressen

Tel. 06045/7561
P: 12, 13
V: Bioland

63667 Nidda
Molkerei Fauerbach
Tel. 06043/27
P: 11
V: Bioland

34305 Niedenstein
Luisenhof - Siebert-Wolf
Emstal Str. 20
Tel. 05603/4108
P: 2, 5, 8, 9, 11, 12, 14
V: Demeter

34266 Niestetal
s'Körnchen
Kasseler Str. 44
Tel. 0561/527878

64372 Ober-Ramstadt
Grünkern
Leuschner-Str. 49
Tel. 06154/4857

64372 Ober-Ramstadt
Gisela Spieler
Pragelatostr. 102
Tel. 06154/3201

63179 Obertshausen
Karotte
Beethovenstr. 11
Tel. 06104/43131
P: 1,2,3,5,7,8,9,10,11, 12,13,15,16
V: BNN

63179 Obertshausen
La Palmera
Herrnstr. 32
Tel. 06104/75679
V: BNN

61440 Oberursel
Harald Koch

Pfeiffstr. 11
Tel. 06171/56687
Fax 06171/59902

61440 Oberursel
Ganesha
Strackgasse 14
Tel. 06171/3212
P: 7, 8, 11, 12, 13, 15
V: BNN, Demeter

61440 Oberursel
Bundesverband Deutscher Reformhäuser e.V.
Waldstr. 6
Tel. 06172/32002
Fax 06172/31054

61440 Oberursel
Pro Oeko GmbH
Waldstr. 6
Tel. 06172/32002
Fax 06172/31054

65375 Oestrich-Winkel
Weingut Hamm
Hauptstr. 60
Tel. 06723/2432
Fax 06723/87666
P: 16
V: Naturland

63065 Offenbach
Terra Viva
Berliner Str. 118
Tel. 069/889781
P: 2, 7, 8, 11, 12, 13, 15
V: Demeter

63065 Offenbach
Holunder Naturladen
Mittelseestr. 15
Tel. 069/819840
V: Demeter

63067 Offenbach
Vollkornbäckerei Brotgarten
Rathenaustr. 11

Tel. 069/814566
P: 2, 8, 10, 16

63071 Offenbach
Bioeck
Spießstr. 39
Tel. 069/854027
P: 1,2,3,4,5,7,8,9,10,11, 12,13,15,16
V: Demeter, VgtM

63683 Ortenberg
Hof Gallo
Im Bleichental 60
Tel. 06046/7857
P: 5, 8, 9, 12
V: Demeter

63683 Ortenberg
Heim- u. Werkstätten Rauher Berg e.V.
Tel. 06049/232
P: 5, 7, 8, 9, 11
V: Demeter

64853 Otzberg
Fritsch
Ringstr. 36
Tel. 06162/72348
P: 7, 9, 12, 15, 16
V: Demeter

64853 Otzberg
Jo Jung
Heinrichstr. 5
P: 14
V: VgtM

64319 Pfungstadt
A. Hengstenberger
Mainstr. 9
P: 3
V: VgtM

64319 Pfungstadt
Obstlädchen
Pfarrgasse
P: 3
V: VgtM

35415 Pohlheim
Pohlheimer Tee- u. Naturkoststube i. d. Limes Apotheke
Uhlandstr. 18
Tel. 06403/61595
P: 2, 5, 7, 8, 11, 12, 13, 15
V: Demeter

36163 Poppenhausen
Herbert Bernhard Pfaffenhof
Tel. 06658/208
V: Bioland

63691 Ranstadt
Met-Jonas GmbH
Hauptstr. 3
Tel. 06041/5325
Fax 06041/50465
P: 16

64354 Reinheim
Obst- u. Gemüse A. Yldiz
V: Demeter

64354 Reinheim
Hahn's Natur
Schillerstr. 2
Tel. 06162/5309
P: 8, 11, 13, 15
V: Demeter

64560 Riedstadt
Safran
Bahnhofsallee 16
Tel. 06158/6634
P: 2, 5, 7, 8, 11, 12, 13, 15
V: Demeter, VgtM

64668 Rimbach
Walter Pardonner
Hauptstr. 66
Tel. 06253/84968
P: 5, 12, 13
V: Bioland

64668 Rimbach
Natur-Stube
Rathausstr. 19
Tel. 06153/6852
V: BNN, Demeter

64668 Rimbach
Naturstube Brecht und Ribbel
P: 3
V: VgtM

35519 Rockenberg
Klaus Pröll
Schulstr. 6
Tel. 06033/66266
V: Bioland

63517 Rodenbach
Schrotstübchen
Hainstr. 3
Tel. 06184/53805

63110 Rodgau
Naturkost Renate Haller
Eisenbahnstr. 7
Tel. 06106/14945
Fax 06106/14945
P: 1,2,3,4,5,6,7,8,9,10, 11,12,13,14,15,16
V: BNN

63110 Rodgau
Zintel & Frey Vertiebsges.
Goethestr. 27
Tel. 06106/21716

63110 Rodgau
Gärtnerei Rollwaldhof
Isarstr. 16
Tel. 06106/79810
P: 7
V: Demeter

63110 Rodgau
Bäckerei u. Naturkost Albert Spahn
Oberrodenerstr. 54
Tel. 06106/76868

Fax 06106/771955
P: 2, 3, 8, 10, 11, 13, 15, 16
V: Demeter

63110 Rodgau
Zintel & Frey
Rathenaustr. 1
Tel. 06106/17157
V: Bioland

63322 Rödermark
Giselas Vollwert- u. Diabetiker Stube
Breidertring 2a
Tel. 06074/96247

64385 Rohrbach
Helmut Guyot
Daniel-Bonin-Str.
P: 3
V: VgtM

36329 Romrod
Dr. H.J. Schäfer
Vogelsbergstr. 19
Tel. 06636/285
Fax 06636/515
P: 5
V: Bioland

61191 Rosbach
Richard Matusch
Im Kleinfeldchen 22
Tel. 06003/8071

61191 Rosbach
Phönix GmbH - Naturwarengroßhandel
Raiffeisenstr. 28
Tel. 06003/294
P: 3
V: BNN, VgtM

36199 Rotenburg
Müller
Zum Grund 14
Tel. 06623/5754
P: 2, 3, 7, 8, 9, 10
V: Demeter

65385 Rüdesheim
Weingut Asbach-Kretschmar
Zum Niederwald-Denkmal 2
Tel. 06722/4616
Fax 06722/1070
P: 16
V: BÖW

65428 Rüsselsheim
Biotheke
Am Brückweg 21
Tel. 06142/62595
P: 1,2,3,5,7,8,9,10,11, 12,13,15,16
V: Demeter

65428 Rüsselsheim
Ökoweine Paul H. Töpfer
Baumstr. 3
Tel. 06142/71269
P: 16

65428 Rüsselsheim
Ulli's Naturhaus
Mainzer Str. 25
P: 3
V: Demeter, VgtM

65594 Runkel
Bettina Hell
Grabenstr. 4
Tel. 06482/4292

64850 Schaafheim
Naturwaren Hock
Spitzengasse 8
Tel. 06073/87446

34270 Schauenburg
Willi Knyrim
Weidegut Elmshagen
Tel. 05601/4149
V: Bioland

34270 Schauenburg
Öko-Fleischerei
Kurbacher Str. 60
P: 5

V: VgtM

36110 Schlitz
Die Nudel-Werkstatt
Siebertshof 1820
Tel. 06642/6848
Fax 06642/6286
P: 10
V: Bioland

36110 Schlitz
Erich Lachmann
Auf dem Rasen 7
Tel. 06642/5787
P: 9
V: Bioland

36110 Schlitz
Richthof - Gärtnerei
P: 7, 15
V: Demeter

36110 Schlitz-Sassen
Lebensgemeinschaft - Sassen e.V. Gärtnerei
Tel. 06642/80251
P: 2, 7, 9
V: Demeter

36381 Schlüchtern
Naturkostladen Schlüchtern
Bahnhofstr. 6
Tel. 06661/5102
V: BNN

36381 Schlüchtern
Fritz Kohlhepp
Huttener Str. 51
Tel. 06661/1851
P: 2, 8, 9, 10
V: Bioland

36381 Schlüchtern
Michael Rupp
Schoppenhof
Tel. 06661/5672
V: Bioland

Einkaufsadressen

36381 Schlüchtern
Hofgut Lindenberg
Renate u. Dieter Euler
Tel. 06661/5193
Fax 06661/6416
P: 3, 5, 6, 7, 8, 9, 12, 13, 15
V: Bioland

61389 Schmitten
Natur-Küche Gisela Martin
Feldbergstr. 94
Tel. 06082/1530
V: BNN

61137 Schöneck-Oberdorfelden
Dagmar Hofmann
Alte Dorfstr. 18
Tel. 06087/8243
P: 12, 13, 16
V: Bioland

34613 Schwalmstadt
Ludwig Seibert
Wolfhainsiedlung 5
Tel. 06691/4729
P: 3,4,8,9,11
V: Bioland

36318 Schwalmtal
Lindner
Strebendorfer Str. 5
Tel. 06630/706
P: 7, 8, 9
V: Demeter

36318 Schwalmtal
Laden der Hofgemeinschaft Melchiorsgrund
P: 2, 5, 7, 8, 10, 11, 12, 13
V: Demeter

64342 Seeheim-Jugenheim
Italienische Lebensmittel
Bergstr. 21
Tel. 06257/84776

P: 2, 7, 8, 11, 12, 13
V: Demeter

64342 Seeheim-Jugenheim
Teelicht U. Baumann
Darmstädterstr. 3
Tel. 06257/84766
P: 2, 7, 8, 11, 12, 13, 15
V: BNN, Demeter

63500 Seligenstadt
Ahorn
Bahnhofstr. 1
Tel. 06182/27777
P: 2, 5, 7, 8, 11, 12, 13, 15
V: BNN, Demeter

63500 Seligenstadt
Gepa - Aktion Dritte Welt Handel Regionalstelle Mitte
Dieselstr. 57
Tel. 06182/29228

64759 Sensbachtal
Doldenhof
Heugasse 17
Tel. 06068/3746
P: 14,15

36132 Soisdorf
Schäferei Goldvlies
Am Dorfwasser 2
Tel. 06676/1312
P: 5,14,15
V: Bioland

35606 Solms
Biogartenbau + Naturkost Schwarz
Bergstr. 3
Tel. 06442/8311
Fax 06442/8311
P: 7,8,9,12,15
V: BNN

35606 Solms-Burgsolms
Alfred Schrenk
Lilienweg 6
P: 3
V: VgtM

35606 Solms-Niederbiel
Heinrich Wagner
Ringstr. 25
P: 3
V: VgtM

35606 Solms-Niederbiel
Jakob Wilhelm
Bodenstraße (Vogelschutzgebiet)
P: 3
V: VgtM

34286 Spangenberg
Johann Stahl
Steinbachhof
Tel. 05663/238
P: 3, 8, 9
V: Naturland

34286 Spangenberg
Reinhard Wuppermann
Tel. 05663/1330
P: 3, 5, 6, 8, 9
V: Naturland

36396 Steinau
Herbert Rudolph
Taunusstr. 2
Tel. 06663/5830
P: 8
V: Bioland

61449 Steinbach
Heinrich - Quellenhof
Kirchgasse 9
Tel. 06171/78458
P: 2, 3, 5, 7, 8, 9, 11, 12
V: Demeter

63834 Sulzbach
Hof Erna Anthes
Hauptstr. 39
P: 3

V: VgtM

65843 Sulzbach
Jürgen Schaar
Mainzer Str. 2
Tel. 06169/71871
V: Bioland

65232 Taunusstein
Ernst Nebenführ
Am Platterhof 1
Tel. 06128/73386
P: 3
V: Bioland

65232 Taunusstein-Hahn
Naturkost Terra verde
Aarstr. 136
Tel. 06128/21660
Fax 06128/21370
P: 1,2,3,5,6,7,8,9,10,11, 12,13,15,16
V: BNN

34388 Trendelburg
Hofeditz
Oberer Weg 42
P: 3
V: VgtM

34388 Trendelburg
Henne-Hof
P: 5
V: VgtM

61250 Usingen
Werner Wolf
Mühlweg 1
Tel. 06081/13478
P: 3
V: Bioland

61250 Usingen
Momo - Naturkost
Neutorstr. 9
Tel. 06081/13907
P: 1,2,3,4,5,6,7,8,9,10, 11,12,13,14,15,16
V: Bioland, BNN

68519 Viernheim
Calendula
Lorscherstr. 30
Tel. 06204/75430
V: BNN, Demeter

34516 Vöhl
Henkel - Steinberghof
Forstweg 10
Tel. 05635/1622
Fax 05635/1622
P: 5, 8, 9,
V: Demeter

34471 Volkmarsen
Franz Drude Birkenhof
Warburgerstr. 2
Tel. 05693/1382
P: 5, 8, 11
V: Bioland

34590 Wabern
Das Lädchen
Alsfelderstr. 9/1
Tel. 05681/5979

63607 Wächtersbach
Natürlich
Naturkostladen
Bahnhofstr. 13
Tel. 06053/3951
Fax 06033/3951
P: 1,2,3,7,8,9,10,11,12, 13,15,16
V: BNN, Demeter

69483 Wald-Michelbach
Bäckerei zur alten Mühle
Am Wetzel 1
P: 2
V: Demeter

34513 Waldeck
Alfred Figge
Vöhlerstr. 1
Tel. 05634/7831
P: 5, 7, 8, 9, 11, 12, 13, 16
V: Bioland

65529 Waldems
Keim & Korn-Kiste
V: Demeter

35794 Waldernbach
Josef Weimer
Westerwaldstr. 15
P: 5
V: VgtM

37284 Waldkappel
Hans-Karl Kratzenberg
Mühlenstr. 2
Tel. 05658/1454
P: 8
V: Bioland

35647 Waldsolms
Wolfgang Busch
Bornbachstr. 2
Tel. 06085/440
V: Bioland

35647 Waldsolms
Thomas Sänger
Fürst-Walrad-Str. 10
Tel. 06085/2891
P: 11
V: Bioland

37287 Wehretal
Herbert Sandrock
Am Weinberg
Tel. 05651/4377
P: 3, 6, 8
V: Bioland, VgtM

61273 Wehrheim
Rudi Leidecker
Am Weißen Stein
Tel. 06081/3413
P: 8, 11
V: Bioland

35781 Weilburg-Freienfels
Hof Freiblick
P: 5
V: VgtM

35789 Weilmünster
Weinbrenner
Grauensteinstr. 26
Tel. 06472/7122
P: 8, 9
V: Demeter

35789 Weilmünster-Emsthausen
Familie Radu
Aulenhäuser Weg 1
Tel. 06472/2177
P: 2, 3, 5, 7, 8, 9, 10, 11, 15
V: Demeter, VgtM

61276 Weilrod
P. u. G. Schmidt-Grossmann
Eichelbacher Hof
Tel. 06083/2467
P: 5, 6, 13
V: Bioland

61276 Weilrod-Maulhoff
Blum-Becker
Ringstr. 14
Tel. 06084/5886
P: 3,5,6,7,12,14

35096 Weimar
J. Gabriel
Stebebach 2
Tel. 06426/7234
P: 7, 8, 9, 11
V: Demeter

35796 Weinbach
Alte Schule Elkerhausen
Oberlahnkreis
Tel. 06474/1717

64331 Weiterstadt
Hörner
Alfred-Dürer-Str. 35
Tel. 06150/51528
P: 12, 13
V: ANOG

64331 Weiterstadt
Granum Naturprodukte Vertriebs-GmbH
Zeppelinstr. 6
Tel. 06151/893391
Fax 06151/894148
P: 8, 10, 15
V: Biokreis

37299 Weißenborn
Rudolf Franke
Raiffeisenstr. 2
Tel. 05659/305
P: 5
V: Bioland

35083 Wetter
Walter Klös
Alte Höhle 15
Tel. 06423/6207
P: 3, 6
V: Bioland, VgtM

35083 Wetter
Das Naturkosthaus
Bahnhofstr. 2
Tel. 06423/2717
P: 2, 5, 7, 8, 11, 12, 13, 15
V: Demeter

35578 Wetzlar
Diamant-Naturkost-Tee
Eisenmarkt 6
P: 1,2,3,4,5,6,7,8,9,10, 11,12,13,15,16
V: BNN

35578 Wetzlar
Naturkost Schwarz Bioland Gartenbau
Fischmarkt 3
Tel. 06441/48291
V: BNN

35578 Wetzlar
Gerd Gräfling
Forsthaus Stoppelberg
P: 3
V: VgtM

Einkaufsadressen

65183 Wiesbaden
Reformhaus Glembocki
Faulbrunnstr. 4
V: Demeter

65183 Wiesbaden
Reformhaus Brunner
Mauritiusstr. 9
V: Demeter

65183 Wiesbaden
Pro Natur GmbH
Schützenhofstr. 3
Tel. 0611/378696
Fax 0611/3083755
P: 1,3,5,7,8,9,10,11, 12,13,15,16
V: Bioland, Demeter

65185 Wiesbaden
Naturwaren Gabriele Schmitt
Kaiser-Friedrich-Ring 71
Tel. 0611/87554

65185 Wiesbaden
Reformhaus Freya
Kirchgasse 28
Tel. 06121/304833
P: 2, 3, 7, 8, 9, 10, 11, 12, 13, 15, 16

65185 Wiesbaden
Verbraucher-Zentrale Hessen e.V.
Luisenplatz 8
Tel. 0611/378001

65185 Wiesbaden
Reformhaus Diefenbach
Moritzstr. 18
Tel. 06121/377687
P: 2, 7, 8, 11, 12, 13, 15
V: Demeter

65185 Wiesbaden
Reformhaus Drazba
Rheinstr. 71
V: Demeter

65189 Wiesbaden
Wiesbadener Jugendwerkstatt
Hasengartenstr. 10-12
P: 5
V: VgtM

65191 Wiesbaden
Kumschier
Flandernstr. 81
Tel. 0611/54500
P: 2, 5, 7, 8, 9, 11, 12, 15
V: Demeter

65191 Wiesbaden
Gärtnerei
Kloppenheimer Weg 3
Tel. 0611/54500
P: 2, 3, 5, 7, 8, 11, 12, 13
V: Demeter

65191 Wiesbaden
Naturkostladen Bierstadt
Limesstr. 1
Tel. 0611/507146

65193 Wiesbaden
Bauerfeind
Forststr. 5
Tel. 0611/541535
P: 15
V: Demeter

65193 Wiesbaden
Deutscher Verbraucherschutzverband
Leberberg 4
Tel. 0611/528616

65193 Wiesbaden
Ra-Ve L. Drat
Rambacher Str. 74
Tel. 0611/541737

65195 Wiesbaden
Kaiser's Schrotbäckerei
Blücherstr. 8
Tel. 06121/440908

P: 2, 8
V: Demeter

65195 Wiesbaden
Haselnuß-Hofladen
Yorckstr. 19
Tel. 06121/400646
P: 2, 3, 5, 7, 8, 11, 12, 13, 15, 16
V: Demeter, VgtM

65195 Wiesbaden
Boessen Naturhaus
Zietenring 5
Tel. 06121/400211
P: 2, 5, 7, 8, 11, 12, 13, 15
V: Demeter

65197 Wiesbaden
Reformhaus Schütz
Dotzheimer Str. 66
V: Demeter

65197 Wiesbaden
Käseecke A. Klein
Dotzheimerstr. 72E
P: 3
V: VgtM

65203 Wiesbaden
W. Biebrich
Rathenusplatz
V: VgtM

65205 Wiesbaden
Metzgerei Lochbühler
Hessenring 21
P: 5
V: VgtM

65207 Wiesbaden
Honigblume Naturwaren
Annemarie-Goßmann-Str. 11a
Tel. 0611/503179
P: 1,2,7,8,9,10,11,12, 13,15,16

65207 Wiesbaden
Bio-Bauer Hennemann
Kleine Str. 9
P: 3
V: VgtM

65183 Wiesbaden
Hofladen 26
Taunusstr. 26
P: 2,5,7,8,9,11,12,15,16
V: Demeter

65191 Wiesbaden-Bierstadt
Das Ökolädchen
Poststr. 11
P: 3
V: Demeter, VgtM

65205 Wiesbaden-Erbenheim
Staatsdomäne Mechtildshausen
Tel. 0611/73740
Fax 0611/737447
P: 2,3,5,6,7,8,9,11,12,13
V: Bioland

65207 Wiesbaden-Naurod
Natura - Haus für Naturwaren GmbH
Auringer Str. 10
Tel. 06127/4145
Fax 06127/66369
P: 1,2,3,5,6,7,8,9,10, 11,12,13,16

36208 Wildeck
Gilbert Schindler
Hof Wildeck
Tel. 06678/763
P: 11
V: Bioland

36208 Wildeck
Karsten Tümmler
Schildhofstr. 9
Tel. 06626/564
P: 5, 8, 11
V: Bioland

Hessen

34628 Willingshausen
Kulturpäd.- Lebens- u. Werkgemeinschaft
Junker Hooss 4
Tel. 06691/71876
P: 2, 3, 8, 9, 10, 12, 13, 15
V: Demeter

37213 Witzenhausen
Reformhaus Walger
Kerstin Walger
Steinstr. 11
Tel. 05543/8834
P: 3,8,10,11,12,13,15

37216 Witzenhausen
Betriebsgemeinschaft Gut Fahrenbach
Tel. 05542/6388
P: 2, 5, 8, 10
V: Bioland, VgtM

37218 Witzenhausen
Aktion Grüner Bote
Hübenthal 1a
Tel. 05542/71077
Fax 05542/72780
P: 1,2,3,5,7,8,9,10,11, 12,13,15,16
V: Bioland

37218 Witzenhausen
Peter Mütze
Hübenthal 3a
P: 8
V: Bioland

37213 Witzenhausen
INAC-International Nutrition and Agriculture Consultancy
Rudolf-Herzog-Weg 23
Tel. 05542/5100
Fax 05542/72752

37218 Witzenhausen-Gertenbach
AGRECO-WITZENHAUSEN
Dipl.-Ing. R. F. Göderz
Mündener Str. 19
Tel. 05542/4044
Fax 05542/6540

35288 Wohratal
Hans Helmut Rey
Mühlweg 8
Tel. 06453/7266
P: 5, 8
V: Bioland

34466 Wolfhagen
Betriebsgemeinschaft Eschenhof
Bärenbergstr. 1
Tel. 05692/2464
P: 2, 5, 8, 9, 10, 11
V: Demeter

34466 Wolfhagen
Friedhelm Kunhaupt
Wolfhager Str. 36
Tel. 05692/1749 u. 5493
P: 5,9

34289 Zierenberg
Hannelore Kucklick
Mittelstr. 37
P: 3
V: VgtM

Mecklenburg-Vorpommern: Landesverbände und Institutionen

Arbeitskreis biolog.-dyn. Höfe in Mecklenburg-Vorpommern
Dorfstr. 24
17111 Sommersdorf
Tel. 039952/266
V: Grüne Liga

Gemeinschaft für ökolog. Landwirtschaft e.V. Regionalstelle Mecklenburg-Vorpommern
Hafenbahnweg 2c
18147 Rostock
Tel. 0381/25740
V: Grüne Liga

Grüne Liga Arbeitsgruppe Ökolog. Landbau
Kröpeliner Str. 25
18055 Rostock
Tel. 0381/36361
V: Grüne Liga

Gäa-Regionalstelle Mecklenburg-Vorpommern
Bergstr. 54
19055 Schwerin
Tel. 0385/864930 o.
Fax 0385/5811648

Landwirtschaftsberatung GmbH
Neue Reihe
18209 Bad Doberan

Verband Mecklenburg-Vorpommern Biopark e.V.
Zarchliner Str. 1
19395 Karow
Tel. 038738/223
Fax 038738/226
V: Grüne Liga

Mecklenburg-Vorpommern: Einkaufsadressen

18556 Altenkirchen
Familie Mumedey
Gudderitz Nr. 5
P: 2, 7, 11, 12
V: Demeter

18320 Altenwillershagen
Helga Oehlckers
P: 5
V: VgtM

17389 Anklam
Friedrich Möhr
Bluthslusterstr. 21
P: 11, 12, 14

18209 Bad Doberan
Landwirtschaftsberatung GmbH
Neue Reihe

18209 Bad Doberan
Bäckerei - Konditorei
J. Carlson
Parkentiner Weg 37
Tel. 038203/5297
V: Naturland

19395 Barkow
Lisa Rusch
Dorfstr. 23
P: 3, 9, 11

18209 Bartenshagen
Ewald Schulz
P: 3, 9, 11

19260 Bennin
Biolandhof Handke
Dorfstr. 29
Tel. 038843/218
Fax 038843/418
P: 2, 3, 6, 7, 8, 9, 10, 12, 13

19205 Breesen-Chaussee
Renate Teske
Nr. 6
Tel. 038876/20233
P: 3
V: VgtM

19089 Bülow
Bio-Klein-Ranch Bernd Fügert
Schloßstr. 4
P: 3,5,7
V: VgtM

17321 Caselow
A. Tuchenhagen

18320 Daskow
Ziegenkäserei
Jan Brauer
Altenwillershägerweg 3
P: 11,14,15
V: VgtM

23992 Fahren
Familie Herold
Dorfstr. 13
P: 2, 8, 11
V: Bioland, GÄA

17258 Feldberg
Heino Hermühlen
Hollerbusch 4
P: 14, 15
V: GÄA

17089 Grischow
Freesehof
Oberstriet 4
V: Bioland

19294 Grittel
Familie Albs
Am Ring 8
P: 15

18276 Gülzow
Öko-Direkt Hofgut Hillebrand
P: 5, 9
V: Bioland

18182 Harmstorf
EG Harmstorf
P: 5
V: VgtM

17258 Hochfeld
Elmar u. Sabine Keller
Tel. 039820/469
Fax 039820/469
P: 2, 3, 5, 8, 9, 11
V: Demeter

19294 Karenz
Reiterhof am Sternberg
Grebster Str. 1
Tel. 038750/288
P: 5, 8, 9, 11

19395 Karow
Verband Mecklenburg-Vorpommern Biopark e.V.
Zarchliner Str. 1
Tel. 038738/223
Fax 038738/226
V: Grüne Liga

19294 Krinitz
Helgo Scholz
P: 3
V: VgtM

18442 Krummenhagen
Ökolog. Beschäft.-initiative e.V.
Dorfstr. 34
Tel. 038327/60139
Fax 038327/60139
P: 3, 7, 9, 11
V: Bioland

18225 Kühlungsborn
Natur Pur
Strandstr. 42

17406 Liepe
Usedomer Biolamm I. Ahrens/Heldt
P: 14, 15

19399 Medow
G. Strohschein
Lindenstr. 12
P: 3

17429 Mellenthin
Bioprodukte GmbH
Burgwald & Co. KG
P: 9

17194 Moltzow
Bio-Bauernhof G. Peitz
Feldweg 3
Tel. 0161/4410386
P: 3, 7, 8, 12, 14

17429 Neppermin
Otto Kretschmann
Dorfstr. 47
P: 3, 11
V: Naturland

**17033 Neubranden-
burg**
EVG-Neubrandenburg
Fritz-Reuter-Str. 1a
Tel. 0395/443582

**17034 Neubranden-
burg**
Beratungszentrum
Neubrandenburg
Beseritzer Str. 11

23942 Neuenhagen
Opas Bauernhof
Familie Genzer
Dassowerstr. 26
Tel. 038827/304
P: 3,5,6,7,8,9,11,12,
14,15
V: Bioland

23942 Neuenhagen
Falk Springmann
Dorfstr. 10
P: 11
V: Demeter

17099 Ramelow
Biolog. Land- u. Gar-
tenbau Fam. Huber
Dorfstr. 28
Tel. 03969/261
P: 2, 5, 9, 10, 15
V: Bioland

**18311 Ribnitz-
Damgarten**
Beratungszentrum
Ribnitz-Damgarten

Körkwitzer Weg
Tel. 03821/25-5865

18055 Rostock
EVG Landhaus Natur-
kostladen
August-Bebel-Str. 96
Tel. 0381/31396
P: 3
V: Grüne Liga

18055 Rostock
Grüne Liga Arbeits-
gruppe Ökolog. Land-
bau
Kröpeliner Str. 25
Tel. 0381/36361
V: Grüne Liga

18057 Rostock
Reformhaus Barbara
Hamisch
Barnstorfer Weg 29
P: 3
V: VgtM

18147 Rostock
Gemeinschaft für öko-
log. Landwirtschaft
e.V. Regionalstelle
Mecklenburg-Vorpom-
mern
Hafenbahnweg 2c
Tel. 0381/25740
V: Grüne Liga

18239 Satow
B. & M. Staemmler
GbR
Gut Renderank
Tel. 04365/389
Fax 04365/8698
P: 8, 14
V: Naturland

19057 Schwerin
Erzeuger-Verbraucher-
Gemeinschaft Basili-
kum e.V.
G.-Schack-Allee 8
Tel. 0385/864930

P: 1,2,3,5,7,8,9,10,11,
12,13,14,15,16

19055 Schwerin
Gäa-Regionalstelle
Mecklenburg-Vorpom-
mern
Bergstr. 54
Tel. 0385/864930 o.
Fax 0385/5811648

17111 Sommersdorf
Hof Sommersdorf
Dorfstr. 20
P: 3, 5, 8, 9, 11
V: Demeter

17111 Sommersdorf
Arbeitskreis biolog.-
dyn. Höfe in Mecklen-
burg-Vorpommern
Dorfstr. 24
Tel. 039952/266
V: Grüne Liga

19230 Steegen
Rüdiger Kurz
Dorfstr. 27c

18439 Stralsund
Eine Welt Laden - la ti-
enda Ökohaus Stral-
sund e.V.
Heiliggeiststr. 9
Tel. 03831/292226
P: 8,10,15
V: Grüne Liga

18439 Stralsund
Reformhaus Ganzen
Mühlenstr. 52
Tel. 03831/294468
Fax 03831/294468

17495 Strellin
Kirchengut A.
Schritt/W. Höper
P: 8, 11

19249 Trebs
Henschel/Knippelberg
GbR
P: 14

17373 Ueckermünde
Haffküste GmbH
Kanalweg 5

17237 Usadel
Bauernhof Gerhard
Busse
P: 5, 7, 8, 11, 12, 15
V: GÄA

17159 Wagun
Ökofarm
Düwelsorsbarg
Dorfstr. 50
Tel. 039959/20150
Fax 039959/20151
P: 5, 8

23948 Wahrstorf
Hof Lütjensee-Betrieb
Niendorf
Neuwahrstorfer Str. 1
Tel. 0161/2431415
P: 8
V: Naturland

17440 Wangelkow
Brennesselhof Schu-
bert/Pupke
Dorfstr. 6
P: 5, 7
V: Demeter

19372 Wulfsahl
Agrarspezialitäten
Heinz Rosenau
Herzfelder Weg 2
Tel. 038721/20486
P: 4, 5, 15

Niedersachsen: Landesverbände und Institutionen

Biol.-Dyn. Wirtschafts-
weise Bäuerl. Gesell-
schaft Nordwestdeut-
schland
Bauckhof
**21385 Ameling-
hausen**
Tel. 04132/91200
Fax 04132/912024
V: Demeter

Bioland - Landesver-
band Niedersachsen
Riepholm 10
27374 Visselhövede
Tel. 04262/2306
Fax 04262/4485

Die Verbraucher
Initiative e.V.
LV Niedersachsen
Schaufelder Str. 30
30167 Hannover
Tel. 0511/708998

Gärtnerhof Hoops
GmbH
Am Berge 8
29664 Walsrode
Tel. 05161/3920
P: 2, 3, 7, 8, 9, 11, 12, 15
V: Bioland

Landwirtschaftskam-
mer Hannover
Ref. 30.2 Ökologischer
Landbau
Johannssenstr. 10
30159 Hannover
Tel. 0511/3665395

Neuland-GmbH Pro-
duktvermarktung aus
tiergerechter u. um-
weltschonender Nutz-
tierhaltung in Norddt.
21335 Lüneburg
Tel. 04131/45242
Fax 04131/47512
V: Neuland

Verbraucher-Zentrale
Niedersachsen e.V.
Herrenstr. 14
30159 Hannover
Tel. 0511/91196-0

Versuchs- u. Bera-
tungsring Ökolog.
Landbau Niedersach-
sen e.V. - Ökoring
Brüggemannstr. 2
29664 Walsrode
Tel. 05161/8044
Fax 05161/71553

Niedersachsen: Einkaufsadressen

28832 Achim
Landhaus Jungborn
Postf. 1340
Tel. 04202/70123
Fax 04202/75253
P: 15

37139 Adelebsen
Galloway Weinhandel
+ Import
Bergring 3
Tel. 05506/76238
Fax 05506/76152
P: 16
V: BÖW

21365 Adendorf
Volker Bergmann's
Edeka-Aktivmärkte
Adendorf
Kirchweg 19
Tel. 04231/180140
P: 3,5,8,9
V: VgtM

21365 Adendorf
Schulzen-Hof
Marktstand (Fr)
P: 5
V: VgtM

31855 Aerzen
Eberhard Schulz
Beberstr. 1
Tel. 05154/2307
P: 8, 9, 11
V: Bioland

31855 Aerzen
Grießehof-Laden Bade
u. Couppée
Oberer Anger 26
Tel. 05154/2391
P: 3, 5, 6, 7, 8, 9, 12, 13
V: Bioland

31855 Aerzen
Joachim Meyer
Tel. 05154/1412
P: 6,8,11
V: Bioland

31855 Aerzen-Grießen
Biolandhof Zachert
Oberer Anger 22
Tel. 05154/3377
P: 5, 8

31855 Aerzen-Grupenhagen
Vollkornbäckerei
Kornblume
Friedrich u. Henning
Pettig
Schulstr. 11
Tel. 05154/1729
P: 2,8
V: Bioland

31855 Aerzen-Selxen
Gärtnerei Alteburg
A. u. A. Schuldt
Alteburg 1 (a.d. B 1)
Tel. 05154/3511
P: 7,9,12
V: Bioland

27257 Affinghausen
Christa Kröning
Menkehof 2
Tel. 04247/585
P: 5, 11, 14
V: Bioland

29693 Ahlden
Heiner Helberg
Eilte 27
Tel. 05164/1441
Fax 05164/8390
P: 5, 8, 9, 11
V: Bioland

31061 Alfeld
Heinz Hoffmeister
Heidegrunderstr. 30
Tel. 05181/6260
P: 12
V: Bioland

31061 Alfeld
Zauberwurzel Naturkost u. Naturwaren
Holzer Str. 21
Tel. 05181/25656
Fax 05181/81122
P: 1,2,3,5,6,7,8,9,10,11,
12,13,14,15,16
V: BNN, VgtM

21385 Amelinghausen
Schlachtereibetrieb
Holger Drewes
Lüneburger Str. 46
P: 5
V: Neuland, VgtM

21385 Amelinghausen
Bauckhof Demeterhof -
Hofladen
Triangel 6
Tel. 04132/91200
Fax 04132/912024
P: 2, 3, 5, 7, 8, 9, 10,
11, 12, 13

21385 Amelinghausen
Biol.-Dyn. Wirtschaftsweise Bäuerl. Gesellschaft Nordwestdeutschland
Bauckhof
Tel. 04132/91200
Fax 04132/912024
V: Demeter

21385 Amelinghausen
Nord Control e.V.
Triangel 6
Tel. 04132/912015
Fax 04132/912024

27446 Anderlingen
Johannes Meyer
Grafel 12
Tel. 04284/8280
P: 7, 9
V: Bioland

49577 Ankum
Brummer-Bange
Loxtener Str. 5
Tel. 05462/238

P: 1,2,3,5,7,8,9,10,11,
12,13,15,16
V: Bioland

26689 Apen
Abraxas
Mühlenstr. 39
V: Demeter

21380 Artlenburg
Hof Gerstenkorn
Im Felde 1a
Tel. 04153/7081
P: 3,5,6,13

27330 Asendorf
W. u. M. von Grumbkow
Essener Straße
Tel. 04253/1608
Fax 04253/676
P: 3,7,9,12
V: Bioland

27330 Asendorf
Monika Bukowski
Haendorf 44a
Tel. 04251/2767
P: 2, 3, 7, 12, 14, 15
V: Bioland

27330 Asendorf-Brüne
Fam. Dohemann
Haendorfer Weg 4
Tel. 04253/458
P: 3,5,6,12,13,15
V: Neuland, VgtM

31749 Auetal
Albert Haake
Poggenhagen
Tel. 05753/345
P: 8
V: Bioland

26603 Aurich
Gröön un Goot
Marktpassage 9
Tel. 04941/3995
Fax 04941/3995

P: 1,2,3,4,5,7,8,9,10,11,
12,13,14,15,16
V: BNN

26603 Aurich
Reformhaus Grotheer
Norderstr. 17
Tel. 04941/2898
Fax 04941/65428
P: 2,3,7,8,9,10,11,12,13

26603 Aurich
Reformhaus Grotheer
Burgstr. 18
Tel. 04941/2898
Fax 04941/65428
P: 2,3,7,8,9,10,11,12,12
V: VgtM

26603 Aurich
Gröön un Goot-Naturkost
Osterstr. 32
P: 3
V: VgtM

26605 Aurich
Dupree und Onneken
Oldersumer Str. 80
P: 3
V: VgtM

48455 Bad Bentheim
Kornmühle
Schloßstr. 15
Tel. 05922/4055
P: 3
V: BNN, Demeter, VgtM

29549 Bad Bevensen
Bio-Quelle I. Becker
Bahnhofstr. 1
V: Demeter

29549 Bad Bevensen
Martin Feller Schweizerhof
Tel. 05821/43448
Fax 05821/43448
P: 2,3,5,6,7,8,9,10,11,
12,13,14

V: Bioland

49152 Bad Essen
Lindwurm Naturwaren
Lindenstr. 55
Tel. 05471/694
V: Bioland, Demeter

37581 Bad Gandersheim
Keimling natürlich
Tummelburg/Hagen
Tel. 05382/4647

37431 Bad Lauterberg
Kneipp-Kurhaus Heikenberg
Heikenbergstr. 1921
Tel. 05524/8570
Fax 05524/6741
P: 2,5,7,8,9,10,11,12,
13,15,16

31812 Bad Pyrmont
Reformhaus Kreisel-Siebe GmbH
Brunnenstr. 33
V: Demeter

31812 Bad Pyrmont
Fr.-Karl Couppee
Grießemer Str. 54
Tel. 05281/17482
P: 8, 9
V: Bioland

31812 Bad Pyrmont
Klaus Eickermann
Im Unterdorf 8
Tel. 05281/3207
P: 5, 11
V: Bioland

49214 Bad Rothenfelde
Sonnenblume
Heidländer Weg 36
Tel. 05424/69444
P: 1,2,3,5,6,7,8,9,10,11,
12,13,14,15,16

26160 Bad Zwischenahn
Der grüne Laden
Langenhof 8
Tel. 04403/1451
P: 1,2,3,4,5,7,8,9,
10,11,12,13,15,16

26160 Bad Zwischenahn
Reformhaus Peter Rabben
Peterstr. 20
V: Demeter

49635 Badbergen
Herman Brunswinkel
Bergfelder Ort
Tel. 05433/368
P: 2, 7, 8, 9, 12, 13
V: Demeter

49635 Badbergen
Wilfried Hardt
Wehdel 21
Tel. 05433/329
P: 8, 9
V: Bioland

21730 Balje
Eduard Remien
Süderdeich Ost 5
Tel. 04753/404
P: 8, 12, 13
V: Bioland

49406 Barnstorf
Eine Welt Laden
Bahnhofstr. 16
Tel. 05442/3522

30890 Barsinghausen
Kraut u. Korn Gerd Piper
Breite Str. 14
Tel. 05105/64216
V: Demeter

Niedersachsen

30890 Barsinghausen
Irmin Benne
Schmiedestr. 17
Tel. 05105/8972
P: 5, 8, 9, 14
V: Bioland

30890 Barsinghausen
Reformhaus Schmelz
Marktstr. 27/29
P: 2,3,7,8,9,10,11,
12,13,16
V: VgtM

27211 Bassum
H. u. E. Hibbing u. Steding
Bassumer Str. 29
Tel. 04241/5199
P: 2, 7, 8, 9
V: Bioland

27211 Bassum
Werner Brechtel
Große Ringmar 19
P: 5, 8, 9
V: Bioland

27211 Bassum
Bernd Mordhorst
Talstr. 30
Tel. 04241/2793
P: 5,7,8,9,15
V: Bioland

27243 Beckeln
Klaus Appeldorn
P: 14
V: VgtM

27624 Bederkesa
Haselnuß
Günter Lammers
Drangstedter Str. 31
V: Demeter

27624 Bederkesa
Haselnuß
Günter Lammers
Mattenburger Str. 28
Tel. 04745/6949

V: Demeter

49191 Belm
Meyerhof Familie Schreiber
Belmerstr. 11
Tel. 05406/3128
P: 3, 7, 8, 9, 10, 11, 12, 13, 16
V: Bioland, VgtM

49191 Belm
Johs. Rahe
Holtstr. 12
P: 3, 5
V: VgtM

49191 Belm-Vehrte
Fleischerei
Im Wellbrook 13
Tel. 05406/9624
P: 5, 6, 14
V: VgtM

29303 Bergen
Hof Ahrens
Wardböhmen 15
Tel. 05051/4685
P: 7, 8, 9, 11
V: Demeter

29468 Bergen
terra est vita GmbH
Belau Nr. 6
Tel. 05845/218
P: 3, 5, 14
V: Bioland

26524 Berumbur
Bioland Vertragsbäckerei Gerhard Lorenz
Hauptstr. 8a
P: 2

27616 Beverstedt
Teebakel
Poststr. 6
Tel. 04747/1310
P: 1,2,8,10,11,13,15,16
V: Demeter, VgtM

29553 Bienenbüttel
Dieter Dreyer
Alte Dorfstr. 2
Tel. 05823/7217
P: 3, 5, 6, 7, 8, 9, 12, 14
V: Bioland

29553 Bienenbüttel
Claus-Wilhelm Eichhoff
Beverbecker Str. 2
Tel. 05823/7656
P: 2, 3, 5, 7, 8, 9, 11
V: Bioland, VgtM

29553 Bienenbüttel
Eitzbachhof, U. Ködel u. P. Kreiselmaier
Zum Eitzener Bruch 11-13
Tel. 05823/7938
P: 5, 7, 9
V: Bioland

37434 Bilshausen
Engelhardt
Lindenstr. 9
P: 3
V: VgtM

49626 Bippen
Wilhelm Möllenhoff
Vechtel-Haneberg 41
Tel. 05909/1506
P: 3, 5, 6
V: VgtM

37130 Bischhausen
Eichenhof Bischhausen S. Maurer - R. von Schmeling
Drosselweg 5
Tel. 05592/1400
P: 2, 5, 7, 8, 9, 11, 13, 15
V: Demeter

29646 Bispingen
Immenhof-Gärtnerei
P: 7, 12, 15
V: Bioland

49143 Bissendorf
Bioladen Lebendige Erde, Doris Roehm
Am Nordhang 33
V: Demeter

49143 Bissendorf
Naturwaage Naturkost
Bergstr. 31
V: Demeter

49143 Bissendorf
Reinhard u. Sabine Langenberg
Cronsundern 15
Tel. 05409/1287
Fax 05409/6419
P: 1,2,3,7,8,9,10,11,
12,13,16
V: Demeter

49143 Bissendorf
Jeggener Hof Bauernschaft
Jeggen 2
Tel. 05402/3762
P: 2,3,5,6,7,8,9,10,11,
12,13,14,16
V: Bioland, VgtM

49143 Bissendorf-Astrup
Lahmann-Lammert
Dicke Eiche 9
Tel. 05402/8075
Fax 05402/7451
P: 1,2,3,5,6,7,8,9,10,11,
12,13,14,15,16
V: Bioland

21354 Bleckede
Frank Fischer
Brackede Nr. 27
Tel. 05857/282
P: 5, 11, 14, 15
V: Bioland

21354 Bleckede
Hans-Hermann Soetbeer
Göddingen 15

Einkaufsadressen

Tel. 05854/785
P: 2, 3, 5, 7, 8, 9
V: Bioland

31167 Bockenem
Der Naturkostladen
Marktstr. 3
Tel. 05067/1880
V: Demeter

26345 Bockhorn
Sambach GmbH Vollwertbäckerei
Vareler Str. 7
Tel. 04453/71800 u. 72900
Fax 04453/72872
P: 2

37194 Bodenfelde
Rosemarie u. Wilhelm Blomeyer
Scharottweg 4
Tel. 05572/1060
P: 2, 3, 5, 6, 8, 9, 14
V: Bioland

27367 Bötersen
Johann Fajen
Tel. 04268/245
P: 2, 5, 7, 8, 9, 10, 13, 15
V: Demeter

29581 Bohlsen
Bohlsener Mühle
Mühlenstr. 1
Tel. 05808/745
Fax. 05808/747
P: 2,8,10,15
V: Bioland, Naturland

49163 Bohmte
Nur Natur
W. Schmalriede
Leckermühle
P: 3
V: VgtM

49163 Bohmte
Intern. Obst-u. Gemüseladen
Bremer Str. 6
P: 3
V: VgtM

49163 Bohmte
Allfrisch
Bremer Str. 7
P: 3
V: VgtM

49163 Bohmte
Topkauf
Bremer Str. 35
P: 3
V: VgtM

49163 Bohmte
Bursali
Bremer Str. 76
P: 3
V: VgtM

29699 Bomlitz
Süssholz
Cordinger Str. 16
Tel. 05161/4051
P: 5
V: VgtM

29699 Bomlitz
Erwin Kock
Walter-Christoph-Platz 4/6
Tel. 05161/4189
P: 7,8,9,10

26757 Borkum
Reformhaus Ihmann
Neue Str. 2
Tel. 04922/817
Fax 04922/4834
V: Demeter

27386 Bothel
Ewald Scheele
Bruchstr. 35
Tel. 04266/660
P: 7, 8, 12

V: Demeter

37120 Bovenden
Obstparadies
Jägerweg 2
V: Demeter

26919 Brake
Reformhaus Jürgen Ehlers
Bahnhofstr. 57
V: Demeter

26919 Brake
Garten Eden
Mitteldeichstr. 28
Tel. 04401/6606
V: BNN

26919 Brake
Jutta Grube
Weserstr. 78
Tel. 04401/8383
P: 8, 9
V: Naturland

49565 Bramsche
G. Hüls
Am Naturschutz 2
Tel. 05465/1789
V: Demeter

49565 Bramsche
Regenbogen
Brückenort 23
Tel. 05461/4299
P: 2,3,7,8,9,10,11, 12,13,15,16

49565 Bramsche
Hartkemeyers Hof
Osnabrücker Str. 73
Tel. 05407/2789
Fax 05407/31711
P: 8
V: Bioland

49565 Bramsche
Werner Roddewig
Rolkerskamp 8
Tel. 05468/1732

P: 2, 3, 5, 6, 7, 8, 9, 10, 11
V: Demeter, VgtM

49565 Bramsche
Gemüsegärtnerei Kalkriese
Zu den Dieven 19
Tel. 05468/6978
Fax 05468/6357
P: 3,7,9,12
V: Bioland, VgtM

38100 Braunschweig
Ambrosia Naturkostladen
Friedrich-Wilhelm-Str. 38
Tel. 0531/41761
Fax 0531/18819
P: 1,2,3,7,8,9,10,11, 12,13,15,16

38100 Braunschweig
Granum Naturwaren
Südstr. 1415
Tel. 0531/49977
P: 1,2,3,4,5,6,7,8,9,10,11, 12,13,14,15,16

38100 Braunschweig
Natur Haus
Ölschlägern 4
Tel. 0531/42910
Fax 0531/43060
P: 2,3,7,8,9,10,11,12, 13,16

38100 Braunschweig
Karl A. Biermann
Bohlweig 31
Tel. 0531/73218
P: 3
V: VgtM

38100 Braunschweig
Reformhaus Landmann
Südstr. 17
Tel. 0531/41022
Fax 0531/41022

Niedersachsen

P: 2,3,7,8,9,10,11,12,
13,14,15,16
V: VgtM

38100 Braunschweig
Reformhaus Theo Beddig
Schloßpassage 1
P: 3
V: VgtM

38102 Braunschweig
Grünes Lädchen
Giersbergstr. 1
Tel. 0531/71200
Fax 0531/71200
P: 1,2,3,4,5,6,7,8,9,10,
11,12,13,14,15,16
V: Demeter

38102 Braunschweig
Essthetik
Helmstedter Str. 142
Tel. 0531/796060
V: BNN

38102 Braunschweig
Karl A. Biermann
Kastanienallee 55
Tel. 0531/73218
P: 3
V: VgtM

38106 Braunschweig
Guten Morgen Laden
Schunterstr. 17
Tel. 0531/341910
P: 1,2,3,4,5,6,7,8,9,10,
11,12,13,14,15,16
V: Demeter

38106 Braunschweig
Karls Fleischerladen
Wilhelm-Bode-Str. 27
P: 5, 11
V: Bioland

38106 Braunschweig
Reformhaus Theo Beddig
Gliesmaroder Str. 114

P: 3
V: VgtM

38108 Braunschweig
Korn-Deele
Dammstr. 7a
Tel. 05309/1029
P: 1,2,3,7,8,9,10,11,
12,13,15,16

38110 Braunschweig
Naturstube
Gisela Adrian
Altmarktstr. 7
V: Demeter

38114 Braunschweig
Kräuterkissen
Rosental 5
Tel. 0531/53382

38114 Braunschweig
Reformhaus
Theo Beddig
Celler Str. 122
P: 3
V: VgtM

38118 Braunschweig
Kornrade
Cyriaksring 30
V: Demeter

38118 Braunschweig
Manfred Dornack
Alerdsweg 3
P: 5
V: VgtM

38100 Braunschweig
Guten Morgen Laden
Hagenbrücke 1/2
Tel. 0531/334521
P: 1,2,3,4,5,6,7,8,9,10,
11,12,13,14,15,16
V: Demeter

27432 Bremervörde
Erntedank Naturwaren
Brunnenstr. 15
Tel. 04761/4128

Fax 04761/4128
P: 2,3,4,7,8,9,10,11,
12,13,15,16

27432 Bremervörde
Imke Schwieters
Hof Drittgeest 15
Tel. 04708/478
P: 3, 5, 6, 7, 8, 9, 11
V: Bioland

49448 Brockum
Gerhard Jacob
Rahdener Str. 36
Tel. 05443/360
P: 3, 5, 7, 8, 9, 11, 12
V: Bioland, VgtM

49448 Brockum-Quenheim
Gerhard Jacob
Schwacken Hagen 36
Tel. 05443/360
P: 3, 5, 7, 8, 9
V: Bioland

27305 Bruchhausen-Vilsen
Reformwaren Rucker
Bahnhofstr. 41
Tel. 04252/687
P: 2,3,7,8,10,11,12,
13,15

27305 Bruchhausen-Vilsen
Mandalin Naturkost - Naturwaren
Sulinger Str. 3
Tel. 04252/2780
V: BNN, Demeter

21271 Brüne
Familie Dohemann
Haendorfer Weg 4
Tel. 04253/458
P: 3,5,6,12,13,15
V: Bioland, BUND, Neuland, VgtM

27283 Brüne
Willi Dohemann
Haus Nr. 17
Tel. : 04253/458
P: 3, 5
V: VgtM

21244 Buchholz
Reform & Diät Klaus Störig
Kirchenstr. 1
V: Demeter

21244 Buchholz
Reformhaus H. Dreyer
Neue Str. 12a
V: Demeter

21244 Buchholz
Kornblume Rolf Enghusen
Neue Str. 16
V: Demeter

21244 Buchholz
Famila
Lindenstraße
P: 3
V: VgtM

21244 Buchholz
Karl-Heinz Moritz
Uhlengrund 11b
P: 5, 6
V: VgtM

31675 Bückeburg
H.-J. u. W. Hornung
Retholzstr. 1
Tel. 05722/6126
P: 7, 9, 12
V: Bioland

31675 Bückeburg
Reformhaus Bünte
Schulstr. 16a
P: 3
V: Demeter, VgtM

27333 Bücken
Martina Krams

Einkaufsadressen

Duddenhausen 22
Tel. 04251/7837
P: 3, 7, 9, 12, 15
V: Bioland

31303 Burgdorf
Gerald Meller
Grüne Allee 7
Tel. 05085/6155
Fax 05085/6155
P: 2,7,8,9,12,13,16
V: Bioland

31303 Burgdorf
Hof Harke
Hauptstr. 12
Tel. 05136/5719
Fax 05136/5719
P: 7,8,9

31303 Burgdorf
Hans-Hermann Tauschke
Im Moore 1
Tel. 05136/3227
P: 3, 9
V: Bioland

31303 Burgdorf
Der Bioladen
Neue Torstr. 5
Tel. 05136/85268
Fax 05136/894031
P: 1,2,3,7,8,9,10,11, 12,13,15,16
V: BNN

31303 Burgdorf
Siegisfredo Vyhmeister Honigabfüller
Postf. 100630
Tel. 05136/86056
Fax 05136/2405

38272 Burgdorf
Ries-Hof - Gudrun Kliemt u. Hans Löhr
Schaperstr. 11
Tel. 05347/677
P: 3, 5, 7, 8, 9, 10, 11, 13

V: Demeter

30938 Burgwedel
Hans-Jürgen Pein-Beyer
An der Spesse 10
Tel. 05139/4917
P: 7, 8, 9
V: Bioland

30938 Burgwedel
Rosinka Naturkostladen
Hannoversche Str. 22
Tel. 05139/6501
V: BNN, Demeter

26969 Butjadingen
Hof Butenland Elisabeth u. Jan Gerdes
Tel. 04733/219
P: 3, 5, 8, 11
V: Demeter

21614 Buxtehude
Keimling Naturfachgeschäft und Versand
Bahnhofstr. 51
Tel. 04161/52882
Fax 04161/53184
P: 1,2,3,5,7,8,9,10, 11,12,13,15,16

29221 Celle
Bittersüß
Rundestr. 1
Tel. 05141/28996
V: Demeter

29221 Celle
Reformhaus Werner Ende
Rundestr. 45
P: 3
V: Demeter, VgtM

29221 Celle
Naturkost Regenbogen
Schuhstraße
V: Demeter

29223 Celle
Herberge zur Heimat Kalandhof
Am Grandberg
Tel. 0514/3929
P: 7, 9
V: Bioland

29223 Celle
Gärtnerei Lahmann
Berkefeldweg 24
Tel. 05141/33110
P: 2, 7, 8, 9, 10, 12, 13, 15
V: Demeter

38678 Clausthal-Zellerfeld
Vollkornladen
Kronenplatz 8
Tel. 05323/4285
V: Demeter

49661 Cloppenburg
Cloppenburger Ökoladen
Bahnhofstr. 25
Tel. 04471/83992
V: BNN, Demeter

49661 Cloppenburg
Sabine Juerss
Kanalweg 4
Tel. 04471/85667
P: 7, 11, 14
V: Bioland

49661 Cloppenburg
Reformhaus Kramer
Mühlenstr. 14
V: Demeter

49661 Cloppenburg
Reformhaus Kramer
Osterstr. 2
V: Demeter

27243 Colnrade
Fam. Eckards Treffpunkt
P: 3,6

V: VgtM

27472 Cuxhaven
Kornehaus
Bernhardstr. 48
Tel. 04721/7963
V: Demeter

27476 Cuxhaven
Ada Fischer
Arenscher Str. 56
Tel. 04723/3201
P: 5, 8
V: Bioland, VgtM

27476 Cuxhaven
Wochenmarkt Arensch
V: VgtM

27478 Cuxhaven
Decker
Lüdingwortherstr. 58
Tel. 04723/4734
Fax 04723/1304
P: 1,3,5,7,8,9,10,11, 12,13,15,16

21368 Dahlen
Ulrich Meyer
Horndorfer Weg 3
Tel. 05851/1417
P: 5, 9
V: Bioland

21368 Dahlenburg
Hof Tangsehl - Landbaugemeinschaft
Ahndorf 6
Tel. 05851/1278 u. 372
Fax 05851/7382
P: 2,3,5,6,7,8,9,10, 12,13,14, 15
V: Demeter

29451 Dannenberg
Sonnenwende
Bahnhofstr. 13
V: Demeter

29451 Dannenberg
Drogerie Friedrich Gaebel
Marschtorstr. 49
V: Demeter

29451 Dannenberg
Sonnenwende Naturwaren
Marschtorstr. 45
Tel. 05861/4952

37586 Dassel
Hartmut Demann
Allerbachstr. 26
Tel. 05562/6546
P: 8
V: Bioland

37586 Dassel
Lindenhof Amelsen
Hannoversche Str. 15
Tel. 05562/1236
P: 1,2,3,4,5,6,7,8,9,10, 11,12,13,14,15,16
V: Bioland

29386 Dedelstorf
Hof Heidegarten
Lingwedel 21
Tel. 05838/623
P: 7, 9
V: Bioland

31073 Delligsen
Adolf Nobel
Am Kalkofen 2
Tel. 05187/2328
P: 8

27749 Delmenhorst
Reformhaus Elfriede Schild
Bahnhofstr. 24
V: Demeter

27749 Delmenhorst
Naturkrämer
Bahnhofstr. 27
Tel. 04221/17394
Fax 04221/150478

P: 1,2,3,7,8,9,10,11, 12,13,15,16
V: BNN

27749 Delmenhorst
Teestube
Lange Str. 24
Tel. 04221/18866

27751 Delmenhorst
Gärtnerhof Sandhausen Martin Clausen
Stedinger Landstr. 101
Tel. 04221/40300
P: 3, 7, 9, 12
V: Demeter

27755 Delmenhorst
Gerd u. Christa Stührmann
Schillbrok 4
Tel. 04221/83468
P: 1,2,3,5,6,7,8,9,10, 11,12,13,14,15,16
V: Bioland, VgtM

27755 Delmenhorst
Erika Holte
Yorkstr. 66
P: 3
V: VgtM

31603 Diepenau
Bärbel + K.-H. Kautz
P: 3
V: VgtM

49356 Diepholz
Bioland-Hof Jacob
P: 5
V: VgtM

49201 Dissen
Gemüsebaubetrieb Kloster Oesede
Im Wiesengrund 9
Tel. 05424/69535
P: 3, 6, 7, 8, 9, 12, 13, 14
V: Bioland

27313 Dörverden
Betriebsgem. Hülsen-Früchte
Kampstr. 18
Tel. 04239/1314
P: 2, 3, 5, 7, 8, 9, 11, 12
V: Bioland, Demeter

27313 Dörverden-Westen
Ulrike u. Ehler Hubbert-Lohmann
Eichenstr. 24
Tel. 04239/613
P: 2, 3, 5, 6, 7, 8, 9
V: Bioland

27801 Dötlingen
Antje Logemann
Eggerskamp 8
Tel. 04487/274
P: 14
V: Bioland

27801 Dötlingen
Heinrich Meyer
Bei der Kirche
P: 3
V: VgtM

26831 Dollart
Peter Heuer
Kanalpolder 58
Tel. 04959/291
P: 5, 8, 9
V: Naturland

26831 Dollart
Polder Hof
R.-P. Löblein
Landschaftspolder 71
Tel. 04953/413
Fax 04953/413
P: 3,5,6,7,8,12
V: Naturland

27632 Dorum
Heidi u. Uwe Blank
Alsumer Str. 50
Tel. 04742/8249
P: 5, 7, 8, 9, 12

V: Bioland

27632 Dorum
Hanke Siemsglüß
Hof Padingsiel
Altendeich 18
Tel. 04742/1084
P: 3, 5, 8, 11
V: Demeter

21706 Drochtersen
Eckart Brandt
Am Roenndeich 18
Tel. 04775/538
P: 8, 12, 13

21706 Drochtersen
Hof Aschhorn
Fam. Morgenstern
Aschhorn 9
Tel. 04143/258
Fax 04143/258
P: 1, 2, 3, 5, 6, 7, 8, 9, 10, 11, 12, 13, 15, 16
V: Demeter

21706 Drochtersen
Hans u. Kristina Niemeyer
Dornbuscher Str. 13
Tel. 04143/5444
P: 12
V: Bioland

21706 Drochtersen
Hermann Hottendorf
Grüne Str. 25
Tel. 04775/780
P: 8, 12

21706 Drochtersen
Arche Niederhüll
E. u. G. Schmidt
Niederhüll 5
Tel. 04775/667
P: 2, 3, 5, 6, 7, 8, 9, 11, 12
V: Demeter

21706 Drochtersen
Reformhaus Henning
Finkeldey
Schulstr. 1
V: Demeter

37115 Duderstadt
Arche Naturkostladen
Haberstr. 32
P: 5
V: Demeter, VgtM

26188 Edewecht
Naturkostladen Margarete Könne
Hauptstr. 61
Tel. 04405/6444
Fax 04405/4149
P: 1,2,3,4,5,6,7,8,9,10, 11,12,13,15,16
V: BNN

26188 Edewecht
Werner Rabben
Jenseits der Aue 10
Tel. 04405/338
V: Demeter

26188 Edewecht
Gärtnerhof an der Aue
Osterscheps
Tel. 04405/338
P: 2, 3, 5, 6, 7, 8, 9, 10, 11
V: Demeter

26188 Edewecht
Biolandhof B. Himpsl
Waterkamp 4
Tel. 04405/6918
Fax 04405/49949
P: 3,6,7,8,9,10,12,13

21272 Egestorf
Ewald Albers
Lübberstedter Str. 24
P: 5
V: VgtM

31036 Eime
Ursula Nowicki
Dorfstr. 28a
Tel. 05182/7467
P: 7
V: Bioland

37574 Einbeck
Keimling Klaus Hüser
Hüllerserstr. 8
V: Demeter

37574 Einbeck
Ulmenhof
Mittelstr. 14
Tel. 05561/81757

37574 Einbeck
Keimling Naturwaren
Steinweg 21
Tel. 05561/72553

26931 Elsfleth
Drogerie Jügler
Steinstr. 37
V: Demeter

31008 Elze
Friedrich-August Weber
Wiedfelder Str. 10
Tel. 05068/3715
P: 2, 3, 5, 7, 8, 9, 12, 14
V: Bioland

26721 Emden
Central-Markt
An der Lockvenne
P: 3
V: VgtM

26721 Emden
Werngard Tanzer
Am Burggraben 9
P: 3
V: Demeter, VgtM

26721 Emden
Mutter Erde - Naturprodukte
Große Str. 50 - 52

Tel. 04921/29777
Fax 04921/27137
P: 1,2,3,6,7,8,9,10, 11,12,13,15,16
V: BNN

26723 Emden
Elke u. Karl-Heinz Kehl
Kloster-Langen-Str. 19
Tel. 04921/65454
Fax 04921/65454
P: 5, 7, 8, 9
V: Demeter

26725 Emden
A & O-Markt
Harsweg
P: 3
V: VgtM

26725 Emden
A & O-Markt
Ziegeleistraße
P: 3
V: VgtM

31860 Emmerthal-Esperde
Marienhof Esperde
Kniepstr. 3
Tel. 05157/368
Fax 05157/1320
P: 3,5,7,8,9,14
V: Bioland

29348 Endeholz
Bioland-Hof Heike u. Ulrich Marwede
Marweder Str. 1
Tel. 05142/672
Fax 05142/672
P: 3, 5, 6, 7, 8, 9, 11, 12, 13, 15, 16

29348 Eschede
Grünfink
Uelzener Str. 2
Tel. 05142/2534
V: Bioland, Demeter

29348 Eschede-Rebberlah
Hof Kiekenbusch
Tel. 05142/1617
P: 13
V: Demeter

26427 Esens
Naturkostladen
Steinstr. 18
Tel. 04971/3096
P: 2,3,7,8,9,10,11,12, 13,16
V: BNN, VgtM

31629 Estorf
Reinhard Meier-Schaidnagel
Alte Schulstr. 10
Tel. 05025/1679
P: 5, 8, 11
V: Bioland

31085 Everode
Hof Luna, Wilhelm Rudolf Bertram
Im Siek 10
Tel. 05181/8328
P: 2, 3, 5, 7, 8, 9, 10, 11
V: Demeter

38173 Evessen
Ilse-Maria Barnstorf-Brandes
Markmorgen 3a
Tel. 05333/1719
P: 12
V: Bioland

38173 Evessen
Erika u. Dieter Plättner
Über dem Heisterbeeke 14
Tel. 05333/777
P: 7, 9, 12, 15
V: Demeter

49406 Eydelstedt
Bärbel u. Stephan Korte
Wohlstreck 28

P: 3, 12, 14
V: Bioland

26849 Filsum
Klaus Gastmann
Hankweg
Tel. 04957/702
P: 3
V: Bioland

27389 Fintel
Jan Coernerdts
P: 5
V: VgtM

26835 Firrel
Bäckerei Wachtenhof
Westerender Str. 1
Tel. 04956/3204
P: 2
V: BNN

21717 Fredenbeck
Klaus u. Helga
Presting
Dinghorn 3
Tel. 04149/432
P: 2, 3, 5, 6, 7, 8, 9, 10, 11
V: Demeter, VgtM

21717 Fredenbeck
Spar-Markt Euhus
Dinghorner Str. 12
Tel. 04149/454
Fax 04149/7454
P: 3
V: VgtM

27259 Freistatt
Naturschutz Freistatt
H. Ermshausen
Heimstatt 14
Tel. 0521/1443984
P: 5, 14
V: Bioland

27259 Freistatt
Freistätter Hof
Von-Lepel-Straße
Tel. 05448/8317

P: 3, 5, 7, 9, 11, 12, 15
V: Bioland

27616 Frelsdorf
K. u. H. Hildebrandt u. Seidensticker
An den Querteilen 4
Tel. 04749/8167
P: 2, 3, 5, 7, 8, 9, 11
V: Bioland

27432 Frelsdorf-Malase
Christof Zimmermann
Hipstedter Weg 1
Tel. 04768/396
P: 5
V: VgtM

26446 Friedeburg
Mühle-Erks
Hauptstr. 5
Tel. 04453/2230
P: 8,10,15
V: Bioland

26446 Friedeburg
Bio-Pension Eichenhorst
Margaretenstr. 19
Tel. 04465/1482
Fax 04465/8231
P: 1,2,3,7,8,9,10,11, 12,13,16
V: BNN

26446 Friedeburg
Gänseblümchen
C. Rasche/H. Treblin
Wieseder Str. 40
V: Demeter

37133 Friedland
Wilfried Zugwurst
Deideröderstr. 14
Tel. 05504/581
P: 8
V: Bioland

37133 Friedland
Naturkostladen Friedland
Landstr. 10
Tel. 05504/1305
V: BNN

37133 Friedland
Manfred Gebhardt
Rheinstr. 21
Tel. 05509/2313
Fax 05509/8146
P: 1,12,13
V: Bioland

37133 Friedland
Francisco Verdejo Exposito
Zum Ahrenbach 2
Tel. 05509/723
P: 7, 9
V: Bioland

37133 Friedland
Elkershausen
Zum Eichwald 1
V: Demeter

49584 Fürstenau
Reformhaus Vehmeyer
M. Kuhn
V: Demeter

27777 Ganderkesee
Die Rübe
Wittekindstr. 10
Tel. 04222/8189
V: BNN

27777 Ganderkesee
Werner Krause
Rosenweg 6
P: 3
V: VgtM

30823 Garbsen
Reformhaus Schmelz
Planetenring
Tel. 05105/9549
P: 2,3,7,8,9,10,11,12, 13,16

V: VgtM

30826 Garbsen-Horst
Hofgemeinschaft
Neues Haus
Frielinger Str. 6
Tel. 05131/55538
P: 3,7,8,9,14,16
V: Bioland

49596 Gehrde
Gärtnerei Grünzeug
Puls, Rüsfort 5
Tel. 05439/436
P: 3, 6, 7, 8, 9, 11, 16
V: Bioland

30989 Gehrden
Reformhaus Schmelz
Steinweg 12
Tel. 05108/4247
P: 2,3,7,8,9,10,11,12, 13,16
V: VgtM

49124 Georgsmarienhütte
Naturkost Merschel
Bruchstr. 14
Tel. 05401/31151

29581 Gerdau
Biohof Barnsen
Barnser Ring 1
Tel. 05808/220
Fax 05808/1856
P: 3, 5, 6, 7, 8, 9, 12
V: Bioland

21784 Geversdorf
Obsthof König
Itzwörden
Tel. 04752/7014
P: 12, 13, 16
V: Bioland

38518 Gifhorn
Reformhaus Kotte
Alter Teichweg 1
V: Demeter

38518 Gifhorn
Naturkorn Bäckerei Busse
Hamburger Str. 37
Tel. 05371/7796
P: 2
V: Demeter

38518 Gifhorn
Lebenswandel
Michael-Clerc-Str. 4
Tel. 05371/57404
V: BNN, Demeter

29690 Gilten
Gärtnerei Suderbruch
Behrens Twachte 3
Tel. 05074/1496
P: 7
V: Bioland

29690 Gilten
Hanna Meyer
Zum Heuland 6
Tel. 05074/587
Fax 05074/587
P: 7, 15
V: Bioland

37130 Gleichen
Rote Rübe - Schwarzer Rettich, Karl Ohmes
Fuchsloch 6
Tel. 05592/673
Fax 05592/5182
P: 5,7,9,12,13
V: Bioland

37130 Gleichen
Andrea u. Christoph Oelbke-Müller
Neuendorfer Str. 15
Tel. 05508/8803
P: 5, 7, 8, 9, 14
V: Bioland

37130 Gleichen-Bremke
Tischlerei Peter Seeland
Unterstr. 20

Tel. 05592/1500

21386 Glüsingen-Betzendorf
Koch
Tel. 04138/259
P: 2, 5, 7, 9, 11, 12, 15

37073 Göttingen
Schenks Vollkornstube
Gotmarstr. 1617
Tel. 0551/56183
V: Demeter

37073 Göttingen
Naturwarenhaus
Albanikirchhof 4-5
Tel. 0551/42084
V: BNN, Demeter

37073 Göttingen
Neuland-Metzgerei
Düstere Str. 20
P: 5
V: VgtM

37073 Göttingen
Naturalia
Kurze Str. 17
Tel. 0551/484115
V: BNN, Demeter

37073 Göttingen
Vollkorn Naturkost GmbH
Lange Geismarstr. 73
Tel. 0551/59707
Fax 0551/58019
P: 1,2,3,5,6,7,8,9,10, 11,12,13,15,16
V: BNN

37073 Göttingen
Reformhaus Zippel Regina Stelter
Rote Str. 6
P: 3
V: Demeter, VgtM

37073 Göttingen
Pfannkuchenhaus
Speckstr. 10
Tel. 0551/41870
Fax 0551/485367

37073 Göttingen
Göttinger Reformhaus
Lange Geismarstr. 40
P: 3
V: VgtM

37075 Göttingen
Naturkost Schrot und Korn
Kreuzbergring
P: 3
V: VgtM

37077 Göttingen
Andreas u. H.W. Jenß
Deppoldshausen 1
Tel. 0551/31456
P: 3
V: Bioland

37077 Göttingen
Gepa - Aktion Dritte Welt Handel Regionalstelle Göttingen
Lange Str. 31
Tel. 0551/23218
Fax 0551/23563
P: 15

37079 Göttingen
Naturkost Elkershausen
Levinstr. 9a
Tel. 0551/506610
Fax 0551/5066160
P: 1,2,3,4,5,6,7,8,9,10, 11,12,13,14,15,16
V: BNN, Demeter

37079 Göttingen
Herbert Krummacker
Zum Loh 21a
Tel. 0551/92249
P: 7, 12
V: Demeter

37083 Göttingen
Schrot u. Kern
Stegemühlenweg 26
Tel. 0551/75400
V: BNN

49424 Goldenstedt
Engelbert Böske
Arkeburg 1
Tel. 04444/574
P: 3, 5, 7, 8, 9
V: Bioland, VgtM

49424 Goldenstedt
Karl-Heinz Hanken
Fichtenstr. 2
Tel. 04444/1792
P: 1,3,5,7,8,9,10,12, 13,16
V: Bioland, VgtM

49424 Goldenstedt
Landbäckerei Diekhaus GmbH
Hauptstr. 59
Tel. 04444/2806
P: 2, 15
V: Bioland

38640 Goslar
Vollkornladen Naturkost
Bäckerstr. 19
Tel. 05321/24933
Fax 05321/43395
P: 1,2,3,7,8,9,10,11, 12,13,15,16
V: BNN

38642 Goslar
Naturkostecke
Bahnhofstr. 25
Tel. 05321/64034
P: 1,2,3,5,7,8,9,10,11, 12,13,15,16
V: BNN

38170 Gr. Dahlum
Sybille Timm-Nagel u. Hilmar Nagel
Südstr. 34

312 Niedersachsen

Tel. 05332/2637
P: 7, 9, 12
V: Demeter

**21712 Grossen-
wörden**
Brandt Eckart
Im Moor 1
Tel. 04775/538
P: 3, 6, 12, 13, 14, 15, 16

29494 Groß Breese
Biolandhof E. Tietke
Nr. 3
Tel. 05848/833
Fax 05848/1269
P: 2, 3, 5, 7, 8, 9, 10, 11, 12, 14

**29597 Groß Malchau-
Stoetze**
Humanopolis
Tel. 05872/810
P: 7, 9
V: Demeter

26197 Großenkneten
Kornkraft Hosüne
Am Forst 2
Tel. 04487/1477
Fax . 04487/422
P: 15
V: Bioland

26197 Großenkneten
Bioland Gruppe Gol-
denstedt c/o E. Hüsers
Hosüner Sand 2
Tel. 04487/580
P: 7, 9

21720 Grünendeich
Claus-Peter Münch
Huttfleth 40
Tel. 04142/2403
P: 12, 13
V: Bioland

29476 Gusborn
Wilhelm Meyer

Alte Dorfstr. 15
P: 2, 3, 6, 7, 8, 9, 11
V: Bioland

27628 Hagen
Jürgen Mehrtens
Elisabeth Quentin
Lindenstr. 29
Tel. 04746/6743
P: 3, 5, 8, 9, 14
V: Demeter

29313 Hambühren
Tobiashaus Hambüren
Am Anger 4749
V: Demeter

31785 Hameln
Öko-Fleischerei Janzik
Hummenstr. 6
Tel. 05151/21157
P: 5
V: VgtM

31785 Hameln
Reformhaus Bertrams
Kleine Str. 25
P: 3
V: Demeter, VgtM

31785 Hameln
Reformhaus Schmelz
Osterstr. 18
Tel. 05151/7531
P: 2,3,7,8,9,10,11, 12,13,16
V: VgtM

31785 Hameln
Naturinchen-Natur-
kostwaren GmbH
Papenstr. 6
Tel. 05151/25963
Fax 05151/27037
P: 1,2,3,7,8,9,10,11, 12,13,15,16
V: BNN

31785 Hameln
Bäckerei Wegener
Wehler Weg 1

Tel. 05151/24062
P: 2
V: Bioland

31789 Hameln
Wilhelm Rathing
Gut Oehrsen 1
Tel. 05151/15896
Fax 05151/55249
P: 7, 8, 9
V: Bioland

31789 Hameln
Fontaine Nahrungsmit-
tel GmbH
Rehwinkel 1
Tel. 05151/63175

29386 Hankensbüttel
Rita u. Heinz Schulze
Wiesengrund 2
Tel. 05832/2544
P: 5
V: Bioland

29386 Hankensbüttel
Geflügelhof Hilmer
Emmerdorfstr. 60
Tel. 05832/381
P: 3,6
V: Neuland, VgtM

34346 Hann Münden
Grüne Erde
Bahnhofstr. 6
Tel. 05541/6901
V: BNN

34346 Hann Münden
Gerald Salisbury
Laubacher Str. 59
Tel. 05541/33049
P: 3, 5, 6, 8, 9
V: Bioland

30159 Hannover
Verbraucher-Zentrale
Niedersachsen e.V.
Herrenstr. 14
Tel. 0511/91196-0

30159 Hannover
Landwirtschaftskam-
mer Hannover
Ref. 30.2 Ökologischer
Landbau
Johannsenstr. 10
Tel. 0511/3665395

30159 Hannover
Reformhaus Janssen
Lavesstr. 3
V: Demeter

30159 Hannover
Karls Fleischerladen
Markthalle Hannover
Tel. 0511/324
P: 5, 11
V: Bioland

30159 Hannover
Reformhaus Schmelz
Karmarschstr. 16
Tel. 0511/363720
P: 2,3,7,8,9,10,11,12, 13,16
V: VgtM

30161 Hannover
Kornblume Hannover
Drostestr. 1
V: Demeter

30161 Hannover
Rosenblüte
Drostestr. 4
Tel. 0511/3940147

30161 Hannover
Dinis feine Bäckerei u.
Konditorei
Uwe-Julius Völker
Friesenstr. 24
Tel. 0511/331
P: 2, 11
V: Bioland

30161 Hannover
Bittersüß Naturkost
GmbH
Lister Meile 52

Einkaufsadressen

Tel. 0511/314132

30161 Hannover
Reformhaus Wilkening u. Blase
Lister Meile 53
Tel. 0511/319313
V: Demeter

30161 Hannover
Natura-Haus Ute Schneider
Lister Meile 84
V: Demeter

30451 Hannover
Vollkornbäckerei Doppelkorn Cafe Klatsch
Lümmerstr. 58
Tel. 0511/455231
Fax 0511/4583622
P: 2

30161 Hannover
Bio-Logisch Naturprodukte
Raschplatz 9a/b
Tel. 0511/331221
Fax 0511/3885875
V: BNN

30161 Hannover
Der neue Doppelkorn
Sedanstr. 36
V: Demeter

30163 Hannover
Bittersüß Naturkost GmbH
Ferdinand-Wallbrecht-Str. 21
Tel. 0511/622996

30163 Hannover
Knoops Fleischerladen
Ferdinand-Wallbrecht-Str. 49
Tel. 0511/668180
P: 5
V: VgtM

30163 Hannover
Weinhandlung Wingert
Husarenstr. 4
Tel. 0511/666278
Fax 0511/666278
P: 16

30163 Hannover
Gemüseladen List GmbH
Jakobistr. 13
Tel. 0511/624711
V: BNN, Demeter

30165 Hannover
Natura-Werk Gebr. Hiler GmbH & Co. KG
Neanderstr. 5
Tel. 0511/662029

30165 Hannover
Wendland Kooperative
Vahrenwalder Str. 44
Tel. 0511/342416
P: 15
V: Bioland, Demeter

30167 Hannover
Bittersüß Naturkost GmbH
Engelbosteler Damm 29
Tel. 0511/7011445

30167 Hannover
Naturkostladen Mutter Erde
Stefanie Müller
Hahnenstr. 1
Tel. 0511/716233
P: 3
V: BNN, Demeter, VgtM

30167 Hannover
Die Verbraucher Initiative e.V.
LV Niedersachsen
Schaufelder Str. 30
Tel. 0511/708998

30169 Hannover
Reformhaus E. Maidorn
Calenberger Str. 21
V: Demeter

30169 Hannover
Der Bittersüß Naturkostmarkt
Hildesheimer Str. 70
Tel. 0511/888375
Fax 0511/883282
P: 1,2,3,7,8,9,10,11, 12,13,15,16

30171 Hannover
Reformhaus Horst Neumann
Lutherstr. 1
V: Demeter

30171 Hannover
Dankbarkeit, Naturkost
Marienstr. 94
Tel. 0511/853860
Fax 0511/858346
P: 1,2,3,7,8,9,10,11, 12,13,15,16
V: BNN, Demeter

30459 Hannover
Reformhaus Schmelz
Rickl. Stadtweg 50
Tel. 0511/421145
P: 2,3,7,8,9,10,11,12, 13,16
V: VgtM

30165 Hannover
Reformhaus Schmelz
Vahrenwalder Str. 78
Tel. 0511/661502
P: 2,3,7,8,9,10,11,12, 13,16
V: VgtM

30173 Hannover
Prima Klima Naturkostladen Südstadt
Geibelstr. 13

Tel. 0511/8093823
Fax 0511/8094584
V: BNN

30173 Hannover
Seebohm u. Müller
Regine Weber
Hildesheimer Str. 109
V: Demeter

30455 Hannover
Reformhaus Schmelz
Badenst.Str. 213
Tel. 0511/498519
P: 2,3,7,8,9,10,11,12, 13,16
V: VgtM

30173 Hannover
Bäckerei Foit
Heinrich-Heine-Str. 38
P: 3
V: VgtM

30175 Hannover
La Vigna Toscana-Weinhandel
Kirchwender Str. 14
Tel. 0511/819131
Fax 0511/853943
P: 16

30175 Hannover
aleuron
Königstr. 46
Tel. 0511/311112

30419 Hannover
Naturkost Schönfeld
Hegebläch 27
Tel. 0511/750331
V: BNN

30449 Hannover
Flax Naturkost
Deisterstr. 52
Tel. 0511/451429
V: BNN

314 Niedersachsen

30449 Hannover
Naturalia Naturwaren GmbH
Lindener Marktplatz 12
Tel. 0511/445553
V: BNN, Demeter

30451 Hannover
Humus Naturkost GmbH
Kötnerholzweg 30
Tel. 0511/2108718
Fax 0511/2108717
P: 1,3,5,7,8,9,10,11, 12,13,14,15,16
V: BNN, Demeter

30453 Hannover
Naturkost-Frischdienst GmbH Honnors
Am Tönniesberg 74-75
Tel. 0511/432693
Fax 0511/434638
P: 1,2,3,4,5,6,7,8,9,10, 11,12,13,14,15,16
V: Demeter

30459 Hannover
Öko-Gourmet-Markt
Beekestr. 95
Tel. 0511/413030
Fax 0511/427347
P: 2,3,4,5,6,7,8,9,10, 12,13,15

30519 Hannover
Bio-Logisch Naturprodukte
Querstr. 1
Tel. 0511/836037

30629 Hannover
Bio Land & Gartenmarkt Wilfried Fricke
Anderter Str. 65
V: Demeter

30519 Hannover
Bio-Logisch Naturprodukte
Bernwardstr. 13

Tel. 0511/836037
Fax 0511/3885875
V: BNN

30659 Hannover
Wendland Kooperative
Im Heidkampe 47
Tel. 0511/6477252
Fax 0511/6477252
P: 1,2,3,4,5,6,7,8,9,10, 11,12,13,15,16
V: Bioland, Demeter

30669 Hannover
Grünzeug Gutzke Hinken
Karmarstr. 49
V: Demeter

30519 Hannover
Schmelz GmbH & Co. KG
Zeißstr. 63
Tel. 0511/98479-0
Fax 0511/9847999
P: 2,3,7,8,9,10,11,12, 13,16
V: VgtM

21271 Hanstedt
Schrot- u. Gartendiele Rademacher-Röhrs GmbH
Hamburger Str. 10
V: Demeter

21271 Hanstedt
Bernd Tillenburg
Schulstr. 16
V: Demeter

37181 Hardegsen
Eichelberghof
Brinkstr. 10
Tel. 05555/368
P: 2, 3, 5, 7, 8, 9, 10, 12, 13, 15, 16
V: Bioland

37181 Hardegsen
H. u. H. Schaeper

Fehrlinger Str. 7
Tel. 05505/1427
P: 2, 3, 5, 8, 9, 12
V: Bioland

37181 Hardegsen-Hevensen
Walter Feindt
Hardegser Weg 1
Tel. 05505/2036
P: 3, 8, 9, 11
V: Bioland

49733 Haren
Karin u. Dr. Dr. Hannes Meist
Rütenmoor West 3
Tel. 05934/1622
P: 5, 9
V: Bioland

21698 Harsefeld
Reformhaus Sandra Olberg
Marktstr. 18
Tel. 04164/5900

21698 Harsefeld
Regenbogen Ingeborg Gathen
Mittelstr. 6a
V: Demeter

31177 Harsum-Borsum
Engelbert Hartmann
Am Bäckerbrink 4
Tel. 05127/6849
Fax 05127/4824
P: 5,7,8,9
V: Bioland

49205 Hasbergen
Naturkost Wulfskotten
Osnabrücker Str. 48
V: Demeter

27324 Hassel
Jürgen u. Dietrich Kramer
Hauptstr. 1

Tel. 04254/8617 u. 1052
Fax 04254/1052
P: 3,7,9
V: Bioland

26209 Hatten
Anton Kastenholz
Fasanenweg 25
Tel. 04481/8584
P: 7, 8, 9
V: Bioland

26209 Hatten
Café Machatschkala
Hauptstr. 2
Tel. 04482/8326
P: 1,2,13,16

26209 Hatten
Ruth u. Manfred Siber-Alpers
Hornmoor 3
Tel. 04482/638
P: 3, 5, 9
V: Bioland, VgtM

26209 Hatten
Peter Kluin
Landschulheimweg 14
Tel. 04481/7651
P: 7, 9
V: Bioland

31626 Haßbergen
Hof Leman
Hauptstr. 101
Tel. 05024/1212
P: 5, 7, 8, 9, 11
V: Demeter

27367 Hellwege
Hans-Heinrich Henken
Ahauser Str. 9
Tel. 04264/665
P: 7, 8, 9, 11, 15
V: Demeter

38350 Helmstedt
Gesund u. Munter
Braunschweigerstr. 33
Tel. 05351/41160

V: Demeter

38350 Helmstedt
Herwig Mollenhauer
Zum Stüh 16
Tel. 05356/804
P: 2, 3, 7, 8, 9, 12, 14, 15
V: Bioland

30966 Hemmingen
Bio Markt Hemmingen
Rathausplatz 2
Tel. 0511/416142
V: Demeter

21745 Hemmoor
Neuformdepot Wolf
Zentrumstr. 11
V: Demeter

24558 Henstedt-Ulzburg
Bäuerliche Gemeinschaftsschlachthaus Ulzburg GmbH
Kirchweg 43
Tel. 04193/2547
Fax 04193/97969
P: 5
V: Demeter

29320 Hermannsburg
Naturkost Susanne de Klark
Billingstr. 9
V: Demeter

37412 Herzberg
Vollkornladen
Brauhausstr. 5
Tel. 05521/71863
V: BNN, Demeter

37412 Herzberg
Edeka-Markt Wandt
P: 3
V: VgtM

37412 Herzberg
Der Vollkornladen

Lonauer Str. 47
P: 3
V: VgtM

31840 Hessisch Oldendorf
Udo Frevert
Dammstr. 4
Tel. 05152/61447
P: 2, 7, 8, 9, 12
V: Bioland

31840 Hessisch Oldendorf -Bensen
Heinrich Meier-Köpke Betrieb Lachem
Über den Höfen 2
Tel. 05152/6743
Fax 05152/61027
P: 5,16
V: Bioland

31840 Hessisch Oldendorf-Rumbeck
Böttcher-Künne
Dorfstr. 38
Tel. 05152/51027
V: Demeter

31134 Hildesheim
Die Knolle GmbH
Goschenstr. 77
Tel. 05121/131452
P: 5
V: BNN, Demeter, VgtM

31134 Hildesheim
Karls Fleischerladen
Neustädter Markt
P: 5, 11
V: Bioland

31134 Hildesheim
Samowar Naturkost
Osterstr. 28
Tel. 05121/33575
P: 3
V: BNN, Demeter, VgtM

31137 Hildesheim
Triangel Naturkost
Reinhard Walter
Brauhausstr. 5
V: Demeter

31139 Hildesheim
Vier Linden Veranstaltungszentrum
Alfelder Str. 55b
Tel. 05121/25255

31139 Hildesheim
Klostergut
Diak. Werke
Hinter dem Dorfe 18
Tel. 05121/62293
P: 3, 6, 7, 8, 9, 10, 12, 13, 15, 16

31141 Hildesheim
Grünkern Naturkostbarkeiten
Marienburger Str. 71
Tel. 05121/867578
P: 5
V: Demeter, VgtM

27318 Hilgermissen
Heino Cordes
Eitzendorf Nr. 4
Tel. 04256/542
P: 3, 5, 7, 8, 9, 12
V: Bioland

27318 Hilgermissen
Jutta Höhmann
Eitzendorf Nr. 62
Tel. 04256/547
P: 3, 5, 7, 11, 12, 14, 15
V: Bioland

49176 Hilter
Heiner Bischof
Brambrook 1
Tel. 05409/572
P: 2,7,8,9,12
V: Demeter

49176 Hilter
Hof Twellmeyer

Düppelweg 5
Tel. 05409/1242
P: 5, 8, 12
V: Bioland

29584 Himbergen
Jürgen Thiele
Groß Thondorf 9
Tel. 05828/1474
P: 5, 9, 11
V: Bioland

29584 Himbergen
Demeter-Hof - Matthias Meyer
Rohrstorf Nr. 5
Tel. 5828/257
P: 5, 7, 8, 9, 12, 13

21709 Himmelpforten
Spar-Markt Viets
Poststraße
P: 3
V: VgtM

31188 Holle
Marlies Grudzienski
Hildesheimer Str. 23
V: Demeter

21279 Hollenstedt
Elisabeth Lohmann
Am Glockenberg 3
V: Demeter

21723 Hollern-Twielenfleth
Claus-Peter Münch
Siebenhöfen 29
Tel. 04141/7061-0
P: 12
V: Bioland

27729 Holste
Gärtnerei Oldendorf
Oldendorf 30
Tel. 04748/3436
P: 7, 9, 12
V: Demeter

37603 Holzminden
Reformhaus Schneider
Obere Str. 12
V: Demeter

37603 Holzminden
Korn u. Kram
Tünneckenhagen 1
Tel. 05531/10936
Fax 05531/7860
P: 1,2,3,5,7,8,9,10,11,
12,13,14,15,16
V: BNN

49846 Hoogstede
Alfred Boll
Vechtetalstr. 48
P: 3
V: VgtM

21640 Horneburg
Fasten-Wandern
Pratjeweg 1
Tel. 04163/2539

27798 Hude
Hofgem. Grummersort
Fam. Kipping - Köster-Zimmermann
Hauptmoorweg 3
Tel. 04484/599 u. 14
P: 2, 3, 5, 7, 8, 9, 11
V: Demeter

27798 Hude
Rapunzel Naturprodukte
Parkstr. 38
Tel. 04408/7278
V: BNN, Demeter

27798 Hude
Immenhof Altmoorhausen
Pohlweg 8a
Tel. 04484/1390
P: 15
V: Demeter

31632 Husum
Fritz Block
Unter den Eichen 23
P: 3, 5
V: VgtM

26632 Ihlow-Ostersander
Fam. Albert Trauernicht
Holtroper Str. 5
Tel. 04943/2466
P: 2, 5, 7, 8, 9, 10, 11, 13
V: Demeter

31241 Ilsede
Korn-Deele Naturkost Naturwaren
Alter Weg 4b
Tel. 05172/6763
Fax 05172/6763
P: 1,2,3,5,6,7,8,9,10, 11,12,13,15,16
V: Bioland, Demeter

30916 Isernhagen
Reinhard Hemme
Großhorst 12
Tel. 05136/84626
P: 2, 3, 5, 7, 8, 9, 11, 12
V: Bioland

29479 Jamelen
Der Schulzen-Hof
Platenlaase 7
Tel. 05864/517784
P: 3, 5, 8, 8, 11
V: Bioland, VgtM

21266 Jesteburg
Reformhaus G. Brosda
Seevestr. 242
V: Demeter

26441 Jever
Reformhaus Jever R. Brauer
Kirchplatz 19
V: Demeter

21635 Jork
Kornmühle
Umweg 2a
Tel. 04162/6116
V: Demeter

21255 Kakenstorf
Inge Vogt
Falkenhorst 4
V: Demeter

37589 Kalefeld
Naturkostladen Gesund u. Bunt
Eboldhausen 64
V: Demeter

24114 Kiel
Marcus Wewer Fleisch & Wurst
Von-der-Tann-Str. 24
Tel. 0431/678765
Fax 0431/678765
P: 5
V: Bioland

37619 Kirchbrak
Voglerhofladen
Tierbrink 5
Tel. 05533/1514
Fax 05533/6215
P: 1,2,3,5,6,7,8,9,10, 11,12,13,16
V: Bioland

27308 Kirchlinteln
Dieter Meyer
Eversener Str. 1
Tel. 04230/263
P: 2, 3, 5, 7, 8, 9, 11, 12
V: Bioland

38170 Kneitlingen
Hofgemeinschaft Lindenhof
Presseweg 6
Tel. 05332/3547
Fax 05332/6224
P: 2, 5, 7, 8, 9, 11, 12
V: Bioland

26736 Krummhörn
Bioland Hof Garrelt Agena
Hagenpolder 1
Tel. 04920/318
Fax 04920/1339
P: 7, 8, 9

27449 Kutenholz
Spar-Markt Euhus
P: 3
V: VgtM

30880 Laatzen
Reformhaus Schmelz
LEZ - Marktplatz 11
Tel. 0511/826101
P: 2,3,7,8,9,10,11,12, 13,16
V: VgtM

49774 Lähden
Dirk u. Manfred Preuß u. Grote
Am Kloster 10
Tel. 05964/1518
P: 3, 5, 6, 7, 9, 12
V: Bioland

37136 Landolfshausen
Käsehof H. u. E. Ulrich u. Prunzel-Ulrich
Oberdorf 24
Tel. 05507/7236
P: 8, 11, 14
V: Bioland

37136 Landolfshausen
Gärtnerhof Landolfshausen
Oberdorf 5
Tel. 05507/2645
P: 2,3,7,8,9,10,11, 12,13,14,16
V: Bioland

38685 Langelsheim-Rodenberg
Otto Spintig

Einkaufsadressen 317

Tel. 05326/2092
P: 8, 9
V: Bioland

30851 Langenhagen
*Lucht's Backstube
Silbersee*
K.-Schumacher-Str. 16
P: 3
V: VgtM

31867 Lauenau
*Naturwarenladen
Immergrün*
Coppenbrügger Landstr. 33
Tel. 05043/5526
V: Demeter

27389 Lauenbrück
*Hofgemeinschaft
Holderhof*
Riepe 17b
Tel. 04267/629
P: 5, 7, 8, 9, 11
V: Demeter

26789 Leer
*Radieschen Naturspeisen Ulrich Schröder u.
EDZ Wirtjes*
Brunnenstr. 25
Tel. 0491/65217
V: Demeter

26789 Leer
Biotop Naturkost Wilts
Friesenstr. 6
V: Demeter

26789 Leer
Multi-Markt
Südumgehung
P: 3
V: VgtM

31275 Lehrte
Naturkost Lehrte
Bahnhofstr. 18
Tel. 05132/3128
V: BNN, Demeter

31275 Lehrte
*Gärtnerei Vollmer
Heinrich Vollmer*
Dammbusch 26
Tel. 05175/4211
P: 2, 7, 9
V: Demeter

31275 Lehrte
Gut Adolphshof Hartmann
Hämelerwald
Tel. 05175/4535
P: 2, 3, 5, 6, 7, 8, 9, 10, 11
V: Demeter

31275 Lehrte
Reformhaus Schmelz
Burgdorfer Str. 28
Tel. 05132/2558
P: 2,3,7,8,9,10,11, 12,13,16
V: VgtM

29485 Lemgow
Frank Schmitt
Ahrendseer Str. 7
Tel. 05883/221
P: 5, 7, 8, 9
V: Bioland

31618 Liebenau
Ulrike u. Volmar von Kuenheim
Kampstr. 8
Tel. 05023/2469
P: 8
V: Bioland

28865 Lilienthal
Dietrich Lohmann
Am Saatmoor 77
Tel. 04298/4244
P: 2, 7, 9, 10, 13, 15
V: Demeter

28865 Lilienthal
Helmkes Hof St. Jürgen
Oberende 23
P: 3

V: VgtM

49808 Lingen
Graswurzel Naturkostladen
Mühlentorstr. 4
V: Demeter

49808 Lingen
Naturkost-Kornblume
Schlachterstr. 28
Tel. 0591/2926
V: Demeter

49809 Lingen
*Edel's Kornmühle
Musekamp*
Marthastr. 14
V: Demeter

49811 Lingen
Krüssel
Estringer Str. 23
Tel. 05906/1334
Fax 05906/2528
P: 3, 6, 7, 9, 12, 13
V: Bioland

49393 Lohne
*Appel & Ei
Sylvia Fischer-Grösch*
Keetstr. 30
V: Demeter

29487 Luckau
Ulrich u. Annette Quis
Mammoißel Nr. 16
Tel. 05843/1411
P: 2, 7, 8, 9, 12, 14
V: Bioland

29487 Luckau
Werner Rieck
Nr. 7
Tel. 05843/7117
P: 9
V: Bioland

29487 Luckau
Jochen Kulow
Zargleben Nr. 5a

Tel. 05844/1694
Fax 05844/414
P: 5, 7, 8, 9, 11, 12, 13

29439 Lüchow
Kornkammer
Bergstr. 39
Tel. 05841/5442

29439 Lüchow
Firma Wendland-Kooperative GmbH
Wiesengrund 15
Tel. 05841/70575
Fax 05841/70676
P: 1,2,3,5,6,7,8,9,10, 11,12,13,14,15,16

31702 Lüdersfeld
*Ziegenkäserei
H. J. Koller*
Obernhagen 13
Tel. 05725/8744
P: 11
V: Bioland, Demeter

21335 Lüneburg
Handels-Speicher Eugen Ehrenberg
Am Berge 50
Tel. 04131/38686

21335 Lüneburg
De-Vau-Ge Gesundkostwerk GmbH
Löner Rennbahn 18
Tel. 04131/303-0
Fax 04131/187137
P: 2, 3, 15

21335 Lüneburg
Naturkostladen Altstadt Hildegard Klaiber
Auf der Altstadt 38
V: Demeter

21335 Lüneburg
Reformhaus Fred-M. Blunck
Grapengießerstr. 49
Tel. 04131/44579

318 Niedersachsen

Fax 04131/44560
P: 15
V: Demeter

21335 Lüneburg
Martin-Friedrich Fricke
Biohofladen
Im Dorf 1
Tel. 04131/46637
P: 2, 3, 5, 7, 8, 9, 11, 12
V: Bioland

21335 Lüneburg
Neuland-GmbH, Produktvermarktung aus tiergerechter u. umweltschonender Nutztierhaltung in Norddt.
Tel. 04131/45242
Fax 04131/47512
V: Neuland

21335 Lüneburg
Die Ähre
Obere Schrangenstr. 6
Tel. 04131/47532
V: Demeter

21335 Lüneburg
Hans-Jürgen Oswald
Röntgenstr. 57
Tel. 04131/403978
Fax 04131/45572
P: 1,2,3,4,5,7,8,9,10, 11,12,13,14,15,16
V: Demeter

21335 Lüneburg
Godehus - Gesell. f. gesunde Ernährung u. umweltfreundliche Produkte mbH
Salzstr. 14
Tel. 04131/403978
Fax 04131/45572
P: 1,2,3,4,5,7,8,9,10, 11,12,13,14,15,16
V: BNN

21335 Lüneburg
Reformhaus am
Glockenhof
Brigitte Jacobi
Zollstr. 1
V: Demeter

21335 Lüneburg
Wurst-Waren Heinrich
Böll-Haus
P: 5
V: VgtM

21337 Lüneburg
Kartoffelkiste
Karin Eilmann
Dahlenburger
Landstr. 81
Tel. 04131/82906
P: 1, 2, 3, 7, 8, 9, 10, 11, 12, 13, 15, 16

21337 Lüneburg
Volker Bergmann's
Edeka-Aktivmärkte
Lüneburg
Dahlenburger
Landstr. 19
Tel. 04131/51790
P: 5
V: Neuland, VgtM

21339 Lüneburg-Ochtmissen
Sonnenhof Loewe-Stiftung
Ochtmisser Str. 10
Tel. 04131/62041
P: 2, 7, 8, 9
V: Bioland

29367 Lüsche
Gottfried Vogelpohl
P: 3
V: VgtM

27249 Maasen
Gratke
P: 5
V: VgtM

37136 Mackerode
Linde-Natur GmbH
Kirchweg 1
Tel. 05507/2499
Fax 05507/2879
P: 1,2,3,4,5,7,8,9,10, 11,12,13,15,16

31171 Mahlerten
Hellwig
An der Trift 7
P: 3
V: VgtM

49457 Mariendrebber
Allos Walter Lang
Imkerhof
Tel. 05445/398

27327 Martfeld
Hof am Moorgraben
B. u. H. Meyer-Thomas
Kleinenborstel 70
Tel. 04252/1311
P: 5, 14, 15
V: Bioland

27327 Martfeld
August Wessel
Schulstr. 8
Tel. 04255/1396
P: 8, 9
V: Bioland

31715 Meerbeck
Hof Wiebe
Volksdorf 15
Tel. 05721/3395
P: 8, 11
V: Demeter

38536 Meinersen
Jörg H. Hörning
Höfen Nr. 8
P: 3
V: VgtM

49324 Melle
Joost Meyer zu Bakum
Bakumer Str. 80
Tel. 05422/5784
P: 3, 5, 6, 8, 9, 11, 15
V: Bioland

49324 Melle
Schachtelhalm Naturprodukte
Grönenberger Str. 18
Tel. 05422/43843
P: 1,2,3,4,5,7,8,9,10, 11,12,13,15,16

49324 Melle
Georg's Laden
Haferstr. 13
Tel. 05422/5641
Fax 05422/45251
P: 1,2,3,4,5,6,7,8,9,10, 11,12,13,14,15,16
V: BNN, VgtM

49324 Melle
Gemüsehof Redecke
Holtingstr. 5
Tel. 05428/1919
P: 3, 5, 6, 7, 9, 12, 13
V: Bioland, Demeter,

49324 Melle
Imrecke
Laerbachwiesen 8
Tel. 05422/2392
P: 2, 5, 8, 10
V: Naturland

49328 Melle
Hof Schreen
In der Heide 17
Tel. 05226/2813
P: 8
V: Bioland

49326 Melle-Neuenkirchen
Gemüse
Höltingstr. 5
P: 3,5
V: VgtM

49637 Menslage
Wieruper Hof - Hofbäckerei
Bomesweg 7

Einkaufsadressen 319

Tel. 05437/1489
P: 2
V: Bioland

49637 Menslage
Johann Meyer
Im Horsten 6
Tel. 05437/1513
P: 7, 9
V: Bioland

49637 Menslage
Hermann u. Maria
Maßmann
Kampstr. 2
Tel. 05437/733
P: 2, 3, 5, 7, 8, 9, 11, 12
V: Demeter

49716 Meppen
Verbraucher-Zentrale
Niedersachsen e.V.
Beratungsstelle Meppen
Kirchstr. 29
Tel. 05931/89665

37186 Moringen
Bioland-Käserei Hofgemeinschaft Nienhagen
Dorfstr. 2
Tel. 05554/760
P: 5, 8, 11, 15
V: Bioland

37186 Moringen
Ulrike Könecke
Mörliehäuser Str. 6
Tel. 05503/8584
P: 8, 10, 15
V: Bioland

27321 Morsum
Klaus Suhr Regina Kämena-Suhr
Ahsen 4
Tel. 04204/7033
P: 3, 5, 8, 9, 11, 12
V: Demeter

34346 Münden
Mündener Reformhaus Heiko Dress
Markstraße
P: 3
V: VgtM

29633 Munster
Hans-Heinrich Alvermann
Ilster 2
Tel. 05192/2518
P: 8, 9
V: Bioland

21369 Nahrendorf-Kovahl
Kinder- u. Jugendhilfswerk Salem der Bruderschaft Salem
Tel. 05855/2425
Fax 05855/1328
P: 2, 7, 8, 9
V: Bioland

29490 Neu Darchau
Naturkostladen am
Michaelshof Diekmann
Haub GbR
Im Dorfe 8
V: Demeter

21629 Neu Wulmstorf
Dieter Schöllknecht
Bahnhofstr. 20
Tel. 040/7006879
P: 2,3,8,9,10,11,13,16

21629 Neu Wulmstorf
Familie Wiegers
An der Tränke 7
P: 3
V: VgtM

21640 Neuenkirchen
Uhlenhof
Gisa Quadflieg
Muddweg 3
Tel. 04142/3922

P: 12, 13
V: Demeter

21763 Neuenkirchen
Ernst-Adolf Allers
Scholien 1
Tel. 04751/3370
P: 5, 7, 8, 14
V: Bioland

27251 Neuenkirchen
Heinrich u. Sabine Kanzelmeier
Sudwalder Weg 1
Tel. 04245/1028
Fax 04245/250
P: 7, 8, 9, 11, 13, 15, 16
V: ANOG

29643 Neuenkirchen
Wilfried Wilkens
Bahnhofstr. 11
Tel. 05195/1484
P: 7, 9, 11
V: Bioland

29643 Neuenkirchen
H. J. Meinheit
Hertel Nr. 1
Tel. 05195/1260
P: 2, 5, 8, 9, 10
V: Bioland

29643 Neuenkirchen
Christian Carl Baden
Vahlzen 2
Tel. 05195/308
Fax 05195/2538
P: 3, 5, 9
V: Bioland

49434 Neuenkirchen
Hof Schürmann
Holdorferstr. 24
Tel. 05493/348 o. 55
P: 3, 5
V: Demeter, VgtM

31535 Neustadt
Alex Jäger-Bloh u.
Gabi Bloh

Alte Feldmühle 10
Tel. 05034/1373
P: 5
V: Bioland

31535 Neustadt
Naturkostvertrieb
Charlé GmbH
Am Schießstande 7
Tel. 05032/5220
Fax 05032/66976
P: 1,2,3,4,5,6,7,8,9,10,
11,12,13,14,15,16

31535 Neustadt
Michael Schaper
Zum Bodenkamp 11
Tel. 05032/3368
P: 2, 5, 7, 8, 11
V: Bioland

31535 Neustadt
Mariannes Kornkammer
Zwischen den Brücken 2
Tel. 05032/61320

31712 Niedernwöhren
Naturwarenladen Mittelbrink
Mittelbrink 13
Tel. 05726/228
Fax 05726/228
P: 1,3,7,8,9,10,11,
12,13,14,15,16

31582 Nienburg
Bioland - Betrieb M.
Kern, R. Bosse Schäferhof
Geestkante 2
Tel. 05021/7155
P: 7, 9, 11, 12

31582 Nienburg
Der Bio-Laden
Leinstr. 11
Tel. 05021/12610
V: BNN, Demeter

Niedersachsen

31582 Nienburg
Martin Zogs
Ziegelkampstr. 50a
V: Demeter

26506 Norden
Karl u. Heike Heuer
Gulfhof
Groß-Schulenburger
Polder 4
Tel. 04931/16011
P: 3
V: Naturland

26506 Norden
Naturwaage
Im Spiet 151
Tel. 04931/15113
V: Demeter

26506 Norden
Tee- u. Kräuterladen
Dr. Ulrich Raeth
Neuer Weg 23
Tel. 04931/4141
V: Demeter

26506 Norden
Hof Petersbörg
Ostermarsch 7
Tel. 04938/225
P: 5, 7
V: Bioland

26506 Norden
Ideal Markt Julius
Norddeicher Str. 243
Tel. 04931/8004
Fax 04931/81353
P: 2,3,9
V: VgtM

26506 Norden
Ideal Markt Julius
Im Spiet 101
Tel. 04931/2559
Fax 04931/81353
P: 2,3,9
V: VgtM

26506 Norden
Bioland Vertragsbäckerei Gerhard Lorenz
Norddeicher Str. 29/30
P: 2

26506 Norden
Bioland Vertragsbäckerei Gerhard Lorenz
Bahnhofstr. 15
P: 2

26548 Norderney
Coop Konsumgenossenschaft Norderney e.G.
Im Gewerbegelände 36
Tel. 04932/872-0
Fax 04932/872-30
P: 1,2,3,4,5,6,7,8,910, 11,12,13,14,15,16

48529 Nordhorn
Sonnenblume
Neuenhauser Str. 48
Tel. 05921/36284
P: 3
V: BNN, Demeter, VgtM

31171 Nordstemmen
Ulrich Gehrke
Im Winkel 3
Tel. 05044/1370
P: 8, 9
V: Bioland

37176 Norte-Hardeberg
Biologischer Gartenbau Wedemeyer
Auf dem Placke 14
Tel. 05594/234
P: 7,9,12,15
V: Bioland

37154 Northeim
Gesund u. Bunt
Am City-Center
V: Demeter

21775 Odisheim
Hof Odisheim - M. Förster
P: 2, 5, 7, 8, 9, 10, 11, 12
V: Demeter

21734 Oederquart
Eschenhof
Dösemoor 58
Tel. 04779/7469
Fax 04779/1383
P: 1,2,3,4,7,8,9,10, 11,12,13,14,15,16

21734 Oederquart
Georg Ramm u. Andrea Blohn
Grüner Weg 4
Tel. 04779/495
Fax 04779/496
P: 5, 6, 7, 11, 12, 14
V: Bioland

26121 Oldenburg
Kornblume
Alexanderstr. 21
Tel. 0441/885125
V: BNN

26121 Oldenburg
Kräuterei
Alexanderstr. 29
Tel. 0441/882368
P: 15
V: Bioland

26121 Oldenburg
Reformhaus Heiko Bühring
Heiligengeiststr. 2
Tel. 0441/16157
Fax 0441/25949
P: 8, 9, 10, 11, 12, 13, 15

26121 Oldenburg
Naturkost Nordwest e.V.
Johannisstr. 17
Tel. 0441/884253
Fax 0441/883102

26121 Oldenburg
Samenkorn
Detlef Müller
Katharinenstr. 6a
V: Demeter

26121 Oldenburg
Reiner Gehrke
Röwekamp 22
V: Demeter

26121 Oldenburg
Lachmann-Lebensmittel
Blumenstr. 44
P: 3
V: VgtM

26121 Oldenburg
Handel-Lebensmittel
Ofener Str. 48
P: 3
V: VgtM

26122 Oldenburg
Paul Logemann
Charlotte Barfknecht
Haarenstr. 31
V: Demeter

26122 Oldenburg
Reform- u. Honighaus Walkenhorst
Hauptstr. 30
V: Demeter

26122 Oldenburg
Naturkost Schneewittchen
Kurwickstr. 16
Tel. 0441/13164
V: BNN

26122 Oldenburg
Wollkorn Naturtextilien u. Naturkost
Staulinie 13
Tel. 0441/27185

Einkaufsadressen

26122 Oldenburg
Bio-Back
Mottenstr. 19
Tel. 0441/74057
Fax 0441/74058
P: 2
V: Naturland

26122 Oldenburg
Stadtbäckerei
Tannenstr. 41
P: 3
V: VgtM

26122 Oldenburg
Hungerland-Feinkost
Hindenburgstr. 13
P: 3
V: VgtM

26122 Oldenburg
Hungerland-Feinkost
Hauptstr. 50
P: 3
V: VgtM

26127 Oldenburg
Reformhaus Fred Saul
Alexanderstr. 334
V: Demeter

26127 Oldenburg
Seidenspinner Gabriele Wendzioch
Hultschiner Str. 10
V: Demeter

26127 Oldenburg
Rita Koopmann
Hultschiener Str. 10
P: 5
V: VgtM

26127 Oldenburg
Rathaus Markt
(Di+Do+Sa)
V: VgtM

26129 Oldenburg
Seidenspinner OHG
Schützenweg 13

Tel. 0441/73257
V: Demeter

26129 Oldenburg
Fritz Bohlken
Hörneweg 82
P: 3
V: VgtM

26133 Oldenburg
Käseglocke
Dr.-Schüßler-Str. 17
Tel. 0441/47825
V: BNN

26135 Oldenburg
Speckmann
Breslauer Str. 16
P: 3
V: VgtM

26209 Oldenburg-Sandkrug
Naturkostladen Kornmühle
Marlene Meyer
Astrupstr. 13
P: 5
V: Demeter, VgtM

49074 Osnabrück
Immergrün Naturkost
Alte Münze 4
Tel. 0541/258322
V: Bioland, BNN

49074 Osnabrück
Ambrosia & Nektar
Bierstr. 2223
Tel. 0541/22458
Fax 0541/201675
P: 1,2,3,7,8,9,10,11, 12,13,15,16

49074 Osnabrück
Reformhaus Bacher GmbH & Co. KG
Dielingerstr. 43
P: 3
V: Demeter, VgtM

49074 Osnabrück
Reformhaus Marianne Hemfort
Hasestr. 15
V: Demeter

49074 Osnabrück
Honig-Garten
Hasestr. 25/26
V: Demeter

49074 Osnabrück
Goldland Naturkost
Irmengard u. Michael Wilxmann
Johannisstr. 105
V: Demeter

49074 Osnabrück
Reformhaus Stoehr
Johannisstr. 86
V: Demeter

49074 Osnabrück
Univita
Rosenplatz 23a
Tel. 0541/82665

49078 Osnabrück
Kathrinchen
Augustenburger Str. 24
Tel. 0541/434449
V: Demeter

49078 Osnabrück
Reformhaus
Ulrike Friedering
Lotter Str. 113
V: Demeter

49179 Ostercappeln
Die Amsel
Berlinger Str. 3
V: Demeter

49179 Ostercappeln
Pusteblume
Markt 5/6
Tel. 05473/1203
P: 1,2,3,4,5,6,7,8,9,10, 11,12,13,14,15,16

V: BNN

27711 Osterholz-Scharmbeck
Naturalis
Marktplatz 8
Tel. 04791/59125
Fax 04791/8674
P: 1,2,3,4,5,6,7,8,9,10, 11,12,13,14,15,16

37520 Osterode
Ernst-Otto Bauer
An den Hundeköpfen 2
Tel. 05522/4888

37520 Osterode
Bauer's Eierladen
Rollberg 12

37520 Osterode
Marienhof Förste Fam. Röh/Reynard
Wassergasse 17
Tel. 05522/84161
P: 2, 3, 6, 7, 8, 9, 10, 11
V: Demeter

26842 Ostrhauderfehn
Molkerei Langholte
Dorfstr. 1
P: 11

26842 Ostrhauderfehn
Albrecht Bruns
Pappelhof
Tel. 04957/584
P: 11
V: Bioland

21762 Otterndorf
Jahreszeiten Otterndorf
Bahnhofstr. 2
V: Demeter

21762 Otterndorf
Jahreszeiten Naturprodukte

Niedersachsen

Marktstr. 8

28870 Ottersberg
Alternativladen
Matthias Flau
Am Brink 5
Tel. 04205/1446
V: Demeter

28870 Ottersberg
Naturköstlich
Hans-Paul Mattke
Am Wiestebruch 25a
Tel. 04205/2585
Fax 04205/2997

28870 Ottersberg
Pusteblume Naturkost
Große Str. 5c
V: Demeter

28870 Ottersberg
Bäckerei W. Seekamp
Große Str. 42
Tel. 04205/530
P: 2
V: Demeter

28870 Ottersberg
Bernhard de Vries
Grüne Str. 4
V: Demeter

28870 Ottersberg
Der Laden
L. u. E. Dilsky
Losberg 32
V: Demeter

28870 Ottersberg-Narthemen
A. u. K. Bielenberg
Uppin Barg 6
Tel. 04205/8793
P: 2, 3, 5, 7, 8, 9
V: Demeter

26939 Ovelgönne-Rüdershausen
Heike u. Stefan Schwabe Hof ab von Patt

Siedlerstr. 39
Tel. 04480/1602
P: 3, 5, 6, 7, 9, 14, 15
V: Bioland

28876 Oyten
Kreyenhop u. Kluge GmbH & Co.
Industriestr. 40-42
Tel. 04207/6040
Fax 04207/604185
P: 8, 15

28876 Oyten
Morgenland Naturkost Handels GmbH
Rudolf-Diesel-Str. 30
Tel. 04207/5085

26871 Papenburg
Sozialer Ökohof
St. Josef e.V.
Am Seitenkanal 16
Tel. 04962/392
P: 3,5,7,9,11
V: Bioland

31228 Peine
Bäckerei
Ernst Brendecke
Kirchvordener Str. 10
V: Demeter

27243 Prinzhöfte
Horst Stamann
Kl. Henstedt Schafskamp 7b
P: 3
V: VgtM

49610 Quakenbrück
Naturhaus
Heinz Spalthoff
Lange Str. 44
Tel. 05431/6344
V: BNN

31604 Raddestorf
Tiedemann
Dierstorf 3
Tel. 05765/1286

V: Demeter

31604 Raddestorf
Hartmut Berghorn
Huddestorf 43
Tel. 05765/217
P: 3, 6, 8, 12, 13
V: Bioland

31604 Raddestorf
Heinrich Heineking
Jenhorst 42
Tel. 05763/2286
P: 3, 5, 8, 9, 11
V: Bioland

26180 Rastede
Uschi u. Jürgen Steenken
Hirtenweg 65
Tel. 04402/7583
Fax 04402/7583
P: 7, 9
V: Bioland

26180 Rastede
Feigenhof
Kleibroker Str. 46
Tel. 04402/4392
V: Demeter

26180 Rastede
Reformhaus Duddeck
Oldenburger Landstr. 243
P: 3
V: VgtM

31547 Rehburg-Loccum
Mühlenbäckerei
Alte Poststr. 17
P: 2
V: Bioland

31547 Rehburg-Loccum
Gerhard Wildhagen
Auf der Horst 22
Tel. 05037/5025

P: 1, 2, 3, 5, 7, 8, 9, 10, 13, 14, 15, 16
V: Bioland

31547 Rehburg-Loccum
Joachim Grieger
Brunnenstr. 27
Tel. 05037/3344
P: 5, 9, 14
V: Bioland

31547 Rehburg-Loccum
Anni Wesemann
Mindener Str. 80
Tel. 05037/367
P: 2, 3, 5, 8, 9, 11, 12
V: Bioland

31547 Rehburg-Loccum
Katekelken Naturkost
Niedersachsenstr. 8
Tel. 05766/1740
V: BNN, Demeter

31547 Rehburg-Loccum
Harald Mergenthaler
Rosenweg 20
Tel. 05037/5244
P: 7, 9, 12
V: Bioland

49453 Rehden
Schäferei Uhlenhof der Dr.-Ulderup-Stiftung
Am Geestmoor 5
Tel. 05446/1330
Fax 05446/1643
P: 14, 15
V: Demeter

49453 Rehden
Lebensbaum U. Walter GmbH
Im Heidmoore 5
Tel. 05446/1851/307

49453 Rehden
Heinrich Koch
Von-Wutenau-Str. 4
Tel. 05444/284
P: 8, 9
V: Bioland

21385 Rehlingen
Hof Bockum - Grunter-Schmidt & Böhm
Tel. 04132/1773 u. 8
P: 3, 5, 7, 9, 11
V: Demeter

27336 Rethem
Willi Bäßmann
Stöckener Str. 305
Tel. 05165/541
V: Demeter

26817 Rhauderfehn
Bäckerei Buss
1. Südwieke 243
Tel. 04952/2150
P: 2
V: Bioland

26817 Rhauderfehn
Meinhard Freese
Batzenweg 30
Tel. 04952/7970
P: 5, 7, 8, 9
V: Bioland

26817 Rhauderfehn
Mellenhof
Siedlungsstr. 8
Tel. 04967/1362
P: 11
V: Bioland

49824 Ringe
Jan Kip
Kampweg 6
P: 3
V: VgtM

31737 Rinteln
Keimling
Am Markt
Tel. 05741/42504

31737 Rinteln
Keimling Rinteln
Enge Straße
V: Demeter

31737 Rinteln
Wilhelm Mohrmann
Im Oberfeld 1
Tel. 05751/3482
P: 5, 7, 8, 9, 11, 12
V: Bioland

31637 Rodewald
Wilfried Rabe
Dorfstr. 133
Tel. 05074/1219
P: 3, 5, 7, 8, 9, 11, 12, 14,
V: Bioland

30952 Ronnenberg
Sonnenblumenladen
Am Kirchhof 5
V: Demeter

30952 Ronnenberg-Benthe
Maage's Land Laden
Ulrike Maage
Hermann-Löns-Str. 18
Tel. 05108/3528
Fax 05108/8200
P: 2,3,5,7,8,9,10,11, 12,13,15,16
V: Bioland

29571 Rosche
Hofgemeinschaft Schmölau GbR
Schmölau Nr. 2
Tel. 05863/479
P: 5, 8, 9,11
V: Bioland

29571 Rosche
Bauckhof Stütensen
Tel. 05803/494
Fax 05803/1241
P: 1,2,3,4,5,7,8,9,10, 11,12,13,15
V: Demeter

37124 Rosdorf
Biomobil Sieboldshausen
Hessebergstr. 6
Tel. 05509/2954
Fax 05509/2667
P: 1,2,3,7,8,9,11,12, 13,15,16

37124 Rosdorf
Roselies Lehmköster
Hessebergstr. 10
Tel. 05509/2327
P: 3, 7, 9, 12
V: Bioland

27356 Rotenburg
Reformhaus Holger de Vries
Am Neuen Markt 6
V: Demeter

27356 Rotenburg
Vollkornladen
Bergstr. 6
Tel. 04261/2765
Fax 04261/2765
P: 1,2,3,7,8,9,10,11, 12,13,15,16

27356 Rotenburg
Naturkost Richter
Wallbergstr. 2a
Tel. 04261/1773
V: Demeter

38226 Salzgitter
Vollkornladen
Am Schölkegraben 5
Tel. 05341/15552
V: BNN, Demeter

38259 Salzgitter
Feldmaus
Kniestedter Str. 31
V: Demeter

38259 Salzgitter
Ökotopia
Kniestedter Str. 41
Tel. 05341/35568

V: BNN

21376 Salzhausen
Die Kruke
Eyendorfer Str. 1
Tel. 04172/8773
V: Demeter

38524 Sassenburg
Holler Busch
Kleine Dorfstr. 29
Tel. 05371/6454
V: BNN

29348 Scharnhorst
Susanne u. Horst Reinsberg
Kragener Straße
Tel. 05142/4963
V: Demeter

27383 Scheeßel
Natur ins Haus
Georg Appel
Veerse 86
V: Demeter

31174 Schellerten
Natur & Feinkost
Bäckerstr. 5
Tel. 05123/4765
P: 5, 16

31174 Schellerten
Gerhard Tartsch
Pastorenbrink 4a
Tel. 05121/12139
Fax 05121/130856
P: 8
V: Bioland

29465 Schnega
Der Heidberghof
Inge u. Wolfgang Rettberg
Billerbeck Nr. 1
Tel. 05842/840
P: 3, 6, 7, 9, 12
V: Demeter

Niedersachsen

29465 Schnega
Johannes u. Ulrike Grünhagen
Starrel 1a
Tel. 05844/1258
P: 3, 5, 11, 14
V: Bioland

29640 Schneverdingen
Ise's Bioladen M. Blechschmidt
Bahnhofstr. 43
V: Demeter

29640 Schneverdingen
Werner Schröder
Dreyenhofer Weg 6
Tel. 05130/35665
P: 8, 9
V: Bioland

29640 Schneverdingen
Hofgemeinschaft Riephof
P: 2, 3, 5, 6, 7, 8, 9, 10, 11
V: Demeter

29640 Schneverdingen
Bio-Laden K.-H. Osthaus
Rieper Moor 2
P: 3, 5
V: VgtM

38170 Schöppenstedt
Naturkostladen 1001-Korn
Steinweg 2
Tel. 05332/520
V: BNN

26419 Schortens
Kornmühle
Elsa-Brandström-Str. 1
Tel. 04461/84346
V: BNN, Demeter

26419 Schortens
Alraune Friedhelm Lambert
Handelstr. 5
V: Demeter

38707 Schulenberg
Konditorei Muhs
Richard-Böhm-Str. 11
Tel. 05329/805
Fax 05329/873
P: 2

28790 Schwanewede
Struwelpeter
Ostlandstr. 34
V: Demeter

27327 Schwarme
Hermann Meyer-Toms
Kiebitzheideweg 6
Tel. 04258/241
Fax 04258/625
P: 3,,5,6,7,8,9,10,12, 13,16
V: Bioland

30926 Seelze
Hof Drei Linden
Altes Dorf 9
P: 2, 3, 7, 8, 9, 10, 11, 12, 13, 15
V: Demeter

38723 Seesen
Naturkost & Tee
Rosenstr. 1
Tel. 05381/70190
V: Demeter

21218 Seevetal
Hans-Hermann Meyer-Sahling
Bahnhofstr. 60
Tel. 04105/53818
P: 2, 7, 8, 9
V: Bioland

21218 Seevetal
Reformhaus Zühlsdorff Handels-GmbH
Kirchstr. 22
V: Demeter

21218 Seevetal
Ute Bernhardt-Wortmann
Neuenfelde 151
Tel. 04105/51842
P: 5, 9, 14
V: Bioland

21220 Seevetal
Drogerie Ruschmeyer
Schulstr. 37
V: Demeter

31319 Sehnde
Holz auf der Heide
Welfeshorn 7
V: Demeter

31319 Sehnde-Rethmar
Gärtnerei Sautmann F-J
Am Pumpe 4a
Tel. 05138/4341
P: 2, 3, 5, 7, 9, 12
V: Bioland

37136 Seulingen
Rinck
Neue Str. 2
P: 3
V: VgtM

49751 Sögel
A + W Biolandhof
Tiefenfehnskämpe 2
Tel. 05952/1483
P: 7, 9

29614 Soltau
Jürgen Lehmberg
Barmbruch 10
Tel. 05191/3947
P: 3, 5, 6, 8, 9, 11, 13
V: Bioland

29614 Soltau
Regenbogen Naturkost
Poststr. 17
Tel. 05191/14032
V: Demeter

29614 Soltau
Walter u. Eva Asche
Visselhöveder Str. 90
Tel. 05191/15141
P: 3, 5, 7, 8, 9, 12, 15
V: Bioland

29614 Soltau
Naturwarenhaus Schlopies
Walsroderstr. 2
Tel. 05191/18137
Fax 05191/18388
P: 1,2,3,4,5,6,7,8,9,10, 11,12,13,14,15,16
V: BNN

29614 Soltau
Regenbogenladen
Harburger Straße
P: 3
V: VgtM

31832 Springe
Krabat Naturkost Kissau
Bahnhofstr. 10
Tel. 05041/63622
V: Demeter

31832 Springe
Friedrich Bartels
Industriestr. 15
Tel. 05041/4250
P: 7, 8, 9, 15
V: Bioland

21680 Stade
Spar-Markt Viets
Harsefelder Straße
P: 3
V: VgtM

Einkaufsadressen

21680 Stade
Spar-Markt Viets
Dankerstraße
P: 3
V: VgtM

21682 Stade
Reformhaus Bleck
Hökerstr. 38
V: Demeter

21682 Stade
Stadtladen Otto
Kalkmühlenstr. 8
Tel. 04141/2141
Fax . 04141/2241
P: 2, 3, 5, 6, 7, 8, 11, 12, 15
V: BNN, Demeter, VgtM

21682 Stade
Reformhaus W. von Glahn
Pferdemarkt 16
V: Demeter

29596 Stadensen
Heinrich Hamborg
Stadenserstr. 1
Tel. 05802/4878
P: 2, 3, 5, 7, 8, 9
V: Bioland

26937 Stadland
Jürgen Bruns
Seefelder Außendeich 1
Tel. 04734/213
P: 5, 8, 9, 11
V: Bioland

31655 Stadthagen
Otto Schlüter KG
Am Georgsschaft 13
V: Demeter

31655 Stadthagen
Reformhaus Tietz
Am Markt 13
V: Demeter

31655 Stadthagen
Der Bioladen
Klosterstr. 8
Tel. 05721/81188

31655 Stadthagen
Ute Strakerjahn
Kreisstr. 22
Tel. 05721/3926
P: 7, 9, 12
V: Bioland

31655 Stadthagen
Naturschop Cordes
Krumme Str. 31
V: Demeter

37627 Stadtoldendorf
Naturwaren Grünkern
Pikenhagen 2
V: Demeter

34355 Staufenberg
Antonio März
Gut Kragenhof
Tel. 05543/782
P: 3, 5, 6, 7, 8, 9
V: Bioland

34355 Staufenberg
I. Haensel
Im Kreuzsiegen 8
Tel. 05543/3939
P: 7, 8, 9, 12
V: Demeter

21775 Steinau
Janosch Boethy
Süderwesterseite 172
Tel. 04756/8008
P: 5, 6, 8

21775 Steinau
Fam. v. Mirbach
Süderwesterseite 177
Tel. 04756/602
P: 5, 7, 8, 11
V: Demeter

21775 Steinau
Gärtnerhof Wingst
Süderwesterseite 12
Tel. 04777/1477
P: 3, 5, 6, 8
V: Bioland

21720 Steinkirchen
Günter Heinrich
Bergfried Nr. 9
Tel. 04142/2304
P: 12
V: Demeter

21720 Steinkirchen
Reformhaus Reyer-Völkert
Burgerei 3
Tel. 04142/2022
Fax 04142/3377
P: 10, 11, 13, 15

21435 Stelle
Drogerie Schnittker
Harburger Str. 28
V: Demeter

21435 Stelle
Küchen-Kate
Im Twieten 16
Tel. 04171/50325
P: 1,2,3,4,7,8,9,10, 11,12,13,15,16
V: Demeter

31595 Steyerberg
Mandala Naturkost Cooper + Kühne OHG
Am Rosenanger 3
V: Demeter

31595 Steyerberg
Ökodorf - Institut K.-H. Meyer
Ginsterweg 3
Tel. 05764/2154
Fax 05764/2578

31595 Steyerberg
Heike Swart
Rosenanger 1
V: Demeter

31595 Steyerberg
Franz-Georg Lukat
Wellie 24
Tel. 05023/707
P: 3, 7, 8, 9
V: Bioland

21772 Stinstedt
Astrid u. Werner Müller
Mühlenweg 26
P: 15
V: Bioland

27367 Stuckenborstel
Jan-Uwe Klee
Neubauer Heide 3
Tel. 04264/9730
P: 2, 3, 5, 7, 8, 9, 10, 11
V: Demeter

28816 Stuhr
Lahmeier
Varreler Feld 38
P: 3
V: VgtM

28816 Stuhr
Kristine u. Bernhard Helmerichs
Blockener Str. 40
Tel. 0421/892384
P: 5
V: Bioland

28816 Stuhr
Reformhaus Lothar Ebken
Handelshof 30b
V: Demeter

28816 Stuhr
Erich Steinforth
Heiligenroder Str. 93
Tel. 04206/1057
Fax 04206/30788
P: 5, 8, 9, 11, 12
V: Bioland, VgtM

Niedersachsen

28816 Stuhr
Die kleine Mühle
Zollstr. 3
Tel. 04206/9081
V: BNN, Demeter

29556 Suderburg-Böddenstedt
Inges Burg
Ingeburg Lehmann
Dorfstr. 14
Tel. 05826/8747
P: 1,2,3,4,7,8,10,15,16

27257 Sudwalde
Wilfried Denker
Heidhofstr. 41
Tel. 04247/480
P: 5, 7, 8, 9
V: Bioland

27232 Sulingen
Tienda-Naturprodukte
Bismarckstr. 24
Tel. 04271/6568
V: BNN

27232 Sulingen
Schäferhof Sulingen
Schützenstr. 46
Tel. 04271/2385
P: 3, 5
V: VgtM

28857 Syke
Jochen Voigt
An der Wassermühle 20
Tel. 04242/7978
Fax 04242/84383
P: 2, 3, 5, 7, 8, 9, 12
V: Bioland

28857 Syke
Wassermühle Barrien
An der Wassermühle 4b
Tel. 04242/7170
P: 15,16

28857 Syke
Hans-Heinrich Kastens
Gödestorferstr. 18
Tel. 04240/1020
P: 5, 7, 8, 9, 11
V: Demeter

28857 Syke
*Sonnenblume
Gesundes & Schönes*
Herrlichkeit 20
V: Demeter

28857 Syke
Jürgen Winters
Kastanienallee 5+8
Tel. 04248/573
P: 5, 8, 9, 14
V: Bioland

27412 Tarmstedt
Krämerlädchen
G. Siebein - K. Prelle
Poststr. 1
Tel. 04283/1787
V: BNN

27321 Thedinghausen
I. u. T. Biermann u. Böing
Lindenweg 9
Tel. 04204/443
P: 5, 8, 11, 12, 14, 15
V: Bioland

21371 Tosterglope
Christian Pahlow
Köhlingen Nr. 2
Tel. 05853/204
P: 9
V: Bioland

29494 Trebel
Betriebsgemeinschaft Peters
Nemitz 3
Tel. 05848/1232
P: 3, 5, 6, 8, 9, 11
V: Bioland

38388 Twieflingen
Martin Hartmann
Winkel 1
Tel. 05352/2998
P: 7, 8, 9
V: Bioland

27239 Twistringen
Wendezeit - Naturkost, Naturwaren
Brunnenstr. 19
Tel. 04243/8003
Fax 04243/3217
P: 1,2,3,7,8,9,10,11,12,13

27239 Twistringen
Heinrich Hartjens
Neuenmarhorster Str. 15
Tel. 04243/2882
P: 5, 7, 8, 9
V: Demeter

31600 Uchte
Elfriede u. Karl Tiedemann
Höfen 45
Tel. 05763/2773
P: 5, 7, 8, 9, 14
V: Demeter

31600 Uchte-Lohhof
Pedone
Bezirkstraße
P: 3
V: VgtM

29525 Uelzen
Naturel Uelzen George Wittig-Hohendahl KG
Dietrichstr. 3
Tel. 0581/16826
Fax 0581/78017
P: 5
V: VgtM

29525 Uelzen
Bauckhof OHG Klein Südstedt
Eichenring 18
Tel. 0581/73435
Fax 0581/76740
P: 2, 3, 5, 7, 8, 9, 10, 11, 12, 13
V: Demeter, VgtM

31311 Uetze
Michael Stolze
An der Kapelle 5
Tel. 05175/2140
Fax 05175/31278
P: 2, 3, 5, 6, 7, 8, 9, 11, 12, 14, 16
V: Bioland

31311 Uetze
*Rinderhof
Christa Decker*
Schaftrift 6
Tel. 05147/447
P: 5
V: VgtM

31311 Uetze
Naturkost-Pusteblume
Schmiedestr. 1
V: Demeter

26529 Upgant-Schott
Bioland Vertragsbäckerei Gerhard Lorenz
Mühlenloog 58
Tel. 04934/4362
P: 2

26670 Uplengen
Garrelt u. Rita Baumann
Bührerner Str. 38
Tel. 04956/2936
V: Demeter

26670 Uplengen
Gärtnerhof ter Veen
Dorfstr. 29
Tel. 04956/791
Fax 04956/4466
P: 5, 7, 9
V: Bioland

26316 Varel
Klaus Leiter
Flachsweg 40

Tel. 04451/4649
P: 3, 5, 11
V: Bioland

26316 Varel
Reformhaus Maria Guse
Goethestr. 8
V: Demeter

26316 Varel
Reformhaus Klaus Dudeck KG
Hindenburgstr. 2
V: Demeter

26316 Varel
Alte Schmiede
Lange Str. 16
Tel. 04451/83147

27259 Varrel
Jürgen Meyer
Dörrieloh 28
Tel. 04274/215
P: 5, 7, 8, 9
V: Bioland

38159 Vechelde
Michael Kupke
Fürstenauer Str. 15
V: Demeter

49179 Venne
Hof Bünte
Schlingheide 11
Tel. 05476/206
P: 1, 2, 3, 5, 6, 7, 8, 9, 10, 11, 12, 13, 15
V: Demeter

27283 Verden
Naturkostladen Herein
Obere Str. 1
Tel. 04231/82622
P: 1,2,3,4,5,6,7,8,9, 10,11,12,13,14,15,16
V: BNN

27283 Verden
Eckhard Kersten
Seekante 2
Tel. 04232/7190
P: 3, 5, 7, 8, 9, 11, 14
V: Bioland

38690 Vienenburg-Weddingen
Bioland-Hof
Bergenroder Str. 16
Tel. 05324/6734
Fax 05324/6734
P: 2, 3, 5, 7, 8, 9

27374 Visselhövede
Bioland - Landesverband Niedersachsen
Riepholm 10
Tel. 04262/2306
Fax 04262/4485

31234 Voigtholz-Edemissen
Eine Welt Gärtnerei und Imkerei
Eichkamp 16
Tel. 05176/1538
P: 2,3,5,6,7,8,9,10,12, 14,15,16
V: Bioland

27404 Volkensen
M. Terbeek
Freyerser Weg 5
V: Demeter

27729 Vollersode
Hof Lütjen
Verlüßmoor 24
Tel. 04793/1654
Fax 04793/3802
P: 2, 3, 5, 6, 7, 8, 9, 10, 11
V: Demeter

37136 Waake
Johann von Grafenstein-Lohrberg Brothof
Oberdorf 13
Tel. 05507/2290

P: 1,2,3,5,7,8,9,10,11, 12,13,14,15,16
V: Bioland

29496 Waddeweitz
Matthias Schulz-Gerstenmaier
Diahren 12
Tel. 05849/1213
P: 7, 8, 9
V: Bioland

29496 Waddeweitz
Giselher Kühn
Diahren 14
Tel. 05849/675
P: 5, 11, 14
V: Bioland

49419 Wagenfeld
Ingo Poll
Alte Heide 7
Tel. 05774/1272
P: 12
V: Demeter

38729 Wallmoden
Reiner Sperling
Im Winkel 2
Tel. 05383/1487
P: 3, 8, 9
V: Bioland

29664 Walsrode
Gärtnerhof Hoops GmbH
Am Berge 8
Tel. 05161/3920
P: 2, 3, 7, 8, 9, 11, 12, 15
V: Bioland

29664 Walsrode
Versuchs- u. Beratungsring Ökolog. Landbau Niedersachsen e.V. - Ökoring
Brüggemannstr. 2
Tel. 05161/8044
Fax 05161/71553

29664 Walsrode
Wegwarte Naturkost Thomas Rynas
Quintusstr. 2
Tel. 05161/2649
Fax 05161/71754
P: 15
V: BNN, Demeter

26434 Wangerland
Gottfried Hinrichs
Klein Wiefels
Tel. 04461/3267
P: 5
V: Bioland

26434 Wangerland
Andelhof Peter Fimmen
Friedr.-Aug.-Groden-Str. 16
Tel. 04464/398
P: 5, 7, 8, 9, 11
V: Demeter

26203 Wardenburg
Tausendschön
Oldenburger Str. 251
Tel. 04407/2236
V: BNN

26203 Wardenburg
Buten as Binnen Körnerdepot
Zum Schießstand 12
Tel. 04407/8962
V: BNN

30900 Wedemark
Ökosiegel e.V.
Gustav-Kohne-Str. 7
Tel. 05130/39996

30900 Wedemark
Meyerhoff's Hofladen
Hellendorfer Kirchweg 3a
Tel. 05130/39341
P: 1,2,3,5,7,8,9,10,11, 12,13,16

Niedersachsen

30900 Wedemark
Zauberbohne
Stargarderstr. 1a
Tel. 05130/1021
Fax 05130/582364
P: 1,2,3,5,7,8,9,10,
11,12,13,15,16
V: BNN

30900 Wedemark
Naturkost Hühnerberg
Waldesruh 13
V: Demeter

30900 Wedemark-Bielingen
Hof Hemme
Marktstr. 2
Tel. 05130/3447
P: 3, 7, 8, 9, 15
V: Bioland

21261 Welle
Fam. Schmidt Forstgut
Cordshagen 4
Tel. 04188/7534
P: 3, 5, 6, 7, 8, 9, 10, 11
V: Demeter, VgtM

38176 Wendeburg
Albert Schäfer
Aueweg 2a
Tel. 05303/1728
P: 7, 8, 9, 10
V: Bioland

30974 Wennigsen
Ringelblume
Hauptstr. 35
Tel. 05103/7117
V: BNN, Demeter

21279 Wenzendorf
Hofgemeinschaft Arpshof
Am Schulberg 6
Tel. 04165/80505
Fax 04165/82188
P: 2, 3, 5, 6, 7, 8, 9,
10, 11, 12, 13, 14, 15, 16

V: Demeter

26655 Westerstede
Naturkost im Hauptbahnhof, Almuth Bode
Am Bahnhof 1
Tel. 04488/71473
P: 1, 2, 3, 7, 8, 9, 10,
11, 12, 13, 15, 16

26655 Westerstede
W. Pülscher
Augustfehnerstr. 123
P: 3
V: VgtM

28844 Weyhe
Alexander Neubert
Alte Ziegelei 26
Tel. 04206/257
P: 9
V: Bioland

28844 Weyhe
Kornblume
Bahnhofstr. 23
Tel. 04203/3999
V: BNN, Demeter

28844 Weyhe
Dennree Versorgungs-GmbH
Gutenbergstr. 6
Tel. 04203/1067

28844 Weyhe
Hofgemeinschaft Hahnenfelde
Hahnenfelder Weg 1
Tel. 04203/9934
P: 2, 3, 5, 6, 7, 8, 9,
11, 12, 13, 15
V: Bioland

31719 Wiedensahl
Demeter- Hof Christian Deterding
Hauptstr. 37
Tel. 05726/679
P: 2, 3, 5, 7, 8, 9, 11, 15

26215 Wiefelstede
H. P. Kossendey
Hauptstr. 22
V: Demeter

26639 Wiesmoor
Reformhaus Astrid Schausten
Hauptstr. 155157
V: Demeter

26639 Wiesmoor
Kornkammer
Wittmunder Str. 27
Tel. 04944/7310
V: BNN

29323 Wietze
Manfred Precht
Fuhrbergerstr. 2
Tel. 05146/4560
P: 2, 3, 5, 7, 8, 9, 10, 12
V: Demeter

27793 Wildeshausen
Naturladen Notz
Zwischenbrücken 6
Tel. 04431/6353
Fax 04431/72583
P: 1, 2, 3, 5, 7, 8, 9,
10, 11, 12, 13, 15, 16
V: BNN

26382 Wilhelmshaven
Jonathan
Börsenstr. 80
Tel. 04421/13438

26382 Wilhelmshaven
Naturkostladen Jonathan
Peterstr. 41
V: Demeter

26384 Wilhelmshaven
Naturata e.G.
Gökerstr. 58
Tel. 04421/31257

26389 Wilhelmshaven-Groß Ostiem
Apfelparadies Gisela und Janis Porikis
Abbikenhausen 111
Tel. 04421/82619
P: 12
V: Bioland

21789 Wingst
Olaf Joseph
Langenfelde 12
P: 7, 9, 12
V: Bioland

27243 Winkelsett
Dagmar Meyer
Hölingen 15
Tel. 04434/355
P: 5, 7, 8, 9, 11
V: Bioland, VgtM

21423 Winsen
Kornkammer Winsen
Haselhorsthof 12
Tel. 04171/62340
P: 1,2,3,7,8,9,10,11,
12,13,15,16

21423 Winsen
Buntstift
Marina Kliewer
Kleine Str. 10
V: Demeter

21423 Winsen
Reformhaus M. Bender
Marktstr. 17
V: Demeter

26529 Wirdum
Rolf Dieken
Diekenshoff
P: 3, 5
V: VgtM

21737 Wischhafen
Kehdinger Land, Dörte u. Bernd Tripmaker
Birkenstr. 33

Tel. 04770/7685
P: 2, 3, 5, 6, 7, 9, 11, 12
V: Bioland, Demeter

21255 Wistedt
Hermannshof Betriebsgemeinschaft
Wümme 5
Tel. 04180/405
P: 5, 7, 8, 9, 10, 11, 12, 13
V: Demeter

49434 Wittenfelde
*Produktionsbetrieb
Klaus Espagne*
Brahmscher Damm
P: 3
V: VgtM

29379 Wittingen
*Hesterberghof
B. u. M. Orenz*
Transvaal Nr. 15
Tel. 05834/387
P: 5

29378 Wittingen
Gärtnerhof Wendengarten, Ch. u. P. Anders - L. Flüger
Zasenbeck 16
Tel. 05836/875
P: 5, 7, 8, 9
V: Demeter

26409 Wittmund
*Regenbogen
Wittmund*
Brückstr. 15
V: Demeter

21256 Wörme
Hof Wörme
Im Dorfe 2
Tel. 04187/479
P: 2,3,5,7,9,11,12

V: Demeter, VgtM

38300 Wolfenbüttel
Kornblume
Breite Herzogstr. 18
Tel. 05331/2388
V: BNN, Demeter

38300 Wolfenbüttel
Reformhaus Ruge
Lange Herzogstr. 2
Tel. 05331/5256
Fax 05331/29130
P: 2, 3, 8, 10, 11, 13, 15

38440 Wolfsburg
Naturkostladen Sonnenschein
Friedrich-Ebert-Str. 65
Tel. 05361/15822
P: 1, 2, 3, 7, 8, 9, 10, 11, 12, 13, 14, 15, 16

38440 Wolfsburg
*Kornblume
Ute Schaub*
Saarstr. 27
V: Demeter

38442 Wolfsburg
*Gemischtwaren
Hans Meyer*
Alte Landstr. 14
V: Demeter

38444 Wolfsburg
Bioland-Hof Welkensiek
Barnstorfer Str. 10
Tel. 05365/7574
P: 3, 5, 8, 9, 14
V: Bioland

38448 Wolfsburg
*Biomarkt
Barbara Morzonik*
Hansaplatz 10

V: Demeter

27726 Worpswede
*Worpsweder Bahnhof
Klaus Bindert*
Bahnhofstraße
V: Demeter

27726 Worpswede
Ferdinand Stolte
Findorffstr. 10
V: Demeter

27749 Worpswede
Schauf
Hasporter Damm 71
P: 3
V: VgtM

27753 Worpswede
Jüttner
Ahnbecker Str. 11
P: 3
V: VgtM

31515 Wunstorf
*Erzeugergemeinschaft
Bioland GmbH Nord*
Auf Bösselhagen 26
Tel. 05031/9504-0
Fax 05031/9504-44
P: 2, 5, 6, 7, 8, 9, 10, 11, 12

31515 Wunstorf
Rudolf Speckhan
Eichendorfstr. 7
Tel. 05031/13911
P: 7, 8, 9, 12
V: Bioland

31515 Wunstorf
Löwenzahn e.V.
Lange Str. 66
Tel. 05031/12425
Fax 05031/12238
V: BNN

31515 Wunstorf
Reformhaus Schmelz
Lange Str. 33
Tel. 05031/3232
P: 2,3,7,8,9,10,11,12, 13,16
V: VgtM

29462 Wustrow
Frieder Schietzelt
Klennow Nr. 25
Tel. 05841/223
P: 11
V: Bioland

29499 Zernien
Lothar Krüger
Glieneitz 3
Tel. 05863/1268
P: 7, 9, 12
V: Bioland

27404 Zeven
Gisela, Volker u. Ingolf Lienau
Hof an der Aue
Tel. 04281/2701
Fax 04281/3010
P: 2, 3, 5, 7, 8, 9, 10, 11, 12, 13, 15, 16
V: Bioland, VgtM

27404 Zeven
*Bio Laden
Lebensbaum
B. Baues/M. Intemann*
Schulstr. 6
V: Demeter

27404 Zeven
Dietmar Schlüter
Tarmstedter Str. 24
Tel. 04221/6377
P: 12, 15
V: Bioland

Nordrhein-Westfalen: Landesverbände und Institutionen

Arbeitsgemeinschaft
für Biol.-Dyn. Wirtschaftsweise in NRW
e.V.
Schillerstr. 18
58452 Witten
Tel. 02302/24002
V: Demeter

Bioland Landesverband Nordrhein-Westfalen

Im Hagen 5
59069 Hamm
Tel. 02385/1817 u. 2979
Fax 02385/5182

Naturland - Landesverband Nordrhein-Westfalen
Hauptstr. 5
59510 Lippetal
Tel. 02527/8032 u. 8088
Fax 02527/8412

P: 2, 3, 5, 6, 7, 8, 9, 10, 11, 12

Verbraucher-Zentrale NRW e.V. Landesarbeitsgem. d. Verbraucherverbände
Mintropstr. 27
40215 Düsseldorf
Tel. 0211/3809-0
Fax 0211/3809-172

ÖKOL e.V.
Schillerstr. 18
58452 Witten
Tel. 02302/24002
Fax 02302/24001

Nordrhein-Westfalen: Einkaufsadressen

52062 Aachen
Querkorn
Alexianergraben 18
Tel. 0241/21222

52062 Aachen
Verbraucher-Zentrale
NRW e.V., Beratungsstelle Aachen
Bendelstr. 37
Tel. 0241/44760

52062 Aachen
Flax Naturkost
Pontstr. 137
Tel. 0241/34610
P: 3
V: VgtM

52062 Aachen
Reformhaus Heift
Adalbert-Stein-Weg 178
P: 3
V: VgtM

52062 Aachen
Metzgerei Brach
Adalbertstr. 70
P: 3, 5, 6
V: VgtM

52064 Aachen
Naturkostladen Vital
Jakobstr. 107
Tel. 0241/25379
Fax 0241/404141
P: 1,2,3,4,5,7,8,9,10,
11,12,13,15,16
V: BNN, VgtM

52064 Aachen
Demeter Laden
Jakobstr. 191
Tel. 0241/30563
Fax 0241/30563
P: 1,2,3,4,5,6,7,8,9,10,
11,12,13,15,16
V: VgtM

52064 Aachen
Remember e.G.
Mariabrunnstr. 48
Tel. 0241/403149
Fax 0241/21424

52066 Aachen
Der Feigenbaum
Krugenofen 78/80
Tel. 0241/68077
P: 3
V: VgtM

52066 Aachen
Körnergrube
Luxemburger Ring 21
Tel. 0241/66700
V: Bioland, BNN

52066 Aachen
Flax Naturkost
Von-Görschen-Str. 28
Tel. 0241/501201

52066 Aachen
Flax Naturkost
Schloßstr. 15
P: 3
V: VgtM

52076 Aachen
G. Preiss Johanneshof
Grindelweg 25
Tel. 0241/61583
Fax 0241/62723
P: 3,5,6,8,9,11,12,13,15
V: Demeter

52076 Aachen
Demeter - Gärtnerei
Sonnengarten
Steinkaulplatz 88a
Tel. 02408/3155
P: 2,3,7,8,9,10,12,
13,15,16

52078 Aachen
Lindenblüte
Kirchstr. 41
Tel. 0241/573568
P: 3
V: Bioland, BNN, VgtM

52078 Aachen
Naturkost Brand
Marktplatz 26
P: 3
V: BNN, VgtM

52078 Aachen
Stadtmühle
Marktstr. 18
Tel. 0241/562630
V: Bioland

52080 Aachen
Metzgerei Schloemer
Althaarener Str. 177
P: 5
V: VgtM

52066 Aachen
Flax Naturkost
Kapellenstr. 50
P: 3
V: VgtM

53604 Aegidienberg
Marions Kornkammer
Familie Leven
Aegidiusplatz 22
Tel. 02224/80794
P: 1,2,3,7,8,9,10,11,
12,13,15,16

48683 Ahaus
Der konsequente
Laden
Wallstr. 9
Tel. 02561/68438
Fax 02561/43319
P: 1,2,3,4,5,6,7,8,9,10,
11,12,13,14,15,16

59227 Ahlen
Verbraucher-Zentrale
NRW e.V., Beratungsstelle Ahlen
Hellstr. 8
Tel. 02382/84486

59227 Ahlen
Volles Korn Naturkost
Nordstr. 10
Tel. 02382/3444
V: Bioland, BNN

53347 Alfter
Morgentau
Knipsgasse 43
Tel. 02222/61679

Einkaufsadressen

Fax 02222/64569
P: 1,2,3,4,5,6,7,8,9,10,
11,12,13,15,16
V: BNN

53347 Alfter
Haus der Gesundheit
Kronenstr. 6
Tel. 00222/1027

48341 Altenberge
drunter & drüber
Entrup 119
Tel. 02505/3361
P: 2,3,5,7,9,11,12,14,
15,16
V: Demeter

59609 Anröchte
Elke Börner
Dorfstr. 8
Tel. 02947/4812
P: 7, 8, 9
V: Naturland

59755 Arnsberg
*Verbraucher-Zentrale
NRW e.V., Beratungs-
stelle Arnsberg*
Burgstr. 5
Tel. 02932/27000

59755 Arnsberg
*Regenbogen
Naturkost*
Gransauplatz 4
Tel. 02932/22424

59821 Arnsberg
*Regenbogen Natur-
kost - Naturwaren*
Gutenbergplatz 54
Tel. 02931/21414
Fax 02931/21415
P: 1,2,3,7,8,9,10,11,
12,13,15,16
V: BNN

57439 Attendorn
Der Naturkostladen
Kölner Str. 26
Tel. 02722/2411

48455 Bad Bentheim
Heinrich Brinker
Am Berge 10
P: 3
V: VgtM

57319 Bad Berleburg
*Gärtnerei am Leise-
bach*
Am Leisebach-Beddel-
hausen
Tel. 02755/8460
Fax 02755/648
P: 7, 9, 12
V: Demeter

57319 Bad Berleburg
*Naturkostladen Bad
Berleburg GbR*
Emil-Wolff-Str. 2511
Tel. 02751/2696
Fax 02751/2696
P: 1,2,3,5,7,8,9,10,
11,12,13,15,16

33104 Bad Driburg
Klara Flügel
Ringstr. 25
Tel. 02238/407
P: 3, 5, 8

57334 Bad Laasphe
*Gesundheitscenter
Natura-Vita*
Gartenstr. 9
Tel. 02752/7197
Fax 02752/2205
P: 1,2,3,7,8,9,10,11,
12,13,16

**33175 Bad Lipp-
springe**
Reformhaus Strauch
Arminiusstr. 10
Tel. 05252/6962

**53902 Bad Münster-
eifel**
*Naturkostladen Tee-
haus*
Johannisstr. 7
Tel. 02253/6849

**53902 Bad Münster-
eifel-Maulbach**
Meyer-Rummel
Ringstr. 30
Tel. 02257/7678
P: 11,14,15
V: Bioland

**32545 Bad Oeyn-
hausen**
Gänseblümchen
Eduard-Sabirowsky-Str. 3
Tel. 05731/21884
Fax 05731/3270
P: 1,2,3,7,8,9,10,11,
12,13,15,16
V: BNN

**32547 Bad Oeyn-
hausen**
*Naturwarenversand
Birgit Willer*
Am Südfeld 2
Tel. 05731/20161

**32547 Bad Oeyn-
hausen**
*Rolfsmeyer Gut
Deesberg*
Deesberger Allee 11
Tel. 05733/4511
P: 2, 5, 7, 8, 9, 11, 12,
13

32105 Bad Salzuflen
Sonnenthal
Am Markt 11
Tel. 05222/50208

32105 Bad Salzuflen
Reformhaus Ballow
Langestr. 16
P: 3
V: VgtM

32107 Bad Salzuflen
Rud. Hünefeld
Örlinghauser Str. 149
P: 3
V: VgtM

**32108 Bad Salzuflen-
Retzen**
Schirneker-Reineke
Papenhauser Str. 10
Tel. 05222/2658
Fax 05222/282702
P: 7, 8, 9, 12, 13
V: ANOG

**32107 Bad Salzuflen-
Werl-Aspe**
*Knollmannshof
Weißenbach*
Fritz-Niewald-Weg 1
Tel. 05222/72377
V: Demeter

**59505 Bad Sassen-
dorf**
Drubba
Herringser Höfe 8
Tel. 02924/78793
P: 9, 12
V: Bioland

**59505 Bad Sassen-
dorf**
Blume Serkshof
Sauerstr. 19
Tel. 02921/51340
Fax 02921/53610
P: 2,3,5,6,7,8,9,10,
11,12,13,14,16
V: Naturland, VgtM

52499 Baesweiler
Schmitz u. Heim
Adenauerring 21
Tel. 02401/53407

58802 Balve
Fabry
Frühlinghausen 3
Tel. 02375/3578
P: 3, 6, 8, 11

334 Nordrhein-Westfalen

V: Bioland

58802 Balve
Hönnewiesenhof Allhoff-Cramer-Speeth
Hönnetalstr. 34
Tel. 02375/3396
P: 2, 3, 6, 7, 8, 9, 11, 15
V: Bioland

32683 Barntrup
Drake
Frettholz 7
Tel. 05263/4808
V: Demeter

59269 Beckum
Sesam
Wilhelmstr. 3
Tel. 02521/16619
V: Bioland, BNN

50181 Bedburg
Fa. Norbert Beine Naturkost
Schloßallee 1
Tel. 02272/3000
Fax 02272/82727
P: 16

51429 Bergisch Gladbach
Lanz-Reform VRF
Krebsbachstr. 43
Tel. 02204/71364

51465 Bergisch Gladbach
Der Naturkostladen
Paasweg 1a
Tel. 02202/30605
P: 1,2,3,5,6,7,8,9,10, 11,12,13,14,15,16
V: BNN

51469 Bergisch Gladbach
Hander Biotreff
Dellbrücker Str. 27
Tel. 02202/59784

51465 Bergisch-Gladbach
Verbraucher-Zentrale NRW e.V., Beratungsstelle Bergisch-Gladbach
Paffratherstr. 29
Tel. 02202/41415

59192 Bergkamen
Ostendorff
Hanenstr. 5
Tel. 02307/62281
Fax 02307/69837
P: 1,2,3,5,6,7,8,9,10, 11,12,13,15,16
V: Bioland, Neuland

59192 Bergkamen
Ilona u. Walter Höhne
Im alten Dorf 25
Tel. 02307/68738
P: 7,8,9,15
V: Bioland

59909 Bestwig
Bäckerei-Konditorei-Café Brockherde
Nuttlar
Tel. 02904/2466
P: 2
V: Demeter

37688 Beverungen
Hubertus Hartmann
Langentaler Str. 2
Tel. 05273/6166
V: VgtM

33602 Bielefeld
Vollkornbäckerei Pustekuchen
Gehrenberg 17
Tel. 0521/178186
P: 2,3,11,13,16
V: Bioland

33602 Bielefeld
Verbraucher-Zentrale NRW e.V., Beratungsstelle Bielefeld
Herforder Str. 33
Tel. 0521/66936

33602 Bielefeld
Löwenzahn Naturprodukte Keller/Wedler GbR
Obernstr. 41
Tel. 0521/171075 u. 178574
Fax 0521/172074
P: 1,2,3,4,5,6,7,8,9,10, 11,12,13
V: BNN

33602 Bielefeld
Früchte der Natur
Turnerstr. 61
Tel. 0521/61673
P: 5
V: Bioland, BNN, VgtM

33607 Bielefeld
Löwenzahn Naturprodukte Keller Wedler GbR
Heeper Str. 84
Tel. 0521/178069
Fax 0521/178450
P: 1,2,3,4,5,6,7,8,9,10, 11,12,13,15,16
V: Bioland, BNN

33613 Bielefeld
Naturhaus Brungs
Jöllenbecker Str. 256
Tel. 0521/880445
P: 1,2,3,5,7,8,9,10, 11,12,13,15,16
V: BNN

33613 Bielefeld
Neuland-Fleischerei
Jöllenbecker Str. 277
Tel. 0521/890274
P: 5
V: VgtM

33613 Bielefeld
Radieschen
Jöllenbecker Str. 61

Tel. 0521/124264

33615 Bielefeld
Bannier
Dorotheenstr. 26
Tel. 0521/121635
P: 12, 13
V: Naturland

33617 Bielefeld
Landwirtschaft Quellenhof
Quellenhofweg 116
Tel. 0521/1443163
P: 2, 3, 5, 6, 7, 8, 9, 10, 11
V: Bioland, VgtM

33619 Bielefeld
Meyer zur Müdehorst
Babenhauser Str. 30
Tel. 0521/890832
P: 3, 5, 6, 7, 8, 9, 11, 12
V: Bioland

33619 Bielefeld
Das Bauerngärtchen
Kirchdornberger Str. 79
Tel. 0521/100315
P: 1,2,3,4,5,6,7,8,9,10, 11,12,13,14,15,16
V: Bioland

33619 Bielefeld
Licht-Zeichen
Kreuzberger Str. 29
Tel. 0521/161668

33647 Bielefeld
Kaisers Kaffee Geschäft
Hauptstr. 48
P: 3
V: VgtM

33649 Bielefeld
Kampmann
Erpestr. 91a
Tel. 05241/67874
P: 3, 5, 6, 8, 9
V: Bioland

Einkaufsadressen 335

33649 Bielefeld
Schulbauernhof Ummeln
Umlostr. 54
Tel. 0521/488732

33659 Bielefeld
Schillinghof v. Bodelsch. Anstalten
Kampstr. 53
P: 5, 7, 9
V: Bioland

33659 Bielefeld
Herbermann
Nordfeldweg 65
P: 5
V: VgtM

33659 Bielefeld
Steinkröger Hof
Carla u. Helmut Steinkröger
Nordfeldweg 32
Tel. 0521/401488 u. 401535
P: 3, 5
V: VgtM

33689 Bielefeld
Haus Heidegrund
Eckardtheimerstr. 64
Tel. 05205/752543
P: 7
V: Demeter

33689 Bielefeld
Schwarzwurzel-Naturkost
Vennhofallee 73
Tel. 05205/6798
Fax 05205/237760
P: 1,2,3,4,5,6,7,8,9,10, 11,12,13,14,15,16

33689 Bielefeld
Haus Fichtenhof
Wilhelmsdorfer Str. 140
Tel. 05205/752637
P: 3, 6, 7, 9, 14, 15
V: Bioland

33689 Bielefeld
Grabowski
Senner Hellweg 181
P: 3
V: VgtM

33719 Bielefeld
Olga-Projekt
Land- u. Gemüsebau
Altenhagener Str. 124
Tel. 0521/392921
P: 2, 3, 5, 6, 7, 8, 9, 12, 13
V: Bioland

33739 Bielefeld
Ursprung
Beckendorfstr. 42
Tel. 05206/4850
P: 1,2,3,5,7,8,9,10, 11,12,13,15,16

33739 Bielefeld
Fritz Detmers GmbH & Co. KG Getreide Vollwert-Kost
Eickumer Str. 94
Tel. 05206/3055 u. 3056
Fax 05206/3057
P: 8

48727 Billerbeck
Lieshaus Fleischwarenspezialitäten
Coesfelder Str. 19
Tel. 02543/544
P: 5
V: Demeter

32825 Blomberg
Eichenhof
Hauptstr. 69c
Tel. 05236/541
P: 5, 16
V: Bioland

32825 Blomberg-Grossenmarpe
Gerhard Lödige
Tegerstr. 40
Tel. 05236/284

P: 2,3,5,7,8,9,12,13, 15,16
V: Bioland, VgtM

44787 Bochum
Verbraucher-Zentrale NRW e.V., Beratungsstelle Bochum
Große Beckstr. 15
Tel. 0234/66044

44787 Bochum
Bachers Fit-Bar
Kortumstr. 89
Tel. 0234/67505
P: 3
V: VgtM

44787 Bochum
Belle Epoque
Nordring 65
Tel. 0234/680945

44787 Bochum
Feinkost Steffen
Hellweg 6
P: 3
V: VgtM

44789 Bochum
Der Grüne Baum Naturkost-Naturwaren
Alte Hattinger Str. 15
Tel. 0234/312177
Fax 0234/312177
P: 1,2,3,4,5,6,7,8,9,10, 11,12,13,15,16
V: Bioland, BNN, VgtM

44789 Bochum
Knippschild Lebensmittel
Friederikastr. 138
P: 3
V: VgtM

44795 Bochum
Vollkorn-Bäckerei Hutzel
Hattinger Str. 188
Tel. 0234/450590

Fax 0234/452268
P: 2
V: BNN

44795 Bochum
Grünland
Hattinger Str. 437
Tel. 0234/472923

44801 Bochum
Arche Naturkost - Naturwaren
Overbergstr. 5
Tel. 0234/707231
Fax 0234/707231
P: 1,2,3,4,5,6,7,8,9,10, 11,12,13,14,16
V: BNN

44803 Bochum
Arche Naturkost - Naturwaren
Wittener Str. 125
Tel. 0234/300473
Fax 0234/309839
P: 1,2,3,4,5,6,7,8,9,10, 11,12,13,14,16
V: BNN

44869 Bochum
Alfred Nobereit
Harenburg 13
Tel. 02327/55767
P: 7, 9, 12
V: Bioland

44879 Bochum
Der Bioladen
Hattinger Str. 828
Tel. 0234/495908
V: BNN

44892 Bochum
Grüner Laden
Alte Bahnhofstr. 159
Tel. 0234/28263
P: 5
V: Bioland, BNN, VgtM

Nordrhein-Westfalen

44892 Bochum
Metzgerei Artmann
Birkhuhnweg 5a
Tel. 02361/182519
P: 5

44892 Bochum
Theimann GmbH
Birkhuhnweg 5a
P: 3
V: VgtM

59199 Bönen-Lenningsen
Stemper
Friedenstr. 27
Tel. 02383/5506
P: 2, 3, 5, 6, 7, 8, 9, 11, 12
V: Bioland

53111 Bonn
Verbraucher Initiative e.V.
Breite Str. 51
Tel. 0228/7263393
Fax 0228/7263399

53111 Bonn
Grüner Laden
Breite Str. 52
Tel. 0228/653858
V: Bioland, BNN

53111 Bonn
Topcorn
Engelstalstr. 2
Tel. 0228/632360

53111 Bonn
Ökozentrum Bonn e.V. BUND Robin Wood Greenpeace VCD Ökobank
Heerstr. 20a
Tel. 0228/692220
Fax 0228/631124

53111 Bonn
Etcetera Naturkost
Kölnstr. 20
Tel. 0228/651034
V: Bioland

53111 Bonn
Elckerlyc Naturkost
Münsterstr. 18
Tel. 0228/633307
Fax 0228/697662
P: 1,2,3,4,5,6,7,8,9,10, 11,12,13,15,16
V: BNN

53111 Bonn
Le Petit Poisson
Wilhelmstr. 23
Tel. 0228/633883

53113 Bonn
AGÖF AG Ökologischer Forschungsinstitute
Rheingasse 810
Tel. 0228/630129

53113 Bonn
Reformhaus Lettow
Am Neutor 2a
P: 3
V: VgtM

53115 Bonn
Deutscher Tierschutzbund e.V.
Baumschulallee 15
Tel. 0228/631005
Fax 0228/631264

53115 Bonn
NEULAND
Baumschulallee 15
Tel. 0228/631005

53115 Bonn
Klatschmohn
Endenicher Str. 55
Tel. 0228/691295
V: BNN

53115 Bonn
Verbraucherberatung POP 15 d. Arbeitsgemeinschaft der Verbraucherverbände
Poppelsdorfer Allee 15
Tel. 0228/224061

53119 Bonn
Aubergine eG. Der Vollwertfrischdienst
Lievelingsweg 104a
Tel. 0228/670058
V: BNN

53123 Bonn
Duisdorfer Naturkostladen Schwarzwurzel
Rochusstr. 249
Tel. 0228/621500
Fax 0228/797016
P: 1,2,3,5,7,8,9,10, 11,12,13,15,16
V: BNN

53123 Bonn
Schwarzwurzel
Schieffelingsweg 24
Tel. 0228/621500
V: Bioland

53175 Bonn
Bäckerei Johannes Markmann
Annaberger Str. 204
Tel. 0228/316544
P: 2
V: Bioland

53175 Bonn
Leyenhof
Im Bachele 1b
Tel. 0228/310815
P: 2, 3, 5, 6, 7, 8, 9, 11, 12
V: Bioland

53225 Bonn
Metzgerei Alfred Rosenberg
Friedrich-Breuer-Str. 36
Tel. 0228/466268
P: 5
V: Bioland, VgtM

53225 Bonn
Naturschutzbund Deutschland e.V.
Herbert-Rabius-Str. 26
Tel. 0228/97561-0
Fax 0228/97561-90

53225 Bonn
Bund für Umwelt u. Naturschutz Deutschland e.V.
Im Rheingarten 7
Tel. 0228/400970
Fax 0228/400970

53225 Bonn
Ursula Maria Zednicek
Rheindorferstr. 166
Tel. 0228/471563

53227 Bonn
Himmel + Erde Naturkost
Adrianstr. 139
Tel. 0228/442168
V: Bioland, BNN

53227 Bonn
Bioladen Firmenich & Murmann
Bonner Talweg 180
Tel. 0228/215146
P: 3
V: BNN, VgtM

53121 Bonn
ANOG e.V.
Josef-Schell-Str. 17
Tel. 0228/627591
Fax 0228/616170

53225 Bonn
Momo Naturkost u. Umweltladen
Friedrich-Breuer-Str. 36
Tel. 0228/462765
Fax 0228/462765
P: 1,2,3,7,8,9,10,11, 12,13,15,16

Einkaufsadressen 337

53227 Bonn-Beul
Thomas Idel
Kirchstr. 36
P: 5
V: VgtM

53125 Bonn-Röttgen
Bio-Metzgerei
H. Schmitz
Am Schloßplatz 27
P: 5
V: VgtM

33178 Borchen
Natura e.V.
Schloß Hamborn 19
Tel. 05251/389310
Fax 05251/388017
P: 2,3,4,5,7,8,9,10,
11,12,13,15
V: Bioland, BNN, Demeter, Naturland

33178 Borchen
Hofgut Schloß Hamborn
Schloß Hamborn 52
Tel. 05251/38525
Fax 05251/388258
P: 2,3,5,8,9,10,11
V: Demeter

33178 Borchen
Anton Egold
Krummes Ohr 8
P: 5
V: VgtM

34434 Borgentreich
Metzgerei Götte
Am Berg 62
Tel. 05643/481
P: 5
V: VgtM

34434 Borgentreich
Reinhold Dohmann
Mühlenstr. 12
Tel. 05643/8175
P: 5, 15

34434 Borgentreich
Jacobi
Mühlentor 28
Tel. 05643/1669
P: 2, 5, 8, 9, 11
V: Bioland, VgtM

34434 Borgentreich
Fögen
Natzinger Str. 22
Tel. 05643/368
P: 8, 9, 11
V: Bioland

34434 Borgentreich
Karl Pape
Sielerstr. 40
Tel. 05643/433
P: 5, 8

33829 Borgholzhausen
Lichtenthäler
Am Bach 38
Tel. 05425/5542
P: 3, 5, 6, 12, 13, 14, 15, 16
V: Bioland

33829 Borgholzhausen
Vehrling
Barnhausen 37
Tel. 05425/5647
P: 5, 8
V: Naturland, VgtM

33829 Borgholzhausen
Hartwig Blotenberg
Barnhausen 68
Tel. 05425/1442
P: 2,10
V: Bioland

33829 Borgholzhausen
BG Früchte des Zorns
Sundernstr. 39
Tel. 05425/1442
P: 5, 8, 9, 11

V: Bioland

46325 Borken
DRK Bildungshaus
Burloer Str. 148
Tel. 02861/62063
P: 3, 6, 7
V: Bioland

46325 Borken
Finke's Hof
Op den Booken 5
Tel. 02861/2191
Fax 02861/66681
P: 1,2,3,5,7,8,9,10,11, 12,13,15,16
V: Bioland

46325 Borken
DRK Ökohof
Bocholter Str. 248
Tel. 02872/6790
Fax 02861/67238
P: 7,8,9
V: Bioland

46325 Borken
Nordmann
Steenkuhlenweg 15
Tel. 02861/2074
P: 3, 9, 11
V: Bioland

53332 Bornheim
W. Schulz
Blutpfad 3
Tel. 02222/4544
P: 2, 3, 6, 7, 8, 9, 11, 12
V: Bioland

53332 Bornheim
Bio Bauer Palm
Bornheimer Str. 30
Tel. 02222/81887
Fax 02222/81927
P: 3,7,8,9,10,12,13
V: Naturland

53332 Bornheim
Apfelbacher
Hennesengerstr. 23

Tel. 02222/3277
Fax 02222/62004
P: 7, 9, 13
V: Bioland

53332 Bornheim-Waldorf
Hofladen
Anne u. Heinz Bursch
Weidenpeschweg 31
Tel. 02227/3781
Fax 02227/80652
P: 2,3,7,8,9,11,12,13, 15,16
V: Bioland

46236 Bottrop
Verbraucher-Zentrale
NRW e.V. Beratungsstelle Bottrop
Horster Str. 34
Tel. 02041/29126

46236 Bottrop
Grüner Zweig
Kapitän-Lehmann-Str. 2
Tel. 02041/27244

46236 Bottrop
Naturmetzgerei
Scharun
Berliner Platz 5
Tel. 02041/20646
Fax 02041/20646
P: 3,5,6
V: VgtM

46240 Bottrop
Birne + Appel Naturkost
Heimannstr. 4
Tel. 02041/48410
P: 1,2,3,4,5,6,7,8,9,10, 11,12,13,14,15,16
V: BNN

46244 Bottrop
Diakonisches Werk - Rotthoff's Hof
Münsterstr. 43
Tel. 02045/3891

338 Nordrhein-Westfalen

Fax 02045/3891
P: 1,2,3,5,6,7,8,9,10, 13,16
V: Naturland

33034 Brakel
Gernot Szesny
Hanekampstr. 19
V: Demeter

58339 Breckerfeld
W. Osenberg
Nr. 23
Tel. 02338/1350
P: 11

59929 Brilon
Naturladen Ursula Kracht-Philipp
Derkere Str. 22
Tel. 02961/6158
Fax 02961/6158
P: 1,2,3,7,8,9,10,11,12, 13,15,16

59929 Brilon
Kremer
Kreuzberg 3
Tel. 02961/3114
P: 7, 8, 9
V: Bioland

59929 Brilon
Raulf
Mookweg 24
Tel. 02964/604
P: 5, 8, 9, 11
V: Bioland

50321 Brühl
Es schmeckt wieder
Karl-Schurz-Str. 14
Tel. 02232/12237

32257 Bünde
Natura
Hangbaumstr. 5
Tel. 05223/160916

32257 Bünde
Wibbeler

Spradower Schweiz 17
Tel. 05223/42851
P: 3,5,6,9
V: VgtM

33142 Büren-Wewelsburg
Karl-Heinz Schön
Schafberg 2
P: 5
V: VgtM

57299 Burbach-Lützeln
Alexander Herr
Auf der Höhe 23
P: 3
V: VgtM

51399 Burscheid
Bioladen Kunterbunt
Hauptstr. 71
Tel. 02174/60972
V: BNN

51399 Burscheid
Eduard Hoffrogge
Eicheplätzchen 3
P: 3
V: VgtM

44575 Castrop-Rauxel
Löwenzahn
Obere Münsterstr. 1
Tel. 02305/14118
V: BNN

44575 Castrop-Rauxel
Verbraucher-Zentrale NRW e.V., Beratungsstelle Castrop-Rauxel
Obere Münsterstr. 9
Tel. 02305/1710

44577 Castrop-Rauxel
Hof Dingebauer
Oststr. 141
Tel. 02305/31216

Fax 02305/34569
P: 3, 5, 6
V: Neuland, VgtM

48653 Coesfeld
Weiling GmbH - für gesundes Leben -
Erlenweg 134
Tel. 02541/74743
Fax 02541/83215
V: Bioland

48653 Coesfeld
Bayer
Letter Berg 44
Tel. 02546/525
P: 3, 6, 7, 9, 15
V: Bioland

53949 Dahlem
Klaus Stadtfeld
Siedlung Eichenhof
Tel. 02447/1617
P: 5,8,11
V: Demeter

32756 Detmold
Verbraucher-Zentrale NRW e.V., Beratungsstelle Detmold
Bahnhofstr. 6
Tel. 05231/23515

32756 Detmold
Naturwarenhandel Petersilchen GmbH
Elisabethstr. 50
Tel. 05231/35181
Fax 05231/21420
P: 1,2,3,5,7,8,9,10,11, 12,13,15,16
V: Bioland, BNN

32756 Detmold
K. H. Neugarth Wein u. Tee
Erikastr. 12
Tel. 05231/21198
P: 16

32756 Detmold
Lebenshilfe Detmold e.V. Saftladen
Gut Johannettental
Tel. 05231/921344
Fax 05231/921370
P: 2, 7, 8, 9, 12, 13
V: Bioland

32756 Detmold
Reformhaus Hüneke
Lange Str. 45
P: 3
V: VgtM

32756 Detmold
Reformhaus Martina
Lange Str. 74
P: 3
V: VgtM

32758 Detmold
Hanneforth
An der Mosebecke 9
Tel. 05231/21565
P: 3, 5, 6, 9
V: Bioland

32758 Detmold
Brinkmann
Kerkweg 15
Tel. 05231/21527
P: 7, 9, 12, 13, 15
V: Bioland

32760 Detmold
Watermann
In den Röhren 11
Tel. 05231/47814
P: 13

32760 Detmold
Fruchtwerk Dr. Balke GmbH
Meiersfelder Str. 34
Tel. 05231/59488-9

46535 Dinslaken
Fleischerei Bernd Lehmkuhl
Neustr. 59

Tel. 02064/2609
Fax 02064/2609
P: 5
V: VgtM

46535 Dinslaken
Pelikan Natur
Averbruchstr. 83
Tel. 02064/17943
Fax 02064/12419
P: 1,2,3,5,6,7,8,9,10,
11,12,13,14,15,16
V: BNN

46535 Dinslaken
*Verbraucher-Zentrale
NRW e.V., Beratungs-
stelle Dinslaken*
Friedrich-Ebert-Str. 82
Tel. 02134/15379

46535 Dinslaken
Scholtenhof-Laden
Rotbachstr. 7
Tel. 02064/54821
Fax 02064/18467
P: 1,2,3,4,5,6,7,8,9,10,
11,12,13,14,15,16
V: Demeter

46539 Dinslaken
*Hüttermann
Naturwaren*
Lanterstr. 38
Tel. 02064/98055
Fax 02064/91334
P: 11
V: BNN

46539 Dinslaken
Naturladen Wildblüte
Sterkrader Str. 241
Tel. 02064/95716
V: Bioland, BNN

32694 Dörentrup
Bernd Mühlenmeier
Zum Alten Sternberg 5
Tel. 05265/8919
P: 5
V: Naturland

46282 Dorsten
*Verbraucher-Zentrale
NRW e.V., Beratungs-
stelle Dorsten*
Lippetor 9
Tel. 02362/44038

46286 Dorsten
*Privatmolkerei Borg-
mann*
Lembecker Str. 128
Tel. 02362/18090
P: 11
V: Demeter

44137 Dortmund
*Verbraucher-Zentrale
NRW e.V., Beratungs-
stelle Dortmund*
Königswall 18d/e
Tel. 0231/141073

44137 Dortmund
*Henriettes
Küchenladen*
Markt 4
Tel. 0231/574099

44137 Dortmund
Café Natur
Siegfriedstr. 12
Tel. 0231/149138

44139 Dortmund
Kornhaus
Neuer Graben 78
Tel. 0231/102041
V: Bioland, BNN

44141 Dortmund
Fruchtbare Erde
Landoisweg 11
Tel. 0231/420018
P: 3, 5
V: Bioland, BNN, VgtM

44143 Dortmund
Fleischerei W. Hirsch
Wambelter-Hellweg 146
P: 3
V: VgtM

44145 Dortmund
Bäckerei Backdat
Schleswiger Str. 38
Tel. 0231/813768
P: 2
V: Bioland

44225 Dortmund
*Naturkostladen am
Tierpark*
Mergelteichstr. 47
Tel. 0231/7107373
Fax 0231/7107366
P: 3, 5
V: VgtM

44229 Dortmund
*Garbas-Kwas-Vertrieb
Hans-Dieter Ulrich*
Batheyweg 14
Tel. 0231/737333
P: 2
V: Bioland

44229 Dortmund
Reformhaus Behrendt
Hagener Str. 259
P: 3
V: VgtM

44269 Dortmund
*Fleischereifachgeschäft
Bachstein*
Berghofer Str. 131
Tel. 0231/481388
P: 5
V: VgtM

44287 Dortmund
Weinblatt
Köln-Berliner-Str. 87
Tel. 0231/458959
P: 1,13,16
V: BÖW

44287 Dortmund
Naturkost Aurum
Schüruferstr. 324
Tel. 0231/459111
P: 3
V: VgtM

44309 Dortmund
*SB-Markt Frank
Schmidt*
Westkamp 61
P: 3
V: VgtM

44328 Dortmund
Werkhof-Gärtnerei
Buschei 30
Tel. 0231/236719
V: Demeter

44329 Dortmund
Werkhof Gärtnerei
Werzenkamp 30
Tel. 0231/23732
V: Demeter

48317 Drensteinfurt
Deventer
Altendorf 56
Tel. 02538/207
P: 2, 3, 5, 6, 7, 8, 9,
11, 14
V: Bioland

48317 Drensteinfurt
Angenendt
Mersch 21
Tel. 02387/703
P: 5, 8, 9
V: Bioland

48317 Drensteinfurt
*G. u. W. Schulz-Pellen-
gah*
Ossenbeck 5
P: 3
V: VgtM

48249 Dülmen
Unterm Lebensbaum
Lüdinghausener Str. 7
Tel. 02594/2144
V: Bioland, BNN

48249 Dülmen
Das Vollkörnchen
Lüdinghauser Str. 46
Tel. 02594/80606

340 Nordrhein-Westfalen

V: BNN

52349 Düren
Verbraucher-Zentrale
NRW e.V.
 Beratungsstelle Düren
Bonner Str. 8
Tel. 02421/56810

52349 Düren
Schwarzwurzel
Kaiserplatz 16
Tel. 02421/15652
V: Bioland, BNN

52351 Düren
Zum Nußbaum
Schmitz
Binsfelder Str. 301
Tel. 02421/72736
V: Demeter

52351 Düren
Neuer Hof Bochroeder
Stockheimer
Landstr. 171
Tel. 02421/51774
P: 2,3,5,6,7,8,9,10,11,
12,13,15
V: Demeter, VgtM

52353 Düren
Julius Hoesch GmbH &
Co. KG
Birkesdorfer Str. 5
Tel. 02421/807-112
Fax 02421/84224
P: 16

52353 Düren
Bäckerei
Peters Landbrot
Paulstr. 53
Tel. 02421/87863
P: 2
V: Demeter

52353 Düren
Naturkost-Mobil
Paulstr. 53
Tel. 02421/87407

V: BNN

40210 Düsseldorf
Gert Stephan
Metzgerei
Friedrich-Ebert Str. 41
P: 3
V: VgtM

40217 Düsseldorf
Fleischerei Pick &
Görtz
Friedrichstr. 49
Tel. 0211/382685
Fax 0211/374085
P: 3,5,6
V: VgtM

40212 Düsseldorf
Linus
Berliner Allee 8
Tel. 0211/369891

40213 Düsseldorf
Reformhaus Bacher
H.-Heine-Platz 1
P: 3
V: VgtM

40215 Düsseldorf
Verbraucher-Zentrale
NRW e.V.
Landesarbeitsgem. d.
Verbraucherverbände
Mintropstr. 27
Tel. 0211/3809-0
Fax 0211/3809-172

40223 Düsseldorf
Kraut & Rüben
Brunnenstr. 9
Tel. 0211/348287
Fax 0211/330645
P: 1,2,3,7,8,9,10,11,12,
13,14,15,16
V: BNN

40223 Düsseldorf
Bioase Mobile biol.-
veg. Küchen
Planetenstr. 1

Tel. 0211/344711

40223 Düsseldorf
Reformhaus Bacher
Brunnenstr. 62
P: 3
V: VgtM

40227 Düsseldorf
Verbraucher-Zentrale
NRW e.V., Beratungs-
stelle Düsseldorf
Heinz-Schmöle-Str. 17
Tel. 0211/723596

40227 Düsseldorf
Bio-Etage im Haus der
Schwanenapotheke
Kölner Str. 258
Tel. 0211/787837

40227 Düsseldorf
Direkt-Service
Velberter Str. 11
Tel. 0211/785999

40227 Düsseldorf
Reformhaus Bacher
Kölner Str. 285
P: 3
V: VgtM

40233 Düsseldorf
Birkenbaum
Birkenstr. 71
Tel. 0211/6803164
Fax 0211/6911687

40235 Düsseldorf
Feinkost Hilgendorff
Grafenberger Allee 360
P: 3
V: VgtM

40237 Düsseldorf
Reformhaus Bacher
Rethelstr. 166
P: 3
V: VgtM

40237 Düsseldorf
Sparmarkt Heinz Klein-
ken
Paulusplatz 13
P: 3
V: VgtM

40470 Düsseldorf
Nakamura-Ohsawa-
Zentrale Ellen Niewels
Münsterstr. 255
Tel. 0211/632443
Fax 0211/638653
P: 8,10

40472 Düsseldorf
Reformhaus Bacher
Westfalenstr. 9
P: 3
V: VgtM

40476 Düsseldorf
Hercules Vollkorn-Müh-
len-Bäckerei GmbH
Ulmenstr. 120
Tel. 0211/450796
Fax 0211/450798
P: 2
V: Demeter

40479 Düsseldorf
Josef Nobis
Obst u.Gemüse
Derendorferstr. 3
P: 3
V: VgtM

40545 Düsseldorf
Metzgerei Stollmann
Cheruskerstr. 107
P: 5
V: VgtM

40589 Düsseldorf
Gaia-Naturkost
Itter Str. 36
Tel. 0211/751698
P: 1,2,3,4,5,6,7,8,9,10,
11,12,13,14,15,16

40597 Düsseldorf
Mutter Erde
Weststr. 43
Tel. 0211/712819
V: Bioland, BNN

47051 Duisburg
Verbraucher-Zentrale NRW e.V., Beratungsstelle Duisburg
Claubergstr. 32
Tel. 0203/22144

47051 Duisburg
Reformhaus Augusti
Sonnenwall 44
P: 3
V: VgtM

47053 Duisburg
Pro Vita-Fachmark f. gesund. Leben
Heerstr. 106
Tel. 0203/666707
V: BNN

47057 Duisburg
Naturkostladen Sternbuschweg
Sternbuschweg 52
Tel. 0203/371368
P: 3
V: Bioland, BNN, VgtM

47057 Duisburg
Reformhaus Selker
Klöckner Str. 121
P: 3
V: VgtM

47057 Duisburg
Metzgerei Ernst Becker
Neudorfer Str. 47
P: 3
V: VgtM

47119 Duisburg
Strohhalm
Fabrikstr. 38
Tel. 0203/85268

47179 Duisburg
Evergreen Naturprodukte GbR
Friedrich Ebert Str. 193+199
Tel. 0203/480936
P: 3, 5
V: BNN, VgtM

47226 Duisburg
Metzgerei Ulrich Hemink
Krefelder Str. 64
P: 5
V: VgtM

47226 Duisburg
Metzgerei Menges
Krefelder Str. 29
P: 5
V: VgtM

47228 Duisburg
Metzgerei Menges
Grabenacker 85
Tel. 02065/61256
Fax 02065/61271
P: 3, 5, 6
V: VgtM

47249 Duisburg
Feld Wald Wiese
Lindenstr. 26
Tel. 0203/721471
Fax 0203/719146
P: 1,2,3,5,7,8,9,10,11, 12,13,15,16

53783 Eitorf
Bruno Fischer GmbH Naturkost-Hersteller
Im Auel 88
Tel. 02243/4021
Fax 02243/81809
P: 2,3,5,6,8,10,11,13, 14,15
V: BNN

53783 Eitorf
Dohrmann
Am Heckerhof 8

Tel. 02243/2604
P: 5, 8, 9

53783 Eitorf
Regenbogen
Siegstr. 38
Tel. 02243/80768
V: Bioland, BNN

50189 Elsdorf
Gärtnerhof Preller
Haus Etzweiler
Tel. 02274/3754
Fax 02274/81735
P: 2,5,7,8,9
V: Demeter, VgtM

46446 Emmerich
Egging
Heidpool 30
Tel. 02828/670
P: 5,11
V: Bioland

46446 Emmerich
Wittenhorst
Kuckucksdahl 2
Tel. 02828/7670
P: 7, 12, 13
V: Bioland

46446 Emmerich
Gallung's Ziegenhof
Reeserstr. 544
Tel. 02822/8148
P: 2, 3, 5, 6, 7, 8, 9, 11, 12
V: Bioland

48282 Emsdetten
Naturkost Lebensbaum
Karlstr. 3
Tel. 02572/82821
Fax 02572/89579
V: BNN

58256 Ennepetal
Betriebsgem. Braselmann/Wirtz
Schultenhof 119

Tel. 0202/61951
P: 1,2,3,5,7,8,9,10,11, 12,13,15,16
V: Demeter

59320 Ennigerloh
Steinhorst
Domhoffstr. 27
Tel. 02587/569
P: 5, 7, 8, 9
V: Bioland

59320 Ennigerloh
Kunschke
Dorfbauernschaft 59
Tel. 02524/3234
P: 14, 15
V: Bioland

59320 Ennigerloh
Flamme
Holtrup 74
Tel. 02587/1236
P: 7, 9, 12, 13
V: Bioland

59320 Ennigerloh
Agricola
Oelder Str. 12
Tel. 02524/4042
V: Bioland, BNN

59320 Ennigerloh
Eggert
Pöling 20
Tel. 02528/8426
P: 2, 3, 5, 7, 8, 9, 11, 12
V: Naturland

50374 Erfstadt-Liblau
Metzgerei Robert Sand
Bahnhofstr. 5
Tel. 02235/3990
Fax 02235/3990
P: 3, 5, 6, 16
V: VgtM

Nordrhein-Westfalen

50374 Erftstadt
Naturwarenversandhandel Winfried Burtschell
Kirchengrund 21
Tel. 02235/74162

50374 Erftstadt
Gebr. Kurth
Lichtstr. 4
Tel. 02235/73348
P: 8, 9
V: Bioland

50374 Erftstadt
Spensenhof M. + W. Sonntag
Bleistr. 19
Tel. 02235/71510
Fax 02235/71510
P: 3,5,6
V: VgtM

50374 Erftstadt
Bernd Huth
Niederweg 65
Tel. 02235/5785
Fax 02235/67405
P: 10
V: Naturland

41812 Erkelenz
Löwenzahn
Johannismarkt 13
Tel. 02431/1796

41812 Erkelenz
Detlef Zander
Aachener Str. 75
P: 3
V: VgtM

40699 Erkrath
Metzgerei Rosenkaimer
Neuenhausplatz
P: 5
V: VgtM

40699 Erkrath
Wegener's Backstube
Dahnstr. 21-23
P: 2

59597 Erwitte
Hoppe
Nordstr. 43
Tel. 02943/6149
P: 8, 9, 11
V: Naturland

52249 Eschweiler
Naturkost Esser
Pumpe 74
Tel. 02403/35501
V: Bioland

52249 Eschweiler
Metzgerei Bayer
Neustr. 30
P: 5
V: VgtM

59889 Eslohe
Engelbert Hellermann
Passelweg 3
Tel. 02973/1896
P: 2,8,9,10,14,15

32339 Espelkamp
Friedrich Hoffmeister
Niederstr. 7
Tel. 05743/8562
P: 7, 8, 9
V: Demeter

32339 Espelkamp
Verbraucher-Zentrale NRW e.V., Beratungsstelle Espelkamp
Wilhelm-Kern-Platz 1
Tel. 05772/562156

45127 Essen
Avalon
Friedrich-Ebert-Str. 2426
Tel. 0201/232452

45127 Essen
Verbraucher-Zentrale NRW e.V. Beratungsstelle Essen
Kasteienstr. 4
Tel. 0201/225320

45127 Essen
Reformhaus Hanno Butzin
Akazienallee 1
P: 3
V: VgtM

45128 Essen
Feinkost Reinhold
Moltkestr. 8
P: 3, 6
V: VgtM

45130 Essen
Pusteblume
Isenbergstr. 1
Tel. 0201/779616
V: Bioland, BNN

45130 Essen
Biohof Rüttenscheid
Rüttenscheider Platz 5
Tel. 0201/788287

45130 Essen
Zodiac
Witteringstr. 41
Tel. 0201/721472

45130 Essen
Metzgerei Gronau
Rüttenscheider Str. 92
Tel. 0201/771103
Fax 0201/761720
P: 5,6
V: VgtM

45131 Essen
Troll Vollkornbäckerei GmbH
Joseph-Lenne-Str. 3
Tel. 0201/413513
V: BNN

45134 Essen
Naturkost am Stadtwaldplatz
Frankenstr. 266

Tel. 0201/470088
V: Bioland, BNN

45134 Essen
Alfred Heidrich u. Sohn
Frankenstr. 274
P: 3
V: VgtM

45134 Essen
Knüdeler
Vittinghoffstr. 11
P: 5
V: VgtM

45144 Essen
Metzgerei Gronau
Gervinusstr. 2
Tel. 0201/761015
Fax 0201/761720
P: 5, 6
V: VgtM

45145 Essen
Metzgerei Gronau
Mülheimer Str. 88
Tel. 0201/761015
Fax 0201/761720
P: 5
V: VgtM

45147 Essen
Traumschiff
Holsterhauser Str. 69
Tel. 0201/788675

45147 Essen
Naturkost Klinikum
Hufelandstr. 76
Tel. 0201/733301
Fax 0201/701446
P: 1,2,3,7,8,9,10,11, 12,13,15,16

45156 Essen
G. Roth
Weserstr. 11
P: 3
V: VgtM

Einkaufsadressen 343

45219 Essen
Naturkosthandel für Rohkost- u. Instinktoernährung W. Matuszak
Hegelstr. 10
Tel. 02054/7698
Fax 02054/86426
V: BNN

45219 Essen
Kraut u. Rüben
Kirchfeldstr. 24
Tel. 02054/82136

45239 Essen
Schrot & Korn
Bungertstr. 32
Tel. 0201/493465
V: Bioland, BNN

45239 Essen
Paul Heibach
Brückstr. 57
P: 3
V: VgtM

45257 Essen
Metzgerei Fritz Krämer
Byfanger Str. 28
Tel. 0201/480391
P: 5
V: VgtM

45276 Essen
Naturkostladen Apfelbaum
Humannstr. 5
Tel. 0201/493465
V: Bioland, BNN

45276 Essen
Reformhaus Hanno Butzin
Bochumer Str. 18
P: 3
V: VgtM

45276 Essen
Reformhaus Bacher
Hochstr. 33
P: 3

V: VgtM

45279 Essen
WFB Kunterbunt & Grün
Chr. Goertdt
Weg am Berge 39
P: 2, 3, 5, 6, 7, 8, 9, 11, 13
V: Bioland

45326 Essen
Mühlenbäckerei Back Bord GmbH & Co. KG
Palmbuschweg 54
Tel. 0201/35962
P: 2
V: Bioland

45326 Essen
Chr. Köster
Altenessener Str. 248
P: 3
V: VgtM

45329 Essen
Reformhaus Bacher
Altenessener Str. 411
P: 3
V: VgtM

45355 Essen
Natürlich
Borbecker Platz 3
Tel. 0201/515605
V: Bioland

45355 Essen-Borbeck
Natur-lich
Weidkamp 15
Tel. 0201/672822
Fax 0201/672822
P: 1,2,3,4,5,6,7,8,9,10, 11,12,13,14,15,16

45147 Essen-Holsterhausen
J. Windgassen
Gemarkenstr. 121
P: 3
V: VgtM

45277 Essen-Überruhr
REWE-Markt Dieter Bayer
Mentingsbank 20
P: 3
V: VgtM

53879 Euskirchen
Naturlaube Naturwaren Handels GmbH
Kessenicher Str. 22
Tel. 02251/55023

53881 Euskirchen
viana Naturkost GmbH
Willi-Graf-Str. 88
Tel. 02251/56076
V: BNN

32699 Extertal
Berghof
Hackemackweg 31
Tel. 05262/4641
P: 2, 5, 8, 9, 11
V: Bioland

57258 Freudenberg
Kraut + Rüben
Marktstr. 15
Tel. 02734/20111
V: BNN

57258 Freudenberg
Mühlen-Münker
Olperstr. 59
Tel. 02734/20056
Fax 02734/20193
P: 8

58730 Fröndenberg
Wilhelm Eckel
Ostbürenerstr. 120
Tel. 02378/2991
P: 5
V: VgtM

47608 Geldern
Grüner Zweig
Glockengasse 20
Tel. 02831/87878

Fax 02831/1571
P: 1,2,3,4,5,6,7,8,9,10, 11,12,13,15,16
V: BNN

45879 Gelsenkirchen
Naturkostladen - Unsere Erde Indiso GmbH
Gabelsbergerstr. 11
Tel. 0209/2006
Fax 0209/200650
P: 1,2,3,5,6,7,8,9,10, 11,12,13,15,16
V: VgtM

45879 Gelsenkirchen
Wörishofener Kräuterhaus Kunz GmbH
Hauptstr. 10
Tel. 0209/21244
P: 2,3,4,5,6,7,8,9,10, 11,12,13,15,16

45879 Gelsenkirchen
Verbraucher-Zentrale NRW e.V., Beratungsstelle Gelsenkirchen
Luitpoldstr. 17
Tel. 0209/204870

45879 Gelsenkirchen
Consilium
Wanner Str. 1
Tel. 0209/145238

45894 Gelsenkirchen
Mühle Beckmann
Lindenstr. 108
Tel. 0209/37215

45894 Gelsenkirchen
Frauke Michalz
Schillerstr. 14
P: 3
V: VgtM

45894 Gelsenkirchen
Reformhaus Petri
Nienhofstr. 2
P: 3
V: VgtM

45897 Gelsenkirchen
*Fleischerei
Erwin Plassek*
Horster Str. 8
Tel. 0209/390063
P: 5
V: VgtM

40625 Gerresheim
Arno Swart
Benderstr. 68
P: 3
V: VgtM

48712 Gescher
Haus Hall
Hallerweg
Tel. 02542/7030
P: 13

59590 Geseke
Horstmann
Am schwarzen Weg 2
Tel. 02942/6696
P: 5
V: Bioland

59590 Geseke
Der Flachshof
Flachsstr. 38
Tel. 02942/6696
P: 2, 3, 5, 6, 7, 8, 9, 11, 12
V: Bioland

59590 Geseke
*Bäckerei Wolfgang
Kramer*
Hellweg 46
Tel. 02942/4692
P: 2
V: Bioland

59590 Geseke
Ringelblume Naturkost
Marktplatz 3
Tel. 02942/5152

58285 Gevelsberg
Bäckerei Peter Konze
Dörnerstr. 14

Tel. 02332/132011
P: 2
V: Demeter

58285 Gevelsberg
*Silscheder Gärtnerhof
Fam. Krieg*
Kemmade 50
Tel. 02332/50217
P: 2, 3, 5, 6, 7, 8, 9, 12, 13
V: Demeter

**41516 Gevenbroich-
Wevelinghoven**
Körnereck
An der Eiche 21
Tel. 02181/74944
P: 1,2,3,4,5,6,7,8,9,10, 11,12,13,14,15,16

47574 Goch
Lebensgarten
Mühlenstr. 16
Tel. 02823/80560
Fax 02863/86521
P: 1,2,3,4,5,6,7,8,9,10, 11,12,13,15,16
V: BNN

48268 Greven
Gesunde Stube
Niederort 2
Tel. 02571/51953
V: Bioland, BNN

48268 Greven
Heinrich Wening
Westeroder Str. 31
Tel. 02571/6627
P: 5, 6, 7, 8, 9
V: Naturland

48268 Greven
*Brockmann-Köne-
mann*
Wittler Damm 25
Tel. 02575/1951
P: 2, 3, 5, 7, 8, 9, 11, 12
V: Bioland

41515 Grevenbroich
Graswurzel
Dechant-Schütz-Str. 9
Tel. 02181/63678
V: Bioland, BNN

48599 Gronau
Molkerei Paul Söbbeke
Amelandsbrücken-
weg 131
Tel. 02565/1058
P: 11
V: Bioland

48599 Gronau
*Verbraucher-Zentrale
NRW e.V., Beratungs-
stelle Gronau*
Neustr. 30
Tel. 02562/22200

48599 Gronau
Vier Jahreszeiten
Ochtruper Str. 24
Tel. 02562/3458
V: Bioland, BNN

48599 Gronau
*Der konsequente
Laden*
Neustr. 3
Tel. 02562/4969
P: 1,2,3,4,5,6,7,8,9,10, 11,12,13,14,15,16

33330 Gütersloh
Wurzelwerk e.G.
Friedrichstr. 9
Tel. 05241/14628

33330 Gütersloh
*Verbraucher-Zentrale
NRW e.V., Beratungs-
stelle Gütersloh*
Hohenzollernstr. 26
Tel. 05241/13874

33332 Gütersloh
*Wilh. Mestermacher
GmbH*
Am Anger 16

Tel. 05241/87090

33332 Gütersloh
Liebstöckel
Kampstr. 20/22
Tel. 05241/28802

33334 Gütersloh
Metzgerei Weserhof
Am Hüttenbrink
Tel. 05241/48527
P: 5
V: VgtM

33334 Gütersloh
Heinrich Ostermann
Berliner Str. 395a
Tel. 05241/67821
P: 5, 7, 9
V: Bioland

33334 Gütersloh
H. D. Roggenkamp
Blankenhagener Weg 325
Tel. 05241/6133
P: 3,7,14
V: Demeter

33334 Gütersloh
*Biolandhof
Kaupenjohann*
Im Lütken Ort 74
Tel. 05241/75331
P: 5, 8, 9, 11

33335 Gütersloh
*Meier Schulte auf'm
Erley*
Auf'm Erley 51
Tel. 05209/2137
P: 3, 6, 8, 9
V: Bioland

33335 Gütersloh
Bäckerei Bursian jun.
Friedrichsdorfer Str. 278
Tel. 05209/2452
P: 2
V: Demeter

33335 Gütersloh
B. Westerbarkey
Immelstr. 158
Tel. 05241/7102
V: Demeter

51643 Gummersbach
Vollkorn Naturwarenhandels GmbH
Wilhelmstr. 7
Tel. 02261/64784

42781 Haan
Bildungs- u. Gesundheitszentrum
Memeler Str. 25
Tel. 02129/3038

42781 Haan
Metzgerei Rosenkaimer Wochenmarkt
(Mi+Sa)
P: 5
V: VgtM

58089 Hagen
Wega Naturprodukte
Lange Str. 32
Tel. 02331/330245
V: Bioland, BNN

58091 Hagen
Roswitha Butterweck
Ribbertstr. 65
Tel. 02337/8880
Fax 02337/3908
P: 5
V: VgtM

58093 Hagen
Reformhaus
Bodenhausen
Schwerter Str. 152
Tel. 02331/63581
P: 3
V: VgtM

58093 Hagen
Reformhaus
Bodenhausen
Emster Str. 80

Tel. 02331/53344
P: 3
V: VgtM

58095 Hagen
Verbraucher-Zentrale
NRW e.V., Beratungsstelle Hagen
Mittelstr. 7
Tel. 02331/14259

58095 Hagen
Reformhaus
Bodenhausen
Friedhelm Lori
Kampstr. 11
Tel. 02331/25563
Fax 02331/25183
P: 3
V: VgtM

58097 Hagen
VOF-Verband der
Oectotrophologen e.V.
Arndtstr. 8
Tel. 02331/15571

33790 Halle
P. Jürgensen
Amshausener Weg 5
Tel. 0501/70290
V: Naturland

33790 Halle
Seasam
Lange Str. 23
Tel. 05201/10000
V: Bioland, BNN

33790 Halle
Künsemöller
Mühlenhof 11
Tel. 05201/7600
P: 2, 3, 5, 6, 7, 8, 9, 11
V: Bioland

33790 Halle
A. Kampsmann
Berghagen 27
P: 5
V: VgtM

45721 Haltern
Halterner Naturwarenhaus
Turmstr. 13
Tel. 02364/14809

58553 Halver
Reinhard Hedfeld
Auf dem Wiebusch
Tel. 02353/4489
P: 3, 5, 6, 7, 9, 15
V: Neuland

58553 Halver
Metzgerei Dieter
Karthaus
Auf der Leye
Tel. 02353/3845
P: 5

58553 Halver
Clever
Lingen 4
Tel. 02353/12877
P: 5, 7, 8, 9, 12, 13
V: Bioland

58553 Halver
Landwirt Clever
Halverscheid 2
P: 3
V: VgtM

58553 Halver
Landwirt Eichert
Büchen 1
P: 5
V: VgtM

58553 Halver
Vehlewald
Altemühle
P: 5
V: VgtM

58553 Halver
Naturkostladen Petra
V.-Vincke-Str. 3
P: 3
V: VgtM

59065 Hamm
Regenbogen
Nassauer Str. 25
Tel. 02381/23472

59065 Hamm
Verbraucher-Zentrale
NRW e.V., Beratungsstelle Hamm
Westring 2
Tel. 02381/21898

59067 Hamm
Holger Schultz
Dortmunder Str. 106
Tel. 02381/443334

59069 Hamm
Damberg
An der Ahse 22
Tel. 02385/2358
P: 1,2,3,5,6,7,8,9,10,
11,12,13,16
V: Bioland

59069 Hamm
Bioland Landesverband Nordrhein-Westfalen
Im Hagen 5
Tel. 02385/1817 u. 2979
Fax 02385/5182

59069 Hamm
Heinz-Josef Thuneke
Im Hagen 5
Tel. 02385/5819
P: 8, 12
V: Bioland

59069 Hamm
H. Müller
Werler Str. 403
P: 7, 12
V: Demeter

59069 Hamm
Ulrich Sturm
Hellweg 172l
P: 3
V: VgtM

Einkaufsadressen 345

346 Nordrhein-Westfalen

59077 Hamm
Geue
Weetfelder Str. 71
Tel. 02381/401334
P: 2, 3, 5, 6, 7, 8, 9, 11, 12
V: Bioland

46499 Hamminkeln
Brüggemann
Isselbruch 1
Tel. 02852/1203
V: Demeter

33428 Harsewinkel
Bäckerei Johannes u. Andrea Bußmann
Münsterstr. 19
Tel. 05247/2165
P: 2
V: Bioland

45525 Hattingen
Sonnenblume
Große Weilstr. 5
Tel. 02324/24132
P: 5
V: BNN, VgtM

45525 Hattingen
Keimling Naturproduktefachgeschäft
Walter-Schneider-Platz 7
Tel. 02324/53535
V: Bioland, BNN

45527 Hattingen
Haarmann Ziegenhof Oberbeuel
Salzweg 30
Fax 02324/201851
P: 3,5,9,11
V: Bioland

45529 Hattingen
Gut Marienhof
Felderbachstr. 60
Tel. 02052/3774
V: Demeter

48329 Havixbeck
Alfalfa
Altenberger Str. 16
Tel. 02507/3677
V: Bioland, BNN

48329 Havixbeck
Herzkamp
Natrup 26
Tel. 02507/1325
P: 7, 9
V: Bioland

46359 Heiden
Bäckerei Wilhelm Becker
Velener Str. 9
Tel. 02867/268
P: 2
V: Bioland

42579 Heiligenhaus
Martin Grützmacher
Alte Höhe 12-14
Tel. 02056/68575
Fax 02056/58813
P: 1,4,5,6,10,14,15,16
V: Bioland

42579 Heiligenhaus
Der natürliche Laden
Hauptstr. 254a
Tel. 02056/23796
P: 3
V: VgtM

42579 Heiligenhaus
Biotop
Tüschener Str. 26
Tel. 02056/69033
P: 2, 3, 5, 6, 7, 8, 9, 11, 12
V: Bioland

42579 Heiligenhaus
Metzgerei Tyroff
Isenbügeler Platz 6
P: 5
V: VgtM

52396 Heimbach
Gilles
Burg Hausen
Tel. 02446/3507
P: 5, 11, 12
V: Naturland

52525 Heinsberg
Klatschmohn
Noethlichstr. 2
Tel. 02452/4359

59427 Hemmerde
Hof Berz
Au dem Winkel 14
Tel. 02308/761
V: Bioland

53773 Hennef
Rosenhof Markt für Naturerzeugnisse GmbH
Frankfurter Str. 86
Tel. 02242/80240

53773 Hennef
Klein
Geistingerstr. 81
Tel. 02242/81372
P: 8, 9, 15

53773 Hennef
Versuchsbetrieb Wiesengut der Univ. Bonn
Siegaue 16
Tel. 02242/80757
P: 8, 9

58640 Hennen
Thomas Idel
Scherlingstr. 13
P: 5
V: VgtM

58313 Herdecke
Naturland
Wilhelm-Graefe-Str. 4
Tel. 02330/12299
V: BNN

58313 Herdecke
Reformhaus Mirsch
Am Kirchplatz 8
Tel. 02330/2639
Fax 02330/4830
P: 1,2,3,4,5,7,8,9,10, 11,12,13,14,16

32049 Herford
Koch
Bismarckstr. 121
Tel. 05221/22400
P: 2, 3, 6, 7, 8, 9, 12, 13
V: Bioland

32049 Herford
Brigittes Biokeller
Helmholtzstr. 19
Tel. 05221/25930

32049 Herford
Fr. Menke
Vlothoer Str. 288
P: 5
V: VgtM

32051 Herford
Herringhauser Holzofenbäckerei Daniel Schnarre
Engerstr. 190
Tel. 05221/31522
P: 2
V: Bioland

32051 Herford
Hoffmann
Lübbecker Str. 185
Tel. 05221/32169
P: 5, 11
V: Bioland

32051 Herford
Knaus
Zuckerbrink 31
Tel. 05221/32346
P: 3, 7, 11
V: Bioland

32052 Herford
Löwenzahn
Naturprodukte
Credenstr. 39
Tel. 05221/58166
V: BNN

32052 Herford
Priem
Elverdisser Str. 489
Tel. 05221/72706
P: 2, 3, 5, 6, 7, 8, 9, 10, 11
V: Bioland

32052 Herford
E. Rethmeier
Kottenbrink 4b
Tel. 05246/3449
P: 7
V: Demeter

32052 Herford-Elverdissen
Brünger
Im Großen Siek 32
Tel. 05221/75626 u. 71392
P: 12,14
V: Bioland

44623 Herne
Verbraucher-Zentrale NRW e.V., Beratungsstelle Herne
Altenhöfener Str. 3
Tel. 02323/44746

44623 Herne
Kornmühle
Behrensstr. 5
Tel. 02323/54989

44649 Herne
Reformhaus Klaas
Hauptstr. 261
P: 3
V: VgtM

44649 Herne
Fleischerei Schmidt
Bielefelder Str. 119
Tel. 02325/47966
P: 5
V: VgtM

44649 Herne
Metzgerei Scheer
Unser-Fritz-Str. 6
P: 5
V: VgtM

58849 Herscheid
Naturwarenladen
Lüdenscheider Str. 15a
Tel. 02357/1441

45699 Herten
Der Bioladen
Hermannstr. 2
Tel. 02366/83580
Fax 02366/32371
P: 1,2,3,4,5,6,7,8,9,10, 11,12,13,14,15,16

52134 Herzogenrath
Naturkostladen Franzen
Geilenkircherstr. 498
Tel. 02406/65432

52134 Herzogenrath
Korn-Eck
Markt 2
Tel. 02407/3566
V: Bioland

52134 Herzogenrath-Kohlscheid
Metzgerei Walter
Südstr. 210
P: 5
V: VgtM

32120 Hiddenhausen
Bioland- u. Neuland-Hof Friedel Gieseler
Lippinghauser Str. 112
Tel. 05221/62575
P: 1,2,3,5,7,8,9,10,15,16
V: VgtM

40721 Hilden
Guten Morgen Naturkostladen
Heiligenstr. 24
Tel. 02103/60706

40721 Hilden
Biogarten Handels GmbH
Liebigstr. 3
Tel. 02103/9503-0

40721 Hilden
Natürliche Wege
Schwanenstr. 11
Tel. 02103/53256
V: Bioland

32479 Hille
Lömker & Dreischmeier
Schülerweg 2
Tel. 05734/2161
Fax 05734/5600
P: 7, 8, 9, 16

32479 Hille
Finke
Zum Bruchkamp 33
Tel. 0571/42615
P: 8, 9
V: Bioland

37671 Höxter
Klaus Wittrock
Albaxestr. 42
Tel. 05271/2386
P: 8, 12

37671 Höxter
Reformhaus Gudrun Manegold
Am Markt 15
V: Demeter

37671 Höxter
Naturkostladen Beiser
Westerbachstr. 36
Tel. 05271/34932
V: Demeter

59439 Holzwickede
Verbraucher-Zentrale NRW e.V., Beratungsstelle Holzwickede
Allee 10
Tel. 02301/18186

48496 Hopsten
Riebau
Zum Wall 9
Tel. 05457/1262
P: 5, 7, 8, 9
V: Naturland

32805 Horn-Bad Meinberg
Kerngehäuse
Bichelberg 10
V: BNN

50169 Horrem
Naturkost
Hauptstr. 226
Tel. 02273/4311

42499 Hückeswagen
Frischkeim GmbH
Brücke 19
Tel. 02192/7604
Fax 02192/2204
P: 7
V: BNN

42499 Hückeswagen
Kurzfelder Ziegenhof
Kurzfeld 2
Tel. 02192/82243
Fax 02192/6615
P: 5, 11

47839 Hüls
Reformhaus Gillhaus
Krefelder Str. 5
P: 3
V: VgtM

46569 Hünxe
Lindenblatt Naturwarenhandel GmbH
Alte Weseler Str. 4
Tel. 02858/1234

Fax 02858/7223
P: 1,2,3,4,5,6,7,8,9,10,
11,12,13,14,15,16
V: BNN

50354 Hürth
Bundesverband Naturkost Naturwaren Einzelhandel
Robert-Bosch-Str. 6
Tel. 02233/632303
Fax 02233/63383

50354 Hürth
Bundesverband Naturkost Naturwaren Großhandel
Robert-Bosch-Str. 6
Tel. 02233/66326
Fax 02233/63383

50354 Hürth
Bundesverband Naturkost Naturwaren Hersteller
Robert-Bosch-Str. 6
Tel. 02233/68102
Fax 02233/63383

49477 Ibbenbüren
Reformhaus Wolfgang Nitsche
Große Str. 2
V: Demeter

49477 Ibbenbüren
Christel Piper Naturkost
Poststr. 7
V: Demeter

49479 Ibbenbüren
Jaschinski
Fuchsweg 50
Tel. 05451/88343
P: 1,2,3,5,6,7,8,9,10,
11,12,13,16
V: Bioland

49479 Ibbenbüren
A. Goldbeck
Rochusstr. 15
Tel. 05451/3530
Fax 05451/12598
P: 2, 7, 8, 10, 12
V: Naturland

52459 Inden
Pro Naturell Naturwaren
Viehövener Str. 16
Tel. 02465/1749
V: BNN

58638 Iserlohn
Naturwarenhandel Iserlohn
Kluse 24
Tel. 02371/26326
V: Bioland, BNN

58640 Iserlohn
Theymann
Letteweg 101
Tel. 02304/50475
P: 5, 8, 11
V: Bioland

58640 Iserlohn
Deckert Hof Ohler Mühle
Ohler Weg 45
Tel. 02378/2333
P: 2, 3, 5, 6, 7, 8, 9,
11, 12
V: Bioland, VgtM

58640 Iserlohn
Verbraucher-Zentrale NRW e.V., Beratungsstelle Iserlohn
Schützenstr. 26
Tel. 02371/24271

58642 Iserlohn
Geitmann
Kirchstr. 56
Tel. 02374/2594
P: 2, 5, 7, 8, 9, 11, 15,
16

V: Bioland

58642 Iserlohn
Gerd Ostholt jun.
Papenholzweg 8
Tel. 02374/4849
V: Demeter

58730 Iserlohn
J. Herrenkamp Wochenmarktstand (Mi+Sa)
Fröndenberg
P: 3
V: VgtM

58640 Iserlohn-Drüpplingsen
Hermann Bimberg
Gut Lenninghausen
Tel. 02378/22109
Fax 02378/2055
P: 5,15

47661 Issum
Lebensgarten
Neustr. 27
Tel. 02835/1332
V: Bioland, BNN

41363 Jüchen
Franz-Josef Essers
Haus-Neuenhoven
Tel. 02165/2336
Fax 02165/2339
P: 1,2,3,5,6,7,8,9,10,
11,12,13,15,16
V: Naturland

52428 Jülich
Calendula - Naturkost
Poststr. 8
Tel. 02461/56733
Fax 02461/59329
P: 1,2,3,4,5,6,7,8,9,10,
11,12,13,14,15,16
V: BNN

52428 Jülich-Broich
Jumpertz
Alte Dorfstr. 160

Tel. 02461/8687
Fax 02461/8687
P: 2,7,8,9,12,13,16

41564 Kaarst
Siebenstern Versand u. Laden Ute Lindhorst
Kaarster Str. 20
Tel. 02131/669400

41564 Kaarst
Bio logisch
Neusserstr. 9
Tel. 02131/605766
V: Biolans

41564 Kaarst-Büttgen
Bioland Lammertzhof Familie Hannen
Lammertzhof
Tel. 02131/51528
Fax 02131/511024
P: 1,2,3,5,6,7,8,9,10,
11,12,13,14,15,16

53925 Kall
Der grüne Laden
Stolzenburgerstr. 3
Tel. 02441/5724

32689 Kalletal
Von Chamier
Rentorf 5
Tel. 05261/4053
P: 5, 11
V: Bioland

59174 Kamen
Naturkost Karotte
Güldentröge 20
Tel. 02307/73946

59174 Kamen
Kunert/Höhne
Im Dahl 17
Tel. 02307/18246
P: 7, 9
V: Bioland

Einkaufsadressen

59174 Kamen
Verbraucher-Zentrale
NRW e.V., Beratungs-
stelle Kamen
Markt 1
Tel. 02307/148458

47475 Kamp-Lintfort
Benk-Karrenberg
Alpenerstr. 43
Tel. 02842/47920
V: Demeter

47906 Kempen
Metzgerei Horten
Peterstr. 21
P: 5
V: VgtM

47626 Kevelaer
Ingrid u. Georg
Werner Möllenhof
Alter Kapellener Weg 18
P: 3
V: VgtM

47623 Kevelaer-Twisteden
Gartenbau Niemands-
land
Klitzweg 6
Tel. 02832/5276
P: 3,7,8,9,12
V: Demeter

46244 Kirchhellen
Naturmetzgerei
Scharun
Hauptstr. 47 a
Tel. 02045/7471
P: 3,5,6
V: VgtM

47533 Kleve
Sonderfeld
Banndeich 8
Tel. 02821/92717
P: 5, 8, 9, 11
V: Bioland

47533 Kleve
Der Laden
Hagsche Str. 51
Tel. 02821/14624

47533 Kleve
Der Laden
Herzogstr. 4
Tel. 02821/27877

47533 Kleve
Gärtnerei
am Kermisdahl
Kermisdahlstr. 3-7
Tel. 02821/24698
P: 7, 9
V: Bioland

47533 Kleve
Petersilchen
Opschlag 10
Tel. 02821/18939

47533 Kleve
Bruno Peters
Nieler Str. 148
P: 3
V: VgtM

47533 Kleve
Ingrid u. Jochen
Zschunke
Keekener Str. 76
P: 3
V: VgtM

50667 Köln
Honig Müngersdorff
GmbH
An St. Agatha 37
Tel. 0221/2580249
Fax 0221/2580200
P: 15
V: BNN

50667 Köln
Kräuterhaus
Augustinerstr. 5
Tel. 0221/239789

50667 Köln
Sirius
Zeppelinstr. 9
Tel. 0221/243103

50668 Köln
Kraut & Rüben
Eintrachtstr. 10
Tel. 0221/122322
Fax 0221/122322
V: BNN

50670 Köln
Kraut & Rüben
Balthasarstr. 52
Tel. 0221/728780
Fax 0221/728780
P: 1,2,3,4,5,6,7,8,9,10,
11,12,13,14,15,16
V: BNN

50670 Köln
Heuschrecke Natur-
kostgroßhandel GmbH
Krefelder Str. 18
Tel. 0221/728085
Fax 0221/7393783
P: 1,13,15,16
V: BNN

50672 Köln
Krämer
Gilbachstr. 33
Tel. 02641/21821
P: 7, 9, 12, 13
V: Bioland

50674 Köln
Verbraucher-Zentrale
NRW e.V., Beratungs-
stelle Köln
Aachener Str. 5
Tel. 0221/251753/851

50674 Köln
Bittersüss Naturkost
Händelstr. 35
Tel. 0221/215533
Fax 0221/2402155
P: 1,2,3,5,7,8,10,11,12,
13,15,16
V: BNN, VgtM

50674 Köln
Sprößling
Mozartstr. 9
Tel. 0221/232124

50674 Köln
Kräuterhaus
Zülpicher Str. 29
Tel. 0221/214713

50674 Köln
Metzgerei Robert
Sand
Lindenstr. 48
Tel. 0221/232256
Fax 0221/232256
P: 3,5,6,16
V: VgtM

50825 Köln
Katalyse Gesellschaft
f. angewandte Um-
weltforschung GmbH
Weinsbergstr. 190
Tel. 0221/5461055
Fax 0221/545338

50677 Köln
Wakame Naturkost
GmbH
Merowingerstr. 55
Tel. 0221/329549
V: Bioland, BNN

50678 Köln
Vita Verde
Mainzer Str. 19
V: Bioland, BNN

50679 Köln
Soja Bioladen
Helenenwallstr. 5a
Tel. 0221/810817
V: Bioland, BNN

50733 Köln
Nippeser Bioladen
Baudriplatz 2
Tel. 0221/735371

Nordrhein-Westfalen

P: 1,2,3,4,5,6,7,8,9,10, 11,12,13,14,15
V: BNN

50733 Köln
Biologisch Obst - Gemüse - Naturkost
Niehler Str. 43
Tel. 0211/7390334
Fax : 0221/769688

50735 Köln
Kornkraft e.G.
Marktstr. 10
Tel. 0221/3404031
Fax 0221/3404235
P: 5,7,9,11,12
V: BNN

50735 Köln
Nippeser Bioladen
Stammheimer Str. 24
Tel. 0221/735371
V: Bioland

50737 Köln
Naturkost Krumbein
Neusser Str. 521
P: 3
V: VgtM

50739 Köln
Naturmetzgerei Bernd Schaffrath
Bergstr. 85
Tel. 0221/745583
P: 5
V: VgtM

50765 Köln
Gärtnerei Peter
Am Donatushof 13
Tel. 0221/799519
P: 2, 3, 5, 6, 7, 8, 9, 10, 11, 12, 13, 16
V: Bioland

50769 Köln
Otto
Roggendorfer Weg 7
Tel. 0221/799519

P: 1, 2, 3, 5, 6, 7, 8, 9, 11, 12, 13, 16
V: Bioland

50823 Köln
Ringelblume
Venloer Str. 204
Tel. 0221/562451
V: Bioland, BNN

50858 Köln
NaturMarkt
Bunzlauer Str. 24
Tel. 02234/4458
V: Bioland, BNN

50931 Köln
Grünes Land
Dürener Str. 63
Tel. 0221/401764

50933 Köln
Bioquelle
Aachener Str. 362
Tel. 0221/543333
P: 3
V: Bioland, VgtM

50933 Köln
H. G. Stephan GmbH
Eupener Str. 92
Tel. 0221/492722
Fax 0221/491781
P: 15

50935 Köln
Lindenblüte
Lindenthalgürtel 75
Tel. 0221/4301522
V: Bioland, BNN

50937 Köln
Naturata e.G.
Luxemburgerstr. 210+226
Tel. 0221/426990
P: 3
V: BNN, VgtM

50937 Köln
Klettenwurzel-Naturkost Versand H.-W. Zimmermann
Neuenhöfer Allee 25
Tel. 0221/464803
P: 8, 10, 15, 16

50937 Köln
Bioladen - Was die Bäume sagen
Weyertal 3032
Tel. 0221/426111
Fax 0221/441140
P: 1,2,3,7,8,9,10,11,12, 13,15,16
V: BNN

50968 Köln
Sobo Naturkost Die Sojabohne
Goltsteinstr. 43a
Tel. 0221/343277
Fax 0221/343277
P: 15
V: BNN

50996 Köln
Dietrex Handelsgesellschaft mbH
Friedrich-Ebert-Str. 2
Tel. 0221/394956

50999 Köln
Naturkost Edelweiß
Ritterstr. 61a
V: BNN

50999 Köln
GWK-Gärtnerei Pöschke
Sürther Str. 310
Tel. 02236/63835
P: 3, 6, 7
V: Bioland

51063 Köln
Primavera
Berliner Str. 42
Tel. 0221/626047
V: Bioland, BNN

51065 Köln
Bioladen - Was die Bäume sagen
Kattowitzer Str. 43
Tel. 0221/698838
V: Bioland, BNN

51065 Köln
Fleischerei Borsbach
Frankfurter Str. 52
Tel. 0221/614112
Fax 0221/627122
P: 3, 5, 6
V: VgtM

51069 Köln
Sonnenblume
Bergisch Gladbacher Str. 970
Tel. 0221/6802522
V: Bioland, BNN

51069 Köln
Bio Basar
Dellbrücker Hauptstr. 76
Tel. 0211/6805293
V: Bioland, BNN

51069 Köln
Melisse
Dellbrücker Mauspfad 305
Tel. 0221/687438

51105 Köln
Rouhselli
Roddergasse 1
Tel. 0221/838537
P: 2, 3, 5, 7, 8, 9, 11, 12

51105 Köln
Bruno Fischer GmbH Bio Metzgerei u. Naturkost
Siegburger Str. 304
Tel. 0221/8305726
Fax 0221/834363
P: 2,3,5,6,7,8,9,10,11, 12,13,14,15
V: BNN

Einkaufsadressen

51105 Köln
Bruno Fischer GmbH
Bio Metzgerei u. Naturkost
Taunusstr. 13
Tel. 0221/831063
Fax 0221/833097
P: 2,3,5,6,8,10,11,13,14,15
V: BNN,VgtM

51105 Köln
Metzgerei Rosenkaimer
Einsteinstraße
P: 5
V: VgtM

51107 Köln
Consumenten Bund e.V. Bund umweltbewußter Verbraucher
Plantagenstr. 12
Tel. 0221/875063

51107 Köln
Naturkost Rath
Rösrather Str. 622
Tel. 0221/865900
V: Bioland, BNN

53639 Königswinter
Kichererbse
Siebengebirgsstr. 36
Tel. 02244/7956

47559 Kranenburg
Vierboom
Hauptstr. 62
Tel. 02826/1845
P: 3, 5, 6, 7, 8, 9, 11, 12
V: Bioland

47798 Krefeld
Die Jungmühle
Ch. Dost
Breite Str. 82
Tel. 02151/22607
Fax 02151/615769
P: 1,2,3,4,5,6,7,8,9,10,11,12,13,15,16

47798 Krefeld
Krefelder Mühlenvollkornbäckerei
Hülser Str. 3133
Tel. 02151/27731
P: 2

47798 Krefeld
Mahlzeit
Nordstr. 106
Tel. 02151/775281

47798 Krefeld
Caprice
Nordwall 124
Tel. 02151/770550

47798 Krefeld
Sonnentau II
Westwall 51
Tel. 02151/24176
V: BNN

47799 Krefeld
Sonnentau I
Dreikönigenstr. 38
Tel. 02151/27025
V: BNN

47799 Krefeld
Reformhaus Engels
Rheinstr. 66
P: 3
V: VgtM

47800 Krefeld
Bettinger Kräuter- u. Naturhaus
Uerdinger Str. 332
Tel. 02151/596991
Fax 02151/501156
P: 1,2,3,4,5,6,7,8,9,10,11,12,13,14,15,16
V: BNN

47800 Krefeld
REWE-Markt Meyer
Fr.-Ebert-Str. 170
P: 3
V: VgtM

47802 Krefeld
Heilmannshof
Maria-Sohmann-Str. 93
Tel. 02151/560410
P: 2, 3, 7, 8, 9, 10, 11, 12, 13, 15
V: Demeter

47807 Krefeld
Reformhaus Steimann
Kölner Str. 512
P: 3
V: VgtM

47799 Krefeld
Die Schrotbäckerei Schomaker
Dreikönigenstr. 73
Tel. 02151/608603
P: 1,2,3,4,5,6,7,8,9,10,11,12,13,15,16

57223 Kreuztal
Schwarzwurzel
Moltkestr. 22
Tel. 02732/51915
V: Bioland

51515 Kürten
Koch
Börscher Str. 55
Tel. 02207/7801
P: 7, 9
V: Bioland

51515 Kürten
Flemm
Gut Unterenkel
Tel. 02268/7979
P: 2, 5, 8, 10
V: Bioland

32791 Lage
Naturland-Hof
W. u. E. Schröder
Afrikastr. 31
Tel. 05232/3264
Fax 05232/18494
P: 2,3,5,6,7,8,9,10,11,12,13,15
V: Naturland

32791 Lage-Hagen
Metzgerei F. Brinkmann
Fröbelstr. 4
Tel. 05232/5749
P: 5

40764 Langenfeld
Naturwaren Barche
Hüsgen 6
Tel. 02173/71998

40764 Langenfeld
AT-bio-dynamischer Gartenbau der Rheinischen Landesklinik
Kölner Str. 82
Tel. 02173/1022325 u. 1022326
P: 7,9,14
V: Demeter

52379 Langerwehe
Naturkost Simons
Auf dem Kämpen 17
Tel. 02423/4861
V: Demeter

52379 Langerwehe
Naturkost Simons
Hauptstr. 33
Tel. 02423/5501
Fax 02423/5855
P: 1,2,3,4,5,6,7,8,9,10,11,12,13,16

52379 Langerwehe
Michael Krieger
Schloßstr. 2
Tel. 02423/1530
V: Demeter

42799 Leichlingen
Hartmann
Raderhof 3
P: 3
V: VgtM

Nordrhein-Westfalen

32657 Lemgo
Sauerampfer
Breite Str. 60
Tel. 05261/13248

32657 Lemgo
G. Schäferkordt
Hamelnerstr. 107
Tel. 05261/12388
P: 7, 9, 12, 13

32657 Lemgo
E. Meyercordt
Hauptstr. 12
Tel. 05261/87247
V: Demeter

32657 Lemgo
Grabbenhof
Im Rüschken 15
Tel. 05266/1824
P: 7, 8, 9, 14
V: Demeter

32657 Lemgo
Eickermühle Heinrich Nagel
Vossheiderstr. 140
Tel. 05261/8429
P: 10
V: Bioland

32657 Lemgo
Ebert
Weißer Weg 109
Tel. 05261/10695
P: 5, 9, 14, 15
V: Bioland

49525 Lengerich
Bio-Markt
Bahnhofstr. 24
Tel. 05481/38057
V: BNN, Demeter

49525 Lengerich
Reformhaus Rosina Koch
Bahnhofstr. 27
V: Demeter

49525 Lengerich
Ledder Werkstätten Gut Stapenhorst
Stapenhorster Str. 38
Tel. 05481/37100
P: 8, 9
V: Bioland

49525 Lengerich
Harlinghausen
Wechterstr. 42
Tel. 05482/1603
P: 2, 5, 7, 9, 12, 13, 16
V: Bioland

57368 Lennestadt
Natur Pur
Helmut-Kumpf-Str. 28
Tel. 02723/6365
Fax 02723/6365
P: 1,2,3,4,5,7,8,9,10, 11,12,13,14,15,16

51375 Leverkusen
Gesund Leben
Mühlheimer Str. 18
Tel. 0214/505468
P: 3
V: BNN, VgtM

51375 Leverkusen
Gesund Leben
Sauerbruchstr. 112
Tel. 0214/74900
V: Bioland

51377 Leverkusen
Demeter Gemüsehof Th. Schwarz
Im Kirberg 27
Tel. 0214/92600
P: 3, 6, 7, 9, 12, 14, 15

51379 Leverkusen
Naturwarenhaus Zwynkel
Kölner Str. 94
Tel. 02171/47405
V: Bioland, BNN

51379 Leverkusen
Bioladen Lebensbaum
Münzstr. 14
Tel. 02171/48696
Fax 02171/29165
P: 1,2,3,5,6,7,8,9,10, 11,12,13,15,16
V: BNN

51379 Leverkusen
Verbraucher-Zentrale NRW e.V., Beratungsstelle Leverkusen
Schillerstr. 4
Tel. 02171/41800

33165 Lichtenau
Bioland-Gärtnerei Bentler
Heggehof 2
Tel. 05295/298
P: 2, 3, 7, 9, 12

33165 Lichtenau
Krawinkel Singermühle
Bahnhofstr. 50
Tel. 05295/1392
P: 5, 8, 9
V: Bioland

33165 Lichtenau
Schäfers
Heggehof 2
Tel. 05295/274
P: 2, 3, 5, 6, 7, 8, 9, 11
V: Bioland

33165 Lichtenau
Kiliani-Korn-Böhner GmbH Naturkosthandel
Heggeweg 1
Tel. 05295/8535
Fax 05295/8535
P: 5, 8, 12, 15
V: Naturland

33165 Lichtenau
Tewes
Husenerstr. 23
Tel. 05295/235

P: 5, 8, 11
V: Naturland

33165 Lichtenau
Gottwick
Lange Str. 20
Tel. 05295/1586
P: 14, 15
V: Bioland

33165 Lichtenau
Scholle
Lange Str. 23
Tel. 05295/1573
P: 5, 8, 14, 15
V: Bioland

33165 Lichtenau
Hundertmark
Nordheimer Weg 2
Tel. 05295/787
P: 2, 8, 9, 10
V: Bioland

33165 Lichtenau
Michaelis
Ringstr. 17
Tel. 05295/411
P: 8, 9, 11
V: Bioland

33165 Lichtenau
Hühnerhof Frank Schmidt
Muchtweg 8
P: 3
V: VgtM

49536 Lienen
Erika u. Friedel Voß
Baggerien 4
Tel. 05483/282
P: 3, 5, 7, 8, 9, 11, 12
V: Demeter, VgtM

49536 Lienen
Gärtnerhof Volle Kanne
Glandorfer Damm 5
Tel. 05484/1589
P: 5

Einkaufsadressen

V: Demeter, VgtM

49536 Lienen
Drogerie Robben
Hauptstr. 20
V: Demeter

49536 Lienen
Kriege
burger Str. 48
Tel. 05483/575
P: 3, 6, 7, 12, 13, 14
V: Bioland

49536 Lienen
Stegemann
Tel. 05483/616
P: 5, 9, 12, 13
V: Bioland

51789 Lindlar
Althoff
Hinterrübach 1
Tel. 02266/3346
P: 3, 5, 6, 7, 8, 9, 11
V: Bioland

59510 Lippetal
Westhues
Dolberger Str. 17
Tel. 02527/1270
P: 2, 3, 5, 6, 7, 8, 9, 11, 12
V: Bioland

59510 Lippetal
Naturland - Landesverband Nordrhein-Westfalen
Hauptstr. 5
Tel. 02527/8032 u. 8088
Fax 02527/8412
P: 2, 3, 5, 6, 7, 8, 9, 10, 11, 12

59555 Lippstadt
Naturkostladen
Brennessel
Fleischhauerstr. 28
Tel. 02941/3117
V: Bioland, BNN

32584 Löhne
Gärtnerei Ulenburg
Dorfstr. 89
Tel. 05732/72848
P: 7, 9, 12, 13
V: Bioland

32584 Löhne
Ulenburger Naturprodukte
Flachmeier
Tel. 05732/5147
P: 5, 8, 12, 13
V: Bioland, BNN

32584 Löhne
Alles Käse
A. u. H. Meurer
In der Pagenhelle 18
Tel. 05732/3317
P: 6, 11, 14, 15
V: Bioland

53797 Lohmar
Naturladen im Tannenhof
Im Tannenhof 1
Tel. 02246/4334
P: 1,2,3,4,5,6,7,8,9,10, 11,12,13,14,15,16

53797 Lohmar-Honrath
Das Bauernlädchen im Schiefelbusch
Albert u. Helga Trimborn
Schiefelbusch
Tel. 02205/83854
Fax 02205/83554
P: 3,5
V: VgtM

32312 Lübbecke
Verbraucher-Zentrale
NRW e.V., Beratungsstelle Lübbecke
Am Markt 3
Tel. 05741/12660

32312 Lübbecke
Laden der Natur
Danzelstätte 4
Tel. 05741/20662
V: Bioland

32312 Lübbecke
Kornfeld Stockhausen
Unterm Dorf 8
Tel. 05741/298426
P: 15

58507 Lüdenscheid
Verbraucher-Zentrale
NRW e.V., Beratungsstelle Lüdenscheid
Altenaer Str. 5
Tel. 02351/27197

58509 Lüdenscheid
Der Bio-Garten
Parkstr. 11
Tel. 02351/27515
Fax 02351/390212
V: BNN

58511 Lüdenscheid
Ergasi's Bio-Eck
Staberger Str. 16
Tel. 02351/22348

58511 Lüdenscheid
Oikia Naturhaus
Turmstr. 14
Tel. 02351/22264
Fax 02351/390294
P: 1,2,3,4,5,6,7,8,9,10, 11,12,13,14,15,16

59348 Lüdinghausen
Schrot & Korn
Hermannstr. 13
Tel. 02591/7337
V: BNN

59348 Lüdinghausen
Schrot & Korn
Mühlenstr. 18
Tel. 02591/7337
V: BNN

59348 Lüdinghausen
Gehrmann
Tetekum 42
Tel. 02591/21739
P: 5, 8
V: Naturland

32676 Lügde
Klenke
Lüdenberg 3
Tel. 05283/381
P: 8
V: Bioland

32676 Lügde
Hof Büker
Untere Dorfstr. 21
Tel. 05283/285
P: 2, 3, 5, 6, 9, 11
V: Bioland

44532 Lünen
Verbraucher-Zentrale
NRW e.V., Beratungsstelle Lünen
Graf-Adolf-Str. 38
Tel. 02306/18975

44534 Lünen
Naturkraft
Münsterstr. 14
Tel. 02306/56191

51709 Marienheide
Schäferhof Schäfer
Rehbergstr. 63
Tel. 02264/1585
P: 11
V: Bioland

45768 Marl
Verbraucher-Zentrale
NRW e.V., Beratungsstelle Marl
Bergstr. 228230
Tel. 02365/17483

34431 Marsberg
Gisbert Nolte
Hauptstr. 25
V: Demeter

354 Nordrhein-Westfalen

34431 Marsberg
Feldmaus
Klosterstr. 3
V: Demeter

53894 Mechernich
Natürlich
Weierstr. 21
Tel. 02443/8220
P: 1,2,3,7,8,9,10,11,
12,13,15,16

53340 Meckenheim
Das Naturkosthaus
Hauptstr. 112
Tel. 02225/10228
Fax 02225/18685
P: 1,2,3,6,7,8,9,10,11,
12,13,14,15,16

53340 Meckenheim
Klatschmohn
Hauptstr. 21
Tel. 02225/15192
V: Bioland

53340 Meckenheim
*Bioland-Metzgerei
H. Schmid*
Hauptstr. 27
Tel. 02225/2260
P: 5
V: VgtM

53340 Meckenheim
*Demeter Obst- u.
Gemüsehof Wüst
Sabine u. Hubert Bois*
Wormersdorferstr. 51
Tel. 02225/7824
Fax 02225/12999
P: 1,2,3,7,8,9,10,11,12,
13,15,16

40667 Meerbusch
Kreutzerhof
Necklenbroicher Str. 74
Tel. 02132/5777
P: 2, 3, 5, 7, 8, 9, 11, 12

40667 Meerbusch
*Reformhaus
Hans Peter*
Neusserstr. 5
P: 3
V: VgtM

40670 Meerbusch
Flimmflämmken Naturkost
Buschstr. 6
Tel. 02159/7312
Fax 02159/7312
P: 1,2,3,5,6,7,8,9,10,
11,12,13,14,15,16

58540 Meinerzhagen
Lück
Freisemicke 7
Tel. 02358/7285
P: 2, 8, 9
V: Bioland

49328 Melle-Buer
Hof Strie
Sunderbrock 7
P: 5
V: VgtM

49328 Melle-Markendorf
Erich Herbord
In den Höfen 14
P: 5
V: VgtM

58706 Menden
*Kernhäuschen - Naturkost
Günter u. Eva Martin*
Papenhausenstr. 2a
Tel. 02373/12727
Fax 02373/3547
P: 1,2,3,4,5,6,7,8,9,10,
11,12,13,15,16

58706 Menden
*Hanses
Gemüsebaubetrieb*
Zeppelinstr. 10
Tel. 02373/10073

P: 7, 9, 12, 13
V: Bioland

40822 Mettmann
Wegener's Backstube
Bismarckstr. 41
P: 2

49497 Mettingen
Bioland - Gemüsegärtnerei
Neuenkircher Str. 420
Tel. 05452/3336
P: 7, 8, 9, 11, 12, 13, 16

40822 Mettmann
Naturlädchen
Hammerstr. 7
Tel. 02104/28519

40822 Mettmann
Wegener's Backstube
Freiheitstr. 12
P: 2

32423 Minden
*Verbraucher-Zentrale
NRW e.V., Beratungsstelle Minden*
Großer Domhof 3
Tel. 0571/84121

32425 Minden
Becker
Auf der Bult 21
Tel. 0571/48786
P: 3, 6, 7, 8, 9
V: Bioland

32425 Minden
Marienkäfer
In den Bärenkämpen 2/4
Tel. 0571/49717
V: BNN

32427 Minden
Gertrud Spitzmüller
Kulsweg 10
Tel. 0571/46588

32429 Minden
Hof Kinkelbur
Zum Hopfengarten 2
Tel. 05734/1611
P: 3, 5, 6, 7, 8, 9, 11, 12
V: Bioland

59519 Möhnesee
Leifert
Oesterweg 15
Tel. 02924/1640
P: 2, 3, 5, 6, 8, 9, 11, 14
V: Bioland

41061 Mönchengladbach
B. Titzkus
Knopstr. 53
Tel. 02161/32624
P: 3
V: VgtM

41063 Mönchengladbach
Ökoladen Eicken
Eickener Str. 193
Tel. 02161/183717
P: 1, 2, 3, 5, 7, 8, 9,
10, 11, 12, 13, 15, 16
V: VgtM

41066 Mönchengladbach
Lorenz + Lihn GmbH
Böttgerstr. 5
Tel. 02161/68702
Fax 02161/666923
P: 12, 15

41066 Mönchengladbach
Fachfleischerei Wyes
Dammerstr. 133
Tel. 02161/662290
Fax 02161/662290
P: 5, 6, 14
V: VgtM

41068 Mönchengladbach
Bioland Brungs

Einkaufsadressen

Venner Str. 382
Tel. 02161/52435
P: 2, 3, 5, 6, 7, 8, 9, 10, 11, 12, 13, 15, 16
V: Bioland, VgtM

41189 Mönchengladbach
Halveshof GmbH A. M. Kamerichs
Herrather Linde 90
Tel. 02166/57433
Fax 02166/56317
P: 3, 5
V: VgtM

41236 Mönchengladbach
Gesund + Munter Ch. Lorenzen
Brucknerallee 2
Tel. 02166/42681
Fax 02166/42681
P: 1,2,3,4,5,6,7,8,9,10,11,12,13,14,15,16
V: VgtM

41236 Mönchengladbach
Verbraucher-Zentrale NRW e.V., Beratungsstelle Mönchengladbauch
Hugo-Preuß-Str. 9
Tel. 02166/49000

47441 Moers
Bundesverband Tierschutz e.V.
Dr.-Boschheidgen-Str. 20
Tel. 02841/25244

47441 Moers
Die Schrotbäckerei Schomaker
Hülsdonker Str. 53
Tel. 02841/170352
Fax 02841/170352
P: 1,2,3,4,5,6,7,8,910,11,12,13,15,16

47441 Moers
Verbraucher-Zentrale NRW e.V., Beratungsstelle Moers
Unterwallstr. 5
Tel. 02841/22201

47447 Moers
Boschheide-Hof
Lauersforter Waldweg 14
Tel. 02841/63583
P: 2, 3, 5, 7, 8, 9, 10, 11, 12, 13, 15
V: Demeter

53804 Much
Fürbach
Alefeld 21
Tel. 02245/5001
P: 3, 5, 6, 12, 13, 14, 16
V: Bioland

53804 Much
Lebensbaum
Mucher Str. 31
Tel. 02245/4140

53804 Much
Rathshof Henn
Tillinghausen 8
Tel. 02245/3992
V: Demeter

45468 Mülheim
Kabäusken
Auerstr. 23a
Tel. 0208/477221
V: Bioland

45468 Mülheim
Verbraucher-Zentrale NRW e.V., Beratungsstelle Mülheim
Friedrich-Ebert-Str. 6234
Tel. 0208/475023

45468 Mülheim
Keck Obst u. Gemüse
Kaiserstr. 55
P: 3
V: VgtM

45470 Mülheim
Felchner
Bollenberg 76
Tel. 0208/371577
P: 3, 6, 7, 9, 12
V: Bioland

45470 Mülheim
Schulten-Baumer
Riemelsbeck 72
Tel. 0208/373111
Fax 0208/371112
P: 8, 9
V: ANOG

45470 Mülheim
Walter Lehnhoff
Schürfeld 39
Tel. 0208/374950
P: 7
V: Demeter

45473 Mülheim
Metzgerei Schacht
Aktienstr. 288
P: 5
V: VgtM

45478 Mülheim
Sonnenblume
Hansastr. 16
Tel. 0208/592059
V: Bioland, BNN

48143 Münster
Verbraucher-Zentrale NRW e.V., Beratungsstelle Münster
Aegidiimarkt 4
Tel. 0251/44299

48143 Münster
Ages GmbH
Klosterstr. 3
Tel. 0251/47354

48143 Münster
Privatbrauerei Pinkus Müller
Kreuzstr. 4-10
Tel. 0251/45151

Fax 0251/57136
P: 1
V: Bioland

48143 Münster
Bachers Fit-Bar
Ludgeristr. 1
Tel. 0251/511104

48143 Münster
Sirius
Salzstr. 26
Tel. 0251/518235
Fax 0251/55767
P: 1,2,3,4,7,8,9,10,11,12,13,16

48143 Münster
Biogarten
Überwasserstr. 22
Tel. 0251/54661
V: Bioland, BNN

48143 Münster
Reformhaus Kleffmann
Klemensstr. 3
P: 3
V: VgtM

48145 Münster
Milch & Honig
Warendorfer Str. 89
Tel. 0251/393379
V: Bioland, BNN

48147 Münster
Der rollende Biomarkt
Cheruskerring 47
Tel. 0251/277922
V: Bioland

48147 Münster
Vollkorn Bäckerei
Coerdestr. 36
Tel. 0251/271831
P: 2,3,8,10,11,12,13,15,16
V: Demeter

Nordrhein-Westfalen

48147 Münster
KORNer - Naturkost
Coerdestr. 52
Tel. 0251/278219
P: 1,2,3,7,8,9,10,11,12,
13,15,16
V: BNN

48149 Münster
Weinquelle
Steinfurter Str. 99a
Tel. 0251/28687
P: 16

48153 Münster
Reformhaus Bacher
Hammerstr. 8
P: 3
V: VgtM

48155 Münster
Kopf & Bauch
Soester Str. 19
Tel. 0251/663287
V: Bioland, BNN

48157 Münster
Löwenzahn-Naturwaren
Ludwig-Wolker-Str. 22
Tel. 0251/328541
P: 1,2,3,7,8,9,10,11,12,
13,15,16
V: Bioland, BNN

48157 Münster
Bio-Hof Borghoff
Werse 27
Tel. 0251/311890
P: 1, 2, 3, 5, 6, 7, 8, 9,
10, 11, 12, 13, 16
V: Bioland

48159 Münster
Die Schoppe
Naturkostladen
Gasselstiege 115
Tel. 0251/271864
Fax 0251/274479
P: 1,2,3,4,5,6,7,8,9,10,
11,12,13,16

V: BNN

48159 Münster
Lütke-Jüdefeld
Gasselstiege 115
Tel. 0251/28316
P: 8, 9, 11
V: Naturland

48161 Münster
Josef Rölver
Am Rüschhaus 41
Tel. 02533/1610
P: 2, 6, 8, 9, 15
V: Naturland

48163 Münster
Paul Streffer
Kesselfeld 12
Tel. 02501/58688
P: 7
V: Bioland

48143 Münster
Biogarten
Achtermannstr. 13
Tel. 0251/54661
Fax 0251/511634
P: 1,2,3,5,7,8,9,10,11,
12,13,15,16
V: BNN

48165 Münster
Horst Schröter
Zur Hohen Ward
P: 3
V: VgtM

48167 Münster
Wolbecker Mühlenhof
Beitelhoff GmbH &
Co. KG
Mühlendamm 13
Tel. 02506/2323
Fax 02606/3445
V: BNN

48165 Münster
Biogarten
Marktallee 60
Tel. 02501/70580

Fax 02501/13642
P: 1,2,3,5,7,8,9,10,11,
12,13,15,16
V: BNN

48153 Münster
Super Bio Markt
Hammerstr. 126
Tel. 0251/74295
Fax 0251/74295
P: 1,2,3,4,5,6,7,8,9,10,
11,12,13,14,15,16
V: BNN

57250 Netphen
Naturkostladen Vollkorn
Lahnstr. 61
Tel. 02730/8022
V: Bioland, BNN

53947 Nettersheim
Ralf's Eifelhof
Trierer Str. 10
Tel. 02440/329
V: Demeter

53947 Nettersheim-Engelau
Mühlenhof G. Neuy
Frohngauer Straße
Tel. 02486/1055
Fax 02486/1056
P: 1,2,3,7,8,9,10,11,12,
13,15,16
V: Bioland

53947 Nettersheim-Holzmülheim
Erwin Haas
Erftstr. 21
Tel. 02440/436
P: 5
V: Neuland

41334 Nettetal
Calendula
Marktstr. 51
Tel. 02153/6330

41334 Nettetal
Metzgerei Veuskens
Dohrstr. 11
P: 5
V: VgtM

57290 Neunkirchen
Grünkern
Kölner Str. 195
Tel. 02735/3945
V: Bioland, BNN

53819 Neunkirchen-Seelscheid
Öko-logisch Alexandra
Saam
Im Heisterfeld 11
Tel. 02247/74388

41460 Neuss
Lebenswurzel
Kanalstr. 11
Tel. 02131/274338
Fax 02131/271865
V: BNN

41460 Neuss
Lebenswurzel
Neustr. 6
Tel. 02101/23535
V: Bioland

41460 Neuss
Reformhaus Wiechers-Kamphausen
Sebastianusstr. 9
P: 3
V: VgtM

41462 Neuss
Bioladen Neuss-Nord
Römerstr. 49
Tel. 02131/545775
P: 1,2,3,4,5,6,7,8,9,10,
11,12,13,14,15,16

41464 Neuss
Sauerkrautfabrik
GmbH Leuchtenberg
Augustinusstr. 58
Tel. 02131/166031-33

Einkaufsadressen

V: Bioland

52385 Nideggen
Knein
Frankenstr. 69
Tel. 02427/251
P: 12, 13, 15
V: Bioland

41372 Niederkrüchten
Bioland-Hof Bolten
Dam 36
Tel. 02163/81898
Fax 02163/804050
P: 2, 3, 5, 7, 8, 9, 11, 12, 13, 16

33039 Nieheim
Erika Heuwinkel Kuckuckshof
Oeynhausen
Tel. 05274/689
P: 5, 8

33039 Nieheim-Holzhausen
Joh. Friedrich Frhr. von der Borch
Gut Holzhausen
Tel. 05274/304 u. 308
Fax 05274/1348
P: 5,8
V: Demeter

59394 Nordkirchen
Paul Altfeld
Altefelds-Holz 1
Tel. 02596/675
P: 3, 5, 8
V: Naturland, VgtM

48301 Nottuln
Hof Neiteler
Baumberg 68
Tel. 02543/336
P: 7, 9
V: Bioland

48301 Nottuln
Anderland
Kirchplatz 1
Tel. 02502/7188
V: Bioland, BNN

48301 Nottuln
ÖkoMax Naturkost Heiner Bellmann
Stevern 56
Tel. 02502/1058
P: 1, 2, 3, 8, 10, 15, 16

51588 Nümbrecht
Geflügelhof Klose
Schöntal
Tel. 02293/3308
Fax 02293/4978
P: 3, 6, 7, 8, 9, 10, 12, 13, 16
V: ANOG

46045 Oberhausen
Keimblatt
Annabergstr. 28
Tel. 0208/802466
P: 3
V: VgtM

46045 Oberhausen
Lichtblick
Elsässer Str. 24
Tel. 0208/808070
P: 3
V: VgtM

46045 Oberhausen
Verbraucher-Zentrale NRW e.V. Beratungsstelle Oberhausen
Poststr. 5
Tel. 0208/25109

46049 Oberhausen
Sesammühle H. u. G. Back
Altenberger Str. 11
P: 3
V: VgtM

46145 Oberhausen
Metzgerei Schulte-Fischedick
Vestische Str. 237
P: 3
V: VgtM

46147 Oberhausen
Metzgerei Schulte-Fischedick
Hiesfelderstr. 210
P: 5
V: VgtM

33154 Oberntudorf
Meyer
Ellinghausen
Tel. 02955/302
P: 8, 11
V: Bioland

48607 Ochtrup
Bioland-Gärtnerei
Oster 54
P: 3
V: VgtM

59302 Oelde
Erntebund-Naturwaren
Lange Str. 57
Tel. 02522/7017

59302 Oelde
Hövelmann
Zum Maibach 11
Tel. 05245/6550
P: 7
V: Bioland

45739 Oer-Erkenschwick
Schürmann Theo's Farm
Börster Grenzweg 56
Tel. 02368/1242
P: 3, 5, 6, 7, 8, 9
V: Bioland, VgtM

33813 Oerlinghausen
Ringelblume
Hauptstr. 33
Tel. 05202/1066

57462 Olpe
Lebensbaum
Friedrichstr. 9
Tel. 02761/1406

48346 Ostbevern
Naturwaren
Bahnhofstr. 6
Tel. 02532/7081

51491 Overath
Bio-Lädchen
Im Komp 4
Tel. 02206/81198
P: 3
V: Bioland, BNN, VgtM

33098 Paderborn
Kornblume
Geroldstr. 21a
Tel. 05251/26122
V: Bioland, BNN

33098 Paderborn
Verbraucher-Zentrale NRW e.V., Beratungsstelle Paderborn
Kasseler Str. 45
Tel. 05251/281529

33098 Paderborn
Reformhaus Strauch
Kamp 3
Tel. 05251/22594
Fax 05251/21001

33098 Paderborn
Reformhaus Strauch
Rosenstr. 17

33100 Paderborn
Betriebsgemeinschaft Mikus
Stadtweg 15
Tel. 05252/6289
V: Demeter

33102 Paderborn
Der Vegetarier
Grunigerstr. 21
Tel. 05251/31864

358 Nordrhein-Westfalen

33102 Paderborn
Anton Egold
Riemekestraße
P: 5
V: VgtM

51147 Perz Libuv
Naturkost Otto
Urbanusstraße
Tel. 02203/61350
P: 1,2,3,5,6,7,8,9,11,
12,13,16
V: Bioland

32469 Petershagen
Schuster's Heidehof
Feuerschicht 42
Tel. 05707/383
P: 1,2,3,5,6,7,8,9,10,11,
12,13,16
V: Bioland

32469 Petershagen
Hof Klanhorst
Große Klanhorst 5
Tel. 0571/888040
P: 3, 6, 7, 8, 9, 11, 12
V: Bioland

32469 Petershagen
Klöpper
Unterdorf 16
Tel. 05707/9506
P: 2,10
V: ANOG

58840 Plettenberg
Naturwarenladen
Am alten Markt 3a
Tel. 02391/2979

58840 Plettenberg
Berger
Im Wiesengrund 9
Tel. 02391/12386
V: Bioland

32457 Porta Westfalica-Eisbergen
Süß u. Saftig
Die Emme 51

Tel. 05751/76857 o.
V: Demeter

32457 Porta Westfalica-Möllbergen
Hof Löwenburg Hölkemeier
Im Harksiek 54
Tel. 05706/1093 u. 607
P: 2, 5, 8, 9
V: Demeter

32361 Preußisch Oldendorf
Püffke Naturladen
Auf dem Buchholz 1
Tel. 05743/1703
P: 1,2,3,5,6,7,8,9,10,11,
12,13,15,16

50259 Pulheim
Landlinie GmbH
Venloer Str. 76
Tel. 02238/81142
Fax . 02238/81248

42477 Radevormwald
Hentzschel
Krankenhausstr. 5
Tel. 02195/3388
P: 15
V: ANOG

46348 Raesfeld
Brömmel
Werlo 43
Tel. 02866/4148
P: 11
V: Bioland

32369 Rahden
Maiglöckchen
Auf der Welle 23
Tel. 05771/5175

40878 Ratingen
Kostbar
Oberstr. 14-16
Tel. 02102/22454

45657 Recklinghausen
Verbraucher-Zentrale NRW e.V. Beratungsstelle Recklinghausen
Hermann-Bresser-Str. 8
Tel. 02361/27101

45657 Recklinghausen
Sonnenblume
Springstr. 2
Tel. 02361/13927
V: Bioland, BNN

45665 Recklinghausen
Lindenbaum
Schulstr. 3
Tel. 02361/88745
V: BNN

46459 Rees
Grüne Welle Naturprodukte
Empelerstr. 87
Tel. 02851/1007
Fax 02851/3450
P: 2, 8, 10, 15
V: Demeter

46459 Rees
Hugo Köster
Hollandweg 11
Tel. 02851/2379
P: 2, 8, 10, 11
V: Bioland

51580 Reichshof
Landhaus Wuttke
Krottorferstr. 57
Tel. 02297/1330

42853 Remscheid
Baders Fit-Bar Allee-Center
Alleestr. 74
Tel. 02191/28654

42853 Remscheid
Die Mandelblüte

Beethovenstr. 1
Tel. 02191/72543

42897 Remscheid
Die Eule
Kölner Str. 2
Tel. 02191/663689
P: 2, 8, 10, 13, 15, 16

42897 Remscheid
Leonhardt
Westerholt
Tel. 02191/668439
P: 5
V: Bioland

42897 Remscheid-Lennep
Bäckerei Hausmann
Kölner Str. 86
Tel. 02191/9659-0
V: Naturland

33378 Rheda-Wiedenbrück
Vollmer
Schildstr. 4
Tel. 05242/3179
P: 1, 2, 3, 5, 6, 7, 8, 9,
10, 11, 12, 13, 15, 16
V: Bioland

33378 Rheda-Wiedenbrück
Neuland-Vertriebs GmbH Westfalen
Nordrhedaweg 3
Tel. 05242/48148
Fax 05242/47838
P: 3,5,6,14
V: VgtM

53359 Rheinbach
Die Kräuterstube
Bachstr. 14
Tel. 02226/13298
P: 1,2,3,7,8,9,10,11,
12,13,15,16

47495 Rheinberg
H. Stempel

Rheinkamperstr. 10
Tel. 02843/2539
Fax 02843/16186
P: 1,2,3,5,7,8,9,10,11,
12,13,16
V: Naturland

48429 Rheine
*Reformhaus
Karin Nitsche*
Emsstr. 79
V: Demeter

48431 Rheine
*Verbraucher-Zentrale
NRW e.V.. Beratungs-
stelle Rheine*
Bahnhofstr. 14
Tel. 05971/10100

48431 Rheine
*Rundum Natur
L. Heeke*
Salzbergener Str. 9
Tel. 05971/12341
Fax 05971/12329
P: 1,2,3,7,8,9,10,11,12,
14,15,16
V: Bioland, Demeter

48432 Rheine
Walter Schulte
Schwanenburg 8
Tel. 05975/8736 o. 6
P: 1,2,3,5,6,7,8,9,10,11,
12,13,14,15,16
V: Bioland

47509 Rheurdt
Gebr. Hoenen
Kirchstr. 130
Tel. 02845/69172
P: 2, 3, 5, 6, 7, 8, 9,
11, 12
V: Bioland

33397 Rietberg
Winkel
Delbrücker Str. 349
Tel. 05244/8609
V: Bioland

33397 Rietberg
Antfängers Mühle
Im Thüle 86
P: 5, 8, 9, 11, 12, 13
V: Bioland

33397 Rietberg
Kuckuck
Pochenstr. 10
Tel. 05244/77376
V: Bioland, BNN

33397 Rietberg
Franz-J. Mertens
Schellerstr. 25
Tel. 05244/1529
P: 7
V: Demeter

33397 Rietberg
*Naturlandhof Mer-
tens/Wiesbrock*
Schulstr. 123
Tel. 05244/1817
Fax 05244/1879
P: 2, 3, 5, 7, 8, 9, 12, 13

48317 Rinkerode
Johannes Deventer
Altendorf 56
Tel. 02538/663
Fax 02538/663
P: 1,2,3,5,6,7,8,9,10,11,
12,13,15,16
V: Bioland, VgtM

32289 Rödinghausen
Biolandhof Springhorn
Kleiner Weg 10
Tel. 05746/1344
P: 8, 9

51503 Rösrath
Naturkost Buchweizen
Bahnhofstr. 18
Tel. 02205/82787
P: 2,3,5,7,8,9,10,11,12,
13,15,16
V: BNN

51503 Rösrath
Einhorn
Beienburgerstr. 50
Tel. 02205/84419

51503 Rösrath
Stöcker
Fussheide 34
Tel. 02205/3445
P: 3, 5, 7, 9, 11
V: ANOG

52159 Roetgen
Apfelblüte
Rommelweg 9b
Tel. 02471/2111
V: Bioland, BNN

**48720 Rosendahl-
Holtwick**
Franz Barenbrügge
Hegerort 48
Tel. 02566/1639
Fax 02566/2136
P: 8, 9, 11
V: Naturland

59602 Rüthen
Hof Maas Dahlhausen
Hauptstr. 25
Tel. 02954/577
V: Demeter

59602 Rüthen
*Apus-Naturwaren u.
Naturkost M.
Gößmann*
Hochstr. 30
Tel. 02952/3661
P: 1, 8, 9, 10, 13, 15, 16

59602 Rüthen
Schneringhuser Hof
Schneringhuser Str. 2
Tel. 02952/1380
V: Demeter

59602 Rüthen
*Demeterhof Gut Kört-
linghausen*
Tel. 02902/57366

Fax 02902/59640
P: 5,7,8,9,11,15

48369 Saerbeck
Naturkost Lädchen
Grevener Str. 4
Tel. 02574/720
V: Bioland, BNN

48369 Saerbeck
Gärtner
Grevener Str. 8
P: 3
V: VgtM

33154 Salzkotten
Wienecke
Enghausen 6
Tel. 05258/8304
P: 7, 8, 9, 12
V: Naturland

33154 Salzkotten
Josef Manfraß
Kittelstr. 4
Tel. 05258/7628
P: 3, 5, 7, 8, 9, 11, 12,
15
V: Naturland

**33154 Salzkotten-
Verne**
Gärtnerhof Glahe
Verner Holz 23
Tel. 05258/7240
P: 7,9,12
V: Demeter

46514 Schermbeck
*Biolandhof
Fam. Deiters*
Buschhausenerweg 12
Tel. 02853/3556
P: 2, 3, 5, 6, 7, 8, 9,
10, 11, 15

46514 Schermbeck
*Am Hohen Ufer
Pütz-Hennig*
Waldaustraße
Tel. 02853/802

360 Nordrhein-Westfalen

P: 7, 9, 12, 13
V: Bioland

32816 Schieder-Schwalenberg
Bussen - Gripshof
Tel. 05235/7488
P: 5, 7, 9
V: Bioland

33758 Schloß Holte-Stukenbrock
R. Pernotzky
Forellenweg 13
Tel. 05207/3201
V: Demeter

33758 Schloß Holte-Stukenbrock
Brechmann
Paderborner Str. 36
Tel. 05207/2551
P: 3, 5, 6, 7, 8, 9, 11, 12
V: Bioland, VgtM

57392 Schmallenberg
Rensing Burghof
Astenstr. 13
Tel. 02975/281
P: 1, 2, 3, 5, 9, 12, 13, 16
V: Bioland

57392 Schmallenberg
Naturkost u. Naturprodukte
Weststr. 37
Tel. 02972/2470

41366 Schwalmtal
Hof van Leendert
End 36
Tel. 02163/1584
P: 7, 9
V: Bioland

41366 Schwalmtal
Gartenpflege-Obstanbau Forche
Roermonder Str. 237
Tel. 02163/3673

P: 12, 13
V: Bioland

58332 Schwelm
Brotbäckerei Arthur Müller
Martinweg
Tel. 02336/6562
P: 2
V: Demeter

58332 Schwelm
Immergrün
Römerstr. 9
Tel. 02326/18001
V: Bioland, BNN

58332 Schwelm
Gepa - Aktion Dritte Welt Handel
Talstr. 20
Tel. 02336/91820
Fax 02336/10966
P: 15

58239 Schwerte
Naturparadies
Friedensstr. 38
Tel. 02304/21664

58239 Schwerte
Bernd Schulte
Dorfstr. 39
P: 5
V: VgtM

59379 Selm
Kanne Brottrunk GmbH & Co. KG
Bahnhofstr. 68
Tel. 02592/61033
Fax 02592/61350
P: 13, 15

59379 Selm
Schulze-Altcappenberg
Lünenerstr. 300
Tel. 02592/61122
P: 5, 7, 8, 9, 11, 12
V: Naturland

48308 Senden
Bölling
Dorfbauernschaft 109
Tel. 02597/8349
P: 7, 8, 9, 11
V: Naturland

48308 Senden
Gut Wewel Kurzen
Getrup 13
Tel. 02597/254
V: Demeter

48308 Senden
Essenz Naturkost
Münsterstr. 35
Tel. 02597/6228
V: BNN

48308 Senden
Hof Kreimeier
Schölling 1a
Tel. 02597/8583
P: 7, 9
V: Bioland

48308 Senden-Ottmarsbocholt
Davert-Mühle Rainer Welke GmbH
Ascheberger Str. 2
Tel. 02598/690
Fax 02598/6923
P: 2, 8, 10, 15
V: BNN

48324 Sendenhorst
Hof Lütke Ahrenhorst
Ahrenhorst 34a
Tel. 02535/1369
P: 5, 8, 9, 14
V: Demeter

53721 Siegburg
Elckerlyc Naturkost
Hauptstr. 58
Tel. 02241/381470

53721 Siegburg
Verbraucher-Zentrale

NRW e.V., Beratungsstelle Siegburg
Nogenter Platz 4
Tel. 02241/67545

57072 Siegen
Naturkost Schwarzwurzel
Marburger Tor 26
Tel. 0271/52504
V: Bioland, BNN

57072 Siegen
Verbraucher-Zentrale NRW e.V., Beratungsstelle Siegen
Morleystr. 31
Tel. 0271/331081

57074 Siegen
Obsthof + Süßmosterei Rindern
Hauptstr. 4
Tel. 0271/62872 u. 41205
P: 7,9,12,13,16
V: Demeter

57078 Siegen
Hof Jungclaussen
Gutenbergstr. 87
Tel. 0271/800593
P: 2,3,5,7,8,9,10,11, 12,13,14,15,16
V: Demeter

59494 Soest
Gärtnerhof Röllingsen
Am Eichkamp 3
V: Demeter

59494 Soest
Der Teeladen
Jakobistr. 20
Tel. 02921/12338

59494 Soest
Martin + Viecens
Thomästr. 43
Tel. 02921/2923
P: 7, 9

Einkaufsadressen

V: Bioland

59494 Soest
Ringelblume
Walburgerstr. 20
Tel. 02921/16212
V: Bioland, BNN

59494 Soest
Nudelkönig
Walburgerstraße
Tel. 02921/12338

42651 Solingen
Septemberweizen
Konrad-Adenauer-Str. 5
Tel. 0212/207986
P: 3, 5
V: VgtM

42651 Solingen
Verbraucher-Zentrale
NRW e.V., Beratungsstelle Solingen
Werwolf 2
Tel. 0212/17000

42657 Solingen
Der andere Laden
Gasstr. 5 A
Tel. 0212/80331
Fax 0212/811822
P: 1,13,15,16

42655 Solingen
Neuland-Metzgerei
Rosenkaimer
Lehn 26
Tel. 0212/10181
P: 5
V: VgtM

42697 Solingen
H. v. Müller
Krüdersheide 2
Tel. 0212/77791
P: 7, 12
V: Demeter

42699 Solingen
Erich Storsberg
Löhdorfer Str. 61
Tel. 0212/6860
Fax 0212/652953
P: 3
V: VgtM

42719 Solingen
Dieckmann-Kollodzey
Fürkeltrath 3
Tel. 0212/592465
P: 3, 6, 7, 8, 9, 12, 13
V: Bioland

42719 Solingen
Flausch u. Flocken
Heukämpchenstr. 2
Tel. 0212/316294
Fax 0212/337971
P: 1,2,3,4,5,6,7,8,9,10,
11,12,13,15,16

32139 Spenge
Graefe zu Baringdorf
Am Berninghof 2
Tel. 05225/1744
P: 2, 3, 5, 6, 7, 8, 9, 12, 13
V: Bioland

32139 Spenge
Arche
Biermannstr. 26
Tel. 05225/6360
V: Bioland

32139 Spenge
Beckhoff
Hücker Dorf 3
Tel. 05225/3338
P: 8, 9, 15
V: Bioland

32139 Spenge
Hauptmann
Stiller Frieden 84
Tel. 05225/4867
P: 8
V: Bioland

45549 Sprockhövel
Keimling
Hauptstr. 61
Tel. 02324/71798
V: Bioland

53757 St.Augustin-Menden
Biotopia - Naturwarenhandel
Meindorfer Str. 120
Tel. 02241/316859
Fax 02241/315329
P: 1,2,3,4,5,6,7,8,9,10,
11,12,13,14,15,16
V: Demeter

48703 Stadtlohn
Volmer
Büren 19
Tel. 02542/6154
P: 5, 8, 9, 11
V: Bioland

48565 Steinfurt
Naturkostquelle Pro Natur
An der Hohen Schule 28
Tel. 02551/82255
V: Bioland

48565 Steinfurt
Das Naturkosthaus
Emsdettenerstr. 29
Tel. 02552/7582
V: Bioland, BNN

48565 Steinfurt
Gärtnerei Johannes Pomrenke
Ostendorferstr. 80
Tel. 02552/2404

48565 Steinfurt
Göcke
Wiesenstr. 4a
Tel. 02552/3200
P: 3, 7
V: Bioland

33803 Steinhagen
Hof van Zadelhoff
Ascheloher Str. 40
Tel. 05201/70593
P: 3, 7, 8, 9
V: Bioland

33803 Steinhagen
Gemüsehof - Ströhen
Ströherstr. 5
Tel. 05204/8107 u. 98745
P: 2,3,5,7,8,9,11,13,16
V: Demeter

32340 Stemwede
Rila Vollwertkost
Postf. 11 61
Tel. 05745/290
Fax 05745/2939
P: 2,8,10,15

32351 Stemwede
Rausch
Oppenwehe 64
Tel. 05773/1310
P: 3, 6, 7, 9, 12, 13
V: Bioland

32351 Stemwede-Haldem
Bioland-Hof Pollmüller
Haldemer Hof
Westernort 22
Tel. 05474/6399
Fax 05474/1586
P: 1,2,3,5,6,7,8,9,10,
11,12,13,15,16

32351 Stemwede-Levern
Gärtnerhof Westerwinkel
Halingerort 25
Tel. 05745/2720
P: 1,2,3,4,5,6,7,8,9,10,
11,12,13,14,15,16
V: Demeter

47638 Straelen
Holzhof
Kastanienburg 9
Tel. 02834/6874
P: 1,2,3,5,6,7,8,9,10,
11,12,13,15,16
V: Demeter

48291 te
Biogarten
Münsterstr. 4
Tel. 02504/1565
Fax 02504/1565
P: 1,2,3,5,7,8,9,10,11,
12,13,15,16
V: BNN

49545 Tecklenburg
Hofgemeinschaft Haus Hülshoff
Haus Hülshoff 2
Tel. 05482/1096
Fax 05482/6367
P: 2, 3, 5, 6, 7, 8, 9,
11, 12, 15, 16
V: Bioland

49545 Tecklenburg
Wefel
Leedener Str. 30
Tel. 05482/376
P: 8, 11
V: Naturland

49545 Tecklenburg
Bäumer
Niederdorf 24
Tel. 05455/623
P: 2, 3, 5, 6, 7, 8, 9,
10, 11, 12, 13, 15
V: Bioland

49545 Tecklenburg
Christoph Freude
Lengericher Str. 30
P: 3
V: VgtM

49545 Tecklenburg-Brochterbeck
Karl Freude

Wallen Lienen 30
P: 3
V: VgtM

47918 Tönisvorst
Lambertz
Jahnstr. 51
Tel. 02151/798766
V: Demeter

47918 Tönisvorst
Obst und Gemüse Wackers
Hochstr. 38
P: 3
V: VgtM

53840 Troisdorf
Verbraucher-Zentrale NRW e.V., Beratungsstelle Troisdorf
Am Bürgerhaus 17
Tel. 02241/78783

53840 Troisdorf
Vollwertzeit + Naturkost
Alte Poststr. 16a
Tel. 02241/73994
P: 1,2,3,4,5,6,7,8,9,10,
11,12,13,14,15,16

53842 Troisdorf
Zustelldienst für biologische Lebensmittel
Auf dem Vogelsang 11
Tel. 02241/46244
V: BNN

47829 Ürdingen
Reformhaus Zanssen
Niederstr. 52
V: VgtM

59423 Unna
Verbraucher-Zentrale NRW e.V., Beratungsstelle Unna
Rathausplatz 1
Tel. 02303/103682

59427 Unna
Der Bio-Bauer aus Billmerich
Clare Kornrumpf
Billmorcher Dorfstr. 2
Tel. 02303/81783
V: Naturland

59427 Unna
Joachim Kornrumpf
Billmorcher Dorfstr. 2
Tel. 02303/81783
P: 5, 7, 8, 9, 15
V: Naturland

59427 Unna
Ährensache e.G. Erzeuger-Verbraucher-Genossenschaft
Hansastr. 52
Tel. 02203/22107

59427 Unna
Imkerei & Naturschutzbedarf Ralf-Peter Zimmer
Morgenstr. 55
Tel. 02303/21988

42549 Velbert
Christel Hahn
Zur Abtsküche 22
P: 3
V: VgtM

42549 Velbert
Reformhaus Ulrike Reeger
Heiligenhauser Str. 49
P: 3
V: VgtM

42551 Velbert
Verbraucher-Zentrale NRW e.V., Beratungsstelle Velbert
Hofstr. 23
Tel. 02051/56806

42551 Velbert
Naturkost Charlotte Meyer
Oststr. 79
Tel. 02051/56361
V: BNN

42551 Velbert
Reformhaus Lore Bock
Friedrichstr. 148
P: 3
V: VgtM

42551 Velbert
Hans-W. Kammann
Buschfeld 2
P: 3
V: VgtM

42551 Velbert
Reformhaus Ulrike Reeger
Friedrichstr. 240
P: 3
V: VgtM

42551 Velbert
Naturprodukte O. Sühr
Oststr. 79
P: 3
V: VgtM

42553 Velbert
Bredtmann
Lüpkesberger Weg 105
Tel. 02053/2157
P: 8, 9
V: Naturland

42553 Velbert
Fikentscher
Nordrather Str. 359
Tel. 02053/3236
P: 2, 3, 5, 6, 7, 8, 9,
11, 12
V: Bioland

42553 Velbert
Lappenhof
Nordrather Str. 359

Einkaufsadressen

Tel. 02052/7971
P: 5
V: Demeter, VgtM

42553 Velbert
Hof Vorberg Betriebsgem. Wamler, Glashoff, Bewig
Nordrather Str. 281
Tel. 02052/2912
P: 2, 3, 5, 7, 8, 9, 10, 11, 12, 15
V: Demeter, VgtM

42553 Velbert
Kuhlendahl Hof Judt
Windrather Str. 190
Tel. 02053/3236
P: 2, 3, 5, 6, 7, 8, 9, 11, 12
V: Bioland

42553 Velbert
Betriebsgemeinschaft Schepershof
Windrather Str. 134
Tel. 02053/2306
P: 2, 3, 5, 6, 7, 8, 9, 10, 11
V: Demeter

42555 Velbert-Langenberg
Betriebsgemeinschaft Örk-Hof
Hohlstr. 139
Tel. 02052/7207
P: 2, 7, 8, 9, 11, 12, 13, 15
V: Demeter

42553 Velbert-Neviges
Betriebsgemeinschaft Hof zur Hellen
Windrather Str. 197
P: 5
V: VgtM

46342 Velen
Bone

Südlohner Diek 44
Tel. 02863/6457
P: 5, 6, 7, 8, 9, 12
V: Naturland

33415 Verl
Haus Mühlengrund v. Bodelschw. Anst.
Am Oelbach 283
P: 3, 6, 7, 9
V: Bioland

33415 Verl
Paul Mellenborg
Horstweg 53
Tel. 05246/6649
P: 5
V: VgtM

33415 Verl
Ludger Bremehr
Schmiedstrang 33
Tel. 05246/3941
Fax 05246/7621
P: 7, 9, 12, 15

33415 Verl
Reinhard Laustroer
Wiesenstr. 9
Tel. 05246/3590
P: 3
V: Bioland

33415 Verl
Gärtnerei Haus Mühlgrund
Zum Mühlgrund 77
Tel. 05246/3449
P: 7
V: Demeter

33775 Versmold
Matthias Hoffmeier
Oesterweger Str. 52
Tel. 05423/2158
Fax 05423/8447
P: 1, 3, 7, 8, 9, 12, 15
V: Demeter

33775 Versmold
Kornblume

Pestalozzistr. 11
Tel. 05423/42427
V: BNN

41747 Viersen
Grünkern
Gladbacher Str. 5
Tel. 02162/29388
P: 1,2,3,7,8,9,10,11, 12,13,16

41747 Viersen
Viersener Reformhaus Lehnen
Rathausmarkt 50
Tel. 02162/34691

41747 Viersen
Metzgerei Spielhofen
Hauptstr. 103
P: 3
V: VgtM

41751 Viersen
Dülkener
Lange Str. 67
Tel. 02162/29813
V: Bioland

41751 Viersen
Dülkener Naturkostladen
Marktstr. 8
Tel. 02162/51384
V: BNN

41747 Viersen
Die Schrotbäckerei Schomaker
Hauptstr. 123
Tel. 02162/18281
P: 1,2,3,4,5,6,7,8,9,10, 11,12,13,15,16

41747 Viersen
Die Schrotbäckerei Schomaker
Kreuelsstr. 169
Tel. 02162/20644
P: 1,2,3,4,5,6,7,8,9,10, 11,12,13,15,16

32602 Vlotho
Trubadour Märchenzentrum
Bretthorststr. 140
Tel. 05733/10801
V: Demeter

32602 Vlotho
Flachmeier
Detmolder Str. 93
Tel. 05228/7092
P: 5, 8
V: Bioland

32602 Vlotho
Café-Klatsch
Lange Str. 57
Tel. 05733/5179

32602 Vlotho
Regenwurm
Lange Str. 94
Tel. 05733/7471
V: Bioland, BNN

48691 Vreden
Der konsequente Laden
Wüllenerstr. 29
Tel. 02564/34146
P: 1,2,3,4,5,6,7,8,9,10, 11,12,13,14,15,16

53343 Wachtberg-Niederbachem
Bernhard Luhmer
Auf dem Langenberg
Tel. 02228/347033
P: 7, 8, 9, 11, 12, 13, 15, 16
V: Bioland

47669 Wachtendonk
Thönes Natur
Loeweg 15
Tel. 02836/91400
Fax 02836/914040
P: 5
V: VgtM

Nordrhein-Westfalen

47669 Wachtendonk
Leder Peter
Feldstr. 7
Tel. 02836/1815

47798 Wachtendonk
Delikatessen Franken
Königstr. 123
P: 3
V: VgtM

51545 Waldbröl
Nawages Naturwarenhandel GmbH
Eisenbahnstr. 21
Tel. 02291/92010
Fax 02291/6033
P: 1,2,3,5,6,7,8,9,10,11, 12,13,15,16
V: BNN

51545 Waldbröl
Naturkost-Delikatessen
Kaiserstr. 10a
Tel. 02291/2531

34414 Warburg
Grünschnabel Gesundkost
Am Markt 9a
Tel. 05641/1526

34414 Warburg
Reformhaus Manfred Greiner
Hauptstr. 78
V: Demeter

34414 Warburg
Finnenberghof Nörde
Tel. 05642/8377
P: 2, 3, 5, 7, 8, 9, 10, 11, 12, 13, 14, 15, 16
V: Bioland

34414 Warburg
Geflügelzucht Menne
Bangerwtete 2
P: 3
V: VgtM

48231 Warendorf
Röper
Buddenbaum 17
Tel. 02585/353
P: 5, 8, 11
V: Bioland

48231 Warendorf
Familie Schulze-Schleppinghoff
Gronhorst 6
Tel. 02581/4301
P: 3
V: Demeter

48231 Warendorf
Konrad Höing
Zum Emstal 5
Tel. 02582/5605
P: 7, 9, 12
V: Demeter

59581 Warstein
Kroll-Fiedler
Haarweg 12
Tel. 02902/75031
P: 3, 5, 6, 8, 11
V: Bioland

59581 Warstein
Sauerwald
Rangestr. 14
Tel. 02902/3939
P: 5, 8, 9
V: Bioland

47652 Weeze
Büsch
Niederhelsum 1a
Tel. 02837/2050
P: 2, 3, 5, 6, 7, 8, 9, 11, 12
V: Bioland

41844 Wegberg
Wendezeit
Am Vogelsang 39
Tel. 02161/581158

41844 Wegberg
Heinz Birxt

Maternus-Str. 6
Tel. 02434/3624
P: 3, 8, 9, 11
V: Naturland

41844 Wegberg-Arsbeck
Fried Gebler
Fasanenweg 9
Tel. 02436/1466
Fax 02436/1589
P: 1,2,3,7,8,9,10,11,12, 13,15,16
V: Demeter

59514 Welver
Hüttenfeldhof Kroll-Fiedler
Hüttenstr. 7
Tel. 02384/1495
P: 7, 9, 12
V: Bioland

59514 Welver
Dreckmann
Mellweg 34
Tel. 02384/1442
P: 9
V: Naturland

59514 Welver
Holtschulte
Osterfeld 4
Tel. 02384/2855
P: 3, 6, 7, 9, 12, 13
V: Bioland

59457 Werl
Marien Naturkostladen
Am Markt
Tel. 02922/2226

42929 Wermelskirchen
Taraxacum
Bahnhofstr. 6
Tel. 02196/93614

59368 Werne
Glitz-Ehringhausen

Landwirtschaft u. Kornbrennerei
Ehringhauser Weg 2
Tel. 02389/2197
Fax 02389/536927
P: 8, 9, 15
V: Naturland

59368 Werne
Pusteblume
Roggenmarkt 28
Tel. 02389/45983
P: 1,2,3,5,7,8,9,10,11, 12,13,15,16
V: BNN, VgtM

59368 Werne
Lebensmittelgeschäft Clemens Overmann
Steinstr. 2
Tel. 02389/3285
P: 3,5
V: VgtM

33824 Werther
Wildwuchs Naturprodukte
Ravensberger Str. 16
Tel. 05203/5112

46483 Wesel
Verbraucher-Zentrale NRW e.V., Beratungsstelle Wesel
Kaiserring 4
Tel. 0281/25607

46485 Wesel
Der Bioladen
Felixstowestr. 1
Tel. 0281/530791

46487 Wesel
Neuhollandshof Clostermann
Jöckern 2
Tel. 02859/325
Fax 02859/747
P: 2, 7, 9, 12, 15
V: Demeter

Einkaufsadressen

46487 Wesel-Büderich
Gartenbaubetrieb Natur Pur A. Hankel
Perricher Weg 56
Tel. 02803/8412
Fax 02803/8413
P: 7, 9, 12
V: Bioland

50389 Wesseling
Kornstuben Lädchen GmbH
Rheinstr. 207
Tel. 02236/5107
Fax 02236/2905
V: BNN

49492 Westerkappeln
Drogerie Knillmann
Bahnhofstr. 6
V: Demeter

49492 Westerkappeln
Kornblume
Hanfriedenstr. 18a
Tel. 05404/6538
V: BNN, Demeter

49492 Westerkappeln
Wieligmann
Sünte-Rendel-Weg 3
Tel. 05456/1206
P: 5, 7, 8, 9, 12
V: Naturland

58300 Wetter
Betriebsgem. Hof Sackern
Albringhauserstr. 22
Tel. 02335/73272
V: Demeter

58300 Wetter
Ernst - Tolksdorf- WfB Bauernheim Wengern
Am Böllberg 185
P: 7, 12, 13, 15

V: Bioland

58300 Wetter
Löwenzahn
Königstr. 12
Tel. 02335/5969

34439 Willebadessen-Eissen
Engemann
Zum Südholz 11
Tel. 05644/751
Fax 05644/8596
P: 10, 13, 16
V: Bioland

47877 Willich
Kornkraft e.G. Naturkosthandel
Hanns-Martin-Schleyer-Str. 8
Tel. 02154/4903-0
Fax 02154/490360
V: Bioland

51570 Windeck
A. Wegert
Röhringshof 11
Tel. 02292/5462
V: Demeter

51570 Windeck
Jürgens Pilzzucht
Sommerring 20
Tel. 02292/7194
Fax 02292/7194
P: 15
V: Bioland

59955 Winterberg
Völlmecke
Nuhnetalstr. 60
Tel. 02981/3399
P: 5

59955 Winterberg
Das Grüne Haus
Winterberger Str. 17
Tel. 02981/2877

51688 Wipperfürth
Naturkostladen im Muselock
Gaulstr. 3
Tel. 02267/9318
Fax 02267/9318
P: 1,2,3,4,7,8,9,10,11, 12,13,14,15,16
V: BNN

58452 Witten
Spe-Team ökol. Warenhandels GmbH
Augustastr. 58
Tel. 02302/21625

58452 Witten
Naturkost Körnereck
Gerichtsstr. 10
Tel. 02302/23140
Fax 02302/55805
P: 1,2,3,5,7,8,9,10,11, 12,13,15,16
V: Bioland, BNN

58452 Witten
Arbeitsgemeinschaft für Biol.-Dyn. Wirtschaftsweise in NRW e.V.
Schillerstr. 18
Tel. 02302/24002
V: Demeter

58452 Witten
ÖKOL e.V.
Schillerstr. 18
Tel. 02302/24002
Fax 02302/24001

58452 Witten
Reformhaus Tiedchen
Ruhrstr. 23
P: 3
V: VgtM

58453 Witten
Bioland-Betriebsgemeinschaft Wartenberg
Lange Str. 34

Tel. 02302/60225
P: 2,3,5,6,7,8,9,11,12

58454 Witten
Institut für Waldorfpädagogik Gärtnerhof
Annener Berg 15
Tel. 02302/9673-0
Fax 02302/68000
P: 7, 8, 9, 15
V: Demeter

58455 Witten
Liefergemeinschaft der Demeter-Erzeuger in NRW
Auf den Stücken 4
Tel. 02302/23050

58455 Witten
Trantenrother Hof
Trantenrother Weg 25
Tel. 02302/57104
P: 2,3,5,6,7,8,9,10,11, 12,13
V: Demeter

42489 Wülfrath
Siebenstern Versand Ute Lindhorst
Mettmanner Str. 185
Tel. 02085/70020

42489 Wülfrath
Wegener's Backstube
Wilhelmstr. 136
P: 2

33181 Wünnenberg
Schmidt
Rosenstr. 24
Tel. 02953/1253
P: 3, 5, 8
V: Naturland

52146 Würselen
Wildblüte
Lindenstr. 2
Tel. 02405/21255

Nordrhein-Westfalen

42103 Wuppertal
Verbraucher-Zentrale
NRW e.V., Beratungsstelle Wuppertal
Flutufterstr. 5
Tel. 0202/447732

42103 Wuppertal
Himmel & Erde
Kipdorf 52
Tel. 0202/445416
V: Bioland

42103 Wuppertal
Lebensbaum
Sophienstr. 13
Tel. 0202/307211
V: Bioland, BNN, VgtM

42105 Wuppertal
Gute Erde
Wiesenstr. 70
Tel. 0202/443626

42117 Wuppertal
Bäckerei Alpha GmbH
Dammstr. 16
Tel. 0202/310034
P: 2
V: Demeter

42117 Wuppertal
Vegetarischer Service
Friedrich-Ebert-Str. 115a
Tel. 0202/311768

42117 Wuppertal
Gepa - Aktion Dritte Welt Handel Regionalstelle West

Güterstr. 20
Tel. 0202/432322
Fax 0202/431670
P: 15

42275 Wuppertal
Reformhaus Niggemann
Höhne 13
P: 3
V: VgtM

42281 Wuppertal
Troxlerhof
Zum Alten Zollhaus 2
Tel. 0202/702066
V: Demeter

42283 Wuppertal
Restaurant Sonne
Carnaper Str. 81
Tel. 0202/508370

42283 Wuppertal
Lembas GmbH Vollkornbäckerei
Rödiger Str. 122
Tel. 0202/503817
Fax 0202/512637
P: 2

42283 Wuppertal
Natur + Gesundheit Dritte-Welt-Laden
Rödiger Str. 3
Tel. 02461/598443

42285 Wuppertal
Grüner Laden GbR K.

Hillringhaus u. H.J. Kartenberg
Fingscheid 20
Tel. 0202/86429
Fax 0202/82302
P: 1,2,3,4,5,6,7,8,9,10, 11,12,13,14,15,16
V: BNN

42287 Wuppertal
Naturwaren Trompeter
Emilienstr. 9
Tel. 0202/555377
V: Bioland

42329 Wuppertal
Mohrrübe
Gustavstr. 6
Tel. 0202/735757

42329 Wuppertal
Metzgerei Rosenkaimer
Lienhardplatz
P: 5
V: VgtM

42349 Wuppertal
Naturkost Koushan
Cronenfelderstr. 6
P: 3, 5
V: VgtM

42399 Wuppertal
Hof Sondern
Naturkost
Obersondern 6
Tel. 0202/2612118
Fax 0202/612007

P: 2, 3, 5, 7, 8, 9, 10, 11, 12, 13, 15
V: Demeter

42399 Wuppertal-Beyenburg
Hof Kotthausen
Kotthausen 1
Tel. 0202/612623
P: 5, 6, 8, 9, 11
V: Demeter

46509 Xanten
Thomas Benk Tr. Karrenberg
Weseler Str. 4
Tel. 02802/3475
V: Demeter

53909 Zülpich
Lomb
Brüsseler Str. 53
Tel. 02252/7625
P: 2, 3, 6, 7, 9, 12, 13, 15
V: Bioland

53909 Zülpich-Oberelvenich
Haus Bollheim KG
Bollheimer Straße
Tel. 02252/1095 u. 5595
Fax 02252/81185
P: 2, 3, 5, 7, 8, 9, 10, 11
V: Demeter

Rheinland-Pfalz: Landesverbände und Institutionen

Arbeitsgemeinschaft f. Biol.-Dyn. Wirtschaftsweise Rheinland-Pfalz u. Saarland
Mannheimer Str. 242
55543 Bad Kreuznach

Bioland - Landesverband Rheinland-Pfalz u. Saarland
Rüdesheimer Str. 60-68
55545 Bad Kreuznach

Bundesverband Ökologischer Weinbau - Gruppenvertreter Rheinlandpfalz
Gutleutstr. 48
67098 Bad Dürkheim
Tel. 06322/63148
Fax 06322/66043

Landwirtschaftskammer Rheinland Pfalz
Burgenlandstr. 7
55543 Bad Kreuznach
Tel. 0671/793-0
Fax 0671/793-199

Pfälz. Arbeitskreis f. naturgemäße Wirtschaftsweise
Im Schreck 12
67098 Bad Dürkheim
Tel. 06322/4923

Regionalverb. Mosel-Saar-Ruwer im Bundesverband ökolog. Weinbau
Lindenplatz 1
56859 Bullay
Tel. 06542/2718

Umweltberatung d. Verbraucherzentrale Rheinland-Pfalz e.V.
Gymnasiumstr. 4
55116 Mainz
Tel. 06131/284821

Rheinland-Pfalz: Einkaufsadressen

55568 Abtweiler
Adolf u. Peter Michel
Hauptstr. 37
Tel. 06753/2337
P: 5
V: Demeter

66871 Albessen
Hof am Weiher
Burgweg 1
Tel. 06384/7859
Fax 06384/7198
P: 1,2,3,5,7,8,9,10,11,
12,13,15,16
V: Bioland

55234 Albig
Andreas Acker
Hof Pahlke
V: Demeter

67308 Albisheim
Adolf Hahn
Hauptstr. 66
Tel. 06355/555 o. 06
P: 3, 5, 6, 7, 9, 12, 13,
15

56859 Alf
Uwe Kreuter
Brückenstr. 8
Tel. 06542/22045
P: 16
V: BÖW

55758 Allenbach
Hunria-Farm Jörg
Schaupeter
Im Kolbenrech 7
Tel. 06786/2473

P: 9, 11, 15
V: Bioland

67577 Alsheim
Albrecht Schütte
Kesselgasse 4
Tel. 06249/5508
Fax 06249/5508
P: 16
V: BÖW

65624 Altendiez
Berthold u. Brigitte
Fritz
Oberscheidstr. 18
Tel. 06432/81409
P: 2, 5, 10, 11, 15

57610 Altenkirchen
Helmut Nestle
Altkobernstein
Tel. 02681/4806
P: 8, 9, 11
V: Bioland

67317 Altleiningen
Verein Rudolf-Steiner-
Stiftung für die Land-
wirtschaft
Neuhof
Tel. 06356/1799
P: 2,3,5,7,8,9,10,11
V: Demeter

56626 Andernach
Reformhaus
Willi Paffrath
Bahnhofstr. 2
V: Demeter

56584 Anhausen
Runkelrübe Anhausen
Mühlenstr. 2
V: Demeter

76855 Annweiler
Marita Wolf
Altenstr. 30
Tel. 06346/2678

76855 Annweiler
Kornmühle
Wassergasse 7
Tel. 06346/3229
V: Bioland, Demeter

53533 Antweiler
Gerhard Haberecht
Ahrtalstr. 2
Tel. 02693/357
P: 3, 6, 15

53533 Antweiler
Dagmar Güttig
Ahrtalstr. 25
V: Demeter

55288 Armsheim
Weingut Klaudia u.
Karlheinz Schäfer
Bäreneck 4
Tel. 06734/501
Fax 06734/6243
P: 3, 6, 8, 9, 12, 13, 14,
15, 16
V: Bioland, BÖW

55288 Armsheim
Ulla Grall & Karl Flohr
Mühlstr. 22

Tel. 06734/8098
P: 7, 9, 12
V: Bioland

55758 Asbach
Richard Steitz
Hauptstr. 31
Tel. 06786/1724
P: 5, 7, 8, 9
V: Bioland

55459 Aspisheim
Regina Hothum
Germaniastr. 30
Tel. 06727/8696
Fax 06727/8411
P: 7,16
V: BÖW, Naturland

55422 Bacharach
Weinbau Dr. Randolf
Kauer
Blücherstr. 87
Tel. 06743/2272
Fax 06743/1413
P: 16
V: BÖW

**76887 Bad
Bergzabern**
Reformhaus Escher
Bohämmercenter
V: Demeter

**76887 Bad
Bergzabern**
Naturkostladen
Königstr. 16
Tel. 06343/7310
P: 3

Einkaufsadressen 369

V: Demeter, VgtM

76887 Bad Bergzabern
Die Andere Konditorei
Marktstr. 56
Tel. 06343/4668

67098 Bad Dürkheim
Weinbau der Lebenshilfe
Dr.-Kaufmann-Str. 4
Tel. 06322/938-0
Fax 06322/938-181
P: 16
V: Bioland

67098 Bad Dürkheim
Wein- u. Sektgut Hans Pflüger & Sohn
Gutleutstr. 48
Tel. 06322/63148
Fax 06322/66043
P: 16
V: BÖW

67098 Bad Dürkheim
Pfälz. Arbeitskreis f. naturgemäße Wirtschaftsweise
Im Schreck 12
Tel. 06322/4923

67098 Bad Dürkheim
s'Lädche
Römerstr. 23
V: Demeter

67098 Bad Dürkheim
Bundesverband Ökologischer Weinbau - Gruppenvertreter Rheinlandpfalz
Gutleutstr. 48
Tel. 06322/63148
Fax 06322/66043

67098 Bad Dürkheim
Stiftung Ökologie u. Landbau
Weinstraße Süd 51

Tel. 06322/8666
Fax 06322/8794

67098 Bad Dürkheim-Ungstein
Weingut Isegrim Hof
Am Spielberg
Tel. 06322/7731
P: 9,12,13,16
V: Bioland

56130 Bad Ems
Pro-Natur Schmidt-Schumann
Kirchgasse 3
Tel. 02603/70681
V: Demeter

55543 Bad Kreuznach
Grahamhaus Studt GmbH & Co. KG
Alzeyer Str. 131133
Tel. 0671/88660-0

55543 Bad Kreuznach
Landwirtschaftskammer Rheinland Pfalz
Burgenlandstr. 7
Tel. 0671/793-0
Fax 0671/793-199

55543 Bad Kreuznach
Arbeitsgemeinschaft f. Biol.-Dyn. Wirtschaftsweise Rheinland-Pfalz u. Saarland
Mannheimer Str. 242

55543 Bad Kreuznach
Hoyer-Weber Wochenmarktstand
Schönborn
P: 3
V: VgtM

55545 Bad Kreuznach
Petra Stöpke
Kauzenburg 3
Tel. 0671/43367
P: 8, 14, 15
V: Bioland

55545 Bad Kreuznach
Kornblume
Mannheimer Str. 4
Tel. 0671/40296
P: 1,2,3,5,7,8,9,10,11, 12,13,15,16
V: BNN

55545 Bad Kreuznach
Zorba-Naturkost Jürgen Habenicht
Mannheimer Str. 53
V: Demeter

55545 Bad Kreuznach
Bauernladen
Mannheimer Str. 64
Tel. 0671/32305

55545 Bad Kreuznach
E. Rivert Wochenmarktstand
Berschweiler
P: 5
V: VgtM

55545 Bad Kreuznach
Bioland - Landesverband Rheinland-Pfalz u. Saarland
Rüdesheimer Str. 60-68

53474 Bad Neuenahr-Ahrweiler
Christoph Richter
Bachemerstr. 21
Tel. 02641/31506
P: 16

V: BÖW

53474 Bad Neuenahr-Ahrweiler
Haselnuss
Johannes-Müller-Str. 2
Tel. 02641/35636
V: BNN, Demeter

53474 Bad Neuenahr-Ahrweiler
Biologische Lebensmittel Britta Krichel
Kreuzstr. 25
Tel. 02641/79753
V: Demeter

53474 Bad Neuenahr-Ahrweiler
Reformhaus Pothmann GmbH
Poststr. 31
V: Demeter

54578 Basberg
Gisela Koschig-Gehm
Dorfstr. 10
Tel. 06593/1553
P: 11, 14
V: Bioland

55774 Baumholder
Bäckerei-Konditorei Heinrich Bergmann
In der Schwärzgrub 6
P: 2
V: Demeter

55234 Bechtolsheim
Fritz Siefert
Bahnhofstr. 28
Tel. 06733/381
P: 3, 5, 12, 13, 15, 16

76756 Bellheim
Helmut Werner
Birkenhof
Tel. 07272/4944 u. 74178
Fax 07272/74178
P: 3,7,8,9

Rheinland-Pfalz

V: Bioland

56170 Bendorf
Uwe Wahl
Bachstr. 51
V: Demeter

56170 Bendorf
Bendorfer Tee u.
Natur Lothar Hertel
Bachstr. 53
V: Demeter

53505 Berg
Klatschmohn Natur-
kost GmbH
Rheinbacher Str. 15
Tel. 02643/2077
Fax 02643/1204
P: 2,8,10,15
V: BNN, Demeter

56368 Berghausen
Heinz Heinrich
Hüttengärtenstr. 6
Tel. 06486/8264
P: 5, 6, 7, 8, 9, 11, 14, 15
V: Bioland

55234 Bermersheim
H & W Metzler
Albigerstr. 13
Tel. 06731/8634
P: 16

55608 Berschweiler
Schwalbenhof
Rathausstr. 37
Tel. 06752/2106
P: 2, 3, 5, 8, 9, 10, 11
V: Demeter, VgtM

57518 Betzdorf
Frischeparadies Hilde-
gart Weiss
Viktoria Str. 3
V: Demeter

54636 Bickendorf
Klaus Tilkes

Nattenheimer Mühle
Tel. 06569/235
P: 5, 15

55234 Biebelnheim
Weingut Schönhals
Hauptstr. 23
Tel. 06733/1539
Fax 06733/8518
P: 13,16
V: BÖW

55234 Biebelnheim
Fam. Finkenauer
Untere Kirchgasse 4
Tel. 06733/6731
P: 5, 7, 9, 10

55546 Biebelsheim
Villa Waldorf
Hauptstr. 30
Tel. 06701/7522
Fax 06701/2594
P: 16
V: BÖW

67308 Biedesheim
Medicago GbR
Eymann & Hellwig
Hauptstr. 50
Tel. 06355/2797 o. 1
P: 8, 9
V: Demeter

55411 Bingen
Haferflocke
Freidhof 4
V: Demeter

55765 Birkenfeld
Bei Krieger's
Auf dem Römer 7
Tel. 06782/4888
Fax 06782/4804
P: 1,2,3,5,7,8,9,10,11, 12,13,14,15,16

65626 Birlenbach
Öko-Weinhaus
D. u. S. Walch
Hauptstr. 14

Tel. 06432/81932
Fax 06432/81932
P: 16

54634 Bitburg
Naturwaren Igel
Josef-Niederprüm-Str. 12
Tel. 06561/8607
Fax 06561/8607
P: 2,3,4,7,8,9,10,11,12, 13,15,16
V: BNN

76891 Bobenthal
Geflügelfarm Scheib
Forststr. 6
Tel. 06394/1843
P: 3, 5
V: VgtM

67278 Bockenheim
Karin Deutscher
Leiningerring 43
Tel. 06359/4277
P: 16
V: BÖW

67278 Bockenheim
Christa u. Martin
Wöhrle
Leiningerring 64
Tel. 06359/4215
P: 16
V: Demeter

55294 Bodenheim
Kauffmanns
Naturalien
Enggasse 12
Tel. 06135/2462
Fax 06135/2462
P: 1,2,3,5,7,8,9,10,11, 12,13,14,15,16
V: BNN, Demeter

76833 Böchingen
Heiner Sauer
Hauptstr. 44
Tel. 06341/61175
Fax 06341/64380
P: 12,13,16

V: Bioland

56154 Boppard
Bäckerei
Werner Monsieur
Heerstr. 162
Tel. 06742/2610
Fax 06742/82000
P: 2,8,10

56154 Boppard
Residenz Rosenhain
Rheinallee 19
Tel. 06742/4747

56154 Boppard
Kornblume
Steinstr. 29
Tel. 06742/81107
V: BNN, Demeter

55237 Bornheim
Dr. Helmut Scholl
Hindenburgring 9
Tel. 06734/8428
Fax 06734/8428
P: 16
V: BÖW

56348 Bornich
Imkereibedarf Ursula
Seifert
Taunusstr. 10
V: Demeter

56237 Breitenau
Familie Deimann
Hofgut Adenroth
Sayntalstraße
Tel. 02623/1441
V: Demeter

56814 Bremm
Weingut Laurentiushof
Gartenstr. 13
Tel. 02675/508
P: 16
V: BÖW

55559 Bretzenheim
Wolfgang Hermes

Einkaufsadressen 371

Notgottesweg 3
Tel. 0671/29555
Fax 0671/26966
P: 13,15,16
V: Demeter

67725 Breunigweiler
Helmut Burgdörfer
Schulstr. 3
Tel. 06357/7504
P: 5, 15

76891 Bruchweiler-Bärenbach
Der Reinighof
Tel. 06394/1378
Fax 06394/1811
P: 14
V: VgtM

56746 Buch
Knotenpunkt e.V.
Martine Bermel
Bellerweg 8
V: Demeter

55257 Budenheim
Werner Schmitt
Heidesheimer Str. 28
Tel. 06139/8230
P: 12, 15

56859 Bullay
Peter Mentges
Lindenplatz 1
Tel. 06542/2718
P: 16
V: BÖW

56859 Bullay
Regionalverb. Mosel-Saar-Ruwer im Bundesverband ökolog. Weinbau
Lindenplatz 1
Tel. 06542/2718

56843 Burg
Hugo Schorn
Schulstr. 18
Tel. 06541/6759 o. 2

P: 16
V: BÖW

54424 Burtscheid
Gerhard Sommerfeld
Sonnenhof
Tel. 06504/737
P: 5, 6, 7, 8, 9, 14
V: Bioland

76891 Busenberg
Norbert Fritz
Hauptstr. 23
Tel. 06391/3150
Fax 06391/5263
P: 3, 7, 9, 12
V: Bioland

66497 Contwig
Manfred u. Marianne Nafziger
Wahlbacherhof
Tel. 06336/362
Fax 06336/1697
P: 1,2,3,4,5,7,8,9,10,11, 12,13,15,16
V: Bioland, VgtM

67744 Cronenberg
Walter Eckel
Hauptstr. 13
Tel. 06382/8318
P: 5

57567 Daaden
Drogerie Kurt Strunk
Hachenburgerstr. 2022
V: Demeter

54550 Daun
Heinz Thome
Dreisberghof
V: Demeter

54550 Daun-Weiersbach
Biolog.-dyn. Landbau
Gerda u. Bruno Thomé
Kapellenstr. 20
Tel. 06596/583
P: 2,7,8,9

V: Demeter

66503 Dellfeld
Bernd Simon
Zweibrückerstr. 13
Tel. 06336/5201
P: 7
V: Bioland

56307 Dernbach
Marlene Schneider
Hauptstr. 30
V: Demeter

55592 Desloch
Lutz Büttner
Im Bienengarten 7
Tel. 06753/2737
P: 12
V: Demeter

55494 Dichtelbach
Lauschhütte
Lauschhütte 3
Tel. 06764/2329

56332 Dieblich
Scherhag
Hauptstr. 79
Tel. 02607/6284
P: 8, 9
V: ANOG

67811 Dielkirchen
Anni & Hermann Steitz
Alsenzstr. 7
Tel. 06361/1062
Fax 06361/8825
P: 15,16
V: BÖW

55276 Dienheim
Weingut Marienhof
Rheinstr. 48
Tel. 06133/1366
P: 16
V: BÖW

65582 Diez
Naturkostladen am Alten Markt
Am Alten Markt 6
Tel. 06432/3409
V: BNN

65582 Diez
Hans-Jürgen Schleppy
Diersteiner Hof
Tel. 06432/2658
P: 3, 5, 7, 8, 9, 15

56379 Dörnberg
Christel Icken
Redertshof
V: Demeter

67280 Ebertsheim
Quer Beet M. Heynold
Eduard-Mann-Str. 17
Tel. 06359/85982
P: 1,2,7,8,9,10,12,13, 15,16
V: Bioland

67480 Edenkoben
Weingut Ute u. Wolfgang Schneider-Beiwinkel
Bahnhofstr. 56
Tel. 06323/7769
Fax 06323/980343
P: 12, 13, 16
V: Bioland

67480 Edenkoben
Klaus Göring
Blücherstr. 45
Tel. 06323/2898
P: 12, 15

67575 Eich
Erwin Bretzer
Altrheinstr. 50
Tel. 06246/350
P: 5

67575 Eich
Alfred Burghardt
Gernsheimer Str. 6

372 Rheinland-Pfalz

Tel. 06246/390
P: 5

67304 Eisenberg
Reiner Heilmann
Ebertsheimer Str. 43
Tel. 06351/42968
P: 2, 8, 9, 10, 12, 13, 15

57580 Elben
Westerwälder Ziegenkäse
Weiselstein 2
Tel. 02741/27924
P: 11

56242 Ellenhausen
F. Blankenagel
Berghof
Tel. 02626/6890
P: 5
V: Bioland

67158 Ellerstadt
Helmut Gehrig
Fließstr. 58
V: Demeter

67158 Ellerstadt
Walter Merk
Gönnheimerstr. 50
Tel. 06237/8548
P: 16
V: BÖW

56281 Emmelshausen
Kommode
Emmelshausen
Rhein-Moselstraße
V: Demeter

56850 Enkirch
Weinhaus Sponheimer Hof
Sponheimerstr. 1923
Tel. 06541/6628
Fax 06541/1043
P: 16

56759 Eppenberg
Rudi Schmitz

Zungerhof
Tel. 02653/6646
P: 8, 9, 12
V: Bioland

66957 Eppenbrunn
Frank Walther
Nasshecke
Tel. 06335/7835
P: 8, 9, 11, 14, 15
V: Bioland

66887 Erdesbach
Bäckerei Grill
Staffelweg 1
Tel. 06381/5716
V: Bioland

56814 Ernst
Wein + Obstbau Gerhard Lönnartz
Auf der Winneburg 29
Tel. 02671/8754
P: 12,16
V: BÖW

67167 Erpolzheim
Andreas Zein
Ellerstadter Landstraße
Tel. 06353/2241
P: 7, 12, 15

56729 Ettringen
Naturkostladen Rübezahl
Am Beller Berg
P: 3
V: VgtM

67685 Eulenbis
Dr. Jürgen Storrer
Im Steineck 45
Tel. 06374/6631
Fax 06374/4732
P: 5, 14, 15

67808 Falkenstein
Hans Pirkl
Wambacher Hof
Tel. 06302/2503
P: 5

54341 Fell
Bauernhofladen Fellerhof
Tel. 06500/488
Fax 06500/7515
P: 3, 5, 6, 7, 8, 9, 11, 12, 15, 16
V: Naturland, VgtM

57632 Flammersfeld
Bert Bay
Hoben 8
Tel. 02685/7125
P: 8, 9
V: Bioland

55237 Flonheim
Ökolog. Weingut Haus Thiel
Wilhelm-Leuschner-Str. 17
Tel. 06734/413
P: 16
V: Bioland

67227 Frankenthal
Grüner Zweig
Bettina Lehmann
Kanalstr. 43
V: Demeter

55546 Frei-Laubersheim
Wilfried Jacobus
Im Schloßhof
Tel. 06707/1722
Fax 06707/1722
V: BÖW

56244 Freilingen
Bäckerei Borchert
Bergstr. 1
V: Demeter

67251 Freinsheim
Egon Hohl
Am Mandelgarten 10
Tel. 06353/2636/1084
P: 16
V: BÖW

67251 Freinsheim
Neu's Fruchtsäfte GmbH
Weisheimer Str. 2
Tel. 06353/93440
Fax 06353/934433
P: 13
V: Bioland

67251 Freinsheim
Robert Oberholz
Winterhalde 100
Tel. 06353/1812
P: 3, 7, 8, 9, 11, 12
V: Bioland

67251 Freinsheim
Bioland-Hof
R. Oberholz
Blumenau
P: 3
V: VgtM

51598 Friesenhagen
Manfred Koch
Hof Gösingen
Tel. 02294/6817
P: 5

55546 Fürfeld
Dirk Rosinski
Kreuzstr. 15
Tel. 06709/1303
P: 16

67136 Fußgönheim
Ria Gutting
In den unteren Bellen 2
Tel. 06237/2531
P: 7, 9, 12, 16

55435 Gau-Algesheim
Erika Hemmes
Gartenfeldstr. 1
Tel. 06725/2926
Fax 06725/3983
P: 5, 9, 12, 13, 15

Einkaufsadressen 373

55239 Gau-Odern-heim
Adi Nierstheimer
Alzeyer-Nebenstr. 27
Tel. 06733/380
P: 16
V: Bioland

55239 Gau-Odern-heim
Gärtnerei Dornröschen
W. Lenz/M. Lapsien-Lenz
Schulstr. 23
Tel. 06733/7501
Fax 06733/7501
P: 7,9,12
V: Demeter

55239 Gau-Odern-heim
H. u. W. Sander
Wormserstr. 64
Tel. 06733/372
P: 5, 7, 16
V: Demeter

54316 Geizenburg
Josef Inkel
Fronhof
Tel. 06588/7191
P: 5, 9

76726 Germersheim
Naturkost Knusper-haus
Jakobstr. 15
Tel. 07274/8880
P: 1,2,3,5,7,8,9,10,11, 12,13,15,16

76726 Germersheim
Lindenhof
Peter Bumiller
Kirchstr. 8
Tel. 07274/6308
P: 5,8,9,11,16
V: Bioland

54568 Gerolstein
Heinz Koßmann
Hinterhausen Nr. 29
Tel. 06591/3586
P: 3, 5, 15

54568 Gerolstein
Gerolsteiner Ökomarkt
Rondell 5
Tel. 06591/4264
V: BNN, Demeter

57632 Giershausen
Manfred u. Ingeborg Schumacher
Hauptstr. 14
Tel. 02685/1266
P: 5, 7, 8, 9, 11
V: Bioland

57632 Giershausen
Gallowayhof
Hauptstr. 3
Tel. 02685/8104
P: 5, 9
V: Bioland

57632 Giershausen
Biolandbetrieb Schumacher
Roschelshof
Tel. 02685/1266
Fax 02685/8638
P: 5,8,11,15

76831 Göcklingen
Klaus Hohlreiter
Hauptstr. 33
Tel. 06349/6288
Fax 06349/3501
P: 16
V: BÖW

76831 Göcklingen
Walter Hoffmann
Steinstr. 25
Tel. 06349/8536
P: 8, 9, 16
V: Bioland

67161 Gönnheim
Weingut Rainer Eymann
Ludwigstr. 35
Tel. 06322/2808
Fax 06322/68792
P: 16
V: BÖW

56283 Gonders-hausen
Ziegenkäserei
Gut Schorfeld
Tel. 06745/241
P: 11
V: VgtM

53501 Grafschaft
Landhof Naturnaher Gartenbau Simons
Altbroicher Weg
Tel. 02225/4855
V: Bioland

53501 Grafschaft
Bert Krämer
Eiligstr. 1
Tel. 02641/21821
P: 7, 9, 12, 13
V: Bioland

67269 Grünstadt
Georg Übel
Obersülzer Str. 50
Tel. 06359/6597
P: 5, 9, 15, 16

67269 Grünstadt
Alfred Bauer
Schlachthofstr. 13
Tel. 06359/1411
P: 5, 9, 15, 16

55452 Guldental
Ferdi Klöckner
Am Mühlrech
Tel. 06707/385
P: 7, 12, 15, 16

55452 Guldental
Stefan Herde
Unterstr. 8
Tel. 06707/8033
P: 5, 7, 12, 15

V: Bioland

67598 Gundersheim
Fred Jené
Untere Grabenstr. 25
Tel. 06244/7846
P: 16
V: BÖW

67583 Guntersblum
Weingut Dr. Schnell
Eimsheimer Str. 36
Tel. 06249/2320
P: 16
V: BÖW

67583 Guntersblum
Weingut Rösch-Spies
Gimbsheimer Str. 6
Tel. 06249/2444
Fax 06249/2444
P: 16
V: BÖW

67583 Guntersblum
Dieter Gartmann
Hauptstr. 77
Tel. 06249/2670
P: 3, 5, 6, 7, 8, 9, 12, 15

55595 Gutenberg
Johannes Wink
Gräfenbachstr. 15
Tel. 06706/6108
P: 16
V: BÖW

55278 Hahnheim
Lothar Leib
Sonnenhof
Tel. 06737/1307
P: 3, 5, 9, 12, 15

76835 Hainfeld
Biolandhof AAX
Franz Krahl
Georg-Koch-Str. 3
Tel. 06323/5363
Fax 06323/6867
P: 13,16
V: BÖW

Rheinland-Pfalz

57520 Harbach
Naturwaren Edmund
Mockenhaupt KG
Hauptstr. 5
V: Demeter

57520 Harbach
Hofkäserei
E. u. S. Matrisch
Locherhofer Str. 39
Tel. 02734/5360
P: 5,6,11,14
V: Bioland

56579 Hardert
Philippi's Garten
Hinterstr. 7
Tel. 02634/8422
Fax 02634/1823
P: 1,2,3,4,5,6,7,8,9,10,
11,12,13,14,15,16
V: Bioland

67454 Haßloch
Gerd Schmitt
Hilbenhof
Tel. 06324/78212
P: 5, 8, 9, 13, 15

57562 Herdorf
Werner Weis
Dorfwäldchen 22
V: Demeter

57562 Herdorf
Naturprodukte-Vertrieb Liselotte Russ
Hauptstr. 66
V: Demeter

54317 Herl
Knospenhof J. Meßer
Bergstr. 8
Tel. 06500/8910
P: 5,7,8,9,11
V: Demeter

54411 Hermeskeil
Kornstube
Saarstr. 8
Tel. 06503/3572

66919 Herschberg
In Onges Otto Bohl
Friedhofstr. 5
Tel. 06375/5917
P: 3, 5, 6, 7, 8, 9, 12, 15
V: Bioland

54426 Hilscheid
Helmut Podschwadek
Dorfstr. 43
Tel. 06504/559
P: 3, 5, 8, 9, 11
V: Bioland

56462 Höhn
Jupp Schlag
Lindenstr. 14
V: Demeter

56379 Hömberg
Bioland-Gemüsebau
R. Kohlschütter
Brunnenstr. 3
Tel. 02604/5531
P: 2, 7, 8, 9, 10, 11

56379 Hömberg
Paul Linscheid
Hof Taunusblick
Tel. 02604/5516
P: 2, 3, 5, 8, 11, 13, 14, 15
V: Demeter

57539 Hövels
Karl-Josef Höfer
Obergüdeln
Tel. 02741/22575
P: 11

56379 Holzappel
Gute Dinge
Vollwertiges für Küche
u. Haushalt
Pfaffengasse 4
Tel. 06439/6894
Fax 06439/6892

66882 Hütschenhausen
Dieter Nau

Eckstr. 10
Tel. 06372/3196
Fax 06372/4743
P: 2, 3, 8, 9, 10, 11, 12, 16
V: Bioland

66882 Hütschenhausen
Roland Kühn
Hauptstr. 123
Tel. 06372/2663
P: 8, 9
V: Naturland

66882 Hütschenhausen
Naturkostladen Gerd Braun
Heidehof
Tel. 06372/1266
P: 3, 5, 8, 9, 11, 12, 16
V: Bioland

55743 Idar-Oberstein
Weierbacher Naturkostladen
Maria Ahlers
Dorfstr. 4
V: Demeter

55743 Idar-Oberstein
Simterwies Naturprodukte
Hauptstr. 35
Tel. 06781/44833
P: 7, 12
V: Bioland

55743 Idar-Oberstein
Patricia Olszewski
Mainzer Str. 7
V: Demeter

54298 Igel
Wilhelm Deutschen
Moselstr. 6
Tel. 06501/12492
P: 12
V: Bioland

67294 Ilbesheim
Lothar u. Gerd Schröder
Käsgasse 7
Tel. 06355/2240
P: 7, 9, 12, 15

67808 Imsweiler
Gustav Christmann
Alsenzstr. 9
Tel. 06361/8000
P: 8, 9
V: Bioland

55218 Ingelheim
Hofwaldeck
Am Bismarckturm
Tel. 06725/3321
P: 12

55218 Ingelheim
Burghof
Hans-Walter Korn
An der Burgkirche 12
Tel. 06132/40741
P: 12, 13, 16
V: Demeter, BÖW

55218 Ingelheim
Eichhörnchen
Bahnhofstr. 40
Tel. 06132/75117
V: Demeter

55218 Ingelheim
Weingut Arndt F. Werner
Mainzer Str. 97
Tel. 06132/1090
Fax 06132/1090
P: 12, 15, 16
V: Bioland, BÖW

55218 Ingelheim
Wilfried u. Frank Oppenheimer
Neuweg 53
Tel. 06132/3597
P: 15, 16

76751 Jockgrim
Delinat GmbH
Ziegelstr. 24
Tel. 07271/52086
Fax 07271/52011
P: 16
V: BÖW

76751 Jockgrim
Peter Hilden
Ziegelstr. 24
Tel. 07271/51609
P: 16

55428 Jülich-Altenberg
Hof Altenburg
Kurfürstenstr. 18
Tel. 02461/4299
V: Demeter

67655 Kaiserslautern
Brennessel
Beethovenstr. 8
Tel. 0631/66859
P: 3
V: BNN, Demeter, VgtM

67655 Kaiserslautern
Sonnenblume
Eisenbahnstr. 39
P: 3
V: Demeter, VgtM

67655 Kaiserslautern
Der Naturkostladen
Raiffeisenstr. 3
Tel. 0631/69811
P: 3
V: VgtM

67169 Kallstadt
Hartmut Stauch
Weinstr. 130
Tel. 06322/63927
P: 16
V: BÖW

76870 Kandel
Alfred Feigel
Saarstr. 209

V: Demeter

56357 Kasdorf
Inge u. Dietmar Bonn
Taunusstr. 31
Tel. 06772/8594
V: Demeter

56288 Kastellaun
Der Andere Kaufladen
Zellerstr. 15
Tel. 06762/2636
V: BNN

67734 Katzweiler
Gerhard Schneider
Im Forellenwoog 1
Tel. 06301/9671
P: 4, 5

54427 Kell
Karl Klaeser
Wallerplatz 2
Tel. 06589/370
P: 5

55758 Kempfeld
Dieter Bärtges
Hauptstr. 31
Tel. 06786/1772
P: 5

54578 Kerpen
Bäckerei-Konditorei Leonhard Edmondts
Im Kapelleneck 5
V: Demeter

67304 Kerzenheim
Klaus Vorbeck
Arleshof 1
Tel. 06351/44821
P: 3, 5

67304 Kerzenheim
Hartmut Risser
Eisenberger Str. 18
Tel. 06351/6674
P: 2,3,5,6,7,8,9,10,11, 12,15,16
V: Bioland

54538 Kinheim-Kindel
Öko-Weingut Rudolf Trossen
Bahnhofstr. 7
Tel. 06532/2714
P: 13, 16
V: BÖW

57612 Kircheib
SpinnWeberWerkstätten Ralf Weber
Limbacher Str. 47
Tel. 02683/6188

57548 Kirchen
Erhard Hees
Untere Schwälbelstr. 27
V: Demeter

67292 Kirchheimbolanden
Erich Braun
Ambachhof
V: Demeter

67292 Kirchheimbolanden
Blattlaus
Bahnhofstr. 9
Tel. 06352/3473
P: 2,3,4,5,6,7,8,9,10,11, 12,13,14,15,16
V: BNN, Demeter

67292 Kirchheimbolanden
Paul Kern
Neumayerstr. 35
Tel. 06352/8771
P: 9, 12, 13, 15, 16

67292 Kirchheimbolanden
Heinrich Jung
Ziegelhütte
Tel. 06352/3774
Fax 06352/3774
P: 3, 5, 6, 9, 15

55606 Kirn
Volker Nalenz
Steinerbergstr. 27
P: 3
V: Demeter, VgtM

55270 Klein-Winternheim
Rudolf Michel Bugner
Pariser Str. 45
Tel. 06136/87655
P: 3, 7, 9, 12, 16

67483 Kleinfischlingen
Tätigerhof Werner u. Lilo Croissant
Hauptstr. 48
Tel. 06347/7386
Fax 06347/7386
P: 1, 2, 3, 7, 8, 9, 11, 12, 13, 16
V: Bioland

67259 Kleinniedesheim
Biolandhof Morgentau
Wormserstr. 1
Tel. 06239/3381
Fax 06239/6155
P: 2,3,5,7,8,9, 11,12,13,16

76879 Knittelsheim
Geflügelhof Paul Hofen
P: 3
V: VgtM

56330 Kobern-Gondorf
Stefan Degen
Manderscheiderhof
Tel. 02607/8215
Fax 02607/1801
P: 7, 12
V: Bioland

Rheinland-Pfalz

56330 Kobern-Gondorf
Spezial-Bäckerei Thilmann GmbH
Petersstr. 57
P: 2
V: Demeter

56330 Kobern-Gondorf
Kurt Hähn
Scheidterhof
Tel. 02607/4726
P: 2, 3, 5, 6, 8, 13, 15, 16
V: VgtM

56068 Koblenz
Öko Markt City
Altengraben 50
Tel. 0261/804034

56068 Koblenz
Naturkostladen
An der Liebfrauenkirche 11
Tel. 0261/35839
Fax 0261/35839

56068 Koblenz
Kornblume
Th. Schneider v. Eeck
Firmungstr. 14
V: Demeter

56068 Koblenz
City-Reformhaus
GmbH Löhr-Center
Hohenfelder Str. 22
V: Demeter

56068 Koblenz
La Carotte Martin Möhring
Karcherstr. 15
V: Demeter

56068 Koblenz
Naturhaus
Kurfürstenstr. 53
Tel. 0261/18918

V: BNN

56068 Koblenz
Markenbildchen Naturkost
Markenbildchenweg 21
P: 3
V: Demeter, VgtM

56070 Koblenz
Hans-Josef Caspers
Mailust 4
Tel. 0261/84466
P: 3, 5, 6, 7, 9

56070 Koblenz
Bioladen Linus Müller
Mehlstr. 11
V: Demeter

56070 Koblenz
Lützel-Lädchen
Neuendorfer Str. 25
Tel. 0261/82338

56070 Koblenz
Bernhard Ohlig
Zur Bergpflege 10
Tel. 0261/83592
P: 7
V: Bioland, Demeter

56072 Koblenz
Werner Zils
Aachener Str. 76
Tel. 0261/24722
P: 9

56072 Koblenz
Bäckerei Polcher
Kemmertstr. 1
V: Demeter

56076 Koblenz
Vollkornbäckerei Brotgarten
Wolfgang Hammer
Emser Str. 350
P: 2
V: Demeter

56076 Koblenz
Gartenbaubetrieb Ohlig
Teufelstreppe
Tel. 0261/835
P: 7
V: Bioland

56077 Koblenz-Niederberg
Albert Lörsch
Arenberger Str. 230b
Tel. 0261/69535
P: 8, 9, 12
V: Bioland

54329 Konz
Weingut Hans-Josef Luy
Am Berendsborn 20
Tel. 06501/226
P: 16
V: BÖW

54329 Konz
Konzer Bioladen
Anni Dethloff
Karthäuser Str. 88
V: Demeter

54536 Kröv
Oinos-Vertriebsgemeinschaft Udo Wick
Stablostr. 37
Tel. 06541/9674
P: 16
V: BÖW

54536 Kröv
Weingut Artur Mentges
Zum Herrenberg 11
Tel. 06541/3265
P: 16

66869 Kusel
Heussler
Marktstr. 43
V: Demeter

56112 Lahnstein
Margit Dehe
Bahnhofstr. 18
Tel. 02621/7389
P: 3, 5, 7, 8, 9, 11, 14
V: Bioland

56112 Lahnstein
Naturkostladen Grünschnabel
Ch. Stellmacher
Burgstr. 4a
V: Demeter

56112 Lahnstein
EBZ Lahnstein
Taunusblick 1
V: Demeter

56112 Lahnstein
R. u. J. Dehe Bioprodukte
Zehnthof
Tel. 02621/2885
P: 2, 3, 5, 6, 7, 8, 9, 10, 11
V: Bioland

76829 Landau
Kräuterhexl
Inh. Morscheck
Kleiner Platz 10
Tel. 06341/82539
V: Demeter

76829 Landau
Kräuterhexl
Fachgesch. f. Vollwertkost
Königstr. 48/50
V: Demeter

76829 Landau
Inge u. Wolfgang Marzolph
Schloßstr. 2B
Tel. 06341/84904
P: 8, 12, 16
V: Bioland

Einkaufsadressen

76829 Landau
Agora
Westbahnstr. 20
Tel. 06341/84425
P: 3
V: VgtM

76829 Landau-Wollmesheim
Inge u. Wolfgang Marzolph
Dörstelstr. 20
Tel. 06341/30202
Fax 06341/34276
P: 8,12,13,16
V: Bioland

66849 Landstuhl
Pfälzer Stuben
Langwiedener Str. 3
Tel. 06371/12341

66849 Landstuhl
Umweltladen
Schulstr. 6
V: Demeter

55450 Langenlonsheim
Im Zwölberich
Schützenstr. 14
Tel. 06704/711
Fax 06704/92040
P: 13, 15, 16
V: BÖW

54308 Langsur
Theo Weber
Weinbergstr. 4
Tel. 06501/14301
P: 12, 15, 16

66894 Langwieden
*Gestüt Sickinger Höhe
Dr. med. vet. Ernst Guth*
Eckstr. 16
Tel. 06372/8911
P: 2,3,5,6,7,8,9,10,11,12,13,15
V: Naturland

56759 Laubach
*Fam. Albert Müller
Fleisch u. Wurst v. Bauernhof*
Simmerer Str. 27
P: 5
V: VgtM

67308 Lautersheim
Albert's Tofuhaus
Hauptstr. 13
Tel. 06351/43718
Fax 06351/6901
P: 15
V: BNN

56332 Lehmen
Sekt- u. Weingut Uwe Weber
Hauptstr. 3
Tel. 02607/4042
Fax 02607/4042
P: 13,16
V: BÖW

67117 Limburgerhof
Matthias Stützel
Kohlhof 7
Tel. 06236/88351
P: 3, 7, 9, 12

54578 Loogh
Michael Gröner
Im Mühlenweg 3
Tel. 06593/1812
P: 5

67061 Ludwigshafen
Tee u. Naturkostladen
Schützenstr. 26
Tel. 0621/562888
V: BNN, Demeter

67063 Ludwigshafen
Naturkostladen Schwarzwurzel
Jacob-Binder-Str. 10
Tel. 0621/524576
P: 1,2,3,4,5,6,7,8,9,10,11,12,13,14,15,16

67067 Ludwigshafen
Giuseppe Santisi
Königstr. 31
Tel. 0621/543968

67059 Ludwigshafen
AlnaturA-Laden
Ludwigstr. 30
Tel. 0621/627723

55278 Ludwigshöhe
*Weingut
Brüder Dr. Becker
Familie Pfeffer-Müller*
Mainzerstr. 3
Tel. 06249/8430
Fax 06249/7639
P: 16
V: BÖW

67487 Maikammer
Fritz Breiling
Bahnhofstr. 15
Tel. 06321/5020
P: 16
V: Bioland

55116 Mainz
Reformhaus Kremer
Große Bleiche 39
V: Demeter

55116 Mainz
Umweltberatung d. Verbraucherzentrale Rheinland-Pfalz e.V.
Gymnasiumstr. 4
Tel. 06131/284821

55116 Mainz
Kornsäckchen Hedwig Baumgärtel
Jakobsbergstr. 3
V: Demeter

55116 Mainz
Naturdiäthaus Karell
Klarastr. 1
V: Demeter

55116 Mainz
Broccoli
Neubrunnenstr. 8
Tel. 06131/222109

55116 Mainz
*Kornland
Jürgen Stüdemann*
Weißliliengasse 23
P: 2, 3
V: Demeter, VgtM

55118 Mainz
Natürlich Naturkost
Leibnizstr. 22
Tel. 06131/614976
Fax 06131/616318
P: 1,2,3,5,6,7,8,9,10,11,12,13,15,16
V: BNN, Demeter, VgtM

55124 Mainz
*Naturkostladen
Müller u. Hipp*
Breite Str. 64
Tel. 06131/4206
P: 3
V: Demeter, VgtM

55126 Mainz
Naturkostladen Grünewald + Marquardt
Am Obstmarkt 10
V: Demeter

55127 Mainz
Peter Schwalbach
Im Borner Grund 55
Tel. 06131/35109
P: 12, 13, 15

55128 Mainz
Heinrich Stauder & Sohn
Am Ostergraben 68
Tel. 06131/361519
P: 3, 6, 9, 12, 15

55128 Mainz
Hugo Bender
An der Oberpforte 1

Tel. 06131/35495
P: 7, 8, 9

55128 Mainz
Die Dattel
Hinkelsteinerstr. 1
Tel. 06131/35179
V: Demeter

55128 Mainz
Schrohe
Im Tiefental 1
Tel. 06131/35502
P: 3, 7, 8, 9, 12

55128 Mainz
Die Dattel
Rathausstr. 5
Tel. 06131/35179
V: BNN, Demeter

55131 Mainz
Reinhold Pauly
Hechtsheimer Str. 52
Tel. 06131/839274
P: 15

54426 Malborn
Paul Kluth
Ermlandhof
Tel. 06503/6191
Fax 06503/6191
P: 5, 8, 9
V: Bioland

67822 Mannweiler-Cölln
Weingut Hahnmühle
P. u. M. Linxweiler
Alsenzstr. 25
Tel. 06362/2693
Fax 06362/4466
P: 16
V: BÖW

55413 Manubach
Weinbau Joachim Scherer
In der Zech 4
Tel. 06743/2978
P: 15, 16

V: BÖW

55413 Manubach
Wein- u. Sektgut Edel Faul
Rheingoldstr. 116
Tel. 06743/2712 u. 2943
Fax 06743/1413
P: 16
V: BÖW

56242 Marienrachdorf
Evers Naturkost GmbH
Turmstr. 29
Tel. 02626/78268

56242 Marienrachdorf
Naturwaren Tausendschön Martin Evers
Wiesenstr. 7
V: Demeter

54484 Maring-Noviand
Johannes Schneider
Am Honigberg 16
Tel. 06535/406
P: 16
V: Bioland, BÖW

56727 Mayen
Mayener Kornkammer
Alleestr. 27
Tel. 02651/48657
Fax 02651/43432
P: 1,2,3,4,5,6,7,8,9,10, 11,12,13,14,15,16
V: BNN

56727 Mayen
Eisen Shuy
Hausener Straße
V: Demeter

53508 Mayschoß
Weingut Christoph Bäcker
Waagstr. 16
Tel. 02643/7517

P: 16
V: BÖW

66506 Maßweile
Gestüt Sickinger Höhe
Dr. med. vet. Ernst Guth
Hintereckstr. 11
Tel. 06334/5061
Fax 06334/2106
P: 2,3,5,6,7,8,9,10,11, 12,13,15
V: Naturland

67149 Meckenheim
Bio-Landwirt Thiel
Ortsausgang Richtung Ruppertsberg
P: 3
V: VgtM

55590 Meisenheim
Eulenspiegel
Am Wehr 1
Tel. 06753/3036
V: BNN, Demeter

56743 Mendig
Lebensmittel Anni Prangenberg
Fallerstr. 78a
V: Demeter

67582 Mettenheim
Weingut Günther-Lehnerhof
Hauptstraße
Tel. 06242/1463
P: 16
V: Naturland

67582 Mettenheim
Weingut Sander
In den Weingärten 11
Tel. 06242/1583
Fax 06242/6589
P: 16
V: Naturland

67582 Mettenheim
Armin Ackermann

Sonnenhof
Tel. 06242/5430
P: 11, 12, 16
V: Demeter

54518 Minheim
Weinpoesie
Werner Feilen
Klausener Str. 22
Tel. 06507/5120
P: 16

55758 Mittelreidenbach
Simterwies
Bachweg 7
Tel. 06784/1841
Fax 06781/47009
P: 7, 9, 12
V: Bioland

55278 Mommenheim
Geschwister Scholle
Hindenburgstr. 64
P: 3
V: VgtM

56410 Montabaur
Himmel u. Erde
Bahnhofstr. 20
Tel. 02602/4343
V: Demeter

54472 Monzelfeld
Naturladen
Doris Geissler
Raiffeisenstr. 22
V: Demeter

54497 Morbach
Rüdiger Bron
Oderter Hof 2
Tel. 06533/5945
P: 3, 5, 6, 8, 9
V: Bioland

54497 Morbach
Schuldt u. Weber
Rapperath 43
Tel. 06533/5459
Fax 06533/4283

P: 15
V: BNN

54497 Morbach
Ziegenhof Reinhards-
mühle
Reinhardsmühle
Tel. 06533/5591
P: 5
V: Bioland

67294 Morschheim
Ute Dietrich
Kaiserstr. 9
Tel. 06352/3300
P: 5

57614 Mudenbach
Peter Deimling
Hof Farrenau
Tel. 02688/8934
V: Demeter

56218 Mülheim-Kärlich
Fleischerei u. Lebens-
mittel Christine Becker
Poststr. 12
V: Demeter

67728 Münchweiler
Karl-Heinz Jennewein
Mühlstr. 19
Tel. 06302/2262
P: 5, 8, 12

54570 Mürlenbach
Weiers
Hof Grindelborn
Tel. 06594/1678
P: 5, 11
V: ANOG

57629 Müschenbach
Anneliese u. Josef Nol-
den
Hauptstr. 22
V: Demeter

56355 Nastätten
Die Kornkammer
Zimmermann/Reiterau
Schulstr. 8
V: Demeter

54636 Nattenheim
Werner Billen
Hof Loesenberg
Tel. 06569/858
P: 5

67433 Neustadt
Der Naturkostladen
Fröbelstr. 2
Tel. 06321/33666

67433 Neustadt
Abraxas
Kunigundenstr. 12
Tel. 06321/83074

67433 Neustadt
Bernd Naumer
Speyerdorfer Str. 161
Tel. 06321/14652
P: 3, 5, 6, 7, 8, 9, 11, 12
V: Bioland, VgtM

67433 Neustadt
Heinrich u. Harald
Becker
Speyerdorfer Str. 212
Tel. 06321/13993
P: 3, 5, 6, 9, 12, 13, 15, 16

67433 Neustadt
Naturwaren Grün-
schnabel
Friedrichstr. 33
Tel. 06321/31316
Fax 06321/7240
P: 3
V: Demeter, VgtM

67433 Neustadt
Naturkostladen Löwen-
zahn
Fröbelstr. 2
P: 3

V: VgtM

67435 Neustadt
Gerhard Kircher
An der Bleiche 25
Tel. 06321/66782
P: 16
V: BÖW

67435 Neustadt
Weingut-Biolandhof
Walter Schwarztrau-
bern
Lauterbachstr. 20
Tel. 06321/68575
P: 16

56564 Neuwied
Manfred Hof
Dierdorfer Str. 140
Tel. 02631/24297
P: 3, 9, 15

56564 Neuwied
La Tranquilidad
Hermannstr. 64
Tel. 02631/22350

56564 Neuwied
ATABA Neuwied
Insterburger Str. 4
Tel. 02631/353668
Fax 02631/352935
V: BNN

56566 Neuwied
Hermann-Josef Hillen
An der Marienkirche 5
Tel. 02631/48693
P: 8, 9, 15
V: Bioland

56566 Neuwied
Bäckerei Herres H.
Mettler
Bachstr. 5
P: 2
V: Demeter

56566 Neuwied
Heidemarie Klaus
Hauptstr. 20
V: Demeter

56566 Neuwied
K. W. Birkenbeil
Holzweg 90
Tel. 02622/81486
P: 12, 13
V: ANOG

55268 Nieder-Olm
Naturwaren-Haus
Alte Landstr. 10
Tel. 06136/3222
P: 3
V: BNN, Demeter, VgtM

55268 Nieder-Olm
Spreda GmbH
Ludwig-Eckes-Allee 6

**57520 Niederdreis-
bach**
Krah
Kupferkaule 5
Tel. 02743/1318
V: Demeter

67822 Niederhausen
Hans Frey
Freyhof
Tel. 06362/8279
P: 3, 5, 6, 15

55487 Niedersohren
Der Naturkostladen
Julia Karl
Hauptstr. 32
Tel. 06534/9358
Fax 06543/4226
P: 1,2,3,4,5,6,7,8,9,10, 11,12,13,14,15,16

56179 Niederwerth
Ingo Klöckner
Hochstr. 79
V: Demeter

Rheinland-Pfalz

55283 Nierstein
Weingut Freiherr Heyl
zu Herrnsheim GmbH
& Co. KG
Langgasse 3
Tel. 06133/5120
Fax 06133/58921
P: 16
V: BÖW

55283 Nierstein
Riedhof
P: 12, 13
V: ANOG

54453 Nittel
Hans-Walter Beck
Im Stolzenwingert 27a
Tel. 06584/7302
Fax 06584/7302
P: 13,15,16
V: Bioland

55234 Ober-Flörsheim
Weingut Klaus Knobloch
Saurechgäßchen 7
Tel. 06753/344
P: 16
V: BÖW

55437 Ober-Hilbersheim
Weingut Liesel u. Berthold Schmitt
Sprendlingerstr. 19
Tel. 06728/259 u. 698
Fax 06728/438
P: 13, 16
V: BÖW

55270 Ober-Olm
Karl-Heinrich Schönberger
Eilenhof
Tel. 06136/88772
P: 3, 5, 6, 7, 8, 11, 12, 13, 15, 16

56355 Oberbachheim
Manfred Simon
Bergstr. 1
Tel. 06776/588
P: 2, 7, 9

55413 Oberheimbach
Winfried Weinert
Weingut Sonnenhof
Tel. 06743/6215
P: 5, 16

67823 Obermoschel
Herrengarten Naturkost
An der B 420
Tel. 06362/4115

67823 Obermoschel
Jupp Monz-Hummel
Schneidergasse 7
Tel. 06362/3789
P: 5, 7, 9, 11, 14, 15
V: Bioland

56379 Obernhof
Bio Bäckerei Paul Kasper u. Sohn
Oberstr. 9
V: Demeter

55437 Ockenheim
Bungert-Mauer Weingut
Bergstr. 24
Tel. 06725/2616
Fax 06725/2426
P: 13, 15, 16

54597 Olzheim
Haus Lebensborn
Erika Füngeling
Knaufspescher Str. 16a
V: Demeter

55276 Oppenheim
Weinhandlung-Weinkontor Kessler
Am Postplatz 4
Tel. 06133/1767
Fax 06133/2828

P: 16

55276 Oppenheim
Topinambur
Krämerstr. 30
P: 3
V: Demeter, VgtM

55276 Oppenheim
SLVA - Oppenheim
Jürgen Wagenitz
Zuckerberg 19
Tel. 06133/2090
Fax 06133/1221
V: BÖW

54518 Osann-Monzel
Klaus u. Therese Schweisel
Noviander Weg 11
Tel. 06535/7570
P: 13, 15, 16
V: BÖW

67308 Ottersheim
Bundesverband ökologischer Weinbau e.V.
Obergasse 9
Tel. 06355/1285
Fax 06355/1529
P: 16

55546 Pfaffen-Schwabenheim
Aloys Müller
Zum Bosenberg
Tel. 06701/7126
P: 16
V: BÖW

54498 Piesport
Alfred Hilmes
Schäferhof
Tel. 06507/5118
P: 12, 13

66953 Pirmasens
Naturkostlädchen
Bahnhofstr. 8
Tel. 06331/65170
P: 3, 5

V: BNN, Demeter, VgtM

66953 Pirmasens
Basar
Zweibrückerstraße
P: 3
V: VgtM

66954 Pirmasens
Eurospar Ote
Waisenhausstraße
P: 3
V: VgtM

66955 Pirmasens
Eurospar Ote
Bitscherstr. 3
P: 3
V: VgtM

66955 Pirmasens
Bäckerei Otto Heil
Kaiserstr. 45
P: 3
V: VgtM

66955 Pirmasens
Traudel's Lädchen
Lembergerstr. 286
P: 3
V: VgtM

54595 Prüm
Natur-Laden
Tiergartenstr. 44
Tel. 06551/4365
V: Demeter

54595 Prüm
Fleischerei Tix
Teichstr. 3
P: 5
V: VgtM

54595 Prüm
M. u. W. Timons
St. Vither-Str. 49
Tel. 06551/3012
P: 14
V: VgtM

56862 Pünderich
Weingut Clemens Busch
Im Wingert 33
Tel. 06542/22180
P: 16
V: BÖW

56862 Pünderich
Weingut Frank Brohl
Zum Rosenberg 2
Tel. 06542/22148
P: 16
V: BÖW

56235 Ransbach-Baumbach
Vollwertfrischkost Service K. Henneke
Eulerstraße
Tel. 02623/3505
Fax 02623/4333
P: 8, 9, 10

76829 Ranschbach
Wein- und Sektgut Franz Braun
Weinstr. 10
Tel. 06345/2832
P: 13, 16
V: BÖW

55471 Reich
Fam. Stefan Schneider
Ringstr. 12
Tel. 06761/5199
P: 2, 5, 8, 9
V: Bioland

56357 Reichenberg
Alfred Hammann
Siedlung Bornshöhe
Tel. 06771/2304
P: 7, 8, 9, 11
V: Bioland

67829 Reiffelbach
Horst Maurer
Glastalstr. 2
Tel. 06753/2052
P: 3, 5, 6, 7, 8, 9, 12, 13

56861 Reil
Steffens-Keß Weingut
Moselstr. 63
Tel. 06542/1246
P: 16
V: BÖW

56477 Rennerod
Peter Doppstadt
Albertshof
Tel. 02664/5856
P: 5, 11
V: Bioland

55624 Rhaunen
Hunsrück - Marketing
Zum Idar 23
Tel. 06544/18142
Fax 06544/18121
P: 5
V: VgtM

76764 Rheinzabern
Naturkostladen Welschkorn
Hauptstr. 44
Tel. 07272/75518

76835 Rhodt
Biolandhof AAX Franz Krahl
Weinstr. 77
Tel. 06323/81436
Fax 06323/6867
P: 2,3,7,8,9,10,11,12, 13,16
V: BÖW

54340 Riol
Ludwig Thul
Pfarrer-Mergen-Str. 9
Tel. 06502/4103
P: 16
V: BÖW

67806 Rockenhausen
Der Natürliche Laden Sylvia Thiel
Kreuznacher Str. 1
Tel. 06361/8727
V: Demeter

66976 Rodalben
Der Naturkostladen
Hauptstr. 131
Tel. 06331/18467
P: 3
V: VgtM

67688 Rodenbach
Gerd Lang
Hauptstr. 22
Tel. 06374/1501
Fax 06374/5183
P: 2, 3, 5, 6, 7, 8, 9, 10, 11, 12, 13, 16
V: Bioland

67354 Römerberg
Naturkostladen
Viehtriftstr. 26
Tel. 06232/82307

67354 Römerberg
Otto Schulz-Marquart
Rosenweg 10
Tel. 06232/82334
P: 7, 12
V: Demeter

56295 Rüber
Hof Rübe - Naturkostladen Rübezahl
Dr.-Albert-Schweitzer-Str. 3
Tel. 02654/1611
P: 1,2,3,5,6,7,8,9,10, 11,12,13,14,15,16
V: VgtM

55593 Rüdesheim
Weinbau Gisela Sossenheimer
Schmidtstr. 25
Tel. 06722/2705
P: 16
V: BÖW

76761 Rülzheim
Kornblume
Eisenbahnstr. 18
Tel. 07272/71928

54439 Saarburg
Bäckerei Streusel
Staden 84
Tel. 06571/5951
V: Bioland, Demeter

55471 Sargenroth
Horst Neuls
Neuweg 4
Tel. 06761/6281
P: 5, 8, 9
V: Demeter

54552 Sarmersbach
Stefan u. Ute Frangen Ulmenhof
Hauptstr. 17
Tel. 06592/3712
P: 5,8,11
V: Demeter

55291 Saulheim
Rolanderhof R. Weyerhäuser
P: 3
V: VgtM

66996 Schindhard
Peter Guth - Bärenbrunnerhof
Tel. 06391/1564
P: 2, 3, 5, 8, 9, 12, 13, 16
V: Bioland

55497 Schnorbach
Gerhard Klöckner
Hauptstr. 11
Tel. 06764/2468
P: 3, 5, 8, 9, 11
V: Bioland

56370 Schönborn
L. Karlson
Hof Schauferts
Tel. 06486/6924
Fax 06486/6924
P: 5, 11
V: Bioland

Rheinland-Pfalz

55288 Schornsheim
Weingut Hof Selene
Friedrich-Ebert-Str. 13
Tel. 06732/3760
P: 16
V: BÖW, Demeter

57632 Schürdt
Bioland-Hof Schürdt
Konrad Mockenhaupt
Mittelstr. 10
Tel. 02685/219
P: 2, 3, 5, 6, 7, 8, 9, 12, 16

76848 Schwanheim
Nova Naturwaren
Wasgaustr. 4
Tel. 06392/2622
V: Demeter

54338 Schweich
Dieter Leinen
Leinenhof
Tel. 06502/5162
P: 5

56377 Seelbach
Natur Dreitausend
Oberdorfstr. 21
V: Demeter

54636 Sefferweich
Ulrike u. Barbara Haab
Heinzenhof
V: Demeter

56820 Senheim
Joachim Deis
Marktstr. 74
Tel. 02673/4448
P: 16
V: BÖW

55758 Sensweiler
Lothar Haag
Hauptstr. 15
Tel. 06786/2365
P: 5, 7, 8, 9
V: Bioland

54455 Serrig
Hofgut Serrig Zweigstelle d. Lebenshilfe-Werkstatt Trier GmbH
Domänesiedlung
Tel. 06581/9145-0
Fax 06581/9145-50
P: 2,3,5,6,7,12,13,14, 15,16

76833 Siebeldingen
Badestrand Naturversand
Bismarckstr. 1
Tel. 06345/7008
Fax 06345/7703
P: 15

55767 Siesbach
Helga Förster
Hauptstr. 53
V: Demeter

55469 Simmern
Sieben Sinne
Vor dem Tor 7
Tel. 06761/5135
Fax 06761/13874
V: BNN, Demeter

53489 Sinzig
Hollerhof, Johannes u. Martina Steinheuer
Ahrentalerstr. 810
Tel. 02642/6641
P: 5, 8, 9, 12
V: Bioland

53489 Sinzig
Karl-Heinz Schuld
Heinrichshof
Tel. 02642/45788 u. 42143
P: 3, 5, 6, 14
V: VgtM

53489 Sinzig
R. u. T. Capellmann Eifel-Laden
Koblenzer Str. 17
P: 3

V: VgtM

55566 Sobernheim
Simterwies Naturprodukte
Ingelsbachstr. 12
Tel. 06751/6856
V: BNN, Demeter

67346 Speyer
Querkorn
Kutschergasse 3
Tel. 06232/79249
V: BNN, Demeter

55576 Sprendlingen
Klatschmohn
Elisabethenstr. 41
V: Demeter

67487 St Martin
Weingut Winfried Seeber Bioland-Betrieb
Edenkobener Str. 31
Tel. 06323/2301
P: 13, 15, 16

56329 St. Goar
Mühle u. Naturkost Philipps
Gründelbachstr. 49
V: Demeter

67487 St. Martin
Weingut Stephanshof Reinhold Kiefer u. Sohn
Jahnstr. 42
Tel. 06323/4577
Fax 06323/7876
P: 13, 15, 16
V: Bioland

55271 Stadecken-Elsheim
Otfried Rutsch
Burggrabenstr. 12
Tel. 06136/2161
P: 7

55271 Stadecken-Elsheim
Weingut Wambolderhof Frank Bernhart
Langgasse 8
Tel. 06136/6114
P: 13,16
V: BÖW

55599 Stein-Bockenheim
Hermann Dexheimer
Breitegasse 19
Tel. 06703/1439
P: 15

55599 Stein-Bockenheim
Gerhard Ramser
Kirchgasse 6
V: Demeter

55286 Sulzheim
Obsthof am Schlehbaum, Volker u. Marlies Wolf
Hintere Dorfstr. 18
Tel. 06732/8919
P: 9, 12, 15

55471 Tiefenbach
Kurt Schmidt
Hauptstr. 3
Tel. 06761/2874
P: 5, 8
V: Demeter

56841 Traben-Trarbach
Peter Frommer
Berenbruchstr. 15
Tel. 06541/2810
P: 16
V: BÖW

54290 Trier
Hildegarten Naturkost
Deutschherrenstr. 12a
Tel. 0651/42720

54290 Trier
Zwiebel Naturkost
Jüdemerstr. 15
Tel. 0651/41314
Fax 0651/41323
P: 1,2,3,4,5,6,7,8,9,10, 11,12,13,14,15,16
V: Demeter

54290 Trier
Bäckerei Streusel
Karl-Marx-Str. 38
Tel. 0651/41509
P: 2
V: Bioland, Demeter

54290 Trier
Bioladen
Neustr. 57
Tel. 0651/42423
V: BNN, Demeter

54290 Trier
Wilde Wurzel
Sichelstr. 20
Tel. 0651/48337
Fax 0651/48337
P: 1,2,3,7,8,9,10,11, 12,13,15,16

54293 Trier
Naturwaren Alfred Dickmann
Steinbrückstr. 15
Tel. 0651/63930
V: Demeter

54294 Trier
Hans-Josef Greif
Oberkirch 8
Tel. 0651/85710
P: 3, 7, 9, 12

67705 Trippstadt
Richard Weismann
Tel. 06306/528
P: 2, 3, 5, 7, 9, 10, 11
V: Bioland

55278 Uelversheim
Weingut Jakob Neumer
Guntersblumer Str. 52-56
Tel. 06249/8258
Fax 06249/7128
P: 13, 16
V: BÖW

54619 Üttfeld-Binscheid
Robert Schweyen
P: 5
V: VgtM

53572 Unkel
Haus Rabenhorst
O. Lauffs GmbH & Co. KG
Scheurener Str. 4
Tel. 02224/1805-0
Fax 02224/180570
P: 13

53572 Unkel
Öko-Wein-Keller
Scheurener Str. 21
Tel. 02224/78589
P: 16

67746 Unterjeckenbach
Erik von Witzleben
Hauptstr. 1
Tel. 06788/7133
P: 3, 6, 8, 9, 11
V: Bioland

56317 Urbach
Rolf Müller
Müllerhof
Tel. 02684/4274
P: 3, 5, 9, 15

56182 Urbar
Gerhard Kohl
Arenberger Str. 46
Tel. 0261/61690
Fax 0261/699595
P: 2,3,5,6,7,8,9,10,11, 12,13,15,16
V: Bioland

56179 Vallendar
Bäckerei R. Klingseisen
Heerstr. 30
Tel. 02621/61661-601
P: 2
V: Bioland, Demeter

56179 Vallendar
Vallendarer Naturkostladen
Höhrerstr. 2
Tel. 0261/671515
V: Demeter

66957 Vinningen
Rudi Groh
Alte Gasse 2
P: 3
V: VgtM

55546 Volxheim
Weingut Brühler Hof
Talgartenstr. 12
Tel. 06703/606
Fax 06703/3752
P: 16
V: BÖW

57614 Wahlrod
Alfred Schuster
Hehlinger Hof
Tel. 02608/8774
P: 5

57614 Wahlrod
Dietmar Ahlhäuser
Ringweg
Tel. 02680/8439
P: 5

56477 Waigandshain
Wolfgang Schäfer
Geflügelhof Fuchskaute
Tel. 02664/1761
Fax 02664/90477
P: 3, 14, 15

55444 Waldlaubersheim
Fuchs-Jacobus
Im Schloßhof
Tel. 06707/1722
Fax 06707/1723
P: 13, 16
V: BÖW

55444 Waldlaubersheim-Nahe
Dipl.-Ing. Ulrich G. Schilling
Weingut Weincastell
Tel. 06707/498
Fax 06707/8656
P: 12, 13, 15, 16
V: Naturland

55595 Wallhausen
Prinz zu Salm-Dalberg'sches Weingut
Schloss Wallhausen
Tel. 06706/289
Fax 06706/6017
P: 13, 16
V: Naturland

67256 Weisenheim
Gerhard H. Schulze
Almenweg 28
Tel. 06353/7697
P: 7

56191 Weitersburg
A. Bolkenius
Grenzhausenerstr. 23
Tel. 02622/7406
V: Bioland

67808 Weitersweiler
Naturkornhof Gerhard Hauptmann
Hauptstr. 13
Tel. 06357/463
P: 2, 3, 5, 6, 8, 9, 10, 15

55234 Wendelsheim
Korn-Michel Hasselmühle-Michel GmbH
Tel. 06734/314
Fax 06734/1098
P: 10
V: Demeter

56457 Westerburg
Der Bioladen - Peter Rump
Bahnhofstr. 13
Tel. 02663/2266
P: 2,3,4,5,7,8,9,10,11, 12,13,15,16

67593 Westhofen
Weingut Hirschhof
Seegasse 29
Tel. 06244/349
Fax 06244/57112
P: 13, 16
V: BÖW

67593 Westhofen
Weingut Wittmann
Mainzer Str. 19
Tel. 06244/7042
Fax 06244/5578
P: 16
V: Naturland

55767 Wilzenberg-Hußweiler
Klaus Wilke
Sägemühle
Tel. 06787/8316
P: 15

54457 Wincheringen
Hans-Jürgen Stempien
Mühlenweg 24
Tel. 06583/849
P: 16
V: BÖW

55452 Windesheim
Reinhold Großmann
Weingut
Im Setzling 8
Tel. 06707/583
P: 13, 15, 16
V: BÖW

55452 Windesheim
Weingut Konrad Knodel
Kreuznacher Str. 21
Tel. 06707/232

Fax 06707/231
P: 13, 16
V: Bioland, BÖW

67722 Winnweiler
Dieter Dreßler
Mühlweg 4
Tel. 06302/3306
P: 2, 10
V: Bioland

78737 Winzeln
Walter Klein
Bottenbacher Str. 111
P: 3
V: VgtM

56422 Wirges
Naturkostladen Wirges
Bahnhofstr. 96
Tel. 02602/60311
V: BNN

57537 Wissen
Tautröpfchen
Bahnhofstr. 3
V: Demeter

57537 Wissen
Bäckerei/Konditorei Hubert Brendebach
Siegstr. 2
V: Demeter

54516 Wittlich
Naturkostladen Regine Bitriol-Otten
Trierer Landstr. 17
Tel. 06571/29557

55286 Wörrstadt
Klaus Kussel
Eichenhof
Tel. 06732/2489
Fax 06732/63243
P: 3,5,6,7,8,9,10,11, 12,15,16

55286 Wörrstadt
Hans-Friedrich u. Stephan Kreis

Hauptstr. 3
Tel. 06732/2166
P: 7, 9, 12, 15

76744 Wörth
Heinrich Dümler Maximiliamsau
Dietrich-Bonhoeffer-Str. 9
Tel. 07271/41707
Fax 07271/42572
P: 2, 3, 6, 7, 8, 9, 10, 11, 12, 16
V: Bioland

76744 Wörth
Löwenzahn Naturkost
Pfarrstr. 1b
Tel. 07271/3306
P: 2, 7, 8, 9, 10, 11, 12, 13, 16
V: BNN

67549 Worms
Sonne & Wind Naturkosthaus
Alleyer Str. 77
Tel. 06241/591921
Fax 06241/5911925
P: 1,2,3,4,5,6,7,8,9,10, 11,12,13,14,15,16
V: BNN, Demeter

67549 Worms
Robert Hammann
Wörthstr. 12
Tel. 06241/78853
P: 16

67549 Worms
Herbert Loos Wochenmarktstand
Bürstadt
P: 3

67549 Worms
Norb. u. Angelika Fritz Wochenmarkt (Di+Sa)
P: 3
V: VgtM

67550 Worms
Michael Glaser
Donaustr. 17
P: 12
V: Demeter

56856 Zell
Christoph Rimmele
Zandtstr. 87
Tel. 06542/22729
P: 16
V: BÖW

56856 Zell-Kaimt
Wein + Sekt Klaus Stülb
Untere Barlstr. 20
Tel. 06542/4918
P: 13, 15, 16
V: BÖW

56856 Zell-Merl
Weingut Alfred Cuy
Zandtstr. 82
Tel. 06542/22518
Fax 006542/1755
P: 16
V: BÖW

67308 Zellertal
Ernst Hessemer
Hauptstr. 10
Tel. 06355/632
P: 3, 5, 6, 13, 15, 16

67308 Zellertal
Weingut Janson Bernhard
Hauptstr. 5
Tel. 06355/1781 u. 2424
Fax 06355/3725
P: 16
V: BÖW

67308 Zellertal
Winzerhof Fippinger-Wick
Hauptstr. 2
Tel. 06355/2201
Fax 06355/3176
P: 16

67308 Zellertal-Zell
Helmut Krauß
Hauptstr. 1 u. 3
Tel. 06355/655 u. 2003
P: 13, 16
V: BÖW

54313 Zemmer
Bio Flora
Werner Rosemann
Bornweg 19a
V: Demeter

54655 Zendscheid
Haus Mader
Dorfstr. 9
Tel. 06563/2884

55270 Zornheim
Wilfried Becker
Hahnheimer Str. 30
Tel. 06136/44790
P: 12, 15, 16

55270 Zornheim
Gerhard Kneib
Neugasse 12
Tel. 06136/44429
P: 12, 13, 15, 16

55270 Zornheim
Bardo Kneib
Universitätsstr. 3
Tel. 06136/43928
P: 7, 9, 15, 16
V: BÖW

55270 Zornheim
Herbert Zimmermann
Untergasse 18
Tel. 06136/44420
P: 7, 9, 12, 13, 15, 16

66482 Zweibrücken
Mühle Isemann
Bahnhofstr. 41
Tel. 06336/386
V: Bioland

66482 Zweibrücken
Naturkostladen am Schloß
Schloßplatz 3
Tel. 06332/16688
V: BNN

66482 Zweibrücken
Abbelgrudze
Schloßstr. 3
P: 3
V: Demeter, VgtM

Saarland: Landesverbände und Institutionen

Siehe Landesverbände und Institutionen in Rheinland-Pfalz S. 367

Saarland: Einkaufsadressen

66701 Beckingen
Kornstübchen
Jahnstraße
V: Demeter

66701 Beckingen-reimsbach
Hofladen Selzer
Kapellenstr. 23
Tel. 06832/7162
P: 2,3,5,8,9,11,15
V: Bioland

66440 Blieskastel
Appelgrütze
Bärbel Werner
Kardinal-Wendel-Str. 54
Tel. 06842/2714
P: 3
V: BNN, Demeter, VgtM

66440 Blieskastel-Aßweiler
Bioland-Metzgerei Weller
Jahnstr. 12
Tel. 06803/1424
P: 5

66359 Bous
Naturkost Bous
Saarbrückerstr. 87
Tel. 06834/2433
Fax 06834/2433
P: 2,3,5,7,8
V: BNN

66763 Dillingen
Regenbogen
Kelkelstr. 45
Tel. 06831/701876
V: Demeter

66806 Ensdorf
Kornblume
Inh. Helga Dohm
Provinzialstr. 151
V: Demeter

66453 Gersheim
Gärtnerei J. Hecht
Haus Sonne
Walsheim
V: Demeter

66453 Gersheim
Peppenkumer Naturkost
Medelsheimer Str. 17
V: Demeter

66453 Gersheim
Alfons Anna
Walsheimerstr. 10
Tel. 06843/8221
P: 5, 12, 14, 15
V: Bioland

66424 Homburg
Bäckerei Emser
Hauptstr. 37
Tel. 06853/5560
P: 2
V: Bioland, Demeter

66424 Homburg
Reformhaus Böhm
Saarbrücker Str. 22
V: Demeter

66271 Kleinblittersdorf
Bübingen Lebenshilfe
für Behinderte
Röthlinger Hof
Tel. 06805/8030
Fax 06805/21564
P: 3, 6, 7, 8, 9, 11
V: Bioland

66822 Lebach
Kornkammer
Pickardstr. 10
P: 3
V: Demeter, VgtM

66679 Losheim
Konrad Meiers
Im Dell 28
Tel. 06872/4846
P: 8, 9
V: Bioland

66399 Mandelbachtal
Gärtnerei
Am Roten Wald
Tel. 06803/1613
P: 7, 12
V: Demeter

66399 Mandelbachtal
Werner u. Monika
Wack
Eichelberger Hof
Tel. 06803/1214
P: 2, 3, 5, 6, 7, 8, 9, 11, 12
V: Bioland

66646 Marpingen
Pusteblume
Alsweiler Str. 16
V: Demeter

66646 Marpingen
Bäckerei-Konditorei
Toni Recktenwald
Hauptstr. 36
V: Demeter

66646 Marpingen
Bäckerei Stefan Leist
Klingenrech 3
Tel. 06853/5560
Fax 06853/30903
P: 2
V: Bioland

66589 Merchweiler
Fein- u. Vollkornbäckerei Bernhard Riefer
Bahnhofstr. 36
Tel. 06825/2667
Fax 06825/2667
V: Bioland

66589 Merchweiler
Naturkostladen
Gertrud Dörr
Friedrichstr. 17
P: 3
V: Demeter, VgtM

66663 Merzig
Neuform - Reformhaus Jörg Manderscheid
Poststr. 35
Tel. 06861/2421

Einkaufsadressen

66693 Mettlach
Hubert Kirsch
Auf Wollscheidt 8
Tel. 06864/1293
P: 8, 9, 11
V: Bioland

66809 Nalbach
S. + M. Paul
Hauptstr. 118
Tel. 06838/6098
P: 7, 8, 9, 12, 15
V: Bioland

66538 Neunkirchen
Immergrün Grunder
Marienstr. 35
P: 3
V: Demeter, VgtM

66620 Nonnweiler
Bäckerei Mörsdorf
Hauptstr. 14
Tel. 06875/326
V: Bioland

66564 Ottweiler
Naturwaren Bio am Bahnhof
Bahnhofstr. 5
V: Demeter

66564 Ottweiler
Lillah Gassmann
Enggasse 6
V: Demeter

66564 Ottweiler
Josef Wiesner
Lenzenthaler Hof
Tel. 06824/3127
P: 5, 8, 11
V: Bioland

66706 Perl
Doris Meiser
Kapellenstr. 3
P: 3, 6
V: Demeter, VgtM

66346 Püttlingen
Vollkornbäckerei Naturkost Peter Schales GmbH
Völklinger Str. 6
Tel. 06898/62883

66780 Rehlingen-Siersburg
Bäckerei Heinz Remmel
Poststr. 47
P: 2
V: Demeter

66111 Saarbrücken
Ringelblume Conny Kurz
Cecilienstr. 23
Tel. 0681/397135
V: Demeter

66111 Saarbrücken
Gepa - Aktion Dritte Welt Handel Regionalstelle Saar
Großherzog-Friedrich-Str. 44
Tel. 0681/36543

66111 Saarbrücken
Neue Erde GmbH
Rotenbergstr. 33
Tel. 0681/372313
Fax 0681/3904102

66111 Saarbrücken
Mutter Erde
Türkenstr. 13
Tel. 0681/398078
V: Demeter

66119 Saarbrücken
Naturkostladen St. Arnual
Saargemünder Str. 139
Tel. 0681/855258

66125 Saarbrücken
Korn un Riewe Naturladen
Beethovenstr. 13
Tel. 06897/74790
P: 3
V: Demeter, VgtM

66126 Saarbrücken
Naturata
Alleestr. 1
Tel. 06898/83304
P: 3
V: Demeter, VgtM

66128 Saarbrücken
U. Weins
Blumenstr. 20
Tel. 0681/702535
P: 7
V: Bioland

66129 Saarbrücken
Obere Saar e.V. Lebenshilfe für Behinderte
Industriestr. 8
Tel. 06805/8030
P: 3, 6, 11

66130 Saarbrücken
Naturkost Die Ähre Barbara Künstle
Hochstr. 164
V: Demeter

66127 Saarbrücken-Klarenthal
Aurica Naturheilmittel u. Naturwaren GmbH
Kreisstr. 157
Tel. 06898/32724
Fax 06898/32321
P: 8, 10, 15

66113 Saarbrücken-Rodenhof
Das Naturwarenhaus
Heinrich-Koehl-Str. 54
Tel. 0681/46678
Fax 0681/47814
P: 1,2,3,5,6,7,8,9,10,11,12,13,15,16

66740 Saarlouis
Distel
Herrenstr. 2
V: Demeter

66740 Saarlouis
Gebr. Franz GmbH
Pavillonstr. 45
Tel. 06831/41087
Fax 06831/48188
P: 1,3,5,6,7,8,9,10,11,12,13,16
V: BNN, Demeter

66740 Saarlouis
Brennessel Naturkost
Engelstr. 4
Tel. 06831/43995
Fax 06831/461418
P: 2,3,5,7,8,9,10,11,12,13,15,16
V: BNN, VgtM

66740 Saarlouis
Saarlouiser Früchtegarten
Zeughausstr. 2
Tel. 06831/48516
Fax 06831/69445
P: 7, 9, 12, 13, 16
V: Demeter

66030 Saarlouis-Neuforweiler
Ferdi Rupp
Sablonhof 4
Tel. 06831/48249
P: 7, 8, 9, 12, 15
V: Bioland

66793 Saarwellingen
Latz Obstplantage
Bahnhofstr. 35
P: 12
V: Demeter

66793 Saarwellingen
N. Dillschneider
Bischof-Ruprecht-Ring
P: 8, 9
V: Bioland

Saarland

66793 Saarwellingen
Friedrich Latz
Labachstr. 67
Tel. 06838/2202
P: 3, 7, 8, 9, 12, 15
V: Bioland

66793 Saarwellingen
H. Reinhart
Vorstadtstr. 111
Tel. 06838/2724
P: 5, 8, 9, 11
V: Bioland

66839 Schmelz
Löwenzahn
Lindenstr. 15
Tel. 06887/3502
P: 2, 8, 10, 13, 15
V: Demeter, VgtM

66386 St. Ingbert
Naturwarenladen
Alte Bahnhofstr. 12
Tel. 06894/382458
P: 1,2,3,5,7,8,9,10,11,
12,13,14,15,16
V: BNN, Demeter

66386 St. Ingbert
Hof Hochscheid
Hochscheid
Tel. 06894/88530
P: 5, 7, 8, 9, 11
V: Demeter

66386 St. Ingbert
Olk' Vollkornbackhaus GmbH
Hauptstr. 54
Tel. 06894/7588 u. 87886
Fax 06894/870156
P: 2
V: Bioland

66606 St. Wendel
Lillah's Naturfeinkost & Naturwarenhaus
Luisenstr. 45
Tel. 06851/83235

66606 St. Wendel-Urweiler
Mühle Betz
Dörrwiesmühle
Tel. 06851/2221
V: Bioland

66606 St. Wendel.
Martinshof Bioland-Betriebsgemeinschaft
In der Brombach 6
Tel. 06856/272
Fax 06856/8519
P: 1,2,3,5,7,8,9,11,12,
13,14,16

66280 Sulzbach
Der Kornladen
Fischbacher Weg 9
Tel. 06897/51353
V: BNN, Demeter

66636 Tholey
IFOAM Intern. Vereinigung Verein Biologischer Landbaubewegungen
Hofgut Imsbach
Tel. 06853/5190
Fax 06853/30110

66636 Tholey
Hofgemeinschaft
Hofgut Imsbach
Tel. 06853/1679
Fax 06853/30110
P: 1, 3, 5, 6, 8, 9, 11, 13, 14
V: Bioland

66636 Tholey
Marga's Bioladen
Leitzweilerstr. 2
Tel. 06853/4423

66333 Völklingen
Bäckerei Peter Schales GmbH
Poststr. 28
Tel. 06898/16427
P: 2
V: Bioland, BNN

66333 Völklingen
Kornkammer
Völklingerstr. 74
Tel. 06898/439273
V: Demeter

66687 Wadern
Naturkost Cl. Bäcker
Am kleinen Markt 7
Tel. 06871/1752

66787 Wadgassen
Friedrich Comtesse
Feldstr. 10
Tel. 06834/43880
P: 7, 8, 9
V: Bioland

66798 Wallerfangen
Verein f. Sozialpsychiatrie
Abt. Gärtnerei
Schlachthausweg 1
Tel. 06831/60507
Fax 06831/69488
P: 3, 7, 15
V: Bioland

66709 Weiskirchen
Mathias Jung
Am Brückelchen 8
V: Demeter

Sachsen: Landesverbände und Institutionen

Grüne Liga Sachsen
Friedrichstr. 57
01067 Dresden
Tel. 0351/4961875

*Grüne Liga Sachsen
Region Chemnitz*
Henriettenstr. 5
09112 Chemnitz
Tel. 0371/34470

GÄA
Plauenscher Ring 40
01187 Dresden
Tel. 0351/4012389

*Sächs. Interessengemeinschaft Ökolog.
Landbau e.V.
Kontakt über ländl.
Bildungsgesellsch.
Nr. 36*

04808 Wasewitz
Tel. 03425/3932
Fax 03425/3932
V: Grüne Liga

*Sächsischer Ring für
biolog.-dyn. Wirtschaftsweise zur Pflege d. ökolog. Landbaus*
Heideparkstr. 1a
01099 Dresden

Tel. 0351/5022372
V: Grüne Liga

*Verbraucher-Zentrale
Sachsen e.V.*
Burgstr. 2
04109 Leipzig
Tel. 0341/1291441

Sachsen: Einkaufsadressen

08294 Affalter
E. Nötzel
Laubenweg 2
P: 3

01561 Altleis
Getränkehandel Ziep
P: 3
V: VgtM

01477 Arnsdorf
Kelterei Walther
Karswaldsiedlung 5
P: 13

09392 Auerbach
Gesundkost Thomas
Hauptstr. 25
Tel. 03721/3574
P: 1,2,3,4,7,8,9,10,11, 12,13,15

04457 Baalsdorf
Linke-Hof
Hauptstr. 6
Tel. 0341/4774916
P: 2,7,8,9,15
V: Demeter

04683 Belgershain
Wieland Bormann Gartenbaubetrieb
Otterwischer Str. 4
Tel. 0343/47301
P: 7, 12
V: GÄA

08496 Brunn
Chr. Wehrmann
Flurstr. 13

01906 Burkau
Frau Lange
Hauptstr. 234
P: 3
V: VgtM

01665 Burkhardswalde
H. Schlosser
Nr. 26

09112 Chemnitz
AG Bioladen des BUND Sachsen
Henriettenstr. 5
Tel. 0371/30962
P: 1,2,7,8,9,10,13,16

09112 Chemnitz
Verbraucher-Zentrale Sachsen e.V., Beratungszentrum Chemnitz
Henriettenstr. 51
Tel. 0371/30051

09112 Chemnitz
Grüne Liga Sachsen Region Chemnitz
Henriettenstr. 5
Tel. 0371/34470

09130 Chemnitz
Naturkost Lenz
Inh. Lehmann & Enzmann
Hainstr. 55
P: 2,3,7,8,9,10,11,12, 13,14,15

09619 Dorfchemnitz
Fr. Schramm
Hauptstr. 131

01067 Dresden
Grüne Liga Sachsen
Friedrichstr. 57
Tel. 0351/4961875

01097 Dresden
Bio-Sphäre Naturkost
Erlenstr. 1

01099 Dresden
Bio-Sphäre Naturkost
Förstereistr. 29

01099 Dresden
Sächsischer Ring für biolog.-dyn. Wirtschaftsweise zur Pflege d. ökolog. Landbaus
Heideparkstr. 1a
Tel. 0351/5022372
V: Grüne Liga

01159 Dresden
Biol.-dyn. Gärtnerhof Veit Ludewig
Saalhausener Str. 66
Tel. 0351/434268
P: 7, 12, 15
V: Demeter

01277 Dresden
Naturkostladen Kornblume
Dornblüthstr. 29
Tel. 0351/335220

P: 2,3,7,8,9,10,11,12, 13,14,15,16

01326 Dresden
S. Schmidt
Dampfschiffstr. 2

01187 Dresden
GÄA
Plauenscher Ring 40
Tel. 0351/4012389

09575 Eppendorf
Bio-Gärtnerei
Jens Vogel
Freiberger Str. 39
P: 7,12,15
V: GÄA

09509 Forchheim-Erzgebirge
Keiligs Feldgemüsebau
Dorfstr. 102
P: 7, 9
V: GÄA

09509 Forchheim-Erzgebirge
Ökolog. Milchviehvertrieb
Dorfstr. 98
P: 5,8,11,14
V: GÄA

09599 Freiberg
Verbraucher-Zentrale Sachsen e.V., Beratungsstelle Freiberg
Meißner Gasse 19
Tel. 03731/32916

Fax 03731/32956

01705 Freital
Sonni Kürbis
Am Berg 4
P: 3
V: VgtM

01744 Friedersdorf
Karl u. Jörg Klemm
Frauensteiner Str. 1
Tel. 037326/539 u. 334
P: 3, 5, 6, 8, 14, 15
V: GÄA

01728 Golberode
Senfkorn
Straße zur Babisnauer
Pappel 8

01728 Golberode
Mathias u. Iris
Schwarzwälder
Zur Pappel 8
P: 7, 15
V: GÄA

01809 Gorknitz
Alternativer Landbau
u. Behinderten-Gut
Gamig e.V.
Gamig Nr. 031-0
Tel. 03529/512316
P: 6, 7, 8, 9, 14
V: GÄA

09661 Goßberg
Universität im Bauernhaus Goßberg e.V.
Hauptstr. 15
Tel. 0161/5310285
P: 7,8,9,11,14,15
V: GÄA

01558 Großenhain
Bistro
Berliner Straße
P: 3
V: VgtM

01558 Großenhain
Bäckerei Brodauf
Poststr. 5
P: 3
V: VgtM

01558 Großenhain
Diät-Verkaufsstelle
Meißner Str. 16
P: 3
V: VgtM

01558 Großenhain
Grillbar
Naundorfer Str. 4
P: 6
V: VgtM

01558 Großenhain
Verkaufsstelle Gotze
Berliner Str. 18
P: 3
V: VgtM

01558 Großenhain
Verkaufsstelle Kirst &
Co.
Hauptmarkt
P: 3
V: VgtM

01558 Großenhain
Lebensmittel Riedel
Weßnitzer Str. 2
Tel. 03522/63139
P: 3
V: VgtM

01558 Großenhain
Bäckerei Tischer
Rostiger Weg 29
P: 3
V: VgtM

01558 Großenhain
Bäckerei Ruhig
Wildenhainer Str. 98
P: 3
V: VgtM

01558 Großenhain
Großenhainer Geflügelhof
Wildenhainer Str. 100
P: 3
V: VgtM

04523 Großstorkwitz
Hans Mühlbach
Nr. 10
Tel. 034296/6732
P: 3, 6, 7, 8, 9, 11, 12
V: GÄA

01768 Hausdorf
Andre Hanke
Obere Dorfstr. Nr. 9
P: 6, 12, 14, 15
V: GÄA

01561 Kalkreuth
Fleischerei Roch
Hauptstr. 39
P: 3
V: VgtM

04758 Leckwitz
Volkmar Wind Imkerei
DSF 12
P: 7, 12, 15
V: GÄA

04109 Leipzig
Verbraucher-Zentrale
Sachsen e.V.
Burgstr. 2
Tel. 0341/1291441

04275 Leipzig
Beck's Naturboutique
Fichtestr. 19
Tel. 0341/314710
Fax 0341/311011

04275 Leipzig
Beck's Naturboutique
Karl-Liebknecht-Str. 96
Tel. 0341/314710
Fax 0341/311011

04317 Leipzig
Landwerkstätten Baalsdorf Verein f. Ernährungsökologie e.V.
Breite Str. 8
Tel. 0341/694128
V: Grüne Liga

08485 Lengenfeld
Dieter Friedrich
Fichtengasse 4a
P: 5, 9, 15
V: GÄA

01731 Lungkwitz
Gerda Mixsa
Zu den Mittelwiesen 7
P: 7, 12, 15

01561 Medessen
Landfleischerei
Medessen
Großenhainer Str. 15
P: 5
V: VgtM

08393 Meerane
Marion Guse
Naturwaren
Karlstr. 49
P: 8, 10, 15

08539 Mehltheuer
M. Härtel
Bernsgrüner Str. 24

01665 Miltitz
Mühle Miltitz Furkert-Bartsch
Talstr. 14
Tel. 035244/41841
P: 8, 10, 15

02763 Mittelherwigsdorf
Klaus Roscher
Bahnhofstr. 2
P: 5, 7, 8, 14
V: GÄA

Einkaufsadressen 393

Sachsen

01619 Moritz
Lebensmittel Carla Hein
Dorfstr. 7b
P: 3
V: VgtM

04808 Nemt
Milchgut Nemt Döbelt u. Hantzsche GbR
Schulweg 20
Tel. 03425/817723
Fax 03425/817034
P: 8, 11
V: GÄA

08439 Niederalbertsdorf
R. Jesumann
Dorfstr. 116

01612 Nünchritz
Lebensmittel-Eck Rodhe
Großenhainer Straße
P: 3
V: VgtM

01458 Ottendorf-Okrilla
Reformhaus Bilz
Mühlenstr. 2a
Tel. 03520/54521

01561 Priestewitz
Verkaufsstelle Forberger
Großenhainer Straße
P: 3

V: VgtM

04749 Pulsitz
GbR Reichard/Matthes
Nr. 1
Tel. 034324/22277
P: 2, 3, 7, 8, 9, 11
V: Demeter

08468 Reichenbach-Vogtland
Naturkost Wurzel
Karolinenstr. 9
Tel. 03765/67575
P: 1,2,3,7,8,9,10,11, 12,13,14,15,16

01768 Reinhardtsgrimma
Bernd Bormann
Obere Str. 14
P: 7, 8, 9, 11, 15
V: GÄA

01728 Rippien
Peter Kaiser
Hauptstr. 48
Tel. 0351/4720727
P: 3, 7, 9, 12, 13, 14
V: GÄA

01728 Rippien
Uwe Janz u. Karin Steinbrück
Hornschänkenweg 3
Tel. 0351/4720 679
P: 7, 9, 12, 15
V: GÄA

01619 Röderau
Bosselmann
Dorfplatz 1
Tel. 03525/735086
P: 7, 12
V: GÄA

01809 Röhrsdorf b. Dohna
Lindenmüllerhof Falk Müller
Sürßen Nr. 7
Tel. 03529/512773
P: 3, 5 , 6, 7, 8, 9, 11, 15
V: GÄA

01728 Sobrigau
Hans-Georg Dreßler
Dorfstr. Nr. 1a
P: 12, 14, 15

01665 Taubenheim
Pfarrgut Taubenheim I. Schubert u. M. Schwarzwälder
Schulstr. 5
P: 2, 5, 7, 8, 9, 11, 12, 15
V: GÄA

02906 Thiemendorf
G. Bruckner
Fritz-Reuter-Str. 7

09619 Voigtsdorf
M. Grösel
Hauptstr. 54

04808 Wasewitz
Sächs. Interessengemeinschaft Ökolog. Landbau e.V. Kontakt über ländl. Bildungsgesellsch.
Nr. 36
Tel. 03425/3932
Fax 03425/3932
V: Grüne Liga

02689 Wehrsdorf
Inge Vetter
Weifaer Str. 1
Tel. 035936/30566
P: 3, 6, 11
V: GÄA

08289 Wildbach
Gesundkost Thomas
Kastanienweg 5
Tel. 03772/2737
P: 1,2,3,4,7,8,9,10, 11,12,13,15

04880 Wörblitz
Naturkost B. Nenne
Dahlenbergstr. 16a

09429 Wolkenstein
Bio-K-Reform
Annaberger Str. 6

01561 Würschnitz
U. Hartmann
Am Wald 1

Sachsen-Anhalt: Landesverbände und Institutionen

GÄA - Vereinig. ökolog. Landbau Landesverband Sachsen-Anhalt
Geschwister-Scholl-Str. 7
39164 Schleibnitz
Tel. 039209/46696
Fax 039209/46696

Verbraucher-Zentrale Sachsen-Anhalt e.V.
Am Steintor 14/15
06112 Halle
Tel. 0345/5008316
Fax 0345/5008325

Sachsen-Anhalt: Einkaufsadressen

06184 Dieskau
Ursula Lehrig
Schanze 5
P: 11

06184 Döllnitz b. Halle
Adolf Goedecke
Gutshof
Tel. 0345/7820832
Fax 0345/7820832
P: 2, 3, 5, 6, 7, 8, 11
V: Demeter

06108 Halle
Greenhorn Umweltfreundliche Produkte
Puschkinstr. 21
Tel. 0345/28954

06108 Halle
EVG Landladen e.V.
Große Klausstr. 11
Tel. 0345/24084
Fax 0345/24084
V: Grüne Liga

06112 Halle
Verbraucher-Zentrale Sachsen-Anhalt e.V.
Am Steintor 14/15
Tel. 0345/5008316
Fax 0345/5008325

39167 Hohendodeleben
Naturwaren Hofladen
Langenweddinger Str. 6
Tel. 039204/61394
Fax 032904/61394
P: 1,2,3,5,7,8,9,10,13,16
V: Demeter

39279 Leitzkau
Bernd Böttcher
Zerbster Str. 50
P: 7

39326 Loitsche
Diana Godenhart
Alte Ziegelei
P: 7, 12

39108 Magdeburg
Alles Natur Naturkost - Ökoprodukte
Alexander-Puschkin-Str. 30
Tel. 0391/5613166
Fax 0391/5613166
P: 1,2,3,4,5,7,8,9,10, 11,12,13,15,16

06618 Naumburg
Kornblume e.V.
Steinweg 1
Tel. 03445/370

06618 Naumburg
BIOhenne - Gemeinschaft für ökologische Landbewirtschaftung e.V.
Steinkreuzweg 1
Tel. 03445/777967
Fax 03445/702894

06528 Oberröblingen
Johann Stahl
Hof Goldene Aue
Tel. 03464/674232
Fax 03464/674233
P: 3, 8, 9

39164 Schleibnitz
GÄA - Vereinig. ökolog. Landbau Landesverband Sachsen-Anhalt
Geschwister-Scholl-Str. 7
Tel. 039209/46696
Fax 039209/46696

06918 Seyda
Diest-Hof
Glücksberger Str. 7
Tel. 035387/3104 u. 3105
Fax 035387/2268
P: 3, 7, 8, 9, 14
V: GÄA

39649 Trippigleben
Betriebsgemeinschaft Drömlingshof
Dorfstr. 49
Tel. 0161/6311138
P: 11
V: Demeter

29416 Valfitz
Hans-R. Stockmann
Nr. 7
P: 5
V: VgtM

06528 Wallhausen
Landgut Goldene Aue
Mühlgarten 4
Tel. 034656/20242
Fax 034656/20242
V: GÄA

06722 Wetterzeube
Nikolaus Redlich
Dorfstr. 4 P: 11

Schleswig-Holstein: Landesverbände und Institutionen

Bioland Landesverband Schleswig-Holstein e.V.
Kieler Str. 26
24582 Bordesholm
Tel. 04322/4122
Fax 04322/9236

Landesnaturschutzverband Schleswig-Holstein e.V.
Burgstr. 4
24103 Kiel
Tel. 0431/63027

Landesumweltschutzverband Schleswig-Holstein e.V. (LUSH)
Friedrichstal 32
24939 Flensburg
Tel. 0461/45800

Landwirtschaftskammer Schleswig-Holstein
Holstenstr. 106108
24103 Kiel

Naturland Schleswig-Holstein Lvb. für naturgemäßen Landbau e.V.
Haus Nr. 28
23623 Schwienkuhlen
Tel. 04561/2853
V: Naturland

S-H Naturprodukte mbH & Co. KG
Kieler Str. 24-26
24582 Bordesholm
V: Bioland

Verbraucher-Zentrale Schleswig-Holstein e.V.
Bergstr. 24
24103 Kiel
Tel. 0431/51286
Fax 0431/553509

Schleswig-Holstein: Einkaufsadressen

24239 Achterwehr
Johannes Wessendorf
u. E. Bachm
Dorfstr. 5
Tel. 04340/352
P: 15
V: Bioland

22926 Ahrensburg
Gut Wulfsdorf Georg
Lutz
Bornkampsweg 39
Tel. 04102/51109
P: 1,2,3,4,5,6,7,8,9,
10,11,12,13,14,15,16
V: Demeter, VgtM

22926 Ahrensburg
Naturkostladen Vollkörnchen
Große Str. 7
V: Demeter

22926 Ahrensburg
Hof Bornberg Ahrensburger Werkstätten
K.-Fischer-Str. 7
Tel. 04532/1560
P: 3, 5, 6, 7, 9, 12, 13
V: Bioland

22926 Ahrensburg
Reformhaus Zündorf
KG
Rathausplatz 29
P: 3
V: Demeter, VgtM

22926 Ahrensburg
Grünkern Ahrensburg
J. Behnke u. B. Krebs
Rondell 2
V: Demeter

22926 Ahrensburg
Walter Sommer
Vogelsang 126
Tel. 04102/31958

22926 Ahrensburg
Famila-Markt Kornkamp
P: 3
V: VgtM

25885 Ahrenviöl
Hennings & Lange
Naturkost auf dem
Wochenmarkt
Raiffeisenstr. 20
Tel. 04847/630
V: Demeter

24340 Altenhof
Jugenddorf
Eckernförde
Schnellmark 33
Tel. 04351/4024
Fax 04351/42954
P: 11
V: Bioland

24161 Altenholz
Hof Kubitzberg
Kubitzberg 2
Tel. 0431/322853
P: 2,3,5,6,7,8,9,13,14
V: Bioland

24161 Altenholz
Famila
Altenholzer Str. 9-11
P: 3
V: VgtM

23769 Altjellingsdorf
Klaus Lafrentz
Tel. 04371/3310
P: 3,5,6,7,8,9,13,14
V: Naturland

24214 Altwittenbek
Christian Baasch
Buchenhof
Tel. 0431/312511
Fax 0431/314497
P: 2,3,5,7,8,9,11,15
V: Bioland

22949 Ammersbek
Andreas Handke
Bünningstedter
Feldweg 22
Tel. 040/6033271
P: 7, 15
V: Bioland

24326 Ascheberg
Biohof Först
Groß-Wulfshorst
Tel. 04526/400
P: 2,5,8,9,10

24358 Ascheffel-Schoothorst
Hof Saelde
P. u. K. Richert
Tel. 04353/610 u. 624
P: 2, 5, 7, 8, 9, 11

V: Demeter

21521 Aumühle
Neuformdepot Hans
Eggert
Bergstr. 29
V: Demeter

21521 Aumühle
Heinrich Rathmann
Große Str. 16
V: Demeter

24576 Bad Bramstedt
Reformhaus Berger
Landweg 8
V: Demeter

23843 Bad Oldesloe
Tamari Stefan Wölk
Heiligengeiststr. 11
P: 3
V: Demeter, VgtM

23843 Bad Oldesloe
Dülsen Naturprodukte
GmbH
Industriestr. 17
Tel. 04531/86050

23843 Bad Oldesloe
Reformhaus W. Arndt
Mühlenstr. 1
V: Demeter

23843 Bad Oldesloe
Reformhaus Junck und
Mucke
Mühlenstr. 9-10
P: 3

Einkaufsadressen

V: VgtM

23843 Bad Oldesloe
Produktionsbetriebe
Ewers
Glinde-Hude 5
P: 3
V: VgtM

**23611 Bad
Schwartau**
Reformhaus R.
Volkmann
Lübecker Str. 20
V: Demeter

**23611 Bad
Schwartau**
Rolf Berndt
Promenadenweg 2
Tel. 0451/21738
P: 5, 8, 9
V: Bioland

23795 Bad Segeberg
Bio Markt
Hamburger Str. 39
Tel. 04551/91444
V: Demeter

23795 Bad Segeberg
Reformhaus Ingeborg
Bahr
Kurhausstr. 51
V: Demeter

23795 Bad Segeberg
Fruchthaus Jürgen Hofeldt
Kurhausstr. 33
P: 3
V: VgtM

23619 Badendorf
Günter Rheder
Heckenkaten 18
V: Demeter

**23769 Bannesdorf-
Galensdorf**
Dirk Claussen-Mackeprang
Tel. 04371/3174
V: Naturland

22941 Bargteheide
natürlich No. 10
Mittelweg 10
Tel. 04532/6683
Fax 04532/23734
P: 3
V: VgtM

25355 Barmstedt
Gemüsehof Rostock-
Nause
Lutzhorner Landstr. 40
Tel. 04123/2663
P: 7, 8, 9
V: Bioland

25573 Beidenfleth
Jörg Egge
P: 3
V: VgtM

25575 Beringstedt
H.-O. Voß
Ostermühlen 1
Tel. 04874/391
P: 5
V: VgtM

23769 Bisdorf
Hans Kleingarn
Tel. 04371/3219
V: Naturland

**24327 Blekendorf-
Rathlau**
Gärtnerei Dieken
Sabine Nickel
Rosenkamp
Tel. 04382/465
Fax 04382/1638
P: 7, 9
V: Bioland

25474 Bönningstedt
Reformhaus Bönningstedt Helma Walsh
Kieler Str. 101
V: Demeter

25853 Bohmstedt
Renate u. Hinrich Hansen
Stienkenshof
Tel. 04671/2323
P: 2, 3, 5, 7, 8, 9
V: Bioland, VgtM

24589 Bokel
Bioland-Hof Kiebitzhörn P.A. Martina
Clausen
Dahlenholz 29
Tel. 040/7605782
P: 5
V: VgtM

24802 Bokel
Kay Kühl
P: 3,5
V: VgtM

24855 Bollingstedt
Callsen-Hof
Rainer Callsen-Bracker
Westerschauer Weg 4
Tel. 04625/212
P: 2, 3, 5, 7, 8, 9, 10, 11
V: Demeter

24598 Boostedt
Waldemar Prömel
Stückenredder 20
Tel. 04393/660
P: 2, 3, 5, 6, 7, 8, 9,
12, 13
V: Bioland, VgtM

24582 Bordesholm
Reformhaus Siegfried
Ilius
Bahnhofstr. 48
Tel. 04322/4516
P: 2,3,8,10,11,13,16
V: Demeter

24582 Bordesholm
Naturkostladen Kornblume, Ulla-Britta Luth
Bahnhofstr. 63
V: Demeter

24582 Bordesholm
Naturkostladen Kornblume
Heintzestr. 35
Tel. 04322/4858

24582 Bordesholm
S-H Naturprodukte
mbH & Co. KG
Kieler Str. 24-26
V: Bioland

24582 Bordesholm
Bioland Landesverband Schleswig-Holstein e.V.
Kieler Str. 26
Tel. 04322/4122
Fax 04322/9236

24582 Bordesholm
BÖL Beratungsring
ökologischer Landbau
e.V.
Kieler Str. 26
Tel. 04322/4122

23715 Bosau
Hof Am Wege
Michael Wortmann
H.-H.-Sievert-Str. 15
Tel. 04527/1035
V: Demeter

23715 Bosau
Frauke Sach
Tel. 04521/2398
P: 3, 8, 11
V: Demeter

23715 Bosau-Wöbs
C. u. V. Brandmeier
Tel. 04527/1045
P: 2, 5, 7, 8, 9, 11, 12
V: Demeter, VgtM

Schleswig-Holstein

24250 Bothkamp
Rainer Wolf
Bothkamper Mühle
Tel. 04302/1694
P: 9
V: Bioland

25923 Braderup-Sylt
I.u..H. Detlefs
P: 3, 5
V: VgtM

25996 Braderup-Sylt
Helmut Dethlefs
M.-T.-Buchholzstieg 1
Tel. 04651/42436
P: 2, 3, 5, 7, 8, 9, 10, 11
V: Bioland

25996 Braderup-Sylt
Eckehard Volquardsen
Terpwai 15
Tel. 04651/44369
P: 7, 9, 12
V: Bioland

25355 Bramstedt
Witt-Krüger KG
Am Markt 22
V: Demeter

25364 Brande-Hörnerkirchen
Gemüsehof Jochen Schwarz
Dorfstr. 21
Tel. 04127/694
Fax 04127/8416
P: 3, 5, 7, 9, 12
V: Demeter

25364 Brande-Hörnerkirchen
Eichenhof Hof
Schümann Martina u. Wilfried Schümann
Kreuzweg 1
Tel. 04127/227
Fax 04127/1555
P: 1,2,3,5,6,7,8,9,10, 11,12,13,15,16

V: Demeter, VgtM

25821 Bredstedt
Café Nissen
Arno Carstensen
Osterstr. 55
Tel. 04671/1443
P: 2
V: Bioland

25541 Brunsbüttel
Schornsdorfer's Naturkost
Emil-von-Behring-Straße
Tel. 04852/51843
V: BNN

25541 Brunsbüttel
Neuform-Depot
Thölert
Koogstr. 1012
V: Demeter

25541 Brunsbüttel
Haus für Naturwaren
Pitt Schorndorfer
Koogstr. 87
V: Demeter

25541 Brunsbüttel
Bäckerei Heuer
Tiedemannstr. 21
Tel. 04852/6586
P: 2
V: Bioland

24782 Büdelsdorf
Bäckerei Drews
Hollerstr. 98
Tel. 04331/31318
P: 2
V: Bioland

23845 Bühnsdorf
Werkgemeinschaft
Bahrenhof
Dorfstr. 6
V: Demeter

25761 Büsum
Reformhaus R. Lauenburg
Alleestr. 30
V: Demeter

25767 Bunsoh
Hof Bexte
Waldstr. 3
Tel. 04835/7283
P: 2, 4, 5, 6, 7, 8, 9, 11, 12
V: Demeter

23769 Burg
Kornblume Naturkost & Naturwaren
Osterstr. 11
Tel. 04371/9585
Fax 04371/9506
P: 1,2,3,4,5,6,7,8,9, 10,11,12,13,14,15,16

23769 Burg
Lippert
Breite Str. 19
V: Demeter

25712 Burg
Wegwarte
Buchholzerstr. 11
Tel. 04825/1713
P: 1,2,3,4,5,67,8,9, 10,11,12,13,15,16

23769 Dänschendorf
Claus-Heinrich Weiland
Dorfstr. 15
Tel. 04371/397
Fax 04372/1526
P: 1,2,3,7,8,9,10,11, 12,13,16
V: Naturland

23738 Damlos
Gerhard Schuler
Dorfstr. 8
Tel. 04361/3726
P: 5
V: Bioland

24329 Dannau
Hof Berg, Birgit & Albert Teschemacher
Dorfplatz 3
Tel. 04383/420
P: 2, 3, 5, 8, 9, 11, 14
V: Bioland, VgtM

24329 Dannau
Birgit & Hinrich Wrage
Gowenser Weg 23
Tel. 04383/706
P: 3, 6, 7, 9
V: Bioland

24329 Dannau
Hofgemeinschaft
Dannau
Kührener Weg 4
Tel. 04383/1285
P: 2, 3, 5, 6, 7, 8, 9, 10, 11
V: Bioland

24867 Dannewerk
Bäckerstübchen Dannewerk
Hauptstr. 5
Tel. 04621/32181
P: 2
V: Bioland

24321 Darry
Alf Nafziger
Hauptstr. 24
P: 5
V: VgtM

24149 Dietrichsdorf
Famila-Markt
Schönkirchener Str. 80
P: 3
V: VgtM

24326 Dörnick
Bioladen auf dem
Fuchsberg
Sabine Bunke
Fuchsberg 5
Tel. 04522/2992
Fax 04522/2992

Einkaufsadressen 401

P: 2,5,7,8,9,10,12,
13,15,16

24989 Dollerup
Klaus Nielsen
Terkelstoft 1
P: 3, 5
V: VgtM

24321 Dransau
Uwe Popp
Hörn
P: 5
V: VgtM

24340 Eckernförde
Karl Walther
Dorotheenstr. 9
Tel. 04351/8685
P: 12, 13
V: Bioland

24340 Eckernförde
Reformhaus H. Steinbach
Kieler Str. 52
V: Demeter

24340 Eckernförde
Frische Paradies Christoph
Klarastr. 24
V: Demeter

24340 Eckernförde
Kraut & Rüben
Langebruckstr. 21
Tel. 04351/2282
V: Demeter

24340 Eckernförde
Reformhaus W. Brinkmann
Schulweg 1
P: 3
V: Demeter, VgtM

24214 Eckholz
Edmund Schütt
Nr. 5
P: 5

V: VgtM

25479 Ellerau
Borchers/Lütt Wochenmarktstand (Fr 14-18)
P: 3
V: VgtM

24589 Ellerdorf
Egbert Nitsch
Langenfelder Weg
Tel. 04331/92881
P: 7, 9, 12
V: Bioland

24870 Ellingstedt
Detlef Schmidt Morgenstern
Tel. 04627/1045
P: 5, 11
V: Bioland

25335 Elmshorn
Produkte für gesundes Leben
Dr. Gottfried Lange
Eichhörnchenweg 5
Tel. 04121/1715

25335 Elmshorn
Reformhaus Meyn
G. Wilding
Königstr. 57
P: 3
V: Demeter, VgtM

25335 Elmshorn
Norbert Brandes
Papenhöhe 172
Tel. 04121/5218
P: 7
V: Bioland

25335 Elmshorn
Korn um Korn
Flamweg 15
Tel. 04127/21901
Fax 04127/21901
P: 1,2,3,7,8,9,10,12,
13,15,16

25704 Elpersbüttel
Reimer Groth
Am Deich 7
Tel. 04321/82072
P: 7, 8
V: Bioland

25704 Elpersbüttel
Heinz Postel
P: 3
V: VgtM

24802 Emkendorf
Hans Günther Lange
Ringstr. 2
Tel. 04330/532
V: Naturland

23701 Eutin
Jörg Rühr
Albert-Mahlstedt-Str. 53
V: Demeter

23701 Eutin
Bäckerei u. Konditorei
Klausberger
Albert-Mahlstedt-Str. 65
Tel. 04521/2767
P: 2
V: Bioland

23701 Eutin
Frank Ojus
Königstr. 1
V: Demeter

23701 Eutin
Eutiner Reformhaus
Cornelia Glomp
Lübecker Str. 25
P: 3
V: Demeter, VgtM

24256 Fargau
Klaus-Jochen Lütt
Münstertal
Tel. 04303/325
P: 5
V: VgtM

25779 Fedderingen
Jürgen Dithmer
Hauptstr. 2
Tel. 04836/1552
P: 5, 7, 8, 9
V: Bioland

24244 Felm
Gisela Lehmbecker
Hollin
Tel. 04346/6804
P: 5, 14
V: Bioland

24937 Flensburg
Löwenzahn
Friesische Str. 16
Tel. 0461/28287
V: Demeter

24937 Flensburg
Marienhof
Marienstr. 29
Tel. 0461/12983

24937 Flensburg
Vaikuntha Naturkost
Süderfischer Str. 24
Tel. 0461/29018
Fax 0461/29971
P: 1,2,3,5,6,7,8,9,
10,11,12,13,14,15,16
V: BNN, VgtM

24939 Flensburg
Landesumweltschutzverband Schleswig-Holstein e.V. (LUSH)
Friedrichstal 32
Tel. 0461/45800

24941 Flensburg
Clausen Martinstift
Eckernförder Landstr. 200
P: 5, 6
V: VgtM

24220 Flintbek
Reformhaus Jochen Renner

402 Schleswig-Holstein

Dorfstr. 8
V: Demeter

24220 Flintbek
Naturkost Hilda Horn
Hamburger Chaussee 5
V: Demeter

24232 Flüggendorf
Hans-J. Petersen
Flüggendorfer Str. 1
P: 14
V: VgtM

23909 Fredeburg
Betriebsgemeinschaft Domäne Fredeburg
Tel. 04541/84428
P: 2, 5, 7, 8, 9, 10, 11, 13
V: Demeter

24991 Freienwill
*Freudenhof
Herbert Petersen*
Freudenhof 1
Tel. 04602/312
P: 2, 3, 5, 6, 7, 8, 9, 11, 12
V: Bioland, VgtM

25764 Friedrichsgabekoog
Westhof - Rainer Carstens
Zum Westhof 6
Tel. 04839/671
Fax 04839/677
P: 1,2,3,5,6,7,8,9, 12,13,16
V: Bioland

21493 Fuhlenhagen
Landwirtschaftliche Arbeitsgemeinschaft
Dorfstr. 7
Tel. 04156/7345
P: 2, 3, 5, 6, 7, 8, 9, 10, 11
V: Demeter

21493 Fuhlenhagen
Buschberghof Demeterhof
P: 5
V: VgtM

25899 Galmsbüll
B. u. T. Schmidt-Tychsen
Bahrenhof
Tel. 04661/8770
P: 5, 8, 11
V: Bioland, VgtM

25899 Galmsbüll
Rolf Haug
Marienkoog
Tel. 04665/751
P: 7, 11
V: Bioland

25899 Galmsbüll
Uhlebüller Wohnstätten
Norderhof
Tel. 04665/513
P: 3, 5, 6

25899 Galmsbüll
*Biohof Westküste
Jess Jessen*
Osterhof
Tel. 04661/8557
P: 8
V: Bioland

25836 Garding
Carstenhof Renate & Sieghart Baer
Alter Gard. Deich
Tel. 04862/1313
P: 7, 15
V: Bioland

25836 Garding
P. J. Buttgereit
Hof Siekbuell
Tel. 04862/8699
P: 3, 5, 7, 8, 9, 11, 15
V: Bioland, VgtM

25836 Garding
Landladen Mewes-Kühl
Hülkenbüll 2
Tel. 04862/339
P: 2
V: Bioland

25836 Garding
Drogerie Bete Winter KG
Markt 21
V: Demeter

25836 Garding
Karin & Harald Glawe
Nordergeestweg 42
Tel. 04862/1445
P: 8, 15
V: Bioland

21502 Geesthacht
Reformhaus Wulkow
Bergedorfer Str. 35
Tel. 04152/2761
Fax 04152/81420
P: 2,3,8,10,11,12,13,16

21502 Geesthacht
Naturlädle Geesthacht
Geesthachter Str. 62
V: Demeter

23815 Geschendorf
Ökologische Wirtschaftsgemeinschaft Hof Springe
Tel. 04553/840
P: 7, 9
V: Demeter

24214 Gettorf
Drogerie Otto-Finster
Eichstr. 14
V: Demeter

24321 Giekau
Peter Hendrikson
Am Buchholz 7
Tel. 04381/8728
P: 5, 9, 11

V: Bioland, VgtM

21509 Glinde
Drogerie Gerd Kelb
Am Markt 16
V: Demeter

24960 Glücksburg
H. Petersen Wochenmarktstand (Sa)
Freienwill
P: 3, 5
V: VgtM

25348 Glückstadt
Milch & Honig
Am Markt 9
Tel. 04124/7138
V: Demeter

23758 Göhl
Bio-Hof-Laden Fam. H.J. Schwitt
Rellin
P: 3, 5
V: VgtM

24357 Götheby-Holm
Biohof Marie & Paul Nennecke
Dorfstr. 28
Tel. 04354/8895
P: 5, 8, 9, 10, 11, 16
V: Bioland

21514 Göttin
Hof Grüneck, Martina & Werner Majert
Dorfstr. 13
Tel. 04158/677
P: 3, 5, 6
V: Bioland

21514 Göttin
Antje Prolingheuer & Karl-Heinz Finnern
Dorfstr. 21
Tel. 0458/8140
P: 5, 11, 15
V: Bioland

Einkaufsadressen

24329 Grebin
Hof Lembke
Günter Lembke
Treufeld 7
Tel. 04383/232
P: 2, 3, 5, 6, 7, 8, 9, 10, 11, 14, 15
V: Demeter

23743 Grömitz-Cismar
Hof Klostersee - Klaus-Wigand Nägel
Tel. 04366/517
P: 2, 5, 7, 8, 9, 10, 11, 13
V: Demeter

22956 Grönwohld
Hofschlachterei Moritz
Bahnhofstr. 25
Tel. 04154/58146
P: 5
V: Bioland, VgtM

25836 Grothusenkoog
Karl Hubatsch
Eckhof
Tel. 04862/288
P: 6, 7, 8, 9, 14
V: Bioland

23860 Groß Schenkenberg
Hofgemeinschaft Gut Rothenhausen
Tel. 04508/414
Fax 04508/1843
P: 2, 3, 5, 7, 8, 9, 10, 11, 12,13
V: Demeter, VgtM

22927 Großhansdorf
Reformhaus Lange-Au
Haberkamp 3
V: Demeter

24977 Grundhof
Grundhofer Vollkornbäckerei

Dolleruper Str. 4
Tel. 04636/257
P: 2
V: Bioland

23883 Hakendorf
Henning Oldag
Hauptstr. 17
Tel. 04545/376
P: 3,6
V: VgtM

23883 Hakendorf
Karl-Hans Torkler
Reiherweg 2
Tel. 04545/317
P: 8
V: Bioland

25469 Halstenbek
Ökotopia Frank Schreibner
Am Hollen 4
V: Demeter

25469 Halstenbek
H + H Reich GbR Biomarkt
Heidkampstwiete 2
Tel. 04101/41618
P: 3
V: VgtM

22844 Hamburg
Famila
Stormarnstraße
P: 3
V: VgtM

22929 Hamfelde
Hamfelder Hof Elfenkamper-Raymann Hofladen
Hamfelderhof
Tel. 04154/3516 u. 4937
Fax 04154/82844
P: 1, 2, 3, 5, 6, 7, 8, 9, 10, 11, 12, 13, 16
V: Bioland, VgtM

21502 Hamwarde
Storchenhof - Franz-V. Burmester
Dorfstr. 11
Tel. 04152/3526
P: 5
V: VgtM

24616 Hardebek
Hof Ehlers
Hauptstr. 32-34
Tel. 04324/992
Fax 04324/982
P: 2,3,5,6,7,8,9,10, 11,12,13,15
V: Demeter

24628 Hartenholm
Hof u. Lebensgemeinschaft 5-Eichen Hartenholm e.V.
Hofstr. 5
Tel. 04195/356
Fax 04195/1055
P: 7, 9, 15

24640 Hasenmoor
Hof Ehlers
Dorfstr. 28
Tel. 04195/319
P: 2, 3, 5, 6, 7, 8, 9, 10, 11
V: Demeter, VgtM

25856 Hattstedtfeld
Michael Drechsler
An der Bundesstr. 5
Tel. 04846/738
P: 2, 3, 5, 6, 7, 8, 9,12, 13
V: Bioland

24873 Havetoft
Kastanienhof Hostrupholz
Hostrupholzer Weg 8
Tel. 04603/1396
P: 2, 5, 10, 11, 14, 15
V: Demeter

25761 Hedwigenkoog
Carsten Janssen
Koogchaussee 3
Tel. 04834/2247
V: Naturland

25761 Hedwigenkoog
Volker Brandt
Koogchaussee 3
Tel. 04834/2242
V: Naturland

25746 Heide
Reformhaus-Großpietsch Werner Wieland
Friedrichstr. 6
Tel. 0481/62725
Fax 0481/62725
P: 2,3,7,8,9,10,11, 12,13,15,16

25746 Heide
Himmel & Erde
Schumacherort 3
Tel. 0481/88132
Fax 0481/3697
V: BNN, Demeter

25746 Heide
Schlachter Werner
Husumer Str. 86
P: 5
V: VgtM

24226 Heikendorf
Schlachterei Busche
Dorfstr. 11
P: 3
V: VgtM

24226 Heikendorf
Reformhaus Engmann
Dorfstr. 6
P: 3
V: VgtM

Schleswig-Holstein

24226 Heikendorf
Landwirt Horst Hinz
Silberturm
P: 3
V: VgtM

24226 Heikendorf
Bäckerei Schlüter
Laboer Weg
P: 3
V: VgtM

24226 Heikendorf
Bäckerei Schlüter
Dorfstraße
P: 3
V: VgtM

24226 Heikendorf
Verein gegen tierquälerische Massentierhaltung e.V.
Teichtor 10
Tel. 0431/241550
Fax 0431/245238

23774 Heiligenhafen
Reformhaus Brunotte
Bergstr. 11
V: Demeter

23774 Heiligenhafen
Famila
Sundweg
P: 3
V: VgtM

23619 Heilshoop
Schmiedehof-Imkerei
Hermann Middeldorf
Hauptstr. 43
Tel. 04506/535
P: 3, 5, 6, 7, 8, 9, 12, 15
V: Bioland

27498 Helgoland
Reformhaus Martha Geiger
V: Demeter

24558 Henstedt
Borchers/Lütt Wochenmarktstand Rhen
(Do 14-18)
P: 3, 6
V: VgtM

24558 Henstedt-Ulzburg
Bioland-Hof E. Meyer u. W. Schröder
Düwelsbarg 3
Tel. 04535/8003
P: 5, 8, 9, 12, 13
V: VgtM

24558 Henstedt-Ulzburg
Reformhaus Ursula Barth
Hamburger Str. 8
V: Demeter

23777 Heringsdorf
Rolf Hamann
Augustenhof
P: 5
V: VgtM

25764 Hillgroven
Hans Jürgen Sievers
Ökohof Altenkoog
Altenkoog 1
Tel. 04833/2792
P: 1,2,3,7,8,9,10,12, 13,15,16
V: Naturland

25858 Högel
Ziegenhof
G. & H. Funk
Joldelunder Str. 4
Tel. 04673/621
P: 3, 5, 6, 15
V: Bioland

22946 Hohenfelde
H. u. H. Teschemacher
Vogelfängerkaten
Tel. 04154/5081
P: 8, 11

V: Bioland

24358 Hohenlieth-Aurögen
Ernst-Otto Jacobsen
P: 3
V: VgtM

24594 Hohenwestedt
Reformhaus Meis
Friedrichstr. 33
V: Demeter

24594 Hohenwestedt
Andreas Werner
Papenau 1
Tel. 04871/3124
P: 5, 6

22949 Hoisbüttel
Hof und Laden am Schüberg
Wulfsdorferweg 31
Tel. 040/6051093
P: 1,2,3,5,6,7,8,9, 10,11,12,13,14,15,16
V: Bioland

24876 Hollingstedt
Zwergenwiese
Rümland 21
Tel. 04627/560
Fax 04627/1512
P: 15
V: BNN

24361 Holzbunge
Plöhns Bioland-Hof
Dorfstr. 9
Tel. 04356/1003
P: 3, 5, 7, 9, 11, 12, 13
V: VgtM

25358 Horst
Hof Dannwisch Betriebsgemeinschaft
Tel. 04126/1456
Fax 04126/2784
P: 2, 3, 5, 6, 7, 8, 9, 10, 11, 12, 13, 14, 15
V: Demeter, VgtM

25358 Horst
Christian Lehmann
Schloberger Weg 15
V: Demeter

24850 Hüsby
Hans-Jürgen Gosch
Bergstr. 12
Tel. 04621/4973
P: 11
V: Bioland

24641 Hüttblek
Bioland-Hof Thies
Dorfstr. 3
Tel. 04194/214
P: 2, 3, 5, 6, 7, 8, 9, 11

25813 Husum
Reformhaus Uwe Tschirner
Krämerstr. 6
V: Demeter

25813 Husum
Heinrich Thomas Johannsen
Nordbahnhofstr. 43
Tel. 04841/4142
P: 5, 14
V: Bioland

25524 Itzehoe
Weidenröschen Naturkost u. Naturwaren
Sandberg 12
Tel. 04821/2394
Fax 04821/65363
P: 1,2,3,4,5,6,7,8,9, 10,11,12,13,14,15,16

25524 Itzehoe
Sonnenladen
Feldschmiede 51

22941 Jersbek
Hof am Schüberg
D. Cordes
Klein Hansdorfer Straße
Tel. 040/6050029

Einkaufsadressen

P: 2, 3, 5, 6, 7, 8, 9,
11, 12
V: Bioland

24327 Kaköhl
Jochen Maßmann
An der B 202
P: 3
V: VgtM

24568 Kaltenkirchen
Schrot u. Korn
Friedenstr. 6
Tel. 04191/4723

24568 Kaltenkirchen
*Körnerkiste
Sabine Gantke*
Schützenstr. 20
P: 3
V: Demeter, VgtM

24376 Kappeln
Stadtbäckerei Tange
Mühlenstr. 42
Tel. 04642/2311
P: 2
V: Bioland

24376 Kappeln
Rüdiger Petersen-Steinhilber
Ellerüherweg 13
Tel. 04644/227
Fax 04644/227
P: 6,7,8,9,11
V: Bioland

24376 Kappeln
*Drogerie Schubert
Dieter Koch*
Poststr. 11a
Tel. 04642/2375
Fax 04642/5583
P: 2,8,10,11,13

24376 Kappeln
Reformhaus Walberg
Schmiedestr. 8
V: Demeter

24376 Kappeln
Hof Ahmen
Wacholderweg 1
Tel. 04644/571
P: 5, 9, 11, 14, 15
V: Bioland

24376 Kappeln
Volker Petersen
Olpenitzfeld
Tel. 04644/492
Fax 04644/1492
P: 2,3,5,6,7,8,9,10,
11,12,16

22929 Kasseburg
Hans-Peter Beer
Sachsenwaldstr. 8
Tel. 04154/81968
P: 7, 8, 15
V: Bioland

25548 Kellinghusen
*Vollwertecke
Margret Looft*
Friedrichstr. 8
V: Demeter

25548 Kellinghusen-Overndorf
Mohr
Overndorfer Str. 37
P: 5
V: VgtM

24103 Kiel
*Verbraucher-Zentrale
Schleswig-Holstein
e.V.*
Bergstr. 24
Tel. 0431/51286
Fax 0431/553509

24103 Kiel
Landesnaturschutzverband Schleswig-Holstein e.V.
Burgstr. 4
Tel. 0431/63027

24103 Kiel
Landwirtschaftskammer Schleswig-Holstein
Holstenstr. 106108

24103 Kiel
*Reformhaus Bensing
GmbH & Co. KG*
Knooper Weg 812
P: 3
V: Demeter, VgtM

24103 Kiel
Karstadt
Holstenstraße
P: 3
V: VgtM

24103 Kiel
Nug-Optimus-Hertie
Sophienblatt 2
P: 3
V: VgtM

24103 Kiel
Reformhaus Hintz
Holstenstr. 22
P: 3
V: VgtM

24103 Kiel
Widerhaken
Kirchhofallee 14
P: 3
V: VgtM

24103 Kiel
Peter Steffen Wochenmarkt Exerzierplatz
Muxall
P: 5
V: VgtM

24105 Kiel
*Bio Ecke
Hartmut Hoppe*
Esmarchstr. 19
P: 3
V: Demeter, VgtM

24105 Kiel
*Fruchtschnitten
Michael Lubs*
Feldstr. 24b
Tel. 0431/57437

24105 Kiel
Sven Tietgen
Gerhardstr. 40
V: Demeter

24105 Kiel
Reformhaus Hintz
Blücherplatz 15
P: 3
V: VgtM

24105 Kiel
Reformhaus Hintz
Holtenauer Str. 88
P: 3
V: VgtM

24105 Kiel
Kaiser's Kaffeegeschäft
Blücherplatz
P: 3
V: VgtM

24105 Kiel
Spar-Supermarkt
Holtenauer Str. 70-72
P: 3
V: VgtM

24109 Kiel
Ähre Naturwaren
Hofholzallee 151
Tel. 0431/529513

24109 Kiel
Famila
Bergenring
P: 3
V: VgtM

406 Schleswig-Holstein

24113 Kiel
1000 Körner-Natur-
kost-Markt
Alte Lübecker
Chaussee 21
Tel. 0431/682200
Fax 0431/642515
P: 1,2,3,4,5,6,7,8,
9,10,11,12,13,15,16

24113 Kiel
Ringelblume
Hamburger Chaussee 99
P: 5
V: VgtM

24113 Kiel
Bioland-Fleischerei im
1000-Körner-Markt
Alte Lübecker Chaussee
21
Tel. 0431/682201
Fax 0431/642515
P: 5,6,14
V: Bioland

24114 Kiel
Folkers Kornkiste
Lutherstr. 9
Tel. 0431/671825

24114 Kiel
Folkers Kornkiste
Stadtfeldkamp 3
V: Demeter

24118 Kiel
Schrot & Korn Meinig
& Steckel GbR
Waitzstr. 95
Tel. 0431/566696
Fax 0431/578072
P: 1,2,3,5,6,7,8,9,
10,11,12,13,15,16
V: Demeter, VgtM

24143 Kiel
Der Holzofenbäcker
Heischstr. 19
Tel. 0431/731505
P: 2

V: Bioland

24143 Kiel
Speicher Bioladen
Irmgard Höftmann
Medusastr. 16
P: 3
V: Demeter, VgtM

24143 Kiel
Reformhaus K. Eggers
Vinetaplatz 3
V: Demeter

24145 Kiel
Natur Pur, H. Leufer
Segeberger Landstr. 147
P: 3
V: VgtM

24147 Kiel
Reformhaus Dr.
Schramm
Andreas-Hofer-Platz 8
Tel. 0431/781016
Fax 0431/781031
P: 2,3,7,8,9,10,11,
12,13,16
V: VgtM

24147 Kiel
Famila
Preetzer Str. 298
P: 3
V: VgtM

24148 Kiel
Reformhaus Wel-
lingdorf
Am Seefischmarkt 3
P: 3
V: Demeter, VgtM

24149 Kiel
Kornblume
Dietmar Stiller
An der Holsatiamühle 7
Tel. 0431/201929
P: 1,2,3,6,7,8,9,10,
11,12,13,15,16

24159 Kiel
Reformhaus Simon H.
Skibbe
An der Schanze 38
V: Demeter

24159 Kiel
Ähre Naturwaren
Leitenberger &
Teschendorf
Friedrichsorter Str. 23
P: 3, 5
V: Demeter, VgtM

24159 Kiel
Brennessel
Buschblick 152
Tel. 0431/397863
P: 3
V: VgtM

24159 Kiel
Hasch Gbr. GmbH
Fleischerfachgeschäft
Friedrichsorter Str. 19
Tel. 0431/391083
Fax 0431/392184
P: 5
V: VgtM

24105 Kiel
Fleischerei Seemann
GbR
Holtenauer Str. 111
Tel. 0431/85895
P: 5

25365 Kl. Offenseth
Bärbel - Kl. W. Boltzen
Rosenstr. 80
Tel. 04121/83967
P: 3, 6
V: VgtM

24860 Klappholz
Hasso Hasbach
Westscheider Str. 11
Tel. 04603/334
P: 7, 9
V: Bioland

**23883 Klein Zecher-
Hakendorf**
Conrad Torkler
Seedorfer Str. 2
Tel. 04545/1413
P: 8
V: Bioland

23881 Koberg
Hof Schäfer
Koppelkaten 5
Tel. 04543/7280
P: 3, 5, 6, 8, 9, 15
V: Bioland

25337 Kölln-Reisiek
Köllner Hof
André Rostock
Dorfstr. 3
Tel. 04121/74901
P: 7, 9, 12, 13
V: Bioland

24354 Kosel
M. Kirchschläger
Bäckerweg
V: Demeter

24217 Krokau
Willi Krohn
Dorfstr. 38
P: 3, 5, 6
V: VgtM

**25709 Kronprinzen-
koog**
Rolf Hell
Sophienkoog 20
Tel. 04851/3201
P: 5, 7, 8, 9
V: Bioland

24119 Kronshagen
Spar-Markt
Dorfstr. 3
P: 3
V: VgtM

24119 Kronshagen
Fleischerei Seemann
GbR

Kieler Str. 63
Tel. 0431/589099 u.
589090
Fax 0431/589475
P: 5
V: VgtM

24235 Laboe
Spar-Markt Hans Mähl
Oberdorf 9
P: 3
V: VgtM

**24238 Lammers-
hagen-Bellin**
*Bioland-Hof Gottesga-
be, Peter Hendrikson*
Bauersdorferweg
Tel. 04384/1585
P: 5, 8, 9, 11

24977 Langballig
*Lorenzenhof Langbal-
lig, Matthias Lehmann*
An de Beek 4
Tel. 04636/225
P: 2, 3, 5, 6, 7, 8, 9,
10, 11, 12, 13, 15
V: Demeter

25842 Langenhorn
Olde Oldsen
Dorfstr. 148
Tel. 04672/835
P: 3, 6, 7, 8, 9
V: Bioland

25842 Langenhorn
Karl Ebsen
Hochacker 3
Tel. 04672/283
P: 1,2,3,5,6,7,8,9,10,
11,12,13,14,15,16
V: Bioland

24631 Langwedel
*Daniela & Jörn-Ulrich
Schacht*
Blocksdorf 3
Tel. 04329/668
P: 7, 9, 12

V: Bioland

24631 Langwedel
Enno Doobe
Dorfstr. 16
Tel. 04329/638
P: 7
V: Bioland

23881 Lankau
*Nil's Farm Ernst-Walter
Nehls*
Dorfstr. 6
Tel. 04542/2981
P: 3, 5, 6, 7, 8, 9, 12, 13
V: Bioland

21481 Lauenburg
*Naturkostladen Son-
nenblume
Käthe Matzat*
Grünstr. 34
Tel. 04153/51659
V: Demeter

21481 Lauenburg
*Weingarten-Drogerie
Jörn Nabert*
Weingarten 6
V: Demeter

23738 Lensahn
*Reformhaus B. Saltz-
mann*
Eutiner Str. 5
V: Demeter

23738 Lensahn
Villa Kunterbunt
Friedrich-August-Str. 14
V: Demeter

24969 Lindewitt
Bäckerei Hoffmann
Dorfstr. 14
Tel. 04604/847
P: 2
V: Bioland

24969 Lindewitt
*Tee u. Spinnstube Ute
Faber*
Süllerup
V: Demeter

24250 Löptin
Hof Seekamp
Tel. 04302/354 u. 359
P: 3, 7, 8, 9, 15
V: Demeter

25864 Löwenstedt
Peter Andersen
Norderfeld 11
Tel. 04673/828
P: 3, 6
V: Bioland

25551 Lohbarbek
*Margarethen-Hof
Hans u. Maria Böck-
mann*
Dorfstr. 1
Tel. 04826/1668
P: 2, 3, 5, 6, 7, 8, 9,
10, 11
V: Demeter

23552 Lübeck
*Das Kleeblatt
Christian Thorn*
Fleischhauerstr. 50
P: 3
V: Demeter, VgtM

23552 Lübeck
*Das Freibackhaus
Vollkornbäckerei*
Glockengießerstr. 42
Tel. 0451/75793
Fax 0451/75793
P: 2

23552 Lübeck
*Die Amsel
Gisela Schmidke*
Gr. Groepelgrube 11
V: Demeter

Einkaufsadressen 407

23552 Lübeck
*Reformhaus Ida
Schmidt*
Hüxstr. 27
V: Demeter

23552 Lübeck
Aubergine
Hüxstr. 57
Tel. 0451/77212

23552 Lübeck
*Nature Lübeck Dörte
Assmann*
Hüxstr. 73
Tel. 0451/78494
P: 3
V: Demeter, VgtM

23552 Lübeck
Ratskellerbetrieb
Markt 13
Tel. 0451/72044

23552 Lübeck
Vitaland-Reformhaus
Schmiedestr. 20-22
P: 3
V: VgtM

23552 Lübeck
Zentral-Reformhaus
Königstraße
P: 3
V: VgtM

23554 Lübeck
Reformhaus Orthmann
Lindenplatz 6
V: Demeter

23556 Lübeck
*Reformhaus
Marli Heidi Bundt*
Marlitstr. 60
V: Demeter

23560 Lübeck
Naturwarenladen
Kronsforder Allee 27
Tel. 0451/797458

P: 3
V: VgtM

23560 Lübeck
Geburtshaus Lübeck
Sophienstr. 15
Tel. 0451/791330

23566 Lübeck
Marli-Werkstätten
Arminstr. 95
Tel. 0451/62003-0
P: 7, 9, 12, 13
V: Bioland

23568 Lübeck
Nordgetreide Bioland-Cornflakes
Mecklenburger Str. 202
P: 10
V: Bioland

23569 Lübeck
Liz Luedemann Frischekosmetik
Vorderste Fichteln 1820
Tel. 0451/301253
Fax 040/6026209
P: 15

23594 Lübeck
Erzeuger-Verbrauchergem. Landwege Verkaufswagen (Fr)
Falkenstr. 43
P: 3,5,6
V: VgtM

24321 Lütjenburg
Reformhaus Henning Harms
Markt 24
V: Demeter

24321 Lütjenburg
Bio-Laden Bunte Welt
Neverstorfer Str. 2
Tel. 04381/6782

22952 Lütjensee
Hof Lütjensee Günther Fielmann
Alte Schulstr. 13
Tel. 04154/70474
P: 2, 3, 5, 6, 7, 8, 9, 11, 12
V: Bioland

22952 Lütjensee
Hartwig Heidemann
Trittauer Str. 33
Tel. 04154/7876
P: 5, 8, 9, 14, 15
V: Bioland, VgtM

25774 Lunden
Schlachterei Albrecht
Wilhelmstraße
P: 5
V: VgtM

24235 Lutterbek
Wolf Mönkemeier
P: 6
V: VgtM

23714 Malente
Naturladen Kristina Kraudelt
Bahnhofstr. 50
Tel. 04523/3232
P: 2, 3, 8, 10, 13, 15, 16

23714 Malente
Reformhaus Benthin
Bahnhofstr. 24
P: 3
V: VgtM

23896 Mannhagen
Der Lämmerhof
Hauptstr. 8
Tel. 04543/7477
Fax 04543/7477
P: 1,2,3,5,7,8,9,10, 11,12,13,14,16
V: Bioland

25709 Marne
Naturwaren

Königstr. 15
V: Demeter

25709 Marne
Reformhaus Sabine Eschenbach
Königstr. 9
V: Demeter

25709 Marne
Vivo Hans-Herbert Voigt
Süderstr. 18
P: 3
V: VgtM

24238 Martensrade
Lebens- u. Werkgemeinschaft Grebinsrade e.V. B.Oelke
Tel. 04384/916
P: 2, 5, 7, 8, 9, 10, 11, 15
V: Demeter

24994 Medelby
Medelbyer Landbäckerei
Hauptstr. 53
P: 2
V: Bioland

25704 Meldorf
Reformhaus Ulrike Schlüter
Am Ziegel 32
V: Demeter

25704 Meldorf
Das Lädchen
Süderstr. 15
V: Demeter

25704 Meldorf
VIVA - Naturkost
Zingelstr. 23
Tel. 04832/4154
Fax 04832/5152
P: 1,2,3,7,8,9,10,11, 12,13,15,16
V: BNN, VgtM

23879 Mölln
Reformhaus Waldorf
Hauptstr. 74
V: Demeter

23879 Mölln
Möllner Müsli
Mühlenstr. 16
Tel. 04542/6843
Fax 04542/6843
P: 1,2,3,4,5,6,7,8,9, 10,11,12,13,14,15,16
V: Demeter

24248 Mönkeberg
Schlachterei Busche
Stubenrauchstr. 35
P: 3
V: VgtM

24248 Mönkeberg
Harald Fischbek
Dorfstr. 54
P: 3
V: VgtM

24405 Mohrkirch
Hans-Walter Lorenzen
Schrixdorfstr. 8
Tel. 04646/708
P: 5, 7, 8, 9
V: Bioland, VgtM

24113 Molfsee
Horn Naturkost
Hamburger Chaussee 19
Tel. 04347/1541

24113 Molfsee
Reformhaus Hintz KG
Stuthagen 17
V: Demeter

24253 Muxall
Bernd Steffen
Am Dorfteich 2
Tel. 04348/343
P: 3, 5, 6
V: VgtM

Einkaufsadressen

23866 Nahe
Brigitte Wrobel
Dorfstr. 12
V: Demeter

23866 Nahe
Biogarten Nahe, Dipl.-
Ing. Ute Glüsenkamp
Dorfstr. 26
Tel. 04535/6045
P: 3, 6, 7, 9, 12, 13, 15
V: Bioland

23866 Nahe
Hüttmann
Mühlenspeicher
Mühlenstraße
P: 3
V: VgtM

23813 Nehms
Rolf Stoltenberg
Hohlegrufter Str. 4
Tel. 04555/424
P: 5, 8
V: Bioland

24250 Nettelsee
Herbert -Tietgen
P: 14
V: VgtM

24214 Neudorf-Bornstein
Volker Hildebrandt
Koehnholz
Tel. 04346/6779
P: 7, 8, 9, 11
V: Bioland

23779 Neukirchen
Martin Staemmler
Gut Godderstorf
Tel. 04365/389
V: Naturland

24534 Neumünster
Gutes von der Roggenmuhme
Fürsthof 9
Tel. 04321/44393

V: Demeter

24534 Neumünster
Reformhaus
A. Schulze
Großflecken 28
V: Demeter

24534 Neumünster
Famila-Markt
Haart 224
P: 3
V: VgtM

24536 Neumünster
Obsthof Konrad Mehrens
Am Bondenholz 26
Tel. 04321/528702
P: 7, 8, 9, 12
V: Demeter

24536 Neumünster
Mutter Erde
Martina Gesa
Kieler Str. 341
V: Demeter

24539 Neumünster
Mühle Neumünster
J.H. Tode Söhne GmbH
Oderstr. 45
Tel. 04321/8020
Fax 04321/8020
P: 8, 10
V: Bioland

23730 Neustadt
Naturkost Dit & Dat
Am Markt 12
Tel. 04561/17190
V: Demeter

23730 Neustadt
Reformhaus Christoph Kempter
Kremper Str. 21
V: Demeter

23730 Neustadt
Famila
Rettiner Weg 77
P: 3
V: VgtM

25938 Nieblum-Föhr
Naturkost Grüne Insel
Jürgen Goldau
Traumstr. 2
V: Demeter

25899 Niebüll
Felicitas Tenbrock-Moritz
Gotteskoog Deich 10
V: Demeter

25899 Niebüll
Bionic GmbH & Co. KG
Gotteskoogstr. 4042
Tel. 04661/60238

25899 Niebüll
Reformhaus E. Richter
Hauptstr. 27
V: Demeter

24306 Niederkleveez
H. K. V. Eben
Am Dieksee 27
P: 3
V: VgtM

23863 Nienwohld
Joachim Seismann
Rögen 6
P: 3
V: VgtM

24594 Nindorf
Hof Ehlers
Door 6
Tel. 04871/1722
Fax 04871/1722
P: 1,2,3,5,7,8,9,10, 11,12,13,16
V: Demeter

25764 Norddeich
Gudrun Wieczorek
Deichstr. 1
Tel. 04833/2453
P: 5, 15
V: Bioland

25764 Norddeich
Dagmar & Claus Dührsen
Tel. 04833/2304
P: 2, 8
V: Bioland

24989 Norderfeld
Norderfelder Bioland-Kate
G. & Hans-H. Petersen
Haffstr. 29
Tel. 04636/398
P: 3, 5, 6

22844 Norderstedt
Moc Naturwarenversand
Langenharmer Weg 113
Tel. 040/5253635

22844 Norderstedt
Reformhaus am Markt
Mareile Gericke
Marktplatz 1
P: 3
V: Demeter, VgtM

22846 Norderstedt
Reformhaus Gericke
Rathausallee 11a
P: 3
V: VgtM

22848 Norderstedt
Reformhaus S. Seliger
Schmuggelstieg 5
P: 3
V: Demeter, VgtM

22850 Norderstedt
Reformhaus Naturkost GmbH Uwe Läsch GmbH

410 Schleswig-Holstein

Berliner Allee 44a
P: 2
V: Demeter, VgtM

22850 Norderstedt
Käse-Dose Rüdiger
Dohse
Berliner Allee 44
P: 3
V: VgtM

24589 Nortorf
Grell Naturkost
Johannisstr. 7
Tel. 04392/4949
Fax 04392/3076
P: 8, 10, 13, 15
V: Bioland, BNN, Demeter

24589 Nortorf
So-Ja
Kieler Str. 15
Tel. 04392/2057

24589 Nortorf
Vollwert-Bäckerei
Büller
Poststr. 11
Tel. 04392/3349
P: 2
V: Demeter

24589 Nortorf
Klünder
Poststr. 6
V: Demeter

24589 Nortorf
Famila-Markt
Timmasper Weg
P: 3
V: VgtM

24881 Nübel-Breklingfeld
Gemüsehof Breklingfeld, Susanne & Wilhelm Höft
Biolandbetrieb
Tel. 04621/51794

P: 3,7,9,12,15

25524 Oelixdorf
Wiebke Lohmann
Gartenstr. 7
V: Demeter

23758 Oldenburg
Reformhaus Weyrauch-Blumers
Markt 10
V: Demeter

25870 Oldenswort
Hans-Rudolf Graack
Hochbrücksiel
Tel. 04864/420
P: 5
V: Bioland

25872 Ostenfeld
Friedrich Preißler-Jebe
Osterport 2a
Tel. 04845/622 u. 630
V: Naturland

25872 Ostenfeld
Manfred Hummitsch
Süderweg 26
Tel. 04845/660
V: Naturland

25885 Oster-Ohrstedt
Martina & Ernst Metzger-Petersen
Backensholz
Tel. 04626/344
P: 11
V: Bioland

24107 Ottendorf
Iesgo-Institut zur Erforschung u. z. Schutz d. Gewässer Ottendorf
Dorfstr. 24a
Tel. 0431/581750

24811 Owschlag
Gemüsehof Steinsieken
Steinsieken

Tel. 04336/3339
P: 2, 7, 9, 10, 12
V: Bioland

24811 Owschlag-Sogwohld
Neuland-Hof Solterbeck
P: 5, 9
V: Neuland, VgtM

24253 Passade
Passader Backhaus Bioland-Hof Göttsch
Dörpstraat 11
Tel. 04344/9675
Fax 04344/4604
P: 2, 8, 10, 15, 16

25849 Pellworm
Hans Momme Petersen
Bupheverkoog 28
Tel. 04844/266
P: 3, 5, 6, 11
V: Bioland

25849 Pellworm
Gurde Sönke Bruhn
Klostermitteldeich 1
Tel. 04844/513
P: 8, 11
V: Bioland

25849 Pellworm
Uwe Ziemer
Norden
Tel. 04844/1278
P: 3, 6, 8
V: Bioland

25849 Pellworm
Ütermarker Hof Claus u. Silke Zetl
Ütermarkerkoog
Tel. 04844/230
Fax 04844/1356
P: 2, 3, 5, 6, 7, 8, 9, 10, 12, 13, 14, 16
V: Bioland

25421 Pinneberg
Reformhaus Reuter GmbH & Co. KG
Am Hafen 3
V: Demeter

25421 Pinneberg
Drogerie Schneider
Dingstätte 28
V: Demeter

25421 Pinneberg
Lu Yün
Dingstätte 34
Tel. 04101/29129

25421 Pinneberg
Die Bioquelle
C. E. Wolpers
Oeltingsallee 24
Tel. 04101/68112
P: 3
V: Demeter, VgtM

24306 Plön
Reformhaus Anja-Katharina Benthin
Am Lübschen Tor 6
P: 3
V: Demeter, VgtM

24306 Plön
Gärtnerhof Peter Wolff
Rodomstorstr. 85
Tel. 04522/2831
Fax 04522/1895
P: 3, 7, 9, 12, 13, 15
V: Bioland

24211 Pohnsdorf
Rudolf Ohly
Pohnsdorferfeld
Tel. 04342/86778
P: 2, 3, 5, 7, 8, 9, 10, 11
V: Demeter

25581 Poyenberg
Hofgemeinschaft Poyenberg
Reihe 24

Tel. 04877/691
P: 2, 3, 6, 7, 9, 12, 13
V: Bioland

24211 Preetz
Reformhaus am Löwentor
Markt 10
Tel. 04342/715525
Fax 04342/715522
P: 2, 3, 7, 8, 9, 10, 11, 12, 13

24211 Preetz
Löwenzahn
Kirchenstr. 42
Tel. 04342/5759
P: 3
V: Demeter, VgtM

24211 Preetz
Reformhaus Antje Schmitt
Langenbrückstr. 14
V: Demeter

24253 Probsteierhagen
Ludwig Schierer
Alte Dorstr. 64
P: 5
V: VgtM

25451 Quickborn
Rutkowsky Reformhaus Gabriele Lietz
Bahnhofstr. 56
V: Demeter

24223 Raisdorf
Knik e.V.
An der Schwentine 13
Tel. 04307/236
Fax 04307/7900
P: 5
V: VgtM

24327 Rathlau
Reimer Mohr
Lindenstr. 26
Tel. 04382/266

Fax 04382/20690
P: 7, 8, 9
V: Bioland

23858 Ratzbek
Hof Dreekmann
V: VgtM

23909 Ratzeburg
Pimpinelle
Brigitte Becker
Große Wallstr. 11
Tel. 04541/2882
P: 5
V: Demeter, VgtM

24241 Reesdorf
Fa. Bäckerei Reesdorfer Hof GmbH
Dorfstr. 6
Tel. 04322/6279
Fax 04322/2712
P: 2, 8, 10
V: Bioland, VgtM

21465 Reinbek
Fleischerei E. Heyn
Kirschenweg 5
Tel. 040/7106183
P: 5
V: VgtM

21465 Reinbek
Lotus-Reformhaus H. Dirk Pleissner
Am Ladenzentrum 3
V: Demeter

21465 Reinbek
Kornkammer Reinbek
Bergstr. 4
Tel. 040/7221822
V: BNN, Demeter

21465 Reinbek
Reformhaus Heyn
Am Rosenplatz 9
P: 3
V: VgtM

23858 Reinfeld
Reformhaus E. Rogge
Schöneichstr. 38
P: 3
V: Demeter, VgtM

23777 Rellin
Familie Schritt - Bio-Hof-Laden
Tel. 04365/382
Fax 04365/382
P: 1,2,3,5,6,7,8,9, 10,11,12,13,14,15,16
V: Demeter

25462 Rellingen
Schleef Peter
Halstenbeker Weg 75
Tel. 04101/41133
P: 5

24768 Rendsburg
Packhaus Unterreider
Jürgen Wagner
V: Demeter

24768 Rendsburg
Reformhaus Klaus Schering
Altstadt Passage
V: Demeter

24768 Rendsburg
Naturelle Vegeta Feinkost GmbH
Karin Dupke
Bahnhofstr. 4
V: Demeter

24768 Rendsburg
Neuform-Reformhaus Christa Schultz
Bismarckstr. 810
V: Demeter

24768 Rendsburg
Reformhaus K. Harsch
Jungfernstieg 4
V: Demeter

24768 Rendsburg
Rendsburger Werkstätten Marienhof
Kronwerker Moor
Tel. 04331/46780
Fax 04331/41307
P: 2, 3, 5, 6, 7, 9, 14, 15
V: Bioland, VgtM

24768 Rendsburg
Der Naturladen
I. Mangelsen
Schloßplatz 8
V: Demeter

24768 Rendsburg
Himmel & Erde
Kay-Uwe Rück
Schlenskuhle 14
Tel. 04331/21668
Fax 04331/24438
P: 1,2,3,5,7,8,9,10, 11,12,13,16

24768 Rendsburg
Naturkost Himmel und Erde
Torstraße
P: 5
V: VgtM

24768 Rendsburg
Max Ehlers Wochenmarktstand
Nindorf
P: 3
V: VgtM

23847 Rethwisch
Jürgen Böttger
Hauptstr. 20
Tel. 04539/8273
P: 2, 3, 5, 7, 8, 9, 12, 15
V: Naturland

25821 Reußenköge
Paysenhof
Desmerciereskoog 1
Tel. 04671/6381
P: 2, 3, 5, 7, 8, 9, 12, 13
V: Demeter

412 Schleswig-Holstein

25821 Reußenköge
Hof Nordlicht
Desmerciereskoog 7
Tel. 04671/6607
Fax 04671/5199
P: 3, 8, 10, 15
V: Demeter

25821 Reußenköge
Ulmenhof
Sophie-Magdalenen-Koog 5
Tel. 04671/899
Fax 04671/1285
P: 3, 6, 7, 8, 9, 10, 11, 12, 13
V: Bioland

25821 Reußenköge
Dirkshof Dirk Ketelsen
Sönke-Nissen-Koog 58
Tel. 04674/1485
Fax 04674/1485
P: 1, 2, 3, 5, 6, 7, 8, 9, 12, 13, 14, 15, 16
V: Bioland

24986 Rüde
Hof Ankersolt
Christian Petersen
Hauptstr. 17
Tel. 04633/8115
P: 2, 3, 5, 6, 7, 8, 9, 12, 13
V: Bioland, VgtM

24116 Russee
Famila
Seekoppelweg
P: 3
V: VgtM

24116 Russee
Spar-Supermarkt
Eckernförder Str. 85
P: 3
V: VgtM

23911 Salem
Hans Peter Hansen
Rehwinkel 16
Tel. 04541/2220
V: Naturland

24790 Schacht-Audorf
Reformhaus Schacht-Audorf
Klaus-Groth-Str. 68
V: Demeter

23683 Scharbeutz
Gut Kattenhöhlen - Carsten Redderberg
Tel. 04503/72224
Fax 04503/72224
P: 5, 8
V: Bioland

23683 Scharbeutz
Handelsvertreter
Michael Radden
Am Knurrhahn 8
V: Demeter

23684 Scharbeutz
Reformhaus R. Kunert
Gärtnerstr. 30
V: Demeter

23730 Schashagen
Detlef Hansen
Krummbeker Weg 5
Tel. 04564/1070
V: Naturland

23730 Schashagen
Hof Eichwerder Wedig von Bonin
Tel. 04561/9910
P: 2, 5, 7, 8, 9, 10, 11, 15
V: Demeter

22869 Schenefeld
Pro Natur
K. D. Gwiasda
Eichendorffstr. 32
V: Demeter

22869 Schenefeld
Reformhaus K. Ladiges
Schenefelder Platz 1
V: Demeter

22869 Schenefeld
Fa. Geröschke
Lornsenstr. 24
P: 3
V: VgtM

22869 Schenefeld
H. Fricke Stand Öko-markt (Di)
Industriestraße
P: 5
V: VgtM

24637 Schillsdorf
H.-J. Lensch - Hof Kuhteich
P: 5
V: VgtM

24214 Schinkel
Peter Zastrow- Hof Mevs
Tel. 04346/8596
P: 8, 9, 14
V: Bioland

24214 Schinkel
Gut Rosenkrantz Ernst F. von Münchhausen
Rosenkrantz Weg 100
Tel. 04346/1029
P: 7, 8, 11
V: Bioland

24214 Schinkel
Handelsgesellschaft für Naturprodukte mbH Gut Rosenkrantz
Hauptstr. 49
Tel. 04346/1029
Fax 04346/4541
P: 8

24214 Schinkel
Gemeinschaft Schinkel Dieter Pansegrau
Schinkelerhütten
Tel. 04346/6126

P: 2, 3, 6, 7, 8, 9, 12, 13
V: Bioland

24837 Schleswig
Kornblume
Lange Str. 4
P: 3
V: Demeter, VgtM

24837 Schleswig
Naturmarkt Schleswig
Stadtweg 1
Tel. 04621/21888
Fax 04621/24320
P: 1,2,3,4,5,6,7,8,9, 10,11,12,13,15,16

24837 Schleswig
Reformhaus Gerhard Hoppmann
Stadtweg 7
P: 3
V: Demeter, VgtM

25776 Schlichting
Inga u. David Westphal
Hof Hauberg
Tel. 04882/910
P: 7, 8, 14
V: Bioland

24640 Schmalfeld
G. & Jochen Bettaque
Dammberg 6
Tel. 04195/849
P: 5, 8, 9, 15
V: Bioland

22929 Schönberg
Piper's Naturlandhof
Luerberg 1
Tel. 04534/578
P: 1, 3, 5, 6, 7, 8, 9

24217 Schönberg
Reformhaus - Kurt Pusch K. G.
Bahnhofstr. 1
Tel. 04344/1472
Fax 04344/4214

Einkaufsadressen

P: 2, 8, 10, 13, 15

24217 Schönberg
Geflügelhof Velfe
Höhndorfer Tor 16
Tel. 04344/1557
Fax 04344/6393
P: 3
V: Bioland, Neuland, VgtM

23744 Schönwalde
Gärtnerhof Langenhagen, Heidi Matull
Hauptstr. 2
Tel. 04528/1600
P: 2, 3, 5, 6, 7, 16
V: Bioland, VgtM

24813 Schülp
H.-Eggert Bock
Dorfstr. 31
Tel. 04331/88251
P: 8, 9
V: Bioland

21493 Schwarzenbek
Reformhaus Helmut Beermann
Schmiedestr. 11
V: Demeter

23623 Schwienkuhlen
Hans-Heinrich Schramm
Haus Nr. 28
Tel. 04525/1812
Fax 04525/1419
P: 5,8,13,15
V: Naturland

23623 Schwienkuhlen
Marktgemeinschaft d. Naturlandbetriebe in Schlesw.-Holst. GmbH
- Hans-Heinrich Schramm
Haus Nr. 28
Tel. 04525/1812

Fax 04525/1419
P: 8, 10

23623 Schwienkuhlen
Naturland Schleswig-Holstein Lvb. für naturgemäßen Landbau e.V.
Haus Nr. 28
Tel. 04561/2853
V: Naturland

23823 Seedorf
Bioland-Hof Schulbusch
Manfred Johannsen
Jepsenstr. 14
Tel. 04555/492
P: 5, 7, 8, 9, 11
V: Bioland

23823 Seedorf-Hornstorf
Frau von der Mehden-Mende
P: 3, 5
V: VgtM

24238 Selent
Harm Dallmeyer
Hauptstr. 8
Tel. 04383/1364
P: 7, 9, 12
V: Bioland

24887 Silberstedt
Christiansens Bioland-Hof
Kamper Weg 6
Tel. 04625/7697
P: 2, 5, 8, 9, 10, 11
V: VgtM

23909 Söhren
Wilh. Wriedt
P: 3
V: VgtM

24966 Sörup-Dingholz
Hofgemeinschaft Löstrup
Löstrup
Tel. 04635/2842
P: 2, 3, 5,7, 8, 9, 10, 11, 12, 13, 15
V: Demeter

25358 Sommerland
Joachim Scharmer
Nr. 40
Tel. 04126/1302
P: 12, 13, 14
V: Demeter

25826 St. Peter-Ording
Feinkost Shadbash
Dorfstr. 20
V: Demeter

25826 St. Peter-Ording
Reformhaus Pietsch-Richardsen
Im Bad 18
V: Demeter

24217 Stakendorf
D. Stoltenberg-Frick
Dorfstr. 36
P: 5
V: VgtM

22964 Steinburg
Imkerei u. Bienenprodukte Feldt
Lindenallee 5
Tel. 04534/7004

24888 Steinfeld
B. Russel & Manfred Hamann
Schwienholt
Tel. 04641/8965
P: 2, 5, 7, 8, 9, 12, 13, 15
V: Bioland

24996 Sterup
Hansen Hof, Hans u. Hanna Hansen
Bremholm 11
Tel. 04637/340
P: 2, 5, 7, 8, 9, 11
V: Demeter

23617 Stockelsdorf
Gerold Sagemüller
Malkendorfer Weg 16
Tel. 04505/765
P: 8
V: Bioland

23617 Stockelsdorf
Famila-Markt
Segeberger Str.
P: 3
V: VgtM

23815 Strukdorf
Hans Peter Kruse
Dorfstr. 29
Tel. 04553/1289
P: 8
V: Bioland

24392 Süderbrarup
Bäckerei Ebsen GmbH
Kappelner Str. 11
Tel. 04641/2231
P: 2

25764 Süderdeich
Eggert Wollatz
Hollschener Chaussee 14
Tel. 04833/693
P: 3, 5, 6, 7, 9
V: Bioland

25764 Süderdeich
Pro Bio, Biologische Produkte Handels- u. Produktions GmbH
Mühlenweide 4
Tel. 04833/8388
Fax 04833/8959

23867 Sülfeld
Hof Heinrich Poggensee
P: 3
V: VgtM

24229 Surendorf
Vollkorn Bäckerei
Eckernförder Str. 87
Tel. 04308/818
Fax 04308/1482
P: 2
V: Bioland

25980 Sylt-Ost
Heinrich u. Elisabeth Grönwoldt
Südhorn 7
Tel. 04651/31900
P: 7, 8, 9
V: Demeter

22889 Tangstedt
*Eco Region
Gut Wulksfelde*
Wulksfelder
Damm 15-17
Tel. 040/6070241
P: 2, 3, 5, 6, 7, 8, 9, 11, 12
V: Bioland

24963 Tarpfeld
Übergangseinrichtung Tarpfeld
Braderuper Str. 6
Tel. 04638/1599
P: 3, 5, 6, 7, 8, 9
V: Bioland

25881 Tating
K.-H. Cordts-Sanzenbacher
Lockert 10
Tel. 04862/8362
P: 3, 5, 6, 7, 8, 11, 14
V: Bioland

25881 Tating
Ponyhof Hostrup Kay-Herm. Hostrup
Medehop 4
Tel. 04862/17184
P: 2, 3, 5, 6, 8, 11, 16
V: Bioland

23669 Timmendorfer Strand
Reformhaus Scheel & Co.
Strandallee 94a
V: Demeter

23669 Timmendorfer Strand
Famila-Markt
Höpnerweg
P: 3
V: VgtM

25980 Tinnum-Sylt Ost
Reformhaus Tinnum Hartmut Feix
Kiarwai 12
Tel. 04651/3624
Fax 04651/3624

25832 Tönning
Eider-Drogerie Walter Wilke
Neue Str. 6
V: Demeter

25436 Tornesch
Inghild u. Manfred Drews
Kanaldamm 31
Tel. 04120/804
Fax 04120804
P: 15

24610 Trappenkamp
Reformhaus Hermann Imbusch
Friedlandstr. 18
V: Demeter

23843 Travenbrück
Frieda Timm
Lindenstr. 6
Tel. 04531/4607

P: 12

23827 Travenhorst
*Lindenhof
Volker Klüver*
Dorfstr. 38
Tel. 04556/1072
P: 5
V: Bioland

23827 Travenhorst
*Gut Kamp
Thomas Isenberg*
Kamp 4
Tel. 04555/853 u. 845
P: 5, 8, 11, 15
V: Bioland

24211 Trent
Peter Both
Lassabeker Weg 9
P: 5
V: VgtM

22946 Trittau
*Naturhella
Hella Assmann*
Bahnhofstr. 38
V: Demeter

24214 Tüttendorf
Anne & Harald Rzehak
Holander Allee 24
Tel. 04346/8241
P: 5, 8, 9, 11, 12, 13, 15
V: Bioland

24214 Tüttendorf
Edmund u. Marlies Schütt
Nr. 5
Tel. 04346/8114
P: 5, 6, 7, 8, 9, 13, 15
V: Demeter

25436 Uetersen
Kräuter- Tee u. Naturkost Else Rodmann
Großer Sand 83
Tel. 04122/4558
V: Demeter

25436 Uetersen
*Der Naturkostladen
Bettina Jahncke*
Hafenstr. 2
V: Demeter

25436 Uetersen
*Umwelt u. Naturladen
Heike Oberländer*
Kleiner Sand 30
V: Demeter

25884 Viöl
Frerk Petersen
Boxlundfeld 1
Tel. 04843/2247
P: 5, 14
V: Bioland

25836 Vollerwiek
Rolf Hach
Westerdeich
Tel. 04862/974
P: 7, 11
V: Bioland

21483 Wangelau
Andreas Müller
Dorfstr. 8
Tel. 04155/2177
P: 7, 8, 9
V: Bioland

23758 Wangels
Olaf Bruhns
Alte Meierei
Tel. 04361/3132
P: 2, 10
V: Bioland

24250 Warnau
Ottmar Stollwerk
Neuen Brooker Weg 36
Tel. 04302/1635
P: 2, 7, 8, 9, 11
V: Bioland

24576 Weddelbrook
Erich Pusback
Heidemoorer Str. 31
V: Demeter

Einkaufsadressen

22880 Wedel
Biokraft-Wedel
Thomas Stieper
Friedrich-Eggers-Str. 154
V: Demeter

22880 Wedel
1001 Korn
Erich Sämann
Mühlenstr. 36
V: Demeter

22880 Wedel
Kraut und Rüben
Heino Widderich
Rolandstr. 2a
P: 3
V: VgtM

24999 Wees
E. F. Hansen
Rosgaard 4
P: 3, 5, 6
V: VgtM

25836 Welt
Thomas Isenberg
Kamp 4

25836 Welt
Johann Pauls
Markenkoog
Tel. 04862/949
P: 3, 5, 6, 7, 11
V: Bioland

25764 Wesselburen
Landbau Wesselburen
Bahnhofstr. 20

Tel. 04833/890 o. 89
P: 5, 7, 8
V: Bioland

24259 Westensee
Hofgemeinschaft Brux
Dorfstr. 29
P: 3
V: VgtM

25761 Westerdeichstrich
Reimer Strufe
Krimmer Weg 4
Tel. 04834/8516
P: 7, 8
V: Naturland

24977 Westerholz
Lenchen & Hans-Heinrich Petersen
Meiereistr. 9
Tel. 04636/319
P: 3, 5, 6, 7, 8, 9
V: Bioland, VgtM

25980 Westerland-Sylt
Reformhaus G. Werner
Stephansstr. 7
V: Demeter

23769 Westfehmarn
Wilhelm Becker
Middeldor 1
Tel. 04372/331
V: Naturland

25554 Wilster
Behmer
Deichstr. 3
V: Demeter

25797 Wöhrden
Hofgemeinschaft Großbüttel Chr. Groos - A. Rahlff
Tel. 04839/1299
P: 3, 5, 6, 7, 8, 9, 11, 13
V: Demeter

21502 Worth
Worther Bioland-Hof Erhardt Kiehn
Bogenstr. 10
Tel. 04152/77593
P: 2, 3, 5, 6, 7, 8, 9, 11, 12

25938 Wyk
Der Umwelt zuliebe
Königsstr. 2
Tel. 04681/501252
Fax 04681/2525
P: 1,2,3,7,8,9,10, 11,12,13,14,15,16

25938 Wyk auf Föhr
Dr. Friedrich Walterscheid
Stine-Andresen-Weg 12
Tel. 04681/3800
P: 5, 11, 14, 15
V: Bioland

25938 Wyk-Föhr
Reformhaus Käthe Kohl
Mittelstr. 20
V: Demeter

25938 Wyk-Föhr
Karl-Heinz Lorenzen
Strandstr. 65
V: Demeter

23619 Zarpen
Redderhof Naturkostladen
Redder 1
Tel. 04533/5265 u. 3559
Fax 04533/5281
P: 1,2,3,5,7,8,9,10, 11,12,13,15,16
V: Bioland

23619 Zarpen
Erich Cordts
Lübecker Str. 18
Tel. 04533/8155
P: 7, 8, 9, 15
V: Bioland

23911 Ziethen
Wilhelm Maak
Schöneburger Str. 3c
Tel. 04541/82536
P: 3, 5, 8, 9, 12
V: Bioland, VgtM

Thüringen: Landesverbände und Institutionen

*Verbraucher-Zentrale
Thüringen e.V.*
Wilhelm-Külz-Str. 26
99084 Erfurt
Tel. 0361/613121
Fax 0361/6461390

Gesellschaft für Verbraucherschutz Thüringen e.V.
Robert-Koch-Str. 30
99096 Erfurt

Arbeitsgemeinschaft für Biol.-Dyn. Landbau Thüringen e.V.
Heinrich-Heine-Str. 19
99099 Erfurt
Tel. 0361/33683
V: Grüne Liga e.V.

Thüringer Landesverband der GÄA
Carl-August-Allee 1A
99423 Weimar
Tel. 03643/2606-9

Thüringen: Einkaufsadressen

99817 Eisenach
Bioladen im Thüringischen Umweltzentrum
Wartburgallee 68
Tel. 03691/3853

99084 Erfurt
Verbraucher-Zentrale Thüringen e.V.
Wilhelm-Külz-Str. 26
Tel. 0361/613121
Fax 0361/6461390

99086 Erfurt
Müsli-Män Naturkostladen
Liebknechtstr. 21

99096 Erfurt
Gesellschaft für Verbraucherschutz Thüringen e.V.
Robert-Koch-Str. 30

99099 Erfurt
Arbeitsgemeinschaft für Biol.-Dyn. Landbau Thüringen e.V.
Heinrich-Heine-Str. 19
Tel. 0361/33683
V: Grüne Liga e.V.

07745 Jena
Kornmühle Birgit Uckrow
Mühlenstr. 104

Tel. 03641/54176
Fax 03641/54176
P: 1,2,3,7,8,9,10, 11,12,13,14,15,16

99974 Mühlhausen
*Gut Sambach
Dr. Friedhelm Feindt*
Dreiseweg 2
Tel. 03601/2157
Fax 03601/3074
P: 2,3,5,7,8,9,11,12, 13,14
V: Demeter

99848 Sättelstädt
Bornmühle Helbing/Vollkornmühle
Bornmühle Nr. 80
Tel. 0036/7233
Fax 03622/7233
P: 8, 10, 15

99423 Weimar
Thüringer Landesverband der GÄA
Carl-August-Allee 1A
Tel. 03643/2606-9

99423 Weimar
Lebensquell
Rollplatz 4

Österreich

Österreichische Bundesverbände und Institutionen

ARGE Biologischer Landbau
Herklotzgasse 7/21
1150 Wien
Tel. 0222/8319982

Beratungsstelle für biologischen Landbau in der NÖ Landwirtschaftskammer
Löwelstr. 16
1010 Wien
Tel. 0222/53441-417

Biolandwirtschaft Ennstal
8950 Stainach 160
Tel. 03682/24521-306

BOKU Wien Arbeitskreis Ökologischer Landbau
Peter-Jordan-Str. 76
1190 Wien
Tel. 0222/342500-86

Demeterbund
Rosensteingasse 43
1170 Wien
Tel. 0222/461457

DINATUR Johann Fink
Lechen 23
8232 Grafendorf
Tel. 03338/2445
P: 1,7,8,9,13

Ernte & Saat
Mairing 3
4141 Pfaffkirchen

Tel. 07286/7397

Fachschule für biolog. Landbau u. Direktvermarktung
Norbertinum
3013 Tullnerbach
Tel. 02233/2436
Fax 02233/4582
P: 3,5,11,14,15
V: Ernte

Freunde naturgemäßer Lebensweise Landesgruppe Burgenland
Hauptstr. 17
7341 Markt St. Martin
Tel. 02618/25235
P: 7

Förderungsgemeinschaft für gesundes Bauerntum (ORBI)
Nöbauernstr. 22
4060 Leonding
Tel. 0732/675363

Interessengemeinschaft der Naturkostläden Österreichs
Wickenburg 14/9
1080 Wien
Tel. 0222/4026499
Fax 0222/4027800

Interessengemeinschaft der Naturkostläden Österreichs
Postfach 70

1071 Wien
Tel. 0222/881138

Konsumenten-Produzenten- Arbeitsgemeinschaft KOPRA
Hirschgraben 15
6800 Feldkirch
Tel. 05522/79687

Landesverband organ.-biolog. wirtsch. Bauern Niederösterreichs
Wickenburggasse 14/9
1080 Wien
Tel. 0222/4020646
Fax 0222/4027800

Landesverband organ.-biolog. wirtsch. Bauern Kärntens
Boden 10
9321 Kappel am Krappfeld
Tel. 04262/3964

Landesverband organ.-biolog. wirtsch. Bauern - Burgenland
Hauptstr. 69/8
7350 Oberpfullendorf
Tel. 02612/3642
Fax 02612/364240

Landesverband organ.-biolog. wirtsch. Bauern Oberösterreichs
Auf der Gugl 3
4020 Linz

Tel. 0732/57421-422
Fax 0732/57421-48

Landesverband organ.-biolog. wirtsch. Bauern Salzburgs
Schwarzstr. 19
5024 Salzburg
Tel. 0662/870571-42
Fax 0662/870571-42

Landesverband organ.-biolog. wirtsch. Bauern - Steiermark
Hamerlinggasse 3
8011 Graz
Tel. 0316/8050-427
Fax 0316/8050-510

Landesverband organ.-biolog. wirtsch. Bauern Tirols
Brixnerstr. 1
6020 Innsbruck
Tel. 0512/5929-238
Fax 0512/5929-275

Landesverband organ.-biolog. wirtsch. Bauern Vorarlbergs
Montfortstr. 9-11
6900 Bregenz
Tel. 05574/46930
Fax 05574/47107

Ludwig Boltzmann-Institut f. biolog. Landbau
Rinnböckstr. 15
1110 Wien

Tel. 0222/7497972

Verband Kritische Tiermedizin
Wickenburggasse 14
1080 Wien
Tel. 0222/4088723

Verband organ.-biolog. wirtsch. Bauern Österreichs - Bundesstelle
Tillysburg 1
4490 St. Florian bei Linz
Tel. 07223/3245
Fax 07223/3247

Verein Bauernmarkt Linz
Gstöttnerhofstr. 1 2
4040 Linz
Tel. 0732/231361

Verein der biolog. wirtsch. Ackerbaubetriebe
Schauflergasse 6
1010 Wien
Tel. 0222/5332205

Verein für natürlichen Landbau Weg zur Natur
Labitschberg 4

8462 Gamlitz
Tel. 03453/4106
Fax 03453/4776
V: Ernte

Verein organ.-biolog. Landbau Weinviertel
2053 Peigarten 52
Tel. 02944/8263

Verein Österreichischer Drogerien und Reformfachgeschäfte
Rennweg 79-81
1030 Wien
Tel. 0222/737928

Österr. Imkergenossenschaft
Georg-Koch-Platz 3
1070 Wien
Tel. 0222/5125429

Österreichischer Initiativkreis für Gemüsesaat
3572 St. Leonhard-a. Hw 69
Tel. 02987/2347
P: 7,15
V: Demeter

Österreich: Einkaufsadressen

5441 Ablenau 146
Reformdrogerie Hans Pindl
Markt 5
Tel. 06243/2333

5122 Ach
Richard Rothenbuchner vlg. Danner
Thann 3
Tel. 07727/2387
P: 7,8,9,11,12,13

8911 Admont
Engelbert Egger
Hall 82
Tel. 03613/2729

8911 Admont
Reformdrogerie Renate Stabentheiner
Dr.-Genger-Platz 9
Tel. 03613/2457

5421 Adnet
Alois u. Katharina Fagerer vlg. Unterkuhmann
Wimberg 23
Tel. 06245/66262
P: 11,15,16

5421 Adnet
Anton Sommerauer vlg. Pöttler
Waidach 30
Tel. 06245/4249
P: 8,11

9542 Afritz
Ernst u. Waltraud Themeßl vlg. Kofler
Verditz 4
Tel. 04247/2111
P: 3,5,6,15,16

8943 Aigen-Ennstal
Engelbert Seebacher
Aich 16
Tel. 03682/22123

4211 Alberndorf
Johannes Buchmayr
Pröselsdorf 4
Tel. 07235/7128

3613 Albrechtsberg
Josef Auer Waldviertler Getreidekaffee
Harrau 2
Tel. 02876/309

6071 Aldrans
Rudolf Nagiller
Dorf 25
Tel. 0512/48537
P: 3,7,8,9,11
V: Ernte

2534 Alland
Josef Wirthler
Groisbach 6
Tel. 02258/6115

8643 Allerheiligen
Naturkostladen Prade
Edelsdorf 23
Tel. 03865/32653
P: 7,8,16

6844 Altach
Drogerie Siegfried Jochum GmbH
Achstr. 12
Tel. 05576/2573

4950 Altheim
Alfred Mitter
Schulgasse 12
Tel. 07723/2226

4950 Altheim
Drogerie
Marktplatz 2
Tel. 07723/2266

4721 Altschwendt
Herbert u. Christa Doblinger
Nr. 1
Tel. 07762/2627
P: 7

4843 Ampflwang
Herbert u. Veronika Seiringer
Roith 1
Tel. 07775/2808
P: 7,15

4122 Amreit
Johannes Hofer vlg. Seltenhofer
Eckersberg 1
Tel. 07282/7172
P: 7,12

3300 Amstetten
Alois u. Cäcilia Deinhofer
Grillparzerstr. 8
Tel. 07472/30162
P: 5,7,8,9,12,13,15

3300 Amstetten
Leopold Schrammel
Reith 13
Tel. 07472/5195
P: 7,9,11,12,15

3300 Amstetten
Mühle Richard Fraubaum
Gigerreith 42
Tel. 07472/5716
P: 7,8,9,12,13,15

3300 Amstetten
Naturprodukt Mostviertel
Linzer Str. 2
Tel. 07472/61686

3300 Amstetten
Reformdrogerie Kräuterstube Monika Dollfuß
Preinsbacher Str. 14
Tel. 07472/68257

6866 Andelsbuch
Kaspanaze u. Luzia Simma
Itter 130
Tel. 05512/3650
P: 5,11

4754 Andrichsfurt
Karoline Gaisbauer
Furt 9

Tel. 07750/281
P: 7,12,13

8184 Anger
Franz Derler vlg. Töchterlehof
Oberfeistritz 27
Tel. 03175/2214
P: 11

8184 Anger
Fritz Naturprodukte
Viertelfeistritz 83
Tel. 03175/2459

8184 Anger
Herbert Feldhofer
Krughof
Floing

9913 Anras
Hofladen Fam. J. Wurzer
Köden 29
Tel. 04846/6159
P: 2,3,7,8,9,11,12,
13,15,16
V: Ernte

4052 Ansfelden
Reformbäckerei-Konditorei Zabern
Haiderstr. 19
Tel. 07229/88020
Fax 07229/79946
V: Demeter

5102 Anthering
Josef Prähauser
Berg 12
Tel. 06223/2683
P: 12

7143 Apetlon-Seewinkel
Weingut E. u. E. Klinger
Wallenerstr. 7
Tel. 02175/2219
P: 13,15,16
V: Ernte

4341 Arbing 146
Imkerei Wolfgang Renner
Tel. 07269/6483

3321 Ardagger
Franz Lehner
Leitzinger 60
P: 12,13

8904 Ardning
Fritz Brandmüller
Ardning 7
Tel. 03612/7248

3661 Artstetten
Karl Stix
Lohsdorf 3
Tel. 07413/830508
P: 8,11,12
V: Ernte

6276 Aschau
Bionareca Jupo Nahrungsergänzungen
Emberg 203
Tel. 05282/3977

3361 Aschbach
Alois u. Rosa Gföller
Gerersdorf 6
Tel. 07476/6521
P: 3,8,9,13

2870 Aspang
Mariendrogerie Franz Gersthofer
Marienplatz 1
Tel. 02642/2241

3041 Asperhofen
Stephan Teix
Habersdorf 9
Tel. 02772/53141
Fax 02772/53141
P: 1,2,3,7,8,9,10,
11,15,16
V: Ernte

4481 Asten
Monika Krause
Raffelstättnerstr. 10
Tel. 07224/65705
P: 7,9,15

4800 Attnang-Puchheim
Kwizda Drogerie
Bahnhofstr. 47
Tel. 07674/2221

6883 Au
Drogerie Herbert Beer

4672 Bachmanning
Hans Messenböck
Hirm 2
Tel. 07247/7401
P: 7

8990 Bad Aussee
Alois Loitzl
Reitern 9
Tel. 06152/2684

8990 Bad Aussee
Franz Kraft
Weißenbachstr. 16
Tel. 06152/52207
P: 11
V: Bio Landwirtschaft Ennstal

8990 Bad Aussee
Gewußt wie-Drogerie Willi Rastl GmbH
Kurhausplatz 62
Tel. 06152/2447

8990 Bad Aussee
Josef Loitzl
Reitern 11
Tel. 06152/52844
P: 11

8990 Bad Aussee
Reformhaus Walcher
Ischler Str. 71
Tel. 06152/2737

8524 Bad Gams
Alois Resch
Vochera 113
Tel. 03463/32833
P: 8,12,15

8524 Bad Gams
Johannes Mally
Feldbaum 64
Tel. 03463/3151
P: 2,7,8,9
V: Ernte

4540 Bad Hall
Gewußt wie-Drogerie Hermann Storz
Franz-Josef-Str. 4
Tel. 07258/2232

4540 Bad Hall
Maria Gattermann
Kurhausstr. 8
Tel. 07258/29642

5630 Bad Hofgastein
Reiterhof Oberhaitzinggut
Weinetsberg 32
Tel. 06432/6770
P: 3,4,5,15
V: Ernte

5630 Bad Hofgastein
Reformhaus Breitfuß
Kurgartenstr. 5
Tel. 06432/6459

5630 Bad Hofgastein
Rupert u. Anna Viehauser Schmaranzergut
Wieden 52
Tel. 06432/6719
P: 3,5,15,16

9546 Bad Kleinkirchheim
Reformdrogerie Engelbert Stallegger
Tel. 04240/252

Einkaufsadressen

8983 Bad Mitterndorf
Adolf Trieb
Obersdorf 59
Tel. 06153/2617

8983 Bad Mitterndorf
Andreas Hofer
Obersdorf 14
Tel. 06153/2675
P: 5,11

8983 Bad Mitterndorf
Hubert Heiss
Neuhofen 19
Tel. 06153/2239

8983 Bad Mitterndorf
Johann Pliem
Obersdorf 48
Tel. 06153/2606

8490 Bad Radkersburg
Brigitte Forsch
Grazertorplatz 15
Tel. 03476/2116292

8490 Bad Radkersburg
Familie Giessauf
Goritz 42
Tel. 03476/29085
P: 12

8490 Bad Radkersburg
Franz Pircher
Goritz 3
Tel. 03476/2082
P: 8,12,15

8490 Bad Radkersburg
Franz Ranftl
Hummersdorf 12
Tel. 03476/2653

8490 Bad Radkersburg
Sökob II- Regenbogen Betrieb der Lebenshilfe
Hauptplatz 11-13
Tel. 03476/2029
Fax 03476/2029-4
P: 2,7,8,9,10,11,12,13,15,16
V: Ernte

8490 Bad Radkersburg
Wilfried Gombocz
Laafeld 76
Tel. 03476/2405

4701 Bad Schallerbach
Gewußt wie-Drogerie Resch GmbH
Keplerstr. 7
Tel. 07249/8101

2853 Bad Schönau
H. Laschober
Hauptstr. 5
Tel. 02646/2761
P: 7,9,12,15

9462 Bad St. Leonhard
Erich u. Annemarie Hainzl
Kalchberg 15
Tel. 04350/3131
P: 5,8,9,11

9462 Bad St. Leonhard
Rochus Sorger
Wartkogel 17
Tel. 04350/3073
P: 1,8,12,13,15

7431 Bad Tatzmannsdorf
Kurkonditorei Gradwohl
Josef Haydn Platz 5
Tel. 03353/8515

2540 Bad Vöslau
Gewußt wie-Drogerie Hans Prokopp AG
Schloßplatz 5-7
Tel. 02252/76427

2500 Baden
Eva's Kornstüberl
Schlossergäßchen 12
Tel. 02252/44043

2500 Baden
Gewußt wie-Drogerie Hans Prokopp AG
Rathausgasse 5-7
Tel. 02252/48361

2500 Baden
Gewußt wie-Drogerie Hans Prokopp AG
Dammgasse 62
Tel. 02252/80355

2500 Baden
Gewußt wie-Drogerie Hans Prokopp AG
Wiener Str. 99

2500 Baden
Naturkostladen
Antonsgasse 14
Tel. 02252/86357

2500 Baden
Naturstube Biokost GmbH Christine Seiler
Josefsplatz 3
Tel. 02252/44750

2500 Baden
Sojarei Ebner-Prosl
Augasse 2
Tel. 02252/85101

5640 Badgastein
Gewußt wie-Drogerie Fritjof Lackner
Am Bahnhof
Tel. 06414/2672

5101 Bergheim
Alternativ-Handel GmbH
Plainbachstr. 8
Tel. 0662/452455

5101 Bergheim
Franz u. Maria Oberholzer vlg. Breitnerbauer
Breitweg 6
Tel. 0662/533524
P: 3,12

5101 Bergheim
Johann u. Sonja Gierlinger
Vierhausenerstr. 27
Tel. 0662/533404
P: 11,15

5101 Bergheim
Matthias u. Maria Nußdorfer vlg. Breitbauer
Breitweg 2
Tel. 0662/456763
P: 2,3,7,8,9,10,11,12,13
V: Ernte

2560 Berndorf
Gewußt wie-Drogerie Hans Prokopp AG
Hernsteiner Str. 3
Tel. 02672/2535

6870 Bezau
Sennerei Oberdorf
Mittlere 119
Tel. 05514/2632

6874 Bezau
Jakob Meusburger
Hilkat 142
Tel. 05514/2174
P: 8,12

6879 Bezau
Christoph Moosbrugger
Brugg 32

Tel. 05514/2901
P: 11,12

8283 Bierbaum 22
Franz Melchart
Tel. 03383/2676
P: 7,9,12

8190 Birkfeld
Andreas Reitbauer
Außeregg 1
Tel. 03174/8281

5500 Bischofshofen
Reformdrogerie Gottfried Lackinger
Bahnhofstr. 40
Tel. 06462/2507

6700 Bludenz
Fritsche KG
Werdenbergerstr. 26
Tel. 05552/62047

6700 Bludenz
Reformhaus Josef Nesensohn
Gartenstr. 15
Tel. 05552/647804

3910 Bösenneunzen 2
Robert Schwendinger

3873 Brand
Biologischer Landbau Mache
Finsternau 13
Tel. 02859/579
P: 7,8,12,13,15

6234 Brandenberg
Fam. Gertrude u. Walter Messner
Neuschwendt 120
Tel. 05331/5369
P: 14,15
V: Ernte

5280 Braunau
Zaglers Naturfenster
Salzburger Vorstadt 26
Tel. 07722/4597

5280 Braunau
Franz Forster
Talstr. 47
Tel. 07722/36323
P: 9,10,13

6900 Bregenz
Familie Sieber
Fluh 10A
Tel. 05574/44868
Fax 05574/44868
P: 3,5,6,7,8,9,11, 12,13,14,15,16
V: Ernte

6900 Bregenz
Fredis Käs Lädele Rohmilchkäse
Vorklostergasse 54
Tel. 05574/46159

6900 Bregenz
Georg Fritz Schönsteinhof
Schönstein 58b
Tel. 05512/3984
P: 7,8,13,15

6900 Bregenz
Naturkostladen Amaranth Irmgard Bickel
Jahngasse 18
Tel. 05574/48354

6900 Bregenz
Stadtdrogerie Reformhaus
Apothekergässele
Tel. 05574/42102

6900 Bregenz
Landesverband organ.-biolog. wirtsch. Bauern Vorarlbergs
Montfortstr. 9-11
Tel. 05574/46930
Fax 05574/47107

6230 Brixlegg
Naturprodukte Eva Sappl
Marktstr. 29
Tel. 05337/4377

8600 Bruck-Mur
Gewußt wie-Drogerie Fresner & Berger
Koloman-Wallisch-Platz 18
Tel. 03862/55096

8600 Bruck-Mur
Gärtnerei E. M. Raschky
Heimbauweg 22
Tel. 03862/52354
P: 9

8600 Bruck-Mur
Naturkost Max Loidl
Schiffgasse 1
Tel. 03862/52340

8600 Bruck-Mur
Thomas Remele
Mittergasse 28
Tel. 03862/51365

3595 Brunn-Wild
W. Mann Biobauer
Dappach, Nr. 17
Tel. 02989/2228
P: 8,10,15
V: Ernte

8274 Buch-H.
Walter Kneißl
Totterfeld 5
Tel. 03332/62763

4611 Buchkirchen
Brunner GmbH & Co. KG
Schickenhäuser 23
Tel. 07242/28010

5111 Bürmoos
Regina u. Josef Hainz
Stierlingwaldstr. 12
Tel. 062741/7939
P: 5,11
V: Ernte

8291 Burgau
Werner Borckenstein
Fabrikstr. 75
Tel. 03383/2605
P: 8,9,11,15

9635 Dellach
Hubert Zankl
Stollwitz 3
Tel. 04718/565
P: 11,15

8483 Deutsch Goritz
Ing. Jörg Steinwidder
Haselbach 8

8483 Deutsch Goritz
Anton Hödl
Spitz 10
Tel. 03474/271

2232 Deutsch Wagram
Naturkost Hans Hengster
Tel. 02247/2105

8530 Deutschlandsberg
Hermann Beter
Glashütten 67
Tel. 03461/212
P: 15

8530 Deutschlandsberg
Martha Kiegerl
Kruckenberg 6
Tel. 03461/218
P: 15

8530 Deutschlandsberg
Naturkostladen Körndleck Hanna Freidl
Hauptplatz 38
Tel. 03462/4435

3107 Diendorf
Karl und Dorothea Bugl
Nr. 9
Tel. 02742/650392
P: 7,9

8143 Dobl
Fam. Adolf u. Maria Fink
Petzendorfstr. 14
Tel. 03136/53685
P: 7,8,9,15
V: Ernte

9991 Dölsach
Andreas Mair Gasser
Dölsach 15
Tel. 04852/61034
P: 5,9,11,12,16

9991 Dölsach
Josef Maier vlg. Brenner
Götschach 14
Tel. 04852/68185
P: 2,5,7,8,9,11

8953 Donnersbach
Hubert Reiter
Ersberg 45
Tel. 03680/2318

8953 Donnersbach
Josef Muhrer
Donnersbachwald 12
Tel. 03680/218
P: 1,8,9

5632 Dorfgastein 183
Franz u. Heidi Rest vlg. Bleiwangbauer
Tel. 06433/548
P: 5

6850 Dornbirn
Karl u. Loni Danner vlg. Eichenhoff
Höchsterstr. 131
Tel. 05572/25769
P: 5,8,9,11

6850 Dornbirn
Burgi's Kräutersuppe
Bremenmahd 47
Tel. 05572/65754

6850 Dornbirn
Karl Wiesenegger
Marktplatz 14
Tel. 05572/22161

6850 Dornbirn
Klückar
Klostergasse 12
Tel. 05572/28494

6850 Dornbirn
Markus Stadelmann
Bergstr. 9
Tel. 05572/22601
P: 2,3,5,6,11,14,15
V: Ernte

6850 Dornbirn
Reicharts Naturkost u. Bauernladen
Marktstr. 41
Tel. 05572/32682
Fax 05572/23315
P: 1,2,3,4,5,6,7,8,9, 10,11,12,13,14,15,16
V: Ernte

7372 Draßmarkt
Dipl.-Ing. Franz Schlögl
Hauptstr. 30
Tel. 02617/2220

4906 Eberschwang
Kurt Mühlböck
Fleischhacken 10
Tel. 07753/2296
P: 7

8273 Ebersdorf
Johann Goger
Nr.5
Tel. 03333/26685
P: 5,7,9,11,15

8273 Ebersdorfberg 70
Gertrude Mathi u. Rolf Scheucher
Tel. 03333/2923
P: 7,8,12,16
V: Dinatur

9372 Eberstein
Friedrich Kogler
St. Oswald 9
Tel. 04264/8326

9372 Eberstein
Robert Oprießnig
Rauscherweg 1
P: 7,9,10,12,13

8583 Edelschrott
Demeter-Hof Hans u. Doris Edler
In den Auen 543
Tel. 03144/3545
Fax 03144/3545
P: 8,11

2842 Edlitz
Werner Hlavka
Königsberg 32
Tel. 02644/7494

4070 Eferding
Reformhaus Elfriede Rizberger
Starhembergstr. 11
Tel. 07272/2605

1730 Eggenburg
Franz Schneider OHG
Rathausstr 24-30
Tel. 02984/3553

8063 Eggersdorf
Anton Aumüller
Haselbach 38
Tel. 03117/2895
P: 3,7,8,9,11,12,15

8063 Eggersdorf
Fam. Zierler
Haselbach 43

Tel. 03117/2703
P: 3,7,9,11,12,13,15
V: Ernte

8552 Eibiswald
Peter u. Susanne Schober
Stammeregg 11
Tel. 03466/42189
P: 9,12,15

8790 Eisenerz
Reformhaus - Stadtdrogerie Doris Gomm
Trofengbach 2
Tel. 03848/2848

9135 Eisenkappel
Josef Dolinsek vlg. Lindenhof
Blasnitzen 2
Tel. 04238/8128
P: 3,5,6,9,11,12,13,15

7000 Eisenstadt
Gewußt wie-Drogerie Wilhelm Haenlein
Hauptstr. 38
Tel. 02682/2466

5061 Elsbethen-Glasenbach
Dr. Lukas Rettenbacher-Immenberg
Römerweg 1
Tel. 0662/622580
P: 15

7562 Eltendorf
Herbert Hesch
Zahling 89
Tel. 03384/21434
P: 7,9,10,12,13

7562 Eltendorf
Garten-Hof
Zahling 55
Tel. 03384/21122
P: 5,7,9,11,14,15
V: Ernte

3644 Emmersdorf
Mayer Manfred u. Maria
Schallemmersdorf 15
Tel. 02752/75264

4470 Enns
Gewußt wie-Drogerie Fenzl GmbH
Linzer Str. 14
Tel. 07223/2659

4470 Enns
Reformdrogerie Hans Eckmayr
Linzer Str. 20
Tel. 07223/2460

4482 Ennsdorf bei Enns
Franz Altmann
Strauchgasse 2
Tel. 07223/3456

3253 Erlauf
TO-BI-Naturprodukte
E-Werkgasse 2
Tel. 02757/6319
Fax 02757/6601
P: 7,12,13
V: Ernte

3253 Erlauf
Anton Riesenhuber
Wocking 23
Tel. 02757/6533
P: 2,5,8,9,10,12,13,16

3253 Erlauf
Franz Bicker
Wohlfahrtsbrunn 1
Tel. 02757/6151
P: 2,3,8,9,11,12,13,16

3153 Eschenau
Adele Fuchssteiner
Sonnleitengraben 4
Tel. 02746/7327

3153 Eschenau
Herbert Oswald
Sonnleitengraben 11
Tel. 02746/7324
P: 5,15
V: Ernte

3153 Eschenau
Johann Kraushofer
Inzerreiterstr. 23
Tel. 02746/7412

5301 Eugendorf
Flöckner
Eugenbach 9
Tel. 06212/8348
P: 12

5301 Eugendorf
Franz u. Emma Kaserer
Neuhofen 8

5301 Eugendorf
Kuin u. Johann Kittl Großhub
Schamingstr. 21
Tel. 06225/8379
P: 5,12

5301 Eugendorf
Martin Gruber
Knutzing 9
Tel. 06212/8467
P: 8,12

5301 Eugendorf
Josef u. Maria Geißler Gottsreith
Schwaighofen 7
Tel. 06225/8616
P: 2,7,8,9,10,12

5324 Faistenau
Martin Stöllinger
Vordersee 20
Tel. 06228/684
P: 8

9710 Feistritz
Drogerie Irene Laznia
Bahnhofstr. 31
Tel. 04245/2234

9613 Feistritz-Gail 16
Mag. Urban Popotning
Tel. 04256/2564
P: 8,9

8330 Feldbach
Gewußt wie-Drogerie Erich König
Hauptplatz 15
Tel. 03152/2236

8330 Feldbach
Willibald Grain
Gossendorf 41
Tel. 03159/3242

6800 Feldkirch
Bäckerei Tiefentaler
Runastr. 1
Tel. 05522/22306

6800 Feldkirch
Naturprodukte Heide Albert
Neustadt 18
Tel. 05522/72321

6800 Feldkirch
Konsumenten-Produzenten- Arbeitsgemeinschaft KOPRA
Hirschgraben 15
Tel. 05522/79687

6804 Feldkirch-Altenstadt
Feinkostfachgeschäft Küzler
Kaiserstr. 5
Tel. 05522/73324
Fax 05522/733244
P: 2,3,4,5,6,7,11,16

4101 Feldkirchen
Johann u. Hannelore Haider
Weidet 15
Tel. 07233/6542
P: 7,15

5143 Feldkirchen
Friedrich u. Johanna Hoffmann Himmelreich
Höselrein 8

5143 Feldkirchen
Klaus u. Maria Duftner vlg. Dunz
Quick 3
Tel. 07748/2400
P: 8

9560 Feldkirchen-Steuerberg
Fam. Nickles
Saßl 1
Tel. 04271/2340
P: 3,9,11

8072 Fernitz
Demeterhof Elisabeth u. Horst Grünwidl
Gnaningerstr. 94
Tel. 03135/7178
P: 15

3325 Ferschnitz 2
Franz Grimm
Tel. 07473/6224
P: 7,9,13

5532 Filzmoos
Alfons u. Gerta Rettenwender vgl. Langegghof vlg. Langegghof
Neuberg 10
Tel. 06453/501
P: 7,11,15

8163 Fladnitz
Anton Stockner
Tober 69
Tel. 03179/27569
P: 2,8,11,13,15

6521 Fließ
Emil Frank
Eichholz 431
Tel. 05442/3382

P: 5

8753 Fohnsdorf
August Klösch
Grabenstr. 11 B
Tel. 03573/3760

5550 Forstau
Margit u. Leonhard Ortner Vögeihof
Nr.3
Tel. 06454/8419
P: 5

4873 Frankenburg
Reformdrogerie Ortwin Maritsch
Hauptstr. 17
Tel. 07683/8259

6820 Frastanz
Biotheke Mag.pharm. Günter Stadler
Auf Kasal 8
Tel. 05522/51136
Fax 05522/51136-8
P: 8,10,13

6820 Frastanz
Herta Matt
Mariaex 2
Tel. 05522/51734
P: 9,12

6820 Frastanz
Reformwaren Herbert Bregenzer
Am Damm 20
Tel. 05522/51127
Fax 05522/51127-21

7132 Frauenkirchen
Franz Wachtler
Zeile 83
Tel. 02172/2678
P: 3,7,8,12,15

8523 Frauental
Hofkäserei Deutschmann
Oberberglasstr. 10

Tel. 03462/4057
P: 8,11,15
V: Ernte

4240 Freistadt
Mehrwert-Produkte Andreas Reimer
Samtgasse 5
Tel. 07942/4981-0

5211 Friedburg
Johann Anglberger vlg. Kalhammer
Unterehreneck 2
Tel. 06218/3372
P: 3,7,8,9,10,12,13

5211 Friedburg
Josef u. Anni Mair Aicher
Lengau 29
Tel. 06218/2722

8130 Frohnleiten
Naturstube Pirstner
Hauptstr. 15
Tel. 03126/2328

3511 Furth-Göttweig
Reinhold Garscha
Steinaweg 43

2531 Gaaden
Johanna Brandl
Anningerstr. 5
Tel. 02237/8143

8424 Gabersdorf
Josef Hirschmann
Nr. 7
Tel. 03452/42462

2230 Gänserndorf
Gewußt wie-Drogerie Hans Figar
Bahnstr. 40
Tel. 02282/2232-0
Fax 02282/3476-9

3334 Gaflenz
Hugo Leichtfried vlg. Jungbauer
Oberland 12
Tel. 07446/362
P: 5,11
V: Erde & Saat

8462 Gamlitz
Gerhard Forstner Kornblumenhof
Labitschberg 24
Tel. 03453/4193
P: 2,7,8

8462 Gamlitz
Naturgarten
Tel. 03453/48460
Fax 03453/4776
P: 2,8,10,15
V: Ernte

8462 Gamlitz
Verein für natürlichen Landbau Weg zur Natur
Labitschberg 4
Tel. 03453/4106
Fax 03453/4776
V: Ernte

3571 Gars am Kamp
Dipl.Ing. Josef u. Maria Strummer
Zitternberg 16
Tel. 02985/2980
P: 7,15

4922 Geiersberg
Erich u. Maria Gruber
Oberlemberg 13
Tel. 07752/86298
P: 11,14
V: Ernte

4943 Geinberg
Michael u. Helga Schiszler vlg. Buchbauer
Winten 13
Tel. 07723/8383

P: 3,5,11

5110 Georgen-Sbg
Josef u. Katharina Maier
Unterreching 28
Tel. 06272/8153
Fax 06272/8153
P: 9,10,11,15
V: Erde & Saat

2201 Gerasdorf
Peter's Bierspezialitäten Peter Hruska
Hauptstr.21
Tel. 02246/20207

7542 Gerersdorf-Güssing 131
Monika u. Helmut Zeller
Tel. 03328/28205
P: 2,5,8,12,13

5132 Geretsberg
Josef Fröhlich Hinterberger
Hinterhof 6
Tel. 07748/7268
P: 8,9,12

5132 Geretsberg 7
Anton Bachmaier
Tel. 07748/7303
P: 7

3131 Getzersdorf
Waltraud Fink
Getzersdorf 20
Tel. 02782/20183
P: 7

3542 Gföhl
Rudolf Gassner
Lengenfelderamt 10
Tel. 02716/83244
P: 7,12,15

3542 Gföhl
Schafzuchtbetrieb Richard Restrich

Seeb 6
Tel. 02717/227

9555 Glanegg
Doris u. Elmar Rössler
Glantscha 8
Tel. 04277/2604
P: 7,11

8200 Gleisdorf
Aloisia Haupt
Albersdorf 123
Tel. 03112/36073
P: 8,9,15

8200 Gleisdorf
Gewußt wie-Drogerie Rotter OHG
Florianiplatz 16
Tel. 03112/2l71

8200 Gleisdorf
Naturkostladen Bio-Sepp
Muehlgasse 2
Tel. 03112/3058

8200 Gleisdorf
Naturkostladen Sepp Gauster
Feldbacher Str. 2
Tel. 03112/3058

8200 Gleisdorf
Walter Scharler
Wetzawinkel 25
Tel. 03112/2082
P: 7,8,12,15

8272 Gleisdorf
Nina Lindberg
Franz-Josef-Str. 5
Tel. 03112/4911

2640 Gloggnitz
Drogerie Klemens Arthofer
Hauptstr. 36
Tel. 02662/2640

2640 Gloggnitz
Franz Dorfstätter
Hauptstr. 24
Tel. 02662/3498

3950 Gmünd
Bäckerei Konditorei Johannes Pilz GmbH
Stadtplatz 16
Tel. 02852/2385

3952 Gmünd
Gewußt wie-Drogerie Fürnkranz
Schremserstr. 5
Tel. 02852/51940
Fax 02852/51940

4810 Gmunden
Reformhaus Manfred u. Margit Drack
Traungasse 2
Tel. 07612/2819

8342 Gnas
Franz Freidinger
Lichtenberg 81

8342 Gnas
Wolfgang Hatzmann
Baumgarten 1
P: 9

9563 Gnesau
Siegfried Marktl Bauer am Bach
Sonnleiten 23
Tel. 04278/861
P: 5,6,9,15

9563 Gnesau
Walter Neidhart
Maitratten 8
Tel. 04278/302
P: 5,6,11

8071 Gössendorf
Ilse Kurz
Peterstr. 31

6840 Götzis
Gebhart u. Veronika Böckle
Kommingerstr. 84
Tel. 05523/51571
P: 7,8,9,11,12

6840 Götzis
Reformdrogerie Huben Selb
Ringstr. 14
Tel. 05523/2309

7122 Gols
Ernst Riepl
Bahngasse 13
Tel. 02173/2651
P: 8,16

7122 Gols
Herbert u. Brigitte Daniel Weinbau
Schulgasse 6
Tel. 02173/2515
P: 12,13,16
V: Ernte

7122 Gols
Leitnerhof
Quellengasse 4
Tel. 02173/2405
P: 3,8,9,10,15
V: Ernte

4824 Gosau
Naturkost Peter Gamsjäger
Tel. 06136/341

8482 Gosdorf
Josef Kranzelbinder Biobauer
Diepersdorf 50
Tel. 03474/625
P: 8,11,12,13,15

8232 Grafendorf
Anton Oswald
Kleinlungitz 13
Tel. 03338/3006

8232 Grafendorf
DINATUR Johann Fink
Lechen 23
Tel. 03338/2445
P: 1,7,8,9,13

3524 Grainbrunn
Franz Dietl
Engelschalks 7
Tel. 02718/387
P: 7,12

4021 Gramastetten
Franz u. Heidi Fleischhanderl
Edt 20
Tel. 07212/8077

4201 Gramstetten
Josef u. Christa Lummerstorfer Knollmayr
Wieshof 17
Tel. 07239/8433
P: 7,9,10,12

8101 Gratkorn
Albin Linner
Forstviertel 23
Tel. 03124/243603

8112 Gratwein
Reformhaus Dr. Fischer
Bahnhofstr. 3
Tel. 03124/52136

8010 Graz
Ankenhof Johann Wilhelm Zepp
Rohrbachhöhe 40
Tel. 0316/391158
P: 9

8010 Graz
Bauernladen Erzeuger-Verbraucher-Gemeinschaft
Kastellfeldgasse 27
Tel. 0316/825213
P: 2,3,4,5,6,7,8,9,
10,11,12,13,14,15,16

Einkaufsadressen

8010 Graz
Bio Laden Isabella Matzer
Schillerstr. 15
Tel. 0316/384751
Fax 0316/301102
P: 1,2,3,5,6,7,8,9,
10,11,12,13,14,15,16

8010 Graz
Bio Lavar
Leitnergasse 18
Tel. 0316/831894

8010 Graz
Bäckerei Erich Binder
Wickenburggasse 15
Tel. 0316/830107

8010 Graz
Drogerie Samariter
GmbH & Co. KG
Sackstr. 14
Tel. 0316/829157

8010 Graz
Drogerie Weinberger
Münzgrabenstr. 20
Tel. 0316/822071

8010 Graz
Esoterik & Reform
Gerstner
Neutorgasse 5
Tel. 0316/825460

8010 Graz
Gewußt wie-Drogerie
Paschke
Lazarettgürtel 55
Tel. 0316/911580-23

8010 Graz
Helmut Kovac
Leonhardstr. 75
Tel. 0316/329804
P: 15

8010 Graz
Jungwirth Naturprodukte
Reitschulgasse 7
Tel. 0316/832747

8010 Graz
Kleine Hexe Naturprodukte
Leonhardstr. 45
Tel. 0316/381651

8010 Graz
Naturhaus Gerstner
Neutorgasse 5
Tel. 0316/75460

8010 Graz
Naturkost Günther Holzer
Reichsstr. 35
Tel. 0316/620202

8010 Graz
Naturkost Günther Holzer
Theodor-Körner-Str. 151
Tel. 0316/628152

8010 Graz
Reform- und Diäthaus
Michael Brantner
Gleisdorfer Str. 13
Tel. 0316/823069

8010 Graz
Reformhaus Renate
Herzog
Radetzkystr. 4

8020 Graz
Annenreform Matzner
u. Tepesch
Bahnhofgürtel 89
Tel. 0316/916390

8020 Graz
Gewußt wie-Drogerie
Weinkopf Paschke
Südtiroler Platz 1
Tel. 0316/913237+38

8020 Graz
Hans Schmidt
Strauchergasse 26
Tel. 0316/918264

8020 Graz
Reformhaus Kräuter-Schlögl Karl Schlögl
Annenstr. 27
Tel. 0316/52568

8020 Graz
Reformhaus Kräuter-Schlögl Karl Schlögl
Rochelgasse 5-7
Tel. 0316/52568

8041 Graz
Gottfried Bergmann
Vollwertkost
Raiffeisenstr. 115
Tel. 0316/472342

8010 Graz
Kas Alm
Am-Kaiser-Josef-Platz/Stand 14
Tel. 0316/830074

8042 Graz
Drogerie St. Peter
St. Peter-Hauptstr. 50
Tel. 0316/462901

8042 Graz
Josef Potocar
Fischer-v.-Erlach-Weg 3
Tel. 0316/403692
P: 7,8,15

8042 Graz
Wurzelsepp's Kräuterstub
Eisteichgasse 13
Tel. 0316/91102713

8042 Graz
Yin Yang Naturkost
St.-Peter-Hauptstr. 36
Tel. 0316/464901

8044 Graz
Erika Schafzahl
Am Lineck 1
Tel. 0316/3912282
P: 15

8044 Graz
Maria Absenger
Janischhofweg 114
Tel. 0316/12053
P: 10,12,13

8045 Graz
Reformhaus Erika Leopold
Grazer Str.50b
Tel. 0316/6910332

8047 Graz
Naturkost Handels-GmbH
Kainbach 81
Tel. 0316/301061
Fax 0316/30198818

8054 Graz
Floriani-Drogerie
Kärntner Str. 416
Tel. 0316/283642-0

8010 Graz
KORNWAAGE Bio-Lebensmittel-Handels-GmbH
Theodor-Körner-Str. 45
Tel. 0316/681043
P: 1,2,3,5,6,7,8,9,
10,11,12,13,14,15,16

8011 Graz
Landesverband organ.-biolog. wirtsch. Bauern - Steiermark
Hamerlinggasse 3
Tel. 0316/8050-427
Fax 0316/8050-510

8046 Graz-Stattegg
Marianne u. Gerhard
Maurer Kleinpaßlerhof
Leber 5

432 Österreich

9761 Greifenburg
Josef Funder vlg.
Weisinger
Bruggen 12
Tel. 04712/8116
P: 2,3,5,8,9,10,11
V: Ernte

4360 Grein
Johann Gassner
Schönfichten 4
Tel. 07268/257
P: 7,9,12,15

8962 Gröbming
Christian Gamsjäger
Kaindorf 31
Tel. 03685/22631

8962 Gröbming
Fam. Erwin Haas vgl.
Mitterhofer
Winkl 91
Tel. 03685/22161
P: 5,11,13
V: Bio Landwirtschaft Ennstal

8962 Gröbming
Franz Gruber
Winkl 109
Tel. 03685/220363

8962 Gröbming
Bauernhof Alfred Haiger
Winkl 238
Tel. 036857/22238
P: 11,12,13
V: Bio Landwirtschaft Ennstal

8962 Gröbming 259
Drogerie Seibetseder
Tel. 03685/22276

8961 Gröbming 75
Alfred Gruber
Tel. 03685/22475
P: 8,12

5082 Grödig
Land-Leben Nahrungsmittel GmbH
Oberfeldstr. 9-11

5082 Grödig
Spagyra KG
Oberfeldstr. 1 a
Tel. 06246/2370

5082 Gröding
Drapal Diät- und Reformwaren
Hackenbuchnerweg 1
Tel. 06246/2425

3920 Groß Gerungs
Josef Mayerhofer
Schönbichl 1

3920 Groß Gerungs
Karl Hammerl
Oberrosenauer Wald 13
Tel. 02812/51392
P: 7,8,9,15

3920 Groß Gerungs
Franz Neubrunner
Nonndorf 6
Tel. 02812/40599
P: 7,12

3384 Groß Sirning
Josef u. Herta Herbst
Knetzersdorf 7
Tel. 02749/2859
P: 7,8,9

8452 Großklein
Franz u. Maria Adam vgl. Wurzschusterhof
Oberfahrenbach 44
Tel. 03454/401
P: 2,8,9,10,11,12,13,15,16
V: Ernte

8452 Großklein
Karl Daum
Nestelberg 41
Tel. 03456/2663

P: 7

8211 Großpesendorf
Alois Hofer
Neudorf 28
Tel. 03113/2467
P: 7,12

2114 Großrußbach
Walter Jani Kräuter
Walter
Schottenfeldstr. 17
Tel. 02263/6332

8993 Grundlsee
Hildgard Höller
Bräuhof 28
Tel. 06153/8380
P: 11

8993 Grundlsee
Josef Steinegger
Gössl 10
Tel. 06153/8388

7540 Güssing
Dieter Fröhlich
Neustift 215
P: 8
V: Demeter

7540 Güssing
Hans Neumann
Neustift 76
Tel. 03325/4165
P: 5,7,8,9,10,11,15

7540 Güssing
K. u. A. Huber
Neustift 108
Tel. 03325/6385
P: 7,9,10,13

2042 Guntersdorf
Demeter-Hof Hans Gehringer
Guntersdorf 52
Tel. 02951/2485
Fax 02951/2543
P: 7,9,10,12,13

2353 Guntramsdorf
Gewußt wie-Drogerien - Zentrale
Anningerstr. 52
Tel. 02236/52477-0

4942 Gurten
Maria Dallinger
Freiling 14
Tel. 07757/6267
P: 8,9

9334 Guttaring
Imkerei Heinfried Ramprecht
Rupertiweg 8
Tel. 04262/8229

4680 Haag
Drogerie Franz Mitterbauer
Marktplatz 35
Tel. 07732/2257

3385 Hafnerbach
Mariannes Naturküche
Fam. Dam
Marienplatz 4
Tel. 02749/2194

4083 Haibach ob der Donau
Gerhard u. Leopoldine Jomrich
Innzell 3
Tel. 07279/701
P: 2,5,7,8,9,10,11,12,13
V: Erde & Saat

9111 Haimburg
Volker Helldorff Gut Thalenstein
Haimburg
Tel. 04232/7086
P: 7,8,15

6425 Haiming
Josef Glatzl
Dorfstr. 22
Tel. 05266/88013
P: 7,8,9,10,12,13

V: Ernte

8264 Hainersdorf 11
Helene Urschler
Tel. 03385/282
P: 7,8,9,13,15
V: Ernte

3170 Hainfeld
Gewußt wie-Drogerie
Hans Prokopp AG
Hauptstr. 22
Tel. 02764/759

3170 Hainfeld
Maria u. Ferdinand Kaiblinger
Bernau 20
Tel. 02764/7043

8492 Halbenrain
Anneliese Reininger
Dietzen 38
Tel. 03476/3427
P: 8,13,15
V: Ernte

8492 Halbenrain
Josef Peklar
Dietzen 43
Tel. 03475/3368
P: 13,15

8492 Halbenrain 135
Ing. Jörg Steinwidder
Tel. 03476/2735
P: 7

7131 Halbturm
Biohof Lang
Erzherzog-Friedrich-Str. 13
Tel. 02172/8765
P: 8,10,12,13,15,16
V: Ernte

7131 Halbturm
Maria Rechnitzer
Andauerstr. 47
Tel. 02172/8635
Fax 02172/8635

P: 7,8,9,13
V: Ernte

6060 Hall
Drogerie Mariahilf
Franz Höfner
Agramgasse 3
Tel. 05223/7140

6060 Hall
Graben-Drogerie Peter
Preindl GmbH
Langer Graben 5
Tel. 05223/7226

6060 Hall
Haller Reformladen
Monika Holzmann
Wallpachgasse 4
Tel. 05223/6520

5400 Hallein
Anna u. Franz
Brunauer-Renz
vlg. Brügglerbauer
Gamperstr. Süd 18
Tel. 06245/82279
P: 8,9,11

5400 Hallein
Drogerie Zum Salzträger Weichenberger
Sigmund-Thum-Str. 8
Tel. 06245/3105

5400 Hallein
Naturkost Leitner
Schanzplatz 1
Tel. 06245/83003
P: 1,3,5,6,14

5400 Hallein
Reformdrogerie Albert
Glück
Salzachtal-Bundesstr.-Süd 6
Tel. 06245/546

6971 Hard
Elisabeth Kumhan
Landstr. 19

Tel. 05574/35790

8230 Hartberg
Lechner Hof - Robert
Nutz
Unterlungitz 26
Tel. 03332/61576
Fax 03332/61576-15
P: 7
V: Dinatur

8230 Hartberg
Gerhard Krautgartner
Schildbach 19
Tel. 03332/65239

8230 Hartberg
Gewußt wie-Drogerie
Monika Schindler
Wiener Str. 18
Tel. 03332/62045

8230 Hartberg
Hofladen Josef Lebenbauer
Ring 8
Tel. 03332/64308
Fax 03332/64308
P: 2,3,5,7,8,9,10,
11,12,13,15,16
V: Dinatur

8230 Hartberg
Karl Lueger
Unterlungitz 9
Tel. 03332/65938
P: 7,9,12

8230 Hartberg
Leopold Lebenbauer
Ring 6
Tel. 03332/64306

8230 Hartberg
Reformdrogerie Inge
Gruber
Wiener Str. 22
Tel. 03332/63728

8230 Hartberg
Ring-Bio-Produkte

Schildbach 51
Tel. 03332/608-0
Fax 03332/608-580
P: 2,10,15

8230 Hartberg
Karl Haindl
Eggendorf 48
Tel. 03332/62157
P: 7,9,12
V: Demeter

8230 Hartberg
Walter Oswald
Oberlungitz 2

8141 Haselsdorf-Tob.
Herbert u. Karin Wango
Kapellenstr. 35
Tel. 03136/283480
P: 8,11,15

4170 Haslach
S' Gwölb Christa
Schütz
Marktplatz 15
Tel. 07289/71144

8361 Hatzendorf
Fam. Peter Sonnbichler
Stückelberg 13
Tel. 03155/27884
P: 11

8361 Hatzendorf
Anneliese Fuchs
Wiesenberg 50
P: 7,9

8967 Haus
Johann Schiefer
Weißenbach 17
Tel. 03686/4517

8967 Haus
Thaddäus Promberger
Weißenbach 14
Tel. 03686/4438
P: 11

8071 Hausmann-
stätten
E. Stucken
Schelchengasse 49
Tel. 03135/66484
P: 7,9,12

8071 Hausmann-
stätten
Eduard Mohorko
St.-Peter-Str. 45
Tel. 03135/7622
P: 8,15

8071 Hausmann-
stätten
Uwe Fischereder
Schelchengraben 61
Tel. 03135/68163
P: 5,8

8081 Heiligenkreuz
Werner Schwarz
Oberedelstauden

8081 Heiligenkreuz
Erna Schickengruber
Prosdorf 85
Tel. 03134/2044
P: 2,7,9,13,15
V: Ernte

4202 Hellmonsödt
Ursula Ortner
Geitenedt 8
Tel. 07215/2149
P: 7,8,9,12

8411 Hengsberg
A. u. F. Lernbeiss
Schönberg 32
Tel. 03182/78175

8411 Hengsberg
Erwin Ruß
Lamberg 24
Tel. 03185/2262
P: 3,5,15

8380 Henndorf 38
Hansjörg Mayer

Tel. 03154/6293
P: 12

5302 Henndorf-
Eugendorf
Hartinghof S. u. M.
Thalhammer
Kirchberg 13
Tel. 06214/7093
P: 2,3,5,7,8,9,10,
11,12,14,15,16
V: Erde & Saat

9620 Hermagor
Drogerie Monika
Winkler
Hauptstr. 11
Tel. 04282/2042

3130 Herzogenburg
Franz Fuchsbauer
Walpersdorf 10
Tel. 02782/4680

3130 Herzogenburg
Vereinigte Schälmüh-
len GmbH
Wiehlandstahl 16
Tel. 02782/32010

4175 Herzogsdorf
Josef Harrer
Grasbach 16
Tel. 07234/7240
P: 7,9,12,15

2325 Himberg
Vier Jahreszeiten Ver-
kaufsbüro
Hauptstr. 1
Tel. 02235/2141
Fax 02235/2141
P: 7,8,10,12

9562 Himmelberg
Fam. Ebner vlg. Ta-
letschger
Werschling 19
Tel. 04276/2659
P: 2,8,9,10,11,13
V: Ernte

4242 Hirschbach
Josef Winklehner
Kirchberg 18
Tel. 07948/227
P: 7,9,13

6952 Hittisau
Klaus u. Mina Schwarz
Bolgenach 82
Tel. 05513/67105
P: 5,7,9,11,13,15
V: Ernte

6952 Hittisau
Peter u. Maria
Hagspiel
Bolgenach 47
Tel. 05513/6691
P: 3,5,7,15

5122 Hochburg-Ach
J. u. W. Dicker
Reisach 5
Tel. 07727/2730
P: 7

5122 Hochburg-Ach
Ludwig Dicker
Thann 3
Tel. 07727/2387
P: 7,9,12,13

7442 Hochstraß
Franz Posch
Hauptstr. 47
Tel. 02616/2425
P: 7,15

7442 Hochstraß
Robert Kern
Randsiedlung 32
Tel. 02616/2259
P: 8

6912 Hörbranz
Franz Hehle
Ziegelbachstr. 46
Tel. 05573/37392
P: 8,9,12,15

6912 Hörbranz
Franz Pichler
Leiblachstr. 8
Tel. 05573/2757
P: 7,8,9,11

5322 Hof-S.
Josef u. Viktoria Ebner
vlg. Mühlgrub
Vorderelsenwang 7
Tel. 06229/3212
P: 11

5322 Hof-S.
Margarete u. Rudolf
Gruber
Anzenberg/Vorderelsen-
wang 1

4142 Hofkirchen
Herbert Hölzl
Altenhof 10
Tel. 07285/377

3202 Hofstetten
Karl Muhr
Plambacheck 3
Tel. 02723/8347
P: 11,12,13,16

3202 Hofstetten
Franz Felberer
Aigelsbach 19
Tel. 02723/8443
P: 8,12,13,15

2724 Hohe Wand
Apicur Erwin Haderer
Stollhof 530/2
Tel. 02638/8309

6845 Hohenems
Vitaquelle H. Zangerle
Mauthausstr. 8
Tel. 05576/2473

4921 Hohenzell
Erich u. Aloisia Seif-
riedsberger vlg.
Muhrauer
Aching 7

Einkaufsadressen

Tel. 07752/86388
Fax 07752/86388
P: 8,9,15
V: Ernte

4921 Hohenzell
Anni u. Hannes Jetzinger
Oberham 7
Tel. 07752/86372
P: 8,10,15
V: Ernte

4921 Hohenzell
Theresia Gruber
Wöging 15
Tel. 07752/6110
P: 8,11

2020 Hollabrunn
Kwizda Drogerie
Hauptplatz 16
Tel. 02952/2561

2812 Hollenthon
Karl Schuster
Grohdorf 7
Tel. 02645/7221
P: 10,12

7435 Holzschlag 70
Eva Batthyany
Tel. 03354/8212

6361 Hopfgarlen
Penningberger Kornmühlen
Tel. 05335/2016
Fax 05335/2016-4
P: 15

3580 Horn
Friedrich Gradner
Zaingrub 21
P: 7,8

3383 Hürm
Marianne u. Johann Hollaus
Untersiegendorf 5
Tel. 02754/8221

P: 8,12,13,16
V: Ernte

3544 Idolsberg 16
*Meierhof Idolsberg
Schafzuchtbetrieb*
Tel. 02731/223
P: 14

6080 Igls
Karl Zimmermann
Grätschenwinkelweg 1
Tel. 0512/379794
P: 8,9,11
V: Ernte

8262 Ilz
Alois Seifried
Hofing 82
Tel. 03385/7894
P: 7,9,12

8262 Ilz
Andreas Rath
Mutzenfeld 10

8262 Ilz
Gertrude Plevnik
Hochenegg 49
Tel. 03118/7315
P: 9,15

8262 Ilz
Johann Bloder
Nestelbach 12
Tel. 03385/7l64
P: 2,8,11,15

9932 Innervillgraten 116
Josef Schett KEG Villgrater Naturprodukte
Tel. 04843/5520
P: 2,5,11,13,14
V: Ernte

6020 Innsbruck
Alois Wach
Schlögelgasse 9
Tel. 0512/62485
P: 5,7,8,9,11,12

6020 Innsbruck
Anita's Naturkostladen
Hunoldstr. 3
Tel. 0512/491095

6020 Innsbruck
Drogerie Fiala
Innrain 103
Tel. 0512/589074

6020 Innsbruck
Drogerie Reichenauer
Gutshofweg 2
Tel. 0512/44293

6020 Innsbruck
*Gewußt wie-Drogerie
Tachezy & Frank*
Herzog-Eugen-Str. 2
Tel. 0512/578856

6020 Innsbruck
*Gewußt wie-Drogerie
Tachezy & Frank*
Herzog-Friedrich-Str. 29
Tel. 0512/580193

6020 Innsbruck
*Gewußt wie-Drogerie
Tachezy & Frank*
Olymp.Dorf/Block 8
Tel. 0512/65905

6020 Innsbruck
*Gewußt wie-Drogerie
Tachezy & Frank*
Pradler Str. 51
Tel. 0512/410205

6020 Innsbruck
*Gewußt wie-Drogerie
Tachezy & Frank*
Reichenauer Str. 62
Tel. 0512/44215

6020 Innsbruck
*Gewußt wie-Drogerie
Tachezy & Frank*
Wiltener Platz 1
Tel. 0512/580151

6020 Innsbruck
Herbert Schuster
Holzgasse 18
Tel. 0512/267426-0
Fax 0512/262017
P: 15

6020 Innsbruck
Hubertus-Drogerie
Andreas-Hofer-Str. 14
Tel. 0512/584127

6020 Innsbruck
*Ihr ganz persönlicher
Bio-Laden*
Tiroler Str. 100

6020 Innsbruck
Naturkostladen Gesünder Leben
Adolf-Pichler-Platz 12
Tel. 0512/580079

6020 Innsbruck
Passage-Drogerie
Sparkassenplatz 2
Tel. 0512/23815

6020 Innsbruck
Naturprodukte Moosbrucker Ursulinenhof
Innrain 11 a
Tel. 0512/571713
Fax 0512/585762
P: 2,3,7,8,9,10,11,
12,13,15,16

6020 Innsbruck
*Reformhaus
Mag.pharm. Wilfried Fischer*
Wilhelm-Greil-Str. 2
Tel. 0512/580380

6020 Innsbruck
Reformhaus Rosalia Lach
Universitätsstr. 32
Tel. 0512/582456

436 Österreich

6020 Innsbruck
Schützen-Drogerie
Schützenstr. 56-58
Tel. 0512/61201

6020 Innsbruck
*Gewußt wie-Drogerie
Tachezy & Frank*
Museumstr. 22
Tel. 0512/59434-0

6020 Innsbruck
*Landesverband organ.-
biolog. wirtsch. Bauern Tirols*
Brixnerstr. 1
Tel. 0512/5929-238
Fax 0512/5929-275

8952 Irdning
Alban Ruhdorfer
Pichlarerstr. 25
Tel. 03682/22761
P: 11

8952 Irdning
Sebastian Berger
Altirdning
Tel. 03682/2258l

8091 Jagerberg
Johann Hermann
Unterzirknitz 4
Tel. 03184/8331
P: 7,12,15

6200 Jenbach
Drogerie Gerhard Ramminger
Achenseestr. 34
Tel. 05244/2245

8380 Jennersdorf
*Gewußt wie-Drogerie
Mihellyes*
Hauptplatz 7
Tel. 03154/8097

8380 Jennersdorf
Willibald Deutsch
Rax 187

Tel. 03154/508
P: 7

7093 Jois
*Weingut Edelhof Fam.
Wetschka*
Hauptplatz 6
Tel. 02160/291
P: 12,13,16
V: Ernte

8750 Judenburg
's Naturstüberl Wolfgang Schifferl
Rathauspassage
Tel. 03572/6705

8224 Kaindorf
Adele Kaiser
Dienersdorf 73
Tel. 03334/2270
P: 8,13,15

8224 Kaindorf
Johann Posch sen.
Kopfing 79
Tel. 03334/2261
P: 7,8,15

8224 Kaindorf
Josef Jandl
Hartl 135
Tel. 03113/2619

8224 Kaindorf
Maria u. Fritz Loidl
Kopfing 11
Tel. 03334/2515
Fax 03334/2515
P: 2,8,10,12,13,15,16
V: Ernte

8984 Kainisch
Franz Schmied
Knoppen 1
Tel. 06154/362

9981 Kals
Heinrich u. Ursula Mache Rainer
Glor-Berg 10

Tel. 04876/450
P: 5,15

8773 Kammern
Bruno Wernitznig
Wolfsgrube 1
Tel. 03844/223
P: 8

8773 Kammern
Ing. Herbert Kain
Seiz 18a
Tel. 03844/686
P: 5,8,9,11
V: Ernte

8353 Kapfenstein
Johannes Wagner Gartenbau
Gutendorf 36
Tel. 03157/2395
P: 7,15

9321 Kappel
*Irmgard u. Rudolf
Löschenkohl*
Boden 10
Tel. 04262/3964
P: 2,3,7,8,13,15
V: Ernte

9321 Kappel
Viktorhof Peter Prasser
Am Krappfeld 12
Tel. 04262/2256
Fax 04262/4827-7
P: 2,7,8,9,10,15
V: Demeter

9321 Kappel
*Robert Schelander vlg.
Hoerant*
Unterbergen 2
Tel. 04262/4209
P: 7,8,9,10,12,13,15
V: Ernte

9321 Kappel am Krappfeld
Landesverband organ.-

biolog. wirtsch. Bauern Kärntens
Boden 10
Tel. 04262/3964

2572 Kaumberg
Josef Apfler
Untertriesting 9
Tel. 02765/417
P: 8

3291 Kienberg
Josef Lindebner
In der Au 36
Tel. 07485/249
P: 2,3,5,8,11

3233 Kilb
Anton Gruber
Laach 5
Tel. 02748/6140

3233 Kilb
Franz Fink
Fleischessen 4
Tel. 02748/263

3233 Kilb
Josef Wagner
Schlöglsbach 2
Tel. 02748/274
P: 2,8,10

8650 Kindberg
Naturkost u. Reformwaren Hertha Wittmann
Hauptstr. 9
Tel. 03865/3509

8082 Kirchbach
Ignaz Fink
Glatzau 10

8082 Kirchbach
Josef u. Irmgard Steinkleibl
Weissenbach 26
Tel. 03116/2359
P: 7,9,10,12,15

Einkaufsadressen 437

8082 Kirchbach
Viktor Kickmayer
Zerlach 4
P: 7,8,9,12,13,15

8082 Kirchbach 75
Franz Krisper
Tel. 03116/27132
P: 5,8,9,13

8324 Kirchberg
Biologischer Bauern-
hof Gudowius
Harrachberg 95
Tel. 03115/3503

8324 Kirchberg-Raab
Gerhard u. Christine
Stolz
Rothberg 20
Tel. 03115/2712
P: 7,8,10,12,13,15

**3470 Kirchberg-
Wagram**
Imkerei Wiedl
Scheigergasse 9
Tel. 02279/2688
Fax 02279/3230
P: 15

2421 Kittsee
Johann Ochsner
Postfach 27
Tel. 02143/2327

6370 Kitzbühel
Christian Erber
Aurach 51
Tel. 05356/55945
P: 7,8,9,11

6370 Kitzbühel
Gewußt wie-Drogerie
Oskar Pöpperl
Ehrenbachgasse 2
Tel. 05356/2364

6370 Kitzbühel
Gewußt wie-Drogerie
Oskar Pöpperl

Vorderstadt 27
Tel. 05356/4475

6370 Kitzbühel
Tiroler Bauernstandl
Neuwiesen
Tel. 05356/53123
P: 2,3,5,11,15

8442 Kitzeck
Laura Kröll
Einöd 22
Tel. 03456/2559
P: 10,12,13

9020 Klagenfurt
Bauernladen Brigitte
Palkovits
Villacher Str. 13
Tel. 0463/56477

9020 Klagenfurt
Bio-Garten Handels-
ges. m.b.H
Wiegelegasse 12
Tel. 0463/3316/

9020 Klagenfurt
Bio-Reform-Gesell-
schaft
Flatschacherstr. 57
Tel. 0463/32225

9020 Klagenfurt
BioDiät GmbH
Hasnerstr. 7
Tel. 0463/511516-0
Fax 0463/511516-10
P: 8,10,13,15

9020 Klagenfurt
Cäcilie Kanovsky
Gärtnergasse 55
Tel. 0463/32355
P: 9,12

9020 Klagenfurt
Gewußt wie-Drogerie
KR Josef Poleßnig
Fleischmarkt 9
Tel. 0463/56539

9020 Klagenfurt
Gewußt wie-Drogerie
KR Josef Poleßnig
Maria-Platzer-Str. 2
Tel. 0463/261242

9020 Klagenfurt
Gewußt wie-Drogerie
KR Josef Poleßnig
Neuer Platz 12
Tel. 0463/513506

9020 Klagenfurt
Naturkost Helgard
Quendler
Alter Platz 4
Tel. 0463/502649

9020 Klagenfurt
Reformhaus Kräuterlisl
Diät- & Reformwaren
Siriusstr. 3
Tel. 0463/51143812

9020 Klagenfurt
St. Peter Reformhaus
Völkermarkter Str. 134

9020 Klagenfurt
Vollwertkost Theresia
Rednak
Pfarrplatz 15
Tel. 0463/54628

4352 Klam bei Grein
Franz Brandner
Untergaisberg 13
Tel. 07269/7174
P: 7

4564 Klaus
Johann u. Maria
Kirchweger vlg. See-
wald
Ramsau 11
Tel. 07585/346

9345 Klein Glödnitz
Ulrich Scherr
Kaindorf 15
Tel. 04265/564

3400 Klosterneuburg
Reformhaus Ilona Kant-
ner
Stadtplatz 4
Tel. 02243/646

8720 Knittelfeld
Alexander u. Edeltraud
Freller Reformhaus
Gaalerstr. 2
Tel. 03512/2887

8720 Knittelfeld
Reformdrogerie Nor-
bert Hofer
Kapuzinerplatz 3
Tel. 03512/2885

8580 Köflach
Franz-Florian Jochum
Klein Wöllmiss 49
Tel. 03140/364
P: 5,8,12

8580 Köflach
Johann Scheer
Klein Wöllmiss 45
Tel. 031401308

8580 Köflach
Karl Jochum
Klein Wöllmiss 46
Tel. 03140/408
P: 7,8,9,12,13

8580 Köflach
Naturkostladen Klee-
blatt Ingrid Scheer
Kirchengasse 1
Tel. 03144/6388

8580 Köflach
Reformdrogerie Mari-
anne Schweighart
Bahnhofstr. 4
Tel. 03144/2616

7563 Königsdorf
Gerald u. Gabriele Pe-
tersen
Bergen 131

438   Österreich

Tel. 03384/2485
P: 2,5,8,11
V: Ernte

7563 Königsdorf
Michael u. Gabriele Schrittwieser
Bergen 131
P: 9

7563 Königsdorf 173
Ludmilla Briesner
Tel. 03384/2416
P: 7,9,13

4280 Königswiesen
Ch. u. A. Pilz
Schlag 8
Tel. 07955/389
P: 7,8,9,15

6345 Kössen 40
Drogerie Margit Hübl
Tel. 05375/2266

5203 Köstendorf
Franz u. Hildegard Lechner Adambauer
Enharting 2
Tel. 06216/6534
P: 5,8,11

9640 Kötschach
Imkerei Stampfer
Höfling 2
Tel. 04715/8241
P: 15
V: Ernte

6114 Kolsaß
Johann Schuler
Florian-Waldauf-Str. 3
Tel. 05224/8235
P: 7,8,9,11,12

2100 Korneuburg
Kwizda Drogerie
Hauptplatz 26
Tel. 02262/2502

6233 Kramsach 102c
Drogerie Ludwig Senn
Tel. 05337/2461

8714 Kraubath-Mur
Anton Frewein
Dr.-Eduard-Ehrlich-Weg 7
Tel. 03832/2329
P: 8,9

3500 Krems
Landleben - Reform Teissberg
Pellingen 6

3500 Krems
EVI Naturkost
Pfarrplatz 16
Tel. 02732/85473

3500 Krems
Gewußt wie-Drogerie Kurt Pototschnig
Untere Landstr. 69-71

3500 Krems
Naturkost Roman Vieröckl KG
Untere Landstr. 12
Tel. 02732/82501-16
Fax 02732/77690

3500 Krems
Paul Feichtinger Gut Gneixendorf
Wasserhofstr. 5-9
Tel. 02732/3917
P: 7,9,12,13,15

3571 Krems
Naturkostladen Josef Strummer
Marktgasse 56
Tel. 02985/2980

4550 Kremsmünster
Gargitter Vollwertkost
Marktplatz 9
Tel. 07583/7001

8564 Krottendorf
Ernst Straßer
Gasslberg 43
Tel. 03143/2633
P: 8,9,12,13,15,16

2851 Krumbach
Anton Glatz
Amt 126

6942 Krumbach
Karl Steurer
Engisholz 85
Tel. 05513/8316
P: 8

6942 Krumbach 179
Kurt Raidel
Tel. 05513/8166
P: 5,11

9201 Krumpendorf
Leo Brunner vlg. Kollehof
Hohenfeld 6
Tel. 04229/2765
P: 5,8,11,12,15
V: Ernte

3352 Kürnberg 176
Mostviertler Bauernspezialitäten Franz Schnetzinger
Grub 34
Tel. 07252/30492
Fax 07252/30492
P: 2,3,5,6,11,13,14,15
V: Demeter, Erde & Saat, Ernte

6330 Kufstein
Bena Eggersberger
Treidelstr. 11
Tel. 05372/2580

6330 Kufstein
Gewußt wie-Drogerie Zum Weißen Kreuz
Kaiserbergstr. 5
Tel. 05372/2920

6330 Kufstein
Naturprodukte Weiss
Kaiserbergstr. 17
Tel. 05372/63212
Fax 05372/63212

7531 Kukmirn 131
Josef Wolfsberger
Tel. 03328/2658
P: 10,13

7543 Kukmirn 168
Marianne Postl
Tel. 03328/2574
P: 5,11,12,13,14
V: Ernte

2381 Laab im Walde
Peter Krischke
Roppersberg
Tel. 0222/8285739
P: 8,13

7321 Lackendorf
Franz u. Erika Friedl
Hauptstr. 65
Tel. 02619/444
P: 2,3,5,6,7,8,9,10, 11,12,13,16
V: Dinatur

7321 Lackendorf
Anton Arthofer
Hauptstr. 46
Tel. 02619/323

8921 Lainbach
Franz Berger
Mooslandl 57
Tel. 03633/2540

8921 Lainbach
Erich Wieser
Mooslandl 75
Tel. 03633/2645
P: 11

8921 Lainbach
Karl Spanner
Mooslandl 39
Tel. 03633/2596

Einkaufsadressen 439

P: 11

**5112 Lamprechts-
hausen**
Georg u. Margarethe
Armstorfer
Bruck 11
Tel. 06274/6773
P: 5,8

6500 Landeck
Drogerie Zentral
Malserstr. 18
Tel. 05442/62334

6293 Lanersbach 359
Reformhaus Rieser-
Malzer
Tel. 05287/203

2103 Langenzersdorf
Reform-Drogerie
Scheer
Hauptplatz 7
Tel. 02244/2347

8502 Lannach
Walter Brunner
Blumegg 69
P: 7,9,13

4291 Lasberg
Karl König
Paben 7
Tel. 07947/6301
P: 7,9,10,12,15

8903 Lassing
Bernhard Zeiser
Alt-Lassing 14
Tel. 03612/82280

9473 Lavamünd
Karl u. Dr.Jutta Han-
sche
Gut Landsmannhof
Tel. 04356/2250-0

8301 Laßnitzhöhe
Dietmar Haas
Autal 18a

Tel. 0316/491168

8301 Laßnitzhöhe
Mag. Julius Varga
Hönigtal 111
Tel. 03133/8255
P: 12

8403 Lebring
Friedrich Wallner
St. Margarethen 23
Tel. 03182/3402
P: 2,8,9,12,15

8430 Leibnitz
Alois u. Gabriel Zach
Retzhoferstr. 14
Tel. 03452/2673
P: 7,8,9,10,15

8430 Leibnitz
Gewußt wie-Drogerie
Brothanek
Grazer Gasse
Tel. 03452/2944

8430 Leibnitz
Günther W. Maier
Plöckelbauernhof
Seggauberg 41
Tel. 03452/4758
P: 13,15

8430 Leibnitz
Johann Tischler
Sulmbahnsiedlung 5
Tel. 03452/83522
P: 8,10
V: Ernte

8430 Leibnitz
Ölmühle & Reform-
haus Schallhamer-Pelz-
mann
Grazer Gasse 20
Tel. 03452/2722

**4132 Lembach i.
Mühlk.**
Ernst und Paula Mat-
scheko

Obernort 10
Tel. 07286/6924
P: 12

9811 Lendorf
Hans Hofer Fischer
Nr.3
Tel. 04769/3168
P: 5,7,8,9

8700 Leoben
Drogerie Max Woppel
Hauptplatz 10
Tel. 03842/43233

2544 Leobersdorf
Gewußt wie-Drogerie
Hans Prokopp AG
Hauptstr. 13
Tel. 02256/2100

5071 Leogang
Johann u. Elisabeth
Mayrhofer
Otting 3
Tel. 06583/444
P: 11

5771 Leogang
Hermann Eder
Otting 1
Tel. 06583/453
P: 12

5771 Leogang
Walter u. Hermine Ei-
böck
Sonnberg 8
Tel. 06583/7038
P: 5,7,9,11

5771 Leogang
Johann u. Marianne
Widauer vlg. Herzog-
bauer
Otting 5
Tel. 06583/443
P: 9,11,12,15

4060 Leonding
Förderungsgemein-

schaft für gesundes
Bauerntum (ORBI)
Nöbauernstr. 22
Tel. 0732/675363

4592 Leonstein 220
Naturkist'l Monika
Rohrauer
Tel. 07584/2883

8463 Leutschach
Fam. Gunczy
Glanz 74
Tel. 03454/6302
P: 7,8,12,13,15,16

8463 Leutschach
Fam. Horvath
Schloßberg 99
Tel. 03454/6196
P: 13,14,16
V: Ernte

8463 Leutschach
Jan Rosbergen vlg.
Grabendecker
Krannach 22

3522 Lichtenau
Die Käsemacher Pro-
duktions- u. Vertriebs-
GmbH
Scheutz 3
Tel. 02718/356

2493 Lichtenwörth
Sojvita Produktions
GmbH
Hauptstr. 2
Tel. 02622/75494
Fax 02622/7598417

9900 Lienz
Reformhaus Brunner
Rosengasse 19
Tel. 04852/647

3020 Linz
GREEN BOX Handels-
GmbH
Industriezeile 36/3

Tel. 0732/794455

4020 Linz
Kräuterdrogerie Dietmar Dinse
Südtiroler Str. 25
Tel. 0732/666614

4020 Linz
Drogerie und Reformhaus Jürgen Walter
Bethlehemstr. 12
Tel. 0732/73213

4020 Linz
Drogerie und Reformhaus Jürgen Walter
Bismarckstr. 14
Tel. 0732/777136

4020 Linz
Drogerie und Reformhaus Jürgen Walter
Stockhofstr. 8-30
Tel. 0732/664825

4020 Linz
Drogerie und Reformhaus Jürgen Walter
Weißenwolffstr. 1
Tel. 0732/276288

4020 Linz
Müli-Bauernmarkt
Zollamtstr. 18
Tel. 0732/775688
Fax 0732/775688
P: 2,3,4,5,6,7,8,9,10, 11,12,13,14,15,16

4020 Linz
Naturprodukte Sylvia Schauberger
Hauptplatz 4
Tel. 0732/779053
Fax 0732/779053

4020 Linz
Reformhaus R. Kobinger
Herrenstr. 2

Tel. 0732/278257

4021 Linz
RING Nahrungsmittel GmbH
Postfach 261
Tel. 0732/274501

4040 Linz
Fredi's Kornkammer
Rudolfstr. 14
Tel. 0732/233101

4040 Linz
Verein Bauernmarkt Linz
Gstöttnerhofstr. 1 2
Tel. 0732/231361

4020 Linz
Landesverband organ.-biolog. wirtsch. Bauern Oberösterreichs
Auf der Gugl 3
Tel. 0732/57421-422
Fax 0732/57421-48

4033 Linz-Ebelsberg
Naturmühle Caj. Strobl GmbH & Co.KG
Marktmühlgasse 30
Tel. 0732/303060-0
Fax 0732/302156
P: 8,10
V: Ernte

3874 Litschau
Heinrich Schölm
Schlägerstr. 46
Tel. 02865/324

6911 Lochau
Bäckerei Gebhard Mangold
Landstr. 11
Tel. 05574/42009

5221 Lochen
Franz u.Theresia Enhuber vlg. Reitshamer
Babenham 16

Tel. 06210/8225
P: 3,7,8,9,11

5221 Lochen
Heinrich u. Ernestine Enhuber vlg. Dax
Babenham 8
Tel. 06210/8249
P: 8,9,11

5221 Lochen
Josef u. Hedwig Schießendobler vlg. Wenzl
Kerschham 2
Tel. 06210/5027
P: 8,11

5221 Lochen
Josef u. Maria Gann Mathiesen
Koppelstätt 3
Tel. 06210/8349
P: 3,8,11

7442 Lockenhaus
Ludwig Moser
Hauptstr. 48
Tel. 02616/2466
P: 7,12

4923 Lohnsburg
Franz u. Brigitte Leitner
Helmerding 3
Tel. 07754/3137
P: 5,10
V: Ernte

4923 Lohnsburg
Franziska Brettbacher
Schmidham 14
Tel. 07752/3183
P: 8,9,11

5311 Loibichl
Friedrich u. Maria Hierl Ferholz
Innerschwand 30
Tel. 06232/298
P: 5,8

5311 Loibichl
Rolf u. Inge Dick vlg. Westerthal
Au 38
Tel. 06232/2184
V: Ernte

6890 Lustenau
Biokost-Spezialversand Heide Albert
Hasenfeldstr. 17
Tel. 05577/84540
Fax 05522/74701

6890 Lustenau
Drogerie Jochum Siegfried GmbH
Jahnstr. 5
Tel. 05577/82531

6890 Lustenau
Hubert u. Anni Vetter
Fischerbühl 15
Tel. 05577/8503
P: 5,7,8,9,10,11, 12,13,16

3240 Mank
Karl Angerer
Busendorf 8
Tel. 02753/2843
P: 7

3240 Mank
Karl u. Hildegard Biber
Kleinzell 6
Tel. 02755/2458
P: 2,7,8,9,10,11,12,15

3240 Mank
Sara u. Johann Lechner
Nacht 2
Tel. 02755/25662
P: 2,7,8,9,10,11,12,15

7444 Mannersdorf-Oberloisdorf
Walter Eckhart
Kurze Gasse 3
Tel. 0222/6768743

P: 1,12

4614 Marchtrenk
Aurora GmbH
Freilingerstr 48
Tel. 07243/2512-0

4614 Marchtrenk
Gerhard Rittenschober
Niederperwenderstr. 10
Tel. 07243/2521
P: 7

2344 Maria Enzersdorf
Gewußt wie-Drogerie
Hans Prokopp AG
J. Steinböck-Str. 4
Tel. 02236/24256

2344 Maria Enzersdorf
Reformdrogerie Edelweiß Trude Hofbauer
Hauptstr. 17
Tel. 02236/44318

3643 Maria Laach
Alfred Schwendinger
Litzendorf 10
Tel. 02712/364

9422 Maria Rojach
Bio-Gärtnerei Oliver
Reichwald
Farrach 29
Tel. 04355/2823
P: 9,12,15

9422 Maria Rojach
Marianus Rath
Gut Farrach
Tel. 04355/2023
P: 7,8,12,13

9063 Maria Saal
Erich Klinghöffer
Hart 1
Tel. 04223/2317
P: 3,6,7,8,9,12

9063 Maria Saal
Siegfried Dörfler
Arndorf 6
Tel. 04223/2268
P: 7,8,9

8812 Mariahof 3
Fam. Stelzl
Tel. 03584/2590
P: 8,11,15

5571 Mariapfarr
1. Lungauer Reformhaus Brigitte Gangl
Nr.196
Tel. 06473/7l61

5571 Mariapfarr
Agnes u. Rupert Schitter
Zankwarn 4
Tel. 06473/216
P: 7

5571 Mariapfarr
Alois u. Monika Santner vlg. Niggl
Lintsching 41
Tel. 06473/236
P: 2,7,8,9,11,15

5571 Mariapfarr
Biopan
Bruchdorf 135
Tel. 06473/1285

5571 Mariapfarr
Gunther Naynar vlg.
Blaschützer
Göriach 31
Tel. 06473/219
P: 5,11

5571 Mariapfarr
Josef Prodinger
Pichl 10
Tel. 06473/269
P: 7,12

5571 Mariapfarr
Karl Schröcker vlg. Poinsit
Fern 36
Tel. 06473/250
P: 11,15

5571 Mariapfarr
Rupert u. Agnes Schitter vlg. Zehner
Zankwarn 4
Tel. 06473/8216
P: 7,8

5571 Mariapfarr
Rupert u. Elfriede Kocher Schober
Lintsching 93
Tel. 06473/374
P: 5,7,8,9,11,15

8630 Mariazell
M. & W. Pirker GmbH
& Co. KG Mariazellerhof
Grazerstr. 10
Tel. 03882/2079

7411 Markt Allhau
Walter Zischka
Buchenschachen 129

8311 Markt Hartmannsdorf
Julius Mayer Reformwaren
Hauptstr. 35
Tel. 03114/2206

**7341 Markt
St. Martin**
Freunde naturgemäßer
Lebensweise Landesgruppe Burgenland
Hauptstr. 17
Tel. 02618/25235
P: 7

**7341 Markt
St. Martin**
Johann Unger

Hauptstr. 28
Tel. 02618/29312
P: 7,8,9

**7341 Markt
St. Martin**
Mila Misek
Landsee 155
Tel. 02618/7295

9971 Matrei
Albert Mattersberger
Seblas 2
Tel. 04875/6538
P: 5,11

5230 Mattighofen
E. u. A. Neubauer Naturkostladen
Mozartstr. 13
Tel. 07742/3494

5230 Mattighofen
Reformdrogerie Bruno
Baumgartner
Tel. 07742/2242

3001 Mauerbach
Handelsfirma Manfred
Bläuel
Tulbingerkogel 1
Tel. 02273/7391-0
Fax 02273/739173

3001 Mauerbach
Viktualien Markt
Bruckner-Hauptstr. 137
Tel. 0222/974510

5570 Mauterndorf
Erich Stoff vlg. Maurer
Steindorf 11
Tel. 06472/7348
P: 8,9,11,15

5570 Mauterndorf
Hermann Moser vlg.
Schitter
Fanningberg 5
Tel. 06472/7083
P: 3,8,9,11,13,15

4310 Mauthausen
Fam. Prandstetter
Hart 29
Tel. 07778/2742
P: 7

6290 Mayrhofen
Bäckerei Karl Peter Kostner
Hauptstr. 414
Tel. 05285/2215

6290 Mayrhofen
Reform Drogerie Rieser-Malzer
Hauptstr. 436
Tel. 05285/39300
Fax 05285/39308
P: 8,10,11,13,15

6812 Meiningen
Elmar Halbeisen
Schweizer Str. 78
Tel. 05522/21383
P: 7

6812 Meiningen
Karl u. Brigitte Kühne
Scheidgasse 17
Tel. 05522/31107
P: 5,8,9,11
V: Ernte

9363 Metnitz
Alfred Auer vlg. Stampfer
Teichl 30
Tel. 04267/281
P: 2,3,5,8,15

4931 Mettmach
Adolf Feichtenschlager
Oberdorf 1
Tel. 07755/354
P: 7,9,12

5152 Michaelbeuern
Herbert u. Franziska Haberl Schleindlbauer
Lauterbach 5
Tel. 06274/8102

P: 3,7,9,15

4563 Micheldorf
Ferdinand Kornexl
Kaltenbrunnerstr. 3
Tel. 07582/39452
P: 7,9,12

9872 Millstatt
Bernhard u. Gabi Huber
Obermillstadt 93
Tel. 04766/3542
P: 7,9
V: Ernte

9872 Millstatt
Franz Glabischnig
Öttern 2
Tel. 04766/2623
P: 7,8,9

6060 Mils
Reformhaus GmbH Gaiser
Schöberbründl 15
Tel. 05223/7273

2130 Mistelbach
Kräuter Walter's Naturkostladen
Marktgasse 11
Tel. 02572/4604
P: 1,2,3,4,5,6,7,8,9, 10,11,12,13,14,15,16
V: Demeter, Ernte

5730 Mittersill
Hans u. Traudl Berger vlg. Oberfilzbach
Weißenstein 5
Tel. 06562/4325
P: 8,9,10,11

5730 Mittersill
Reformdrogerie Oskar Mürwald
Marktplatz 22
Tel. 06562/4465

2340 Mödling
Hans Prokopp AG
Wiener Str. 29
Tel. 02236/22448

2340 Mödling
Naturkost Der Fisch Hans Steiner
Hauptstr. 68
Tel. 02236/22158

6900 Möggers
Marianne u. Helmut Gmeiner
Rucksteig 67
Tel. 05573/3855
P: 3,5

8252 Mönichwald
Marianne Krogger
Karnerviertel 61
Tel. 03336/4865
P: 9,11,12,13,14
V: Dinatur

7072 Mörbisch-See
Johann Lang
Kinogasse 10
Tel. 02685/8392
P: 16

6423 Mötz
Michelhof
Tel. 05263/5444

4591 Molln
Imkerei Rußmann-Schlemmer
Rabach 246
Tel. 07584/238

5310 Mondsee
Karl u. Ursula Lettner Schwandtbauer
Hof 64
Tel. 06232/347
P: 5

5310 Mondsee
Reformdrogerie Andreas Maritsch

Rainerstr. 1
Tel. 06232/3436

9062 Moosburg
Hans u. Arnold Rohrer vlg. Berger-Emberger
Arlsdorf 5-6
Tel. 04272/83220
P: 7,8,9,10,12,13

8562 Mooskirchen
Anton Sparl
Rauchegg 20

8562 Mooskirchen
Johann Vötsch
Rauchegg 16
Tel. 03137/28495
P: 8,11,13,15

5222 Munderfing
Johann u. Berta Buchner vlg. Friedl
Pfaffstätt 35
Tel. 07742/2042
P: 7,9,12

5222 Munderfing 14
Franz u. Johanna Stockinger vlg. Brandhuber
Tel. 07744/269
P: 2,8,9,10,11

5222 Munderfing 70
Reinhard Paischer vlg. Laimer
Tel. 07744/313
P: 8,9,10,11
V: Ernte

4792 Munzkirchen
Rosemarie Greipl
Sauwaldstr. 166
Tel. 07716/307
P: 9,12,13

8850 Murau
Karl Hager Mühle - Bäckerei - Naturkost
Mühlengasse 4

Einkaufsadressen

Tel. 03532/2456

8850 Murau
Reformdrogerie Sepp Gattinger
Anna Neumann-Str. 3
Tel. 03532/2111

8480 Mureck
Roswitha Faschin
Eichfeld 94
Tel. 03472/3134

8480 Mureck
Sökob I - Moarhof Betrieb der Lebenshilfe
Heinrich-Graf-Stürgen-Str. 9
Tel. 03472/3692

7311 Neckenmarkt
Paul u. Susanne Unger
Augasse 29
Tel. 02610/2752
P: 13,16
V: Ernte

8302 Nestelbach
Bio-Fit-Hof Pfeiffer-Rieker
Birkengreith 143
Tel. 03133/8201

8302 Nestelbach
Herbert Farmer
Birkengreith 86
Tel. 03135/6294
P: 7,9,13,15

8302 Nestelbach
Karl u. Christl Knecht
Dornegg 11
Tel. 03133/8331
P: 7,9

2135 Neudorf 157
Andreas Schmidt
Tel. 02523/6645
P: 2,3,5,8,9,11,15
V: Ernte

2491 Neufeld
Drogerie Vital Martin Fuchshuber
Hauptstr. 24a-28b
Tel. 02624/52390

4120 Neufelden
Johann u. Erika Makula
Steinbruch 9
Tel. 07282/5098
P: 7,9,12

8385 Neuhaus-K.
Heinz u. Anna Gohlke
Kalch 27
Tel. 03156/2638
P: 7,13

4501 Neuhofen
Jutta's Naturkost Jutta Banolich
Grabenstr. 2
Tel. 07227/6402
P: 15

5145 Neukirchen
Adolf u. Berta Mayer Straßer
Straß 2
Tel. 07729/297
P: 2,3,5,8,10,11

3040 Neulengbach
Ernst Koberwein
Haag 5
Tel. 02772/54262

3040 Neulengbach
Fahrender Naturkostladen Natürlich leben Ingrid Weber
Hauptstr. 18
Tel. 02772/4526

3040 Neulengbach
Reformstube Sonnenschein
Wiener Str. 33
Tel. 02772/54261

4720 Neumarkt
Naturkost Adolf Röder
Marktplatz 27
Tel. 07733/7206

8820 Neumarkt
Johann Obermayer
Kulm am Zirbitz 41
Tel. 03584/2013

7503 Neumarkt 87
Hegen & Pflegen
Tel. 03362/7333
Fax 03362/7333-16
P: 3,5,6,7,8,9,10, 11,12,13
V: Ernte

4212 Neumarkt-M.
Siegfried Fürst Mühlviertler Ernte
Möhringdorf 8
Tel. 07941/8518

5202 Neumarkt-W.
Franz Weinbacher
Pfongau 38
Tel. 06216/68745
P: 7,9

5202 Neumarkt-W.
Georg u. Maria Sams vlg. Rinnermühle
Pfongau 44
Tel. 06216/4409
Fax 06216/4409
P: 7,8,9
V: Ernte

5202 Neumarkt-W.
Johanna u. Johann Sams vlg. Hofbauer
Wiener Str. 28
Tel. 06216/397
P: 7,8,11

3371 Neumarkt-Ybbs
K. Grimm
St. Martin 46
Tel. 07412/8697
P: 7

2620 Neunkirchen
Die Brücke - Naturkost
Talgasse 6
Tel. 02635/63082
P: 15

2620 Neunkirchen
Hörmann
Triesterstr. 20
Tel. 02635/65172

7100 Neusiedl
Imkerei H.& I. Vörös
Seestr. 24
Tel. 02167/825

7100 Neusiedl
Reformhaus Ungerböck
Hauptplatz 29
Tel. 02167/2503

2763 Neusiedl-Pernitz
Hermann Gschaider
Hauptstr. 46
Tel. 02632/75445
P: 8,11
V: Demeter

4143 Neustift
Mayerhof Rannariedl
Rannariedl 9
Tel. 07284/8329
P: 7,8,12

4143 Neustift 11
Bäckerei Alois Wöß
Tel. 07284/8108

2081 Niederfladnitz-Karlslust
Dr. Clemens u. Josepha Waldstein
Tel. 02949/2202
P: 8,9,15
V: Demeter

4133 Niederkappel
Alois u. Maria Schlagnitweit

Österreich

Ramesedt, Dorf 10
Tel. 07286/6294
P: 2,3,7,8,9,10,11,15
V: Ernte

6342 Niederndorf
Käseerzeugung Herbert Plangger
Sennereiweg 85
Tel. 05373/61212

3702 Niederrußbach
Amalia Vogl
Oberrußbacherstr. 49
Tel. 02955/71724
Fax 02955/7766
P: 6,7,8,9,11,12, 13,15,16
V: Ernte

8712 Niklasdorf
Sophie Schaffer
Lindengasse 9
Tel. 03842/81328
P: 5

3691 Nöchling
Josef Strasser
Freichgericht 4

4542 Nußbach 66
*O.Ö.Qualitätslamm
Hans Staudinger
Fleischhauerei*
Tel. 07587/820

4894 Oberhofen
Reinhard Funk
Gut Oberhofen 3
Tel. 06213/246
P: 8,11
V: Demeter

3920 Oberkirchen
Bio-Fleischerei Manin Diem ARGE Rosenauer Wald
Groß-Gerungs
Tel. 02812/5311

2072 Obermarkersdorf 81
Familie Seher
Tel. 02942/8242
P: 8,13,15,16
V: Landbau Weinviertel

2073 Obermarkersdorf 83
Familie Leo Wöber
Tel. 02942/8209

4982 Obernberg-Inn
Gregor Hubauer
Röfl 1
Tel. 07758/2360
P: 7,8,15

5110 Oberndorf
Franz u. Margarethe Tutschka
Kreuzerleitenweg 2
Tel. 06272/5591
Fax 06272/5591
P: 11,12
V: Ernte & Saat

5110 Oberndorf
Rudolf u. Maria Bamberger vlg. Stöcklbauer
Unterteching 163
Tel. 06272/8373
P: 3,5,8,10

3281 Oberndorf-M.
Josef Handl
Weg 7
Tel. 07483/433
P: 5,8,9,13,16

7350 Oberpullendorf
Landesverband organ.-biolog. wirtsch. Bauern - Burgenland
Hauptstr. 69/8
Tel. 02612/3642
Fax 02612/364240

7350 Oberpullendorf
Gewußt wie-Drogerie Blagusz
Hauptstr. 38
Tel. 02612/2316

7350 Oberpullendorf
Kleine Stadtbäckerei Gradwohl
Hauptstr. 5
Tel. 02612/310

7350 Oberpullendorf
Mag. Hans Artner
Spitalstr. 49
Tel. 02612/2666

2120 Obersdorf
Franz u. Maria Vogt
Hauptstr. 36
Tel. 02245/5153
P: 7,8,9,11,13

5162 Obertrum
Andreas u. Maria Hofer Joglbauer in Hohengarten
Mühlbach 37
Tel. 06219/291
P: 3,7,8,9,9,11,12,13,15

5162 Obertrum
Gut für Dich - Vertriebs-GmbH
Hauptstr. 20
Tel. 06219/7200

9821 Obervellach
Fam. Vierbauch
Räuflach 7
Tel. 04782/2298
P: 7,9,12

7400 Oberwart
Reform-Drogerie Lotte Liselotte Grabner
Evangelische Kirche 1
Tel. 03352/33466

7400 Oberwart
Vollwert & Wertvoll Hedi Drdla
Lisztgasse 3
Tel. 03352/34154
P: 2,3,7,8,9,10, 11,12,13,15

6416 Obsteig
Franz Gapp
Wald 5
Tel. 05264/8144
P: 5,7,8,9

6416 Obsteig 258
Anton Riser
Tel. 05264/8135
P: 7,9,12

8960 Öblarn
Urban Mali
Sonnberg 12
Tel. 03684/2539
P: 11,15

8960 Öblarn
Ennstaler Lammfleisch
Bach 147
Tel. 03685/23653
P: 5,14
V: Bio Landwirtschaft Ennstal

8960 Öblarn 14
Cäcilie Reinbacher
Tel. 03684/2245
P: 11

6433 Ötz
Drogerie Günther Winnik
Hauptstr. 61
Tel. 05252/6228

7063 Oggau
Eugen Wimmer
Hauptstr. 96
Tel. 02685/7210
P: 12,13,16

Einkaufsadressen

7534 Olbendorf
Johann Wappel
Dulmen 231
Tel. 03326/36292
P: 3,5,8,15

3061 Ollersbach
Sabine u. Wolfgang Muchsel
Kirchengasse 17
Tel. 02772/54348
Fax 02772/54348-4
P: 2,3,6,14,15
V: Ernte

5121 Ostermiething
Alois u. Marianne Reiter vlg. Feldhüter
Ettenau 16
Tel. 06278/7456
P: 5,8,9,11,15
V: Ernte

3631 Ottenschlag
Schloß-Drogerie Mag. Ilse Spritzendorfer
Unterer Markt 11
Tel. 02872/469

4901 Ottnang
Karl und Theresia Schmidthaler
Holzham 7
Tel. 07676/8852
P: 8
V: Ernte

4363 Pabneukirchen
Fam. Huber
Neudorf 25
Tel. 07265/550
P: 7,8,9,12,15

4363 Pabneukirchen
Fam. Kriener
Oberpabneukirchen 13
Tel. 07265/242
P: 7,12

4363 Pabneukirchen
Friedrich Kurzmann
Neudorf 24
Tel. 07265/546
P: 7,12

8341 Paldau
Peter Pelant
Häusla 24
Tel. 03150/2588

8923 Palfau
Margaretha Stangl
Palfau 186
Tel. 03638/260
P: 11

5163 Palting
Franz Stockinger vlg. Fischer
Fischerjuden
Tel. 06217/77854
P: 11

7152 Pamhagen
Paul Andert
Söllnergasse 8
Tel. 02174/2349

7111 Parndorf
Werkstatt Helene Schmidt
Hauptstr. 108
Tel. 02166/2314

8162 Passail 28
Naturkostladen Franz Wünscher
Tel. 03179/23500

9711 Paternion
Hans Rudolf Granitzer
Nikelsdorf 13
Tel. 04245/4997
P: 2,7,8,9,11,12,13

9711 Paternion
OASE Naturprodukte Pickerle
Kreuzen 35
Tel. 04245/300503
P: 2,7,8,10,12,13

2053 Peigarten 52
Johann Kettler
Tel. 02944/8263
Fax 02944/8402
P: 8,9,10,13,15
V: Landbau Weinviertel

2053 Peigarten 52
Verein organ.-biolog. Landbau Weinviertel
Tel. 02944/8263

8820 Perchau 48
Franz Lassacher
Tel. 03584/2983
P: 15

2380 Perchtoldsdorf
Naturstube Beate Mehler
Elisabethstr. 1
Tel. 0222/8608673
P: 1,2,3,4,5,6,7,8,9, 10,11,12,13,14,15,16

4320 Perg
Naturkost Ladenbauer
Herrenstr. 10
Tel. 07262/231723

4320 Perg
Schälmühle Nestelberger
Naarntalstr. 9
Tel. 07262/2594

5163 Perwang
Katharina u. Josef Horvat
Hinterbuch 5
Tel. 06217/8235
P: 5,12,15
V: Ernte

4643 Pettenbach
Ernst Lederhilger
Mitterndorf 89
Tel. 07586/7415
P: 7,9,12,13

4643 Pettenbach
Leopold Pramhaas
Hammersdorf 2

4643 Pettenbach
Robert und Christine Tragler
Gundendorf 34
Tel. 07586/8688
P: 8,15

3252 Petzenkirchen
Helmut Fischhuber
Annafuß 2
Tel. 07416/4352
P: 2,3,5,6,7,8,9,11

3252 Petzenkirchen
Johann Riegler
Reith 47
Tel. 07416/275516
P: 3,5,6,7,11,12,13,15

4722 Peuerbach
Uta u. Siegfried Lübke
Unterer Leinsberg 1
Tel. 07276/2762

3834 Pfaffenschlag
Kräuter Kainz
Drösiedl 30
Tel. 02848/203

3834 Pfaffenschlag
Demeter-Hof O. u. G. Böhm
Klein Göpfritz 28
Tel. 02848/234
P: 5,8,9,11

4141 Pfaffkirchen
Ernte & Saat
Mairing 3
Tel. 07286/7397

4141 Pfarrkirchen
Hubert Mehringer
Wernersdorf 4
Tel. 07285/6166

4141 Pfarrkirchen
Josef u. Berta Mandl
Wehrbach 4
Tel. 07285/345
P: 11
V: Ernte

5452 Pfarrwerfen
Friedrich u. Theresa Haas Thiersattlhof
Reitsam 7
Tel. 06468/656
P: 3,5,11

7423 Pinkafeld
Marido Naturkostladen Wilfried Köttner
Rathausplatz 6
Tel. 03357/2939

7423 Pinkafeld
Sylvia De Riedmatten
Hochan 26
Tel. 03357/2672
P: 5,12,13,15

9064 Pischeldorf
Huben Pirmann vlg. Strutz
St. Thomas 5
Tel. 0463/43117
P: 3,5,8,9,10,11,15

8212 Pischelsdorf
Erna Jandl
Oberrettenbach 10
Tel. 03113/86105
P: 2,3,6,7

8212 Pischelsdorf
Josef Kalcher
Schachen 12
Tel. 03113/2234
P: 5,9,11,15

8212 Pischelsdorf
Peter Kothny
Rothgmos 24
Tel. 03113/8159
P: 7,8,9,12,13

7141 Podersdorf
H. Tauber
Neusiedler Str.
Tel. 02177/2204
P: 10

3380 Pöchlarn
Karl Eder
Wiener Str. 38
Tel. 02757/2479
Fax 02757/2479
P: 2,5,7,8,9,10,13,15
V: Ernte

3650 Pöggstall
Naturkost Johannes u. Renate Ertl
Bergern 8
Tel. 02758/2101

8544 Pölfing-Brunn
Franz Dobnik
Untergreith 28
Tel. 03465/2847
P: 2,7,8,15

8544 Pölfing-Brunn 245
Naturkost Riedl
Tel. 03465/2295

8225 Pöllau
Eberhard Dreier
Wieden 171
Tel. 03335/2573
P: 8,12,13,15

8761 Pöls
Hannes Neuper Schmalzhof
Mauterndorf 22
Tel. 03579/8312

7023 Pöttelsdorf
Bio-Hof Fam. Neuberger
Bachzeile 40
Tel. 02626/55103
P: 8,10,12,13,16
V: Dinatur

7033 Pöttsching
Harald Strassner
Hauptstr. 35
Tel. 02631/2430
P: 8,12,15

7561 Poppendorf 105
Johannes u. Maria Linseder
Tel. 03325/6130
P: 11

2163 Pottenhofen
Dr. M. u. S. Piatti-Fünfkirchen
Tel. 02554/374
P: 7,8,9

4731 Prambachkirchen
Karl Gögl
Gschnarret 13
Tel. 07272/8273
P: 7,8,9,12

8504 Preding
Andreas Kappel
Höllberg 16
Tel. 03185/2404
P: 2,8

8504 Preding
Anton Sommer
Wieselsdorf 9
Tel. 03185/213
P: 8,15
V: Ernte

8504 Preding
Barbara Gutjahr
Kl. Preding 28

8504 Preding
Herbert Kappel
Tobis 6
Tel. 03185/2737
P: 5,8

8504 Preding
Johann Tschampa
Wieselsdorf 15

4230 Pregarten
Johann Schützenberger
Marktplatz 2
Tel. 07236/2987

5412 Puch
Milupa Gittis Müsli
Postfach 2
Tel. 06245/3577

8951 Pürgg
Werner Brettschuh
Unterburg 4
Tel. 03682/22702

7083 Purbach
Weingut Johann Steindl
Hauptstr. 42
Tel. 02683/5595
P: 12,13,16

3002 Purkersdorf
Naturkostladen Kornmühle Franz Reitmeier
Wiener Str. 6
Tel. 02231/2298

4134 Putzleinsdorf
Herbert Hinterleitner
Egnersdorf 4
Tel. 07286/597

4134 Putzleinsdorf
Johann Füchsl
Egnersdorf 4
Tel. 07286/547
P: 7

4134 Putzleinsdorf
Klaus Reiter
Kaindlsdorf 1
Tel. 07286/6602
P: 7,9,12

4134 Putzleinsdorf
Fam. Höglinger
Ollerndorf 7
Tel. 07286/655543
P: 8,9,12

8074 Raaba
Biosonn Naturprodukle Ges.mbH
Dr. Auner-Str. 22
Tel. 0316/4055290
Fax 0316/4055299
P: 8,10,15

5550 Radstadt
Ernst u. Maria Kocher
Steinergut
Steinerweg 4
Tel. 06452/6026
P: 6,15

5550 Radstadt
Rindi's
Stadtplatz 13
Tel. 06452/234
Fax 06452/683513
P: 5,14

4261 Rainbach i.M.
Karl Sandner
Summerau 152
Tel. 07949/430
P: 7,9,12

5591 Ramingstein
Gunther Naynar
Keusching 17
Tel. 06475/450
P: 12

5591 Ramingstein
Johann Kravanja
Mitterberg 42

5591 Ramingstein 13
Sepp Holzer Landwirtschaftl. Spezialkulturen
Tel. 06475/239
Fax 06475/239
P: 3,4,5,6,8,12,15

8972 Ramsau am Dachstein
Heinrich Perner
Hirzegg 22
Tel. 03687/81207

8972 Ramsau am Dachstein
Hermann Simonlehner
Ramsau 44
Tel. 03687/81745

8972 Ramsau am Dachstein
Margarete Perhab
Ramsau 17
Tel. 03687/81066

5282 Ranshofen
Hermann u. Elfriede Forster
Unterrottenbuch 2
Tel. 07722/2732
P: 5,7,8,9,12,13

5282 Ranshofen
Josef Ortner
Unterer Hofmarkt 70
Tel. 07722/21112
P: 7,8,12

3911 Rappottenstein
Johann Haghofer
Rotten 8

3911 Rappottenstein
Josef Prem
Pfaffendorf 22
Tel. 02828/5322
P: 8,15

8673 Ratten
Fa. Dampfhofer
Kirchenwinkel 79

8673 Ratten
Franz Spandl
Filzmoos 12
Tel. 03173/2640

4462 Reichraming 74
Reformhaus Friederike Kadir
Tel. 07255/8236

3863 Reingers
Friedrich Frasl

Hirschenschlag 26
Tel. 02863/8217

4910 Ried
Körndl Naturkostladen
Hoher Markt 18
Tel. 07752/87259
P: 2,5,7,8,9,10,11, 12,13,14,16

4910 Ried
Reformhaus Kräuter
Max Neuhofer
Hoher Markt la-3
Tel. 07752/2422

4910 Ried
Braugenossenschaft
Ried/Innkreis
Brauhausgasse 24
Tel. 07752/2017

4910 Ried-Pattigham
Familie Reiter
Haging 10
Tel. 07752/84069
P: 2,5,7,8,9,10,11
V: Ernte

4752 Riedau
Josef u. Maria Köstlinger
Schwaben 15
Tel. 07764/8067
P: 2,3,5,6,7,8,9,10, 11,12,13,15,16
V: Ernte

6421 Rietz
Martin Mair
Bichl 2
Tel. 05262/65317
P: 12,13,15
V: Ernte

7323 Ritzing
Ernst Mihalkovits
Hauptstr. 11
Tel. 02619/335
P: 8

3163 Rohrbach a. d. Gölsen 7
Alois Hobl
Tel. 02764/71883
P: 7,12

6426 Roppen 139
Hubert Larcher
Tel. 05417/5158
P: 8,11

8786 Rottenmann
Drogerie Markus
Hauptstr. 48
Tel. 03614/2213

8786 Rottenmann
Engelbert Holzer
Villmannsdorf 5
Tel. 03614/3281

8786 Rottenmann
Franz Panhölzl
Bärndorf 34
Tel. 03614/3126
P: 11

8786 Rottenmann
Josef Schindlbacher
Büschendorf 8/A
Tel. 03614/20012
P: 11

8786 Rottenmann
Kurt Riemelmoser
Villmannsdorf 40
Tel. 0361412689
P: 11

8786 Rottenmann
Peter Gamsjäger
Bärndorf 8
Tel. 03614/3131

8786 Rottenmann
Theresia u. Josef Horn
Bärndorf 56
Tel. 03614/3112
P: 11

448 Österreich

7071 Rust
Rudolf Beilschmidt
Weinberggasse 1
Tel. 02685/326
P: 12,13,16
V: Ernte

5760 Saalfelden
Georg u. Anita Schreder Diesbachgut
Breitenbergham 8
Tel. 06582/42164
P: 1,5,11,15

5760 Saalfelden
Michael u. Waltraud Haitzmann Stechaubauer
Wiesersberg 3
Tel. 06582/3394
P: 7,9,11,15

5760 Saalfelden
Naturprodukte Michael Hauthaler
Loferer Str. 18
Tel. 06582/4042
P: 1,2,3,7,8,9,10,
11,12,13,14,15,16

5760 Saalfelden
Reformstube Saalfelden Schreder GmbH
Rathausplatz 5
Tel. 06582/3691

7441 Salmannsdorf 29
Ernst Pinzker Gärtnerei
Tel. 02616/773501
P: 3,7

5010 Salzburg
Dom-Drogerie Luscher
Waagplatz 1
Tel. 0662/8418062

5020 Salzburg
Anton Scharfetter vlg. Sambichl
Berchtesgadener Str. 13
Tel. 0662/823567
P: 5,11

5020 Salzburg
BIOFIT - Naturprodukte
Fadingerstr. 9
Tel. 0662/641388

5020 Salzburg
BIOFIT - Naturprodukte
Raschenbergstr. 27a
Tel. 0662/436383

5020 Salzburg
BONSORIA Handels GmbH
Alpenstr. 114
Tel. 0662/274867

5020 Salzburg
Bio Vollwert Reformwarenvertrieb Knitter Ges.mbH
Samergasse 27
Tel. 0662/883686
Fax 0662/88368613

5020 Salzburg
Christian Müller
Kleßheimer Allee 112
Tel. 0662/30046
P: 7

5020 Salzburg
Das kleine Reformhaus
Rudolf-Biebl-Str. 24
Tel. 0662/30135

5020 Salzburg
Edelweiß-Drogerie Regine Kubin
Nonntaler Hauptstr. 84
Tel. 0662/822036

5020 Salzburg
Ilse's Natur- u. Reformwaren Rudolf Waldhör
Alpenstr. 18
Tel. 0662/21654

5020 Salzburg
Naturkost und Reformhaus Alfred Winzer sen.
Hubert-Sattler-Gasse 6
Tel. 0662/877110

5020 Salzburg
Reformhaus u. Naturkost
Lasserstr. 18
Tel. 0662/879617
Fax 0662/879617

5020 Salzburg
Reformhaus Fritz Mayreder GmbH & Co.KG
Universitätsplatz 13
Tel. 0662/843129

5020 Salzburg
Reformwaren Aurisia GmbH
Moosstr. 84b
Tel. 0662/824899

5020 Salzburg
Salzach-Drogerie
Karl-Ginzkey-Platz 9
Tel. 0662/20193

5020 Salzburg
Stift Nonnberg - Erentrudishof
Morzgerstr. 40
Tel. 0662/842310
P: 3,5,7,8,9,10,11

5020 Salzburg
Vollwertkost-Spezialitäten Vegy
Schwarzstr. 33
Tel. 0662/875746

5024 Salzburg
Landesverband organ.-biolog. wirtsch. Bauern Salzburgs
Schwarzstr. 19
Tel. 0662/870571-2
Fax 0662/870571-2

5034 Salzburg-Morzg
Annemarie u. Anton Winkelhofer vlg. Bachinger
Hellbrunner Allee 56
Tel. 0662/820468
P: 8,9,11

4152 Sarleinsbach
Alois und Elisabeth Höglinger
Mairhof 4
Tel. 07283/337

4152 Sarleinsbach
Bergkräuter-Gen. Sarleinsbach Reg.Gen.mbH
Ohnersdorf 1
Tel. 07283/8913
Fax 07283/8803
P: 15
V: Ernte

4351 Saxen
BIO-MAT Getreidespeicher u. Müsliflocker
Marktplatz 6
Tel. 07269/7263
Fax 07269/6694
P: 15

4780 Schärding
Naturkost Grüner Zweig
Lamprechtstr. 5
Tel. 07712/5766
Fax 07712/5766
P: 2,3,5,6,7,8,9,10,
11,12,13,14,15,16
V: Erde & Saat

4644 Scharnstein
Naturkost Walter Schlager
Redtenbacherstr. 7
Tel. 07615/2338

3270 Scheibbs
Franz u. Gertraude Schaufler

Einkaufsadressen 449

Scheibbsbach 10
Tel. 07482/28075
P: 2,3,5,10,11,12,15,16

3270 Scheibbs
Reform und Naturkosmetik Vital Gerti Zagler
Hauptstr. 15
Tel. 07482/4363

3270 Scheibbs
Engelbert Gruber
Furteben 9
Tel. 07485/219
P: 4,12,14,15
V: Orbi

4192 Schenkenfelden
Alois Schaumberger
Lichtenstein 12
Tel. 07214/4342
P: 7,12

8970 Schladming
Bio-Bäckerei Heinz Lasser
Erzherzog-Johann-Str. 560
Tel. 03687/2243

8970 Schladming
Gisela Hochfilzer
Schiliftgasse 358
Tel. 03687/2 3183
P: 11

8970 Schladming
Helmut Gerhardter
Untertal 35
Tel. 03687/61264

8970 Schladming
Helmut Schrempf
Fastenberg 17

8970 Schladming
Herman Hutegger
Rohrmoos 22
Tel. 03687/61388
P: 11

8970 Schladming
Karl Reiter
Rohrmoos 37
Tel. 03687/61292
P: 11

8970 Schladming
Maria Schütter
Fastenberg 26

8970 Schladming
Wilhelm Knaus
Rohrmoos 27
Tel. 03687/61376
P: 5

7461 Schlaining
Zoklits-Keindl
Mönchmeierhof 59
Tel. 03355/27154
P: 3,5,6,8,12,15

4553 Schlierbach
Norbert u. Josefine Wöckl vlg. Kaiseredt
Oberschlierbach /9
Tel. 07582/81638

4553 Schlierbach 226
F. u. B. Tretter
Tel. 07582/2870
P: 12,15

6824 Schlins
Dipl.Ing. Franz Rauch
Torkelweg 10
Tel. 05524/2570
P: 8,9,12

3924 Schloß Rosenau
Margarethe Ertl
Nieder-Neustift 13

8844 Schoder
Norbert Tockner
Schöderberg 1
Tel. 03536/481
P: 11,14
V: Ernte

3633 Schönbach
Stefan Grünstäudl
Münzenberg 22

6886 Schoppernau 25
Hans-Peter u. Margarita Nigsch
Tel. 05515/2984
P: 5,11,15

3943 Schrems
Gewußt wie-Drogerie Fürnkranz
Hauptplatz 15
Tel. 02853/77280
Fax 02853/76941

3943 Schrems
Ing. H. Wurth
Horner Str. 2
Tel. 02853/62762

8541 Schwanberg
Johann Gollob
Limberg 40
Tel. 03452/71185
P: 12,15

4690 Schwanenstadt
Drogerie Marschhofer
Stadtplatz 51
Tel. 07673/2389

4690 Schwanenstadt
Schwanen-Drogerie Ludwig Lauchner
Stadtplatz 20
Tel. 07673/2273

4690 Schwanenstadt
Ulbrichts Witwe GesmbH
Kaufring 46
Tel. 07673/2781-45
P: 7,12

6867 Schwarzenberg
Othmar Reinprecht
Stadler 171
Tel. 05512/3730

P: 8

6130 Schwaz
Drogerie Bauer
Stadtplatz 1
Tel. 05242/2153

6130 Schwaz
Naturkost u. Reformdrogerie
Mag.pharm. Erich Knapp
Franz-Josef-Str. 22
Tel. 05242/3191

2320 Schwechat
Gewußt wie-Drogerie Hans Prokopp AG
WienerStr. 12-16/EKZ
Tel. 0222/773556

2320 Schwechat
Reformwaren u. Naturkost GmbH & Co. KG
Mag. pharm. Otto Miedler
Wiener Str. 25a
Tel. 0222/776253

3931 Schweiggers
Johann u. Renate Nusser
Groß-Reichenbach 4
Tel. 02829/71343

8272 Sebersdorf
Lebenszeichen Naturkostwaren Handelsgesmbh
Großhart 99
Tel. 03333/2833
Fax 03333/28339
P: 8,10,11,13,15,16
V: Demeter, Ernte

8272 Sebersdorf
Willi Fleck
Neustift 28
Tel. 03333/2l25
P: 8,12,15

8272 Sebersdorf
Wolfgang Tödtling
Auffenberg 118

6100 Seefeld
Reformstube
Innsbrucker Str. 14

5201 Seekirchen
Felix Wuppinger
Brunn 4
Tel. 06212/68782
P: 7,9,12

5201 Seekirchen
Johann Frauenlob Brunnerbauer
Brunn 1
Tel. 06212/7532
P: 2,7,8,9,11
V: Ernte

5201 Seekirchen
Maria u. Otto Forsthuber Almannsgrub
Fischtagging 16
Tel. 06212/7507
Fax 06212/7120
P: 3,5,7,9,11
V: Ernte

3353 Seitenstetten
Friedrich u. Gabi Gelbenegger
Waidhofner Str. 142
Tel. 07477/20152
P: 8,12

8900 Selzthal
Elfriede Zeiser
Selzthal 8
Tel. 03616/7l33
P: 11

8900 Selzthal
Heinrich Schweiger
Versbichl 23
Tel. 03616/364

8102 Semriach
Franz Kahr
Windhof 15
Tel. 03127/8473
P: 3,7,9,11,13,15

8102 Semriach
Manfred Raith
Windhof 52
Tel. 03127/8261
P: 15

7223 Sieggraben
Josef Dunst
Untere Hauptstr. 18
Tel. 02621/2263
P: 5,12

4522 Sierning
Antonius-Drogerie GmbH
Hochstr.l
Tel. 07259/2205

4522 Sierning
Bioland-Demeterhof Katharina Brandstätter
Scharmühlstr. 2
Tel. 07251/404

7032 Sigleß
Bauernbackstube Ines Kremsner
Am Mühlfeld 29
Tel. 02626/71652
P: 2,3,8,10,11,13
V: Dinatur

7032 Sigleß
Biohof-Gemeinschaft Pannonische Region
Neustädterstr. 34
Tel. 02626/71222
Fax 02631/220213
P: 8,10,13,15,16

9920 Sillian
Diät- u. Reformhaus Mag. Bernatzky
Hauptplatz
Tel. 04842/6766329
P: 2,8,10,13,15

6424 Silz
Franz Lang
St. Petersberg
Tel. 05263/677147

8261 Sinabelkirchen
Richard Hubmann
Fünfing 18
Tel. 03118/2324
P: 5,8,12,13

8554 Soboth 155
Wolfgang Keindl
Tel. 03460/259
Fax 03460/259
P: 13,15
V: Ernte

8554 Soboth 19
Hans u. Karin Mimlich Naturwaren
Tel. 03460/276
P: 7,12,15

8554 Soboth 26
Erwin Enzi
Tel. 03460/307
P: 15

8471 Spielfeld
Brigitte Schramm
Oberschwarzach 40
Tel. 03453/3443

9800 Spittal
Reform-Drogerie Joven
Neuer Platz 8
Tel. 04762/2306

9800 Spittal
Fa. Strohmaier
Villacher Str. 15

9800 Spittal
Martin Ertl
Oberdorf 2
Tel. 04762/2316
P: 8,11

4490 St. Florian bei Linz
Verband organ.-biolog. wirtsch. Bauern Österreichs - Bundesstelle
Tillysburg 1
Tel. 07223/3245
Fax 07223/3247

8933 St. Gallen
Anna Maunz
Oberreith 28
Tel. 03632/467

8933 St. Gallen
Franz Weißensteiner
Oberreith 30
Tel. 03632/7490

6791 St. Gallenkirch 8
Arthur Mangard
Tel. 05557/6535
P: 11,15

4880 St. Georgen
St. Hildegard-Posch Ges.m.b.H.
Am Weinberg 23
Tel. 07667/361

5112 St. Georgen
Anna u. Walter Rachl vlg. Lehrberger
Tel. 06274/6553
P: 8,9,11

4880 St. Georgen i.A.
Franz Schmoller
Hipping 14
Tel. 07667/315
P: 7

8756 St. Georgen ob Judenburg
Franz Steiner vlg. Nußmoar
Nußdorf 37
Tel. 03583/2306

Einkaufsadressen 451

8756 St. Georgen ob Judenburg
Inge u. Gerhard Conrad
Schloß Pichlhofen
Tel. 03583/2358

9423 St. Georgen-Lav.
Reimannsteiner/Kobiersky
Steinberg-Hart 24
Tel. 04357/28452
P: 7,9,10

8861 St. Georgen-M.
Norbert Gusterer
Lutzmannsdorf 10
Tel. 03537/285
P: 8,15

4372 St. Georgen-Walde
Herbert Anibas
Linden 45
P: 7,8,9
V: Demeter

3720 St. Georgen-Ybbs
Raoul Taschler
Triesenegg 22
Tel. 07473/6802
P: 10

5600 St. Johann
Josef Stadler vlg. Reslhof
Urreiting 39
Tel. 06412/6431
P: 7,8

5600 St. Johann
Pongauer Reformhaus
Peter Markan
Spitalgasse 4
Tel. 06412/6366

5242 St. Johann-W.
Landwirtschaftl. Betriebsgemeinschaft

Grossmann/Vogt Höfelsauergütl
Schnaidt 12
Tel. 07755/5177
P: 2,5,7,8,11,12

8503 St. Josef
Johann Kainz
St. Joseferstr. 11
Tel. 03136/81437
P: 2,3,8,10,11,15
V: Ernte

9122 St. Kanzian
Sophie Riepl
Untersammelsdorf 4
Tel. 04239/2231
P: 7,8

7474 St. Kathrein 51
Alfred Peer
Tel. 03366/263

8813 St. Lambrecht
Hans u. Kathi Gruber
Tal 13
Tel. 03585/2534
P: 15

3572 St. Leonhard-a. Hw 69
Österreichischer Initiativkreis für Gemüsesaat
Tel. 02987/2347
P: 7,15
V: Demeter

3243 St. Leonhard-F.
Josef Pöchhacker
Pühra 13
Tel. 02742/2143

3243 St. Leonhard-F.
Karl Brader
Ritzengrub 5
Tel. 02756/2390
P: 1,7,8,9,15

8242 St. Lorenzen-Wechsel
Ernst Hlavka

Lorenzen 10
Tel. 03331/2328
P: 7,8,9,10,11,13
V: Ernte

8323 St. Marein
Emil u. Maria Schwarz
Prüfing 30
Tel. 03133/8535
P: 8,13,15

8323 St. Marein
Fam. Franz Froschhauser
Holzmannsdorf 13
Tel. 03119/2305
P: 9

8323 St. Marein
Franz Hutter
Prüfing 31
Tel. 03133/8515
P: 9

8323 St. Marein
Franz u. Karoline Kappel
Elxenbach 119
Tel. 03119/2218
P: 15

8323 St. Marein
Heinrich Wippel
Schulberg 159
Tel. 03119/2640

8323 St. Marein
Karl Absenger
Petersdorf II/68
Tel. 03119/2616
P: 2,8,9,11
V: Ernte

8323 St. Marein
Erich u. Maria Schawill
Mittergogitsch 21
Tel. 03119/2342
P: 8,15

8323 St. Marein
F. Schneebacher

Elxenbach 114
Tel. 03119/2130
P: 8

8323 St. Marein
Biohof Helmut u. Silvia Weichselbaum
Obergoggitsch 21
Tel. 03119/2825
P: 11,14
V: Ernte

8323 St. Marein
Karl Kamper
Prüfing 33

8323 St. Marein
Manfred Spreitzer
Schulberg 35
Tel. 03119/2812
P: 5,11

8323 St. Marein
Vinzenz Leopold
Kohldorf 1
Tel. 03119/2791
P: 8

8323 St. Marein
Walter Gerstgrasser
Kocheregg 8
Tel. 03133/8637
P: 3,5,8,9

8641 St. Marein-Mürztal
Fam. Schörkmayer
Schaldorferstr. 15
Tel. 03864/20124

3231 St. Margarethen
Josef Bugl
Türnau 5
Tel. 02747/3547
P: 2,3,7,8,9,10,11
V: Demeter

7062 St. Margarethen
Gerhard Kummer

Triftgasse 26
Tel. 02680/2396
P: 13,16
V: Ernte

7062 St. Margarethen
Manfred Gabriel
Sportplatzgasse 3
Tel. 02680/25313
P: 8,15

8321 St. Margarethen
Eduard Kienreich
Sulz 89
P: 7,12

8321 St. Margarethen
Harald Maier
Entschendorf 61
Tel. 03119/2358
P: 8,12,16

8321 St. Margarethen
Johann Hierzer
Entschendorf 20
Tel. 03119/2289
P: 8,10,13

8321 St. Margarethen
Josef Renner
Entschendorf 7
Tel. 03119/2528
P: 8,10,12,13,15

8321 St. Margarethen
Josef Schreiber
Takern 11-21
Tel. 03119/2789
P: 8,10,12,13,15

8321 St. Margarethen
Raimund Herold
Sulz 80
Tel. 03112/36873

P: 8,9,12,13

8321 St. Margarethen
Thomas Gratt
Entschendorf 35
Tel. 03119/2452
P: 7,8,11,13,15

8321 St. Margarethen
Walter Promitzer
Zöbing 59
Tel. 03115/2325
P: 3,5,13,15

9412 St. Margarethen
Josef Tatschl
Oberleidenberg 47
Tel. 04352/61985

4973 St. Martin
Rudolf Einböck vlg. Jager
Haging 2
Tel. 07751/6568
P: 8,11

4973 St. Martin
Johann Pointner
Koblstatt 13
Tel. 07751/587
P: 7,12

8383 St. Martin
Siggi Lassnig
Raab 34
Tel. 03154/6265
P: 7,8,15
V: Ernte

5092 St. Martin-Lofer 34
Johann u. Johanna Schmiderer vlg. Schafferbauer
Tel. 06588/7069
P: 7,8,9,15

5582 St. Michael-Lg.
Gewußt wie-Drogerie Müller
Marktstr. 51
Tel. 06477/689

4271 St. Oswald b. Fr.
Tier u. Natur Fleischverarbeitungs-Reg.-Gen.mbH
Markt 44
Tel. 07945/785

3352 St. Peter
Johann Untersberger vlg. Stren
St. Michael 92
Tel. 07477/43780
P: 11,12,13,14
V: Demeter

4963 St. Peter am Hart
August Mair
Schloßgut Hagenau
Hagenau 3
Tel. 07722/5120
P: 7,8,10,11,13,15

3352 St. Peter Au
Leopold u. Gertraud Holzer
Kürnberg 39
Tel. 07477/289
P: 2,8,13

3352 St. Peter-Au
Ernst Halbmayr
St. Johann 25
Tel. 07434/42247
P: 7,8,9,12,13

4171 St. Peter-Wimberg
Josef Stöbich
Auberg 25
Tel. 07282/8187
P: 7,9,12

3100 St. Pölten
EVI Naturkost
Klostergasse 25
Tel. 02741/52092

3100 St. Pölten
Reformdrogerie Georg Schneeberger
Wiener Str. 3-7
Tel. 02742/53098

3100 St. Pölten
Verena's Naturkostladen
Wiener Str. 20
Tel. 02742/52786

8181 St. Ruprecht
Daniel Matzer
Wolfgruben 5
Tel. 03178/28652
P: 5,7,8,9,11,13,15

9361 St. Salvator
Ing. Arnold Nagele
St. Stefan 18
Tel. 04268/2371

9361 St. Salvator
Paul Petritsch vlg. Ortner
Stegsdorf 5
Tel. 04268/2445
P: 5,8,15

8083 St. Stefan-R.
Alois Niederl
Krottendorf 24
Tel. 03116/8549
P: 5,6,7

8511 St. Stefan-Stainz
Hubert Schmied
Zirknitz 70

9300 St. Veit
Reformdrogerie Schuberniqq
Unterer Platz 5
Tel. 04212/2764

9300 St. Veit-Glau
Demeterhof G. u. W.
Erian
Kraindorf 1
Tel. 04212/5252
P: 2,3,5,6,7,8,9,10,
11,12,13

3161 St. Veit-Gölsen
Julianna Hofecker
Außerwiesenbach 37
Tel. 02763/25713
P: 10,12

5621 St. Veit-P.
Peter u. Verena Reichholf vlg. Schusterwastl
Markt 13
Tel. 06415/420
P: 11

8950 Stainach 160
Biolandwirtschaft
Ennstal
Tel. 03682/24521-306

8510 Stainz
Lukashof Alois Högler
Grafendorf 11
Tel. 03463/3950
Fax 03463/3950
P: 12,15
V: Ernte

8151 Stallhofen
Christian Winter
Muggenberg 10
Tel. 03142/21372
P: 10,13

8152 Stallhofen
Alfred Reinisch
Hausdorf 42
Tel. 03137/3846
P: 2,3,9,12,15

8152 Stallhofen
Heinrich u. Dorothea
Hußler
Raßberg 21
Tel. 03142/8467

P: 3,5,11,15,16

8152 Stallhofen
Vinzenz Krobath
Muggenberg 25
Tel. 03137/2456
P: 5,8,11,12,15

8152 Stallhofen 48
Josef Schaffler
Tel. 03142/245774
P: 8

6422 Stams-Tirol
Tiroler Ziegenmilchkosmetik Sanoll
Tel. 05263/6184

6135 Stans
Adolf Darbo AG
Dornau 18
Tel. 05242/3551

8961 Stein
Franz Reiter
Fleiß 28
Tel. 03689/313

8961 Stein
Georg Rissner
Mössna 97

8961 Stein
Hubert Schiefer
Fleiß 31
Tel. 03689/212
P: 11

7453 Steinberg-Dörfl
Anton Rosnak
Obere Hauptstr. 103
Tel. 02612/8372
P: 8,15

4400 Steyr
Bioquelle Klaus Lösch
GmbH & Co.KG
Haager Str. 44 a
Tel. 07252/62388-0

4400 Steyr
Feinkostladen Andrea
Grünwald Reform-
Ecke
Wiesenfeldplatz 13
Tel. 07252/61488

4400 Steyr
Gewußt wie-Drogerie
Fenzl GmbH
Stadtplatz 10
Tel. 07252/233150

4400 Steyr
Gewußt wie-Drogerie
Fenzl GmbH
Ennser Str. 2
Tel. 07252/63062

4400 Steyr
Regina u. Gottfried
Ennsthaler
Wehrgrabengasse 51
Tel. 07252/66484

9714 Stockenboi
Gert Pfalbl
Stockenboi 1
Tel. 04761/307
P: 12

2000 Stockerau
Reformhaus Anna
Schrott
Josef Wolfik-Str. 43
Tel. 02266/2245

8345 Straden
Biohof Elfriede u. Rudolf Sudy
Kronnersdorf 40
Tel. 03473/287
P: 2,3,8,10,12,15
V: Ernte

8345 Straden
Josef u. Anna Gangl
Karbach 1
Tel. 03473/7333
P: 3,8,11,15

8345 Straden
Leopold u. Maria Lamprecht
Schwabau 18
Tel. 03473/7549
P: 8,15

8345 Straden
Werner Wolkinger
Nägelsdorf 42
Tel. 03473/7424
P: 8

8345 Straden 57
Maria Wolkinger
Tel. 03473/32573
P: 8,15

5204 Straßwalchen
Gewußt wie-Drogerie
Willi Goldner jun.
Salzburger Str. 1
Tel. 06215/242

4074 Stroheim
Herbert u. Editha
Mayr Stöckl
Schaunberg 19
Tel. 07272/4013
Fax 07272/4013
P: 3,11,14
V: Erde & Saat, Ernte

8223 Stubenberg
Josef Strasser
Zeil 198
Tel. 03176/737
P: 12

8322 Studenzen
Dorit u. Kurt Fischer
Mitterfladnitz 103
Tel. 03115/3226
P: 7,9,11,15

8322 Studenzen
Ernte Rudolf Friemel
Mitterfladnitz 71
Tel. 03115/2974
P: 5,6,7,8,9,11,12,15

454 Österreich

6934 Sulzberg
Oswald Fink
Wolfbühl 18
Tel. 05516/2171
P: 5,9,11

5303 Tahlgau
Josef Graml
Unterdorf 9

4753 Taiskirchen i.I.
Fam. Ott
Gansing 1
Tel. 07765/363
P: 7,9,12

5580 Tamsweg
Bezirksbauernkammer
Verkaufslokal
Amtsgasse 4
Tel. 06473/236

5580 Tamsweg
Eduard Hötzer Trimminger
Sauerfeld 40
Tel. 06474/66224
P: 7,9,11

5580 Tamsweg
Gewußt wie-Drogerie
Müller
Marktplatz 10
Tel. 06474/6518

5580 Tamsweg
Johann u. Maria
Gappmayr Kämpfer
Haiden 8
Tel. 06474/66073
P: 5,11,15

5580 Tamsweg
Josef u. Elisabeth Lüftenegger Neumayr
Voidersdorf 1
Tel. 06474/268
P: 5,8,9

5580 Tamsweg
Peter u. Hildegunde

Santner vlg. Fötschl
Zinsgasse 164
Tel. 06474/63733
P: 7,8,9,11,12,15

5580 Tamsweg
Wilhelm Hönegger
Mörtelsdorf 17
Tel. 06474/7172

7421 Tauchen-Schaueregg
Karl Stögerer
Spital 8
Tel. 03339/7308
P: 2,3,5,11,15

5660 Taxenbach
Tauernlammverwertungs-Gen.mbH
Eschenau 11
Tel. 06416/51

6410 Telfs
Edelmann Naturkost
Fachgeschäft
Obermarkt 32
Tel. 05262/65337
Fax 05262/63713

6335 Thiersee
Anton Juffinger
Thiersee 116
Tel. 03376/566
P: 11

8621 Thörl
Siegfried Pirker
Fölz 9
Tel. 03861/2253
P: 11,12
V: Ernte

4850 Timelkam
Fa. Stöger
Mozartstr. 6
Tel. 07672/5639

4284 Tragwein
Hof Stemp Florian
Kreindl

Gugendorf 11
Tel. 07263/6230
P: 7,8,9,12

2514 Traiskirchen
Gewußt wie-Drogerie
Hans Prokopp AG
Pfaffstättner Str. 7

2514 Traiskirchen
Claus-Peter Lehrner
Melkergasse 109
Tel. 02252/21028
P: 7,9
V: Ernte

2514 Traiskirchen
Sojarei Vollwertkost
GmbH
Römerstr. 14
Tel. 02252/55901
Fax 02252/55904
P: 2,15

3133 Traismauer
Reformwaren
Wiener Str. 15

4050 Traun
Mutter-Erde
Madelschenterweg 3
Tel. 07229/4547

2512 Tribuswinkel
Carnica Bienenzucht
GbR H. Preissl & J.
Neuburger
Hörmgasse 42
Tel. 02252/85722

8793 Trofaiach
Reformdrogerie Helmut Gerhart
Glöglhofgasse 33
Tel. 03847/2351

3430 Tulln
Gewußt wie-Drogerie
Dr. Walter Sibral
Bahnhofstr. 6
Tel. 02272/2235

3430 Tulln
Naturladen Regina Draxelmayer & Andreas
Weiß
Minoritenplatz 4-5
Tel. 02272/3791

3013 Tullnerbach
Fachschule für biolog.
Landbau u. Direktvermarktung
Norbertinum
Tel. 02233/2436
Fax 02233/4582
P: 3,5,11,14,15
V: Ernte

3361 Ulmerfeld-Hausmening
Peter u. Silvia Spreitzer
Winklarn 61
Tel. 07475/29302
P: 3,7,8,10,15

6441 Umhausen
Sieghard Dablander
Neudorf 64

2074 Unter Retzbach 30
Herbert Schleizer
Tel. 02942/3368
P: 8,9,13

4866 Unterach-Attersee
Maritsch

8352 Unterlamm
Bertram u. Nadja Bildstein
Hohenbrugg 79
Tel. 03155/8159
P: 5,8,12

2084 Untermixnitz 40
Meierstein Kräuterhof
Tel. 02948/8741
P: 15
V: Ernte

8141 Unterpremstätten
Peter Tardi
Bierbaum 9

7371 Unterrabnitz
Maria u. Michael Haspel
Hauptstr. 27
Tel. 02616/8525

5261 Uttendorf
Wolfgang Hadatsch
Wienern 5
Tel. 07724/2775
P: 8,14
V: Orbi

4644 Viechtwang 29
Hermann Kogler
Tel. 07615/377
P: 7,8,9,12,15

6080 Vill
Karl Schlögl
Viller Dorfstr. 23
Tel. 0512/78323
P: 7,12

6080 Vill
Alfred Wegscheider
Handlhofweg 63
Tel. 0512/719483
P: 8,9

6080 Vill
Franz Rofner
Grillhofstr. 1
Tel. 0512/770894
P: 8,9

9500 Villach
Diät- u. Reformhaus
Mag.pharm. Wilfried Timmerer
Kaiser-Josef-Pl. 3
Tel. 04242/28097

9500 Villach
Hans Winkler
St. Agathen 4

Tel. 04242/37225
P: 2,5,7,8,9,12,13,15
V: Ernte

9500 Villach
Reform-Drogerie Naturkost
Freihausgasse 4
Tel. 04242/21368

9500 Villach
Reform-Drogerie u. Naturkost Reingard Gottschling
Klagenfurter Str. 7
Tel. 04242/27302

9500 Villach
Rudolf Himmelsbach GmbH
Rennsteinerstr. 17/18
Tel. 04242/21124

4840 Vöcklabruck
Reform- u. Kräuterhaus Gerhard Kosch
Stadlplatz 22a
Tel. 07672/5626

4970 Vöcklamarkt
J. u. Ch. Illig
Maulham 5
Tel. 07682/6502

2334 Vösendorf
Gewußt wie-Drogerie
Hans Prokopp AG
SCS/Top 111
Tel. 0222/692686

8570 Voitsberg
Hans Martin Hittaller
Hauptplatz l9
Tel. 03142/22279

8570 Voitsberg
Reformdrogerie Olga Wagner
Hauptplatz 8
Tel. 03142/22337

8250 Vorau
Drogerie Blumauer GmbH & Co.KG

4655 Vorchdorf
Familie Kammerleithner
Point 11
Tel. 07614/636
P: 7,9,12

4655 Vorchdorf
Hans u. Franziska Zimmer
In Eichham 8
Tel. 07614/8818
Fax 07614/8818
P: 2,3,5,7,8,9,10,11, 12,14,15
V: Ernte

3830 Waidhofen-Thaya
Schafzuchtbetrieb Chr. u. K. Köck
Schlagles 2
Tel. 02844/4559
P: 14
V: Ernte

3830 Waidhofen-Thaya
Drogerie Gerstenberger
Niederleuthner Str. 21

3830 Waidhofen-Thaya
Talkner GmbH
Niederleuthnerstr. 25
Tel. 02842/52335
Fax 02842/52335
P: 1,2,3,4,5,6,7,8,9, 10,11,12,13,14,15,16

3890 Waidhofen-Thaya
Erich Kainz
Ullrichschlag 9
P: 7,8,9,12

3340 Waidhofen-Ybbs
Johann Kerschbaumer
Redtenbachstr. 44
Tel. 07442/3521
P: 8,9,12

3340 Waidhofen-Ybbs
Alois Zechberger
St. Georgen/Klaus 48
Tel. 07442/8303
P: 7,9

3340 Waidhofen-Ybbs
Anton Lueger
Konradsheim 64
P: 8,12

3340 Waidhofen-Ybbs
Franz Hollensteiner
Konradsheim 83

3340 Waidhofen-Ybbs
Konrad Steinbichler
St. Georgen 50

3340 Waidhofen-Ybbs
Anton u. Theresia Buchinger
St. Georgen/Klaus 38
Tel. 07442/8219
P: 5,11

3340 Waidhofen-Ybss
Franz Zipfinger
St. Georgen
Tel. 07442/8330

3340 Waidhofen-Ybss
Gewußt wie-Drogerie
Mag. Leo Schönheinz
Oberer Stadtplatz 9
Tel. 07442/2366

3340 Waidhofen-Ybss
Hans Stixenberger
St. Georgen 24
Tel. 07442/8237
P: 7,8,9,12

3340 Waidhofen-Ybss
Hermann Obermüller
St. Georgen 18
Tel. 07442/8329

3340 Waidhofen-Ybss
Josef Ritt
Konradsheim 59
Tel. 07442/3749
P: 5,11,15

4240 Waldburg
Franz u. Maria Flögl
Lahrndorf 19
Tel. 07942/8223

3914 Waldhausen 26
Erwin Schulmeister
Tel. 02877/373
P: 7,8,12

8382 Wallendorf 122
Robinienhof E. u. E. Baumann
P: 2,5,9,11,12,14

8271 Waltersdorf
Hans Daniel
Wagerberg 26
Tel. 02236/880655
P: 10,13

3262 Wang 5
Alois Hochholzer
Tel. 07488/6683
P: 7,8,9,12

6112 Wattens
Karwendel-Drogerie

8382 Weichselbaum
Ing. Rudolf Huberl

Maria Bild 67

4984 Weilbach
Hubert u. Margarete Kislinger
Kleinmurham 8
Tel. 07757/6188
P: 2,8,10,11
V: Ernte

7372 Weingraben 6
Reinhold u. Johann Woschitz
Tel. 02617/2396
P: 8,9

3351 Weistrach
Johann Bachleitner
Hartlmühl 23
Tel. 07477/42717
P: 11,13

8473 Weitersfeld
Verein Biohofgemeinschaft Steir. Kürbiskernland
Lichendorf 81
Tel. 03472/2174
P: 7,9,10

3970 Weitra
Gewußt wie-Drogerie Fürnkranz
Rathausplatz 58
Tel. 02856/2467

3970 Weitra
Waldviertler Werkstätten
Rathausplatz
Tel. 02856/3157

8160 Weiz
Anna Kratzer
Straußgasse 28

8160 Weiz
Erich Gereneser
Reitberg 6
Tel. 03172/5632
P: 7,8,9,12,15

8160 Weiz
Naturhaus Silke Höner
Hauptplatz 13
Tel. 03172/5412

8160 Weiz
Reformdrogerie Alois Hiermann
Hauptplatz 11
Tel. 03172/2655

8932 Weißenbach a.d. Enns
Franz Weißensteiner
Bichl 3
Tel. 03632/600

4600 Wels
Bidi GmbH & Co KG
P. Resch
Schloßstr. 15

4600 Wels
C. Richter GmbH & Co.KG
Feldgasse 19
Tel. 07242/490-0

4600 Wels
Gewußt wie-Drogerie Dirnberger
Bahnhofstr. 10
Tel. 07242/41044

4600 Wels
Naturprodukte Beatrix Dopona
Tel. 07242/67335

4600 Wels
S'Lebensmittel
Freyung 23
Tel. 07242/69003

4600 Wels
Tofurei Wels Reformfrischdienst
Prinz-Eugen-Str. 1
Tel. 07242/834222

8254 Wenigzell
Drogerie Blumauer GmbH & Co. KG

8254 Wenigzell
Fam. Rechberger
Sommersgut 49
Tel. 03336/2585
P: 7,8,11,13

6473 Wenns
Hugo Eiter
Bichl 324
Tel. 05414/403
P: 5

7331 Weppersdorf
Bio-Bäckerei Hans Gradwohl
Hauptstr 40
Tel. 02618/2273

9241 Wernberg
Wernberger Klostergut
Schloß Wernberg
Tel. 04252/2216
P: 7,8,9

8521 Wettmannstättcn
Gopsi-Hof Friedrich Strohmeier
Zehndorf 19
Tel. 03185/2410
P: 8,15

3335 Weyer
Elias u. Margarete Hinteramskogler
Pichl 13
P: 5,7,11

3335 Weyer
Elisabeth Kronsteiner-Stiegler
Mühlein 12
Tel. 07447/7649
P: 7,12

3335 Weyer
Wilhelm Bürbaumer

Einkaufsadressen

Marktplatz 10
Tel. 07447/262

1010 Wien
Beratungsstelle für biologischen Landbau in der NÖ Landwirtschaftskammer
Löwelstr. 16
Tel. 0222/53441-417

1010 Wien
Bäckerei Wolfbauer OHG Inh. Mugitsch
Johannesgasse 23
Tel. 0222/5122178

1010 Wien
Fa. Doskar
Schottenring 14
Tel. 0222/53537240

1010 Wien
Gewußt wie-Drogerie Christa Staudigl
Wollzeile 4
Tel. 0222/5124297

1010 Wien
K. Horn
Naschmarkt/Stand 360-363

1010 Wien
Naturkost Ribisel
Stubenbastei 12
Tel. 0222/5120271

1010 Wien
R. Kottas-Heldenberg & Sohn
Freyung 7
Tel. 0222/5339532

1010 Wien
R. Kottas-Heldenberg & Sohn
Bauernmarkt 24
Tel. 0222/53121-0

1010 Wien
Reform Daha
Rudolfsplatz 4
Tel. 0222/638236

1010 Wien
Reformhaus Doskar
Schottenring 14
Tel. 0222/5333541-0

1010 Wien
Reformhaus Staudigl
Wollzeile 4
Tel. 0222/5124297

1010 Wien
Skorepka & Co. Drogerie
Seilerstätte 10
Tel. 0222/5123771

1015 Wien
Natur-Nahrungs AG
Walfischgasse 12
Tel. 0222/5137

1017 Wien
Bio Greißler
Wurlitzergasse 93
Tel. 0222/455825

1020 Wien
Aristoteles Bienenprodukte
Novaragasse 19/9
Tel. 0222/2163741
Fax 0222/2163741
P: 15

1020 Wien
Austrosaat Naturecke
Lassallestr. 36
Tel. 0222/2180596

1020 Wien
Bio-Center Kurt Salchenegger
Praterstr. 58
Tel. 0222/2142646

1020 Wien
Drogerie Feichtinger
Lassallestr. 10
Tel. 0222/267114
Fax 0222/267114
P: 2,8,10,13

1020 Wien
Drogerie Helge Reiterer
Leopoldsgasse 37
Tel. 0222/355370

1020 Wien
Frugal Vollwertfeinkost
Engerthstr. 249
Tel. 0222/3328313

1020 Wien
Frugal Vollwertfeinkost
Franz-Hochedlinger-Gasse 26
Tel. 0222/2189195

1020 Wien
Kräuterdrogerie Reiterer
Leopoldsgasse 37
Tel. 0222/2144715

1020 Wien
Reform Kovac
Krummbaumgasse 6
Tel. 0222/337185

1020 Wien
Reformdrogerie Reiterer
Große-Sperl-Gasse 5
Tel. 0222/3359744

1020 Wien
Waldviertler Naturkost Mag. Ferdinand Ambichl
Karmelitermarkt/Stand 45
Tel. 0222/3337722

1030 Wien
Bienenstock
Rochusgasse 23
Tel. 0222/7131381

1030 Wien
Michael Drapal
Esteplatz 3
Tel. 0222/7139393
Fax 0222/7130257
P: 13,15

1030 Wien
Drogerie Georg Sator KG
Rennweg 21
Tel. 0222/7125584

1030 Wien
Naturkost Koppensteiner
Hohlweggasse 17
Tel. 0222/7868393

1030 Wien
Naturkost beim Rochusmarkt
Salmgasse 21
Tel. 0222/7132407

1030 Wien
Nektar & Amrosia
Fasangasse 39
Tel. 0222/7836814

1030 Wien
Drogerie Monika GmbH
Radetzkystr. 10
Tel. 0222/7128318
P: 2,8,10,11,13,15

1030 Wien
Reformhaus Buchmüller
Erdbergerstr. 101
Tel. 0222/7130188

1030 Wien
Unser Laden - Bauernladen

458 Österreich

Apostelgasse 17
Tel. 0222/7150057

1030 Wien
Verein Österreichischer Drogerien und Reformfachgeschäfte
Rennweg 79-81
Tel. 0222/737928

1030 Wien
Vita-Reformhaus Margit Albrecht
Neulinggasse 36
Tel. 0222/7134226

1030 Wien
Waldviertler Naturkost Mag. Ferdinand Ambichl
Salmgasse 21
Tel. 0222/7132407

1040 Wien
Beratungs-Reformhaus Kornkammer
Wiedner Hauptstr. 14
Tel. 0222/56726

1040 Wien
Drogerie Borsitzky
Schleifmühlgasse 12- 14
Tel. 0222/5618553

1040 Wien
Drogerie Hadraba
Favoritenstr. 27 a
Tel. 0222/6524375

1040 Wien
Fontanella Naturkost Gerhard Fuchsberger
Mayerhofgasse 8
Tel. 0222/5054725

1040 Wien
Naturkost Wolfgang Endrych
Margarethenstr. 47
Tel. 0222/5871441

1040 Wien
Opocensky
Favoritenstr. 2
Tel. 0222/5050852

1040 Wien
Reform- und Kräuterdrogerie Atlantis
Margaretenstr. 22
Tel. 0222/5870268

1040 Wien
Reformhaus Wozah
Naschmarkt 24-27
Tel. 0222/527512

1040 Wien
Waldviertel Laden
Margaretenstr. 13
Tel. 0222/5874638

1050 Wien
Drogerie Karl Köck
Siebenbrunnenplatz 4
Tel. 0222/5537012

1050 Wien
Lindwurm-Drogerie AMSZ
Schönbrunner Str. 120
Tel. 0222/5580033

1050 Wien
Reformdrogerie Ing. Werner Habasko
Einsiedlergasse 25
Tel. 0222/552185

1050 Wien
Reformhaus Buchmüller
Wiedner Hauptstr. 93
Tel. 0222/552591

1060 Wien
Biostadl Zellhofer
Brückengasse 16
Tel. 0222/565667

1060 Wien
Biotreffpunkt Elfriede Plank
Gumpendorfer Str.106
Tel. 0222/569664

1060 Wien
Drogerie Zur Windmühle Horst Buchart
Theobaldgasse 18
Tel. 0222/5758415

1060 Wien
Reformhaus Zellhofer
Brückengasse 16
Tel. 0222/565661

1070 Wien
Imkerei Melissai Christoph Zahlingen
Burggasse 28-32
Tel. 0222/931729

1070 Wien
Fa. Wallace
Westbahnstr. 26
Tel. 0222/937514-0

1070 Wien
Imkerei Bienenkorb
Burggasse 11
Tel. 0222/939255

1070 Wien
Naturkost St. Josef-Holzinger
Zollergasse 26
Tel. 0222/5266818

1070 Wien
Naturkostladen Spittelberg N. Ullrich
Spittelberggasse 24
Tel. 0222/936192
Fax 0222/5235721
P: 1,2,3,4,5,6,7,8,9, 10,11,12,13,14,15,16

1070 Wien
Reform-Treff Karin Landauer
Burggasse 46
Tel. 0222/939276
P: 1,2,3,7,8,9,10,11, 12,13,15,16

1070 Wien
Reformhaus Buchmüller
Neubaugasse 17-19
Tel. 0222/93725

1070 Wien
Yin - Yang
Kirchengasse 42 a
Tel. 0222/935667

1070 Wien
Österr. Imkergenossenschaft
Georg-Koch-Platz 3
Tel. 0222/5125429

1071 Wien
Interessengemeinschaft der Naturkostläden Österreichs
Postfach 70
Tel. 0222/881138

1080 Wien
Barbaras Laden
Josefstädter Str. 65
Tel. 0222/421318

1080 Wien
Bauernladen Vogelscheuche Susi Soldan
Albertgasse 11
Tel. 0222/4297283

1080 Wien
Brüder Bösel KG Fleischerei
Lange Gasse 43
Tel. 0222/421564-0

1080 Wien
Firma Amon
Lerchenfelder Str. 36
Tel. 0222/427240

Einkaufsadressen

1080 Wien
Landesverband organ.-biolog. wirtsch. Bauern Niederösterreichs
Wickenburggasse 14/9
Tel. 0222/4020646
Fax 0222/4027800

1080 Wien
Makrokosmos Paul Davidek
Strozzigasse 38
Tel. 0222/430740
P: 2

1080 Wien
Naturkost Palmyra Fayez Chlache
Florianigasse 18
Tel. 0222/420487

1080 Wien
Reformdrogerie
Josefstädter Str. 54
Tel. 0222/426659

1080 Wien
Verband Kritische Tiermedizin
Wickenburggasse 14
Tel. 0222/4088723

1090 Wien
Drogenhansa Drogerieu. Reformwaren GmbH
Michelbeuerngasse 9a
Tel. 0222/140104-560

1090 Wien
Drogerie Anna Vicenzi
Währinger Str. 68
Tel. 0222/3429125

1090 Wien
Drogerie Zum weißen Engel Pekarek
Liechtensteinstr. 16
Tel. 0222/348382

1090 Wien
Erste Wiener Bio-Fleischhauerei ARGE Rosenauer Wald
Grünentorgasse 19b
Tel. 0222/3496382

1090 Wien
Estakost Reformcenter
Währinger Str. 57
Tel. 0222/432630

1090 Wien
Feinkost Langmann
Glasgasse 10
Tel. 0222/3198939

1090 Wien
Fleischerei Otto Mayerhofer
Alserbachstr. 8
Tel. 0222/317657

1090 Wien
Fleischerei Otto Mayerhofer
Liechtensteinstr. 95
Tel. 0222/317657

1090 Wien
Gewußt wie-Drogerie Alser
Alserstr. 46
Tel. 0222/423287

1090 Wien
Hartberger Ring-Stub'n
Währinger Str. 33-35
Tel. 0222/433335

1090 Wien
Reform-Drogerie Mayrhofer
Alser Str. 30
Tel. 0222/424412

1090 Wien
Reformdrogerie Rosemarie Prudlo
Liechtensteinstr. 81
Tel. 0222/3113002

1090 Wien
Reformhaus Regenbogen
Garnisongasse 12
Tel. 0222/4086585

1090 Wien
Reformhaus
Pramergasse 22
Tel. 0222/3101761

1090 Wien
Zellhofer's Drogerie und Reformhaus
Währingerstr. 3
Tel. 0222/424179

1100 Wien
Bio-Drogerie Bartos
Favoritenstr. 76
Tel. 0222/6497495

1100 Wien
Falken-Drogerie
Laxenburger Str. 109

1100 Wien
Gewußt wie-Drogerie Hans Prokopp AG
Favoritenstr. 239
Tel. 0222/683153

1100 Wien
Karmeliterdrogerie
Senefeldergasse 52
Tel. 0222/6440242

1100 Wien
Landgut-Drogerie Bosmansky
Favoritenstr. 159
Tel. 0222/6429252

1100 Wien
Natur- u. Reformkost Kräuterlisl Ilse Bauer
Columbusgasse 49
Tel. 0222/6044182

1100 Wien
Reformdrogerie Franz Fiedler
Gudrunstr. 162
Tel. 0222/6410964

1100 Wien
Reformdrogerie Werner Lueger
Leibnizgasse 15
Tel. 0222/6031956

1110 Wien
Drogerie
Simmeringer Hauptstr. 185
Tel. 0222/765110

1110 Wien
Gewußt wie-Drogerie Anton Eichler Co.GmbH
Simmeringer Hauptstr. 69
Tel. 0222/743189

1110 Wien
Ludwig Boltzmann-Institut f. biolog. Landbau
Rinnböckstr. 15
Tel. 0222/7497972

1110 Wien
Naturwarenkontor
Simmeringer Hauptstr. 178
Tel. 0222/7691050

1110 Wien
Panini Bäckerei
Geiselbergstr. 27
Tel. 0222/7498283

1110 Wien
Reformdrogerie
Simmeringer Hauptstr. 96a
Tel. 0222/745133

460 Österreich

1120 Wien
Drogerie Schreyer
Meidlinger Hauptstr. 30
Tel. 0222/831687

1120 Wien
Drogerie Zum Schwarzen Hund
Steinbauergasse 24
Tel. 0222/8374494

1120 Wien
Feinkost Grabner
Meidlinger Markt/Stand 84
Tel. 0222/8131713

1120 Wien
Fleischerei Kollecker
Albrechtbergergasse 35
Tel. 0222/831480

1120 Wien
Reform-Drogerie Dannbauer
Hetzendorfer Str. 72
Tel. 0222/8434545

1120 Wien
Reform-Drogerie Peter Bolzer
Wolfganggasse 32
Tel. 0222/855188

1120 Wien
Reformhaus Ilse Krzywon
Steinbauergasse 15
Tel. 0222/831251

1120 Wien
Reformhaus Schober
Antonsplatz 26/6
Tel. 0222/6254085

1120 Wien
Waldviertler Naturkost Mag. Ferdinand Ambichl
Meidlinger Markt/Stand 55

Tel. 0222/8154488

1130 Wien
Feinkost Gamba
Kupelwiesergasse 17
Tel. O222/8219664

1130 Wien
Gewußt wie-Drogerie Zum Eisbären
Hietzinger Hauptstr. 72
Tel. 0222/8772289

1130 Wien
Naturkost G'wölb Christine Vitorelli
Altgasse 23A
Tel. 0222/8285160

1130 Wien
Naturkost Ökologia
Hietzinger Hauptstr. 52
Tel. 0222/8238422

1130 Wien
Spezialitäten vom Bauernhof P. Krischke
Lainzer Str. 87
Tel. 0222/8765739
P: 5,6,12,13,15
V: Ernte

1140 Wien
Drogerie Anneliese Frischengruber-Schweikhardt
Hüneldorfer Str. 251
Tel. 0222/941380

1140 Wien
Drogerie Hansal
Linzer Str. 408
Tel. 0222/943264

1140 Wien
Harald Schatz
Mittelstr. 18
Tel. 0222/9468424

1140 Wien
Grüner Baum Kräuter & Reformwaren
Zehetnergasse 21
Tel. 0222/9446163
P: 1,2,3,6,7,8,9,10, 11,12,13,14,15,16

1140 Wien
MK Reformdrogerie Krassnigg
Hütteldorferstr. 177
Tel. 0222/949037

1140 Wien
Naturkost Hansal
Linzerstr. 408
Tel. 0222/943664

1140 Wien
Naturkostladen Kleeblatt
Hütteldorfer Str. 259
Tel. 0222/9472403

1140 Wien
Paul Radl
Nisselgasse 17/25
Tel. 0222/8945241

1140 Wien
Reform-Drogerie Helmut Naschenweng
Breitenseer Str. 40
Tel. 0222/9821466

1150 Wien
ARGE Biologischer Landbau
Herklotzgasse 7/21
Tel. 0222/8319982

1150 Wien
Drogerie G. Völkl
Mariahilferstr. 144
Tel. O222/8928101

1150 Wien
Drogerie Hermann Beringer
Holochergasse 18

Tel. 0222/9225343

1150 Wien
Drogerie und Kräuterhaus Mathilde Sunko's Nfg.
Mariahilfer Str. 184
Tel. 0222/8309213

1150 Wien
Helga Ungerbock Vollkraft Diätnahrung
Tannengasse l
Tel. 0222/925145-46

1150 Wien
Reform-Drogerie Komm.Rat Hermann Beringer
Kardinal-Rauscher-Platz 3
Tel. 0222/9225343

1150 Wien
Reformhaus Beringer
Meiselmarkt 174
Tel. 0222/9254514

1150 Wien
VITAL Produkte f.gesundes Leben Handelsges. mbH
Hütteldorfer Str. 79
Tel. 0222/9826699-0
Fax 0222/9826697-34
P: 8,10,11,12,13,15

1150 Wien
Vollkorn Backstube Josef Schrott
Mariahilfer Str. 159
Tel. 0222/836349-0

1150 Wien
Waldviertler Naturkost Mag. Ferdinand Ambichl
Meiselmarkt/Stand 62
Tel. 0222/9273723

1160 Wien
Dr. Wilhelm Mosgöller

Einkaufsadressen

Payergasse 15/20
Tel. 0222/4364975

1160 Wien
Drogerie
Hasnerstr. 92
Tel. 0222/9553815

1160 Wien
Koppdrogerie
Koppstr. 26
Tel. 0222/9588952

1160 Wien
Naturkost MAJA Matzner & Janetzky
Kirchstetterngasse 35
Tel. 0222/9227414

1160 Wien
Reform-Drogerie Gustav Allinger
Währinger Str. 105
Tel. 0222/426634

1160 Wien
Reform-Drogerie Peter Mayerhofer
Enenkelstr. 32
Tel. 0222/9295894

1160 Wien
Reformdrogerie Moser
Sandleitengasse 43
Tel. 0222/4628935

1160 Wien
Tricuna - Zeller - Poppe & Co.
Hasnerstr.139
Tel. 0222/927122

1160 Wien
Waldvierter Naturkost Mag. Ferdinand Ambichl
Yppengasse 5
Tel. 0222/431347

1160 Wien
Wilhelm Mosgöller

Payergasse 15
Tel. 0222/4364975

1170 Wien
Demeter-Bäckerei
Franz Kaschik & Co.
Rosensteingasse 43
Tel. 0222/451588
Fax 0222/4503597
P: 1,2,3,8,10,11,13

1170 Wien
Reformdrogerie
Komm.Rat Otto Swoboda
Hernalser Hauptstr. 5
Tel. 0222/423376

1180 Wien
Feinkost Scherleitner
Währinger Str. 141
Tel. 0222/429314

1180 Wien
Gewußt wie-Drogerie
Walter Sailer
Kreuzgasse 35
Tel. 0222/424483

1180 Wien
Imkerei Bienenkorb
Anastasius Grün-Gasse 13
Tel. 0222/3489302

1180 Wien
Naturkostladen Walter Brunnader
Kutschkergasse 29
Tel. 0222/4364244

1180 Wien
Natürliche Lebensmittel Paul Stuart Zacharowicz
Staudgasse 70
Tel. 0222/4085003
Fax 0222/4089956
P: 2,15

1180 Wien
Reformhaus Helmut Hilgers
Gersthofer Str.4
Tel. 0222/4792315
Fax 0222/4700864
P: 2,3,7,8,9,10,11, 12,13,15,16
V: Demeter

1190 Wien
BOKU Wien Arbeitskreis Ökologischer Landbau
Peter-Jordan-Str. 76
Tel. 0222/342500-86

1190 Wien
Gumpoldskirchner Medaillen-Essig Ulrike Teichgräber
Eichendorffgasse 7
Tel. 0222/361609

1190 Wien
Naturkostladen Balance
Billrothstr. 18
Tel. 0222/316955

1190 Wien
Naturkostladen Döbling Mag. Renate Lendvay
Billrothstr. 23
Tel. 0222/340553

1190 Wien
Naturkostladen Döbling Mag. Renate Lendvay
Riedergasse 2
Tel. 0222/340553

1190 Wien
Reformdrogerie Krassnigg
Döblinger Hauptstr. 73
Tel. 0222/361170

1190 Wien
Reformhaus Josefine Maran
Silbergasse 18
Tel. 0222/363233

1190 Wien
Reformhaus Josefine Maran
Sonnbergplatz 3
Tel. 0222/3610054

1190 Wien
Viktualien M. Bruckner
Himmelstr.5
Tel. 0222/327927

1190 Wien
Vital-Shop Exel. Döblinger
Hauptstr. 32
Tel. 0222/3449805

1200 Wien
Bauernladen-Naturkostladen
Dresdner Str. 64
Tel. 0222/3327295

1200 Wien
Biologische Landbauprodukte Handels GmbH
Wallensteinplatz 3-4/4
Tel. 0222/3329931

1200 Wien
Brigitta-Drogerie Friedrich Bosmansky
Dresdner Str. 60
Tel. 0222/3590383

1200 Wien
Gewußt wie-Drogerie Herbert Bogner
Marchfeldstr. 6
Tel. 0222/3347393

1200 Wien
Mariendrogerie Herbert Grossauer

Klosterneuburger Str. 39
Tel. 0222/3303469

1200 Wien
Reformwaren
Rauscherstr. 14

1210 Wien
Andreas Prohaska
Leopoldauer Platz 4
Tel. 0222/2513865
P: 7,8,9

1210 Wien
Bio-Center Teufel
Anton-Dengler-Gasse 8
Tel. 0222/307333

1210 Wien
Fa. Ökos-Pölzl
Hossplatz 12
Tel. 0222/305526

1210 Wien
*Gewußt wie-Drogerie
Herbert Bogner*
Frauenstiftgasse 7
Tel. 0222/391143

1210 Wien
Oeko Werkstatt am Kinzerplatz
Kinzerplatz 24
Tel. 0222/3839983

1210 Wien
Reformdrogerie Hans Kraft
Brünner Str. 2-4
Tel. 0222/384140

1210 Wien
Reformdrogerie Kaipi
Kürschnergasse 9
Tel. 0222/3410992

1210 Wien
Urbanek's Naturkost
Brünner Str. 76
Tel. 0222/2929716
Fax 0222/2925483

P: 1,2,3,4,5,6,7,8,9,
10,11,12,13,14,15,16

1210 Wien
Waldviertler Naturkost
Mag. Ferdinand Ambichl
Schlingermarkt Stand 84
Tel. 0222/2789589

1210 Wien
ÖKOS-Drogerie Irene Pölzl
Hoßplatz 12
Tel. 0222/305526

1220 Wien
Alfred Polzer
Kolonie Lobau/Los 3
Tel. 0222/225295
P: 2,7,11,12,15

1220 Wien
Gemüsestand Roter Hiasl Buresch
Biberhaufenweg 71
Tel. 0222/223582

1220 Wien
Gewußt wie-Drogerie
Donaustadtstr. 1
Tel. 0222/233257

1220 Wien
Naturkost u. Reform Gerlinde Ludwig
Genochplatz/Stand 18
Tel. 0222/220241

1220 Wien
Reformdrogerie Anton Stummer
Berresgasse 2
Tel. 0222/222371

1220 Wien
Reformdrogerie Anton Stummer
Pirquetgasse 5a
Tel. 0222/221285

1220 Wien
Reformdrogerie Anton Stummer EKZ/Nord Lokal
Siebenbürgerstr. 14
Tel. 0222/226399

1220 Wien
Reformdrogerie Peter Schobert
Langobardenstr. 59
Tel. 0222/222198

1228 Wien
Josef Müller
Esslinger Hauptstr. 82

1230 Wien
Gewußt wie-Drogerie Josef Cellar
Breitenfurter Str. 360-368
Tel. 0222/862329

1230 Wien
Naturkostladen Aus Guter Erde
Endresstr. 113
Tel. 0222/881138
Fax 0222/881138
P: 1,2,3,4,5,6,7,8,9,
10,11,12,13,14,15,16

1230 Wien
Zur grünen Drogerie
Breitenfurter Str. 296
Tel. 0222/8659576

1232 Wien
Gewußt wie-Drogerie Hans Prokopp AG
Anton Baumgartner-Str. 44
Tel. 0222/677797

1234 Wien
Imkerei Ernst Plohowich
Ketzergasse 109
Tel. 0222/8648832
P: 15

1235 Wien
biodrop
Fröhlichgasse 42
Tel. 0222/867121
P: 1,2,3,4,5,6,7,8,9,
10,11,12,13,14,15,16

1238 Wien
Biokistl
Ruzickagasse 47
Tel. 0222/5971326

1238 Wien
Drogerie Schlesinger
Gesslgasse 9a
Tel. 0222/886739

1080 Wien
Interessengemeinschaft der Naturkostläden Österreichs
Wickenburg 14/9
Tel. 0222/4026499
Fax 0222/4027800

1170 Wien
Demeterbund
Rosensteingasse 43
Tel. 0222/461457

1010 Wien
Verein der biolog. wirtsch. Ackerbaubetriebe
Schauflergasse 6
Tel. 0222/5332205

2700 Wiener Neustadt
Bienen- u. Naturprodukte Altenhofer
Weyprechtgasse 29
Tel. 02622/22714

2700 Wiener Neustadt
Drogerie Linshalm
Herzog-Leopold-Str. 8
Tel. 02622/22951

Einkaufsadressen 463

2700 Wiener Neustadt
Drogerie
Zehnergasse 5
Tel. 02622/22611

2700 Wiener Neustadt
Franz Dorfstätter
Wiener Str. 21
Tel. 02622/26612

2700 Wiener Neustadt
Gewußt wie-Drogerie
Hans Prokopp AG
Wiener Str. 12

2700 Wiener Neustadt
Natur - Gesundheit - Leben F. Bastl
Deutschgasse 9
Tel. 02622/29329

2700 Wiener Neustadt
Naturprodukte Susanne Brunner
Brodtischgasse 2
Tel. 02622/22767
Fax 02627/81760
P: 1,2,3,4,5,6,7,8,9, 10,11,12,13,14,15,16

2700 Wiener Neustadt
Reform-Kosmetik Josef Paier
Böheimgasse 2
Tel. 02622/220052

2700 Wiener Neustadt
Reformhaus Tutti-Frutti - Haus der Natur
Friedrich Egelseer
Pottendorfer Str. 20
Tel. 02622/28329

3250 Wieselburg
Dr. Johann Prankl
Krügling 7

3250 Wieselburg
Franz Reiterlehner
Gumprechtsfelden 16
Tel. 07416/32563
Fax 07416/54304
P: 2,5,7,8,9,11,12,13
V: Ernte

3250 Wieselburg
Jakob Jehle
Hart 1
Tel. 07416/2081
P: 7,12

3250 Wieselburg
Leopold Lutz
Gumprechtsfelden 4
Tel. 07416/2672
P: 7,8,9,10

7203 Wiesen
Anna Schreiner
Raiffeisengasse 3
Tel. 02626/81727
P: 12

7203 Wiesen
August Nußbaumer
Kirchengasse 24
Tel. 02626/36752
P: 12

7203 Wiesen
Franz Drescher
Hintergasse 14
Tel. 02626/41444
P: 12

7203 Wiesen
Herbert u. Anna Feurer
Hauptplatz 8
Tel. 02626/81673
P: 12

7203 Wiesen
Johann Kremser
Zeisslgasse 11
Tel. 02626/81881
P: 9,12

7203 Wiesen
Johann u. Brigitta Preisegger
Hauptstr. 21a
Tel. 02626/81615
P: 2,9,12,13

7203 Wiesen
Josef Pauschenwein
Hauptstr. 45
Tel. 02626/81842
P: 12

7203 Wiesen
Marcellus Koch
Bahnstr. 30
Tel. 02626/81685
P: 12

7203 Wiesen
Maria Bogner
Hauptstr. 29
Tel. 02626/83066
P: 12

9374 Wieting
P. u. M. Ratheiser
Drattrum 5
Tel. 04264/2490
P: 2,7,8,11,12,13,16
V: Ernte

6414 Wildermieming 63
Bernhard Mass
Tel. 05264/5152
P: 7,12

8410 Wildon
Adlerhof Fam. Adler
Stocking 4
Tel. 03182/3257
P: 7,8,9,10,12,15
V: Ernte

3150 Wilhelmsburg
Maria Mader
Kreisbachtal 41

2722 Winzendorf
Erste Österr. Ökobrauerei Emmerberg-Bräu
Hauptstr. 137
Tel. 02638/2993
P: 1

4942 Wippenham
Gottfried Schardinger
vlg. Holzwimmer
Wippenham 10
Tel. 07757/6106
P: 3,11,15,16

6300 Wörgl
Gertrud u. Paul Brenner vlg. Scherzer
Itter 44
Tel. 05335/2118
P: 3,7,11,14
V: Ernte

7412 Wolfau 183
Hans Goger
Tel. 03356/7270

9400 Wolfsberg
Reformhaus Weißer Wolf
Hoher Platz 55
Tel. 04352/4206-0

9400 Wolfsberg
Gewußt wie-Drogerie
Walter Megymorecz
Johann-Offner-Str. 10
Tel. 04352/4058

6922 Wolfurt
Reformdrogerie Remigius Brauchle
Unterlinden 5
Tel. 05574/310455

6960 Wolfurt
Emil u. Irene Stadelmann
Schwarzen 43
Tel. 05579/8208

Österreich

P: 3,5,11,13,15

2120 Wolkersdorf
Fam. Ebner und Vogt
Hauptstr. 66
Tel. 02245/20582
P: 7,9,12

2120 Wolkersdorf
Naturwaren Greissler
Hauptstr. 14
Tel. 02245/4237

8142 Wundschuh
Herbert u. Andrea
Wagner
Dietersdorf 7
Tel. 03136/33252
P: 8,15

8142 Wundschuh
Theobald Plöb
Dietersdorf 17
Tel. 03136/52449
P: 2,8

3370 Ybbs
Naturkostladen Elisabeth Pree
Schiffmeisterplatz 1
Tel. 07412/55217
P: 2,3,8,9,10,11,13,15

3341 Ybbsitz
Gewußt wie-Drogerie
Mag. Leo Schönheinz
Eisenstr. 1
Tel. 07443/342

3341 Ybbsitz
Josef Lueger
Prochenberg 35

3311 Zeillern
Josef Zöchbauer
Pyhra 149
Tel. 07478/340
P: 7,8,9,12

4840 Zell-Pettenfirst
Alois Hager
Wastl in Bruck 7
Tel. 07675/2461
P: 7,8,9,12

5700 Zell-See
Zeller Naturkostladen
Marianne Zehentner
Loferer Bundesstr. 10
Tel. 06542/2668

5700 Zell-See
Zeller Tee- u. Reformladen
Anton-Wallner-Str. l1
Tel. 06542/3012

2051 Zellerndorf
Christian Fidesser
Platt 214
Tel. 02945/7405

2871 Zöbern
Biohofgemeinschaft
Bucklige Welt
Ges.mbH
Schlag 14

Tel. 02642/8208

2871 Zöbern
Ernst Beiglböck
Stubegg 21
Tel. 02642/85133
P: 7,9,12,13,15

2871 Zöbern
Ernst Hlavka
Pichl 17
Tel. 02642/8287

2871 Zöbern
Hermann Grasel
Kampich 18

2871 Zöbern
Öbiogen Reg.
Gen.mbH
Schlag 14
Tel. 02642/8651
Fax 02642/86519
P: 1,8,10,13,15,16

4393 Zweinitz
Friedrich u. Paula Nessmann
Engelsdorf 3
Tel. 04265/7205
Fax 042/7400-4
P: 2,3,6,7,9,13,14
V: Ernte

9343 Zweinitz
Walter u. Herta
Kraßnitzer Modl
Ading 3

Tel. 04265/7264
P: 8,9,15

3910 Zwettl
Adolf Rathbauer
Bösenneunzen 2
Tel. 02823/422

3910 Zwettl
EVI Naturkost
Kueringerstr. 3
Tel. 02822/53055

3910 Zwettl
Johann Kargl
Groß-Globnitz 4
Tel. 02823/548

3910 Zwettl
Sonnentor Naturkost
Johannes Gutmann
Brunnengasse 4
Tel. 02822/53983

3910 Zwettl
Waldland Betriebs- u.
Handels-GmbH
Edelhof 3
Tel. 02826/7443
Fax 0226/7443-50
P: 4,6

Schweiz

Schweizer Bundesverbände und Institutionen

Associazione per l'agricultura ecologica della Svizzera italiana
Piazza Castello 1
6600 Locarno
Tel. 093/311807

Auskunftstelle f. Biolog.-Dyn. Wirtschaftsweise am Goetheanum
Hügelweg 64
4143 Dornach
Tel. 061/7014361

Beratungsstelle für artgerechte Nutztierhaltung
Hauptstr. 34
9507 Stettfurt
Tel. 054/532404
Fax 054/532404
P: 3,5,6,11,14,15

Beratungsstelle für Biologischen Landbau des Kanton Zürich
Landw. Schule Strickhof
8315 Lindau-Eschikon
Tel. 052/333811
Fax 052/333833

Bio-Gemüse Anbau- und Verwertungs-Genossenschaft AVG
3285 Galmiz
Tel. 037/714244
Fax 037/712772

Bioterra
Dubsstr. 33
8003 Zürich

Bioterra Nordwestschweiz
Archweg 34
4226 Breitenbach
Tel. 061/801931
P: 3,10,13,15,16
V: VSBLO

Gäa Beratung
Poststr. 8
8583 Sulgen
Tel. 072/423608
Fax 072/423663

Informationsstelle für ökologischen Landbau
Mittlere Haltenstr. 1
3652 Heiligenschwendi

Produzenten-Konsumenten Genossenschaft Bern PKGB
Hallerstr. 1
3012 Bern
Tel. 031/3200124
Fax 031/3020124
P: 1,2,3,7,8,9,10,11, 12,13,14,15,16

Produzentenverein für Biol.-Dyn. Wirtschaftsweise
ferme de la Branche
1099 Mollie-Margot
Tel. 021/7812140

PROGANA
1522 Curtilles
Tel. 021/9068513

Schweizer Stiftung z. Förderung d. biol. Landbaus (FIBL) - Forschungsinstitut
Bernhardsberg
4104 Oberwil
Tel. 061/4014222
Fax 061/4014780

Schweizer. Verband d. Konsumenten-Vereine z. Förderung d. biol.-dyn. Wirtschaftsweise
Riedstr. 40
3626 Hünibach

Schweizerische Assoziation zur Förderung der biol.-dyn. Landwirtschaftsweise
Poststr. 8
8583 Sulgen
Tel. 072/423608
Fax 072/423663

Schweizerische Gesellschaft für biologischen Landbau
6611 Mosogno
Tel. 093/851160

Verband Schweizer Reform- u. Diätfachgeschäfte VSRD
Ekkehardstr. 9
8006 Zürich

Tel. 01/3636040
Fax 01/3630193
P: 2,3,7,8,9,10,11, 12,13,15

Vereinigung schweizer. biolog. Landbau-Orginasiationen VSBLO
Spalentorweg 46
4051 Basel
Tel. 061/2720670

Vereinigung schweizerischer biologischer Landbauorganisationen (VSBLO)
Bernhardberg
4104 Oberwil
Tel. 061/4014352
Fax 061/4014780

Schweiz: Einkaufsadressen

5000 Aarau
Reformhaus Müller AG
Rain 16
Tel. 064/224485

5000 Aarau
Reformlade
Färberplatz 10
Tel. 064/244902

9030 Abtwil
Reformhaus Müri
Säntispark
Tel. 071/314181

3715 Adelboden
Gesundquelle Erika Illy
Schmitte, Dorfstraße
Tel. 033/733850

3715 Adelboden
Reformhaus Koller
Dorfstraße
Tel. 033/731206

8134 Adliswil-Zürich
Drogerie Parfumerie Furrer
Albisstr. 2
Tel. 01/7106210

8134 Adliswil-Zürich
Robert Schaffner
Isengrund 4

4147 Aesch
Reformhaus Stöcklin
Hauptstr. 97
Tel. 061/781348

8904 Aesch
Martin Häfliger
Feldstr. 5
V: Biofarm

3536 Aeschau
Heinz Baumann
Hasensprung
Tel. 035/61807
P: 3,5,7,9,14
V: Biofarm

3703 Aeschi
Reformhaus Strahm
Dorfstraße
Tel. 033/543787

8910 Affoltern a. Albis
Genossenschaft Sesam
Bergstr. 2
Tel. 01/7618030

1860 Aigle
Droguerie Wirz
rue Farel 10
Tel. 025/261938

9249 Algetshausen
Walter Mösli
Sandbuhlstraße
V: Biofarm

4123 Allschwil
Reformhaus Obrecht
Spitzwaldstr. 215
Tel. 061/4815502

4123 Allschwil
Reformhaus Oberholzer
Basler Str. 2 a
Tel. 061/4810610

4123 Allschwil
Reformhaus Grüninger
Basler Str. 315
Tel. 061/4817600

4123 Allschwil
Hans Werner
Herrenweg 72
V: Biofarm

6147 Altbüron
Klaus Bucheli
Ludligen
V: Biofarm

6460 Altdorf
Dropa Drogerie AG
Gotthardstr. 67
Tel. 044/25055

6246 Altishofen
Marlies Kaufmann
Mühle
V: FIBL

9450 Altstätten
Drogerie Reform Marktegg
Marktgasse 46
Tel. 071/753066

6286 Altwis
Bernhard Schürmann
Feld

Tel. 041/851848

8580 Amriswil
Reformhaus M. + K. Werner
Dianastr. 2
Tel. 071/671679

8580 Amriswil
Terra Naturkostladen
Bahnhofstr. 31
Tel. 071/678248
P: 1,2,3,7,8,9,10, 11,12,13,15,16

8580 Amriswil
Paul Rutishauser
Bilchenstr. 17
V: AVG

9050 Appenzell
Dropa Britenmoser AG
Kronengarten 1
Tel. 071/873828

9050 Appenzell
Albert Rusch-Manser
Steinegg

6517 Arbedo
Andreino Bricadli
Via Cantone
V: FIBL

9320 Arbon
Mosterei Möhl AG
St. Galler Str. 213
Tel. 071/464343

Einkaufsadressen

9320 Arbon
Drogerie Reform Walter Suremann
Metropol-Center
Tel. 071/464090

1957 Ardon
Maurice Broccard
Pont de la Bocca
V: Progana

4144 Arlesheim
Karl Gruber Natur- und Bio-Produkte AG
Postfach 407
Tel. 061/7011069

4144 Arlesheim
Holle Nährmittel AG
Untertalweg 50
Tel. 061/7013072
Fax 061/7013522
P: 8,10

4144 Arlesheim
Reformprodukte Jenzer
Ermitagestr. 12
Tel. 061/7011631

4144 Arlesheim
MIBA Reformhaus
Dorfplatz 4
Tel. 061/7017271
P: 2,3,7,8,9,10,11, 12,13,16

4144 Arlesheim
Schneeberger Drogerie
Hauptstr. 41
Tel. 061/7011200

4144 Arlesheim
Werner Kilcher Andlauerhof
Ermitagestr. 41
Tel. 061/721506

6822 Arogno
R. u. L. Ilg
Piagno

7050 Arosa
Molkerei und Reform Arosa
Laden Rathaus
Tel. 081/311915

6612 Ascona
Drogheria + Riforma J. Isler
Via Borgo 49
Tel. 093/352702
Fax 093/352702
P: 2,3,7,8,9,10,11, 12,13,15,16

9434 Au
Reformhaus Marugg
Zollstr. 14
Tel. 071/711897

9434 Au
Centaurea Naturprodukte
Hauptstr. 51
Tel. 071/716657

8804 Au
Werner Haab
Steinacher
Tel. 01/7812437
P: 3,11,12,13

5105 Auenstein
Urs Voegeli
Bohnacher 1
Tel. 064/472204
P: 7,8,9,10,11
V: AVG

3938 Ausserberg
Orlando und Liliane Schmid
Fischerbiel
Tel. 028/465209
P: 3,5

1580 Avenches
Max Hertach
rue de Villars
V: AVG

6340 Baar
St. Martins Drogerie Reform
Dorfstr. 42
Tel. 042/311284

6340 Baar
Josef Andermatt
Grossacker
V: AVG

6340 Baar
Josef Schmid
Islisberg

8164 Bachs
Daniel Elsener-Bio-Gemüsebau
Schlatt 1
Tel. 01/8580274

6213 Bad Knutwil
Schulgutsbetrieb Sursee
V: FIBL

7310 Bad Ragaz
Naturladen Gen. Sonnenkraft
Sarganser Str. 5
Tel. 081/3025457
Fax 081/3025457
P: 1,2,3,4,5,7,8,9, 10,11,12,13,16

5400 Baden
Wiedemeier Reformhaus
Weite Gasse 29
Tel. 056/222141
Fax 056/222313
P: 2,3,7,8,9,10,11, 12,13,15

5400 Baden
Martin Suter
Baldeggerstr. 56
V: Biofarm

3552 Bärau
Reformhaus Dreiangel

Postfach 6
Tel. 035/21565

3552 Bärau
Theodor Gerber
Habegg
V: Biofarm

8344 Bäretswil
Martin Ott
Obere Gasse

6828 Balerna
Centro Naturale il Germoglio
Via San Gottardo 104
Tel. 091/430963

1144 Ballens
Philippe und Gilles Roch
Tel. 021/8095252
V: Progana

4710 Balsthal
Drogerie Reform Müller AG
Goldgasse 9
Tel. 062/13276

4051 Basel
Oekoladen
Theaterstr. 7
Tel. 061/2728340
Fax 061/2718464
P: 16

4053 Basel
Biolade Gundeli
Bruderholzstr. 60
Tel. 061/355950

4056 Basel
Kornkämmerli Kollektiv-Genossenschaft
St.-Johanns-Vorstadt 70
Tel. 061/3221920

4057 Basel
Bioladen Quelle
Hammerstr. 85

Schweiz

Tel. 061/6928449
P: 1,2,3,7,8,9,10,
11,12,13,15,16

4058 Basel
Weltladen Hirscheneck
Lindenberg 23
Tel. 061/6811888
P: 1,2,3,6,7,8,9,10,
11,12,13,15,16

4012 Basel
Reformhaus Hildebrand
Burgfelderstr. 9
Tel. 061/3212373

4051 Basel
Drogerie und Reformhaus Sauter
Marktgasse 3
Tel. 061/2617825

4051 Basel
Country Life Reformhaus
Andreasplatz 12
Tel. 061/2610939

4053 Basel
Reformhaus Wyss
Güterstr. 203
Tel. 061/355160

4054 Basel
Reformhaus Weiler
Holeestr. 158
Tel. 061/3014956

4055 Basel
Reformhaus Wenger
Allschwilerstr. 6
Tel. 061/385050

4058 Basel
Reformhaus
Rebgasse 10
Tel. 061/681007

4052 Basel
Schnitzer AG
Lautengartenstr. 7
Tel. 061/2721777
Fax 061/2721708

4052 Basel
Kurt Jordi
Klosterfiechtenweg 22
Tel. 061/350040
V: Biofarm

4052 Basel
Serge Morel
Brüglingerhof
Tel. 061/3119752
V: FIBL

4051 Basel
Vereinigung schweizer. biolog. Landbau-Orginasiationen VSBLO
Spalentorweg 46
Tel. 061/2720670

8494 Bauma
Jörg Trümpy AG
Dorfstr. 42
Tel. 052/461118

8228 Beggingen
Patricia u. Andreas Sieber
Kehlhof
Tel. 053/951257
P: 5,7,8,9,12,14
V: Demeter, VSBLO

6500 Bellinzona
Bio-Case SA Centro dietico
Piazza Nosetto 6
Tel. 092/262984

3123 Belp
Reformhaus Fleischmann
Dorfstr. 5
Tel. 031/8190183

3123 Belp
Urs Lehmann
Allmend

V: AVG

8717 Benken
Trudi Allenspach
Unterhaldenstraße
Tel. 055/751924
Fax 055/753024
P: 3,6

8267 Berlingen
Hepart AG
In der Halde
Tel. 054/613226

3012 Bern
Produzenten-Konsumenten Genossenschaft Bern PKGB
Hallerstr. 1
Tel. 031/3200124
Fax 031/3020124
P: 1,2,3,7,8,9,10,
11,12,13,14,15,16

3012 Bern
Umwält-Lädeli
Muesmattstr. 37
Tel. 031/240104

3014 Bern
Genossenshaftsladen Wyleregg
Wyler Str. 49
Tel. 031/412130

3000 Bern
Drogerie + Kräuterhaus + Reform Heinrich Simon
Monbijoustr. 75
Tel. 031/3716666
P: 8,10,11,12,13,15

3011 Bern
Reformhaus Egli AG
Neuengasse 43
Tel. 031/224706

3011 Bern
Reformkeller
Marktgasse 9

Tel. 031/227075

3011 Bern
Reformhaus Ruprecht AG
Christoffelgasse 7
Tel. 031/3112525
Fax 031/3116980

3011 Bern
Reformhaus Siegrist + Co.
Marktgasse-Passage 1
Tel. 031/220707

3011 Bern
Genossenschaft Mattenladen
Gerberngasse 21
Tel. 031/222749

3014 Bern
Reformhaus Ruprecht AG
Breitenrainplatz 36
Tel. 031/3310510

3018 Bern
Reformhaus Ruprecht AG
Bümplizstr. 126
Tel. 031/9921020

3027 Bern-Bethlehem
Bethlehem-Reformhaus
Kornweg 15
Tel. 031/562095

9442 Berneck
Ernst Niederer
Schossenriet 20
Tel. 071/712574
P: 9,12,13,15,16
V: FIBL

6215 Beromünster
Reformhaus Galliker
Hauptstraße
Tel. 045/511470

Einkaufsadressen

6710 Biasca
Biobiasca
Via Motta
Tel. 092/723686

6710 Biasca
M. u. L. Biasca
Borgo Vecchio

9248 Bichwil
Maja u. Toni Näf
Riggenschwil
Tel. 071/832546

6958 Bidogno
H. u. M. Fontana
Carusio di Fuori

2502 Biel
Lädeli der R. Steiner-Schule
Schützengasse 54
Tel. 032/423062

2500 Biel
Martin Bösiger AG
Postfach 7037
Tel. 032/252220

2502 Biel
Reformhaus Bösinger
Kanalgasse 19
Tel. 032/223277

2502 Biel
Franco Frutta-Reform
Bahnhofstr. 46
Tel. 032/229211

2502 Biel
Hof Falbringen
Falbringen 24
Tel. 032/420251
P: 3,7,8,10,11
V: Demeter, VSBLO

4105 Biel-Benken
Anton Kleiber-Ruepp
Neuweiler Str. 4
P: 3,5,7,8,9,10,12,14
V: Biofarm

3419 Biembach
Christian Schneider
Schlucht
V: AVG

4585 Biezwil
Urs Hueter-Weibel
Halenhof
V: Biofarm

3513 Bigenthal
Richard u. Marlis Blättler-Bitzi
Berg
Tel. 031/7010630

4102 Binningen
Reformhaus Boesch
Hauptstr. 3
Tel. 061/4215200

4102 Binningen
Reformhaus Fleischlin AG
Gorenmattstr. 4
Tel. 061/476185

4102 Binningen
Gebrüder Frey
Paradieshof
Tel. 061/4211040
P: 3,5,8,9,10,12,15
V: Biofarm

5242 Birr
Drogerie Reform Burrfeld
Wydenstraße
Tel. 056/949494

4127 Birsfelden
Reformhaus Dalcher
Hauptstr. 74
Tel. 061/3113755

9220 Bischofszell
Drogerie Schneider Reformhaus im M-Center
Poststr. 12
Tel. 071/812741
Fax 071/815541
P: 1,8,10,11,13

9220 Bischofszell
Naturladen Sonnenblume
Obergasse 1
Tel. 071/815090
Fax 071/815090
P: 1,2,3,7,8,9,10, 11,12,13,15,16

9220 Bischofszell
Neuhof Hans-Ulrich Eggenberger
Obere Ghöggstr. 1
Tel. 071/812316
P: 5,6
V: VSBLO

3067 Boll
Reformhaus Rachel Riesen
Worbstr. 26
Tel. 031/8390022

3065 Bolligen
Ursula Reinhard
Bantigen
P: 3,7,8,9,12
V: AVG

5623 Boswil
H. u. I. Keusch-Ehrensperger
Flurstr. 12
Tel. 057/461479
P: 3,5,7,8,9,10,12

4103 Bottmingen
Drobo
Therwilerstr. 2
Tel. 061/474746

4226 Breitenbach
Bioterra Nordwestschweiz
Archweg 34
Tel. 061/801931
P: 3,10,13,15,16
V: VSBLO

5620 Bremgarten
Bioladen Spinnennetz
M. Wirth + V. Fritzsche
Reichengasse 13
Tel. 057/337354

5620 Bremgarten
Sunne-Drogerie Reform
Sonnengutstr. 2
Tel. 057/331333

3855 Brienz
Drogerie Landmesser
Wydi
Tel. 036/513255

3902 Brig-Glis
A. Portner + B. Karrer
Hof Wickert
Tel. 028/230135
V: FIBL

2555 Brügg
Reformhaus Brüggmoos
Erlenstr. 40
Tel. 032/531671

2555 Brügg
Drogerie Reform Schaufelberger
Hauptstr. 15
Tel. 032/531191
Fax 032/535784

1719 Brünisried
Christian Zbinden
Hohlmatte
V: AVG

8311 Brütten
Max Fischer-Maag
Im Moos

5200 Brugg
Bioladen Palme
Hauptstr. 56
Tel. 056/419610
Fax 056/419618

P: 1,2,3,7,8,9,10,
11,12,13,15,16

5200 Brugg
Reformhaus Müller
AG
Hauptstr. 36
Tel. 056/412103

9125 Brunnadern
J. u. C. Gerrits
Schlatt
Tel. 071/551203
P: 5,11

6440 Brunnen
Comestibles - Reform
Baldi & Co.
Gersauer Str. 7
Tel. 043/311371

7743 Brusio
Firma PLOZZA SA
Plazza SA
Tel. 082/55565
Fax 082/55445
P: 16

8608 Bubikon
M. Frey
Brach
Tel. 055/381416

8608 Bubikon
M. u. J. Will-Ambühl
Brach
Tel. 055/382336
P: 3,5,8,9,10,11,12

8608 Bubikon
Eric Meili-Egli
Barenberg
Tel. 055/383322

6033 Buchrain
Alois Egli
Unterdorfstr. 3
V: AVG

6033 Buchrain
Gutsbetrieb-Papierfabrik Pelen
Leisibach
V: AVG

5033 Buchs
Karrer Drogerie
Aarauer Str. 40
Tel. 064/226550
Fax 064/226550
P: 3,8,9,10,11,12,13

9470 Buchs
Reformhaus Hugentobler
Grünaustr. 17
Tel. 085/63555

9470 Buchs
Reform Vetsch
Alvierstr. 12
Tel. 085/66294

9470 Buchs
Moosladen Genossenschaft
Grünaustr. 12
Tel. 085/64937

8180 Bülach
Ähri Bioladen
Schaffhauser Str. 18
Tel. 01/8607732

8575 Bürglen
Franz Inauen
Werthbühl
Tel. 072/441625

1630 Bulle
Sun Store SA
route de Riaz
Tel. 029/23252

1630 Bulle
Biona Sante Plus
rue de Vevey 10
Tel. 029/23635

3400 Burgdorf
Reformhaus Ryser
Lyssachstr. 17
Tel. 034/222013

3400 Burgdorf
Reformhaus Streit
Hohengasse 43
Tel. 034/226626

3134 Burgistein Dorf
Emma Loosli
Niederwil
Tel. 033/561712

3134 Burgistein Dorf
A. u. R. Fuhrer
Aebnit

5632 Buttwil
Martin Köchli-Bernet
Mühle Weissenbach
V: Biofarm

4463 Buus
Armin Goll
Stiftung Hofgut

6593 Cadenazzo
Renzo Cattori

6582 Camorino
Tognett-Micheletti
Arla

1227 Carouge
Relais de la Nature
place Octroi 10
Tel. 022/429621

6330 Cham
Dropa Cham
Neudorf
Tel. 042/366033

6330 Cham
Gottlieb Villiger
Allmendhof
V: AVG

2202 Chambrelien
Laurent Debrot
Tel. 033/451453
P: 5,7,8,9
V: Progana

1832 Chamby
Fondation la clairière
Kurt Bitterli
Tel. 021/9646041
P: 7,9,14
V: Bio.-Dyn., Demeter,
VSBLO

1837 Chateau-d'Oex
Droguerie-Parfumerie
Henchoz
Tel. 029/46222

1225 Chene-Bourg
Sun Store
centre Migros
Tel. 022/482323

7000 Chur
Dropa Drogerie Truog
AG
St. Martinsplatz 8
Tel. 081/225151

7002 Chur
Reformhaus Müller
Quaderstr. 22
Tel. 081/220177

7000 Chur
Laden zur Münzmühle
Münzweg 20
Tel. 081/228655

7000 Chur
Genossenschaft Rägawurm
Comandergasse 3
Tel. 081/221695
P: 1,2,3,5,7,8,9,10,
11,12,13,14,15,16

1815 Clarens
Sun Store
Alexandre-Vinet 17

Einkaufsadressen 473

Tel. 021/9641031

1223 Cologny
Ceres Nature SA
place Manoir 12
Tel. 022/7361382

1114 Colombier-Morges
Beat Waber
Les Sapins
Tel. 021/8003261
P: 5,6,7,8,9,12,13,15,16
V: Biofarm, Progana

7241 Conters
Andrea & Christina Nold
Cafrida
Tel. 081/543610
P: 5
V: VSBLO

1304 Cossonay
Alfred Hoffmann
ferme de Jolimont
V: Progana

2892 Courgenay
La Clef des Champs
Le Borlet 782
V: Progana

1795 Courlevon
Ueli Röthlisberger
Coussiberlé
Tel. 037/342350
P: 7
V: AVG

3963 Crans-Sierre
Drogerie Residence SA
case postale 114
Tel. 027/414087

1785 Cressier
Michel Müller
V: AVG

6985 Curio
L. u. K. Kalt

Azienda Pini
Tel. 091/714907
Fax 091/715677
P: 1,2,3,7,8,9,12
V: VSBLO

1522 Curtilles
PROGANA
Tel. 021/9068513

8108 Dällikon
Kaspar Günthardt-Fäh
Monika Fäh Günthardt
Brüderhof 3
Tel. 01/8440260
P: 3,7,8,9,10,11
V: VSBLO

7260 Davos-Dischma
Georg Pertschy
Alte Post

7260 Davos-Dorf
T. u. M. Etzensperger
Hof Dischma

7270 Davos-Platz
Dropa Drogerie
Geschäftshaus Rätia
Tel. 081/436252

7131 Degen
Ursula und Ueli Hauenstein
Rumein
Tel. 086/61051

9113 Degersheim
Ernst Zuberbühler
Selenwilen
V: FIBL

2800 Delemont
Centre Biona
rue du 23-Juin 26
Tel. 066/225284

2800 Delemont
Droguerie Willemin
avenue de la Gare 38
Tel. 066/222142

2800 Delemont
Alimentation Straehl SA
avenue de la Gare 44
Tel. 066/221227

3036 Detligen
Gemeinschaft Zum Schlüssel
Obstbau Matzwil

3036 Detligen
W. und R. Ramseier-Mori
Oltigen 163
V: AVG

4457 Diegten
Hof Wisechen
Tel. 061/9713677
P: 11

8157 Dielsdorf
Drogerie Reform Spillmann
Bahnhofstr. 17
Tel. 01/8531122

8157 Dielsdorf
Monduno
Bahnhofstr. 7
Tel. 01/8530685
P: 2,3,5,7,8,9,10,11, 12,15,16

6036 Dierikon
Kurt Hürlimann
Schlössli
V: FIBL

8777 Diesbach
Fam. A. Kyburz-Dolcet
Oberdorf 9
Tel. 058/812273
P: 3,5,14

8953 Dietikon
Reformhaus Hans und Ruth Kälin
Löwenstr. 26
Tel. 01/7406608

8953 Dietikon
Biohof im Fondli
Samuel Spahn
Spreitenbacherstr. 35
Tel. 01/7404390
P: 3,5,7,8,9,10,11, 12,13,16
V: VSBLO

1304 Dizy
Walter Eberhard
bois de Fey
V: AVG

7013 Domat-Ems
Reformhaus Bargetzi
Via Nova 59
Tel. 081/361866

4143 Dornach
Reformhaus Keller
Unterer Zielweg 113
Tel. 061/7014410
Fax 061/7014527
P: 2,3,7,8,9,10,11, 12,13,15

4143 Dornach
Auskunftstelle f. Biolog.-Dyn. Wirtschaftsweise am Goetheanum
Hügelweg 64
Tel. 061/7014361

9612 Dreien
U. und C. Bachmann-Grimm
Rüedlingen

8600 Dübendorf
Drogerie am Lindenplatz
Wallisellenstr. 3
Tel. 01/8211212

3186 Düdingen
Reformhaus Bernhard Schuhwey
Tel. 037/431720

474 Schweiz

3186 Düdingen
Jürg Mosimann
Birch
V: AVG

8635 Dürnten
P. u. S. Egli-Schmid
Riegelhausweg 10
V: FIBL

4657 Dulliken
Drogerie Parfumerie Eichenberger
Jurastr. 9
Tel. 062/353773

4657 Dulliken
Somona GmbH
Bodenackerstr. 51
Tel. 062/354646

8374 Dussnang
Genossenschaft Kornhaus
Zu Vogelsang
Tel. 073/411794
P: 2,3, 7,8,9,10,11, 12,13,14,15

8925 Ebertswil
H. u. B. Grob
Sennhütte Hausertal
V: FIBL

8925 Ebertswil
Hans Zollinger
Tannhof
V: FIBL

8123 Ebmatingen
Beat Trüb
Stuhlenstr. 29
Tel. 01/9803928
P: 2,3,7,8,9,10,11,12,13
V: AVG

9642 Ebnat-Kappel
MORGA AG
Kapplerstr. 60
Tel. 074/31915
Fax 074/33570

P: 8,10,15

1040 Echallens
Laiterie et Dietetique
route d'Yverdon
Tel. 021/8813804

8307 Effretikon
Drogerie Parfümerie
Bahnhofstr. 28
Tel. 052/321357

8307 Effretikon
Waldhaus Naturprodukte
Römerweg 19
Tel. 052/325420
Fax 052/325443
P: 8,10,15
V: VSBLO

8132 Egg
Weltladen
Pfannenstielstr. 5
Tel. 01/9840680

3537 Eggiwil
Robert Vogel
Obersichen
V: Biofarm

8840 Einsiedeln
Teil-Drogerie Reform
Kronenstr. 3
Tel. 055/534221

8840 Einsiedeln
Josef Schönbächler
Rosenhag Birchli
V: Biofarm

8353 Elgg
Ueli Hofmann
Zumikon

8353 Elgg
Heinz-Otto Peter
Zumikon

8548 Ellikon a. d. Thur
Heidi Egg
Huebacker
Tel. 054/552220
P: 8,11,12,13
V: Demeter

8424 Embrach
Drogerie Kutzer
Dorfstr. 54
Tel. 01/8650177

8424 Embrach
Fritz Bänninger
Ziegelhütte
V: FIBL

8424 Embrach
Ulrich Keller
Winkelwiesen 46
V: FIBL

8424 Embrach
René Leu-Steinmann
Waldegg 42
Tel. 01/8650438
P: 2,3,5,8,9,11

6020 Emmenbrücke
Reformhaus Fehr
Gerliswilstraße
Tel. 041/551718

6020 Emmenbrücke
Reformhaus Schaller
Sprengiplatz
Tel. 041/530505

3543 Emmenmatt
Fritz Steffen-Schnellmann
Rütti
Tel. 035/23566

3543 Emmenmatt
Hanspeter Hofer
Ried
V: Biofarm

6390 Engelberg
Drogerie Berchtold
Hinterdorf 1
Tel. 041/941237

6390 Engelberg
Seppi's Frischmarkt
Poststr. 1
Tel. 041/941685

6372 Ennetmoos
Josef Odermatt
Hobstatt
V: AVG

2829 Envelier
Stefan Hollenstein
Sur Soulce
Tel. 066/388883
P: 5,14

2829 Envelier
Ziörjen
Reinisberg

4952 Eriswil
Christian Eggimann
Langeten

3619 Eriz
Schenk-Tschannen
Weid/Linden
Tel. 033/532360
P: 5

8586 Erlen
Bio Gärtnerei M. + M. Neubauer
Lenzenhausstr. 9
Tel. 072/481332
V: FIBL

8586 Erlen
Hans Roth
Eppishausen
V: AVG

8703 Erlenbach
Drogerie Wernle AG
Bahnhofstr. 14
Tel. 01/9101577

8272 Ermatingen
August Läubli Brumwell
Obere Seestr. 16
Tel. 072/641123
P: 7

8733 Eschenbach
Victor Sidler
Büel 14
Tel. 055/861489

8264 Eschenz
Hans Schenider
Windhausen
Tel. 054/412417

8264 Eschenz
Samuel Berweger
Bornhausen
V: FIBL

8264 Eschenz
Josef Obertüfer
Immelhausen
V: FIBL

8360 Eschlikon
H. u. H. Müller
Riethof
V: FIBL

4107 Ettingen
Drogerie Reformhaus Stöcklin
Hauptstr. 22
Tel. 061/7213721
P: 8,10,11,16

2533 Evilard
Philipp Wohlhauser
Aebihus

8714 Feldbach
Gmüesgarte Schirmuser
Schirmensee

7019 Fidaz
G. u. S. Schmid
Scheia

8497 Fischenthal
Branko Previsic
Oberschwandi
Tel. 055/961531

8376 Fischingen
Daniel Dünner
Hanfgarten
Tel. 073/411774

9230 Flawil
Peterer-Naturprodukte Flawil
Bahnhofstr. 1
Tel. 071/832313

2114 Fleurier
Drogerie de Fleurier
avenue de la Gare 5a
Tel. 038/611048

7017 Flims Dorf
Reformhaus Baud
Hauptstraße
Tel. 081/391595

3284 Fräschels
Walter Mühlemann
Berg
Tel. 031/955440
V: AVG

3284 Fräschels
Willy Hunziker
V: AVG

3284 Fräschels
Daniel Scheurer
Hauptstraße
V: AVG

8500 Frauenfeld
Claire Meister
Rheinstr. 49
Tel. 054/7206405

8427 Freienstein
WG Sonnenhof Arthur Sulzberger
Pfungen
V: FIBL

5423 Freienwil
Genossenschaft zur Unterstützung des biol.-dyn. Landbaus
Dorfstr. 37
Tel. 056/220154

1700 Fribourg
Reform Prosana
rue Geiler 2
Tel. 037/226930

1700 Fribourg
Produits Naturelle
Gare 1
Tel. 037/225585

5262 Frick
Dritte Welt-Laden Frick
Hauptstr. 51
Tel. 064/615834

3714 Frutigen
Gesundquelle Erika Illy
Obere Bahnhofstr. 16
Tel. 033/13880
P: 2,3,7,8,9,10,11, 12,13,15,16

3714 Frutigen
Berner Tofurei Martin Neuhaus
Obere Bahnhofstraße
Tel. 033/713090
Fax 033/713045

3714 Frutigen
Algina-Pedro AG
Adelbodenstraße
Tel. 033/12885

3714 Frutigen
Eveline Zürcher
Kanderstegstr. 20
Tel. 033/711057

4414 Füllinsdorf
Reformhaus Thommen AG

Einkaufszentrum Schöntal
Tel. 061/9012195

4414 Füllinsdorf
Ruth Knuchel
Rankhof
Tel. 061/948106

4414 Füllinsdorf
S. + Chr. Sigrist
Hümpelihof
Tel. 061/9015290
Fax 061/9015235
P: 5,8,9,12
V: FIBL

4354 Full
Biologische Landesprodukte Meier-Ulrich
Süppen 103
Tel. 056/462218
P: 3,5,7,8,9,12,13
V: VSBLO

1926 Fully
Jacques Granges-Faiss
Domaine de Beudon
Tel. 026/441275
P: 12,16

9056 Gais
Werner Langenegger
Bommes 311

5224 Gallenkrich
Georges Haldimann
V: AVG

3285 Galmiz
Bio-Gemüse Anbau- und Verwertungs- Genossenschaft AVG
Tel. 037/714244
Fax 037/712772

3285 Galmiz
Fritz Känel
Oberdorf
V: AVG

3285 Galmiz
Werner Kramer
V: AVG

4346 Gansingen
Toni u. Madeleine
Erdin-Kleubler
Bannhalde 126
Tel. 064/651444
V: FIBL

9608 Ganterschwil
Bruno und Susann
Torri
Im Weidli
Tel. 073/331659
V: FIBL

3144 Gasel
Hansruedi Binggeli
Kaltenbrunnen
V: Biofarm

4460 Geltenkinden
Ökoladen Muurpfäffer
Rössligasse 14
Tel. 061/993992

4460 Gelterkinden
Reformhaus Plattner
Allmendmarkt
Tel. 061/9813350
P: 2,3,8,10,11,12

1201 Geneve
Alna Dietetique
rue de Cornavin 5
Tel. 022/310719

1201 Geneve
Sun Store
rue Mont Blanc 30
Tel. 022/328394

1201 Geneve
Votre Sante
boulevard Carl Vogt 28
Tel. 022/216958

1201 Geneve
Droguerie-Herboristerie
rue du Paquis 4
Tel. 022/7383244

1203 Geneve
Maison de la Vie
rue Charmilles 4
Tel. 022/456655

1203 Geneve
Eaux-Vives-Stante
rue Jeu de L'Arc
Tel. 022/7368689

1205 Geneve
Vital Centre
rue de Carouge 61
Tel. 022/201060

1207 Geneve
Sun Store
Galerie Marchande Gare
Tel. 022/7985855

1207 Geneve
Brin d'Avoine SA
rue de la Terrasiere 48
Tel. 022/7868744

4563 Gerlafingen
Drogerie Reform Emch
Kriegstettenstr. 8
Tel. 065/356181

8500 Gerlikon
Markus Fröhlich
Bewangen
Tel. 052/481572
V: Biofarm

6635 Gerra-Verzasca
Azienda Cortaccio
Tel. 093/901520

6442 Gersau
Arche Stiftung Ruchenberg
Tel. 041/841771
P: 11,14

3981 Geschinen
Thomas Kämpfen
V: FIBL

3981 Geschinen
Roland Müller
V: FIBL

3981 Geschinen
Josef Werlen
V: FIBL

1196 Gland
PHAG GmbH
Postfach 175
Tel. 022/3641118
Fax 022/3645363
P: 8,15

8750 Glarus
Drogerie Hodro
Im Einkaufszentrum Glärnisch
Tel. 058/616112

4856 Glashütten
Heidi + Hansruedi Suter Hof Jägglen
Zofingerstr. 4
Tel. 063/461203

8152 Glattbrugg
Drogerie Thomas Gächter
Schaffhauser Str. 126
Tel. 01/8106353

6525 Gnosca
P. u. G. Stacchi-Egger
Piazza

9403 Goldach
Reformhaus Schläpfer
Hauptstr. 6
Tel. 071/412737

6410 Goldau
Drogerie Reform Stäubli
Parkstr. 19
Tel. 041/822181

6416 Goldau-Steinerberg
K. & H. Nussbaumer-Leuthard
Hof unterer Spitzibüel
Tel. 041/823674
P: 3,5,6,12,14,15
V: Bioterra, Demeter, FIBL

8638 Goldingen
R. und S. Howald
Tann-Bannholz
Tel. 055/881856
P: 5
V: FIBL

3624 Goldiwil
R. und S. Moser-Oberer
Linde
V: FIBL

5728 Gontenschwil
Drogerie
Dorfstr. 537
Tel. 064/731276

5728 Gontenschwil
Erwin Steiner
Birch 49
V: Biofarm

5728 Gontenschwil
Von Effinger Stiftung
Hasel
V: Biofarm

6596 Gordola
C. u. B. Gianettoni
Via Zona Protetta

9202 Gossau
Sonnendrogerie-Reformhaus
St. Galler Str. 22
Tel. 071/851627

8625 Gossau
Jakob Koller
Langfuhr

Einkaufsadressen

Tel. 01/9351377
P: 3,7,8,9,10,12
V: AVG, VSBLO

9202 Gossau
Spitzli-Lehnert
Hofeggstr. 17
Tel. 071/852346
V: FIBL

9202 Gossau
Martin Haefele
Hochschoren 120
V: FIBL

5722 Gränichen
Reform + Diät
Schiffländi 1326
Tel. 064/311310

5722 Gränichen
Albert Dietiker
Unterdorfstr. 21
V: AVG

1212 Grand-Lancy
Droguerie de Lancy
avenue des Communes Reunies
Tel. 022/7942919

8606 Greifensee
Drogerie Reform
Einkaufszentrum Meierswis
Tel. 01/9404807

2540 Grenchen
Marktplatz-Drogerie Frei
Marktplatz 14
Tel. 065/521914

3818 Grindelwald
Bahnhof Drogerie + Reform K. & B. Amatter
Am Bahnhof
Tel. 036/531326
Fax 036/535496

3257 Grossaffoltern
H. u. V. Balmer-Scheidegger
Fahrnigasse 213
Tel. 032/892162
P: 6,12,13

6146 Grossdietwil
Josef Huber
Ausserhof
V: FIBL

6022 Grosswangen
Franz Sidler
Eiholz
V: AVG

3452 Grünenmatt
Erwin Reichentor
Schaufelbühl

8624 Grüt
H. u. P. Muggli
Hundsruggen
Tel. 01/9323600

3780 Gstaad
Drogerie von Grünigen
Hauptstraße
Tel. 030/41582
Fax 030/48752
P: 8,10,13,15

7545 Guarda
Guarda-Kräuter Fam. Josché
Tel. 081/8622458
V: VSBLO

3073 Gümligen
Reformhaus Streuli
Füllerichstr. 53
Tel. 031/521533

3137 Gurzelen
P. u. U. Bühler
Geist
V: AVG

4932 Gutenburg
Ernst Sägesser
Hof
V: Biofarm

9469 Haag
Dropa Drogerie Haag AG
Im Einkaufszentrum
Tel. 085/72122

8580 Hagenwil
J. u. G. Germann
Bilchenstr. 21

8215 Hallau
Biona Reform + Lebensmittel
Hauptstr. 385
Tel. 053/611048

3415 Hasle-Rüegsau
Gebrüder J. H. und P. Held
Ibach & Wirthenoos
V: AVG

9435 Heerbrugg
Reformhaus Oehler
Berneckerstr. 3
Tel. 071/722303

9410 Heiden
Reformhaus Rechsteiner
Kirchplatz
Tel. 071/911555

9410 Heiden
Delinat
Haus zur Glocke
Tel. 071/912266
Fax 071/915519
P: 16

9410 Heiden-Altenstein
Ernst Graf
Gemeindeweg 6
V: FIBL

3652 Heiligenschwendi
Hans Roth
Grabenmatt
V: FIBL

3652 Heiligenschwendi
Informationsstelle für ökologischen Landbau
Mittlere Haltenstr. 1

3627 Heimberg
Reformhaus Pedro AG
Blümlisalpstr. 71
Tel. 033/371600

3453 Heimisbach
Tina und Werner Bättig
St. Oswald
Tel. 035/24530

3453 Heimisbach
Hans Zürcher
Knubelberg

3453 Heimisbach
K. u. G. Künzi
Schwendigrat

3412 Heimiswil
Ueli Steffen
Junkholzweid

3412 Heimiswil
Hans Steffen
Busswil

8231 Hemmental
Christian Schopfer
Hauptstr. 100

9100 Herisau
Beckert Reformhaus Naturheilmittel
Oberdorfstr. 22
Tel. 071/511414

8704 Herrliberg
Hans Etter
Hof
V: Biofarm

3360 Herzogenbuchsee
Umwelt-Laden
Bahnhofstr. 8
Tel. 063/615839
Fax 063/614644
P: 3,13,15,16

3360 Herzogenbuchsee
Jolanda Guntlin
Bernstr. 15
Tel. 063/611143

3360 Herzogenbuchsee
Haefliger
Mühleweg 2-4
Tel. 063/601188

4577 Hessigkofen
R. + N. Bolliger-Flury
Hof im Rigi
Tel. 065/651385
P: 7,8,9,10
V: Demeter

8442 Hettlingen
Jakob Keller
Ruckried

3032 Hinterkappelen
Kadro AG
Im Chappele-Märit
Tel. 031/361221

8340 Hinwil
Stiftung Triemenhof
Thomas Bur
Girenbad
Tel. 01/9372506

9502 Hittingen-Braunau
Fam. F. u. H. Bachmann

Löwenhof
Tel. 073/222190
P: 5,8,11,12,13
V: Bio.-Dyn.

6280 Hochdorf
Grünegg-Lade
Bellevuestr. 2
Tel. 041/883136
P: 1,2,3,5,7,8,9,10, 11,12,13,15,16

6280 Hochdorf
Reformhaus Rudolf Kaufmann
Hauptstr. 46
Tel. 041/881289

9114 Hoffeld
Ursula Bossart
Unterbistrich

8634 Hombrechtikon
Drogerie Reform Ernst Pfister
Schulweg 1
Tel. 055/421003

8634 Hombrechtikon
Ueli Leemann
Hueb 857
Tel. 055/421253

8634 Hombrechtikon
M. u. H. Krebs
Breitenloo
Tel. 055/421373

8634 Hombrechtikon
Ernst u. Claudia Kunz
Stämpfi
Tel. 055/423791
P: 3,5,7,8,9,10,11,12,13
V: Bio.-Dyn.

8810 Horgen
Drogerie Carlo Bosshard
Kirchstr. 3
Tel. 01/7254623

8810 Horgen
Anlikerhaus
Gstaldenstr. 12

8815 Horgenberg
Karl Reichlin
Tableten
V: FIBL

5257 Hornussen
Hans Emmenegger
Schwarzackerhof
V: FIBL

6048 Horw
Reformhaus Menzinger
Kantonstr. 65
Tel. 041/485380

6048 Horw
Alfons Heer
Untermattstr. 20
Tel. 041/415438

6048 Horw
Erwin Studhalter
Knolligen
V: AVG

3626 Hünibach
Schweizer. Verband d. Konsumenten-Vereine z. Förderung d. biol.-dyn. Wirtschaftsweise
Riedstr. 40

8412 Hünikon
A. Grosswiler
Kirchweg 2
V: FIBL

6152 Hüswil
Valtentin Arnold
Dorf
Tel. 045/881024
V: Biofarm

8457 Humlikon
Werner Hauser
Rütihof

V: FIBL

4950 Huttwil
Hermann AG Drogerie Reform
Bahnhofstr. 37
Tel. 063/722666
P: 1,3,7,8,9,10,11, 12,13,15,16
V: VSBLO

4633 Ifentahl
Simone u. Eduard Peyer
Hof Haselweid
Tel. 062/233573
V: Demeter

3305 Iffwil
K. u. A. Zaugg
Moosgasse 21
V: AVG

7130 Ilanz
Reformhaus Baud
Centre Mundaun
Tel. 081/9251992
Fax 081/9251995
P: 1,2,3,8,10,13,16

7130 Ilanz
Reformhaus Itulanda
Städtlistraße
Tel. 086/24327

3033 Illswil
Hansruedi Marbot
Mösliweg 7
V: AVG

3232 Ins
Bruno Mischler
Fauggersweg
V: AVG

3800 Interlaken
Reformhaus Blaser
Höheweg
Tel. 036/221928

Einkaufsadressen

6655 Intragna
Hansruedi Dennert
Mt. Selna

6707 Iragna
Streit
Blono
V: FIBL

3807 Iseltwald
Biobetrieb Paul u. Cornelia Kaufmann
Lauberli
Tel. 036/451367
P: 15

3063 Ittigen
Reformhaus Siegfried
Talgut-Zentrum 5
Tel. 031/581188

3303 Jegenstorf
Reformhaus Hausammann
Bernstr. 17
Tel. 031/7610171

2565 Jens
Familie Riedwyl
Dorfplatz 7
Tel. 032/510093

2565 Jens
Fritz Biedermann-Kohler
Lochgasse 3
V: AVG

1781 Jeuss
Andreas Sommer
Dorfstr. 13

8645 Jona
Reformhaus Widmer
Jonaport
Tel. 055/281055

3283 Kallnach
Hans Zitterli Bio-Gemüsebau
Buttenrain 41

Tel. 032/821074
P: 3,7,8,9,12
V: AVG

3413 Kaltacker
R. und T. Marx
Schwendiweid
Tel. 034/227865
P: 3,5,14

3413 Kaltacker
Verein Rutschiweid
Rutschiweid

8926 Kappel
Alfred Schneiter
Hauptikon
P: 3,5,8,9,11
V: Demeter, VSBLO

8926 Kappel
Alfred Wüthrich
Uerzlikon
V: AVG

3273 Kappelen
Armin Marti-Meyer
Dorfstr. 71
V: AVG

6365 Kehrsiten
Robert Zwyssig
Hobiel
Tel. 041/613067
P: 11,12
V: VSBLO

6064 Kerns
Bäckerei Reinhard
Dorfstr. 12
Tel. 041/661394

3210 Kerzers
Hermann Bieri-Tschachtli
Vordere Gasse
V: AVG

3210 Kerzers
Hans-Peter Johner-Odermatt

Fräschelsgasse
V: AVG

3210 Kerzers
S. und W. Mäder
Hintere Gasse
V: AVG

3210 Kerzers
Hanspeter Pfister-Mann
Hintere Gasse
V: AVG

3210 Kerzers
Kurt Pfister-Züttel
Fräschelgasse
V: AVG

3210 Kerzers
Hans Rubi
Mühlegasse 10
V: AVG

8802 Kilchberg
Drogerie Brunner
Bahnhofstr. 14
Tel. 01/7154323

3422 Kirchberg
Dropa Drogerie
Schulweg 6
Tel. 034/452331

9533 Kirchberg
Reformhaus Horsch
Gähwiler Str. 2
Tel. 073/311086

9533 Kirchberg
Dr. Dünner AG
Hausenstr. 35
Tel. 073/326111

3116 Kirchdorf
Walter Baumann
Bennde
Tel. 031/980353
V: AVG

3116 Kirchdorf
Rudolf Baumann
Weiermatt
Tel. 031/980541
V: AVG

3116 Kirchdorf
Urs Riem
Halden
V: AVG

5054 Kirchleerau
Familie Hunziker
Dorfstr. 42
V: Biofarm

3038 Kirchlindach
B. u. K. Hänni
Heimenhaus

4936 Kleindietwil
Biofarm-Genossenschaft
Postfach 18
Tel. 063/562010
Fax 063/562027
P: 5,6,8,9,10,14,15
V: VSBLO

5314 Kleindöttingen
Milch-Lebensmittel-Reform
Lindenweg 1
Tel. 056/452027

5313 Klingnau
Reformhaus Hanspeter Bugmann
Schattengasse 43
Tel. 056/455757

7250 Klosters
Dropa AG
Gotschnahus
Tel. 083/41183

8302 Kloten
Drogerie Reformhaus Hasler
Bahnhofstr. 5
Tel. 01/8137561

480 Schweiz

8934 Knonau
M. u. J. Frei
Im Margel
V: FIBL

8934 Knonau
Willy Schneebeli
Im Margel
V: FIBL

5742 Kölliken
Ruedi Lüthi
Egelmoosstr. 13
Tel. 064/431366
P: 12,13
V: VSBLO

5742 Kölliken
Rudolf Lüscher
Wolfgrube 58
V: Biofarm

5742 Kölliken
Betriebsgemeinschaft Mattenhof Fam. Vogel
Tel. 064/432293
P: 2,3,5,7,8,9,10,11,12,13
V: Biofarm

3098 Köniz-Bern
Reformhaus Köniz
Landorfstr. 7
Tel. 031/534239

8280 Krattigen
Reformhaus am Löwenplatz
Löwenstr. 1
Tel. 072/724728

6010 Kriens
Dropa AG
Nidfeldstraße
Tel. 041/422588

6010 Kriens
Späni & Co. Drogerie und Reformhaus
Luzerner Str. 59
Tel. 041/416491

Fax 041/416419
P: 2,3,7,8,9,10,11,12,13,16

6010 Kriens
Reformhaus Fassbind
Luzerner Str. 26
Tel. 041/455252

6010 Kriens
Hans Gesseler
Weinhalde
Tel. 041/454310
P: 2

9622 Krinau
Bauernhof
Krinäuli
Tel. 074/72823
P: 5
V: Demeter

9302 Kronbühl
Reformhaus Martin
Oedenhof-Center
Tel. 071/384004

7240 Küblis
Konrad Hansemann
Tälfsch
Tel. 081/541655
P: 5
V: VSBLO

6403 Küssnacht a. Rigi
Baer Weichkäserei AG
Tel. 041/814444
Fax 041/814426
P: 11

6403 Küssnacht a. Rigi
Dropa Niklaus
Bahnhofstr. 7
Tel. 041/811114
Fax 041/817414
P: 8,13

6403 Küssnacht a. Rigi
Dropa AG
Migros Geschäftshaus
Tel. 041/815828

8700 Küssnacht a. Rigi
Drogerie Reform
Dorfstr. 21
Tel. 01/9100027

2520 La Neuveville
Prod. dietetiques
rue du Marche
Tel. 038/512374

7522 La Punt
Andreas Flükiger
Gravulesch
Tel. 082/71824
P: 3,5,11,14
V: Demeter

1450 La Sagne-Ste.-C.
Denise und Maurus Gerber-Perrelet
Culliairy 19
Tel. 024/611805
P: 9,11,14

1315 La Sarraz
Droguerie de la Sarraz
grand rue 33
Tel. 021/8666464

1635 La Tour-de-Trême
Soleil-Vie Produits Naturels SA
Moulin de la Trême
Tel. 029/23244-45
Fax 029/21330
P: 8,10,15

2300 La-Chaux-de-Fonds
Ceres
avenue L. Robert 29
Tel. 039/233594

2300 La-Chaux-de-Fonds
La Huche-Dietetique
avenue Leopold-Robert 76
Tel. 039/232602

3636 Längenbühl
Hans-Ulrich Wenger
Kumen
V: Biofarm

8903 Landikon
Pilzzucht Häfliger
Stallikonerstraße
Tel. 01/7374078
P: 15
V: Biofarm

3434 Landiswil
P. Dufour/A. Decurtin
Zimmermattweid

7302 Landquart
Dropa Drogenè Fil. L'quart
Kreuzplatz
Tel. 081/515525
Fax 081/511063
P: 2,3,8,10,11,13

7302 Landquart
Senteler
Karlihof

4438 Langenbruck
Emanuel Dettwiler-Köhli
Hof Leimen
Tel. 062/601183
P: 3,7
V: FIBL

4438 Langenbruck
Matthias Scheurer
Untere Wanne
V: FIBL

4513 Langendorf
Genossenschaft Dorfladen

Einkaufsadressen 481

Weissensteinstr. 20
Tel. 065/235985

4513 Langendorf
Dropa Langendorf AG
Ladendorf
Fabrikstraße
Tel. 065/232545

4900 Langenthal
Kornblume
Farbgasse 22
Tel. 063/227558
P: 1,2,3,5,7,8,9,
10,11,12,13,15,16

4900 Langenthal
Reformhaus Bäregg
Bäreggstr. 10
Tel. 063/228444

4900 Langenthal
Lebensmittel Reform
Düby & Co.
Marktgasse 23-25
Tel. 063/221068

8135 Langnau a. Albis
Drogerie Reform
Hintere Grundstr. 2
Tel. 01/7132600

3550 Langnau e. E.
Pfifouter
Naturprodukte
Bernstr. 6 a
Tel. 035/25172
P: 1,2,3,4,5,7,8,9,10,
11,12,13,16

3550 Langnau e. E.
Reformhaus Portmann
Kirchgasse 5
Tel. 035/24692

4242 Laufen
Drogerie-Reformhaus
Schläppi
Bahnhofstr. 3
Tel. 061/893536

4335 Laufenburg
Drogerie Reform
Marktplatz 191
Tel. 064/641165

3177 Laupen
Reformhaus Blunier
Marktgasse 18
Tel. 031/947222

1003 Lausanne
Vita Nova Sante SA
rue du Midi 15
Tel. 021/234574

1003 Lausanne
Sun Store
rue des Terreaux 21
Tel. 021/202035

1004 Lausanne
Sun Store
centre MM Les Bergieres 50
Tel. 021/381348

7543 Lavin
L. u. J.-P. Steiner-Hartmann
Plaz
Tel. 081/8622766
P: 5,7,8,9,10,11
V: VSBLO

7543 Lavin
Giardinaria Bischoff + Lys
Tel. 081/8622780-42
P: 7,15

2311 Le Boechet
Nicole Meister
Peu-des-vaches
V: FIBL

1773 Lechelles
F. u. I. Müller
Romanex

4436 Leidertwil
H.-Ueli Degen-Ratschiller
Mittelhof
V: FIBL

8584 Leimbach
Kurt Engeli
V: AVG

5426 Lengnau
Fritz Mosimann
Surbtalstraße
V: Biofarm

8574 Lengwil
Christoph Surbeck
Ekkarthof

3775 Lenk
Molkerei und Reformprodukte Halten
Tel. 030/31043

5600 Lenzburg
Drogerie Reform Müli-Märt
Bahnhofstr. 5
Tel. 064/618809

2724 Les Breuleux
Bernard Surdez
Le Peu-Girard
V: FIBL

2727 Les Pommerats
Victor Kessler
Le Seignolet
Tel. 039/511717
P: 5,14
V: VSBLO

2054 Les Vieux-Pres
Christian Weber
Au Puteret
Tel. 038/532214

8966 Lieli-Oberwil
Rudolf Härry
Bremgartenstr. 231
V: Biofarm

4410 Liestal
Reformhaus
Sunneblueme
Fischmarkt 10
Tel. 061/9210094

3317 Limpach
Gottfried Burkhalter
Biohof
V: Biofarm

8315 Lindau-Eschikon
Beratungsstelle für Biologischen Landbau des Kanton Zürich
Landw. Schule Strickhof
Tel. 052/333811
Fax 052/333833

6014 Littau
Werner Burri
Fluck
V: AVG

6014 Littau
Peter Renggli
Röthelbach
V: AVG

6600 Locarno
Associazione per l'agricultura ecologica della Svizzera italiana
Piazza Castello 1
Tel. 093/311807

6611 Loco
B. u. U. Tortelli
Monte Oviga

8235 Lohn
Erwin Bührer
Zur Grünau

9506 Lommis
Helena Kneier
Chraienhof
V: FIBL

Schweiz

4654 Lostorf
E. Bertschi u. C. Egli
Buechehof

6711 Ludiano
Gabi Schaub- Paolo
Caflisch
Sülapiena
Tel. 092/761670

3432 Lützelflüh
A. + Ch. Bärtschi-Leiser
Bifängli
Tel. 034/610114

6900 Lugano
Alimentari e dietetici
Nüesch SA
Via della Posta 8
Tel. 091/229528

6901 Lugano
Reform-Müller AG
Centro Dietetico
Quartiere Maghetti 10
Tel. 091/229687

6900 Lugano
Terra Viva Cooperativa
Via L. Canonica 5
Tel. 091/237465

1111 Lully
Pierre Chabloz
La Maison Blanche
Tel. 021/8013280

6000 Luzern
Dänk e mol Lade
Denkmalstr. 17
Tel. 041/513160

6003 Luzern
Caritas Fairness Laden
Zentralstr. 18
Tel. 041/231973

6003 Luzern
s'Gänterli
Vonmattstr. 50

Tel. 041/225912

6000 Luzern
Reformhaus Bissig
Mettenwylstr. 2
Tel. 041/363520
Fax 041/369062
P: 2,7,8,9,10,11,12,15

6003 Luzern
Reformhaus Viktoria
Pilatusstr. 19
Tel. 041/232462

6003 Luzern
Reformhaus Salus
Habsburgerstr. 21
Tel. 041/237206

6003 Luzern
Safran-Drogerie
Pfistergasse 31
Tel. 041/228595

6004 Luzern
Reformhaus Müller
Weinmarkt 1
Tel. 041/513724

3250 Lyss
Reformhaus Oberli
Hirschenplatz 1 b
Tel. 032/846484

3250 Lyss
Reformhaus Wolf
Rosengasse 16
Tel. 032/841256

4934 Madiswil
Christian Butscher
Mättenbach

8708 Männedorf
Tofurei Pfannenstiel
Alte Landstr. 276
Tel. 01/9205548

8708 Männedorf
Drogerie Reform
Wiedmer AG

Oberdorfstr. 9
Tel. 01/9201589

8708 Männedorf
TERRA Biologische Lebensmittel
Alte Landstr. 281
Tel. 01/9205044
Fax 01/9205044
P: 7,8,12

9562 Märwil
Hans Schmid
Sonnenhof
V: AVG

4464 Maisprach
M. u. S. Itin-Graf
Hof Mettli
Tel. 061/8411236
P: 5,7,9
V: Biofarm

4464 Maisprach
Ernst Wanzenried-Graf
Wintersingerstr. 3
V: Biofarm

7208 Malans
Louis Liesch
Bungertrechti
Tel. 081/512980

7208 Malans
Rudolf Sahlis
Bucherberg
V: FIBL

6102 Malters
Walu-Drogerie Lustenberger
Schwarzenbergstr. 8
Tel. 041/972879

6102 Malters
Bio-Hof Widacher
Widacher
Tel. 041/971276
P: 3,8,9,10,12,15

1920 Martigny
Produits Sanbro
Preis du Moulin 9
Tel. 026/228822

1920 Martigny
Sun Store SA MM Le
Manoir
place du Manoir
Tel. 026/227676

1920 Martigny
Droguerie Crettex
rue du Rhone 1
Tel. 026/21256

8933 Maschwanden
Paul Leuthold-Wettstein
Unterdorf
Tel. 01/7670550

8766 Matt
Felix u. Renata Widmer
Auen
Tel. 058/861924
V: FIBL

8585 Mattwil
Hofgemeinschaft Koloska u. Oswald
Klarsreuti
Tel. 072/481042
Fax 072/482366
P: 3,7,8,9,10,11,12
V: Bio.-Dyn.

6045 Meggen
Dropa AG Filiale Meggen
Zentrum
Tel. 041/372605

6485 Meien
A. u. P. Baumann-De Moliner
Fürlaui
Tel. 044/65031

8706 Meilen
Drogerie Reform Thomas Roth
Dorfstr. 84
Tel. 01/9231919

8706 Meilen
Hans Wiederkehr
Schönacker
V: Biofarm

3860 Meiringen
Reformhaus Anderegg
Bahnhofstraße
Tel. 036/711638

5616 Meisterschwanden
Hünerfauth-Matthis
Hauptstr. 4
Tel. 057/271468
P: 2,3,5,7,8,9,10,13,14
V: Demeter

6850 Mendrisio
Wando Ferrari
Via Motta 26

6313 Menzigen
Lebensmittel Reform Bruno Krähemann
Neudorfstr. 7
Tel. 042/521316
Fax 042/521316

8932 Mettmenstetten
Ernst Müller
Waldmatt
V: Biofarm

3157 Milken
Felix Bugmann
Halten
Tel. 031/931906
V: Biofarm

3157 Milken
Bernhard Blaser
Höhenscheuer
V: AVG

6648 Minusio
Malte Hinselmann
Mondacce 94
Tel. 093/673335

3532 Mirchel
Fritz Lehmann
Aulen-Zäzwil
V: AVG

3532 Mirchel
Fritz Röthlisberger
Lätthubel
V: AVG

3147 Mittelhäusern
Werner Basler
Grossgeschneit
V: Biofarm

4313 Möhlin
Fam. Edi Hilpert-Plattner
Schaufelgasse 34
Tel. 061/8513416
P: 5,8,9,11,12
V: VSBLO

8617 Mönchaltorf
Familie Marcel + Ursula Züllig-Bänninger
Breitacker
Tel. 01/9480252
V: FIBL

1099 Mollie-Margot
Produzentenverein für Biol.-Dyn. Wirtschaftsweise
ferme de la Branche
Tel. 021/7812140

1125 Monnaz
Michel Rochat
ferme ancienne epic.
V: Progana

2205 Montézillon
L'Aubier Ueli Hurter
Tel. 038/303014
Fax 038/303016

P: 2,3,5,7,8,9,10,11
V: Demeter

2875 Montfaucon
Bernard Froidevaux
ferme La Fleur

1870 Monthey
La Pomme D'Api
place Tubingen 1
Tel. 025/12254

1870 Monthey
Sun Store
avenue de La Gare
Tel. 025/717244

1110 Morges
Produits dietetiques Dumas
grand rue 55
Tel. 021/8012052

6611 Mosogno
Schweizerische Gesellschaft für biologischen Landbau
Tel. 093/851160

2740 Moutier
Centre dietetique
rue de l'hotel de ville
Tel. 032/931718

3127 Mühleturnen
Daisy Maurer
Dorfstr. 9
V: Biofarm

9613 Mühlrüti
R. und K. Pfenninger
Ackerwis
Tel. 073/333365

8554 Müllheim-Wigolt.
Schweizerische Schälmühle E. Zwicky AG
Tel. 054/631744

3053 Münchenbuchsee
Reformhaus Kohli
Oberdorfstr. 1
Tel. 031/8690204

3053 Münchenbuchsee
Hase Strahm
Oberdorfstr. 28 A
V: AVG

4142 Münchenstein
GARTENSTADT Drogerie Reform
Emil-Frey-Str. 157
Tel. 061/4113439
Fax 061/4113438

3110 Münsingen
Biomilk AG
Sägegasse 2
Tel. 031/926420

3110 Münsingen
Reformhaus Bähler
Dorfplatz
Tel. 031/7215500

7537 Müstair
Reformhaus Conrad
Parc Rom
Tel. 082/85680

3286 Muntelier
Johannes Brunner
Birkenhof
V: AVG

3074 Muri
Reformhaus im Murizentrum
Belpstr. 3 a
Tel. 031/520070

3280 Murten
Reformhaus Keller
Hauptgasse 42
Tel. 037/712416

484 Schweiz

3280 Murten
Roland Murten AG
Tel. 037/721145

3280 Murten
S. u. D. Fane Bio-Gemüsebau
Löwenberg 61
Tel. 037/711249
Fax 037/711249
P: 7
V: FIBL

3034 Murzelen
Albert Remund
Steinisweg 23

3034 Murzelen
Peter Schneider
Steinisweg 14

3034 Murzelen
Willi Tschannen
Spachtelweidweg 16

8968 Mutschellen
Reformhaus am Beri-Märt
Bahnhofstr. 3
Tel. 057/319000

4132 Muttenz
Reformhaus Lutzert
Lutzertstr. 38
Tel. 061/617233

4132 Muttenz
Reformhaus Haller
Hauptstr. 58
Tel. 061/616640
Fax 061/616628

9126 Necker
Heiner + Birgit Bolt
Hof Unterberg
Tel. 071/551038
V: FIBL

8413 Neftenbach
Ernst Rietmann
Obere Hub

4574 Nennigkofen
Heinz Koloska
Ringstr. 10

8361 Neubrunn
Urs Hans
In der Pütt
Tel. 052/452340

8361 Neubrunn
Lea Hürlimann
Oberhofen

2000 Neuchâtel
Bio-Centre
Gibraltar 10
Tel. 038/251413

2000 Neuchâtel
Au Friand Redro
Faubourg de L'Hopital 1
Tel. 038/254352

2000 Neuchâtel
Ceres 2000 Magasin Biona
place des Halles 5
Tel. 038/252637

5432 Neuenhof
Zentrum-Drogerie J. Zwahlen
Zürcherstr. 126 a
Tel. 056/861986
P: 8,10,13,15,16

6206 Neuenkirch
Josef Grüter
Waldhaus
V: AVG

6206 Neuenkirch
R. und T. Stofer
Sparehüsli
V: FIBL

6206 Neuenkirch
Alfred Brunner
Rüti
V: FIBL

9315 Neukirch
Walter Baumann
Attenreute
V: AVG

9315 Neukirch
Ernst Soller
Zellholz
V: AVG

8155 Niederhasli
Leibundgut GmbH
Gewerbestr. 7
Tel. 01/8506060

4704 Niederhipp
Rudolf Freudiger
Untere Durrenmühlstr. 17
V: Biofarm

5702 Niederlenz
Rudolf Lüscher-Gloor
Lenzhardweg 11
V: Biofarm

9244 Niederuzwil
Kornladen
Henauerstr. 21
Tel. 073/518488/3534

9244 Niederuzwil
Jakob Ackermann
Haslen
V: Biofarm

3114 Niederwichtracht
Christian Moser
In der Au

5524 Niederwil
Wendelinhof
Rebenackerweg 2
Tel. 057/222959
Fax 057/230814
P: 1,2,3,5,6,7,8,9,10, 11,12,13,14,15,16
V: VSBLO

3976 Noes
Sun Store SA
Centre Placette
Tel. 027/556096

3116 Noflen
Fritz Dähler
Limpachmatt
V: AVG

3116 Noflen
Hans Hänni-Liechti
Chrömeli
V: Biofarm

3178 Noflen-Bösingen
Walter Bergmann
Waldheim

6207 Nottwil
Toni u. Rita Renggli
Cholholz
Tel. 045/541187
P: 7,8,9,11

4208 Nunningen
Robert Hänggi
Grellinger Str. 74
Tel. 061/7910886
P: 5,8,9,12,13
V: Biofarm

5415 Nussbaumen
Reformhaus Drogerie Markthof
Schulstr. 2
Tel. 056/821477
Fax 056/824191
P: 2,3,7,8,9,10,11,12,13

1260 Nyon
Sante 2000 SA
grand rue 18
Tel. 022/616776

1260 Nyon
Sun Store
MM La combe rue de la Morache
Tel. 022/610561

Einkaufsadressen 485

4229 Obebeinwil
Schwarz Hofgemein-
schaft
Waldenstein
Tel. 061/7919328
P: 2,3,5,7,11
V: Demeter, VSBLO

5016 Ober-Erlinsbach
Ernst Schmid
Gehrenstr. 1
V: FIBL

3515 Oberdiessbach
Biosana AG
Industriestraße
Tel. 031/7712301

4436 Oberdorf
R. u. U. Streiff
Langacker
Tel. 061/9618035
P: 7,9
V: Demeter

9413 Oberegg
Norbert Geiger
Lochhalde
Tel. 071/913982
V: Biofarm

**5422 Oberehren-
dingen**
Biol. Gärtnerei
Gypsgrueb
Tel. 056/211223

**5422 Oberehren-
dingen**
Andres Schuler
Vogthaus
Tel. 056/224981

8425 Oberembrach
H. u. P. Bieri
Althaus

3948 Oberems
Markus Hischier
Brigitti
V: FIBL

5036 Oberentfelden
Biona Reformhaus Min-
der
Dorfstr. 12
Tel. 064/432830

3551 Oberfrittenbach
H. u. R. Wüthrich
Hollernschür

5727 Oberkulm
Martin Gautschi
Schoren 75
Tel. 064/461425
V: FIBL

9463 Oberriet
Reformhaus Adler
Hauptstraße
Tel. 071/781109

3145 Oberscherli
P. u. A. Wittwer
Dürsgraben 66

4911 Obersteckholz
Hansrueli Küffer
Am Wald

3531 Oberthal
Andreas Steiner
Winkel
V: Biofarm

3173 Oberwangen
Hans Siegenthaler
Wangenhubel

4104 Oberwil
Reformhaus Schläpfer
Hauptstr. 39
Tel. 061/303450

3298 Oberwil
Isabel u. Samuel Otti
Bio-Hof
Rütigassen
Tel. 032/814265
P: 3,5,7,8,9,10,11
V: AVG

3765 Oberwil
C. u. A. Haueter
Bunschen

4104 Oberwil
Andreas Ineichen
Bruderholzhof
V: Biofarm

4104 Oberwil
Vereinigung schweize-
rischer biologischer
Landbauorganisatio-
nen (VSBLO)
Bernhardberg
Tel. 061/4014352
Fax 061/4014780

4104 Oberwil
Schweizer Stiftung z.
Förderung d. biol.
Landbaus (FIBL) - For-
schungsinstitut
Bernhardsberg
Tel. 061/4014222
Fax 061/4014780

4665 Oftringen
Interkauf AG
Im Perry-Center
Tel. 062/414161

4600 Olten
Reformhaus Theodora
Fischer
Römerstrasse
Tel. 062/322524

3117 Opplingen
Biohof - Betriebsge-
meinschaft
Dorfstr. 19
Tel. 031/7810909
P: 4,7,8,9,12
V: VSBLO

1672 Oron-la-Ville
Droguerie d'Oron
Rene Martinet
Tel. 021/9077275

6763 Osco
T. u. B. Vögeli
Pardel

3072 Ostermundigen
Reformhaus Loosli
Bernstr. 96 a
Tel. 031/514488

3072 Ostermundigen
Reformhaus Scherten-
leib
Untere Zollgasse 1
Tel. 031/511039

3072 Ostermundigen
Reformhaus Roth
Bernstr. 34
Tel. 031/311080

8913 Ottenbach
Genossenschaft Tofu-
rei Engel
Dorfplatz 1
Tel. 01/7612349

8626 Ottikon-Gossau
Hans Obrist
Fuchsrüti

8330 Päffikon
Reform Teuter
Kemptthalstr. 1
Tel. 01/9501332

1213 Petit Lancy
Sun Store
centre commerciale Lan-
cy-Centre
Tel. 022/7929880

7312 Pfäfers
C. u. G. Bonetti
Lunziboden

8808 Pfäffikon
Dropa Seedamm AG
Seedamm Center
Tel. 055/483660

Schweiz

8808 Pfäffikon
Drogerie Reform
Tschanz
Churer Str. 27
Tel. 055/481131

8330 Pfäffikon
Gärtnerei Stiftung zur
Palme
Hochstr. 31-33
Tel. 01/9500960

2900 Porrentruy
Drogerie Fredy Worni
rue du 23 juin 2
Tel. 066/661173

7742 Poschiavo GR
Cooperativa Giardineria Fondovilla Fiori e
Verdura Biologica
Tel. 082/51433

4133 Pratteln
Reformhaus Strübin
AG
Bahnhofstr. 3
Tel. 061/8215272

7415 Pratval
A. u. U. Hämmerle-Wettstein
Rietberg
Tel. 081/831630
Fax 081/831968
P: 14

1008 Prilly
Manon Sante
route de Prilly 5
Tel. 021/259987

1008 Prilly
Droguerie Nouvelle
route de Chasseur 4
Tel. 021/248481

1009 Pully
Droguerie + Dietetique Glardon
place Neuve

Tel. 021/281852

7228 Pusserein
M. u. S. Bucher
Im Underä
Tel. 081/531719

1530 Pyerne
Centre Biona
route de Morens 24
Tel. 037/614144

1041 Qulens
Disfrais SA
Tel. 021/813831

8352 Räterschen
Betriebsgemeinschaft
Kaumann/Keller
Pestalozzihof
Tel. 052/362835

8197 Rafz
Wilfried Siegrist
Schütenmatt
V: Biofarm

6026 Rain
Hans Roth
Leimacker
V: AVG

7556 Ramosch
Jon Peider Bischoff
Liasch
V: FIBL

8558 Raperswilen
Heinz Günter
Bettenweiher
Tel. 054/632204

8640 Rapperswil
Reformhaus Denzler
Zürichstr. 2
Tel. 055/271344

8640 Rapperswil
Reformhaus Hübscher
Halsgasse 20
Tel. 055/272930

3255 Rapperswil
Ferdinand Muster-Peter
Zimlisberg
V: AVG

8105 Regensdorf
Drogerie Reform
Zentrum
Tel. 01/8406065

6260 Reiden
Reformhaus Troxler
Hauptstr. 26
Tel. 062/812530

4418 Reigoldswil
Ursula u. Rainer Sax
Untere Bütschen
Tel. 061/9411914
P: 5,7,8,9,11,12
V: Demeter

4153 Reinach
Reformhaus Hornstein
AG
Angensteiner Str. 5
Tel. 061/7118800
Fax 061/7118682
P: 2,3,7,8,9,10,11,
12,13,15

4153 Reinach
Reformhaus Graf
Ettinger Str. 7

5057 Reitnau
Ernst Burgherr
Waldhof
V: AVG

2616 Renan
P. u. V. Brodbeck
Les Vonvers

2616 Renan
Markus Wehrli
Convers

1020 Renens
Sun Store MM Metropole
avenue du 14 Avril 13
Tel. 021/6352244

1020 Renens
Vita Nova
rue de Lausanne 9
Tel. 021/6340509

1844 Rennaz
Sun Store
centre Riviera
Tel. 021/9603616

9411 Reute
Hansueli Weber
Osberhard Mohreu

3647 Reutigen
Heinz u. Beate Bolli-Bio-Gärtnerei
Tel. 033/572272

9424 Rheineck
Yuma AG
Hauptstr. 73/75
Tel. 071/442828
Fax 071/442824
P: 11,13,15

4310 Rheinfelden b. R.
Gerold Steiner
Marktgasse 46
Tel. 061/8312721

8256 Rheinklingen
Konrad Rohner
Waldhof
V: FIBL

8805 Richterswil
Biolade Sunneblueme
Sonnegass 18
Tel. 01/7843806
P: 1,2,3,4,5,6,7,8,9,
10,11,12,13,16

6221 Rickenbach
Dominik Estermann
Kagiswil
Tel. 045/511661
P: 8,9
V: AVG

3082 Ried b. Worb
Hans Ulrich Bigler-Frei
Lochi

3901 Ried-Brig
Bernhard Gemmet
Biela
V: FIBL

3981 Ried-Mösel
Genossenschaft Trepetsch
V: FIBL

4125 Riehen
Reformhaus Phönix-Aphrodia
Baselstr. 2
Tel. 061/6411970
P: 1,2,3,7,8,9,10,
11,12,13,15,16

8911 Rifferswil
Doris Süsstrunk
Hurtermatt

3132 Riggisberg
Reformhaus Günig
Vordere Gasse 8
Tel. 031/8090121

3132 Riggisberg
R. und J. Keusen
Murimoosweg 15
V: Biofarm

3981 Ritzingen
Stefan Seiler
V: FIBL

3981 Ritzingen
Albert Walter
Furkastraße
V: FIBL

3206 Rizenbach
Fritz Grau
Wallenbuchstraße
V: AVG

2913 Roche d'Or
Gokula-Projekt Biohof
Vacherie Dessous
Tel. 066/766160

6265 Roggliswil
Pius Michel-Blum
Wasserfallen
V: FIBL

9325 Roggwil-TG
Bioforce AG
Grünaustraße
Tel. 071/483101

5032 Rohr
Drogerie Menzi
Einkaufszentrum MMM Buchs
Tel. 064/246217

4655 Rohr bei Olten
Geri Brunner
Berghof 54
Tel. 062/482794
P: 2,3,5,8,9,10,11,12
V: FIBL

1180 Rolle
Sun Store Centre Migros
avenue de la Gare
Tel. 021/8252244

8590 Romanshorn
Walter Bauer
Amriswilerstr. 114
V: AVG

1680 Romont
Droguerie Blanc
rue de l'Eglise 82
Tel. 037/522280

6037 Root
Reformhaus Wick

Luzerner Str. 28
Tel. 041/911156

9400 Rorschach
Kündig Chäslaube u. Reform
Am Marktplatz
Tel. 071/411775
Fax 071/413006
P: 1,2,3,7,8,9,10,
11,12,13,14,15,16

1754 Rose
Sun Store SA
MMM Avry Centre
Tel. 037/301645

1754 Rose
Willy Nyffeler
rue des Tuillenes
V: AVG

6023 Rothenburg
Reformhaus Moser
Flecken 24
Tel. 041/531549

4852 Rothrist
Reformhaus Kuhn
Bernstr. 143
Tel. 062/442929

4852 Rothrist
Bio-Gärtnerei R. Schneider
Eggasse 23

6343 Rotkreuz
Franz Blaser
Rütihof-Holzhäusern
V: Biofarm

3437 Rüderswil
Walter Schifferli
Gässli
V: AVG

3474 Rüedisbach
Willi Lüthi
Breitenegg
V: AVG

3474 Rüedisbach
Walter Reinhard
Breckershäusern
V: AVG

3474 Rüedisbach
Danile Wüthrich
Ferrenberg
V: AVG

3088 Rüeggisberg
Christoph Blöchlinger
Bärried

3418 Rüegsbach
Claudio Fontana
Haueten

3418 Rüegsbach
Hans Schär
Enzisberg
V: AVG

8153 Rümlang
Drogerie Reform
Oberdorfstr. 24
Tel. 01/8170120

4497 Rünenberg
Walter Grieder
Steingrube
V: Biofarm

3153 Rüschegg
Martin Wenger
Dürrenast

3154 Rüschegg-Heubach
H. u. B. Zahnd
Aeugsten

3154 Rüschegg-Heubach
F. u. M. Zbinden
Salzmatt

8630 Rüti
Wachthof Schafmilchprodukte Käthy & HC Angele

Wacht 15
Tel. 055/318162

8630 Rüti
Trudi Graf-Jenny
Drei Eichen 32

8630 Rüti
Albert Honegger
Ober-Fägswil
V: Biofarm

6017 Ruswil
A. u. M. Bühler
Etzenerlenstr. 6
V: AVG

6997 S'eesa
Guido Oehen
Tenuta di Spinello
Tel. 091/732666
Fax 091/732091
P: 3,5,11,14
V: Biofarm

3792 Saanen
Andreas Reuteler
Chalberhäni Geude

3777 Saanenmösen
C. u. A. Grünig
Honegg

6072 Sachseln
Drogerie Egger
Dorfstr. 1
Tel. 041/664420

6072 Sachseln
Bio-Familia AG
Brünigstr. 141
Tel. 041/664525

7107 Safien Platz
G. u. J. Stoffel
Broscaleschg

7152 Sagogn
Martin u. Susanne Bundi
Encarden 8

Tel. 081/9216136
Fax 081/9216136
P: 3,5,9,11

1187 Saint-Oyens
Blaise Bauquis
Les Troncs
V: Progana

1162 Saint-Prex
Fondation Perceval
Les Biolles
Tel. 021/8061566
Fax 021/8061897
P: 8,10
V: Demeter

1585 Salavaux
B. R. Blaser
Petit Lac
Tel. 037/771970
P: 7

9465 Salez
H. u. I. Göldi
Bühelhof

3970 Salgesch
St. Martinskellerei
René Matthier
Varenstraße
Tel. 027/552526
Fax 027/565127
P: 16
V: FIBL

8599 Salmsach
Ernst Wattinger
Fehlwies
V: AVG

8599 Salmsach
Hans Müller
Lindenweg 11
V: AVG

7503 Samedan
Reformhaus Beyeler
Plaz
Tel. 082/64895
Fax 082/63855

P: 2,3,7,8,9,10,11,
12,13,15,16

8833 Samstagern
Toni Masafret
Schürli
Tel. 01/7842692

7320 Sargans
Reformhaus zum Schwefelbad AG
St. Galler Str. 1
Tel. 085/21273

7320 Sargans
Städtlilade Gen. Sonnenkraft
Städtchenstr. 55
Tel. 081/7231128
Fax 081/7231128
P: 1,2,3,4,5,7,8,9,
10,11,12,13,15,16

6060 Sarnen
VIVA
Gartenstr. 1
Tel. 041/663818

6060 Sarnen
Saguna-Nahrungsmittel
Kägiswiler Straße
Tel. 041/665704

7202 Says
T. u. L. Guntli
Lätschloch
V: FIBL

9494 Schaan
Vitalplus-Oase Rietlehof
Landstr. 170
Tel. 075/82277

9494 Schaan
Richard Schierscher
Auhof

6105 Schachen
Werner Schleiss
Chuderboden

9112 Schachen
Monica Dürr
Im Moos

8200 Schaffhausen
Reformhaus Christoph Fehr
Löwengässchen 3
Tel. 053/247888

8200 Schaffhausen
Reformhaus Tanne AG
Tanne 8
Tel. 053/257115

8200 Schaffhausen
Mandala Bioladen
Webergasse 34
Tel. 053/257133

8200 Schaffhausen
Kornladen Vordersteig
Vordersteig 10
Tel. 053/247564

3722 Scharnachtal
Hansrueli Rubin
Auf Müllers

6467 Schattendorf
Dropa Drogerie Reform Stocker
Adlergartenstr. 6
Tel. 044/21780
Fax 044/21737

6214 Schenkon
Anton Ackermann
Obergreuel
Tel. 045/211635
P: 5,8,9,12,15
V: VSBLO

8596 Scherzingen
Markus Tschudin
Feldhof
Tel. 072/754692
P: 3,7,9,12
V: Bio.-Dyn.

Einkaufsadressen 489

8251 Schlatt
Jakob Möckli
Zur Grünau
V: FIBL

8952 Schlieren
Reformhaus Bühler
Uitikoner Str. 9
Tel. 01/7308270

8716 Schmerikon
Drogerie Reform Brunner
Bahnhofstr. 6
Tel. 055/811462

9563 Schmidshof
Armin Huggenberger
Ober-Oppikon
Tel. 072/261253
P: 5,7,8,9
V: FIBL

9563 Schmidshof
Albert Schmid-Brunner
Buch bei Märwil

5046 Schmiedrued
M. u. V. Müller-Goldenberger
Eggschwil 74
V: AVG

3535 Schobach
H. u. L. Salzmann
Niedermattgraben

8581 Schocherswil
Hans Fey

5040 Schöftland
Zentrum-Drogerie
Dorfstr. 13
Tel. 064/811465

3322 Schönbühl-Urt.
Pedro-Drogerie
Im Jumbo-Markt
Tel. 031/8591395

7412 Schrans
Moritz Buchli
Puleras

7412 Schrans
C. u. G. Buchli-Kessler
Fanntzenna
V: FIBL

3054 Schüpfen
Drogerie Erwin Oberli
Bernstr. 3
Tel. 031/870381

8762 Schwanden
Lebensmittel Reformprodukte
Bahnhofstr. 27
Tel. 058/811404

3433 Schwanden i. E.
Hof Niederried
Tel. 034/610243
V: Demeter

4953 Schwarzenbach
K. u. M. Seiler
Fiechtenberg
V: Biofarm

3150 Schwarzenburg
Drogerie im Coop-Center
Bernstr. 10
Tel. 031/932120

3150 Schwarzenburg
Hofgemeinschaft Kirchhalde
Kirchhalde
Tel. 031/7311666
P: 7,8
V: Bio.-Dyn.

3150 Schwarzenburg
Hans-Rudolf Riesen
Walke

9103 Schwellbrunn
Theres Müller
Stoss

Tel. 071/571419
P: 3,7,11,14,15
V: VSBLO

8603 Schwerzenbach
Reformhaus Müller AG
Industriestr. 30
Tel. 01/9456110

6430 Schwyz
Drogerie-Reformhaus Beat Imlig
Herrengasse 21
Tel. 043/211207

7550 Scuol
Seraina u. Tumasch Planta-Parolini
Chauenas
Tel. 081/8649071
P: 5,11,14,15

7550 Scuol
C. u. S. Roner
Ravagl
Tel. 081/8640281
P: 3,5,8,9,11

7550 Scuol
Jon Roner-Pfister
Pimut

7550 Scuol
Alesch u. Maryse Vital
Tanter Dossa
Tel. 081/8641725
P: 5,9,10,11
V: Demeter

1554 Sédeilles
Rosemarie u. Gottfried Gfeller
champs les Derrey
Tel. 037/681717
P: 3,7,9,12,13,15
V: Progana

8607 Seegräben
Ernst Berchtold
Dorfstr. 11

6377 Seelisberg
Oswald + Lucia Ziegler-Bissig
Wyssig
Tel. 043/312141

5707 Seengen
Gemüsebau Eichberg
Tel. 064/543288
Fax 064/543308
P: 1,2,3,7,8,9,10, 11,12,16
V: Demeter, VSBLO

5707 Seengen
Hans u. Ursula Siegrist
Roosweg 256
Tel. 064/542355
P: 2
V: VSBLO

5707 Seengen
Alfred Lindemann
Berg 23
V: Biofarm

3136 Seftigen
Daniel Dähler
Dengel
V: AVG

6203 Sempach-Station
Tony u. Monika Stalder-Stutz
Biohof Trutigen
Tel. 041/981260
P: 2,3,5,6,7,8,9,10, 11,12,13
V: VSBLO

5703 Seon
Reformhaus Wenger
Milchgasse 1
Tel. 064/551228

9475 Sevelen-Allen
Bio Gemüsebau Reina Vaduz FL
Bahnhofstr. 34
Tel. 081/7852394

490   Schweiz

P: 7

3960 Sierre
Droguerie le forum
avenue du Rothorn 20
Tel. 027/555343

3960 Sierre
Centre Biona Le Tournesol
rue du Bourg
Tel. 027/551091

7411 Sils i. D.
Albin Fasolini-
Gärtnerei
V: FIBL

1950 Sion
Sun Store SA
avenue de la Gare 151
Tel. 027/227400

1950 Sion
Droguerie du Ritz
avenue du Ritz 31
Tel. 037/614144

1950 Sion
G. u. D. Constantin
ferme des Roseaux
Tel. 027/23 40 59
Fax 027/234200
P: 3,7,12

4450 Sissach
Reformhaus Jauslin
Hauptstr. 49
Tel. 061/981163

4450 Sissach
H. Hostetter-Moser
Alpbad 61
Tel. 061/9712805
P: 5,8,10,13,16
V: FIBL

4450 Sissach
Hans Liechti Gutsbetrieb - L.-Schule
Ebenrain

Tel. 061/9714850
Fax 061/9714525
P: 3,8,9,12,13
V: Biofarm

4500 Solothurn
Genossenschaft Gänterli
St. Urbangasse 59
Tel. 065/222246

4500 Solothurn
Naturlädeli
Allmendstr. 75
Tel. 063/614720

4500 Solothurn
WWF-Lädeli
Oberer Winkel 9
Tel. 065/223429

4500 Solothurn
Reformhaus Düby AG
Friedhofplatz 5
Tel. 065/224069

4500 Solothurn
Kant. Psychische Klinik
Fam. Meier
Gutsbetrieb Rosegg
Tel. 065/232316
P: 8,9,10,12,15
V: VSBLO

2615 Sonvillier
R. + D. Vogel
Combe d'humbert
Tel. 039/411247

2887 Soubey
Les Bergers de Froidevaux
Tel. 039/551253
P: 2,5,7,8,14
V: VSBLO

2748 Soubouz
Daniel Burkhalter
Mont Dedos

2805 Soybiere
Hans Tschanz
Hinterer Rohrberg
V: FIBL

9042 Speicher
R. u. B. Pfeiffer
Gerz
V: FIBL

8957 Spreitenbach
Reformhaus Drovita
AG
Shopping-Center
Tel. 056/713439

1713 St. Antoni
Paul Vonlanthen
Guglenberg
Tel. 037/351759
P: 8,9,12,13
V: Biofarm

1041 St. Barthélemy
Wolfram Wawrinka
ferme du Chateau
Tel. 021/8825139
P: 2,3,7,9,11,12,13

9000 St. Gallen
Reformhaus Müller
Spisergasse 13
Tel. 071/222961

9000 St. Gallen
Reformhaus Sanovo
Poststr. 17
Tel. 071/227586

9014 St. Gallen
Reformhaus Müri
Straubenzellstr. 22
Tel. 071/284849

9000 St. Gallen
Genossenschaftsladen
Metzgergasse 22
Tel. 071/232080
P: 1,2,3,5,7,8,9,10,
11,12,13,15,16

9000 St. Gallen
Reformhaus Drogerie
Breu
Spisergasse 34
Tel. 071/226758

9014 St. Gallen
Christian Grob
Bilenbergstr. 29
V: FIBL

9000 St. Gallen
Stiftung Pro Specie
Rara
Schneebergstr. 17
Tel. 071/227420
Fax 071/227410

2610 St. Imier
Biona Alimentation Naturelle Oasis Santè
Baptiste-Savoye 67
Tel. 039/414451

1890 St. Maurice
Droguerie Aqaunoise
grand rue 9
Tel. 025/651162

7500 St. Moritz
Reformprodukte Giorgio Misani AG
Via dal Bagn 57
Tel. 082/33153

9225 St. Pelagiberg
August Fässler
Ergeten
V: AVG

8712 Stäfa
Drogerie Reform
Bahnhofwiese 11
Tel. 01/9262547

8712 Stäfa
Willi Zollinger
Vordere Püntackerstr. 5

Einkaufsadressen

8143 Stallikon
Stift. Puureheimet Brotchorb
Hinterbuchenegg
V: FIBL

8477 Stammheim
Bio-Weinbau Viva Coray-Strasser-Lenz
Im Bild 141
Tel. 054/452558

6370 Stans
Genossenschaft Spycher
Engelbergstr. 26
Tel. 041/617270

6370 Stans
Reformhaus Durrer AG
Bitzistraße
Tel. 041/613031

6370 Stans
Reformhaus Coldebella
Dorfplatz 6
Tel. 041/611271

1450 Ste-Croix
Primeur-Dietetique
rue Centrale 3
Tel. 024/612306

8266 Steckborn
Drogerie Reform Brunnschweiler
Seestr. 99
Tel. 054/611848
Fax 054/611841
P: 15

3612 Steffisburg
Reformhaus Walter Siegentaler
Oberdorfstr. 17
Tel. 033/373535

3612 Steffisburg
Rosette Gfeller

Erlen 41

3612 Steffisburg
Bio - Tschan
Eichenriedstr. 60
Tel. 033/375265
P: 3,7,9,11,12
V: FIBL, VSBLO

8496 Steg
Andreas Kuntz
Schürli
V: FIBL

9063 Stein
Reformprodukte H. u. R. Meier
Schachen
Tel. 071/591004

8260 Stein am Rhein
Drogerie u. Reformhaus Merz
Oberstadt 8
Tel. 054/412189
Fax 054/413354

9323 Steinach
Hügli Nährmittel AG Abt. Reformprodukte
Bleichestraße
Tel. 071/469342

6422 Steinen
Pius Epp
Stigli
V: FIBL

6312 Steinhausen
Urs Drogerie Reformhus
Neudorfstr. 2
Tel. 042/411636

6312 Steinhausen
Drogerie Peter Moll AG
Einkaufszentrum Zugerland
Tel. 042/41121

7226 Stels
F. u. M. Just-Straub
Untere Pardiela

7226 Stels
Valentin Meier Hof
Tel. 081/531684

7226 Stels
Paul Walder
Pardiela

5608 Stetten
Franz Hunn
Unterdorf 17
Tel. 056/962355
Fax 056/963279
P: 8,9,11,12,13
V: AVG

5608 Stetten
Erich Traub
Eichhof
Tel. 056/963964
P: 3,7,9,12
V: Biofarm

9507 Stettfurt
Beratungsstelle für artgerechte Nutztierhaltung
Hauptstr. 34
Tel. 054/532404
Fax 054/532404
P: 3,5,6,11,14,15

3066 Stettlen
Reformhaus Beate Liechti
Bernstr. 98
Tel. 031/514155

1786 Sugiez
Roland Fasnacht
chemin de C. Eudos
V: AVG

5034 Suhr
Drogerie Rösch
Mittlere Dorfstr. 2
Tel. 064/314566

8583 Sulgen
Schweizerische Assoziation zur Förderung der biol.-dyn. Landwirtschaftsweise
Poststr. 8
Tel. 072/423608
Fax 072/423663

8583 Sulgen
Gäa Beratung
Poststr. 8
Tel. 072/423608
Fax 072/423663

3454 Sumiswald
Drogerie Reform Müller
Lütoldstr. 10
Tel. 034/711181
Fax 034/711516
P: 8,10,13,15

6210 Sursee
Dropa Sursee
Bahnhofstr. 28
Tel. 045/212464

8274 Tägerwilen
Biotta AG
Pflanzbergstr. 8
Tel. 072/691515
Fax 072/691565
P: 7,13
V: VSBLO

8274 Tägerwilen
Kanne Brot Trunk D. u. E. Knoll
Hauptstr. 138
Tel. 072/692302

8274 Tägerwilen
Bio Metzgerei
Hauptstr. 64
Tel. 072/691133
Fax 072/691116
P: 5
V: Demeter, VSBLO

Schweiz

8274 Tägerwilen
Ludwig Lussi
Meierhofstr. 6
V: FIBL

8630 Tann-Rüti
Ernst Frischknecht
Lindenhof
Tel. 055/311703

2710 Tavannes
Drogerie Philippe Gasser
case postale 152
Tel. 032/912254

4456 Tenniken
W. Oberer-Itin
Hof Hägler
V: FIBL

9053 Teufen
A. Vogel u. M. Biehl
Hätschen
V: FIBL

8800 Thalwil
Reformhaus Sperri
Gotthardstr. 12
Tel. 01/7208110

4106 Therwil
Silvester Taugwalder
Bahnhofstr. 31
Tel. 061/7212620

4106 Therwil
Agrico-Genossenschaft
Birsmattenhof
Tel. 061/7217709
P: 3,5,7,8,9

3600 Thun
Oeko-Laden
Obere Hauptgasse 65
Tel. 033/231551

3600 Thun
Reformhaus Egli & Co.
Bälliz 31
Tel. 033/221003

7430 Thusis
Drogerie Schneider
Postfach 38
Tel. 081/811471

3125 Toffen
W. Hadorn
Kaufdorfstr. 10
V: AVG

2710 Tramelan
Magasin de Sante Biona
grand rue 161
Tel. 032/974248

7417 Trans
A. u. C. Capaul
Saleun
Tel. 081/831876
P: 3,5,7,9,11,14
V: FIBL

6234 Triengen
Drog-Shop AG Gassmann
Kantonstr. 70
Tel. 045/742275
Fax 045/742876
P: 2,3,7,8,10,12,13

6234 Triengen
M. + M. Willimann
Grube Grossfeld
Tel. 045/742565

6234 Triengen
H. Wyss u. K. Wiest
Oberwellnau
Tel. 045/741902
P: 3,5,8,9,11,12

9043 Trogen
Ueli und Madlen Künzle
Tobel 413
Tel. 071/942128

3555 Trubschachen
Fam. Fritz Wüthrich-Heuscher

Rossmoos

3555 Trubschachen
Olivier Vouille
Stärenegg

9327 Tübach
Heilstätte Mühlhof
Aach
V: Biofarm

8488 Turbenthal
C.-H. Kasser & Cie Drogerie
Tösstalstr. 97
Tel. 052/451115

8488 Turbenthal
Heinrich Baumann
Tösstalstr. 19
Tel. 052/453305

5300 Turgi
Reformhaus Zumsteg
Bahnhofstr. 7
Tel. 056/231184

5300 Turgi
Gärtnerei Reckenhof

4813 Uerkheim
Max Basler-Zürcher
Bodenacher Straße
V: Biofarm

8707 Uetikon
Fredi Müller
Froberg
Tel. 01/9201215

3214 Ulmiz
Hr. und K. Schlegel
Dreschmaschine 71
V: AVG

6314 Unterägeri
Hasler Rothut AG
Oberdorfstr. 3
Tel. 042/721160
P: 2,3,7,8,9,10,
11,12,13,15,16

5726 Unterkulm
Reformhaus am Bahnhof
Hauptstr. 504
Tel. 064/461046

3800 Unterseen
Dropa Günther AG
Postfach 526
Tel. 036/229222

9107 Urnäsch
Feinbäckerei Guggenloch AG
Tel. 071/581058
Fax 071/581059
P: 2

4937 Ursenbach
Philipp Bucher
Althus
V: Biofarm

6282 Urswil
Josef Meierhans
Neu-Oeggenringen
V: AVG

8610 Uster
Reformhaus Müller AG
Zürichstr. 7
Tel. 01/9403623

8610 Uster
Oepfelbaum Genossenschaft
Zentralstr. 18
Tel. 01/9414246
Fax 01/9414297
P: 1,2,3,5,7,8,9,10,
11,12,13,15,16

8610 Uster
Richard Hämmig
Kopbach
V: FIBL

8730 Uzach
G. Streuli & Co. AG
Städtchen

Einkaufsadressen

Tel. 055/711101

9240 Uzwil
Natur- und Bioprodukte Fraefel
Bahnhofstr. 73
Tel. 073/516666

9490 Vaduz
Walter Meier Drogerie + Reformhaus
Staedtle 4
Tel. 075/28766

7213 Valzeina
Guido und Daniela Stirnimann
Untere Cavudura
Tel. 081/522319

2829 Vermes
Schmid/Zellweger
Chesz-le-Zuber
V: FIBL

1800 Vevey
Le Grain D'Or
rue d'Italie 29
Tel. 021/9214242

3075 Vielbringen
Andreas Steinemann
Brunnmatt

2903 Villars sur Font.
Martin Lehmann
Es-Cotays
V: FIBL

1884 Villars-Ollon
Droguerie de Centre
rue Centrale
Tel. 025/352438

1752 Villars-sur-Glane
Sun Store SA
route Moncor 1
Tel. 037/244000

3930 Visp
Lebensmittel Reform zur Trächa
Bahnhofstr. 20
Tel. 028/462343

3930 Visp
Sun Store SA
Kantonstr. 1
Tel. 028/461422

8604 Volketwil
Drogerie Markus Schuler
Im Zentrum
Tel. 01/9455288

4803 Vordernwald
Ernst Graber
Leimstraße
V: Biofarm

8857 Vorderthal
Rolf u. Caroline Streit
Lisegg
Tel. 055/691438
P: 3,5,14

8820 Wädenswil
Reformhaus Müller AG
Rosenbergstr. 1
Tel. 01/7803522

8820 Wädenswil
S'Drüegg
Seestr. 105
Tel. 01/7809707
P: 1,2,3,5,7,8,9,10, 11,12,13,15,16

8820 Wädenswil
Hans Hauser
Felsenmatt
V: AVG

8820 Wädenswil
Betriebsgemeinschaft Hottinger/Schroth
Felsenmatt
Tel. 01/7803462

P: 2,5,7,8,9,11,12
V: FIBL

9545 Wängi
Hans-Peter Gnehm
Hunzikon
V: FIBL

8636 Wald
Drogerie Reform Kasser
Tösstalstr. 4
Tel. 055/951154
Fax 055/956160
P: 1,3,8,10,11,13,15,16

8636 Wald
Naturlade
Tösstalstr. 29
Tel. 055/951431

8636 Wald
Hanna u. Martin Tenüd
Hittenberg
Tel. 055/953100
P: 5,11,13,15

8636 Wald
W. und R. Brunnen
Forhalden
V: FIBL

4437 Waldenburg
Hanspeter Grunder
Howil

4942 Walterswil
Fritz Bernhard
Berg/Neuhaus
V: FIBL

4705 Wangen a. Aare
Dropa-Drogerie Flatt AG
Vorstadt 16
Tel. 065/712317

9693 Wattwil
Mia Homberger

Hof Alpbach
V: FIBL

8570 Weinfelden
Peter Bucher
Straussberg
Tel. 072/224029
P: 4,12,13,14,16
V: Demeter

3764 Weissenburgberg
Nikoaus Abbühl
Stigimaad
V: Biofarm

3251 Wengi
Hans Bangerter
Feld
Tel. 032/891361
P: 2,3,5,8,9,10,11
V: AVG

8342 Wernetshausen
Oswald Gisler
Looren
Tel. 01/9374151

8342 Wernetshausen
Arbeitsgruppe Biogarten
Katharina Züst Looren
Tel. 01/9373671

8606 Werrikon-Uster
Bürkli-Hof
Stäpfetlistr. 902
Tel. 01/9410106
P: 2,3,7,8,9,10,11, 12,13,15

5430 Wettingen
Reformhaus Dätwyler
Landstr. 103
Tel. 056/266040

5430 Wettingen
Betriebsgem. Herterenhof
Tel. 056/260355
V: Biofarm

8907 Wettswil
Corinne und Fredy Furrer
Ettenbergstr. 91
Tel. 01/7002212

8620 Wetzikon
Dropa Drogerie
Leue, Bahnhofstraße
Tel. 01/9305373

8623 Wetzikon
David Schaer
Eichholz

8623 Wetzikon-Kempten
Drogerie Reform Hans Wiedmer
Bahnhofstr. 257
Tel. 01/132600

9405 Wienacht
Markus Schwaller
Seebeli
Tel. 071/915318

7326 Wiestannen
HP. u. H. Salzmann-Z'graggen
Ringgenberg

6192 Wiggen
Patrick Stadler
Stächelmoos

8556 Wigoltingen
Ernst Wittwer
Kirchstr. 9

9500 Wil
Reformhaus Bigger Reforma AG
Centralhof
Tel. 073/221067

9500 Wil
Genossenschaft Rägeboge Haus des Brotes
Hubstr. 24
Tel. 073/231676

3266 Wiler
Hanspeter Bleuler
Grissenberg
V: Biofarm

6130 Willisau
Vorstadtlade
Obertor 1
Tel. 045/811883

6130 Willisau
Reformhaus Jost
Beim Untertor
Tel. 045/812022

6130 Willisau
Reformhaus Riedweg
Hauptgasse 40
Tel. 045/811731

6130 Willisau
Niklaus Bussmann
Lindenhof
Tel. 045/814212
V: AVG

6131 Willisau
Alois Peter
Wellberg
V: AVG

9307 Winden
Ernst Nagel
V: AVG

5200 Windisch
Reformhaus Widmer
Klosterzelgstr. 1
Tel. 056/411120

8400 Winterthur
Pronatec AG
Rundstr. 36
Tel. 052/2127425

8411 Winterthur
G. Renz AG
Ob. Deutweg 59
Tel. 052/292231

8400 Winterthur
Reformhaus Müller
Marktgasse 62
Tel. 052/221902

8400 Winterthur
Drogerie-Reform am Stadtgarten
Bankstr. 8-12
Tel. 052/2135588
Fax 052/2135588
P: 8,10,13

8410 Winterthur
Reformhaus Rosenberg
Schaffhauser Str. 152
Tel. 052/223217

8400 Winterthur
Genossenschaft Rägeboge
Neustadtgasse 30
Tel. 052/2122301

8400 Winterthur
Öquarius
Innere Tösstalstr. 12
Tel. 052/2121782

8401 Winterthur
Genossenschaft Rägeboge
Wartstr. 3
Tel. 052/2121320
Fax 052/2122301
P: 1,2,3,7,8,9,10, 11,12,13,15,16

8402 Winterthur
Chornlädeli
Obergasse 3
Tel. 052/230033

8400 Winterthur
Biofair
Archstr. 6
Tel. 052/2120543

8405 Winterthur-Seen
Drogerie Reformhaus Kägi AG
Hinterdorfstr. 40
Tel. 052/293017

8440 Wintertuhr
Reformhaus Gabriela Pfändler
Kirchgasse 8
Tel. 052/231283

4699 Wisen
M. u. C. Naeff
Ob-Hupp

4443 Wittinsburg
A+S Miesch-Gasser
Oberdorfstr. 16
Tel. 062/691184
P: 2,3,5,7,8,9,10, 11,12,13,15
V: Demeter, VSBLO

5610 Wohlen
Reformhaus Moser
Zentralstr. 27
Tel. 057/221491

6110 Wolhusen
Reformhaus Zihlmann
Markt
Tel. 041/713432

4923 Wynau
F. u. E. Richard-Fischer
Feldstr. 6
Tel. 063/491003
P: 8,9
V: Biofarm

4954 Wyssachen
Hansueli Schübach
Häusler
V: Biofarm

1137 Yens
Markus Lüthi
Le Moulin-Martinet

Einkaufsadressen

1400 Yverdon-Les-B.
Produits Dietetiques
rue de la Plaine 54
Tel. 024/213073

9429 Zelg-Wolfhalden
Peter Rechsteiner
Obergatter
V: FIBL

7530 Zernez
Carl Jenal
Chasa Jenal
Tel. 082/81265

5732 Zetzwil
Hans Hirt-Gloor
Bergstr. 138
Tel. 064/731993
P: 7,8,9
V: AVG

4417 Ziefen
Reformhaus Guido Stohler
Rebgasse 6
Tel. 061/9311662

7205 Zizers
Reformhaus Paul Mazenauer
Hauptstr. 70
Tel. 081/513433

4800 Zofingen
Gmües Chratte
Ochsengasse
Tel. 062/515502

4800 Zofingen
Reformhaus Wüthrich AG
Zur alten Post
Tel. 062/511637

4800 Zofingen
VNG Verein für naturnahe Gartengestaltung
Rebbergstraße

3436 Zollbrück
Maeder AG Landesprodukte en gros
Tel. 035/68141

3436 Zollbrück
Christian Schütz
Birnbaum
V: Biofarm

3436 Zollbrück
Arbeitgruppe Biogarten
Tel. 035/67148

8702 Zollikon-Zürich
Mutter Erde
Alte Landstr. 92
Tel. 01/3912323

4528 Zuchwil
Zentrum-Drogerie Reform Haag
Schulhausstr. 2
Tel. 065/253471

8022 Zürich
NaturaPart
Ankengasse 7
Tel. 01/2624745

8003 Zürich
Reformhaus Wiedlikon
Zweierstr. 120
Tel. 01/4628022

8006 Zürich
Verband Schweizer Reform- u. Diätfachgeschäfte VSRD
Ekkehardstr. 9
Tel. 01/3636040
Fax 01/3630193
P: 2,3,7,8,9,10,11, 12,13,15

8006 Zürich
Reformparadies Madal Bal
Universitätsstr. 102
Tel. 01/3632410

Fax 01/3632410
P: 2,3,7,8,9,10,11, 12,13,15

8008 Zürich
Reformhaus Tanner
Seefeldstr. 202
Tel. 01/551266

8008 Zürich
Reformhaus Müller
Mutter Erde AG
Forchstr. 2
Tel. 01/3837271

8032 Zürich
Vier Linden Reformprodukte
Gemeindestr. 51
Tel. 01/2616780
Fax 01/2725189
P: 2,3,7,8,9,10,11, 12,13,15

8037 Zürich
Reformhaus Nordbrücke Rudolf Stoffel
Nordstr. 227
Tel. 01/2720055
Fax 01/2720055
P: 2,3,7,8,9,10,11, 12,13,15

8040 Zürich
Reformhaus Lindenmaier
Albisriederplatz 3
Tel. 01/4921330

8046 Zürich
Dropa Reformhaus
Einkaufszentrum in Böden 174
Tel. 01/3719233

8047 Zürich
Reformhaus Sana Sport Drogerie
Albisriederstr. 369
Tel. 01/4922110

8049 Zürich
Reformhaus Höngger-Markt
Regensdorfer Str. 5
Tel. 01/3419480

8050 Zürich
Reformhaus am Marktplatz
Edisonstr. 26
Tel. 01/3118697

8051 Zürich
Reformhuus Schwamendingen L. Hochstrasser & Co.
Dübendorfstr. 7
Tel. 01/3223612

8001 Zürich
Govinda Kulturtreff
Preyergasse 16
Tel. 01/2518851

8001 Zürich
GOURMY Vollwert Deli Take Away
Strehlgasse 22
Tel. 01/2121984

8004 Zürich
Genossenschaft Sassafras
Anwandstr. 57
Tel. 01/2912615
P: 1,2,3,5,7,8,9, 10,11,12,13,16

8005 Zürich
Genossenschaft Chornlade
Fierzgasse 16
Tel. 01/2717097
P: 1,2,3,7,8,9,10, 11,12,13,15,16

8008 Zürich
Pa-Radiesli Bioladen
Seefeldstr. 29
Tel. 01/2617021

8038 Zürich
Sunneboge-Garte
Kilchbergstr. 185

8003 Zürich
Bioterra
Dubsstr. 33

8006 Zürich
Vier Linden Reformprodukte
Haldenbachstr. 17
Tel. 01/2510071
P: 2,3,7,8,9,10,11,
12,13,15

8038 Zürich
Vier Linden Reformprodukte
Nidelbachstr. 79
Tel. 01/4821092
P: 2,3,7,8,9,10,11,
12,13,15

8032 Zürich
Vier Linden Holzofenbäckerei
Gemeindestr. 51
Tel. 01/2618046
P: 2,10

6300 Zug
De Lade
Aegeristr. 7
Tel. 042/218567

6305 Zug
Bio Cultura
Alpenstr. 9
Tel. 042/417489
Fax 042/414588
P: 15

6300 Zug
Toni Niederberger
St. Karl

4455 Zunzgen
Fritz Buser
Mühlehalde
V: Biofarm

8437 Zurzach
Reformhaus Perlini
Rosengässli 1
Tel. 056/491375

4315 Zuzgen
VSBLO-Kontrollbetrieb
Richard u. Ruth Rothacher
Lohnberg 265
Tel. 061/8710536
P: 5,7,8,9,10,12

Raum für Notizen

Raum für Notizen

Raum für Notizen

Raum für Notizen

Raum für Notizen

Raum für Notizen

Raum für Notizen

Raum für Notizen

Dank und Bitte

Dieses Buch ist mit aller Sorgfalt erarbeitet worden. Vielen ist für wertvolle Hilfe, für Rat und kritische Anregung zu danken.

Besonders wichtig war uns – neben allen jenen Personen und Institutionen, die hier nicht genannt werden können – die gute Zusammenarbeit mit dem Agrarbündnis, Bonn, dem Auswertungs- und Informationsdienst für Ernährung, Landwirtschaft und Forschung (AID), Bonn, dem Bund für Umwelt und Naturschutz Deutschland e. V. (BUND), Bonn, dem Bundesgesundheitsamt, Berlin, dem Demeter-Bund e. V., Stuttgart, der Vereinigung Ökologischer Landbau Gäa e. V., Dresden, der Schweisfurth-Stiftung, München, und der Verbraucher-Initiative, Bonn.

Weil der Markt der naturnah produzierten Lebensmittel ein Wachstumsmarkt in rascher Veränderung ist, sind die Informationen dieses Einkaufsführers ständig kontroll- und ergänzungsbedürftig. Das gilt in besonderem Maße für die hier erstmals in so großer Zahl gesammelten Adressen. Wie wir bei unserer Arbeit auf eine Fülle guter Einkaufsquellen gestoßen sind, kennen auch Sie vielleicht in Ihrer Umgebung noch andere und erst jüngst eröffnete Läden oder ländliche Direktanbieter.

Unsere Bitte: Geben Sie diese Erfahrungen mit einer kurzen Mitteilung an den Verlag weiter, damit sie in der nächsten Auflage berücksichtigt werden können. Informieren Sie uns bitte auch, wenn Sie beobachten, daß der eine oder andere hier genannte Laden oder Hof nicht mehr naturnah produzierte Lebensmittel anbietet. Senden Sie Ihre Nachricht bitte an:

Droemer Knaur Verlag
Stichwort »Knaurs Bio-Einkaufsführer«
D-81664 München

Besten Dank!
Verlag und Autoren

Literaturhinweise

Agrarbündnis e.V. (Hg.), *Der kritische Agrarbericht. Daten, Berichte, Hintergründe. Positionen zur Agrardebatte,* Bonn 1993.

Binder, Franz / Wahler, Josef, *Handbuch der gesunden Ernährung. Von Ahornsirup bis Zusatzstoffe,* München 1993 (dtv).

Eimler, Wolf-Michael / Kleinschmidt, Nina, *Tierische Geschäfte. Barbarische Methoden im Fleisch- und Eierland,* München 1987 (Knaur Tb).

Elmadfa, Ibrahim / Aiga , Waltraud / Fritzsche, Doris, *GU Kompaß Nährwerte 1992/93,* München ^{2}1992 (Gräfe und Unzer).

Elmadfa, Ibrahim / Fritzsche, Doris / Cremer, Hans-Diedrich, *Die große GU Vitamin- und Mineralstofftabelle,* aktual. Neuausg. München 1992 (Gräfe und Unzer).

Fischer, Claudia und Reinold, *Der Biopakt,* Hamburg 1986 (Hoffmann und Campe).

Gast, Arbo, *Kaufberater Biokost,* München 1989 (Humboldt Tb).

Greenpeace e.V. (Hg.), *Ökologische Landwirtschaft für Europa – der Schritt in die Zukunft und wer ihn verhindern will,* Hamburg 1992.

Grosch, Peter / Schuster, Gerd, *Der Biokost-Report,* München 1985 (Biederstein Verlag).

Günster, Karl-Heinz / Henschel, Helga, *Gesunde Ernährung aus dem Supermarkt?,* Heidelberg 1986 (Karl F. Haug Verlag).

Kapfelsberger, Eva / Pollmer, Udo, *Iß und stirb. Chemie in unserer Nahrung*, 5. aktual. Aufl. München 1990 (dtv; Originalausgabe Kiepenheuer und Witsch, Köln 1982/83).

Katalyse e.V. (Hg.), *Das Ernährungsbuch. Lebensmittel und Gesundheit,* Köln 1986.

Philippeit, Ute / Schwartau, Silke, *Zuviel Chemie im Kochtopf?,* Reinbek 1982 (rororo).

Philippeit, Ute, *Weniger Chemie im Kochtopf!,* Reinbek 1985 (rororo).

Vollmer, Günter / Josst, Gunter / Schenker, Dieter / Sturm, Wolfgang / Vreden, Norbert, *Lebensmittelführer Obst, Gemüse, Getreide, Brot, Wasser, Getränke. Inhalte, Zusätze, Rückstände,* Stuttgart ^{2}1990 (dtv/Georg Thieme Verlag).

Diess., *Lebensmittelführer Fleisch, Fisch, Eier, Milch, Fett, Gewürze, Süßwaren. Inhalte, Zusätze, Rückstände,* Stuttgart ^{2}1990 (dtv/Georg Thieme Verlag).

Knapp gefaßte Informationen erhalten Sie auf Anforderung von folgenden Organisationen:
Auswertungs- und Informationsdienst für Ernährung, Landwirtschaft und Forsten (AID) e.V.
Konstantinstraße 124
53179 Bonn
Tel. 0228-84 990
(z. B. *Alternative Wege bewußter Ernährung, Ernährungsdaten für Jugendliche und Erwachsene*)

Deutsche Gesellschaft für Ernährung e.V.
Feldbergstraße 28
60323 Frankfurt/Main
Tel. 0 69/97 140 60
Fax 0 69/97 140 699
(z. B. *Richtig essen. Eine Anleitung zur vollwertigen Kost nach den Richtlinien der DGE* oder *Vollwertig essen und trinken nach den 10 Regeln der DGE*)

Register

A

Adolphshof (Gut) 51, 52
AGÖL 10
AID 66
Allergien 18, 60, 125
Ameisensäure 27, 60
Anbau, integrierter 75
Anbau, Intensiv- 66
Anbau, kontrollierter 9
Anbau, konventioneller 34, 70
Anbau, ökologischer 9, 34, 42, 65, 66
Andries, Isrid 68
ANOG 11
Antioxidantien 27
Arbeitsgemeinschaft der Verbraucher 19, 82
Aromastoffe 28, 94, 103, 124
Arteriosklerose 48, 80, 100, 107, 116

B

Backmittel 39, 42, 45
Bahlsen, Hermann (Konsul) 8
Bäuerinnen GbR 68
Benzo-a-pyren 54
Benzoesäure 26, 54, 60
Bier 23, 125, 128
BIOhenne e. V. 11
Biokreis Oberbayern e.V. 16
Biokreis Ostbayern e.V. 11
Bioland e. V. 11

Brot 33, 36, 37-40, 42 ff.
Butter 23, 85, 90
Buttermilch 91
Butterschmalz 91

C

»chemische Keule« 33
Cholesterin 40, 47, 80, 85, 89, 90, 99, 100, 104
CMA 50
Coca-Cola 23, 24, 124, 127
Coffein 122, 123
»Convenience«-Produkte 25
Corn-flakes 41

D

Darmkrebs 66
Demeter-Bund e.V. 10, 11, 51
Demeter-Höfe 50, 52
Diastase-Zahl 113
Düngung 33, 64, 66, 67, 71

E

ECOVIN 12
EG-Qualitätsnorm 66
EG-Verordnungen 9, 22
Eierprodukte 83
Emulgatoren 28, 39, 112
Ernährung 17
ERNTE 12

F
Farbstoffe 26, 94, 96, 101, 103, 124
Fast-food 24
Fette, gehärtete 44
Fettsäuren 57
Fettsäuren, freie 101
Fettsäuren, gesättigte 90, 100
Fettsäuren, ungesättigte (essentielle) 31, 44, 100, 103, 104, 105
Fisch 19, 48
Food Coops 13
Food Irradiation Network 20
Fritieren 104
Fruchtsaftgetränk 124
Futtermittel 49 f.

G
Gäa 12
Geflügel 83 f.
Geliermittel 27
Gesellschaft für Konsumforschung 14
Gewürzmischungen 117
Gicht 48
Giftstoffe 69
Glutamat 28
Grieß 41
Grill 55
Grünkern 41
Güntzel, Angelika 51, 52

H
Haferflocken 41
Hamburger 23-25
Herbig, Jost 22
Hermannsdorfer Landwerkstätten 15
Hermannsdorfer Schweinsbräu, Wirtshaus zum 16
Hofpfisterei, München 41
Homogenisierung 88 f.
Honig 111, 113, 114
Hühnerhaltung 80

I
IFOAM 10
Insulin 109
Isogetränke 124 f.

J
Jod 57 f.
Joghurt 23, 91, 97

K
Kaffee 23, 122, 127
Kakao 109, 111, 113
Karies 107, 113
Käse 94 f.
Käseherstellung 20
Kefir 92
Kleinöder, Ruth 68
Kohlenhydrate 31
Kondensmilch 92
Konserven 60, 68 f., 75 f.
Konservierungsmethoden 54, 59 f., 76
Konservierungsmittel 26, 39, 43, 54, 60, 71, 75, 94, 103, 125

L
Landwirtschaft, biologisch-dynamische 50, 52
Lebensmittel-Kennzeichnungsverordnung 25

Limonade 76, 124, 128
Ludwig, Karl 15

M

Margarine 103
Massentierhaltung 8, 49, 51, 121
Mehl 31, 32, 35 ff., 39, 44, 45
Milch 23, 24, 85 f.
Milchgüteverordnung 87
Milchimitate 94
Mineralwasser 121, 127, 128
Mischkultur 66
Molke 92
Monokultur 66, 75, 126, 127

N

Naturkind 14
Naturland 12, 34, 50
Neuland 12, 50, 51
Nitrat 64, 65
Nitratsalze 27
Nitrit 64
Nitritpökelsalz 53
Nitritsalze 27
Nitrosamine 53, 64
Nutzpflanzen 20, 21
Nutztierwirtschaft 20, 21

O

Oberflächenbehandlungsmittel 27
Obstbau, Intensiv- 73-75
Öko-Zentrum Werratal 14
ORBI 12

P

Pasteurisierung 88, 89, 96
Pflanzenfette 99

Pflanzenöle 100, 101, 105
PHB-Ester 27, 60
Phosphate 27

Q

Quark 93
Quellwasser 121

R

Radioaktivität 19, 65
Rahm 86, 89 f.
Reinheitsgebot 125
Reis 41, 45
Rindfleisch 47, 50 f., 54

S

Sahne 93
Salat 64, 65
Salmonellen 50, 79, 81-84
Sauerteig 38 f.
Säuerungsmittel 27
Schadstoffbelastung 10, 17 f., 21, 33 f., 49 f., 58, 59, 64, 65, 67, 70, 75, 77, 79, 81, 87, 90, 96, 101, 117, 120-126
Schimmel 43, 45, 77, 98
Schokolade 109 f.
Schweinefleisch 47, 50, 51, 54
Schweisfurth, Georg 15 f.
Schweisfurth-Stiftung 16
Sodawasser 121
Sorbinsäure 60
Speiseeis 112, 114
Speisefischzucht 58
Stabilisatoren 27
Sterilisierung 88
Stocker, Siegfried 41 f.

Süßstoff 23
Süßwaren 110, 111

T
Tafelwasser 122
Tee 123, 127 f.
Teigwaren 40
Tierfette 99
Tierhaltung 10, 51 f. *siehe* auch Massentierhaltung
Tierproduktion 49
Trinkwasser 119 f.
Trockenmilch 93

U
Ultrahocherhitzung 88

V
Verbraucherzentrale Hamburg e. V. 25

Verdickungsmittel 27
Vereinigung schweizerischer biologischer Landbau-Organisationen 12
Vollkornprodukte 40

W
Wein 126, 128
Wurst 52-55

Z
Zentralverband der deutschen Geflügelwirtschaft 81
Zucker 23, 40, 44, 75, 124
Zuckerersatzstoffe 109
Zuckerkrankheit 32, 107
Zuckerrüben 108